HEYNE
BÜCHER

LINDA SOLE

DIE SANFTE MACHT DES VERGESSENS

Roman

Deutsche Erstausgabe

WILHELM HEYNE VERLAG
MÜNCHEN

HEYNE ALLGEMEINE REIHE
Nr. 01/8671

Titel der Originalausgabe
LOVERS AND SINNERS
Aus dem Englischen übersetzt
von Katharina Jonas

Redaktion: Rainer-Michael Rahn

Printed in Germany 1993
Umschlagillustration: Bildagentur Mauritius/Nägele, Mittenwald
Umschlaggestaltung: Atelier Ingrid Schütz, München
Gesamtherstellung: Elsnerdruck, Berlin

ISBN: 3-453-06179-9

Prolog

Sie sitzen da wie zwei schwarze Krähen, die ein totes Schaf bewachen. Und sie beobachten mich. Immerzu beobachten sie mich. Warum? Haben sie Angst, daß die Eisenstäbe der verdammten Zelle nicht stark genug sind, um mich aufzuhalten? Vielleicht glauben sie, ich könnte mich in einen hübschen Kanarienvogel verwandeln und davonfliegen.

Man hat mich tatsächlich einmal Kanarienvogel genannt, einen hübschen, singenden Vogel. Aber das war früher, als die Zeitungen noch freundliche Berichte über mich brachten und die Leute meine Schallplatten zu Tausenden kauften. Jetzt nennen sie mich abgrundtief schlecht ... Betty Cantrel, die Frau, die kaltblütig ihren Liebhaber ermordet hat.

Was wissen sie schon, all diese gesichtslosen Leute, die mich verurteilen, ohne meine Geschichte zu kennen? Was wissen sie von den Folterqualen, die ich erleide? Niemand außer mir kennt die volle Wahrheit, weil ich kein Wort gesagt habe. Ich habe nichts abgeleugnet und werde es auch in Zukunft nicht tun. Ich werde nicht um mein Leben betteln, und ich werde meine Seele nicht vor der Neugier der Menge bloßlegen. Ich will den Preis bezahlen, den man von mir verlangt, egal, worin er besteht.

Vor kurzem war Laurence hier und bat mich, ihm meine Geschichte zu erzählen. Er ist ein intelligenter junger Mann mit hellen Augen und einem wachen Verstand. Von meiner Unschuld ist er überzeugt. Wenn ich es zuließe, würde er Berufung einlegen gegen das Urteil.

»Wenn Sie nur sprechen würden, Betty«, sagte er. »Man hält Ihr Schweigen für ein Schuldbekenntnis. Der Richter hat sich geärgert, weil Sie sich geweigert haben, seine Fragen zu beantworten. Bitte, erzählen Sie mir, was wirklich vorgefallen ist. Lassen Sie mich ein Wiederaufnahmeverfahren beantragen. Die Zeitungsschreiber reißen Sie buchstäblich in Stücke. Es war keine faire Verhandlung.«

»Was wirklich vorgefallen ist?« Ich lächelte meinen Verteidiger an. Er war so ernst und, wie ich glaubte, ein wenig verliebt in

mich. »Aber das wissen Sie doch«, flüsterte ich in einem zugleich sanften und spöttischen Ton. »Jeder weiß doch, daß ich meinen Liebhaber mit einem Messer erstochen habe. Ich stieß die Klinge tief in sein Herz und lachte dabei. Das ist es doch, was alle sagen, nicht wahr? Und das wissen doch auch Sie, Laurence?«

Er starrte mich an, verblüfft und verletzt durch meinen Ton. »Ja, das sagen alle, Betty«, gab er zu. »Aber ich kann es nicht glauben. Sie verbergen mir etwas, Betty. Warum sollten Sie so etwas getan haben? Warum ...« Etwas wie Verzweiflung spiegelte sich in seinen Augen. »Warum, Betty? Wenn Sie das wirklich getan haben, müssen Sie doch einen Grund dafür gehabt haben.«

»Einen Grund?« Ich schaute ihn an. »Ja, dafür müßte es wohl einen Grund gegeben haben, nicht wahr?«

»Dann sagen Sie ihn mir. Geben Sie mir wenigstens eine kleine Chance, Sie zu retten.«

Seine Stimme klang so eindringlich. Einen Augenblick lang hatte ich den Wunsch zu sprechen, ihm alles zu erzählen, aber dann wußte ich, daß es unmöglich war, wie ich es von Anfang an gewußt hatte. Mein Geheimnis sollte mit mir ins Grab gehen.

Ich lächelte und schüttelte den Kopf. »Seien Sie nicht so traurig«, sagte ich. »Ich glaube nicht, daß es so schwer ist zu sterben. Sehen Sie, ich will gar nicht mehr leben.«

»Aber Sie haben so vieles, wofür es sich lohnt zu leben!« rief er entsetzt. »Sie sind reich und berühmt, die Leute lieben Sie immer noch ...«

»Es gab tatsächlich einen Menschen, der mich wirklich geliebt hat ...«

Er schaute mich aufmerksam an, in der Hoffnung, daß ich noch mehr sagen würde, aber ich lächelte nur.

Jetzt ist er fortgegangen. Ich bin allein mit meinen Wärterinnen, zwei Frauen in schwarzer Kleidung, mit versteinerten Gesichtern. Sie lächeln nie. Ich glaube, sie haben Angst vor mir, Angst, daß sie mich liebgewinnen könnten. Wir werden noch eine Zeitlang zusammenbleiben müssen.

Ich frage mich, wie lange es noch dauern wird, bis sie kommen, um mich zum letztenmal aus der Zelle zu holen. Wenn keine Berufung eingelegt wird, dauert es sicher nicht mehr allzulange. Ich frage mich auch, wie lange das Sterben dauern wird.

Nein, daran will ich nicht denken. Es kann so furchtbar nicht sein. Das Hängen geht rasch. Ich habe Menschen gesehen, die langsam starben. Wenigstens wird es schnell gehen … Und dann wird es keinen Schmerz mehr geben – und keinen Wind …

Den Wind habe ich immer gehaßt. Er jagt mir Furcht ein, wenn er um die Schornsteine heulte, und wenn ich sehe, wie hohe Bäume von ihm niedergeworfen werden, erfüllt mich namenloser Schrekken. Es liegt etwas Bösartiges darin, wie er ganz plötzlich losbricht – ein unsichtbarer Dämon, der das Land verwüsten und zerstören will. Wahrscheinlich hasse ich dabei vor allem, daß man völlig machtlos ist, sich angesichts einer solchen unumschränkten Gewalt absolut hilflos fühlt.

Schon als Kind mußte ich mein Schicksal in die Hand nehmen und mir selbst verschaffen, was ich vom Leben erwartete. Aber so wie ein Strohhalm vom Wind gepackt wird, so wurde ich von Gefühlen und Wünschen gepeinigt, die mich mit sich fortrissen, so daß ich die Herrschaft über mich verlor. Wenn ich heute daran zurückdenke, wird mir klar, daß der Wind an jenem Tage ein Vorzeichen war …

Teil I

1. Kapitel

Ein eiskalter Wind blies über die flache Ebene der schwarzen Marschgebiete. Er zerrte an meinen Haaren, und die Kälte drang bis in meine Knochen. Ich fuhr mir mit dem Handrücken über die Oberlippe, weil meine Nase tropfte, und wischte die Hand verstohlen an meinem Mantel ab.

»Nimm dein Taschentuch, Betty«, sagte meine Mutter scharf und schaute hoch zu dem bedrohlich wirkenden Himmel. »Es sieht so aus, als ob wir heute nacht Schnee bekämen.«

Ich spürte, daß sie zögerte, als wir an jenem kalten Nachmittag im November 1945 in der rasch zunehmenden Dämmerung standen. Einen Augenblick lang schien sie unsicher zu sein, als ob sie sich fragen würde, wohin sie sich wenden solle. Ich nutzte diesen Moment aus, um noch einmal zu protestieren.

»Laß uns zurückkehren. Bitte! Ich will nicht auf die Willow-Farm. Ich will zu Hause bleiben, bei dir und den anderen.«

»Wir haben das schon hundertmal durchgesprochen, Betty.« Meine Mutter runzelte die Stirn, und ich sah, daß der kurze Augenblick ihres Zögerns vorüber war. »Du wirst dorthin gehen, und dabei bleibt es. Du bist ein selbstsüchtiges, rücksichtsloses Mädchen. Wenn du wüßtest, was ich tun mußte, um dir diese Chance zu verschaffen.«

In ihren Augen lag ein seltsamer Ausdruck. Es war irgend etwas zwischen freudiger Erregung und Schuldgefühl, schien mir, so, als ob sie etwas getan hätte, das ihr einerseits Spaß gemacht hatte, sie andererseits aber auch beunruhigte.

»Was hast du getan, Mama?« Ich starrte sie neugierig an, weil ich ein Geheimnis witterte.

»Frag mich nicht. Was es auch immer war, ich habe es für dich getan, damit du ein besseres Leben führen kannst.

Willst du wirklich lieber auf dem Feld arbeiten oder in einer Fabrik?«

Ich schwieg, schaute ihr ins Gesicht und bemerkte, daß ihre Mundwinkel ein wenig mürrisch nach unten wiesen, und ich sah auch andere Zeichen ihres vorzeitigen Alterns. Sie hatte kein leichtes Leben gehabt. Die Jahre, in denen sie jeden Pfennig zusammenhalten, mit dem Haushalt fertig werden und immer wieder alles mögliche ausbessern mußte, hatten ihren Tribut gefordert. Man konnte noch Spuren ihrer ehemaligen Schönheit erkennen, aber Enttäuschung und Not hatten Linien eingegraben um ihre Augen und ihren Mund, so daß sie älter aussah als dreiunddreißig. Das dichte Haar hatte sie unter ihrem häßlichen Filzhut streng zurückgestrichen, und ihr Mantel war ein dunkles, formloses Ding, das den Stempel der »Utility« trug, einen gelbbraunen Stempel, der in den Kriegsjahren, die wir gerade überstanden hatten, auf alle neuen Kleidungsstücke gedrückt worden war. Sie hatte sehr lange gebraucht, um die nötigen Abschnitte dafür zu sammeln, und sie zahlte immer noch zwei Shilling in der Woche dafür ab.

Kleiderabschnitte bildeten nur einen Teil des Systems der Rationierung, das bei Ausbruch des Krieges im September 1939 eingeführt worden war. Auch viele andere Dinge waren rationiert worden, so z.B. Benzin und Nahrungsmittel. Jeder bekam eine Karte mit vielen Feldern. Jedesmal, wenn man etwas kaufte, mußten die entsprechenden Marken abgeschnitten oder durch einen Stempel ungültig gemacht werden. Die Menge, die man kaufen konnte, hing davon ab, ob man einer besonderen Gruppe angehörte oder nicht. Diabetiker hatten Anspruch auf mehr Obst, aber die meisten Leute bekamen wöchentlich nur zwei Unzen Butter und eine Unze Käse. Früchte wie Bananen oder Orangen aufzutreiben, war fast unmöglich geworden. Wir hatten alle angenommen, daß die Rationierung aufhören würde, wenn der Krieg beendet war, aber bisher war das noch nicht geschehen. Ich fragte mich, ob meine Mutter vielleicht Mrs. Craw-

* 1 Unze = 28,35 g; Anmerkung der Übersetzerin.

ley mit einigen ihrer Kleiderabschnitte bestochen hatte, damit sie mir eine Stellung gab, aber das war nicht sehr wahrscheinlich, da die Familie auf der Willow-Farm wohlhabend war. Ich wußte, daß Frauen, die es sich leisten konnten, oft ihren Putzfrauen die Kleiderabschnitte abkauften, weil die nicht genügend Geld hatten, um sich selber etwas dafür anzuschaffen.

Meine Mutter hatte mich beobachtet, um ihren Mund spielte ein sarkastisches Lächeln. »Nun«, sagte sie, als ich ein verlegenes Gesicht machte, »möchtest du so enden wie ich?«

Ich wurde rot. »Du bist nicht so übel.«

Sie lachte, und einen kurzen Augenblick lang konnte ich die Frau in ihr erkennen, die sie hätte sein können, wenn sie nicht den Fehler gemacht hätte, Robert Cantrel zu heiraten, aber da ich zu diesem Zeitpunkt schon unterwegs gewesen war, blieb ihr vielleicht keine andere Wahl. Es gehörte damals viel Mut dazu, um als unverheiratete Frau ein Kind zur Welt zu bringen. Eine überstürzte Heirat war besser als gar keine.

»Du hast mehr Verstand, als ich je hatte, Betty. Du bist ehrgeizig und hast den Mut, auf dein Ziel loszugehen. Deshalb habe ich dir diese Chance verschafft. Ich möchte, daß du all die Dinge bekommst, die ich aufgegeben habe, als ich ...« Sie hielt inne und schüttelte den Kopf. »Ich kann dich nicht zwingen, aber zwei Pfund und zehn Shilling sind wesentlich mehr, als du in deinem Alter für Landarbeit bekommen würdest.«

»In einem Kleiderladen in Ely bezahlen sie fünfundzwanzig Shilling.«

»Das würde gerade für die Busfahrkarte reichen, und außerdem bekomme ich die Hälfte.«

»Ich kann dir mehr geben, wenn ich zu den Crawleys gehe.« Ich seufzte und wünschte mir, daß ich kein Gewissen hätte. »Aber ich werde dort ein Dienstbote sein.«

»Du wirst die Gefährtin von Frances Crawley sein, das habe ich dir doch immer wieder erklärt.«

»Das ist dasselbe. Ich werde alles mögliche für sie erledigen müssen – und ich muß dabei immer höflich bleiben.«

»Ist das so furchtbar? Frances ist kränklich und muß oft im Bett bleiben. Mary Crawley macht sich Sorgen um sie. Sie ist ihr einziges Kind, und sie ist nie in einer Schule gewesen. Du bist so viel besser dran. Du bist immer gesund gewesen. Ist es zuviel verlangt, wenn du dich ein bißchen um ein Mädchen kümmern sollst, das auf fremde Hilfe angewiesen ist?«

»Wie schrecklich das in deinem Munde klingt.« Ich sah sie aufgebracht an. »Du wirst mich vermissen. Vera kann mit der Wäschemangel nicht umgehen, und sie haßt das Kochen. Und Joey wird nicht einschlafen wollen, wenn ich ihm nicht eine Geschichte aus seinem *Nipper*-Jahrbuch vorlese.«

»Tu mir das nicht an.« Meine Mutter war verzweifelt. »Ich kann es nicht ertragen, wenn du mich so ansiehst. Du weißt doch, weshalb du fortgehen mußt.«

Ich biß mir auf die Lippe und wandte mich ab. Sie hatte mich an etwas erinnert, das ich lieber vergessen wollte. Etwas Anstößiges, wie ich ganz genau spürte.

Es war unfair, daß ich fortgeschickt wurde, und ich war wütend. Wütend auf Gott oder das Schicksal, am meisten aber auf den Mann, der schuld war an all unseren Schwierigkeiten. Wenn Robert Cantrel weniger Zeit mit Trinken vergeudet und mehr gearbeitet hätte, könnte ich weiterhin zu Hause bleiben und Brot über dem Feuer rösten.

Aber ich war auch auf meine Mutter wütend. Sie hatte uns oft genug erzählt, daß sie die Tochter einer angesehenen Familie und in einem großen Haus mit Dienstboten aufgewachsen war, in einer Stadt, die nicht weit von unserem Dorf entfernt lag.

»Es besaß zehn Schlafzimmer, abgesehen von den Kammern des Personals«, hatte sie mir einmal erzählt. »An allen Fenstern hingen Samtvorhänge, und auf den Böden lagen Perserteppiche, ähnlich dem, den der Vikar hat, nur größer und besser. Wir hatten einen eigenen Wagen und viel Geld …«

»Warum sind wir dann jetzt so arm?« hatte ich gefragt.

»Weil dein Großvater ein kleinlicher, schäbiger Bastard war, der deine Mutter ohne einen Pfennig Geld auf die Straße warf, als sie mich heiratete.«

Meine Mutter war errötet, als die brutale Stimme meines Vaters ertönte, und wollte nicht mehr weitersprechen. Ich merkte, daß seine Worte ihr weh getan hatten, und war ärgerlich auf ihn, weil er sie unterbrochen hatte. Ich versuchte, mir das Haus vorzustellen, auf das ich eigentlich von Geburt an ein Anrecht besaß, ebenso wie Vera und Joe.

Ich überlegte mir, wie es sein mochte, in einem solchen Haus zu wohnen, mit viel Geld, verhätschelt und geliebt. Seit damals habe ich mir diese Szene oft vorgestellt, in Nächten, in denen wir kaum genug Kohle hatten für das Herdfeuer und der Wind um den Schornstein unseres Häuschens heulte. Es war ein altes, baufälliges Haus, das der Kirche gehörte, mit Steinfußböden, die im Winter immer feucht waren, und einem qualmendem Schornstein. Ich fragte mich, was meine Mutter wohl in Robert Cantrel gesehen haben mochte, als sie so vieles für ihn aufgab.

Sie sagte, es war Liebe, aber in Wirklichkeit liebte sie das Ding zwischen seinen Beinen. Die Wände in unserem Häuschen waren dünn wie Papier, und ich merkte schon sehr früh, wie gern sie das hatte, was er in ihrem Zimmer mit ihr machte. Oft hatte sie ihm abends, wenn das Geld knapp war, Vorhaltungen gemacht, aber es endete immer damit, daß sie wimmernd auf dem Rücken lag und ihn bat, sie zu lieben.

Einmal habe ich es gesehen, das Ding, auf das mein Vater so stolz war. Er machte mit seiner Hand irgend etwas damit, und ich sah, wie es dicker und länger wurde und anfing zu zittern. Mir war ganz elend zumute, aber ich konnte nicht wegschauen. Dann sah er auf und entdeckte mich.

»Du bist wie deine Mutter, Betty«, sagte er spöttisch. »Lizzie war ein scharfes, kleines Ding, als ich ihr zum erstenmal begegnete. Sie wurde von ihrem Vater bewacht wie die Kronjuwelen, aber als ich ihr winkte, fiel sie in meine Arme wie ein reifer Pfirsich. Du wirst genauso werden. Der erste Mann, den du zwischen die Beine bekommst …«

Ich konnte es nicht länger aushalten. Mein Herz hämmerte wie verrückt, als ich aus dem Zimmer floh. Hinter mir hörte ich sein Gelächter.

Am Nachmittag erzählte ich alles meiner Mutter. Sie wurde erst kreideweiß und dann rot. Dann packte sie mich an den Schultern und schüttelte mich, bis mir die Zähne klapperten.

»Hat er dich angerührt? Hat er irgend etwas mit dir angestellt?«

»Nein! Nein, ich hab's dir doch erzählt. Er hat nur gelacht.«

An diesem Abend stellte sie ihn zur Rede. Sie stritten sich heftiger als je zuvor, und dann schlug er sie. Als ich hörte, wie sie schluchzte, wünschte ich mir, daß ich den Mund gehalten hätte. Ich fühlte mich schuldig, als hätte ich ihren Streit ausgelöst. Dann trat Stille ein, und das war noch schlimmer. Als das Bett anfing zu knarren, wußte ich, daß sie nicht in der Lage gewesen war, ihm zu widerstehen. Wie konnte sie nur – nach dem, was er ihr angetan hatte?

Einige Tage später verschwand sie für einen ganzen Tag. Als sie zurückkehrte, hatte sie Schmutz an den Schuhen, und in ihren Augen lag ein merkwürdig triumphierender Ausdruck, aber als ich sie fragte, wo sie gewesen sei, schüttelte sie nur den Kopf.

»Du wirst es noch früh genug erfahren. Ich möchte erst mit deinem Vater reden.«

Sobald er am Abend heimkam, zog sie ihn in ihr Schlafzimmer. Sie sprachen zu meinem Leidwesen im Flüsterton miteinander, aber dann erhob mein Vater die Stimme.

»Aber das ist Erpressung, Lizzie.«

»Pst, Robert. Sprich leise, sonst hören die Kinder dich.«

»Aber woher weißt du das?« fragte er, immer noch so laut, daß ich ihn verstehen konnte. »In Ordnung, ich werde flüstern, aber erklär mir …« Als er die Stimme senkte, drehte ich den Radioapparat an. Was interessierten mich ihre Geheimnisse? In der Radiosendung wurde von einer Frau berichtet, die Edith Thompson hieß und im Jahre 1922 mit ihrem Liebhaber zusammen ihren Ehemann ermordet hatte. Im folgenden Jahr war sie gehängt worden. Ich hörte fasziniert zu, obwohl mir dabei Schauer über den Rücken liefen. Anscheinend hatten sie sie mit Morphium betäubt und zum Schaffott getragen.

Zitternd schloß ich die Augen und versuchte mir vorzustellen, wie es sein mochte, wenn man wußte, daß man gehangt werden würde. Ich hatte ein ganz merkwürdiges Gefühl, als ich der Stimme im Radio lauschte. Sie klang so kalt und unbeteiligt – aber in der Wirklichkeit mußte es ganz anders sein! Ich konnte fast körperlich die Angst der armen Edith spüren. Ich hörte, wie sie schreiend um Gnade bat.

Als ich den Radioapparat ausschaltete, fühlte ich mich ganz krank. Was machten Mama und Papa so lange da drinnen? Einige Minuten später kamen sie heraus und sahen sehr zufrieden mit sich aus.

»Ich habe eine Stellung für dich gefunden, Betty«, verkündete meine Mama mir. »Heute war ich bei Mary Crawley. Den Crawleys gehört die große Farm in den Marschgebieten, ich habe dir schon davon erzählt. Mary und ich kennen uns seit der Schulzeit. Wir haben beide eine Privatschule besucht, und sie hatte nicht viele Freunde. Wir haben oft die Ferien miteinander verbracht, mal in ihrem Elternhaus und mal in meinem.«

»Du hast mir versprochen, daß ich nicht auf dem Land arbeiten muß.«

»Das sollst du auch nicht.« Ihre Augen glitzerten vor Erregung.

»Du wirst die Gefährtin von Marys Tochter sein.«

»Ich soll in den Marschgebieten leben?« Ich war entsetzt. »Dann kann ich weder zu den Pfadfinderinnen gehen noch im Chor mitsingen.«

»Du bist alt genug, um dir deinen Lebensunterhalt zu verdienen. Ich hätte dich zu deinem Großvater nach Chatteris geschickt, wenn er bereit gewesen wäre, dich aufzunehmen, aber er weigert sich. Er hat mir nie verziehen, daß ich gegen seinen Willen geheiratet habe. Er stammt aus dem niederen Adel, Betty. Du kommst aus einer guten Familie, deshalb hast du die Chance, aus deinem Leben etwas zu machen.«

»Ich will nicht bei den Crawleys leben«, sagte ich eigensinnig. Und ich wäre auch dabei geblieben, aber als ich im schwindenden Licht der rasch zunehmenden Dämmerung meine Mutter anschaute, verschwand mein Ärger. Es war nicht ihre Schuld, daß ich fortgehen mußte, es war die Schuld meines Vaters.

»Ja«, sagte ich. »Ich weiß, daß es sein muß.«

Sie nickte und lächelte. »Nimm es von der angenehmen Seite, Betty. Du wirst in einem Haus leben, in das du hineinpaßt. Du wirst dich mit Frances anfreunden, und du wirst den richtigen Leuten begegnen. Wenn du älter geworden bist, wirst du vielleicht einen netten Mann kennenlernen, einen Gentleman, der dich gut behandelt. Einen Mann, der dir all die Dinge geben wird, die ich nie gehabt habe. Einen liebenswürdigen, freundlichen, guten Mann.«

Ich nickte und sah sie nachdenklich an. »Wünschst du dir manchmal, daß du jemand anderen geheiratet hättest, einen Mann aus deiner Schicht?«

Sie starrte mich an und schien zu zögern, aber dann schüttelte sie den Kopf. »Es mag dir seltsam vorkommen, Betty, aber ich habe deinen Vater immer geliebt. Als ich ihm zum erstenmal begegnet bin, trug er eine Uniform. Er sah so gut aus! Ich wußte sofort, daß er der Richtige war. Es kümmerte mich nicht, daß er kein gebildeter Mann war, aber mein Vater war außer sich vor Wut. Ich hatte gedacht, er würde sich freuen, daß ich jemanden gefunden hatte, den ich liebte, aber er wollte nicht einmal mit mir darüber sprechen. Er sagte, ich müßte wählen zwischen ihm und Robert – deshalb lief ich von zu Hause fort.«

»Hat es dir nichts ausgemacht, die hübschen Kleider und das Geld zu verlieren?«

»Ich war so verliebt, daß ich daran gar nicht gedacht habe. Dein Vater war damals anders, bevor alles anfing schiefzugehen. Und wir glaubten beide, daß mein Vater schließlich einlenken würde. Als deine Großmutter noch lebte, schickte sie uns oft Geld, um uns zu unterstützen. Zu deiner Taufe schenkte sie dir ein goldenes Armband, aber als Rob den Unfall hatte, mußten wir es verkaufen ...« Sie seufzte.

»Wie war sie – deine Mutter?«

»Sie war eine wirkliche Lady.« Mamas Gesicht hellte sich

auf.»Sie hatte eine sanfte Stimme und wunderbare Manieren. Vielleicht hätte mein Vater seine Meinung schließlich geandert, wenn sie nicht gestorben wäre …«

Ich war gerührt, als ich sah, wie traurig sie war. Die ersten Schneeflocken waren auf unsere Hände gefallen, die wir uns in einem der seltenen Augenblicke gegenseitigen Verstehens plötzlich drückten. »Wie ist Mrs. Crawley?«

»Sie ist eine gute Frau. Sie tut viel für das Dorf und für die Kirche.«

»Aber wie ist sie wirklich? Warum hast du sie um eine Stellung für mich gebeten, und warum kann Papa die Crawleys nicht leiden?«

Sie schaute mich merkwürdig an. »Was hat er gesagt?«

»Nicht viel. Nur, daß er Eben Crawley nicht mag.«

»Eben hat deinen Vater einmal von seinem Grundstück verwiesen. Ich glaube, sie haben einen Kampf ausgetragen, und Eben hat gewonnen. Rob konnte das nicht verkraften.«

»War es vor Papas Unfall oder danach?«

Sie hob stolz den Kopf. »Danach. Bevor Rob von dieser Heumiete fiel, gab es keinen Mann in der Grafschaft, der es mit ihm aufnehmen konnte. Ich wünschte, du hättest ihn damals gekannt, Betty. Alle Mädchen waren hinter ihm her, als ich ihn geheiratet habe.«

Ich versuchte, sie zu verstehen, aber es war schwer für mich, mir meinen Vater anders vorzustellen als den oft unrasierten Mann mit den trüben Augen, den ich kannte. Er war erst neununddreißig, aber sein Rücken war schon gekrümmt, und er hinkte stark auf dem linken Bein, das bei seinem Sturz zweimal gebrochen war. Deswegen hatte er auch nicht am Krieg teilnehmen können, was seine Bitterkeit noch vermehrt hatte.

»Es muß schwer für ihn gewesen sein.«

»Du darfst ihn nicht hassen, Betty. Er hatte getrunken am Tag vorher, deshalb war er …«

»Bitte nicht«, bat ich. »Es wird schon richtig sein. Ich mag keine Veränderungen, das ist alles.«

»Es ist ein schöner Platz, Betty.«

Es war ein schöner Platz. Eben Crawley war der bedeutendste Landbesitzer im ganzen Bezirk; früher hätte man ihn wahrscheinlich als Landjunker bezeichnet. Er war als junger Mann in den zwanziger Jahren in die Marschgebiete gekommen und hatte Land gekauft, als die anderen Bauern bankrott gingen und erleben mußte, wie ihre Höfe für einen Bruchteil ihres Wertes unter den Hammer kamen. Irgendwie hatte er Erfolg gehabt, als die anderen zugrunde gingen. Er hatte in den letzten zwanzig Jahren immer mehr Land aufgekauft und war zu Reichtum und Ansehen gekommen. Wenn manche Leute munkelten, sein Aufstieg habe damit angefangen, daß er Mary Crawley ein Kind gemacht hatte, so wurde das doch niemals in seiner Gegenwart geäußert. Die meisten Leute hatten dieses Gerücht längst vergessen, nur mein Vater nicht.

»Eben Crawley hat ein verdammtes Glück gehabt«, sagte er bitter, als er wußte, daß ich auf die Willow-Farm gehen sollte. »Anstatt sie rauszuwerfen, hat Marys Vater den beiden großzügige Startbedingungen gegeben ...«

»Nicht jetzt, Rob«, sagte meine Mama. »Es ist nicht nötig, so zu reden. Wir wollen Betty doch keinen Floh ins Ohr setzen, oder?«

Ich erinnerte mich daran, daß das Wort Erpressung gefallen war, und fragte mich, was für ein Geheimnis sie wohl vor mir hatten. Ein Geheimnis, von dem ich ausgeschlossen war.

Ich ärgerte mich immer noch über ihr Verhalten, als ich an diesem kalten Nachmittag im November meine Mutter anschaute. Wieder lief mir die Nase, aber diesmal wischte ich sie mir mit dem Taschentuch ab. Meine Mama ging jetzt langsam und drückte fest meine Hand, als ob sie Trost von mir erwartete, jetzt, wo wir schon fast an unserem Ziel angelangt waren.

Ich konnte das häßliche, quadratische Haus sehen, das Eben Crawley mit viel Geld erbaut hatte. Es saß wie eine große, geduckte Spinne auf dem flachen Land und war weder von einem Park noch von einem Garten umgeben. Die Scheunendächer hinter seinem Dach wirkten freundlich und anheimelnd, man spürte, daß sie hierhergehörten, was auch den Tatsachen entsprach, denn sie hatten schon hundert Jahre vor Ebens Ankunft hier gestanden.

Das Haus aber störte in dieser Landschaft, die von schwarzer Erde und einem rötlich leuchtenden Himmel beherrscht wurde. Man hatte keinen Versuch gemacht, wenigstens die unmittelbare Umgebung zu kultivieren. Es stand einfach da, rauh und häßlich, und trotzte den Elementen. Um es zu erreichen, mußten wir einem schmutzigen, gewundenen Pfad folgen, der vom Flußufer fortführte und sich endlos hinzog. Mühselig mußten wir weiter und weiter gehen auf diesem Weg, der von den Rädern vieler Traktoren und Karren seine Spuren trug. Ich nahm den ekelerregend süßen Geruch von Zuckerrüben wahr und den warmen, starken Duft aus einem Kuhstall. Es war beißend kalt jetzt, und meine Hände waren so steif, daß ich kaum noch meinen kleinen Koffer tragen konnte.

Ich fühlte mich elend und sehnte mich zurück in unser Häuschen. Gut, es mochte ärmlich eingerichtet sein und nur wenig moderne Annehmlichkeiten besitzen, aber es war mein Zuhause. Jeder Schritt auf diesem Pfad führte mich weiter fort davon und näher an eine Zukunft heran, vor der ich mich fürchtete.

Am Ende des Pfades dehnte das Land sich nach beiden Seiten aus, und wir befanden uns plötzlich vor der Hausfront. Aus der Nähe sah ich jetzt, daß es eine Kies-Auffahrt gab und vor den Fenstern einige armselige Blumenbeete. Irgend jemand hatte anscheinend wenigstens versucht, den Eindruck von Trostlosigkeit zu mildern.

»Wir werden zur Rückseite gehen, Betty.« Die Stimme meiner Mutter klang nervös, was mich überraschte. Sie war so freudig erregt gewesen, was hatte mit einemmal diesen Stimmungsumschwung bewirkt?

»Warum?« fragte ich. »Du hast gesagt, ich bin kein Dienstbote.«

Sie runzelte die Stirn. »Unsere Schuhe sind völlig verschmutzt. Außerdem sehe ich Licht an der Rückfront.« Sie machte ein besorgtes Gesicht. »Du wirst mich doch nicht blamieren, Betty?«

»Oh, Mama, reg dich doch nicht so auf.«

»Du bist zu stolz«, sagte sie seufzend. »Du erinnerst mich an deinen Großvater. Ich hoffe, du wirst nicht auch einmal so verbittert und unzugänglich wie er. Ich erzähle dir das nur zu deinem Besten. Mary kann großzügig sein. Wenn du sie beeindruckst, könnte sie einiges für dich tun.«

Ein Hund bellte wild in einem der Schuppen, als wolle er die Bewohner vor unserer Ankunft warnen, aber trotzdem mußte meine Mutter zweimal anklopfen, bevor die Tür geöffnet wurde. Die Frau, die vor uns stand, machte ein saures Gesicht. Sie war groß und dünn, hatte eisengraues Haar, einen Zinken von einer Nase und blasse Lippen. Ihre schwarze Kleidung wurde nur von einem weißen Spitzenkragen belebt. Sie sah furchterregend aus. Ich verlor allen Mut. Wenn das Mary Crawley war, dachte ich, würde ich das Leben in diesem Haus nicht ertragen können.

Meine Mutter hob den Kopf. »Guten Abend, Mrs. Jackson. Würden Sie bitte so freundlich sein und Mrs. Crawley mitteilen, daß wir eingetroffen sind?«

Die Frau warf uns einen eiskalten Blick zu. Sie machte den Eindruck, als ob sie uns die Tür am liebsten vor der Nase zugeschlagen hätte. Dann trat sie zurück. »Sie kommen wohl am besten herein.« Mit ihren seltsam gesprenkelten Augen warf sie einen Blick auf unsere schmutzigen Schuhe. »Putzen Sie sich zuerst die Schuhe ab. Mit diesem Fußboden haben wir ohnehin schon genug Arbeit.«

Gehorsam kratzten wir unsere Schuhsohlen auf dem schwarzen Eisengitter vor der Tür ab und paßten auf, daß kein Erdkrümchen daran haften blieb. Behutsam trat ich auf den glänzenden Boden aus quadratischen roten Fliesen, voller Furcht, ich könnte doch noch ein wenig Schmutz darauf hinterlassen, auf den diese Frau mit den Habichtaugen sich sofort stürzen würde.

»Sie können hier warten, während ich meiner Schwägerin Bescheid sage, daß Sie hier sind.«, murmelte sie. »In dieser Kanne ist Tee, wenn Sie sich etwas aufwärmen möchten.«

»Danke, im Augenblick nicht«, sagte Mama. Sie hatte wieder ihre damenhaften Manieren hervorgekehrt, wie mein Vater sagen würde.

»Du hast mir nichts von ihr erzählt«, sagte ich ärgerlich, als sie gegangen war.

»Eben Crawleys Schwester?« Meine Mutter runzelte die Stirn.

»Sie ist nur eine arme Verwandte. Mach dir ihretwegen keine Sorgen, Betty.«

Ich nickte. Es war nichts Ungewöhnliches, daß Frauen in ihrer Lage fast wie Dienstboten bei ihren Verwandten lebten. Als sie fort war, benutzte ich die Gelegenheit, mich umzusehen. Es war eine große, viereckige Küche mit einem riesigen, schwarzen Kochherd, aber außerdem gab es auch noch einen Gasherd und eine offene Feuerstelle. Ein großer weißer Kasten stand da, ich nahm an, daß es sich um einen Kühlschrank handelte, obwohl ich noch nie zuvor einen ähnlichen gesehen hatte. Nur wenige Leute im Dorf besaßen einen. Unterhalb des Fensters befanden sich zwei tiefe, steinerne Spülbecken, und daneben stand ein Holzbord, auf dem das Geschirr abtropfen konnte. Auf der Fensterbank drängten sich blühende Topfpflanzen. An einem Ende der Küche stand ein großer Geschirrschrank aus Fichtenholz, in dem sich blaues und weißes Porzellan befand. Die Mitte des Raums nahm ein Tisch aus dem gleichen Holz ein. Im Augenblick war er mit frischem Gebäck bedeckt, und der Duft von würzigem Brot und Kuchen ließ mir das Wasser im Mund zusammenlaufen. Ich fragte mich, wie es nur möglich gewesen war, all diese wunderbaren Sachen zu backen, und zum erstenmal wurde mir klar, wie ganz anders das Leben auf der Farm war. Geld machte anscheinend alles möglich!

Irgendwo im Haus, ziemlich weit entfernt, wurde Musik gespielt. Ich konnte die Worte nicht verstehen, aber ich glaubte, daß Vera Lynn eines der Lieder sang, durch die sie im Krieg zum Liebling der Soldaten geworden war.

Als meine Mama und ich uns dicht ans Feuer drängten, öffnete sich wieder die Außentür, und ein Mann kam herein, er stampfte mit den Füßen und schüttelte die rasch schmelzenden Schneeflocken von seinem Haar. »Eine Kälte wie im

Januar«, sagte er und kam zu uns ans Feuer, wobei seine Fußtapfen sich deutlich auf dem Fußboden abzeichneten. »Du bist bestimmt Betty Cantrel, schätze ich. Ich bin Joe Morris«, sagte er und bot erst meiner Mutter die Hand, dann mir. »Vorarbeiter bei Eben Crawley. Wenn du einen Fahrer benötigst, Betty, an deinem freien Tag, brauchst du es mir nur zu sagen.« Meine Hand verschwand ganz in seiner, und ich fühlte, wie rauh seine Haut war.

Er war ein Mann von etwa Dreißig, größer als der Durchschnitt, kräftig gebaut, mit groben Gesichtszügen und rötlicher Gesichtsfarbe. Ein Mann, der die meiste Zeit seines Lebens bei der Arbeit an der frischen Luft verbracht hatte. Er trug Khakihosen, die er in seine Schaftstiefel gesteckt hatte, und ich vermutete, daß sie zu seiner Bürgerwehruniform gehörten. Ich hatte ihn noch nie zuvor gesehen, aber mein Vater hatte seinen Namen ein paarmal erwähnt.

»Sie haben in der Halle vom Pfarrhaus mit meinem Vater zusammen geübt, nicht wahr?« fragte ich. »Er sagt, Sie sind einer der besten Schützen.«

»Das ist sehr nett von Rob«, sagte er mit funkelnden Augen.

»Er ist selber kein schlechter Schütze.«

»Warum waren Sie nicht im Krieg, Mr. Morris?« fragte ich. »Mein Vater wollte dabeisein, aber sie haben ihn wegen seines Beines nicht genommen.«

»Ich habe mich freiwillig gemeldet, aber man sagte mir, ich würde in der Landwirtschaft gebraucht.«

»Und das war ganz richtig«, warf meine Mutter schnell ein. »Die Erzeugung von Nahrungsmitteln war eine wichtige Aufgabe und ist es immer noch. Sei nicht unhöflich, Betty.«

»Lassen Sie sie so reden, wie sie will«, sagte er. »Es ist am besten, diesen Fragen aufgeschlossen gegenüberzustehen. Und nenn mich bitte Joe, das tun alle.« Er grinste mich an.

»Ich habe einen Bruder, der Joe heißt. Er ist vier, und ich habe ihm jeden Abend aus seinen Comics vorgelesen. Es kommt mir nicht richtig vor, wenn ich Sie Joe nenne. Darf ich statt dessen Joseph sagen?«

»In Ordnung, Mädchen. Ich denke, du kannst mich nennen, wie du willst.« Er lachte leise, und ich stellte fest, daß es ein sehr freundliches Lächeln war.

Die Tür zur Halle öffnete sich, und ich merkte, daß die Musik verstummt war. Mrs. Jackson kam herein. Sie schaute auf den Schmutz am Fußboden und preßte die Lippen zusammen, sagte aber nichts. Es war offenkundig, daß sie vor Joe mehr Respekt hatte als vor meiner Mutter oder mir.

»Sie sollen mit mir mitkommen.« Sie schüttelte den Kopf, als meine Mutter vorging. »Nur das Mädchen. Mrs. Crawley sagt, Sie brauchen nicht länger zu warten.«

Meine Mutter wurde bleich, dann fingen ihre Augen an zu glitzern. Sie schaute mich an, und ich hatte den Eindruck, daß sie darauf bestehen wollte mitzukommen. Ich schüttelte den Kopf.

»Es macht nichts«, sagte ich. »Wenn du gleich losgehst, wirst du zu Hause sein, bevor der Schnee liegenbleibt.«

»Ich wollte mich davon überzeugen, daß alles seinen richtigen Gang nimmt, Betty.«

»Vielleicht ist es so am besten.«

Wir blickten einander in die Augen, als Gleichberechtigte. Ich glaube, daß sie spürte, daß ich kein Kind mehr war, daß ich die Kindheit irgendwo auf dem langen Weg hierher hinter mir gelassen hatte. Ich war eigentlich nie ein richtiges Kind gewesen, vielleicht, weil ich die Älteste bin. Ich war gezwungen gewesen, vorzeitig erwachsen zu werden, und hatte Dinge erfahren, von denen ein Mädchen in meinem Alter noch gar nichts wissen sollte. Und auch der Krieg hatte dazu beigetragen, daß wir reifer waren, als es unseren Jahren entsprach.

»An meinem freien Tag komme ich nach Hause«, sagte ich.

»Dann paß gut auf dich auf«, das war alles, was sie hervorbrachte. Ich hätte mir gewünscht, daß sie mich wenigstens ein einziges Mal geküßt hätte oder mir auf andere Weise ihre Zuneigung gezeigt hätte.

»Es wird ihr hier bestimmt gutgehen«, meinte Joe. »Soll ich Sie heimfahren, Mrs. Cantrel?«

»Oh nein. Wenn ich rasch gehe, werde ich zu Hause sein, bevor es dunkel ist.«

»Dann will ich Sie ein Stück begleiten. In der Nacht sehen alle Wege gleich aus.«

Ich beobachtete sie, als sie hinausgingen.

»Komm jetzt, Betty.«

Ich drehte mich um zu Eben Crawleys Schwester. »Ja, Mrs. Jackson. Ich habe nur meiner Mama auf Wiedersehen gesagt.«

»Nenn mich Madam«, sagte sie stirnrunzelnd. »Komm jetzt, wir sollten deine Herrin nicht warten lassen.«

»Ich soll Frances' Gefährtin sein«, erwiderte ich und schaute sie an. »Ich bin kein Dienstbote.«

»Ach nein«, sagte sie. »Ich will dir etwas sagen, hochgeborene und mächtige Miss Cantrel, hüte deine Zunge, sonst wirst du nicht lange in diesem Haus bleiben. Mein Bruder ist nicht gut auf die Cantrels zu sprechen.«

»Ich bin nicht unhöflich gewesen«, sagte ich störrisch.

»Das ist Auffassungssache, Miss.«

Sie wartete ungeduldig an der Küchentür. Ich folgte ihr in die Halle, froh, daß meine Mutter schon gegangen war und diesen Wortwechsel nicht mit angehört hatte. Vielleicht war ich wirklich unhöflich gewesen, aber ich verabscheute die Art, in der Mrs. Jackson mich anschaute, als sei ich schmutzig. Warum konnte sie nicht so freundlich sein wie Joe Morris? Ich freute mich, daß er meine Mama auf dem Heimweg ein Stück begleitete. Es würde anfangen dunkel zu werden, und zwar schon lange, bevor sie heimkam. Obwohl der Krieg vorüber und die Verdunkelung beendet war, gab es keine Straßenbeleuchtung im Dorf.

Die Halle, die hinter der Küche lag, war eng und dunkel. Erst als wir die Treppe erreichten, die nach oben führte, fing ich an, meine Umgebung bewußt wahrzunehmen. Auf dem langen Korridor lag ein dicker Teppich mit persischem Muster; er sah sehr teuer aus, und ich hatte den Eindruck, daß Eben Crawley sehr reich sein mußte. Mein Großvater war auch reich, und ich dachte mir, daß sein Haus so ähnlich sein mußte wie dieses, mit wertvollen Möbeln und Teppichen, aber bis jetzt hatte ich mir nicht wirklich vorstellen können, was das hieß. Zum erstenmal in meinem Leben wurde ich mir meiner Armut bewußt. Das verursachte mir ein unangenehmes Kribbeln im Magen.

Mrs. Jackson ging so schnell, daß ich ihr nur mit Mühe auf den Fersen bleiben konnte. Als sie endlich stehenblieb, war ich ganz außer Atem. Das Glitzern in ihren Augen verriet mir, daß sie sich absichtlich so verhalten hatte. Es tröstete mich nicht, daß sie selber schwer Luft bekam. Sie sah mich an, als sei ich etwas, was die Katze hereingeschleppt hatte.

»Sprich nicht, bevor Mrs. Crawley dich dazu auffordert«, sagte sie. »Wenn sie dich entlassen hat, komm zurück in die Küche.« Ich nickte. Ich fürchtete mich davor, jetzt der Herrin des Hauses gegenüberzutreten.

Ich klopfte und öffnete dann die Tür. Mein Herz schlug wie eine Trommel. Ich war so voller Angst, daß ich kaum atmen konnte, und ich hatte das Gefühl, daß meine Füße am Boden festklebten. Ich ging zwei winzige Schritte in das Zimmer und schaute mich mit weitgeöffneten Augen um.

Mein erster Eindruck war der eines Zimmers, das mit allen möglichen Sachen vollgestopft war, kleinen Beistelltischchen, harten Stühlen mit Sitzen, die mit Roßhaar gefüllt und mit Plüschsamt bezogen waren, Vitrinen voller Nippessachen aus Porzellan und mit silbernem Zierrat und einem Käfig mit hübschen ausgestopften Vögeln, der neben einem modernen Radioapparat in einem Gehäuse aus Walnußholz stand. Aber vor allem zog ein großer Ohrensessel neben dem Kamin meine Blicke an, und die Frau, die darin saß.

Sie hatte gelesen, bevor ich eintrat, und hielt das aufgeschlagene Buch noch in der Hand. Ich bemerkte, daß ihre Finger lang und schmal waren. Ihre Nägel waren fein manikürt. Sie hatte ein reizloses, beinahe häßliches Gesicht. Das schwarze Haar trug sie zurückgekämmt und im Nacken zu einem Knoten verschlungen; obwohl es einfach frisiert war, konnte ich erkennen, wie dick und glänzend es aussah. Das Haar meiner Mutter könnte ebenso aussehen, wenn sie es mehr pflegen würde. Mrs. Crawley trug ein mattbraunes

Kleid, das ihre bläßliche Gesichtsfarbe nicht gerade verbesserte, aber es sah nicht so aus wie die billigen Utility-Kleider, die in dieser Zeit von den meisten Frauen getragen wurden, und ich vermutete, daß sie es bereits vor dem Krieg gekauft hatte. Als sie mich anschaute, sah ich, daß ihre Augen einen ungewöhnlichen Glanz hatten. Und als sie lächelte, war sie plötzlich nicht mehr häßlich.

»Komm herein, Betty«, sagte sie mit einer leisen, melodischen Stimme. »Ich möchte ein paar Minuten lang mit dir sprechen, dann mache ich dich mit meiner Tochter bekannt. Sie ruht jetzt. Sie hat sich heute nicht recht wohl gefühlt.«

Ich faßte Mut und trat einen Schritt näher. »Ist sie sehr krank, Madam?« fragte ich und vergaß völlig Mrs. Jacksons Anweisungen.

»Frances geht es oft nicht besonders gut. Du wirst vielleicht denken, daß sie manchmal etwas schwierig ist, aber du mußt Geduld mit ihr haben. Im Winter wird das Haus fast zum Gefängnis für sie, und das macht sie unruhig.« Sie schaute mich mit ihren glänzenden Augen voll an, und ich spürte hinter diesem unscheinbaren Gesicht einen wachen Verstand. »Deine Mutter hat mir erzählt, daß du ein gescheites Mädchen bist.«

»Ich habe in der Schule alle Prüfungen bestanden. Mein Lehrer wollte, daß ich aufs College gehe, aber mein Vater sagte, ich müsse von der Schule abgehen und eine Stellung suchen.«

»Das hat deine Mutter mir erzählt.« Sie preßte die Lippen zusammen. »Ich gebe dir eine Chance, dich zu bewähren, Betty, aber wenn du nicht hierherpaßt ...«

»Mama hat mir gesagt, ich soll die Gefährtin von Miss Crawley werden.«

Ärger flackerte in ihren Augen auf. »Ja, nun, wir werden sehen. In gewisser Weise wirst du Frances' Gefährtin sein, aber ich erwarte, daß du sie bedienst, wenn sie im Bett liegt. Du mußt dich außerdem um ihre Kleider kümmern, ein bißchen Staub wischen und ähnliche Arbeiten verrichten.«

»Das heißt also, daß ich ihr Dienstmädchen sein soll.«

Sie schien mir die Enttäuschung deutlich vom Gesicht ablesen zu können. Wieder runzelte sie die Stirn. »Wenn es dir nicht zusagt, kannst du am Ende des Monats wieder gehen. Es ist wohl kaum meine Schuld, wenn deine Mutter größere Erwartungen in dir geweckt hat, ohne meine Zustimmung einzuholen.«

Ich hatte das Gefühl, daß Mary Crawley mich eigentlich gar nicht in ihrem Haus haben wollte, und wieder fiel mir das Wort »Erpressung« ein. Hatte meine Mutter auf irgendeine Weise Macht über sie? Ich konnte mir das kaum vorstellen. Aber meine Arbeitgeberin machte ein finsteres Gesicht, und mir wurde klar, daß ich mich entschuldigen mußte.

»Es tut mir leid. Ich wollte nicht unhöflich sein.«

»Ich möchte nicht zu streng mit dir sein, Betty. Ich weiß ja, daß du nicht darum gebeten hast, hierherzukommen. Es war die Idee deiner Mutter.« Sie nickte, als ich ihr zustimmte. »Wenn du gut auskommst mit Frances, werde ich dich zu belohnen wissen. Es gibt Leute in diesem Haus, die denken, daß sie verwöhnt ist. Sie verstehen das nicht. Ich kann sie nicht gesund machen, aber sie soll alles haben, was sie sich wünscht, auch wenn es dir selbstsüchtig vorkommen mag.«

»Ich verstehe, Madam.«

»Gut. Vielleicht hat Gott meine Gebete erhört, als er dich herschickte. Jetzt wollen wir zu Frances gehen. Ich warne dich, sie ist heute voller Selbstmitleid.«

»Was fehlt ihr eigentlich?«

»Mit fünf Jahren litt sie an Gelenkrheumatismus. Seit der Zeit neigt sie stark zu Erkältungen und ist etwas schwach auf der Brust.«

»Wir hatten ein Mädchen in der Schule, der es ebenso ging«, sagte ich. »Im Winter hat sie oft gefehlt, aber im Sommer ist sie fast jeden Tag gekommen. Warum geht Frances nicht in die Schule, wenn es ihr gutgeht?«

»Weil ich es vorziehe, sie selber zu unterrichten. Das geht dich nun wirklich nichts an, Betty.«

Ich wurde rot und begriff, daß ich zu weit gegangen war. »Nein, sicher nicht, aber wenn ich keine Fragen stelle, würde ich nicht erfahren, warum sie krank ist, nicht wahr?«

Mary Crawley lachte leise. »Wenigstens sagst du mir offen

ins Gesicht, was du denkst. Das kann ich nicht von allen in diesem Haus behaupten.«

Ich wagte nicht mehr, etwas zu sagen. Ich war auf dem Prüfstand und konnte mit Schimpf entlassen werden. Wenn das passieren sollte, würde meine Mutter außer sich sein.

Das Zimmer von Frances Crawley lag auf der anderen Seite des Hauses. Auf den ersten Blick schien alles, was sich darin befand, aus Spitze zu sein. Vor dem Fenster hingen cremefarbene Spitzenvorhänge, aus der gleichen Spitze bestanden die Bettdecke, die Verkleidung um das Bett und die feinen Tischdecken. Ich zählte vier Tische, von denen jeder mit Nippessachen vollgestellt war. Ich sah auch, daß sie ein eigenes Grammophon hatte sowie Berge von Puzzles, Büchern und Spielen.

Eifersucht stieg in mir auf. Warum sollte sie so viel haben, während meine Familie so wenig hatte? Dann erblickte ich das Mädchen, das an einem Berg von Kissen lehnte, und mein Unmut verschwand. Ihr Haar war ebenso schwarz wie das ihrer Mutter, aber dünner, strähnig hing es ihr um das blasse Gesicht. Mrs. Crawley verliehen die Augen einen Anstrich von Vitalität, aber die Augen von Frances waren glanzlos, sie schien teilnahmslos vor sich hinzustarren.

Mrs. Crawley ging zu ihr und legte ihr die Hand auf die Stirn.

»Wie geht es dir jetzt, mein Liebling? Sind die Kopfschmerzen besser geworden?«

»Ein bißchen, aber ich fühle mich krank«, wimmerte Frances. »Niemand hat mich heute nachmittag besucht. Kann ich mein Abendessen im Bett einnehmen? Ich fühle mich zu schlecht, um aufzustehen.«

»Natürlich.« Mrs. Crawley schob ihr ein Kissen hinter den Kopf.

»Betty wird es dir bringen. Von jetzt an wird sie sich um dich kümmern.«

Frances schaute mich an, und ich schaute sie an, wobei ich ein rasches Aufglühen in ihren Augen bemerkte.

»Wie alt bist du?« fragte sie.

»Ich bin im Sommer vierzehn geworden, Miss Frances.«

»Ich bin fünfzehn. Du siehst älter aus als ich. Du bist so groß.«

»Ja, das sagen viele.«

»Und du bist fett.«

In ihrem Blick lag ein Anflug von Bosheit. Ich wär ärgerlich, aber fest entschlossen, es nicht zu zeigen. Sie prüfte mich, sie wollte sehen, wie weit sie gehen konnte. Außerdem lag ein Körnchen Wahrheit in dem, was sie behauptete. Meine Mama war der Meinung, daß mein Übergewicht von unserer einseitigen Nahrung herrührte, die fast ausschließlich aus Brot oder Kartoffeln mit Soße bestand, und daß ich es verlieren würde, wenn ich ausgewachsen war. Verglichen mit Frances war ich wahrscheinlich tatsächlich fett.

»Das stimmt wohl«, sagte ich vorsichtig. »Aber meine Mutter meint, das verliert sich mit der Zeit.«

»Sie spricht wie ein gewöhnliches Mädchen aus dem Dorf.« Sie schaute ihre Mutter schmollend an. »Muß ich unbedingt ein so gewöhnliches Mädchen als Dienstmädchen haben, Mutter?«

Mary Crawley runzelte die Stirn. »Betty wird es mit der Zeit lernen, so wie wir zu sprechen. Außerdem wird sie viel freundlicher und hilfsbereiter sein als Polly oder Tante Hilda.«

Frances warf mir einen berechnenden Blick zu. Ich vermutete, daß sie sich überlegte, was ihr wichtiger war: der Vorteil, ein eigenes Dienstmädchen zu haben, das sie nach Herzenslust herumkommandieren konnte, oder meine Gewöhnlichkeit.

»Nun, ich nehme an, daß sie nichts dafür kann. daß sie fett ist, und ich kann ihr bessere Manieren beibringen ...« Plötzlich lächelte Frances ihre Mutter an. »Du bist so nett zu mir.«

»Du weißt, ich möchte, daß du glücklich bist, Liebling.«

Mrs. Crawley streichelte ihr über das Haar. »Nun laß ich euch beide allein. Ihr müßt euch besser kennenlernen. Betty wird sowohl eine Gefährtin für dich sein als auch dein Mädchen, Frances. Es wird angenehm für dich sein, jemanden in deinem Alter um dich zu haben, mit dem du reden kannst.«

»Ja, das nehme ich an.« Frances zog einen Flunsch. »Kannst du nicht noch ein bißchen bei mir bleiben? Manchmal glaube ich, daß du dich überhaupt nicht um mich kümmerst.«

»Du weißt, daß das nicht wahr ist. Ich bin beschäftigt, das ist alles. Jetzt muß ich mich zum Abendessen umziehen. Dein Vater wird bald nach Hause kommen, und du weißt, wie sehr er es haßt, warten zu müssen.« Sie lächelte, nickte mir zu und verließ das Zimmer.

Unmittelbar darauf stellte ich fest, daß Frances sich veränderte. Sie setzte sich auf, und die zur Schau getragene Apathie fiel von ihr ab. Offensichtlich hatte sie sie nur ihrer Mutter wegen an den Tag gelegt. Sie war sehr raffiniert!

»Ich bin zart«, verkündete sie mit einem frohlockenden Lächeln. »Das bedeutet, ich muß immerzu bedient werden. Du mußt alles tun, was ich will. Du kannst damit anfangen, mir den Karton mit Milchschokolade zu bringen, der auf dem Tisch beim Fenster steht – und meine Kissen müssen neu aufgeschüttelt werden.«

Ich biß die Zähne zusammen. Jetzt hatte ich die wirkliche Frances vor mir, und sie gefiel mir ganz und gar nicht. Es war offensichtlich, daß sie das Gefühl, Macht zu haben, genoß, und ich spürte, daß sie mich mit einer seltsamen Spannung beobachtete, als ob sie darauf wartete, daß ich die Geduld verlor. Ich antwortete sanftmütig: »Ja, Miss Frances.«

Ich holte ihr die Süßigkeiten. Sie waren noch immer rationiert; irgend jemand mußte beachtliche Anstrengungen unternommen haben, um sie für sie zu bekommen. Sie nahm mir den Karton ab und lehnte sich vor, während ich die Kissen aufschüttelte und neu arrangierte.

»Nicht so«, brummte sie. »Ich brauche eins hinter dem Kopf.«

Ich machte einen zweiten Versuch und schlug fest auf die Kissen ein, wobei ich mir vorstellte, sie wäre es.

»Das ist besser.« Ihre dunklen Augen glitzerten, und ich war ganz sicher, daß sie erriet, was ich dachte. Sie wollte, daß ich irgend etwas tat, was sie ihrer Mutter berichten konnte.

»Jetzt bring mir das Buch *Die Erben von Clonmere* von

Daphne du Maurier. Da drüben liegt es. Ich nehme doch an, daß du lesen kannst?«

»Oh ja.« Ich nahm das Buch in die Hand. »Ich habe dieses hier gelesen, ebenso *Gasthaus Jamaica* und *Rebecca*. Im Augenblick lese ich *Moll Flanders* von Defoe.«

Sie starrte mich an. »Meine Mutter würde mir nie erlauben, das zu lesen. Es ist ein abscheuliches Buch.«

»Woher weißt du das, wenn du es nicht gelesen hast?«

»Weil es sich um ... Nun, ich weiß eben, daß es abscheulich ist. Nur gewöhnliche Mädchen lesen solche Bücher. Ich vermute, du hast auch *Lady Chatterley* gelesen?« Herausfordernd sah sie mich an.

»Ja, das stimmt.«

»Lügnerin Du kannst es nicht gelesen haben, es ist verboten worden.«

»Doch. Ein Freund meines Vaters hat ein Exemplar in die Hände bekommen, als er bei der Armee war. Mein Vater hat es im Schuppen versteckt, aber ich habe es gefunden und gelesen. Jedes Wort.« Trotzig fügte ich hinzu: »Nur einige Stellen sind anstößig.«

Sichtlich eingeschüchtert schaute sie mich schweigend an. Dann sagte sie: »Du bist keine Dame. Wie kannst du beurteilen, was anstößig ist und was nicht?«

Ich holte tief Luft und zählte bis zehn. »Soll ich Ihnen jetzt das Abendbrot holen?«

Meine Selbstbeherrschung war anscheinend eine Enttäuschung für sie. »Ja, ich denke schon.« Sie wühlte in dem Schokoladenkarton. »Nur ein wenig Suppe und ein Rührei. Ich bin nicht hungrig.«

Ich erwiderte nichts darauf, aber ich dachte mir, daß es kaum überraschend war, wenn sie immerzu Süßigkeiten aß. Ich hatte den Eindruck, daß ihre Mutter ihr gegenüber zu nachsichtig war. Sicher, es war besorgniserregend, daß sie sich so leicht erkältete, aber das war bestimmt kein Grund, ihr jede Laune durchgehen zu lassen.

»Gut, Miss«, sagte ich. Das Wasser lief mir im Munde zusammen, als sie ein Stück Schokolade mit Orangencreme verzehrte. Ich war so hungrig!

»Sag nicht immer Miss zu mir. Das klingt albern. Du kannst mich Frances nennen.«

»Ihre Mama ist vielleicht nicht damit einverstanden.«

»Sie läßt mich tun, was ich will, weil es ihre Schuld ist, daß ich krank bin.«

»Das ist nicht sehr nett, daß Sie so etwas über Ihre Mama sagen.«

»Es ist wahr – und sie ist meine *Mutter*. Bitte versuch, nicht so gewöhnlich zu sein.«

»Ich werde es versuchen, Miss ... Frances.«

»So ist es besser. Tu, was ich dir sage, und ich sorge vielleicht dafür, daß du hierbleiben darfst.«

Meine Wangen glühten, und es juckte mich in den Händen, sie zu ohrfeigen, aber ich hielt den Kopf hocherhoben, als ich das Zimmer verließ. Draußen blieb ich einen Augenblick lang stehen, um mich zu beruhigen, bevor ich auf dem gleichen Weg zurückging, auf dem ich hergekommen war. Kein Wunder, daß Mrs. Crawley mir gesagt hatte, die Leute hielten sie für verwöhnt.

Um meinen Ärger schneller zu überwinden, schaute ich mich um. Obwohl es Elektrizität im Haus gab, wurden die oben gelegenen Korridore von Petroleumlampen beleuchtet. Ich vermutete, daß sie einen kleinen Generator hatten, der nicht stark genug war, um das ganze Haus zu versorgen. Die meisten Häuser im Dorf hatten auch bereits Anschluß an das Elektrizitätsnetz, aber nur in den größeren wurden mehr als einige Lampen, das Radio und ein Kocher davon gespeist. Mir gefiel das gelbliche Licht dieser Lampen. Wegen des Krieges benutzten viele Leute sie, um elektrischen Strom für die Industrie einzusparen.

Als ich die Treppe hinuntergegangen war, zögerte ich, weil ich nicht mehr genau wußte, welche der drei Türen in der Halle zur Küche führte. Ein dünner Lichtstrahl schimmerte unter einer der Türen hervor, und als ich nähertrat, hörte ich aus dem Raum dahinter Stimmen.

»Sie urteilen zu hart über das Mädchen. Ich habe den Eindruck, daß sie nett und gescheit ist.«

Das war Joes Stimme. Sie redeten anscheinend über mich!

Ich wußte nicht, was ich tun sollte.

»Zu gescheit, das ist es ja gerade.« Das war natürlich Mrs. Jackson.

»Das ist nicht fair. Geben Sie ihr eine Chance.«

»Sie ist eine Cantrel, oder? Das ist eine üble Sippschaft. Ihr Vater ist ein Säufer – und ihr Großvater war ein Dieb.«

»Der alte Cantrel hat ein bißchen gewildert, ein paar Kaninchen und einen oder zwei Fasane. Da haben einige andere in den letzten Jahren mehr angestellt, das kann man nicht als ein schweres Verbrechen bezeichnen.«

»Es gibt aber Leute, die es so sehen«, brummte Mrs. Jackson. »Und sein Sohn, was hat er getan, als wir anderen schwer für den Sieg geschuftet haben? Er saß im Wirtshaus herum, statt Gemüse anzubauen.«

»Meine Mama sagt immer, Wildern ist das Vorrecht des Armen.«

Eine dritte Stimme erklang, die Stimme einer jungen Frau. »Wie ist sie, Joe? Ich weiß, wie sie aussieht, ich habe sie in der Kirche gesehen. Aber was für ein Mädchen ist sie?«

Zitternd vor Empörung stieß ich die Tür auf, bevor sie mich in Stücke reißen konnten wie meinen Vater.

Alle Blicke wandten sich mir zu. Mrs. Jackson stand am Tisch und schnitt Brot, Joe saß im Schaukelstuhl am Feuer, und ein etwa achtzehnjähriges Mädchen rührte irgend etwas um in einer Pfanne, die auf dem Küchenherd stand. Sie war drall und hübsch und ebenso neugierig auf mich wie ich auf sie. Ich bewunderte ihr kastanienbraunes Haar und ihre blauen Augen, dann schaute ich zu Mrs. Jackson hinüber.

»Ich soll Miss Frances das Abendessen hochbringen. Sie möchte Suppe und ein Rührei.«

»Ach wirklich?« Sie preßte die Lippen zusammen. »Warum kann sie nicht das gleiche essen wie alle anderen?«

»Weil sie nicht besonders hungrig ist.«

»Und wir wissen alle, warum, oder? Mary belegt alle Zuteilungen an Süßigkeiten für das Mädchen mit Beschlag. Also meinetwegen, solange du nicht von mir erwartest, daß ich ihr das Essen zubereite. Ich habe auch so genug zu tun, ohne Frances zu verzärteln. Ich bin Eben zuliebe hergekommen, als es Mary nicht gutging, aber ich lasse mich nicht wie eine unbezahlte Haushälterin behandeln. Das Kochen ist eine Sache, aber eine andere ist es, jeden Tag treppauf, treppab zu rennen wegen eines Mädchens, das durchaus in der Lage ist ...«

»Ich mache ihr das Rührei, wenn Sie mir zeigen, wo die Dose mit dem Eipulver steht.«

»Wir haben dieses blöde Pulver gar nicht.« Das Mädchen legte den Löffel hin und lachte. Sie kam zu mir herüber. »Wir verwenden nur richtige Eier. Ich bin Polly Baxter. Ich bin froh, daß du hergekommen bist, Betty. Wir haben genug Arbeit, auch ohne uns die Hacken abzulaufen für Miss Frances. Und meistens ist sie gar nicht richtig krank ...«

»Hör auf zu tratschen und kümmere dich um die Suppe«, sagte Mrs. Jackson warnend.

»Sie wird nicht gleich davon sterben. Betty sollte Bescheid wissen. Sie wird sich jetzt um Miss Frances kümmern.« Polly lächelte mir zu. »Die Eier sind in der Speisekammer, und alles, was du sonst noch brauchst, befindet sich im Küchenschrank oder direkt neben dem Herd.« Sie zeigte auf eine Reihe von Pfannen. »Kannst du mit dem Herd umgehen? Der Kocher hat seine Mucken, wir benutzen ihn nur selten.«

»Ich bin von zu Hause an einen Herd gewöhnt. Danke, Polly.«

Bald hatte ich alles auf dem Tablett angeordnet, da kam mir in letzter Minute noch eine Idee. Ich bat um eine dünne Scheibe Brot, bestrich sie mit Butter und streute Salz darauf.

»Das ißt sie nicht«, brummte Mrs. Jackson.

»Unser Joe zu Hause mag es, wenn man ihm das Brot in Streifen schneidet. Vielleicht bekommt auch Miss Frances dann Appetit.«

»Halt dich nicht auf, sondern komm sofort zurück, um selber zu Abend zu essen.«

Ich nickte und hob das Tablett auf. Der Weg zu Frances' Zimmer war weit. Trotz der Silberdeckel würde das Essen wohl kalt werden. Ich hörte irgendwo in der Ferne einen

Hund heulen. Es klang nicht so, als ob er auf der Farm wäre, sondern viel weiter weg, irgendwo tief im Marschgebiet. Mir wurde traurig und beklommen zumute.

Ich eilte weiter zu Frances' Zimmer. Sie hatte die Nachttischlampe angeknipst und las in dem Buch, das ich ihr gegeben hatte. Ich stellte das kleine Tablett, das genau auf ihren Schoß paßte, auf das Bett und nahm die Deckel ab.

»Geh noch nicht«, sagte sie, als ich mich umwandte. »Bleib bei mir, wenn ich esse. Du kannst dich auf die Bettkante setzen.« Ich gehorchte und dachte sehnsüchtig an mein eigenes Abendessen. Sie nahm einen Löffel Suppe, dann stieß sie den Teller beiseite. »Zu salzig.«

»Ich werde versuchen, Ihre Suppe nächstesmal zu schöpfen, bevor das Salz hineingegeben wird. Warum essen Sie nicht das Ei statt dessen?«

Sie antwortete nicht, nahm aber einen Streifen Butterbrot. Sie nahm etwas von dem Ei mit der Gabel auf, dann biß sie in das Brot. Vergeblich wartete ich auf irgendeine Bemerkung von ihr. Innerlich lächelte ich, als ein Streifen Brot nach dem anderen verschwand.

Als sie fertig war, durfte ich endlich gehen. Mein Magen knurrte; Stunden waren vergangen, seit ich etwas gegessen hatte, und auch da nur Marmeladenbrot. Die Erinnerung an den Duft des brutzelnden Essens ließ mir das Wasser im Munde zusammenlaufen, und ich ging so schnell wie möglich. Es war unendlich lange her, seit wir daheim zuletzt Fleisch gegessen hatten. Wegen des Krieges war Fleisch immer noch knapp und teuer, aber Polly hatte etwas zubereitet, das sehr gut roch.

Als ich zu der Tür von Mary Crawleys Wohnzimmer kam, stellte ich fest, daß die Tür ein wenig offenstand. Stimmen drangen heraus.

»Du hast nicht das Recht gehabt, die Tochter von diesem Mann in mein Haus zu holen, Mary«, sagte eine Männerstimme. »Du weißt, wie ich zu ihm stehe.«

»Ihre Mutter ist eine anständige Frau, Eben. Elizabeth Chilton kommt aus einer guten Familie. Wir haben zusammen die Schule besucht. Ich fühlte mich einfach verpflichtet, etwas für sie zu tun. Und der Pfarrer wußte nur Gutes über Betty zu berichten.«

»Sie ist eine Cantrel. Ich habe ihren Vater ertappt, wie er hinter den Küken her war, und ihn von meinem Grundstück geworfen. Er hat sich entschuldigen und auf den Krieg berufen wollen und auf hungernde Kinder, aber ich wollte mir diesen Unsinn nicht anhören. Ich habe geschworen, daß ich Cantrel abschieße, wenn er jemals zurückkommen sollte, und das war mein voller Ernst.«

»Er wird nicht herkommen und ihre Mutter ebensowenig. Bitte, sei nicht so schwierig, Eben. Du weißt, daß etwas geschehen mußte. Polly hat gedroht zu gehen, als Frances unhöflich zu ihr war. Es ist schwer, heutzutage Mädchen zu finden, die bereit sind, im Marschgebiet zu leben – das ist verständlich, denn sie können ja in der Fabrik arbeiten. Ich weiß nicht, was wir anfangen sollen, wenn Polly geht. Das liegt natürlich alles an diesem elenden Krieg.«

»Wundert es dich, daß Polly mit Kündigung drohte, so wie Frances sich aufführt? Du hast sie so verwöhnt, daß sie völlig unerträglich geworden ist.«

»Es ist nicht fair von dir, mich zu kritisieren. Frances ist zart.«

»Verdammt! Das Mädchen ist unerziehbar, und das ist ganz allein deine Schuld.«

»Wenn du vielleicht ein weniger freundlicher zu ihr …«

»Verdammt, Mary! Jetzt bist du unfair. Ich bin nie unfreundlich gewesen zu dem Mädchen. Es gefällt mir nicht, daß du sie in Watte packst, aber ich habe sie nie angerührt, oder?«

»Aber du liebst sie nicht, und das spürt sie.«

»Ich habe mir einen Sohn gewünscht. Und ihretwegen habe ich dich beinah verloren.« Seine Stimme wurde sanfter. »In gewisser Weise habe ich dich tatsächlich verloren. Dafür ist sie nur ein armseliger Ersatz.«

»Bitte schau mich nicht so an.« Mrs. Crawleys Stimme klang gequält. »Es ist wohl nicht meine Schuld, daß ich dir keine richtige Ehefrau mehr sein kann.«

»Ich weiß, daß der Arzt gesagt hat, es wäre gefährlich für

dich, wenn du zu schnell nach der Geburt von Frances wieder ein Kind haben würdest. Aber jetzt bist du viel kräftiger geworden.« Einen Augenblick lang herrschte Stille. Dann sagte er: »Mary. Meine geliebte Mary. Du fehlst mir so im Bett ...«

Ich hörte den rauhen, bittenden Klang seiner Stimme, und ein Schauder rann mir über den Rücken. Es war nicht in Ordnung, daß ich diese privaten Probleme mitanhörte, aber ich hatte Angst, an der Tür vorbeizugehen.

»Oh, um Himmels willen. Nein, Eben!«

Marys Stimme klang laut und ärgerlich. Ich hörte ein seltsam ersticktes Stöhnen, und dann wurde die Tür mit einem Knall zugeschlagen. Erleichtert atmete ich auf und fing an, an der Tür vorbeizuschleichen, aber plötzlich ertönte eine Stimme hinter mir. Vor Schreck machte ich einen Sprung. Ich warf einen Blick über die Schulter und sah einen Mann. Mein Herz klopfte wild. Jetzt hatte man mich ertappt!

»Der Lauscher an der Wand hört seine eig'ne Schand'«, sagte er. Seine Augen blitzten spöttisch. »Das geschieht dir recht, Betty Cantrel.«

»Ich ... Ich hatte einfach Angst, an der Tür vorbeizugehen«, sagte ich in dem Versuch, mich zu verteidigen. »Ich wollte nicht lauschen.«

Ich starrte ihn an und fühlte mich ganz elend vor Angst. Wer war er? Offensichtlich kannte er meinen Namen. Als ich so dastand, unfähig, mich zu bewegen, kam er auf mich zu, und ich spürte das feine Aroma von Brylcreme. Als ich ihm ins Gesicht blickte, fingen meine Knie an zu zittern. Er sah so sonderbar aus. Auf den ersten Blick war er keineswegs hübsch. Seine Nase wies einen kleinen Höcker auf, so als wäre sie einmal gebrochen gewesen, und sein Mund war schmal und wirkte ein wenig grausam. Vielleicht war es auch nur sein verzerrtes Lächeln, das mich auf diesen Gedanken brachte. Die Farbe seiner Augen ließ sich nicht bestimmen. Einen Augenblick lang schienen sie grün zu sein, aber dann, als er sie zusammenzog und mich so intensiv anstarrte, daß mein Puls zu jagen begann, hatten sie die Farbe von Rauch über einem Holzfeuer. Eine dunkle Haarsträhne war ihm über die Brauen gefallen. Als er die Hand hob, um sie zurückzustreichen, prallte ich unwillkürlich zurück.

»Hast du Angst vor mir?« fragte er. »Was bist du für ein furchtsames Geschöpf.«

»Nein, das stimmt nicht.«

»Wirklich nicht?« Sein leises Lachen wirkte wie eine Drohung auf mich. Er hatte etwas an sich, das mich einschüchterte. Ich hatte das Gefühl, daß er launisch war, unberechenbar, und daß er zu allem fähig sein könnte. »Soll ich deinen Mut mal auf die Probe stellen, Kindchen?«

Meine Haut prickelte, als ich ihm in die Augen blickte, und mir war zumute, als ob ich auf dem Rand einer Klippe entlangging. Ich hatte gehört von Männern wie ihm, und ich wußte, daß früher, in den schlechten, alten Tagen, wie mein Papa sagte, viele Mädchen ihre Stellung verloren hatten wegen der unerwünschten Aufmerksamkeiten, die ein männliches Mitglied der Familie ihnen erwiesen hatte. Ich straffte mich, bereit zur Flucht. Aber irgendwie hatte ich den Eindruck, daß er mich nur auf die Probe stellen wollte. Deshalb nahm ich mir vor, ihn dazu zu zwingen, Farbe zu bekennen. –

«Wenn Sie mich anrühren, werde ich schreien. Ich weiß nicht, wer Sie sind, aber …«

»Das schwarze Schaf, oder vielleicht sollte ich besser sagen, der Bock.« Er hob eine Braue, als er mich anschaute, was seinen boshaften Gesichtsausdruck noch verstärkte. »Erzähl mir bloß nicht, daß niemand dich vor dem Teufel Nathan Crawley gewarnt hätte.« Er sah mein verblüfftes Gesicht und spitzte die Lippen zu einem lautlosen Pfeifen. »Das überrascht mich. Ich war sicher, einer von ihnen würde das bereits übernommen haben. Nun, Betty, jetzt weißt du es. Eben ist mein Onkel, mein lieber, reizender Onkel Eben.«

Er hatte das Gesicht spöttisch verzogen, und aus seiner Stimme klang Bitterkeit.

»Sie machen mich nervös. Es tut mir leid, wenn ich etwas belauscht habe, was nicht für meine Ohren bestimmt war. Darf ich jetzt gehen? Ich habe noch kein Abendessen bekommen.«

»Und ich halte dich auf, was bin ich nur für ein Rüpel.« Immer noch lächelte er ein wenig ironisch, aber nicht mehr so aufreizend. »Wie alt bist du?«

»Vierzehn, Sir.« Er muß etwa ein- oder zweiundzwanzig sein, dachte ich. Er sah aus wie ein Mann, der im Krieg bei den bewaffneten Streitkräften gewesen war. Irgend etwas in seinem Blick deutete darauf hin.

»Du bist ein großes Mädchen, Betty.« Sein Blick beunruhigte mich. »Bist du sicher, daß du erst vierzehn bist?«

»Ja, Sir. Frances sagt, ich sei fett.«

»Ah, meine Cousine.« Er grinste. »Sie ist ein verwöhnter Fratz, du darfst dich von ihr nicht unterkriegen lassen. Durch ihre Krankheit ist sie rastlos und manchmal grausam geworden. Sie braucht jemanden, der freundlich zu ihr ist. Wirst du freundlich sein, Betty?«

»Ich werde es versuchen.« Ich trat von einem Fuß auf den anderen und versuchte, das Tablett gerade zu halten. »Darf ich jetzt gehen?«

»Du bist ungeduldig, nicht wahr?« Majestätisch neigte er den Kopf. »Geh nur. Wir werden einander wiederbegegnen, es sei denn, du hättest dich bereits entschlossen, aus diesem Haus der Sünde zu fliehen.«

»Ich verstehe Sie nicht.«

Er lachte. »Um ehrlich zu sein, ich mich auch nicht. Achte nicht weiter auf mich, Kindchen. In dieser Stimmung bin ich kein passender Gefährte für ein Kind deines zarten Alters. Geh zurück in die Küche, Betty. Du amüsierst mich, und dann zeige ich mich immer von meiner schlechtesten Seite. Geh schnell, bevor ich meine Meinung ändere und dich verschlinge.«

Er machte eine Bewegung mit seinen Händen, als wolle er mich an sich reißen. Ich sprang zurück, stieß vor Schreck einen schrillen Schrei aus und lief davon, so schnell ich nur konnte.

Ich spürte, daß diese seltsamen, chamäleonartigen Augen mich beobachteten, als ich fortlief. Offensichtlich war ich nicht besonders willkommen in diesem Haus. Mr. Crawley wollte mich nicht hierhaben. Er und seine Schwester hatten meinen Vater als Taugenichts bezeichnet. Das war unfair, und ich ärgerte mich darüber. Es würde nicht leicht für mich sein, meine Stellung hier zu behaupten, aber ich war dazu gezwungen. Ich war fest entschlossen, hierzubleiben, und niemand würde es gelingen, mich zu vertreiben. Nicht einmal Nathan Crawley!

An diesem Abend ist ein gewisser Ehrgeiz in mir erwacht. Ich wollte etwas aus meinem Leben machen. Meine Mutter hatte auf all die günstigen Voraussetzungen, die sie besaß, verzichtet, aber die Welt änderte sich. Jetzt, wo der Krieg vorüber war, würde sich alles ändern. Wenn wir Zeit genug gehabt hätten, um unsere Wunden zu lecken, wollten wir eine neue Welt bauen – und ich war dabei, mir einen Platz darin zu sichern. Ich wollte so werden wie Frances Crawley, nur besser.

2. Kapitel

Alle waren schon fertig mit dem Essen, als ich in die Küche kam. Mrs. Jackson schaute mich strafend an, als sie mein Essen vom Herd nahm und den Teller vor mich hinknallte. Das Gemüse war braun geworden und das Fleisch trocken an den Rändern, aber es war eine richtige Fleischpastete! Sie schienen wirklich nicht allzu viele Entbehrungen zu ertragen auf der Willow-Farm. Es roch köstlich, und ich fing an zu essen, so schnell ich nur konnte. Ich war hungrig, und etwas so Gutes hatte ich zuletzt vor dem Krieg bekommen.

»Man möchte annehmen, du stirbst vor Hunger«, sagte Mrs. Jackson. »Ich verlange, daß man manierlich ißt an meinem Tisch. Ich weiß wirklich nicht, was deine Mutter sich dabei gedacht hat, dich so essen zu lassen.«

»Es tut mir leid. Ich habe nichts zu essen bekommen seit dem Frühstück, und das war nicht viel.«

»Ich habe schon Schweine mit besseren Manieren gesehen.«

»Oh, lassen Sie sie in Ruhe«, sagte Joe. »Morgen wird sie nicht mehr so hungrig sein. Geben Sie ihr das letzte Siruptörtchen.«

Ungläubig starrte ich auf das Törtchen. Wieviel Zucker und Sirup man dafür benötigt hatte! Irgend jemand mußte das Zeug unterm Ladentisch bekommen haben.

Mrs. Jackson machte ein finsteres Gesicht, aber sie stellte mir einen kleinen Teller hin. Das Törtchen war so saftig, daß es mir auf der Zunge zerging. Einen Augenblick lang glaubte ich, daß ich gestorben und in den Himmel gelangt sei. Dankbar lächelte ich Joe an. Er blinzelte mir zu, und mir wurde ganz warm ums Herz. Wenigstens einen Freund hatte ich in diesem Haus.

»Wenn du fertig bist, nehme ich dich mit nach oben«, sagte Polly und trocknete sich die Hände ab. »Ich kann später weiter abwaschen.«

Mrs. Jackson stimmte ihr zu. »Sie muß die Dienstkleidung anprobieren, und du kannst sie auch gleich in ihre Pflichten einweihen. Bring sie nachher wieder mit herunter. Wir wollen dann noch alle eine Tasse Tee zusammen trinken. Meine Füße bringen mich noch um. Manchmal habe ich den Eindruck, daß Mary gar nicht richtig würdigt, was ich alles in diesem Haus tue.«

»Das tut sie bestimmt«. sagte Joe beschwichtigend. »Ohne Sie würde sie nie zurechtkommen. Sie hätte nie die Zeit für alle ihre Versammlungen und karitativen Aufgaben, wenn Sie nicht wären.«

»Es ist schön zu wissen, daß wenigstens einer meine Arbeit zu würdigen weiß. Ich denke, ich sollte mich jetzt ein bißchen hinsetzen ...«

»Komm jetzt.« Polly lächelte mir zu. »Wo ist dein Gepäck?«

»Dies ist mein Koffer.«

Sie hob ihn hoch. »Er ist sehr leicht. Willst du nicht lange hierbleiben?«

Mir wurde heiß, das Blut schoß mir ins Gesicht. »Ich habe nicht viel mitgenommen. Meine Mama sagte, Mrs. Crawley würde mich mit Kleidung und anderen Sachen ausstatten.«

»Die Dienstkleidung, ja. Aber du brauchst auch ein Nachthemd.«

»Zu Hause schlafe ich in meinem Unterrock. Meine Mama hat nicht genügend Kleiderabschnitte, um uns allen Wäsche zu kaufen. Wir müssen uns halt behelfen.»

«Nun, das macht nichts. Ich glaube, ich habe ein Nachthemd, das dir passen müßte. Ich habe vorige Woche ein neues geschenkt bekommen von einer Freundin. Es ist aus Fallschirmseide. Jean hat sie von einem Freund bekommen, der bei der Luftwaffe ist.«

»Wer's glaubt, wird selig«, sagte Mrs. Jackson. »Eines schönen Tages wirst du in Schwierigkeiten geraten, Polly. Erstens ist es illegal, Fallschirmseide für Unterwäsche zu verwenden. Der Freund deiner Freundin kann vors Kriegsgericht kommen wegen Diebstahls.«

Polly zog eine Grimasse. »Oh, das tun doch alle«, sagte sie. »Sie sollten hören, wie die Mädchen alle rascheln, wenn sie am Samstagabend in der Halle des Pfarrhauses tanzen. Man kann es immer hören, wenn eine Fallschirmseide trägt.«

»Es ist nicht patriotisch, das meine ich.«

»Nun, der Krieg ist vorbei.« Joe grinste uns zu. »Frag deine Freundin doch, ob sie auch Amerikaner kennt, Polly. Vielleicht kann sie dir dann ein Paar Nylonstrümpfe besorgen.«

Polly seufzte. »Ich glaube, für ein Paar Nylons könnte ich jemanden umbringen. Jean geht nicht mit Amerikanern, ich fürchte, ich muß deshalb weiterhin Make-up für meine Beine verwenden.«

»Geht jetzt nach oben«, brummte Mrs. Jackson. »Und setzen Sie Polly keine fixen Ideen in den Kopf, Joe Morris. Daran leidet sie wirklich keinen Mangel. Seidene Nachthemden!«

Polly lachte, als sie mich hinaus in die Halle zog. »Joe ist kein schlechter Kerl. Ich habe ihn aufgezogen, als ich das mit den Nylons sagte. Ich würde es nicht wagen, sie in Sutton zu tragen, selbst dann nicht, wenn ich welche hätte. Wenn man Nylons trägt, weiß sofort jeder, daß man mit Amerikanern geht, und dann ist dein guter Ruf dahin. Du weißt, was sie dann alles über dich sagen.«

Ich lachte und nickte. Ich erinnerte mich an all den Klatsch über ein paar Mädchen im Dorf, die sich mit Amerikanern verabredet hatten, die in den Nachbarorten stationiert waren. Neuseeländer und Australier waren bei uns im Dorf einquartiert gewesen, einige wohnten direkt in dem Haus neben uns. Es waren Piloten, und sie flogen die Bombenflugzeuge, die auf dem Flugplatz Mepal standen. Wir kannten sie alle beim Namen. Abends, wenn sie zum Dienst gingen, waren Vera, meine Mama und ich zum Flugplatz gegangen und hatten uns in den Straßengraben am Ende der Startbahn geduckt, um die Flugzeuge zu zählen, wenn sie abflogen und wenn sie kurz nach der Morgendämmerung zurückkamen. Wir waren immer glücklich gewesen, wenn genauso viele zurückkehrten, wie abgeflogen waren, aber das war nicht oft der Fall gewesen.

Auf dem Korridor wandte ich mich der Treppe zu, aber Polly hielt mich zurück. »Nicht diesen Weg. Hat Mrs. Jackson dir unsere Treppe nicht gezeigt?« Sie öffnete eine Tür am Ende der Halle. »Diese führt zu unseren Schlafzimmern. Außerdem ist es ein Abkürzungsweg zu Miss Frances' Zimmer. Du gehst durch eine Tür am ersten Treppenabsatz und brauchst nicht an Mrs. Crawleys Wohnzimmer vorbei.« Sie sah meinen Gesichtsausdruck und kicherte. »Kein Wunder, daß du so lange gebraucht hast.«

»Ich bin aufgehalten worden.« Ich biß mir auf die Lippe. »Ist Nathan Crawley wirklich schlecht, Polly?«

»Du hast ihn also getroffen, nicht wahr? Nimm dich vor ihm in acht, Betty. Er war bei der Kriegsmarine, bis er im Oktober entlassen worden ist. Und ich wünschte mir, er wäre dort geblieben.«

»Warum?«

»Vor dem Krieg war es schon schlimm genug mit ihm, aber du weißt, was man von Seeleuten erzählt. Nun, in seinem Fall stimmt jedes Wort.«

Ich lachte. »Ich bin froh, daß du hier bist, Polly. Mrs. Jackson mag mich nicht.«

»Unter ihrer rauhen Schale ist sie nicht so übel. Außerdem hat sie eine ziemlich harte Zeit hinter sich.«

Ich war natürlich neugierig, aber ich stellte keine Frage, um Polly nicht zu verärgern.

»Da sind wir.«

Vom oberen Treppenabsatz führte Polly mich zu der zweiten Tür, die von der Halle abging. Ich folgte ihr in den dahinterliegenden Raum. Da stand ein Doppelbett und ein Kleiderschrank mit einem Spiegel, der so groß war, daß man sich von Kopf bis Fuß darin sehen konnte; außerdem gab es eine Kommode mit vielen Schubladen, und der Fußboden wurde fast ganz von einem viereckigen Teppich mit einem Blumenmuster bedeckt. Am meisten aber zog ein Waschbecken aus Porzellan mit Hähnen für warmes und kaltes Wasser meine Aufmerksamkeit auf sich. Es war toll, fließendes Wasser im Schlafzimmer zu haben. Ein echter Luxus nach dem Leben in unserem Häuschen. Neben dem Bett stand ein Stuhl, über den ein seidenes Nachthemd ausgebreitet worden war, und die Kommode war bedeckt von Pollys Sachen. Ich sah eine Zeitschrift über Filmstars mit einem Bild von Clark Gable in *Vom Winde verweht*, einen Lippenstift und Rouge. Das ganze Zimmer roch nach ihrem Parfüm, das sehr stark war und nach Rosen duftete. Ich fühlte mich wie ein Eindringling.

»Stört es dich nicht, das Zimmer mit mir teilen zu müssen?«

»Ich war nicht sehr erfreut, als Mrs. Jackson es mir sagte, aber jetzt, wo ich dich kennengelernt habe, stört es mich nicht mehr.«

Sie nahm zwei ausgebleichte Nachthemden aus der Kommode. »Die kannst du haben, Betty. Sie sind alt, aber man kann sie noch eine Weile tragen. Deine Dienstkleider sind neu, sie sind extra für dich angefertigt worden.«

Sie öffnete den Kleiderschrank, nahm zwei dicke Blusen und einen Rock heraus und legte sie aufs Bett. Dann nahm sie ein dunkelblaues Wollkleid und ein paar Schürzen heraus. »Rock und Blusen sind für die Woche gedacht, das Kleid für Sonntag.«

Ich schaute mir die Sachen an. Ich war ärgerlich, weil Mrs. Jackson sie Dienstkleidung genannt hatte, aber wenigstens waren sie neu. Ich hatte es so satt, Flicken aufzusetzen, Kragen umzuwenden und immer wieder Ausbesserungen vorzunehmen. In den Zeitungen wurden die Frauen immer gelobt, weil sie sich soviel Mühe gaben, aber ich war insgeheim begeistert beim Anblick meiner neuen Sachen.

»Sie sind fast so schön wie die Sachen von Miss Frances.«

Polly lachte. »Nicht ganz, obwohl der Stoff gut ist, besser als das, was man heutzutage kaufen kann. Mrs. Crawley war schlau. Sie vermutete, daß alles knapp werden würde, wenn der Krieg ausbricht, und sie hat vorher schon viele Stoffballen gekauft und sie in den Wäscheschränken aufbewahrt. Das war natürlich nicht alles, was sie beiseite gelegt hat.«

»Das war nicht sehr patriotisch von ihr, oder?«

»Patritotismus ist etwas für die Armen. Es gibt immer Mittel und Wege, Luxuswaren zu bekommen, wenn man genügend Geld hat. Wenn jemand mehr als zwanzig Hennen hat, erwartet man, daß er die Eier an das Ministerium für Ernährung schickt, aber viele Eier und Küken finden ihren Weg in Mrs. Jacksons Speisekammer, gar nicht zu reden von den Schinkenseiten, die nie einen blauen Stempel gesehen haben. Aber darüber beklagt sie sich nicht.«

Ich stand vor dem Spiegel und hielt das blaue Kleid vor mich. »Gehst du sonntags in die Kirche, Polly? Ich gehöre eigentlich zum Chor, aber ich fürchte, daß ich jetzt nicht mehr zu den Proben gehen kann.«

»Du singst gern, nicht wahr? Ich habe dich in der Kirche gehört. Aber ich gehe nicht jede Woche hin.« Polly schaute mich an. »Mrs. Crawley geht immer hin. Wenn du sie fragst, kannst du mit ihr gehen, nehme ich an. Mrs. Jackson bleibt meistens zu Hause, um das Mittagessen vorzubereiten.«

»Und Miss Frances?«

»Ihre Mutter spricht einige Gebete mit ihr zusammen, bevor sie aufbricht. Manchmal nimmt sie Frances mit, im Sommer.« Polly verzog das Gesicht. »Mr. Crawley kümmert sich meist überhaupt nicht darum. Er sagt, seine Frau betet genug für sie beide. Aber sag niemandem, daß ich dir das erzählt habe, hörst du.«

»Nein, natürlich nicht. Wie ist Mr. Crawley?«

Sie errötete leicht. »Manche Leute glauben, daß er ein hartherziger Mann ist, aber ich mag ihn. Joe sagt, er behandelt die Leute anständig, obwohl er eine rauhe Sprache spricht. Zu mir ist er immer nett gewesen. Ich weiß, daß man sagt, Madame hätte unter ihrem Stand geheiratet, aber ich glaube, sie hat selber am meisten davon profitiert.«

»Wie meinst du das?«

Sie wich meinem Blick aus. »Kümmer dich nicht darum. Ich rede zuviel. Probier deine Sachen an. Laß mich sehen, ob sie dir passen.«

Das blaue Kleid stand mir ausgezeichnet. Ich bewunderte

mich in dem Spiegel. Der Spiegel meiner Mama war ganz fleckig, und ich habe mir nur selten die Mühe gemacht, ihn zu benutzen. Jetzt konnte ich sehen, daß mein dunkles Haar dicht und glänzend war. Wo das Lampenlicht darauffiel, schien es ins Rötliche zu spielen. Ich mußte aber auch feststellen, daß Frances recht hatte. Ich war zu dick. Über meinen Brüsten spannte der Stoff, ich hatte fast keine Taille, und meine Hüften waren zu breit.

Polly machte mir Mut. »Du siehst großartig aus darin«, sagte sie. »Es ist schade, daß du es nur sonntags tragen darfst. Zieh jetzt eine Bluse an und den Rock. Deine eigenen Sachen kannst du tragen, wenn du an deinem freien Tag nach Hause gehst.«

Ich hängte mein altes Kleid in den Kleiderschrank. Es sah so schäbig aus neben Pollys Sachen, daß ich mich schämte. Bevor ich hierher kam, war es mir nicht so schlimm erschienen, arm zu sein. Jetzt wunderte ich mich nicht mehr, daß Mrs. Jackson die Nase über uns gerümpft hatte. Die Kleidung meiner Mutter war womöglich noch ärmlicher als meine.

Ich brauchte nicht viel Zeit, um meinen Koffer auszupakken. Dann zog ich mich rasch um und ging mit Polly wieder nach unten. Der Küchentisch war inzwischen abgeräumt worden. Jetzt standen eine große braune Teekanne darauf und vier blauweiße Tassen und Untertassen. Es herrschte eine entspannte Atmosphäre, die Alltagssorgen schienen vergessen zu sein. Joe lächelte mich freundlich an und zeigte auf einen Stuhl, der neben ihm stand. Dankbar nahm ich dort Platz.

»Wie ist es heute gegangen, Joe?« fragte Mrs. Jackson, als sie sich hinsetzte. »Mit Nathan, meine ich. Wird er sich anfreunden mit seiner Arbeit, jetzt, wo der Krieg vorbei ist? Was denken Sie?«

Joe nahm eine Pfeife aus einem Gestell, das hinter ihm an der Wand hing, und stopfte sie mit duftendem, dunklem Tabak, dann beugte er sich zu der offenen Feuerstelle vor, um eine dünne Wachskerze anzuzünden. Er antwortete erst, als er einen tiefen Zug getan hatte.

»Ich habe da meine Zweifel. Er kann arbeiten, wenn er will. Und es gibt niemanden, der besser mit den Pferden umgehen kann und mit dem Traktor, aber er ist nicht mit dem Herzen dabei. Man kann das auch kaum erwarten nach der guten Erziehung, die er genossen hat.«

»Er wäre auf die Universität gegangen, wenn der Krieg nicht dazwischengekommen wäre. Denken Sie, daß er die Absicht hat, jetzt dorthin zu gehen?«

»Ich habe mich das auch gefragt.« Joe zog an seiner Pfeife, und der beißende Tabakgeruch drang mir in die Nase. Ich fand das ganz angenehm, es gefiel mir. »Irgendwie habe ich das Gefühl, daß unser Mr. Nathan es nirgends lange aushalten wird zwischen vier Wänden, jetzt, wo er den Geschmack der Freiheit kennengelernt hat. Ich war überrascht, daß er nach seiner Entlassung hierher zurückgekommen ist. Er hat nie ein Geheimnis aus der Tatsache gemacht, daß er die Marschgebiete nicht mag.«

»Eben wollte, daß er zurückkommt. Die Männer kommen jetzt langsam nach Hause, aber einige von ihnen kommen nie mehr.«

»Ja, das ist wahr. Ich kann mir aber nicht vorstellen, daß Mr. Nathan hier auf Dauer glücklich wird. Er ist rastlos geworden, der Bursche.«

»Vielleicht ist er der Meinung, daß er Eben einiges schuldig ist. Wenn er nicht für ihn ...«

»Das ist lange her«, sagte Joe. Er nahm seine Pfeife aus dem Mund, um in den Pfeifenkopf zu blasen. »Wenn er nicht in all diese Schulen geschickt worden wäre, als er noch ein Junge war, hätte er vielleicht mehr Interesse für das Land entwickelt.«

»Wir wissen alle, warum das geschehen ist. Mary konnte es nicht ertragen, daß er im Hause war, nachdem ...« Mrs. Jackson schnaubte verächtlich. »Wie Sie immer sagen, je weniger man darüber spricht, desto besser. Dieser Junge ist immer sehr wild gewesen. Sie haben ihn aus zwei Internaten hinausgeworfen. Der Frau des Direktors Damenschlüpfer an die Fahnenstange zu hängen – nie zuvor habe ich etwas Derartiges gehört! Und dann war da dieses Mädchen; als er erst sechzehn war …« Sie schaute mich an. »Es ist nicht nötig, daß über diese Dinge anderswo geredet wird. Verstehst du, Betty?«

»Ich bin keine Schwätzerin.«

»Es ist kein Geheimnis, daß Mr. Nathan aus der letzten Schule herausflog, weil er die Tochter von einem der örtlichen Bonzen verführt hat«, sagte Polly und lachte verstohlen. »Ich möchte wetten, daß einige Mädchen in unserem Ort Mr. Nathan auch kennen.«

»Ich hoffe nur, du hast genügend Verstand, um ihn auf Distanz zu halten.«

»Nathan ist nicht schlechter als die Amis«, sagte Joe. »Außerdem wird es jetzt anders sein als früher. Nathan ist kein Junge mehr. Er ist im Krieg gewesen. Er wird Vernunft angenommen haben.«

»Ist mir nicht aufgefallen«, sagte Polly spöttisch. »Aber ich habe bessere Aussichten.«

»Und welche?« Mrs. Jackson warf ihr einen finsteren Blick zu.

»Das geht Sie nichts an. Das ist meine Sache.«

»Hüten Sie ihre Zunge, Miss. Es wird ein schlimmes Ende mit dir nehmen, wenn du nicht vorsichtig bist, mein Mädchen.«

»Kein Streit, bitte.« Joe klopfte seine Pfeife aus. »Ich hätte gern noch eine Tasse Tee, Mrs. Jackson. Dann werde ich in mein Häuschen und gleich zu Bett gehen.«

»Ich werde auch nicht mehr lange aufbleiben. Meine entzündeten Fußballen bringen mich noch um. Mit meinen Füßen hab' ich viel auszustehen, ein richtiges Martyrium.« Sie schaute mich scharf an. »Es ist Zeit für dich, nach oben zu gehen.«

»Lassen Sie sie in Ruhe ihren Tee trinken«, sagte Joe. »Sie kann mit Polly zusammen raufgehen. Es ist alles etwas fremd für sie hier. Sie vermißt bestimmt ihre Familie.«

Wieder war ich Joe dankbar. Er hatte mich unter seine Fittiche genommen. An diesem Abend saß ich zum erstenmal neben ihm und hörte zu, wie sie über die Angelegenheiten der Farm und der Familie sprachen. Es sollten noch viele solche Abende folgen.

Ich war schon fast eine Woche im Haus, als ich zum erstenmal einen Blick auf Eben Crawley werfen konnte. Es war am frühen Morgen, ich sollte einen Krug Milch aus der Molkerei holen. In der Nacht hatte es Frost gegeben, und der Nebel lichtete sich nur langsam. Unter meinen Schuhen knirschte das Eis, und der Boden war festgefroren und rutschig.

Er kam aus der Dunkelheit auf mich zu. Ein hochgewachsener, untersetzter Mann mit drahtähnlichem, graumeliertem Haar. Er trug Reithosen und ein dickes Tweedjackett mit aufgesetzten Flicken an den Ellbogen. Seine dicken Lederstiefel hatte er mit Messingklammern unterhalb des Knies befestigt. Das vierkantige Gesicht war gerötet, und er hatte eine große, gekrümmte Nase. Auf keinen Fall konnte man behaupten, daß er gut aussah, aber in der Art, wie er durch den Hof strich, lag etwas Imponierendes. Ich hatte keine Ahnung, wer er war, aber mir war klar, daß es niemand anderer sein konnte als der Herr des Hauses. Er machte einen militärischen Eindruck, und während des Krieges hatte er bei der Bürgerwehr eine Rolle gespielt, denn für den aktiven Dienst im Heer war er schon zu alt. Nervös lächelte ich ihn an, als er mich anschaute, und ich bildete mir ein, daß er den Mund verzog. Ich wußte, daß er daran dachte, daß ich eine Cantrel war und keinerlei Beachtung verdiente. Stolz hob ich den Kopf.

»Guten Morgen, Sir.«

Er brummte irgend etwas – zur Not konnte man es als einen Gruß auslegen – und machte noch längere Schritte, als könne er nicht rasch genug den Abstand zwischen uns vergrößern. Ärger stieg in mir auf. Er hatte nicht das Recht, mich wie Dreck zu behandeln. Mein Stolz war verletzt, und ich streckte die Zunge heraus.

»Ich bin ebensoviel wert wie Sie, Eben Crawley«, murmelte ich zornig. »Und eines Tages werde ich es Ihnen beweisen.«

»Und wie willst du das anfangen?« Erschreckt sprang ich zur Seite, als ich ein leises Lachen hörte. »Ich bewundere deine Absicht, wenn ich auch nicht glaube, daß ihr eine Tat folgen wird.«

Ich fuhr herum. Mir wurde heiß, und ich war sehr ärgerlich, als ich Nathan Crawley erkannte, der sich diebisch zu amüsieren schien. »Ich habe Sie nicht gesehen, Sir«, sagte ich und spürte, wie ich rot wurde. »Sie haben kein Recht, sich so an mich heranzuschleichen.«

Er wurde sofort ernst. »Es ist nicht meine Gewohnheit, mich an andere Leute heranzuschleichen. Du hättest mich sehen müssen, wenn dein Stolz dir nicht so zu schaffen gemacht hätte, daß du deine Umgebung nicht mehr wahrnehmen konntest.«

Ich starrte auf den Boden, denn ich wußte, daß er recht hatte. Wenn er mich verriet, würde ich unverzüglich entlassen werden. Eben Crawley war nicht der Mann, der von seinen Angestellten Grobheiten hinnahm, schon gar nicht von einem Mädchen, das er sowieso verachtete.

»Es ... Es tut mir leid, Sir.«

Nathan nahm ein Zigarettenetui aus der Tasche, zog eine Zigarette heraus und zündete sie sich mit einem silbernen Feuerzeug an. Seine Bewegungen waren so langsam und absichtsvoll, daß mir klar war, daß er mich nervös machen wollte.

»Das gehört sich auch so, kleine Betty. Unhöflichkeit ist nur Zeitverschwendung. Wie wütend man dich auch macht, bleib immer ruhig. Wenn du es erst einmal gelernt hast, deine Gefühle zu beherrschen, bist du denjenigen gegenüber im Vorteil, die sich davon beherrschen lassen.«

Mir war nicht ganz klar, ob er sich lustig machte über mich oder ob er mir einen guten Rat gab. Trotzig schaute ich zu ihm hoch. »Sind Sie Herr Ihrer Gefühle, Sir?«

»Nicht immer.« Seine Mundwinkel zuckten, und ich merkte, daß meine Unverfrorenheit ihm Spaß machte. »Manchmal ist es schwierig, aber du mußt es versuchen, Kind, genauso wie ich. Wir sind verwandte Seelen, du und ich.«

»Jetzt wollen Sie mich aufziehen.«

»Glaubst du?« Er zog die Brauen hoch. »Ich weiß, daß mein Sinn für Humor nicht immer von anderen geteilt wird.«

»Dann haben Sie mich also auf den Arm genommen, als Sie sagten, wir wären verwandte Seelen?«

»Nein.« Er machte ein nachdenkliches Gesicht. »Mein Onkel verachtet uns beide. Ich bin hier, weil er mich braucht, in Wirklichkeit aber hält er mich hier fest, weil er genau weiß, daß es der letzte Platz auf Erden ist, an dem ich sein möchte. Und du bist hier, weil es der frommen Mary so gefällt, und sie ist seine Achillesferse ...«

»Ich verstehe Sie nicht.«

»Jeder starke Mann hat seinen schwachen Punkt. Meistens ist es eine Frau. Wenn du klug bist, wirst du dich an Mary halten – aber vertrau nicht zu sehr auf dein Glück. Selbst Mary kann nicht mit Eben fertig werden, wenn er wütend ist.«

»Sie werden mich also nicht verraten?«

Er starrte mich einen Augenblick lang an, und ich merkte, daß er Mühe hatte, nicht zu lachen. »Ich überlege mir, ob ich nicht meinen Vorteil daraus ziehen kann«, murmelte er mit glitzernden Augen. »Was gibst du mir, wenn ich schweige? Das ist die Frage.« Er lachte laut los, als er sah, wie schokkiert ich war. »He, schau mich nicht so entsetzt an, Mädchen. So ein fürchterlicher Kerl bin ich gar nicht. Aber denk daran, daß du bei mir in der Kreide stehst, Betty. Vielleicht komme ich in den nächsten Tagen darauf zurück.«

Als er weiterschlenderte, holte ich tief Luft. Mir zitterten die Knie. Er hatte mir nichts Böses getan, aber er wirkte echt bedrohlich, und in seinen Augen lag etwas – etwas Geheimnisvolles, das unter der Oberfläche zu brodeln schien, als würde er von bösen Geistern gejagt. Auf mich wirkte er wie ein Filmstar. Ich wußte nicht, ob er Ronald Colman ähnlich war oder Gary Cooper oder Laurence Olivier. Vielleicht hatte er von allen dreien etwas. Ich war noch nicht oft im Kino gewesen. Aber ich hatte alle Filmjournale gelesen, die mir in die Hand gefallen waren. Dann schüttelte ich den Kopf und lachte über meine phantasievollen Ideen. Es war nichts Romantisches an Nathan Crawley, und er wurde auch nicht von Gewissensbissen verfolgt. Er war nicht besser als mein Vater, lüstern, selbstsüchtig und skrupellos. Ich mußte ihm aus dem Wege gehen.

Auch ohne die Komplikation durch Nathans Spielchen war mein Leben auf der Willow-Farm nicht leicht, und ich wußte nicht genau, welche Stellung ich hier eigentlich bekleidete. Manchmal vergaß Frances, die Herrin herauszukehren, und redete mit mir wie mit einer Gleichberechtigten, aber dann wieder schien sie mich für ihre Sklavin zu halten. Wenn sie schlechte Laune hatte, konnte sie sehr schwierig sein. Sie war dann voll innerer Unruhe, und wenn ich nicht haargenau alles tat, was sie wollte, konnte sie boshaft und grausam sein. Was ich auch tat, sie war nie zufrieden. Sie schien ihre Frustration an irgend jemand abreagieren zu müssen. Zum Teil konnte ich verstehen, warum sie sich so aufführte. Sie war einsam und unglücklich. Ich wußte, daß sie darunter litt, daß ihr Vater sich noch nicht ein einziges Mal die Mühe gemacht hatte, sie zu besuchen, seit sie im Bett lag.

Mrs. Crawley kam regelmäßig jeden Tag zu ihr. Vormittags verbrachte sie eine Stunde bei Frances und sprach mit ihr über die Bücher, die sie gelesen hatte. Mrs. Crawley glaubte, daß ihre Tochter eine umfassendere Bildung bekommen würde, wenn sie möglichst viele Bücher las. Die Bibliothek, die sie zu diesem Zweck angeschafft hatte, war sehr reichhaltig. Unter der Voraussetzung, daß wenigstens ein Teil des Tages ihrer Weiterbildung diente, konnte Frances viel Zeit darauf verwenden, das zu tun, wozu sie Lust hatte. Oft spielte sie ihre Platten oder hörte Radio. Sie liebte besonders »Music While You Work« und »Music Hall« von Sandy Macpherson, aber wenn ihre Mutter kam, wandte sie sich ihren Aufgaben zu.

Frances schmollte oft mit ihrer Mutter. Sie hatte anscheinend das Gefühl, daß ihre Mutter zuviel Zeit bei ihren Komitees verbrachte und zuwenig mit ihr. Und weil sie ihr das übelnahm, stellte sie sich oft kränker, als sie in Wirklichkeit war. Sie wollte ihre Mutter dafür bestrafen, daß sie sich zuwenig um sie kümmerte.

Ich war fest entschlossen, einen guten Eindruck auf meine Arbeitgeber zu machen, auch ohne Nathans Ratschläge. Seit ich zufällig das Gespräch zwischen Mr. und Mrs. Crawley gehört hatte, war ich davon überzeugt, daß Mary die Herrin im Hause war. Er bestimmte zweifellos alles, was draußen geschah, auf dem Hof und auf den Feldern, aber im Hause selbst war Marys Stimme ausschlaggebend. Eine leidenschaftliche Liebe zu seiner Frau beherrschte ihn, aber sie schien von ihr nicht erwidert zu werden.

Es kam mir merkwürdig vor, daß Eben Crawley anscheinend bitten mußte, wo mein Vater befahl. Trotz all seiner Fehler mußte mein Papa etwas an sich haben, was Eben fehlte. Wenn meine Mama nur etwas von dem Geld der Crawleys gehabt hätte, wäre sie die glücklichste Frau der Welt gewesen. Dann würde es keinen Krach mehr geben, und vielleicht würde mein Vater sogar mit dem Trinken aufhören. Aber in Marys Augen lag immer eine geheime Wehmut, trotz allem, was sie besaß.

Was mochte es sein, das sowohl Mary Crawley bedrückte als auch ihren Neffen? Ich hatte eine merkwürdige Atmosphäre in diesem Haus wahrgenommen, einen Schatten der Vergangenheit, der immer noch alle beeinflußte, die auf der Willow-Farm lebten. Vielleicht, dachte ich, waren es nur die Nachwirkungen des Krieges.

Es war nicht meine Angelegenheit, in den Geheimnissen derjenigen herumzuschnüffeln, für die ich arbeitete, aber meine Neugier war erwacht. Ich spürte den Schatten einer Tragödie und war fasziniert davon, zumal sie keinen Angehörigen im Kriege verloren hatten. Wie kam es, daß ich trotzdem manchmal das Gefühl hatte, in einem Trauerhaus zu wohnen?

Bald hatte ich mich an das tägliche Leben in meiner neuen Umgebung gewöhnt. Jeden Morgen stand ich um sechs Uhr auf. Nach dem ersten Frühstück holte ich den Teppichkehrer und half Polly dabei, die drei Empfangsräume im Erdgeschoß zu reinigen. Dann deckte ich den Tisch im Frühstückszimmer. Während die Familie aß, putzten Polly und ich das Badezimmer. Wie ich die Crawleys um das glänzend weiße Bad mit den schimmernden Hähnen beneidete! Oft öffnete ich die Töpfchen mit Badesalz und roch daran. Dabei stellte ich mir vor, wie es ein mochte, in einem Bad mit so teueren Zusätzen zu liegen. Dann räumten wir die Schlafzimmer auf. Eben und Mary hatten getrennte Schlafräume. Dann war es Zeit für mich, zu Frances zu gehen, die ihr Frühstück immer im Bett einnahm.

Ich war nicht verpflichtet, Polly zu helfen. Mrs. Jackson hatte es zwar vorgeschlagen, aber ich bezweifelte, daß sie darauf bestanden hätte, wenn ich es abgelehnt hätte. Die Arbeit fiel mir nicht schwer. Ich war jung, stark und voller Energie. Außerdem war Polly meine Freundin, und sie hatte wirklich viel zu tun. Ich fragte mich manchmal, wie sie das alles schaffte, aber sie wirkte nie müde und beklagte sich auch nie.

Das Zimmer von Nathan Crawley putzte im allgemeinen Polly, aber eines Morgens war ich schneller fertig mit dem Staubwischen als sonst und lief den Flur entlang, um ihr zu helfen. Ohne lange zu überlegen, stieß ich die Tür auf und hielt überrascht die Luft an, als ich sah, wie Polly versuchte, sich aus Nathans Armen zu befreien. Er lachte und versuchte, sie zu küssen, aber sie wehrte sich entschieden.

»Hören Sie sofort auf«, rief sie. »Wenn Sie mich nicht augenblicklich loslassen, werde ich es Ihrem Onkel sagen.«

»Polly, Polly«, schimpfte er. »Du machst dich selber zum Narren, wenn du ...« Als er mich sah, brach er mitten im Satz ab. »Warum tauchst du immer an Orten auf, an denen du nichts zu suchen hast?«

»Ich ... Es tut mir leid.«

»Von allen Schlafzimmern in allen Städten auf der Welt muß sie ausgerechnet in meins kommen.« Nathan sprach mit schleppender Stimme und rollte mit den Augen.

Ich starrte ihn verblüfft an.

»Oh, nein«, stöhnte Polly. »Er gibt wieder seine Humphrey-Bogart-Vorstellung. Sag ihm, wie garstig er ist, Betty.«

Der Groschen fiel, und ich lachte. »Aber er war gut, Polly«, rief ich. »Jetzt erinnere ich mich, ich habe den Film gesehen. *Casablanca* hieß er, nicht wahr? Aber er hat Gin-Kneipen gesagt, nicht Schlafzimmer.« Ich schaute Nathan an. »Fahren Sie fort, bitte.«

»Oh, Gott im Himmel, jetzt hast du ihm das Stichwort gegeben«, sagte Polly. »Jetzt wird er nicht mehr aufhören damit. Mr. Nathan ist ganz vernarrt in seine kleinen Späße.«

Plötzlich fiel mir wieder ein, daß ich ungebeten hier eingedrungen war, und ich wurde rot. »Ich bin gekommen, um dir zu helfen …«

Nathan verzog ironisch den Mund. »Ist es dir nicht in den Sinn gekommen, daß ich nackt sein könnte, Betty? Oder hast du vielleicht gehofft, mich zu überraschen?« Auf seinen Lippen lag ein Lächeln, das einwandfrei böse war.

Ich wurde knallrot, und Polly runzelte die Stirn. »Nein, Sir, fallen Sie nicht über sie her.«

»Es war meine Schuld. Ich hätte nicht so hereinstürmen dürfen.«

»Er will dich nur schockieren, Betty.« Polly schnitt eine Grimasse. »Das sind all diese bösen Dinge, die er bei der Marine gelernt hat. Komm, ich bin hier fertig.« Sie schob mich vor sich her aus der Tür und kicherte, als sie sie hinter sich ins Schloß zog. »Das wird ihm eine Lehre sein. In Zukunft putzen wir zusammen sein Zimmer. Er macht immer irgendeinen Blödsinn, aber diesmal war es am ärgsten. Und er macht es nur, um mir eins auszuwischen.«

»Wie meinst du das?«

Sie schüttelte den Kopf. »Es ist nicht wichtig. Was du nicht weißt, macht dich nicht heiß, sagte meine Mama immer, und sie hatte recht. Ich weiß nicht, wie er es anstellt, aber er scheint immer alles zu wissen.« Sie schauderte zusammen und bekreuzigte sich. »Manchmal glaube ich, daß er dem Teufel seine Seele verkauft hat.«

Ich starrte sie an, und mir war sehr unbehaglich zumute. Also hatte auch Polly das Gefühl, daß Nathan Crawley irgendwie unheimlich war!

»Was glaubst du, Polly, kann ein Mann wirklich seine Seele dem Teufel verkaufen?«

Sie blinzelte und lachte. »Natürlich nicht! Ich bin nur zu oft ins Kino gegangen. Es ist einfach so, daß er das selber zu glauben scheint, wenn er etwas haben will, auf das er kein Recht besitzt.«

»Ah, ich verstehe.« Das war nichts Unheimliches. Mein Vater war genauso.

Später erst fragte ich mich, was Polly wohl gemeint hatte, als sie sagte, Nathan würde immer alles wissen. Was konnte er über sie wissen? Warum glaubte er, daß er sie dazu zwingen könnte, zu tun, was er wollte?

Ich war schon fast einen Monat im Hause, als ich zufällig Pollys Geheimnis entdeckte. Frances hatte Kopfschmerzen. Sie war wieder einmal schlechter Laune und hatte mich fortgeschickt, damit sie schlafen könne. Ich war auf der Suche nach Polly. Sie hatte mir versprochen, daß sie mir zeigen wolle, wie man Frances' Seidenblusen bügelt. Als ich in die Küche kam, war Mrs. Jackson gerade beim Backen. Sie hatte die Ärmel bis zu den Ellbogen hochgerollt und knetete den Teig.

»Lauf und such Polly«, sagte sie. »Ich habe sie vor einer halben Stunde fortgeschickt, um ein paar Eier zu holen.«

Ich nahm meinen Mantel von einem Haken hinter der Tür und ging in den Hof hinaus. Ein Windstoß packte mich so stark, daß ich beinahe umgerissen wurde. Zitternd schlug ich meinen Kragen hoch. Wie ich den Wind haßte! Hier, wo nichts ihn aufhalten konnte, schien er fast noch heftiger zu wüten.

Ich hörte das Schlagen der Scheunentür, als der Wind sie packte. Ich wunderte mich, wer sie wohl offengelassen haben mochte. Wenn sie nicht geschlossen wurde, konnte sie aus den Angeln gerissen werden. Zögernd schaute ich sie an. Es war nicht meine Aufgabe, ich sollte Polly suchen. Ich warf einen Blick ins Hühnerhaus, aber ohne Erfolg. Wenn die Eier eingesammelt wurden, brachte man sie zur Molkerei, aber jetzt war niemand dort. Wo mochte Polly stecken?

Als ich die eisigkalte Molkerei verließ, zog wieder die Scheune meine Blicke an. Mein Instinkt riet mir, zur Küche zurückzugehen, aber meine Füße schienen ihrem eigenen Willen zu gehorchen. Ich ging langsam, widerwillig. Aber meine Neugier war erneut wachgeworden.

Wo war Polly? Weshalb stand die Tür offen?

Zögernd blieb ich vor der Tür stehen. Sollte ich hineingehen? Dann hörte ich Polly lachen, und mir wurde noch kälter, als ich die Stimme eines Mannes hörte, der offenbar mit ihr schalt.

»Lieg still, du kleine Hexe. Ich bin noch nicht fertig mit dir.«

»Du hast mich bereits einmal gehabt, Eben Crawley. Hast du denn immer noch nicht genug?«

Polly trieb es mit dem Gutsherrn! Ich hatte diesen Ton oft genug bei meinem Vater gehört und wußte genau, was in der Scheune vor sich ging.

Ich hatte schon vermutet, daß Polly in irgendeine Sache verwickelt war, aber nicht im Traum hätte ich an so etwas gedacht. Sie hatte gelacht über den Klatsch, der behauptete, daß manche Mädchen ihre Schlüpfer auszogen, sobald ein Ami sie auch nur anschaute. Aber jetzt trieb sie es selber mit Eben Crawley. Kein Wunder, daß Nathan glaubte, er könne sie auch ins Bett bekommen!

Ich wollte sehen, was da drinnen passierte. Ich preßte mein Gesicht an einen kleinen Riß in der Tür, aber es war zu dunkel drinnen, ich konnte nichts sehen. Sehen nicht, aber ich konnte hören. Eben grunzte und ächzte wie eines seiner Schweine, und Polly lachte. Im ersten Augenblick erfüllte mich freudige Erregung. Eben Crawley war nicht besser als mein Vater. Er sollte im Dorf bloßgestellt werden als das, was er war, ein Heuchler und Ehebrecher. Jeder schaute zu ihm auf, aber er verdiente diesen Respekt nicht. Ich fragte mich, was der Pfarrer denken würde, wenn er das wüßte, und mir wurde klar, daß dies meine Chance war, über ihn zu triumphieren. Wenn ich das Mary erzählen würde …

Das Triumphgefühl hielt nicht lange an. Nicht Eben Crawley würde darunter zu leiden haben, wenn es bekannt würde, sondern Polly. Sie würde ihren Job verlieren, und alle würden hinter ihrem Rücken über sie herziehen. Sie würden sagen, daß sie eine billige Nutte war, und ihr das Leben schwermachen.

Bitterkeit stieg in mir auf. Immer waren Mädchen wie Polly die Opfer. Unterhalb der Gürtellinie schienen alle Männer gleich zu sein, ihr Leben wurde bestimmt von dem Ding zwischen ihren Beinen. Der einzige Unterschied zwischen meinem Papa und Eben Crawley bestand darin, daß einer von ihnen arm war.

Ich entfernte mich von der Scheune und war mir klar darüber, daß ich den Mund halten mußte. Polly war meine Freundin. Ich konnte ihr nicht in den Rücken fallen. Mit ein paar Eiern in der Schürze kehrte ich zu Mrs. Jackson zurück.

»Wo ist Polly?« fragte sie.

Ich zuckte mit den Schultern. »Sie ist beschäftigt.«

Mrs. Jackson warf mir für meine Grobheit einen strafenden Blick zu, aber was machte das schon aus? Sie hielt mich ja ohnehin für eine schlecht erzogene Cantrel.

Schon mit vierzehn Jahren wurde ich zynisch. Ich war noch zu jung, um mein oberflächliches Wissen über Männer, Frauen und die Leidenschaft zwischen ihnen, die man Liebe nannte, richtig einordnen zu können. Ich glaubte, daß alle Männer gleich waren und ihre Frauen nach Kräften ausnutzten, ja benutzten. Heilige und Sünder. Sieger und Verlierer. Polly gehörte zu den Sünderinnen, meine Mutter zu den Verlierern. Mary Crawley war eine Heilige, und ich hatte den Eindruck, daß sie vom Leben alles bekommen hatte, was eine Frau vernünftigerweise erwarten konnte. Über Frances war ich mir noch nicht ganz im klaren. Sie war so wechselhaft, daß ich mir noch keine Meinung über sie bilden konnte.

Mir kam der Gedanke, daß es der leichteste Weg wäre, um in der Welt voranzukommen, wenn man einen reichen Mann heiratete. Mir fiel wieder ein, was meine Mama über die mögliche Begegnung mit einem anständigen Mann zu mir gesagt hatte, und ich dachte mir, daß er nett und freundlich sein müßte. Natürlich müßte er auch gut aussehen und kultiviert sein, nicht so grob wie mein Vater. Plötzlich mußte ich über mich selber lachen. Ich wollte den Mond und die Sterne haben! Den Mann meiner Träume gab es sicher gar nicht, und wenn doch, dann würde er bestimmt kein Mädchen wie mich heiraten.

Polly besaß eine Menge hübscher Sachen. Während ich zuschaute, wie sie in ihrer Schublade herumwühlte, dachte ich mir, daß ich jetzt wußte, woher sie das alles hatte, und ich fragte mich, ob sie den Preis nicht zu hoch fand.

Schließlich hatte sie das gefunden, was sie suchte, und stürzte sich mit einem Triumphschrei darauf. Es war ein karmesinroter Chiffonschal.

»Da bist du ja, Betty«, sagte sie. »Da, bring ihn deiner Mama mit.«

»Er ist wunderhübsch, aber du hast mir schon so viel gegeben.«

»Es ist ein Geschenk. Heute ist dein erster Zahltag. Geh jetzt, Joe wartet auf dich.«

Ich umarmte sie, nahm den Schal und beeilte mich. In vieler Hinsicht war sie außerordentlich großzügig. Der Schal war nicht als Bestechung gemeint. Sie wußte nicht, daß ich sie mit Mr. Crawley belauscht hatte.

Mrs. Jackson hatte einige von den Kuchen vom Vortag in Butterbrotpapier gepackt. »Nimm das deinem Bruder und deiner Schwester mit«, sagte sie. »Ich backe heute wieder, da werden die alten doch nicht mehr gegessen.«

Ich bedankte mich und ging hinaus in den Hof. Joe hatte Zuckerrüben auf einen großen Lastwagen geladen, um sie zur Bahnstation von Sutton zu bringen. Von dort wurden sie zur Zuckerfabrik in Ely gebracht. Im Laufe des Tages wollte er drei Fuhren transportieren, und er hatte mir angeboten, mich zum Dorf zu bringen und mich am späten Nachmittag nach der letzten Fahrt dort wieder abzuholen.

»Das erspart dir den Fußmarsch«, sagte er. »Und für mich ist es eine Kleinigkeit.«

Dankbar hatte ich angenommen. Ich mochte Joe, er war sehr gefällig, und ich hatte noch nie gehört, daß er seine Stimme erhoben hatte, wenn er mit irgend jemandem redete. Meinen Lohn hatte ich, verknotet in einem Taschentuch, in die Tasche gesteckt. Zehn Pfund, eine so große Summe hatte ich noch nie in meinem Leben gesehen. Es war viel mehr, als ich bei der Feldarbeit hätte verdienen können. Einige Frauen verdienten zwei, drei oder sogar vier Pfund in der Woche, wenn sie im Akkord arbeiteten, aber nur, wenn sie sehr schnell waren. Kartoffelauflesen war eine schwere Arbeit. Man mußte den ganzen Tag lang den Rücken krumm machen und die lehmigen Früchte in einen Drahtkorb legen, der allmählich immer schwerer wurde, je weiter der Tag voranschritt. Dann mußte man den Korb in einen der Säcke leeren, die in regelmäßigen Abständen auf dem Feld standen, und wenn man nicht Schritt halten konnte mit den anderen, war man den Job bald wieder los. Im Vergleich dazu war es eine reine Erholung, Besorgungen für Frances zu erledigen. Jetzt wurde mir klar, was für ein Glück ich gehabt hatte.

Joe grinste, als er mir auf den Platz neben dem Fahrersitz half.

»Deine Mutter wird sich freuen, dich wiederzusehen, denke ich?«

Ich nickte und spürte Vorfreude in mir aufsteigen. Wegen des schlechten Wetters hatte ich mich nicht bemüht, vorher schon mal einen Besuch zu Hause zu machen, aber jetzt freute ich mich darauf, meiner Mutter den größten Teil meines Lohns zu geben. »Ich glaube schon«, sagte ich. »Sie wird sich über das Geld freuen.«

Joe schaute mich nicht an, als die Pferde sich in Bewegung setzten. »Wieviel kannst du ihr denn geben?«

»Mrs. Crawley hat mir für den Monat zehn Pfund gezahlt«, sagte ich stolz. »Meine Mama hat gesagt, zwei darf ich für mich behalten.«

»Zwei Pfund …« Er nickte. »Nun, das ist nicht schlecht. Ich werde morgen nach Ely fahren. Soll ich dir irgend etwas mitbringen vom Markt?«

»Ich brauche einiges für Weihnachten«, sagte ich. »Darf ich Ihnen morgen eine Einkaufsliste geben?«

»Ja, natürlich. Weißt du schon, was du ungefähr haben willst?«

Er blinzelte. »Mach dir nicht allzu viele Sorgen wegen der Kartenabschnitte. Ich habe da ein paar Freunde, die mir das eine oder andere auch unter dem Ladentisch geben.«

»Oh, Joseph!« Ich lachte ihn an. »Wie schlecht Sie sind!«

Er grinste mir zu. »Es ist unglaublich, wie nützlich ein paar Eier hier und da sein können.«

»Ich habe meine Abschnitte für Süßigkeiten für Weihnachten aufgehoben, aber ich könnte den Kindern heute eine Freude damit machen, wenn Sie mir welche beschaffen könnten?«

»Das ist kein Problem.«

»Meinen Sie, daß Sie mir ein paar einfache Taschentücher besorgen könnten? Ich möchte sie besticken, besonders eins für Polly. Sie ist so gut zu mir gewesen.«

»Das geht in Ordnung, mach dir keine Sorgen.«

»Sie müssen an so vieles denken. Vergessen Sie eigentlich nie etwas?«

»Ich erinnere mich an ein Weihnachtsfest, als ich die Mandeln für Mrs. Jacksons Kuchen vergessen hatte. Sie hat mich nach Strich und Faden fertiggemacht. Lieber Himmel, das war ein Theater.«

Ich lachte, während ich Joe zuhörte, und war froh, daß gerade er der Vorarbeiter auf der Willow-Farm war.

In diesem Jahr würde ich das Weihnachtsfest zum erstenmal getrennt von meiner Familie verbringen. Meine Mama hatte sich immer besonders angestrengt zum Fest. Irgendwie hatte sie Geld aufgetrieben für eine Orange, ein paar Nüsse und eine Rolle Drops oder ein Tütchen Brausepulver, um es uns in die Strümpfe zu stecken. Manchmal war es auch ein kleines Geschenk gewesen, etwa ein Spiel für mich, ein paar Buntstifte für Vera und ein einfaches Spielzeug für Joey. Im allgemeinen aber bekamen wir etwas zum Anziehen, oft von dem Secondhand-Stand auf dem Markt. Dieses Jahr würde sie mehr kaufen können für die Kinder, vielleicht sogar eine Gans zum Abendessen. In dem winzigen Herd in ihrer Küche würde sie sie zwar nicht braten können, aber sie konnte zum Backhaus am Ende der Straße damit gehen, das taten viele Dorfbewohner. Der Gedanke daran, wie meine Familie sich Weihnachten zu Tisch setzt, um eine gebratene Gans zu essen, belebte und wärmte mich auf der Fahrt durch den kalten, feuchten und nebligen Dezembertag.

Es gibt nichts Einsameres als die Marschgebiete, wenn sie

vom Nebel eingehüllt werden wie von einem weißen Laken. Das Land ist absolut flach, nur selten mal sieht man einen Bau, und die armseligen, kahlen Hecken weisen im Winter keine einzige Beere mehr auf, alles haben die Vögel abgepickt. Eine unheimliche Stille herrscht, man hat den Eindruck, als ob nur dieser enge Pfad vor einem noch vorhanden ist, die übrige Welt scheint nicht mehr zu existieren. Wir kamen nur langsam voran, da die Pferde eine schwere Last ziehen mußten.

Ich war sehr erleichtert, als wir das Marschgebiet hinter uns gelassen hatten und zu dem Hügel hinauffuhren, der zum Dorf führte. Bald würde ich wieder zu Hause sein. Meine Mama hatte bestimmt schon den Kessel auf den Herd gesetzt, und bald würde mir wieder warm werden. Ich berührte die Münzen und Geldscheine in meiner Tasche, um mich zu vergewissern, daß sie sicher aufgehoben waren. Sie waren natürlich noch da, und ich atmete auf. Es wäre eine Katastrophe gewesen, wenn ich sie verloren hätte.

Schließlich konnte ich unser Häuschen erkennen, das am Rande des Dorfes lag. Das Strohdach war von weiß glitzerndem Reif bedeckt. Der Nebel hatte sich hier oben schon gelichtet, aber der Tag war grau und trübe. Ich beneidete Joe nicht um seine Fahrten hin und zurück mit der Ladung von Zuckerrüben. Als wir vor dem Haus hielten, öffnete sich die Tür, und Vera kam herausgelaufen, der kleine Joe folgte ihr auf dem Fuß.

»Betty, Betty, du bist wieder da«, rief Vera, und ich spürte, daß meine Augen feucht wurden. Ich sprang vom Wagen herunter und umarmte und küßte die beiden abwechselnd, während Joe Morris lächelnd zuschaute.

»Das ist also dein Joe«, sagte er mit einem freundlichen Nicken. »Ein feiner Junge – und zwei hübsche Mädchen. Viel Spaß, ich vergesse dich nicht heute abend, Betty. Du brauchst dir keine Sorgen zu machen wegen des Rückweges.«

»Wiedersehen, Joe«, rief ich und winkte, als der Wagen fortfuhr.

Meine Mama wartete drinnen auf mich. Das Wasser im

Kessel fing gerade an zu kochen, als ich hereinkam mit den beiden Kindern, die sich an mich gehängt hatten. »Also da bist du wieder, Betty«, sagte sie. »Wie war es denn?«

»Es ist in Ordnung«, sagte ich und sah, wie besorgt sie war.

»Es ist ein guter Platz.«

Es war offensichtlich, wie erleichtert sie war. »Du hast dich also nicht unglücklich gefühlt dort? Sie haben dich anständig behandelt?«

Es hatte keinen Sinn, ihr zu erzählen, daß es nicht ganz so war, wie sie es mir versprochen hatte. Ich hatte mich entschlossen, dort zu bleiben, und es war nicht mehr wichtig für mich, daß ich es mir zuerst anders vorgestellt hatte. »Nein, ich bin nicht unglücklich gewesen«, sagte ich. »Ich erzähle dir gleich alles. Mir ist so kalt.«

»Es ist bitterkalt heute. Setz dich ans Feuer, ich mach' dir inzwischen einen Tee.«

Ich setzte mich in den Armsessel mit den hölzernen Armlehnen und der durchhängenden, gepolsterten Sitzfläche und rieb mir die Hände vor den Flammen. »Mrs. Jackson hat mir etwas Kuchen mitgegeben«, sagte ich und wickelte das kleine Paket aus. »Sie sind schon etwas trocken, aber du könntest sie mit Milch tränken und einen Pudding daraus machen.« Ich sprach noch, als der kleine Joe sich einen der Kuchen nahm und ihn hungrig verschlang. Vera folgte seinem Beispiel.

»Dürfen wir sie aufessen?« fragte Joe. »Sie sind gut.«

Ich hatte vergessen, wie gut alles schmeckt, wenn man hungrig ist. Ich hatte auch anderes vergessen. Als ich mich in dem Raum umschaute, der zugleich als Küche und Wohnzimmer diente, wurde mir klar, wie klein er war. Nicht halb so groß wie die Küche auf der Willow-Farm. Er war viel schäbiger als in meiner Erinnerung und roch nach Wäsche und abgestandenem Essen. Die Tischbeine waren zerschrammt und angestoßen, und die kleinen Teppiche auf dem Fußboden waren schon ganz fadenscheinig. Das alte Sofa in der Ecke war klobig, die Sprungfedern traten hervor, und überall herrschte Unordnung.

»Dürfen wir, Betty?« Joe zog mich am Ärmel. »Können wir die Kuchen jetzt haben?«

»Laßt einen für die Mama übrig.«

»Gib sie ihnen nur«, sagte sie. »Ich bin nicht hungrig.«

»Hier, das wird Abhilfe schaffen.« Stolz breitete ich das Geld auf dem Tisch aus. »Acht Pfund. Zwei habe ich behalten, wie du es mir erlaubt hast, um mir ein paar Sachen zu kaufen, die ich brauche.«

»Ich dachte, du bekommst dort alles?«

»Ich brauche Seife und solche Sachen. Bisher habe ich sie mir mit Polly geteilt.«

»Daran hätte ich denken sollen.«

»Es macht nichts. Polly ist meine Freundin. Schau, was sie mir für dich mitgegeben hat.«

Ich schwenkte den Schal vor ihren Augen und wartete auf einen Schrei des Entzückens. Sie starrte ihn an, dann schüttelte sie den Kopf. »Das kann ich nicht tragen, Betty.«

Sehr enttäuscht nahm ich den Schal wieder hoch und sah Vera an. Sie summte »Boys in Blue« vor sich hin und blätterte in einer Daily Mail, die irgend jemand ihr geliehen hatte.

»Wenn Mama ihn nicht will, kannst du ihn gern haben.«

»Wirklich?« Sie schaute so begeistert aus, daß auch meine Laune sich sofort besserte. Ich beobachtete sie, wie sie den Schal um den Hals legte und zu dem trüben Spiegel lief, um sich darin zu bewundern. Lächelnd kam sie zurück. »Er ist wunderhübsch, Betty. Meinst du wirklich, daß ich ihn behalten darf?«

»Natürlich. Polly hat mir einen blauen gegeben, der gut zu meinem Sonntagskleid paßt. Sie hat viele Sachen. Du würdest sie sofort gernhaben, Vera.«

Sie kauerte sich zu meinen Füßen hin. »Erzähl mir von ihr, Betty. Wie ist es auf der Willow-Farm? Alles piekfein?«

Sie warteten alle begierig auf meine Schilderung, sogar meine Mama, obwohl sie doch selber dort gewesen war. Sie stellte einen Becher voll Tee vor mich hin und goß sich selber auch einen ein. Ich nahm den Becher in beide Hände, um sie daran aufzuwärmen. Dann fing ich an, das Haus zu beschreiben, die Einrichtung und die Leute, die darin wohnten. Vera zuliebe malte ich alles in glänzenden Farben. Ich wollte die Begeisterung über die neue Welt, in der ich lebte, mit meinen Angehörigen teilen.

»Als ich zum erstenmal in das Zimmer von Frances kam, habe ich kaum meinen Augen getraut«, sagte ich. »Es ist ganz entzückend, Vera. Die Vorhänge und die Bettdecke sind aus echter Spitze, und du solltest erst ihre Kleider sehen. Ich habe auch ein neues Kleid bekommen. Es ist blau und hat einen Spitzenkragen.«

»Du hast wirklich Glück«, sagte sie und verzog vor Neid den Mund. »Wenn ich doch auch schon alt genug wäre, um auf der Willow-Farm zu arbeiten.«

»Mama könnte ohne dich nicht fertig werden. Außerdem muß Polly sehr schwer arbeiten. Ich glaube nicht, daß dir das gefallen würde. Auf jeden Fall wird es auch hier besser werden, jetzt, wo ich etwas Geld verdiene.« Ich blickte meine Mutter an. »Wo ist Papa eigentlich?«

»Er hilft ein paar Tage bei der Tankstelle aus. Jason Darby hat Fieber bekommen und muß das Bett hüten, inzwischen arbeitet dein Vater an den Zapfsäulen. Die Arbeit ist nicht schwer, und sie gefällt ihm. Er hat seit einer Woche nicht mehr getrunken.«

»Hat er dir Geld gegeben?«

»Er bekommt heute seinen Lohn.«

»Erzähl ihm nicht, daß du von mir etwas bekommen hast. Am besten versteckst du das Geld, sonst bekommst du keinen Pfennig von ihm.«

»Betty!« Sie sah mich erstaunt und bestürzt an. »Ich weiß nicht, was sie dir auf der Farm beigebracht haben, aber ich möchte nicht, daß du so von deinem Vater sprichst.«

Ich wurde rot. »Es tut mir leid, aber ich habe das Geld für dich und für die Kinder verdient, nicht, damit Papa es für Bier ausgibt.«

Einen Augenblick sah sie mich herausfordernd an, dann sackten ihre Schultern herab. »Ich werde es für die Kinder ausgeben, mach dir keine Sorgen.« Sie nahm das Geld, brachte es ins Schlafzimmer und kehrte zurück. »Ich habe es sicher untergebracht.«

Ich hätte ihr gern Glauben geschenkt, aber ich wußte, daß mein Papa ihr auf irgendeine Weise seinen Anteil abschwatzen würde.

Als wir den Tee getrunken hatten, zog ich wieder meinen Mantel an und ging mit Joe fort, um ihm ein paar Süßigkeiten zu kaufen. Ich fragte Vera, ob sie mitkommen wolle, aber sie schüttelte den Kopf.

»Ich trau mich nicht, Betty. Ich habe die Schule geschwänzt, um Mama zu helfen, und sie denken, daß ich krank bin.«

»Dann bring' ich dir etwas mit. Was möchtest du?«

»Ein Brausepulver oder ein paar Lakritzen.«

»Ich werde sehen, was da ist«, sagte ich und nahm meinen Bruder an der Hand. »Komm, Joe. Wir wollen sehen, ob sie Sahnebonbons haben. Die magst du doch?«

Sein blasses Gesicht fing an zu leuchten. Er drückte meine Hand und hüpfte glücklich von einem Bein auf das andere, als wir die High Street entlanggingen. Es war ein kalter Tag, und die Leute eilten an mir vorbei. Sie nickten mir nur im Vorbeigehen zu.

»Hallo, Betty. Wie schmeckt dir die Arbeit?«

»Gut. Mir geht's prima. Ich geh' mit Joe in den Laden.«

»Willst du den hartverdienten Lohn gleich wieder zum Fenster rauswerfen?«

Als wir am Gasthaus vorbeikamen, sah ich, daß Joe seinen Wagen draußen stehengelassen hatte, und lächelte insgeheim. Die Pferde fraßen Hafer aus den Futterbeuteln, die er ihnen umgehängt hatte, und Joe war offensichtlich für ein oder zwei Drinks in den Schankraum gegangen.

Im Laden war es warm, es roch nach Gewürzen und frischem Brot. Trotz der durch den Krieg bedingten Knappheit an Lebensmitteln, waren viele Vorräte da, Büchsen mit goldenem Sirup, Gläser mit eingelegten Früchten und große, viereckige Dosen mit Keksen. Es gab sogar einige Luxusartikel wie Lachs in Dosen und Obst, aber sie standen an der Rückwand. Man mußte viele Abschnitte dafür ausgeben. Von meinen Marken für Süßwaren, die ich gespart hatte, konnte ich eine Menge kaufen für meinen Bruder und meine

Schwester. Ich ließ Joe auswählen und wartete, bis er fertig war, bevor ich mir noch eine Zahncreme kaufte. Dann erstand ich noch billigen Bruchzwieback. Joe biß herzhaft hinein, als wir wieder nach Hause gingen.

Wir hatten gerade den Laden verlassen, als ich hörte, wie jemand meinen Namen rief. Ich schaute auf die andere Straßenseite hinüber und runzelte die Stirn, als ich den Jungen erkannte, der mich gerufen hatte. Sein Name war Zac Jarrold. Zu Beginn des Krieges war er in unser Dorf evakuiert worden. Er wohnte mit seiner Mutter zusammen, die ihn schrecklich verwöhnte, und war allgemein bekannt für seine Dreistigkeit. Alle meinten, das käme daher, daß er aus London stammte.

»Wo bist du gewesen?« fragte er und kam über die Straße, um sich mir in den Weg zu stellen. »Ich habe dich lange nicht mehr gesehen.«

»Ich arbeite«, sagte ich. »Nicht, daß es dich etwas anginge, was ich tue.«

»Sei nicht so, Betty«, erwiderte er grinsend. »Ich wollte dich fragen, ob du am Samstag mit mir in Ely ins Kino gehen willst.«

»Was gibt's denn?«

»Es ist ein Musical, mit Betty Grabble und Robert Young. Es heißt *Sweet Rosie O'Grady*.«

Ich starrte ihn an, schwankend zwischen meinem Wunsch, ins Kino zu gehen, und meiner Abneigung gegen ihn. Dann wurde mir klar, daß ich sowieso nicht mitgehen konnte. Ich konnte unmöglich den ganzen Weg von der Willow-Farm und zurück zu Fuß machen. Außerdem mußte man sich schon um halb drei anstellen, wenn man den Bus am Samstagnachmittag nach Ely haben wollte, und man hatte Glück, wenn man um vier Uhr dort war. Ich hatte immer erst nach dem Abendessen frei, deshalb schüttelte ich den Kopf.

»Nein, ich kann nicht«, sagte ich. »Ich muß arbeiten.«

»Du kannst doch nicht immerzu arbeiten. Du mußt doch ab und zu mal einen freien Samstag haben.«

Ich wußte, daß ich einen freien Samstag haben konnte, wenn ich mit Polly tauschte, aber jetzt, wo ich Zeit gehabt hatte, darüber nachzudenken, wußte ich, daß ich meine freie Zeit nicht mit Zac Jarrold zusammen verbringen wollte.

»Nein, ich hab' keinen«, sagte ich. »Und selbst wenn es so wäre, würde ich nicht mit dir ausgehen. Komm jetzt, Joe. Es ist Zeit, nach Hause zu gehen.«

Mit hocherhobenem Kopf ging ich an Zac vorüber. »Du eingebildete Hexe«, rief er mir nach. »Du bist hier nicht das einzige Mädchen. Es gibt viele, die vor Freude über eine solche Gelegenheit einen Luftsprung machen würden.«

Ich gab mir nicht die Mühe, mich umzudrehen. Als wir zurückkamen in unser Häuschen, wartete meine Mama schon auf uns mit heißer Suppe. Nach dem Essen verteilte ich die Süßigkeiten.

»Du hättest sie für Weihnachten aufheben sollen«, sagte meine Mama.

»Joe Morris wird mir neue beschaffen.«

»Wenn man vom Teufel spricht ...« Sie warf einen Blick aus dem Fenster. »Er hält vor der Tür. Zieh schnell deinen Mantel an. Du wirst ihn doch nicht warten lassen wollen.«

»Nein.« Ich umarmte Joe und küßte ihn auf beide Wangen. Dann lächelte ich meiner Mutter zu. »Ich komm' vor Weihnachten nochmal vorbei.«

»Komm, wann immer es möglich ist.«

Joe wartete draußen auf mich. Er lächelte, als er mich kommen sah.

»War es ein schöner Tag, Mädchen?«

»Ja, danke. Wir haben ein paar Süßigkeiten eingekauft. Der kleine Joe war hellbegeistert. Ich habe fünf Shilling für ihn ausgegeben.«

»Er wird krank werden von all dem Zeug.«

Joe half mir auf den Wagen, und ich spürte den Whiskygeruch, der von ihm ausging. Er mußte mehr als nur ein paar Minuten im Gasthaus gesessen haben. Aber er war nicht betrunken, und ich konnte ihm keinen Vorwurf machen, wenn er an einem solchen Tag etwas Warmes im Magen haben wollte.

»Vergiß nicht, mir morgen deine Einkaufsliste zu geben«, sagte er.

»Nein.« Ich lächelte ihm zu. »Ich habe noch genau dreißig Shilling.«

»Davon kannst du eine Menge einkaufen, wenn du es gut einteilst.«

»Das meiste ist für die Kinder bestimmt.«

Dann schwiegen wir. Es wurde rasch dunkel, und wieder wurden wir von allen Seiten von Nebel eingehüllt. Unsere Laterne verbreitete vor uns einen gelben Schein, aber das nützte auch nicht viel. Aber im Grunde spielte das keine Rolle. Die Pferde folgten ihrem Instinkt, sie brachten uns sicher nach Hause, ohne daß Joe sie lenken mußte. Er summte glücklich Bing Crosbys Lied *Going My Way* vor sich hin. Endlich tauchte das Haus vor uns auf. Sobald der Wagen stand, sprang ich herunter.

»Das ist richtig«, sagte er. »Lauf in die Küche und wärm dich auf. Ich komme, sowie ich mich um die Pferde gekümmert habe.«

Zufrieden befolgte ich seinen Rat. Polly stand am Ausguß und putzte Gemüse. »War's schön, Betty?«

»Wundervoll«, sagte ich. »Sie haben sich alle gefreut, mich wiederzusehen. Meine Mama war ganz begeistert von dem Schal. Stör dich nicht daran, wenn Vera ihn auch manchmal für sich in Anspruch nimmt.«

Polly machte ein erfreutes Gesicht, und ich war froh, daß ich ihr eine Notlüge aufgetischt hatte. Ich lief nach oben, um mich umzuziehen. Ich hatte zwar noch keinen Dienst, aber ich wollte doch sehen, ob Frances noch irgendeinen Wunsch hatte vor dem Abendessen.

3. Kapitel

Als ich zu Frances' Zimmer kam, sah ich, daß die Tür offenstand. Ich hörte Stimmengewirr und Gelächter. Ein leiser Schauer ergriff mich, als ich feststellte, daß die eine der Stimmen Nathan Crawley gehörte. Was machte er in ihrem Zimmer? Ich weiß nicht mehr genau, was ich erwartet hatte, als ich hineinging. Auf jeden Fall blieb ich überrascht stehen, als ich sah, daß er auf ihrer Bettkante saß. Sie lag vollständig angezogen auf dem Bett und hatte nur eine leichte Decke über die Beine gelegt. Schon auf den ersten Blick konnte ich erkennen, daß sie bester Stimmung war. Er neckte sie mit einem Stück Schokolade; er tat so, als wolle er es ihr in den Mund stecken, und wenn sie zubeißen wollte, zog er es wieder weg. Es war ein kindisches Spiel, aber offensichtlich machte es ihr Spaß.

»Oh, da bist du ja, Betty«, sagte sie mit immer noch leuchtenden Augen. »Ich habe dich noch nicht erwartet.«

Es war mir klar, daß es ihr auch völlig egal war. Ein wenig verärgert schaute ich die beiden an. Ich fühlte mich ausgeschlossen. »Mein Dienst beginnt erst nach dem Abendessen wieder, aber ich dachte, daß Sie vielleicht irgend etwas brauchen.«

»Nathan kümmert sich um mich.« Sie zog einen Flunsch, als sie ihn anschaute. »Ich habe ihn ausgeschimpft, weil er mich vernachlässigt. Er besucht mich nicht oft genug.«

»Ich dachte, jetzt wo du Betty hast, brauchst du mich nicht mehr«, erwiderte er mit vor Übermut glitzernden Augen. »Ich denke, ihr beide plaudert so viel zusammen, daß du nicht auch noch meine Stimme hören willst. Im übrigen brauchst du nur zum Abendessen herunterzukommen, wenn du mich sehen willst.«

»Das würde ich auch tun, wenn ich sicher wäre, dich dort anzutreffen. Mein Vater ist immer so gereizt, wenn du nicht da bist.«

»Und wenn ich da bin, ist er es auch. Deine Mutter hat mir weitgehend verziehen, aber Eben wird es nie tun.«

Ich spitzte die Ohren. Würde ich jetzt Nathans Geheimnis erfahren?

»Oh, Nathan!« Mit verschleierten Augen drückte Frances ihm die Hand. »Nach all den vielen Jahren können sie doch nicht immer noch böse auf dich sein.«

»Dafür danke ich dir, Kind.« Er lächelte ihr zärtlich zu. »Manchmal denke ich, daß ich einfach fortgehen würde, wenn du nicht wärst.«

»Oh, nein!« rief sie. »Das könnte ich nicht ertragen.«

Ich beobachtete die beiden und war eifersüchtig auf die Zuneigung, die sie deutlich miteinander verband. Ihr gegenüber verhielt Nathan sich ganz anders, als ich ihn sonst kannte, und auch sie wirkte verändert. Es war mir nicht in den Sinn gekommen, daß er sie wohl gelegentlich in ihrem Zimmer besuchen mochte. Als er gegangen war, erklärte sie es mir.

»Du erzählst es doch nicht meiner Mutter? Sie ist nicht damit einverstanden. Nathan schlüpft immer zu mir ins Zimmer, wenn alle beschäftigt sind.«

»Warum sollte er nicht? Er würde doch niemals, ich meine ...«

Als sie lachte, wußte ich nicht weiter.

»Natürlich nicht! Ich kenne seinen Ruf, aber für mich ist er wie ein leiblicher Bruder ...« Sie wurde wieder ernst. »Er ist sogar noch besser als ein Bruder. Egal, was mein Vater auch sagen mag, Nathan ist nicht schlecht. Er kann nicht ...«

»Was kann er nicht, Frances?«

Frances sah mich beschwörend an, als ihre Mutter ins Zimmer trat. In ihrem Blick lag eine so deutliche Bitte um Hilfe, daß ich unwillkürlich darauf einging.

»Ich habe Miss Frances gerade erzählt, daß mein Bruder vier von den harten, altbackenen Kuchen gegessen hat, die Mrs. Jackson mir geschenkt hat.«

»Ich verstehe.« Mrs. Crawleys Gesicht war ausdruckslos. »Ich dachte, du hast heute deinen freien Tag?« Sie küßte Frances flüchtig auf die Stirn. »Wie geht es dir, mein Liebling?«

»Ich glaube, ich sollte aufstehen.«

»Dein Vater hat heute einen Geschäftsfreund zum Abendessen eingeladen. Vielleicht kannst du morgen mit uns essen.«

»Du sagst immer, ich soll aufstehen, aber wenn ich bereit dazu bin, sagst du, daß ihr Gäste habt.«

Mary runzelte die Stirn. »Sei nicht töricht, Frances. Du würdest dich nur langweilen.«

»Ich bin den ganzen Tag lang allein gewesen«, sagte Frances in klagendem Ton. »Ich hasse es, allein zu sein. Wenn ich nicht zum Abendessen herunterkommen kann, dann will ich, daß Betty hier mit mir zusammen ißt.«

Mrs. Crawley machte ein finsteres Gesicht. »Ich glaube nicht, daß du sie darum bitten solltest, das zusätzliche Essen heraufzutragen. Das Tablett würde zu schwer sein für sie.«

»Oh, ich könnte es schaffen …« Ich stockte, als sie mich anschaute. »Ich weiß, daß es mir nicht zusteht, mich einzumischen, aber es würde mir nichts ausmachen.«

Mary schwieg. Wenn sie jetzt ihre Zustimmung gab, konnte sie sie später schwerlich wieder rückgängig machen. Für mich würde es einen Schritt vorwärts bedeuten, einen Schritt, der mich dem Ziel näherbrachte, ein Teil der Familie zu werden.

»Nun gut«, sagte sie endlich. »Betty kann mit dir in deinem Zimmer essen, aber das soll kein Dauerzustand werden. Du weißt, dein Vater möchte, daß du herunterkommst zum Essen.«

»Danke, meine liebe Mutter.« Frances blinzelte mir hinter ihrem Rücken zu. »Vielleicht geht es mir morgen so gut, daß ich den ganzen Tag unten sein kann.«

»Darüber würde ich mich sehr freuen.« Mary beugte sich über sie, um ihr einen Kuß zu geben.

»Ich wußte, daß ich meinen Willen durchsetzen würde«, sagte Frances, als ihre Mutter gegangen war. »Sie kann es nicht übers Herz bringen, mir etwas abzuschlagen, weil sie weiß, daß es ihre Schuld ist, daß ich so zart bin.«

»So etwas sollten Sie nicht sagen.«

»Ich sage, was ich will«, murmelte Frances gequält. »Vielleicht liegt ihr ja wirklich ein bißchen an mir, aber wenn ich ein Junge wäre, würden sie mich beide lieben, meine Mutter und mein Vater. Er haßt mich, weil ich ein Mädchen bin – weil er sich so inständig einen Sohn gewünscht hat.«

Sie machte ein trauriges Gesicht, aber in ihrem Blick lag etwas, das mich leise beunruhigte. Es war nicht das erste Mal, daß ich erkannte, daß sie ihrem Vater grollte, weil er sich nicht um sie kümmerte.

»Wie kommen Sie auf diesen Gedanken, Frances?«

Sie schien von weither zu kommen, auf ihren Lippen lag ein boshaftes Lächeln. »Das möchtest du wohl gern wissen, Betty Cantrel!« Sie warf mir einen finsteren Blick zu.

»Wir essen an dem Tisch neben dem Kamin. Räum ihn erst ab und geh dann das Essen holen. Ich habe Hunger.«

»Ich bin nicht Ihre Sklavin«, sagte ich. »Ich kann jederzeit gehen.«

Ihre Augen funkelten. »Aber du wirst es nicht tun, weil es dir hier gefällt. Das stimmt doch?«

»Nicht, wenn Sie schlechte Laune haben. Manchmal könnte ich Sie schlagen, Frances Crawley – Oh!« Ich war entsetzt, als mir klar wurde, was ich gesagt hatte. Zu meiner Überraschung fing sie an zu lachen.

»Na endlich«, sagte sie triumphierend. »Oh, mach dir keine Sorgen. Ich werde dich nicht verpetzen. Es gefällt mir viel besser, wenn du dich nicht so sanft und demütig aufführst. Ich verrate deine Geheimnisse nicht, Betty Cantrel, solange du meine nicht preisgibst.«

Ich starrte sie an, dann nickte ich. »In Ordnung, abgemacht.«

Sie lehnte sich vor, ihre Augen glitzerten vor Erregung.

»Du mußt es mir versprechen«, sagte sie. »Du mußt mir bei deinem Leben schwören, daß du mir immer treu sein wirst, daß du immer meine Freundin sein wirst und mich nie betrügen wirst.«

Sie schaute mir direkt in die Augen. Ich war wie gebannt. Einen Augenblick lang fürchtete ich mich vor ihr, dann nickte ich ernst und sagte: »Ich schwöre, daß ich Sie niemals betrügen werde, Frances. Ich schwöre es bei meinem Leben.« Es war wie ein heiliger Eid.

Als ich die Küchentür öffnete, hörte ich Joes Stimme. Ich bekam nur noch das Ende seines Satzes mit, es klang wie: »Alles, bis auf zwei Pfund, armes Mädchen …« Als ich eintrat, herrschte eine peinliche Stille, dann fingen alle auf einmal an zu reden.

»Miss Frances will, daß ich heute mit ihr zusammen das Abendessen einnehme«, verkündete ich. »Ich weiß, daß es sich nicht gehört, Mrs. Jackson, aber sie fühlt sich einsam, und Madam hat es diesmal erlaubt.«

»Dann verschmort dein Abendessen wenigstens nicht mehr total jeden Abend«, sagte sie und rümpfte die Nase. »Meinetwegen, solange es dir nicht zu Kopf steigt.«

»Bestimmt nicht. Außerdem haben Sie gesagt, ich müßte es lernen, manierlicher zu essen. Vielleicht lerne ich, wie man es richtig macht, wenn ich mit Frances zusammen esse.«

»Ich kann dir alles beibringen, was du brauchst«, erwiderte Mrs. Jackson scharf. »Glaub nur nicht, daß ich nicht gut erzogen worden wäre, nur weil ich es vorziehe, in der Küche zu essen. Ich bin nicht weniger wert als Mary mit all ihren Grillen.«

»Warum nehmen Sie niemals teil an gesellschaftlichen Veranstaltungen?«

Sie sah mich ungehalten an. »Ich könnte mit Eben und Mary speisen, wann immer ich es wünsche, aber in meiner Küche habe ich es gemütlicher, das ist eine Tatsache. Ich besitze keine besondere Schulbildung, meine Mutter hat mich bis zu meiner Hochzeit bei sich zu Hause gehalten. Ich will nicht den Narren spielen bei Marys Freunden. Ich bin eine einfache Frau, und ich sage, was ich denke. So, und nun Schluß damit.«

»Aber bestimmt …«, sagte ich, brach aber sofort ab, als ich sah, wie Joe den Kopf schüttelte. »Nun, das ist nicht meine Angelegenheit.«

Joes Gesichtsausdruck zeigte mir deutlich, daß ich eine Wunde berührt hatte. Ich glaubte, daß sie etwas vor mir verbarg, aber ich konnte andererseits auch nicht erwarten, daß sie mir alles erzählen würde.

»Nein, es ist gewiß nicht deine Angelegenheit, Betty«, sagte sie. »Aber ich will nicht mit dir schelten, weil du es gut gemeint hast. Nun zu diesem Abendbrottablett. Glaubst du, daß du das schaffen kannst?«

»Ich werde zuerst nur den ersten Gang hinauftragen und den Pudding später holen«, antwortete ich. »Vera und Joey haben den ganzen Kuchen von Ihnen aufgegessen. Ich soll Ihnen vielmals danken dafür.«

Natürlich hatten sie mir nichts dergleichen aufgetragen, aber es konnte nichts schaden, wenn ich ihr ein bißchen schmeichelte, zumal ich meiner Familie gern auch weiterhin ab und zu etwas Gutes zukommen lassen wollte. Als ich sah, wie ihr Mund weicher wurde, wußte ich, daß ich das Richtige getan hatte.

»Nun, es ist angenehm zu wissen, daß es Leute gibt, die meine Kochkunst zu würdigen wissen«, sagte sie. »Das Abendessen wird erst in einigen Minuten fertig sein. Willst du dich nicht an den Kamin setzen? Wir wollen gerade eine Tasse Tee zusammen trinken.«

Zum erstenmal hatte ich das Gefühl, daß sie mich wirklich akzeptierte. Ich vermutete, daß es irgend etwas mit dem zu tun hatte, was Joe vorhin zu ihnen gesagt hatte. Ich tat ihnen leid, weil ich den größten Teil meines Lohnes meiner Mama geben mußte, aber sie wußten nicht, wieviel Freude mir das bereitet hatte.

»Meine Mama hat sich gefreut über das Geld«, sagte ich, als Mrs. Jackson mir Tee einschenkte. »Ich bin froh, daß ich ihr ein bißchen helfen kann. Sie hat immer so schwer gearbeitet für uns Kinder.«

Sie schauten einander an, und ich hoffte, daß sie mich verstanden. Ich wollte ihr Mitleid nicht, und ich brauchte es auch nicht.

Am nächsten Tag gab ich Joe meine Einkaufsliste. Er kam mit verschiedenen Päckchen zurück, die ich in das Zimmer schmuggelte, das ich mit Polly teilte, und versteckte sie in dem kleinen Schränkchen neben dem Bett. Ich wollte heimlich an meiner Stickerei arbeiten und sie überraschen. Bald schon würde das Weihnachtsfest da sein, aber ich hatte viel Zeit am Abend, bevor sie heraufkam.

Weihnachten wurde auf der Willow-Farm sehr festlich begangen, und je näher der große Tag heranrückte, desto mehr Besucher kamen. Mr. Crawley hatte einen Bruder, der in Ely wohnte und mit seinem Wagen kam, um Geschenke zu überbringen. Frances befand sich gerade in dem auf der Rückseite des Hauses gelegenen Salon, als er eintraf, und sie lief mit einem Entzückensschrei herbei, um ihn zu begrüßen. Während des Krieges hatte er in London im Kriegsministerium gearbeitet, und sie hatte ihn nur selten zu Gesicht bekommen. Er umarmte und küßte sie.

»Wie geht es meinem Liebling?« fragte er mit seiner lauten, herzlichen Stimme.

»Viel besser, wenn ich dich sehe, Onkel Henry. Du solltest öfter herkommen.«

»Das würde ich auch, wenn es nicht wegen deines Vaters wäre«, erwiderte er und runzelte die Stirn. »Eben und ich können nicht miteinander auskommen, so ist es nun einmal. Ich würde überhaupt nicht mehr in dieses Haus kommen, wenn es dich und Hilda nicht gäbe.«

Frances schaute ihn neugierig an. »Warum kannst du meinen Vater nicht leiden? Ich habe nie erfahren, weshalb ihr miteinander zerstritten seid.«

»Das ist eine dumme Geschichte.« Er schüttelte den Kopf. »Du brauchst dir deinen hübschen Kopf deswegen nicht zu zerbrechen.« Sein Blick fiel auf mich. »Und wer ist das? Ich habe sie noch nie hier gesehen.«

Frances schaute zu mir herüber und sagte: »Sie heißt Betty und ist meine Freundin. Sie kümmert sich um mich, wenn es mir nicht gutgeht.«

»Das ist nett von ihr«, meinte Henry Crawley. »Wenn ich gewußt hätte, daß du hier bist, Betty, hätte ich dir ein Geschenk mitgebracht. Aber du kannst dir selber etwas kaufen.« Er steckte die Hand in die Tasche und holte fünf Pfundnoten hervor.

Ich wurde rot und zögerte, aber er schob mir das Geld einfach in die Hand. »Danke«, stammelte ich. »Das ... das ist sehr freundlich von Ihnen.«

»Es ist Weihnachten«, sagte er. »Die richtige Zeit für Geschenke. Jetzt will ich in die Küche gehen, um bei deiner Tante Hilda ein Glas Sherry zu trinken und eine gefüllte Pastete zu essen. Da sie nicht ins Wohnzimmer kommen will, muß ich halt zu ihr gehen. Ich habe ihr gesagt, daß sie verrückt ist hierzubleiben; sie kann jederzeit zu mir kommen, wenn sie will. Ich mag nicht so reich sein wie Eben, aber ich kann ihr ein Zuhause geben.«

Ich schaute Frances an, als er den Raum, der nun plötzlich leer wirkte, verlassen hatte. »Er ist nett«, sagte ich. »Ich wußte gar nicht, daß Sie einen Onkel haben.«

»Er kommt nur ab und zu«, erwiderte sie nachdenklich. »Wenn er meinem Vater begegnet, sprechen sie nicht miteinander. Ich weiß nicht, warum, aber ich glaube, daß es etwas mit Nathan zu tun hat. Nathans Vater war der Jüngste in der Familie, aber er hat sehr schnell eine Menge Geld verdient. Nathan wird reich sein, wenn er sein Erbteil antritt. Dann muß er nicht mehr länger hierbleiben.«

»Wann wird es soweit sein?«

Noch nicht so bald. Er war noch ein Kleinkind, als sein Vater starb, und es gibt eine Klausel in dem Testament, das er hinterlassen hat, die meinen Vater zu seinem Vormund macht, bis er fünfundzwanzig ist und sein Geld bekommt.«

Ich runzelte die Stirn. »Das klingt ziemlich eigenartig.«

»Ich glaube, Onkel Henry und mein Vater haben sich wegen dieses Testaments zerstritten, aber ich verstehe es nicht ganz.«

»Dein Onkel ist sehr großzügig.«

Frances nickte. »Was wirst du mit dem Geld machen?«

»Ich weiß es noch nicht. Das meiste davon werde ich wahrscheinlich meiner Mama geben.«

»Du solltest dir ein hübsches Kleid davon kaufen, Betty.«

»Vielleicht wenigstens ein Paar Schuhe ...«

»Ich habe mir viele Sachen zu Weihnachten gewünscht. Meine Mutter hat eine lange Liste von mir bekommen.«

Frances lächelte glücklich. »Oh, ich freue mich auf Weihnachten.«

In den folgenden Tagen hatte sie durchweg gute Laune. Es kamen noch mehrere Gäste, die Frances schön eingepackte Geschenke mitbrachten, aber Henry Crawley war der einzige, der auch mir etwas gab. Obwohl ich meistens mit Frances zusammen war, gaben Marys Gäste sich alle Mühe, mich zu übersehen. Sie dankten mir höflich, wenn ich Platten mit gefüllten Pasteten herumreichte, aber sie schauten mir nie in die Augen. Ich war zuerst ärgerlich deswegen, aber dann fing Frances an, mir hinter dem Rücken der anderen zuzublinzeln.

»Achte gar nicht auf sie«, sagte sie. »Du bist meine Freundin, und sie sind überhaupt nicht wichtig für uns.«

Im vorderen Salon stand ein hoher Weihnachtsbaum, der mit Kerzen und glitzernden Glaskugeln geschmückt war. Je näher das Fest rückte, desto mehr wuchs der Stapel von Paketen um ihn herum an. Noch nie hatte ich so viele Geschenke gesehen, aber ich war nicht neidisch. Von einem Teil des Geldes, das Henry Crawley mir gegeben hatte, kaufte ich Schokolade und Buttergebäck für Vera und Joe und wickelte alles in hübsches Geschenkpapier ein, das Frances mit mir geteilt hatte.

Auch in ihrem Zimmer stand ein kleiner Baum, den wir zusammen schmückten. Sie bekam viele Weihnachtskarten, die wir überall im Zimmer verteilten, was ihm ein festliches Aussehen gab. Sie war schon ganz aufgeregt, weil ihre Mutter am Weihnachtsabend eine große Party geben wollte, und ich war sicher, daß sie an diesem Abend keine Kopfschmerzen haben würde.

Ich bemerkte, daß ihre Augen stärker glänzten und daß sie sich weniger über Kopfschmerzen beklagte, die wohl vorwiegend auf Einbildung beruht hatten, wie ich vermutete. Manchmal aß sie mit der Familie zusammen zu Abend, aber an anderen Tagen trug ich das Essen für zwei Personen in ihr Zimmer hinauf.

Joe brachte große Büschel von Mistel- und Stechpalmzweigen, und wir halfen alle dabei, das Haus damit zu schmükken. In der Küche herrschte viel geheimnisvolle Geschäftigkeit. Jeder war bemüht, etwas vor den anderen zu verstekken. Ich wußte, daß es üblich war, Geschenke untereinander auszutauschen, und dadurch, daß ich jeden Abend im Bett noch stickte und nähte, brachte ich es fertig, für jeden ein Geschenk vorzubereiten. Für Polly bestickte ich zwei Taschentücher mit ihrem Namen in einer Ecke; ein ähnliches Tuch hatte ich bereits für Joe fertiggestellt. Für Mrs. Jackson hatte ich ein Lesezeichen gekauft und kandierte Früchte. Schwieriger war es, etwas für Frances zu finden. Aber schließlich nähte ich ein Federmäppchen für sie und stickte ihren Namen darauf.

Ich brauchte ganz dringend ein paar neue Schuhe. Das Paar, das ich jeden Tag trug, war schon sehr abgenutzt und mußte ständig ausgebessert werden. Joe hatte mir versprochen, das für mich zu erledigen, aber ich wollte neue haben, und zwar ganz bestimmte. Da Mrs. Crawley mich gefragt hatte, was ich mir zu Weihnachten wünschte, war ich nicht gezwungen, Geld dafür auszugeben. Während des Krieges war es fast unmöglich gewesen, Damenschuhe zu bekommen, aber Joe hatte in einem Laden in Ely welche gesehen, die nach seiner Beschreibung genau dem entsprachen, was ich mir vorgestellt hatte. Ich sagte ihm meine Größe, und er versprach, sein Bestes zu tun. Das bedeutete, daß ich genau das bekommen würde, was ich mir wünschte. Joe hatte eine besondere Begabung dafür, alles zu beschaffen, was wir brauchten, egal, ob wir die entsprechenden Marken hatten oder nicht.

In der Woche vor dem Fest schien Mrs. Jackson ununterbrochen zu kochen und zu backen. Sie war unermüdlich, vom frühen Morgen bis in die Nacht hinein. Ihre Füße schwollen an, und sie trug meistens Pantoffeln, deshalb war es nicht besonders verwunderlich, daß sie nicht gerade bester Laune war. Weder Polly noch ich konnten ihr irgend etwas recht machen.

»Aus dem Weg mit euch beiden«, rief sie, wann immer wir auftauchten. »Ich kann nicht arbeiten, wenn ihr in der Küche seid.«

Am Weihnachtsabend gab es ein traditionelles Mahl. Das bedeutete viel Arbeit für Mrs. Jackson, Polly und mich, aber wir waren alle mit Feuereifer dabei. Die Frau des Viehzüchters kam, um uns zu helfen, eine mollige, lustige Frau, die viel Wirbel machte wegen des Riesenabwasches, was die allgemeine Aufregung noch vergrößerte.

Ich stellte fest, daß es am Boxing Day noch eine zweite Party geben sollte. Eben pflegte dazu die Familien aller Männer, die auf der Farm arbeiteten, einzuladen. Polly, Joe und Mrs. Jackson würden ebenfalls dabeisein. Auch ich sollte in diesem Jahr daran teilnehmen.

Dagegen wurde ich zu dem Weihnachtsessen mit Gästen nicht eingeladen, aber das hatte ich auch nicht erwartet. Als ich Frances in ihrem neuen blauen Samtkleid sah, war ich ein bißchen neidisch, aber ich bekam sofort wieder gute Laune, als ich an die zweite Party dachte. Außerdem wußte ich, daß ich in der Küche gebraucht wurde.

Schon am frühen Morgen fingen die Vorbereitungen an. Joe trug ganze Holzstöße herein, und ich half, wo ich konnte, obwohl Frances den größten Teil meiner Zeit beanspruchte in ihrer fieberhaften Erregung.

Auch Polly war guter Laune. Ihr Bruder war gekommen, um sie zu besuchen und ihr Geschenke von ihren Angehörigen zu bringen. Er war eine Weile dageblieben, um ein Glas Sherry zu trinken und mit Joe zu plaudern, und hatte Neuigkeiten aus dem Dorf berichtet. Obwohl er in Mepal wohnte, das direkt hinter dem Hügel lag – man mußte jetzt allerdings einen Umweg machen, da das Luftfahrtministerium die Straße dorthin gesperrt hatte, als der Flughafen gebaut worden war –, machte er einem Mädchen in Sutton den Hof und schaute oft kurz bei uns herein, um seine Schwester zu sehen. Er war ein gutaussehender Mann Anfang Zwanzig mit breiten Schultern und kräftigen Beinen. Er hieß George, und zwischen ihm und seiner Schwester bestand eine deutlich spürbare Zuneigung. Er erzählte uns, wie er einem Burschen aus Sutton eine Ohrfeige versetzt hatte, weil der frech geworden war zu seiner Freundin.

»Dieser Zac Jarrold ist von seiner Mutter verzogen worden«, sagte er hitzig. »Es ist Zeit, daß er zurückkehrt nach London, wo er hingehört. Ich weiß, daß er seinen Vater verloren hat bei den Bombenangriffen auf den Osten der Stadt, aber das ist keine Entschuldigung dafür, daß er sich aufführt wie ein wilder Mann.«

»Nicht nur in London sind Bomben gefallen«, sagte Mrs. Jackson. »Erinnert ihr euch noch an die Nacht, als eine Bombe auf das Haus am Ende der High Street fiel? Ein junger Neuseeländer ging hinein, um zu sehen, ob er helfen könne, und da fiel die zweite Bombe und tötete ihn.«

George nickte. »Das war damals, als das Flugzeug gegen das Dach geprallt ist, nicht wahr?« Er schaute mich an und runzelte die Stirn. »Du solltest Vera vor diesem Zac Jarrold warnen, Betty. Ich habe sie gestern abend mit ihm zusammen gesehen, zu einer Zeit, wo sie schon längst hätte im Bett liegen sollen. Sie wird sich einen schlechten Ruf einhandeln, wenn sie nicht vorsichtig ist.«

»Vera?« Ich starrte ihn erstaunt an. »Sie ist doch erst elf.«

»Ein Grund mehr für sie, zu Hause zu bleiben. Ich möchte keine Schwester haben, die mit diesem Burschen vor einem Wirtshaus herumhängt.«

»Ich könnte mir vorstellen, daß sie nach unserem Papa Ausschau gehalten. hat. Vera ist doch noch ein kleines Mädchen.«

»Nun, vielleicht hast du recht«, sagte er, aber ich spürte, daß er nicht davon überzeugt war.

»Bring das Holz ins Eßzimmer«, sagte Polly und legte mir ein paar Scheite auf die Arme. »Ich möchte, daß du siehst, wie schön der Tisch gedeckt ist.«

Ich dachte an Vera, während ich tat, was man von mir verlangte. Konnte es wirklich stimmen, daß sie mit Jungen herumhing, anstatt unserer Mama zu helfen? Der Gedanke, daß sie mit Zac Jarrold sprach, gefiel mir nicht. Ich erinnerte mich daran, wie er auf meine Weigerung, mit ihm ins Kino zu gehen, reagiert hatte, und nahm mir vor, Vera bei der nächsten Gelegenheit vor ihm zu warnen.

Ich ging ins Speisezimmer und hielt den Atem an, als ich sah, wie es geschmückt war. Kein Wunder, daß Polly wollte, daß ich es sah. Der lange Tisch war auf Hochglanz poliert und mit Kristallgläsern und Silber gedeckt, zwischen den Tafelaufsätzen mit Früchten und Blumen standen zwei schwere Kandelaber. Ich konnte mir vorstellen, wie das Glas glänzen und funkeln würde, wenn die Kerzen angezündet waren. Das allerbeste Porzellan war hervorgeholt worden, es sah zart und zerbrechlich aus, und ich hoffte nur, daß man mich nicht auffordern würde, beim Abwasch zu helfen. Ich würde vor Schreck sterben, wenn ich einen Teller fallen lassen sollte. Feine weiße Leinenservietten waren zusammengerollt und in gravierte Silberringe gesteckt worden, und in der Mitte befand sich ein wundervolles Arrangement aus Rosen – Rosen, mitten im Winter? Sie waren bestimmt extra von einem geheizten Gewächshaus hergeschickt worden und mußten ein Vermögen gekostet haben.

Ich warf die Holzscheite in den Kamin und ging zögernd zum Tisch hinüber, um die tiefroten Blütenblätter dieser wundervollen Blumen zu berühren. Als ich mich vorbeugte, um an ihnen zu riechen, war ich enttäuscht, den sie dufteten nicht. Mit der Hand strich ich über die Gravierungen auf einem der Tafelaufsätze.

»Wer Fruchtgeleekonfekt vom Tisch stiehlt, wird unverzüglich entlassen.«

Ich fuhr herum, als ich Nathan Crawleys Stimme hörte, mein Gesicht glühte. Er grinste mich an, und seine seltsamen Augen schienen grüne Funken zu sprühen.

»Oh, Sie haben mich erschreckt«, rief ich. »Ich habe nichts gestohlen. Ich wollte nur den silbernen Tafelaufsatz berühren.«

»Eine gute Ausrede«, sagte er hochmütig. Dann streckte er die Hand aus und nahm eine mit Schokolade überzogene Nuß aus einem Schälchen. »Das merkt niemand. Mach den Mund auf, Betty.«

Ich schüttelte den Kopf. »Ich will das nicht.«

»Du eigensinniges Mädchen.« Drohend kam er näher. »Mach den Mund auf, oder ich wende Gewalt an.«

Zögernd gehorchte ich. Er schob mir die Nuß zwischen die Lippen, aber bevor ich sie zerbeißen konnte, küßte er mich und biß gleichzeitig in die Nuß. Ich schrie entsetzt auf und erstickte fast, als die harte Nuß mir in die Kehle geriet. Er lachte und klopfte mir auf den Rücken, damit ich sie aushusten konnte.

»Wie töricht du bist, Betty«, sagte er scheltend. »Weißt du denn nicht, wie du dich verhalten mußt, wenn ein Gentleman dir eine Nuß gibt?«

»Sie haben mich fast umgebracht«, rief ich. »Wenn Sie wirklich ein Gentleman wären, würden Sie so etwas nicht tun.«

»Du kennst dich natürlich aus.« Er lachte sarkastisch. »Mach kein so verärgertes Gesicht, Kindchen. Ich habe dich doch nur geneckt. Du mußt lernen, das Leben zu genießen.« Er strich mir mit der Hand über die Wange. »Ich würde dir das gern beibringen ...«

Ich sprang zurück, als hätte mich eine Tarantel gestochen. »Lassen Sie mich in Ruhe, Nathan Crawley. Ich bin nicht eine von Ihren ...« Ich schnappte nach Luft, als mir klar wurde, was ich da fast ausgesprochen hätte. »Ich ... Ich wollte nicht grob werden.«

»Nun, du warst es aber.« In seinen Augen lag ein Lächeln. »Es ist nicht fair, stimmt's, Betty? Du weißt, daß du ebensoviel wert bist wie ich – oder mehr, nicht wahr? Warum solltest du immer höflich bleiben, während ich zu dir sagen kann, was ich will? Ich sehe die Empörung in deinen Augen, ich kann deine Gedanken lesen wie ein Buch, und was sind das für verschlungene Gedanken, Betty. Ich glaube, du magst mich. Du redest dir zwar selber ein, ich sei schlecht, aber im Grunde magst du mich, stimmt es?«

Was konnte ich darauf antworten? Wenn ich nein sagte, wäre er beleidigt gewesen, aber wenn ich zustimmte, würde er es als Einladung auffassen, seine Spiele fortzusetzen. Es machte ihm Spaß, mich zu quälen, so wie es ihm Spaß machte, mit Polly zu flirten. Es war, als ob ihm ein kleiner Teufel auf der Schulter säße, der ihm alles mögliche einredete.

Ich hatte schon zu lange geschwiegen. Sein Gesicht wurde ernst, und ich sah, daß er ärgerlich war. Er wandte sich von mir ab und starrte verstimmt aus dem Fenster. An seiner

Wange klopfte ein Nerv. Einen Augenblick lang blieb ich ganz still stehen, denn ich wußte nicht, was ich tun sollte, dann fing ich an, mich zur Tür zurückzuziehn.

»Ich habe dich nicht aufgefordert zu gehen«, sagte er rauh.

»Mrs. Jackson erwartet mich.«

»Laß sie warten«, erwiderte er kühl. »Sie haben es dir erzählt, nicht wahr? Deswegen verachtest du mich.«

»Ich weiß nicht, was Sie meinen.« Sein Verhalten hatte sich so abrupt geändert, daß ich erschreckt war. »Ich weiß, daß Sie in dem Ruf stehen – nun, daß Sie Mädchen mögen.«

Er lachte bitter. »Bist du sicher, daß das alles ist? Du hast nicht etwas noch viel Ärgeres gehört?«

»Nein, Sir.« Ich starrte ihn an, und mir wurde ganz merkwürdig zumute, als ich seinem angespannten Blick begegnete. »Ich … Ich habe das Gefühl, daß es irgendein Geheimnis gibt, aber niemand hat mir etwas darüber erzählt.«

Einen Augenblick lang schaute er mich an mit Augen, die zu glühen schienen, und ich erschrak aufs neue. Ich hatte den Eindruck, daß in seinem Inneren ein Kampf tobte und daß er drauf und ran war, mir irgend etwas Wichtiges zu erzählen, aber dann zuckte er mit den Schultern, lachte und winkte mich fort.

»Geh nur«, murmelte er. »Warum sollte ich dich zwingen, meine Alpträume mit mir zu teilen? Ich bin ein Narr. Kümmer dich nicht weiter um mich.« Als ich noch zögerte, sah er mich voll an. »Ich habe dir gesagt, du sollst gehen.«

Ich fuhr zurück, als hätte er mir Schläge angedroht, und drehte mich um, um aus dem Zimmer zu fliehen. Jetzt lachte er, es war ein bitteres, rauhes Lachen, das mir Angst machte. Ich lief, ohne anzuhalten, bis ich die Küche erreicht hatte.

Nachdem das Abendessen im Speisezimmer serviert worden war, tauschten wir in der Küche unsere Geschenke untereinander aus. Polly gab mir eine hübsche Brosche mit roten Steinen. Sie lachte über meine Begeisterung.

»Es sind keine Rubine, Betty, nur Glas.«

»Für mich ist das kein großer Unterschied.«

»Ich ziehe echten Schmuck vor. Eines Tages werde ich

richtige Diamanten und Rubine haben.« Sie schien vor Freude beinahe zu platzen.

»Du wirst in der Gosse enden, wenn du so etwas sagst«, meinte Mrs. Jackson finster.

»Pack die anderen Geschenke aus, Betty.«

Von Mrs. Jackson hatte ich zwei Paar warme Strümpfe bekommen, und Joe hatte mir eine warme, wollene Strickjacke gekauft mit einem hübschen Muster in Lila, Beige und Blau.

»Ich dachte, sie paßt vielleicht zu deinem Sonntagskleid«, sagte er und freute sich sichtlich, als ich entzückt aufschrie.

»Sie ist wunderhübsch«, sagte ich und schlüpfte sofort hinein. »Ich hätte mir gar nichts Besseres vorstellen können. Ich weiß nicht, wie ich Ihnen danken soll, Ihnen allen.«

»Bleib nur so, wie du bist«, erwiderte er schroff. »Ich denke, wir stimmen alle darin überein: Es hat sich gezeigt, daß du ein gutes Mädchen bist.«

»Betty hilft mir unendlich viel«, sagte Polly. »Ich bin froh, daß sie hergekommen ist.«

Polly hatte gerade das Geschenk ausgepackt, das Joe ihr gegeben hatte. Sie quietschte vor Freude, als sie entdeckte, daß es zwei Paar Nylonstrümpfe waren.

»Wo haben Sie die aufgetrieben?« fragte sie. »Wie haben Sie das fertiggebracht? Sie sind wie goldener Staub.«

Joe faßte sich an die Nase. »Es hängt alles davon ab, was für Leute man kennt«, sagte er selbstgefällig. »Ist das einen Kuß wert unterm Mistelzweig?«

Polly kicherte. »Man kann nie wissen«, sagte sie spröde. »Vielleicht.«

Mrs. Jackson rümpfte die Nase, als sie einen Blick auf die Reste unseres Abendessens warf. »Nun, wenn alle satt sind, räumen wir am besten schon mal den Tisch ab. Wir wollen mit dem Abwasch anfangen, bevor sie nach dem Tee läuten.«

Mary Crawley hatte die Angewohnheit, sich ein Teetablett nach oben bringen zu lassen, bevor sie sich zur Nachtruhe zurückzog. Wir bereiteten in der Küche ein Kännchen Ovaltine für sie vor, mit Milch und Wasser. Eben Crawley bereitete sich meistens selber einen Abendgrog zu mit Brandy, Zucker und heißem Wasser aus Marys Kessel.

Da heute abend Gäste im Haus waren, wäre das Tablett zu schwer geworden für Polly, deswegen benutzte sie den Teewagen. Ich richtete den Teewagen für sie her, bevor ich daran ging, beim Abwasch zu helfen. Plötzlich mußte ich gähnen.

»Müde, Betty?« Polly lächelte mir mitfühlend zu. »Macht nichts, bald ist alles geschafft. Es ist nur gut, daß nicht jede Woche eine Gesellschaft stattfindet, das würde uns bald zuviel werden.«

Mrs. Jackson unterhielt sich mit Joe. Ich schaute Polly an und sagte leise zu ihr: »Ich dachte, Mrs. Jackson würde teilnehmen an der Party. Sie gehört zur Familie, aber sie scheint kaum jemals mit den anderen zusammen zu essen.«

Polly schaute sich um, damit sie sichergehen konnte, daß niemand uns zuhörte. »Es ist einzig und allein ihre eigene Schuld. Ich weiß, daß Mary sie gebeten hat zu kommen. Sie schimpft immer, daß sie wie eine unbezahlte Haushälterin behandelt wird, aber sie will es anscheinend nicht anders.«

»Das kommt mir etwas merkwürdig vor. Es sieht fast so aus, als ob sie jeder Geselligkeit sorgsam aus dem Wege ginge.«

»Es ist ihr Stolz«, flüsterte Polly. »Sie besaß keinen Pfennig, als sie herkam. Damals gab es hier eine Köchin, aber als sie kündigte, übernahm Mrs. Jackson ihre Arbeit. Sie sagt, daß sie nicht von ihrem Bruder ausgehalten werden will. Ich glaube, sie hatten vor einigen Jahren einen Streit, und sie hat ihm noch immer nicht ganz verziehen. Viel weiß ich wirklich nicht darüber, Betty. Du müßtest Joe fragen.«

»Aber sicher ...«

»Pst! Sie schaut zu uns herüber. An die Arbeit.«

Polly beugte sich über einen der tiefen Ausgüsse, wusch sorgfältig das kostbare Porzellan mit warmem Wasser und Soda und spülte jedes Stück mit kaltem Wasser ab. Die Frau des Viehzüchters und ich trockneten das Geschirr ebenso vorsichtig ab, bevor wir es auf den Tisch stellten, damit Mrs. Jackson es wieder einräumen konnte. Es war eine langweilige, ermüdende Arbeit, und als wir fertig waren, hatte es schon Mitternacht geschlagen. Trotzdem mußte Polly dann noch die Gläser und Teller aus dem vorderen Salon abwaschen, nachdem die Familie sich zurückgezogen hatte.

»Das kann bis morgen früh warten«, sagte sie gähnend, als sie ein vollbeladenes Tablett in die Küche brachte. »Ich glaube, für heute haben wir genug geleistet.«

Mrs. Jackson stimmte ihr zu. Ich konnte mich kaum noch auf den Füßen halten, als ich die Treppe hinaufstieg. Ich war so müde, daß ich meine Kleidungsstücke irgendwo hinwarf und mit geschlossenen Augen ins Bett torkelte. Ich war hundemüde, und trotzdem schlief ich nicht sofort ein. Als ich spürte, wie die Matratze angehoben wurde, öffnete ich schläfrig ein Auge und sah, daß Polly irgend etwas unter die Matratze schob. Obwohl ich schon halb schlief, wunderte ich mich darüber.

Am Morgen hatte ich den kleinen Zwischenfall vergessen. Alle außer Frances gingen in die Kirche.

»Aber es ist nicht in Ordnung, daß sie heute ganz allein bleiben soll«, sagte ich.

»Sie wird nicht allein sein«, erwiderte Polly. »Mr. Nathan wird ihr Gesellschaft leisten.«

Ich war im Begriff gewesen, freiwillig hierzubleiben, aber ich wußte, daß Frances die Gesellschaft ihres Cousins vorziehen würde, und ich freute mich auf den Ausflug. Schon immer hatte ich die Weihnachtsmesse in der Kirche geliebt. Sie würde mit Stechpalmzweigen geschmückt sein, und wir würden alle zusammen Choräle singen. Ich sang gern, und ich hatte eine gute Stimme. Der Pfarrer hatte gesagt, daß ich der Stolz seines Chors sei, und seit ich mit Mrs. Crawley in die Kirche ging, hatte sie sich auch lobend darüber geäußert. Aber ebenso wie auf das Singen in der Kirche freute ich mich auf die Gelegenheit, meine Mutter und die Kinder zu sehen, wenn der Gottesdienst vorüber war.

Ich hatte Glück. Meine Mama hatte Vera und Joe mitgebracht, und es gelang mir, hinterher ein paar Minuten mit ihnen zu sprechen. Weil alle in festlicher Stimmung waren, standen die Leute in kleinen Gruppen auf dem Hof vor der Kirche oder gingen langsam den Hügel hinunter zu dem unten gelegenen Pfad. Mrs. Crawley redete mit dem Pfarrer, so hatte ich ein bißchen Zeit für meine Familie.

»Oh, wie schick du aussiehst«, sagte Vera mit einem neidischen Blick auf mein Kleid und die Strickjacke, die Joe mir geschenkt hatte. »Du hast Glück, Betty.«

Ich sah, daß sie den roten Schal im Haar trug, den Polly mir für meine Mama mitgegeben hatte, und daß ihre Blicke immer wieder zu einer kleinen Gruppe von Jungen und Mädchen hinglitten, die auf der Straße standen. Sie machten viel Lärm, und mir fiel auf, daß einige Frauen mit finsterem Gesicht zu ihnen hinübersahen. Ich war froh, daß Vera nicht dabei war, und ich hoffte, daß George Baxter sich geirrt hatte. Gerade wollte ich etwas zu ihr sagen, als meine Mama das Wort ergriff.

»Danke für die Geschenke und das zusätzliche Geld, Betty. Dein Freund Joe Morris hat uns eine große Pastete mit Schweinefleisch und eine Speckseite gebracht. Er ist ein guter Mensch.«

»Ja.« Ich lächelte sie an und vergaß die Sache mit Vera. Ich konnte sie nicht am Weihnachtstag vor den Augen meiner Mutter auszanken. »Joe hat mir die Strickjacke geschenkt. Er ist immer so großzügig.«

»Sie ist sehr hübsch. Was hat Mary Crawley dir gegeben?«

»Ich werde morgen ein Paar Schuhe bekommen?«

»Schuhe?« Sie runzelte die Stirn. »Ich dachte, sie würde dir Geld geben.«

»Sie hat mich gefragt, was ich mir wünschte. Es ist nur noch eine Woche bis zu meinem nächsten Zahltag. Sicher kannst du solange auskommen? Ich habe dir drei Pfund gegeben von dem Geld, das Henry Crawley mir geschenkt hat.«

Auf ihrem Gesicht spiegelte sich Schuldbewußtsein, und sie schaute mich nicht an. »Ich hatte Schulden abzuzahlen, Betty, aber wir werden es schon irgendwie schaffen, wie immer.« Plötzlich sah sie mir in die Augen. »Dein Vater hatte sehr schlechte Laune. Ich mußte ihm die drei Pfund geben, die du mir geschickt hast.«

»Oh, Mama ...« Ich seufzte, aber ich brachte es nicht fertig, ihr Vorwürfe zu machen. Sie war schon beschämt genug. »Ich muß jetzt gehen. Mrs. Crawley steigt gerade in den Wagen. Wir sehen uns nächste Woche.«

Sie zögerte, und ich spürte, daß ihr noch etwas auf der Zunge lag. »Vielleicht habe ich ein paar Neuigkeiten für dich, wenn du kommst.«

Klang ihre Stimme ein wenig ängstlich? Ich würde wahrscheinlich mehr darauf geachtet haben, wenn ich geahnt hätte, was sie mir zu erzählen hatte, aber ich war mit meinen Gedanken schon wieder auf der Farm. Ich küßte Vera, umarmte Joe und hob ihn hoch in die Luft, dann rannte ich zum Wagen. Ich war die letzte, die einstieg, und ich hörte, daß Eben Crawley einen ärgerlichen Laut von sich gab. Aber er sagte nichts zu mir, sondern schaute nur seine Frau an.

Ich konnte es nicht erwarten, nach Hause zu kommen. Während die anderen noch ihre Hände vor dem Kamin rieben, eilte ich in Frances' Zimmer. Sie saß aufrecht im Bett, an einen Berg von Kissen gelehnt. Auf dem Boden lag das zerrissene Einwickelpapier von den Geschenken, die sie heute morgen erhalten hatte: Schokolade, Mackintosh's Toffees, Schreibpapier, Bücher, Schallplatten und Modeschmuck lag in buntem Durcheinander auf der Bettdecke. Sie trug ein hübsches neues goldenes Armband, und ich wußte, daß Mary ihr schon ein neues Samtkleid und ein Paar Schuhe geschenkt hatte. Nathan saß auf der Bettkante, und sie lachten miteinander. Frances runzelte die Stirn, als sie mich erblickte.

»Oh, bist du schon zurück?« fragte sie. »Was möchtest du?«

»Ich wollte fragen, was Sie heute mittag essen wollen.«

»Dieses faule Geschöpf wird aufstehen und nach unten kommen«, erklärte Nathan.

Sie zog ein Gesicht. »Mutter hat gesagt, ich soll mich heute ausruhen. Ich war gestern abend lange auf.«

»Unsinn! Du bist überhaupt nicht müde. Gib es zu, Frances, du fühlst dich vollkommen wohl. Auf jeden Fall gut genug, um aufzustehen und Monopoly mit mir zu spielen.«

»Wahrscheinlich bleibt mir nichts anderes übrig.« Sie versuchte, ein finsteres Gesicht zu machen. »Geh schon vor, damit Betty mir beim Ankleiden helfen kann.«

Prüfend schaute er mich an. »Der Wind hat ein wenig Farbe auf deine Wangen gezaubert. Es scheint dir gut bekommen zu sein, etwas frische Luft zu schnappen.«

»Es ist ziemlich kalt draußen, Sir. Ich mag den Wind nicht. Er jagt mir Angst ein.«

»Tatsächlich?« Er hob die Brauen. »Du hast mir doch erzählt, daß du nicht ängstlich bist.«

»Bin ich auch nicht, Sir. Nur den Wind hasse ich.«

»Das werden wir eines Tages mal überprüfen, ja?« Sein Blick glitt zurück zu Frances. »Laß mich nicht warten, du Unglücksrabe, sonst komme ich zurück und zerre dich aus dem Bett.«

Ich sah ihn nicht an, als er das Zimmer verließ. Zu gut erinnerte ich mich noch an unsere letzte Begegnung. Damals war er launisch und bitter gewesen, und ich wollte mich jetzt nicht von seinem Charme einwickeln lassen. Dieser Nathan Crawley machte es sich zu leicht. Immerhin übte er auf Frances einen guten Einfluß aus, selbst ich konnte das erkennen. Nach seinen Besuchen war sie immer viel lebhafter.

»Ist Nathan nicht wunderbar? Wenn er da ist, fühle ich mich nie so richtig krank.«

»Es ist schade, daß Sie nicht mehr Zeit mit ihm verbringen können.«

Ihr Gesicht verfinsterte sich. »Ich weiß nicht, was ich machen soll, wenn er fortreist.«

»Will er schon bald fortgehen?«

»Er haßt die Marschgebiete. Er sagt, sie sind feucht und trostlos, und er möchte in London wohnen.« Nachdenklich schaute sie mich an. »Er sagt, wenn ich älter bin, kann ich bei ihm wohnen, wenigstens so lange, bis ich heirate, aber ich glaube nicht, daß ich überhaupt heiraten werden.«

Ich knöpfte ihr das Kleid am Rücken zu. »Warum nicht? Wollen Sie keinen Ehemann haben?«

»Ich weiß nicht. Ich mag es, wenn Nathan mich neckt, aber wie kann ich sicher sein, daß mein Mann so sein wird wie er?« Sie schauderte zusammen. »Er könnte ja auch so sein wie mein Vater.«

Sie machte ein so angeekeltes Gesicht, daß ich mich besorgt fragte, was sie wohl denken mochte. Was mochte sie gesehen oder gehört haben, um so angewidert zu sein? Ich erinnerte mich an den Streit zwischen Eben Crawley und seiner Frau, den ich an meinem ersten Abend in diesem Hause zufällig mitangehört hatte. Und wenn ich gehört hatte, wie sie miteinander stritten, war es mehr als wahrscheinlich, daß Frances dies auch schon mal gehört hatte. War sie vielleicht aus irgendeinem Grunde zu dem Zimmer ihrer Mutter gegangen und hatte wie ich in der abgedunkelten Halle gestanden, um Dinge zu hören, die besser privat geblieben wären? War sie deshalb davon überzeugt, daß ihre Mutter glaubte, an ihrer schwachen Gesundheit schuld zu sein?

»Ihr Vater ist gewiß enttäuscht darüber, daß Nathan nicht auf dem Land arbeiten will?«

Ein seltsamer Ausdruck lag in ihren Augen. »Er denkt, daß er es fertigbringt, Nathan nach seiner Pfeife tanzen zu lassen. Er weiß nicht, was für Pläne mein Cousin hat. Du wirst es doch niemandem erzählen, Betty?«

»Nicht, wenn Sie es nicht wollen. Ich habe unsere Abmachung nicht vergessen. Soll ich Ihnen jetzt das Haar bürsten?«

Sie nickte und setzte sich auf den Stuhl vor ihrem Frisiertisch. Dann hielt sie den Arm hoch und forderte mich auf, ihr neues Armband zu bewundern. »Es ist aus Gold«, sagte sie. »Und ich kann noch mehr Anhänger dafür bekommen, wenn ich will. Nathan hat es mir geschenkt. Gefällt es dir?«

»Es ist sehr hübsch«, sagte ich und fühlte plötzlich Eifersucht in mir aufsteigen, obwohl ich wußte, daß das nicht richtig war. »Ich hatte früher auch ein goldenes Armband. Meine Großmutter hat es mir zur Taufe geschenkt.«

»Deine Großmutter?« Frances runzelte die Stirn, als sie sich umdrehte, um mich anzusehen. »Oh, ich nehme an, du meinst deine Großmutter Chilton. Lebt dein Großvater nicht immer noch in Chatteris?« Als ich nickte, fragte sie: »Hast du ihn schon einmal gesehen?«

Ich schüttelte den Kopf. »Er hat kein Wort mehr mit meiner Mutter gesprochen, seit sie fortgelaufen ist, um meinen Papa zu heiraten. Meine Großmutter hat uns Geschenke geschickt, bis zu ihrem Tode. Sie war eine echte Lady, sanft und freundlich. Ich wünschte, sie wäre noch am Leben.«

Frances nickte. »Meine Großmutter ist auch tot. Ich kenne sie nur von Bildern.«

»Lassen Sie mich Ihr Haar fertig frisieren. Nathan wird bereits auf Sie warten.«

»Wart eine Minute.« Sie nahm zwei Päckchen vom Tisch. »Das hätte ich fast vergessen. Hier ist mein Geschenk für dich – und das hat Nathan mir für dich gegeben.«

Ich war überrascht. Auf keinen Fall hatte ich mit einem Geschenk von Nathan gerechnet. Ich war auch nicht davon überzeugt gewesen, daß ich von Frances eins erhalten würde. Sie lachte, als ich zögerte, und schob mir die Päckchen zu.

»Na los, öffne sie.«

Meine Finger zitterten, als ich das von ihr zuerst aufmachte. Es war ein in Leder gebundenes Buch voll leerer Seiten, mit einem Schloß aus Messing, ein schönes, teures Buch, ähnlich dem, das sie selber benutzte. Andächtig streichelte ich es.

»Ich werde es wie einen Schatz hüten.«

»Ich dachte mir, daß es dir gefällt«, sagte sie selbstgefällig. »Du kannst es benutzen, um Buch zu führen oder um all deine geheimen Gedanken aufzuzeichnen.« Sie lachte, als ich sie erschrocken anschaute. »Oh, ich weiß, daß du welche hast. Du bist nicht so sanft und unschuldig, wie du dich gibst.«

»Was meinen Sie nur, Frances?«

»Nichts. Ich habe auch meine Geheimnisse.« Ein listiger Ausdruck erschien auf ihrem Gesicht. »Mach mir jetzt das Haar zurecht. Nathans Päckchen kannst du später öffnen.«

Noch nie hatte ich ihr bereitwilliger gehorcht. Als sie gegangen war, um ihren Cousin zu suchen, nahm ich mein kostbares Buch und Nathans Geschenk und ging nach oben in mein Zimmer. Ich setzte mich auf die Bettkante und starrte das Päckchen an, das ich kaum zu öffnen wagte. Wenn Nathan es mir selber überreicht hätte, würde ich mich vielleicht geweigert haben, es anzunehmen, aber als ich das Band aufgeknüpft hatte, fing ich an zu lächeln. Es war ein Karton mit Schokoladennüssen wie denen, die ich im Speisezimmer gesehen hatte. Sie waren ganz genauso wie die eine, die er mir in den Mund gesteckt hatte, und mir war klar, daß er das Geschenk sorgsam ausgewählt hatte. Der dabeiliegende Brief war kurz und typisch für ihn.

»Sie werden nicht so süß schmecken wie diejenige, die wir miteinander geteilt haben, aber ich hoffe, du genießt sie trotzdem. Verzeih mir, Nathan.«

Er steckte voller Gegensätze. Manchmal war er bitter und grausam, aber wenn er es wollte, konnte er charmant und aufmerksam sein. Ich war mir nicht im klaren über meine Gefühle für ihn. Seine Launenhaftigkeit störte mich, aber manchmal hatte ich ihn gern.

Ich kniete mich hin, um meine Geschenke in dem Schränkchen neben dem Bett zu verstauen. Als ich mich vorbeugte, sah ich, daß das Laken unordentlich an der Seite herunterhing. Ohne darüber nachzudenken, fuhr ich mit den Fingern unter die Matratze, um es glattzuziehen. Dabei fiel ein Schmucketui auf den Boden. Im selben Augenblick erinnerte ich mich daran, daß Polly in der vergangenen Nacht hier etwas versteckt hatte. Ein paar Sekunden starrte ich das Etui an. Mir war natürlich klar, daß ich es wieder an seinen ursprünglichen Platz zurückschieben mußte.

Es war unrecht von mir, in Pollys Sachen herumzuschnüffeln, aber ich konnte der Versuchung nicht widerstehen. Ich hatte den dringenden Wunsch herauszufinden, was sie vor mir versteckt hatte. Als ich das Etui öffnete, hielt ich den Atem an beim Anblick des prachtvollen Anhängers und der Kette. Obwohl ich mich überhaupt nicht mit Schmuck auskannte, war mir klar, daß es sich um etwas Wertvolles handeln mußte. Die Kette war aus Gold, da war ich ganz sicher.

Sie ähnelte sehr derjenigen, die Mrs. Crawley manchmal am Abend trug, war aber etwas dünner. Auch der Anhänger war aus Gold, mit Rubinen besetzt, und in der Mitte schien ein Brillant zu funkeln. Ich konnte natürlich nicht mit Sicherheit wissen, daß die Steine echt waren, aber für mich bestand kein Unterschied zwischen ihnen und den Schmuckstücken, die Mary gelegentlich trug.

Als ich mich daran erinnerte, was Polly am vorigen Abend gesagt hatte, und an ihren entzückten Blick, hatte ich keinen Zweifel mehr an der Echtheit des Anhängers. Wie war sie zu etwas so Wertvollem gekommen? Je mehr ich darüber nachdachte, desto leichter fiel mir die Antwort. Kein Wunder, daß sie den Schmuck versteckt hatte! Sie konnte es nicht wagen, ihn hier im Hause zu tragen.

Ich schob das Etui schuldbewußt wieder unter die Matratze. Pollys Angelegenheiten gingen mich nichts an, aber ich machte mir Sorgen um meine Freundin. Mir war schon vorher aufgefallen, daß sie viele hübsche Sachen besaß. Wie lange würde es noch dauern, bis auch jemand anderer zwei und zwei zusammenzählte?

An der Party für die Angestellten nahmen so viele Personen teil, Ehefrauen und Kinder, daß das Haus selbst zu klein dafür gewesen wäre. Deshalb wurde eine der Scheunen leergeräumt und geputzt. Mrs. Jackson gab sich viel Mühe mit den kalten Platten und Pasteten, die dem Vergleich mit denen für Mrs. Crawleys eigene Abendgesellschaft durchaus standhalten konnten. Zum Trinken wurden ein Faß Apfelwein bereitgestellt, Bier und für die Kinder Limonade.

Da die Frauen der Arbeiter bei dem anschließenden Aufräumen helfen wollten, bedeutete das nicht allzuviel Mehrarbeit für Polly und mich. Die Familie stattete nur einen kurzen Besuch ab, bevor sie sich zu ihrem eigenen Abendessen mit kalten Platten zurückzog, und dann fing das Fest richtig an. Gegen acht Uhr begann irgend jemand Geige zu spielen, und einige der Männer sangen. Die Platten waren zu diesem Zeitpunkt schon weitgehend abgeräumt, und Mrs. Jackson schickte mich in die Küche, um gefüllte Pasteten zu holen, die sie für diesen Zweck zurückgestellt hatte.

»Sei vorsichtig«, warnte sie mich. »Laß nichts fallen.«

»Nein, ich paß auf«, versprach ich ihr.

Als ich von der Scheune über den Hof ging, konnte ich immer noch das Lachen hinter mir hören. Es war sehr kalt, aber der Mond schien so hell, daß ich den Weg gut erkennen konnte. Ich hatte es eilig, zu der Party zurückzukommen, und riß die Küchentür auf, ohne den geringsten Gedanken daran zu verschwenden, was ich dort vorfinden könnte. Schockiert blieb ich auf der Schwelle stehen, als ich Polly und Nathan unter dem Mistelzweig sah. Sie küßten sich und hielten sich leidenschaftlich umschlungen. Ich schrie unwillkürlich auf.

»Es tut mir leid«, sagte ich, als sie sich voneinander lösten, »Mrs. Jackson hat mir aufgetragen, die Fleischpasteten zu holen.«

Nathan machte ein verärgertes Gesicht, aber Polly lachte nur. »Das macht nichts. Es war nur ein Scherz.«

Nun, offensichtlich hatte sie ihre Meinung geändert! Ich sah sie mißtrauisch an und wunderte mich darüber, daß sie plötzlich damit einverstanden war, Nathan zu küssen. Gerade hatte ich angefangen, freundlichere Gefühle für ihn zu hegen, aber damit war es jetzt vorbei. Anscheinend hatte er es fertiggebracht, Polly herumzukriegen, aber bei mir würde er kein Glück haben. Ich warf ihm einen eisigen Blick zu und nahm die Platte mit den Pasteten auf.

4. Kapitel

Wieder war mein Zahltag gekommen. Ich freute mich auf meinen Besuch zu Hause, aber so aufgeregt wie beim erstenmal war ich nicht mehr. Die Kinder kamen vor die Tür gelaufen, und meine Mama stellte den Kessel aufs Feuer, sowie ich hereinkam. Ich nahm den kleinen Joe auf den Schoß, als er mir das Magazin *Pip und Squeak* hinhielt, damit ich ihm eine Geschichte vorlas, und ließ ihn auf- und nieder hopsen, bis er vor Lachen quietschte.

»Hab' ich da eben ein Auto gehört?« fragte meine Mutter.

»Ja. Joe Morris bringt Mrs. Jackson nach Ely. Sie will ein paar Tage bei ihrem Bruder Henry verbringen. Er hat mich mitgenommen und wird mich auch wieder abholen, wenn er am Nachmittag zurückfährt.«

»Das ist schön, Betty.«

»Ja.« Ich gab ihr meinen Lohn, und als sie das Geld ins Schlafzimmer brachte, lief mein Bruder Joe hinter ihr her. Ich stellte inzwischen Vera wegen Zac Jarrold zur Rede und fragte sie, ob es stimme, was man mir erzählt hatte.

Sie zog ein finsteres Gesicht. »Ich habe nichts Unrechtes getan. Ich kann doch mit den Leuten reden, oder? Es gibt kein Gesetz, das es verbietet. Außerdem hat Mama mich weggeschickt, damit ich ein Päckchen Tabak für Papa hole.«

Ich sah ihr an, daß sie log. Sie machte ein verschlagenes Gesicht, und mir war klar, daß sie irgend etwas vor mir verheimlichte. Dann kehrte meine Mutter zurück, und ich merkte, daß sie sich Sorgen machte wegen irgend etwas. Sie schickte Joe zum Nachbarhaus hinüber, um den *Daily Mirror* auszuleihen. Ich bemerkte die dunklen Schatten unter ihren Augen und spürte, daß etwas Unerfreuliches geschehen sein mußte.

»Bist du krank, Mama?«

Sie schaute mich beunruhigt an. »Ich fühle mich nicht besonders, deswegen habe ich Vera auch nicht in die Schule geschickt.« Ihr Blick glitt zum Herd hinüber. »Es ist wieder ein Baby unterwegs.«

»Oh nein, nicht schon wieder!«

Es waren zwar nur drei Cantrel-Kinder am Leben geblieben, aber meine Mutter hatte in den letzten sieben Jahren zwei Fehlgeburten erlitten. Ich wurde wütend, als ich daran dachte, daß sie nun wieder monatelang leiden mußte.

»Sieh mich nicht so an, Betty. Du solltest dich für mich freuen.«

»Wirklich? Ich freue mich, wenn du es auch tust.«

In ihrem Blick lag ein gewisser Stolz. »Nun, ich habe es dir jedenfalls gesagt.«

Ja, sie hatte es mir gesagt, und das genügte. Wir wußten beide, daß mein Vater mit seinem Egoismus schuld daran war. Ich spürte, wie erneut der Ärger in mir aufstieg, aber dann sah ich, wie müde sie war.

»Macht nichts, Mama«, sagte ich. »Vera wird dir helfen, wo sie nur kann, und ich kümmere mich um die Babysachen. Ich werde Wolle kaufen und Decken und Mäntelchen stricken.«

»Ich danke dir.« Sie seufzte matt. »Du bist ein gutes Mädchen. Manchmal erinnerst du mich an meinen Vater. Wenn du wütend bist, siehst du ihm sogar ähnlich.«

Ich beugte mich vor. »Würde er dir nicht doch helfen, Mama?« fragte ich. »Wenn ich nun an meinem nächsten freien Tag zu ihm ginge?«

»Nein!« rief sie. »Ich habe ihn schon oft genug selber um Hilfe gebeten. Wenn du hingehst, wird er dir nur wehtun. Wir werden es schon schaffen.«

»Aber warum verhält er sich so abweisend dir gegenüber? Er muß dich doch einmal geliebt haben.«

»Oh ja, er hat mich geliebt«, sagte sie. »Ich war sein kleines Mädchen. Er wollte nicht, daß ich erwachsen wurde. Ich glaube, er hätte genauso reagiert, wen immer ich auch geheiratet hätte. Aber meine Mutter war ganz anders. Sie wußte, daß er unfair war, und sie versuchte, ihn zu überreden, die Dinge ihren Weg gehen zu lassen – aber er war so furchtbar eigensinnig.«

»Das hast du mir schon erzählt«, sagte ich lächelnd.

»Im Küchenschrank findest du ein Päckchen Tee, Betty«, sagte meine Mutter. »Brüh uns einen Tee auf und gib mir die Flasche mit dem Dorsch-Lebertran, ja?«

Ich schnitt eine Grimasse, als ich ihr die kleine, vierkantige Flasche und einen Löffel reichte. Ich verstand nicht, wie sie es fertigbrachte, das Zeug zu schlucken, aber ich hoffte, daß es ihr guttat. Ich machte den Tee, und als wir ihn getrunken hatten, wusch ich ab.

Den übrigen Tag verbrachte ich damit, das Häuschen zu putzen. Trotz all meiner Bemühungen blieb eine gewisse Spannung zwischen mir und meiner Mutter bestehen. Ich hatte das Gefühl, daß der Besuch hier sich kaum noch lohnte, und als Joe Morris kam, um mich abzuholen, fragte ich ihn, ob ich ein andermal mit ihm nach Ely fahren könne. Er sagte ja, und ich war fest entschlossen, das wahrzunehmen, aber dann erfüllte mich wieder ein Schuldgefühl. Meiner Mama ging es nicht gut. Sie würde meine Hilfe brauchen, sooft ich nach Hause kommen konnte. Ich sah ein, daß ich trotz allem an meinem nächsten freien Tag wieder zu ihr gehen mußte, aber für diesmal wurde ich davon befreit, eine Entscheidung treffen zu müssen. Schnee war gefallen, die Marschgebiete waren tief verschneit, und wir waren von der Außenwelt abgeschlossen.

Alle sprachen über die Meisterschaftskämpfe im Schlittschuhlauf auf den seichten Gewässern von Sutton Gault. Es schneite nicht mehr, aber der Boden war immer noch hartgefroren. Seit Tagen hatten Joe und Polly sich die größten Sorgen wegen des Wetters gemacht. Sie fürchteten, daß das Tauwetter einsetzen würde, bevor das sportliche Ereignis stattfinden konnte. Es war eine große Sache, und meilenweit würden Schlittschuhfahrer aus der Umgebung kommen, um gegeneinander anzutreten. Joe erzählte, daß sie in hartem Wettbewerb miteinander standen und jedes Jahr gegeneinander kämpften, wenn das Wetter es erlaubte. Selbst während des Krieges waren die Schlittschuhläufe beliebt gewesen, und Joe berichtete mir von einigen jungen Burschen, die einmal in der Nacht bei Mondenschein auf den Teichen Schlittschuh gelaufen waren.

»Sie sahen ein Flugzeug über sich«, sagte er. »Aber sie achteten nicht weiter darauf. Dann kreiste es über ihnen, kam tiefer herunter und feuerte auf sie. Da haben sie sich ganz schnell verzogen, daß kann ich dir sagen.«

»Ist jemand verletzt worden?«

Joe grinste. »Nein. Der deutsche Pilot wollte ihnen wohl nur Beine machen.«

Pollys Bruder George war bei den beiden letzten Meisterschaften Sieger gewesen und hatte Mitbewerber geschlagen, die aus so entfernten Orten wie Wisbech und March gekommen waren. Polly war selber eine gute Schlittschuhläuferin. Sie versprach, mir ein Paar Schlittschuhe zu leihen, die ihr zu klein geworden waren.

»Ich habe noch nie versucht, Schlittschuh zu laufen«, wandte ich ein. »Wahrscheinlich kann ich mich dabei gar nicht auf den Beinen halten.«

Aber trotz meines Protestes wurde ich von Polly und Joe gezwungen, sie im Wagen zu begleiten. Viele der Arbeiter wollten auch mitkommen, und wir nahmen einen Lastwagen, in den alle hineinpaßten. Mrs. Jackson hatte es übernommen, sich in der Zwischenzeit um Frances zu kümmern, und damit den Streit zwischen uns entschieden.

»Es können Jahre vergehen, bevor das Eis wieder mal stark genug ist, um ein Rennen austragen zu können«, sagte sie. »Ich erinnere mich noch daran, daß die Eisdecke einmal drei Wochen lang hielt, als ich noch ein Kind war. Mein Vater war ein guter Schlittschuhläufer und nahm mich jeden Tag mit.«

So kletterte ich an einem Sonntagnachmittag mit Polly, Joe und einem halben Dutzend junger Männer, die auf der Farm arbeiteten, in den Lastwagen. Als wir gerade abfahren wollten, hörte ich jemanden rufen; er raste zu uns herüber und sprang im letzten Augenblick hinten auf den Wagen. Die anderen wurden seltsam ruhig, und ich wandte mich um. Zu meiner Überraschung entdeckte ich Nathan, der sich es gerade auf dem Stroh gemütlich machte.

»Ich denke, wir sollten eine geschlossene Front bilden«, sagte er grinsend. »Wir werden es dem Gegner zeigen, nicht wahr, ihr Burschen?«

»Sie haben beinahe dieses Boot verfehlt, Lieutenant Crawley«, sagte einer der Männer. »Was ist los, können Sie morgens nicht aus den Federn finden?«

Nathan lachte. »Sie haben recht, Ted«, erwiderte er. »Meine erste Wache auf der *Connaught* hätte ich beinahe verschlafen. Ich mußte mich wahnsinnig beeilen und entging nur mit knapper Not einer Bestrafung. Damit verglichen sind die Olympischen Spiele das reine Zuckerschlecken.«

Sein kleiner Scherz löste die Spannung, und bald darauf tauschten sie Kriegsgeschichten miteinander aus. Dann redeten sie über die bevorstehenden Wettkämpfe und rühmten die Tüchtigkeit der Ortsansässigen. Alle waren der Meinung, daß der Ausgang von vornherein feststand. George Baxter würde alle anderen im Schlaf besiegen!

Wir trafen bei weitem nicht als erste ein. Niemals hätte ich so viele Leute dort erwartet. Sie liefen Schlittschuh auf den gefrorenen Teichen, und am Ufer brannte ein riesiges, knisterndes Feuer. Wir hatten unser Essen in einem Korb mitgebracht, aber ein Mann verkaufte Kartoffeln, die man sich in der Glut garen konnte. Er schien ein gutes Geschäft zu machen.

Um zwei Uhr sollte die Austragung der Wettbewerbe anfangen; jetzt war es halb zwei, wir hatten also noch Zeit genug für meine ersten Übungen auf dem Eis. Und genau dort verbrachte ich den größten Teil davon, mit dem Hintern auf dem Eis sitzend. Ich war sehr wackelig auf den Beinen, und jeder Schritt, den ich machte, stellte eine Gefahr für die anderen Läufer dar. Joe und Polly versuchten, mich in der Senkrechten zu halten, aber es hätte nicht viel gefehlt, und ich hätte alle beide mit zu Boden gerissen.

»Ich glaube, du wirst in diesem Jahr lieber noch nicht an den Rennen teilnehmen, Betty«, sagte Polly und lachte, als ich mich wieder hinsetzte. »Wenn du erst mal das Gleichgewicht halten kannst, ist es leicht.«

Leicht oder nicht, ich war jedenfalls froh, als das Rennen

begann und ich wieder ans sichere Ufer zurück durfte. Es war viel angenehmer zuzuschauen, wie andere Schlittschuh liefen, besonders, wenn sie so geschickt waren. Es waren so viele eifrige Wettkämpfer aufgetaucht, daß man sie in sechs Gruppen zu jeweils acht Männern einteilen mußte. Ins Finale sollten dann die schnellsten Läufer von jedem Rennen kommen.

Vom Start an herrschte große Erregung. Pollys Bruder war in der ersten Gruppe, und er siegte mit Leichtigkeit. Wir ließen ihn wieder und wieder hochleben, sprangen auf und ab vor Begeisterung und umarmten uns gegenseitig. In der zweiten Gruppe befanden sich drei Männer von der Willow-Farm, und einer von ihnen wurde Zweiter. Joe brachte es fertig, in letzter Sekunde Sieger in seiner Gruppe zu werden, und dann war plötzlich schon die letzte Gruppe an der Reihe. Ich war erstaunt, als ich sah, wie Nathan sich mit den anderen in einer Linie am Start aufstellte, und noch erstaunter, als ich die hautengen Hosen bemerkte, die er trug. Sie schienen aus einem dünnen, elastischen Stoff zu sein, der eng anlag an seinen Beinen. Sie erinnerten mich ein bißchen an die flanellenen Unterhosen meines Vaters. Die meisten anderen Männer trugen ihre gewöhnlichen Hosen, die sie nur oberhalb der Fußknöchel zusammengebunden hatten, damit sie nicht herumflatterten.

Ich fragte Polly, warum sie das machten, und sie erklärte mir, daß dadurch der Luftwiderstand beim Schlittschuhlaufen geringer würde. Auch die Hosen ihres Bruders waren ziemlich eng, wie ich bei näherem Hinschauen feststellte, aber nicht so wie Nathans.

»Du kannst sicher sein, daß er immer alles Nötige hat«, sagte sie ärgerlich. »Schau dir nur diese Schlittschuhe an.«

»Sie sehen schmaler und länger aus«, sagte ich. »Was für Schlittschuhe sind es?«

»Norwegische. Die besten Schlittschuhe kommen alle aus Norwegen, aber diese müssen sehr teuer gewesen sein. Das bedeutet aber noch nicht, daß er wirklich laufen kann.«

Während wir uns noch unterhielten, fing das Rennen an, und Nathan ging sofort in Führung. Ich war mir nicht sicher, ob es an seinen Schlittschuhen oder an seiner Kleidung lag, jedenfalls hob er sich deutlich ab von den anderen. Ganz sicher hatte er auch einen völlig anderen Laufstil. Einerseits war er aggressiver, und dann hatte er eine Art, seine Arme sehr gerade zu halten, die fast professionell wirkte und die anderen deutlich wie Amateure, die sie ja tatsächlich waren, aussehen ließ. Er beugte den Oberkörper in einem Winkel vor, als er die Führung übernahm und behielt, und er bewegte sich mit einer wunderbaren Leichtigkeit. Es war ein aufregender, fesselnder, kraftvoller Anblick. Sein Erfolg wurde mit einer seltsamen Stille aufgenommen, und obwohl ein paar verspätete Beifallsrufe ertönten, schien niemand wirklich begeistert zu sein. Mir kam es so vor, als hörte ich sogar einige ärgerliche Stimmen, die von Betrug sprachen, und das machte mich wütend. Eben weil er so viel besser war als die anderen!

Es herrschte eine eindeutig gespannte Atmosphäre. Es war, als ob alle es witterten, daß ein neuer Champion aufgetaucht war, aber dieser Gedanke schien nicht auf großen Beifall zu stoßen. Die Sympathien gehörten George Baxter, während Nathan Crawley eine unbekannte Größe war. Er hatte die höhere Schule besucht, und er gehörte zur Oberschicht. Seit er von der Marine zurückgekehrt war, waren Gerüchte über ihn im Umlauf, an die man sich jetzt erinnerte. Ich konnte spüren, daß ihm eine Welle von Feindseligkeit entgegenschlug, und das hielt ich für unfair. In meinen Augen lag noch lange kein Betrug vor, nur weil er sich ein Paar ausgezeichnete Schlittschuhe leisten konnte. Später, als ich Frances danach fragte, erzählte sie mir, daß einer seiner Freunde von der Marine Norweger war, und dieser Hans hatte ihm beigebracht, so fabelhaft Schlittschuh zu laufen. Aber an diesem kalten Sonntagnachmittag auf der Uferböschung spürte ich nur die allgemeine Spannung um mich herum.

Ich befand mich in einer schwierigen Situation. Da ich direkt neben Polly stand, konnte ich kaum Nathan anspornen, andererseits wünschte ich mir insgeheim, daß er gewinnen möge. Alle anderen waren gegen ihn, deshalb wollte ich ihn gerade als Sieger sehen. Mein Herz klopfte bis zum Hals, als die Männer sich in einer Linie aufstellten. Dann warf Nathan mir mehr oder weniger zufällig einen Blick zu. Ich winkte und hoffte, er würde wissen, daß ich auf ihn setzte; er grinste. Irgendwie spürte ich, daß meine Botschaft ihn erreicht hatte, und ich war froh darüber. Plötzlich sehnte ich mich danach, daß er es allen zeigen würde.

Zwölf Männer nahmen an dem Entscheidungskampf teil, aber schon als sie sich aufstellten, wußten wir alle, daß nur zwei von ihnen die Chance hatten zu siegen. Nathan schien diesmal einen schlechten Start zu haben, und George ging in Führung. Er war tatsächlich sehr schnell, aber ihm fehlte diese eigenartige Grazie auf der Eisfläche. Polly kreischte, sprang auf und ab vor Begeisterung und feuerte ihren Bruder an. Ich hielt den Atem an, die Blicke fest auf Nathan gerichtet. Ich preßte die Fingernägel in meine Handflächen, und mein Herz schlug wild.

»Vorwärts! Vorwärts, Nathan!« murmelte ich fast lautlos. »Zeig's ihnen!«

Das Rennen war noch nicht vorüber. Langsam, aber sicher zog Nathan an allen anderen vorbei, wobei er sich mit einer geschmeidigen, tierhaften Anmut bewegte, die mich faszinierte. Nun war nur noch George vor ihm. Ich war so aufgeregt, daß ich kaum noch atmete. Im stillen trieb ich ihn an, ich wollte unbedingt, daß er siegte. Als sie die Leuchtfeuer umrundet hatten und die Strecke in umgekehrter Richtung zurücklegten, fing Nathan an, gegen George Baxter aufzuholen. Der Zwischenraum zwischen den beiden wurde allmählich immer kleiner, und in der Zuschauermenge entstand eine gewisse Unruhe. Ich hörte, wie Polly leise stöhnte, als ihr klar wurde, was sich da anbahnte.

»Laß ihn nicht gewinnen, George«, murmelte sie. »Ich habe fest damit gerechnet, daß du dem Bastard eine Lektion erteilst.«

Ich warf ihr einen empörten Blick zu. Als ich sie das letzte Mal in Nathans Armen gesehen hatte, schien sie ganz zufrieden gewesen zu sein, weshalb also jetzt dieser Gefühlsumschwung? Ich hörte, wie ein seltsamer Seufzer durch die

Menge ging, und konzentrierte meine Aufmerksamkeit wieder auf das Rennen. Nathan befand sich auf gleicher Höher mit George und war dabei, ihn zu überholen. Als ich die Szene atemlos beobachtete, kreuzte er plötzlich die Bahn seines Rivalen, so daß George ihm ausweichen mußte, wobei er hinfiel. Er stand ein paar Sekunden später bereits wieder auf den Beinen und versuchte verzweifelt, wieder die Führung zu übernehmen, aber es war ganz offensichtlich zu spät. Niemand konnte Nathan jetzt noch einholen. Von allen Seiten hörte ich Buhrufe, und ich fühlte mich entsetzlich enttäuscht, weil etwas so Wunderschönes ein solches Ende nehmen mußte.

»Hast du das gesehen?« rief Polly empört. »Das hat er mit Absicht gemacht. Er hat George zum Ausweichen gezwungen und gehofft, daß er hinfällt.«

Ich konnte nicht in Abrede stellen, was ich mit eigenen Augen gesehen hatte. Ich hatte das Gefühl, ganz persönlich betroffen zu sein. Ich hatte mir so sehr gewünscht, daß Nathan ein würdiger Champion würde, und nun hatte er alles verdorben. Eine kurze Zeit lang war ich wirklich stolz auf ihn gewesen, aber jetzt schämte ich mich für ihn. Wenn ich nicht selber dabei gewesen wäre, hätte ich nie geglaubt, daß Nathan zu einem solchen Betrug fähig sei. Ich hatte das Gefühl, daß er um jeden Preis hatte gewinnen wollen, und das Dumme dabei war, daß er ja sowieso gewonnen hätte.

Es war lächerlich, aber mir traten Tränen in die Augen. Ich wandte mich ab, das Finale interessierte mich nicht mehr. Wie konnte Nathan so etwas tun? Wie konnte er nur?

Ein paar Sekunden lang war ich so verstört, daß ich die plötzlich eintretende Stille gar nicht bemerkte. Dann hörte ich Rufe und Schreie und drehte mich um. Nathan und George Baxter hatten ihre Schlittschuhe abgeschnallt und standen jetzt an dem Ufer. Sie brüllten sich gegenseitig an.

»Richtig, George«, rief Polly. »Sag's ihm!«

Alle schauten zu, manche schweigend, andere murrend. Plötzlich stürzte George sich auf Nathan, und dann stießen und schubsten sie einander. Ich hörte, daß Nathan sagte,

George sei ein blutiger Narr, dann konnte man nichts mehr verstehen, da von allen Seiten Schreie ertönten. George holte aus, um Nathan einen Schlag zu versetzen, verfehlte ihn aber und bekam einen Hieb aufs Kinn. Er torkelte zurück, fand sein Gleichgewicht wieder und stürzte sich auf Nathan. Sie gingen beide zu Boden, und ich konnte sie nicht mehr sehen, da alle jetzt nach vorn drängten.

Die Frauen blieben an ihren Plätzen, während die Männer sich schreiend um die Kämpfenden scharten und sie anfeuerten. Fast alle waren für George, aber eine oder zwei Frauen schienen auf der Seite Nathans zu stehen. Offenbar war er bei einigen der hiesigen Mädchen beliebt. Ich sah, wie zwei von ihnen lachten und kicherten, als sei das alles ein großer Spaß. Angewidert wandte ich mich ab.

Dann sah ich Vera in einer Gruppe von Jugendlichen. Sie alberte herum mit ihnen, und sie war das einzige Mädchen. Ich sah rot und vergaß den Kampf. Was dachte sie sich eigentlich dabei?

Ich ging zu ihr hin, packte sie am Mantelkragen und zog sie beiseite. Mein plötzliches Eingreifen hatte sie so überrascht, daß sie alle schwiegen, bis auf Zac Jarrold, der grinste, als ob er sich königlich amüsiere.

»Die große Betty als Retterin«, sagte er höhnisch.

»Kümmer dich um deine eigenen Angelegenheiten«, sagte ich. Dann schaute ich Vera an. »Was machst du hier eigentlich?«

Sie sah etwas eingeschüchtert aus. »Mama hat gesagt, daß ich herkommen darf. Ich tue nichts Böses.«

»Ich könnte wetten, daß Mama nicht weiß, daß du das einzige Mädchen in einer Gruppe von Jungen bist. Weißt du denn nicht, was alles passieren kann? Ich habe dich gewarnt. Wenn Papa wüßte, was du treibst, würde er dich mit dem Gürtelriemen verprügeln.«

»Das glaubst du. Du hast ja keine Ahnung, wie er in letzter Zeit ist.« Sie sah mich schmollend an. »Du mit deinen eleganten Freunden bist fein heraus. Papa kümmert sich nicht darum, was ich tue, und Mama auch nicht.«

Ich war zu wütend, um ihr zuzuhören. »Gut, wenn niemand sonst sich um dich kümmert, tue ich es. Ich bringe dich jetzt nach Hause.«

»Nein!« schrie sie und riß sich von mir los. »Ich will nicht von dir nach Hause geschleppt werden. Ich gehe lieber selber.«

Sie rannte fort. Ich wollte ihr folgen, aber da hörte ich hinter mir lautes Gebrüll und drehte mich wieder zu den Kämpfenden um. Von meinem Platz aus konnte ich durch eine Lücke in der Menge blicken. Ich hatte den Eindruck, daß Nathan einen schweren Schlag einstecken mußte, und ich schauderte zusammen, als ich beobachtete, wie er zurücktaumelte und auf die Knie fiel. Er blieb einen Augenblick in dieser Lage und schüttelte den Kopf. Die Menge glaubte, daß er am Ende sei. Ich spürte die allgemeine Befriedigung rings herum und wurde plötzlich zornig.

»Steh auf!« schrie ich mit gellender Stimme. »Los Nathan. Zeig's ihnen.«

Er hob den Kopf. Ich wußte nicht, ob er mich gehört hatte oder nicht, aber plötzlich stand er wieder auf den Füßen. Er ging auf George zu, und der Kampf begann aufs neue. Atemlos beobachtete ich den Schlagabtausch. Es war mir jetzt völlig egal, wer recht hatte und wer nicht. Ich wollte nur, daß Nathan siegte. Ich war so auf den Kampf fixiert, daß ich Joe erst sah, als er mich anrief.

»Ich bringe dich und Polly weg von hier«, sagte er. »Die Männer werden allein nach Hause finden.«

Zögernd ging ich auf ihn zu. Ich wollte das Ende des Kampfes sehen.

»Es ist eine Schande«, sagte ich, als wir zu dem Wagen gingen. »Warum mußte Nathan alles verderben?«

Joe runzelte die Stirn. »Es war nicht seine Schuld. Das Eis hatte angefangen zu schmelzen. Nathan mußte einer Matschstelle ausweichen. Er dachte, daß er genügend Geschwindigkeit drauf hätte, um Georges Bahn zu kreuzen, ohne ihn zu behindern, aber das klappte nicht. Er hat versucht, es George zu erklären, aber der wollte nicht auf ihn hören.«

»Das kann ich mir vorstellen.« Ich vermutete, daß George Baxter seine eigenen Gründe hatte, um auf einer handgreiflichen Auseinandersetzung zu bestehen. »Ich bin froh, daß Nathan es nicht absichtlich gemacht hat.«

»Er hätte auf seiner eigenen Bahn bleiben müssen, auch wenn das Eis schlecht war«, sagte Polly, als sie sich zu uns gesellte. »Ich hoffe, daß George ihn tüchtig verprügelt. Er hat es verdient.«

»Nun komm schon«, sagte Joe tadelnd. »So schlimm war es nicht.«

»Er hat es mit Absicht gemacht – so wie er seinen eigenen Cousin in das Wasserloch gestoßen und umgebracht hat, als sie noch Kinder waren.«

In der plötzlich einsetzenden Stille lief es mir eiskalt den Rücken hinunter. Polly biß sich auf die Lippe, als sie sah, wie schockiert ich war. »Vergiß, was ich gesagt habe, Betty. Es ist mir so herausgeschlüpft.«

So herausgeschlüpft? Ich war wie versteinert durch die entsetzliche Enthüllung, die sie so unbedacht ausgesprochen hatte.

»Du hast kein Recht, so etwas zu sagen.« Joe machte ein finsteres Gesicht. »Es war ein Unfall. Edward und Nathan haben gespielt. Nathan hat ihn angestoßen, und er ist abgerutscht. Man hätte ihnen nie erlauben dürfen, am Rande eines vollen Wasserlochs zu spielen. Es war ebensosehr Ebens Schuld wie die irgendeines anderen. Er hätte dafür sorgen müssen, daß sie sich dort nicht aufhalten.«

»Nathan hat seinen eigenen Cousin getötet? Er hat Ebens Sohn umgebracht?« Ich wurde vor Schreck fast ohnmächtig, einen Augenblick lang verschwamm Joes Gesicht vor meinen Augen. Ich hatte irgend etwas Unangenehmes vermutet, aber niemals etwas so Schreckliches. Das erklärte vieles, die Spannung zwischen Mary Crawley und ihrem Neffen, die mir aufgefallen war, der seltsam brütende Blick, der oft in Nathans Augen lag, und die merkwürdigen Dinge, die er über sich selber sagte.

»Kein Wunder, daß er manchmal aussieht wie ein Gejagter«, rief ich. »Bestimmt muß er immerzu daran denken.«

»Es war ein Unfall, Betty«, erklärte Joe erneut. »Ich war ein Junge von vierzehn zu dieser Zeit, aber ich war dabei und habe gesehen, wie es passiert ist. Nathan hat um Hilfe gerufen, aber als wir hinkamen, war es schon zu spät. Er war erst fünf, und Edward war sieben. Sie haben immer miteinander gekämpft und gestritten. Edward ist hingefallen, weil er auf dem lehmigen Grund ausgerutscht ist, und das Loch war fast vollkommen mit Wasser gefüllt. Ebensogut hätte Nathan darin ertrinken können.«

Aber selbst wenn es ein Unfall gewesen war, verlor es deshalb nichts von seinem Schrecken. Es erklärte das gespannte Verhältnis zwischen ihm und Eben. Ich konnte mir vorstellen, was für Gefühle ein Mann, der sich so sehr einen Sohn wünschte wie Eben, demjenigen gegenüber empfand, der unfreiwillig seinen einzigen Sohn umgebracht hatte. Bestimmt hielt er Nathan für einen Mörder. Und es war mir klar, daß Nathan sich auch so sah. Er war noch so jung, als es passierte, er hatte das Entsetzen in den Augen der Leute gesehen und gehört, wie sie ihn wegen seiner Bösartigkeit verdammten. Er war unter der Last einer Tat aufgewachsen, die er niemals hatte begehen wollen, und er wußte, daß die Leute ihn verurteilten und haßten. Jetzt, wo er ein erwachsener Mann war, war ihm bestimmt klar, daß es ein Unfall gewesen war, aber die Wunden, die er davongetragen hatte, waren so tief, daß sie nicht heilten. Jetzt brauchte ich mich nicht mehr zu wundern über den Schatten, der über der Willow-Farm hing.

Ich versuchte noch, meine durcheinanderwirbelnden Gedanken zu ordnen, als mir plötzlich bewußt wurde, daß Stille eingetreten war in der aufgeregten Menge. Ich drehte mich um und sah, daß ein Mann bewegungslos am Boden lag, während der andere über ihm stand. Er taumelte ein wenig, war aber trotzdem deutlich als Sieger aus dem Kampf hervorgegangen. Heiße Freude erfüllte mich, als ich den Mann, der auf seinen Füßen stand, erkannte. Es war Nathan Crawley. Ich war froh, daß er gewonnen hatte!

Polly preßte ärgerlich die Lippen zusammen. »Immer muß er gewinnen«, sagte sie voller Abscheu. »Es hätte ihm nicht geschadet, wenn er auch einmal verloren hätte.«

Ich starrte sie verblüfft an. Begriff sie nicht, weshalb Nathan gewinnen mußte, oder war sie auch so wie all die anderen, die nur die Maske sahen, die er der Welt zeigte, die Maske, hinter der er seine Qualen versteckte?

Ich schaute Polly nicht an, als ich auf den Wagen kletterte. Meine Freude verschwand so rasch, wie sie aufgeflammt war. Ich schwieg, als wir zurückfuhren zur Farm, beschäftigt mit meinen widersprüchlichen Gedanken. Nun wußte ich, was hinter dem trostlosen Blick steckte, der manchmal in Nathans Augen lag. Er klagte sich selber an, schuld an Edwards Tod zu sein, daran konnte kein Zweifel bestehen. Joe hatte zwar gesagt, es sei ein Unfall gewesen, aber nur Nathan selber konnte wissen, was an diesem Unglückstag in ihm vorgegangen war. …

Nathan war offensichtlich nicht schlecht beieinander nach dem Kampf, abgesehen von ein paar Blutergüssen im Gesicht. Er hatte den Abend im Gasthaus verbracht und seinen Sieg gefeiert. Erst in den frühen Morgenstunden war er betrunken und lärmend nach Hause gekommen. Eben mußte auf ihn gewartet haben, denn der Streit zwischen ihnen war laut genug, um das ganze Haus aufzuwecken. Fast eine halbe Stunde lang hielt das Schreien und Brüllen an, bevor das Knallen einer Tür anzeigte, daß Schluß damit war. Polly war der Meinung, daß Nathan recht geschehen war, aber Frances hatte Angst, daß ihr Cousin verärgert das Haus verlassen könnte. Aber zur allgemeinen Überraschung schien der Streit die Atmosphäre zu klären. Nathan sah ein, daß er einen Fehler gemacht hatte, und stürzte sich mit neuem Schwung in die Arbeit.

Pollys Bruder hatte ein dunkelblaues Auge davongetragen, das allmählich ein prächtiges Purpurrot annahm. Aber sonst war auch er unverletzt. Er nahm die ganze Angelegenheit von der heiteren Seite, und Polly wurde sehr ungehalten, als sie erfuhr, daß er die Nacht nach dem Wettkampf mit Nathan und den anderen zusammen getrunken hatte und daß sie jetzt die besten Freunde waren.

»Männer!« sagte sie wütend. »Man darf keinem trauen. Sie sind alle gleich, wenn sie in diese alte Kumpanei verfallen.«

Da auch George bei der Marine gewesen war und sie demnach tatsächlich etwas Gemeinsames verband, hatte Polly meiner Meinung nach wirklich keinen Grund, sich darüber zu beklagen, aber ich sagte nichts dazu, sondern brachte das Gespräch auf ein neues Film-Magazin, das sie gerade gekauft hatte.

»Ich würde gern Ingrid Bergmann in *Gaslight* sehen, du auch, Polly?«

»Den Film kenne ich schon«, antwortete sie, nahm aber die Gelegenheit wahr, nun auch von etwas anderem zu reden. »Ich habe mir gestern ein Päckchen Gesichtspuder gekauft, Betty, aber die Sorte gefällt mir nicht so wie meine alte. Du kannst es haben, wenn du willst.«

Ich bedankte mich. Sie war so großzügig! Ich hatte bemerkt, daß sie in diesen Tagen viel Zeit darauf verwandte, Nathans Zimmer zu putzen, und ich vermutete, daß sie beleidigt war, weil er kein Interesse mehr an ihr zu haben schien. Er versuchte nicht mehr, sie in irgendeine Ecke zu drängen, und wenn er in der Halle an ihr vorüberkam, nickte er ihr nur kurz zu.

Ich glaube, ich sah ihn jetzt öfter als sie. Fast jeden Tag tauchte er im Zimmer seiner Cousine auf, setzte sich zu ihr aufs Bett, wenn sie nach dem Mittagessen ruhte, und sie sprachen und lachten zusammen. Er kam auch morgens in den hinteren Salon, wenn wir dort waren, nahm Frances' Zeichnungen und mein Strickzeug in die Hand, machte wenig schmeichelhafte Bemerkungen über unsere Arbeit und unterhielt uns damit, Humphrey Bogart nachzuahmen. Er versuchte es auch mit John Wayne, aber darin war er nicht so gut. Das etwas unheimliche Image eines Gangsters, das Bogart umgab, gelang Nathan ausgezeichnet. Manchmal brachte er uns neue Schallplatten von Glenn Miller, Vera Lynn oder Bing Crosby. Er pflegte mich zu fragen, was ich von den neuen Schlagern hielt, und seine Augen glitzerten vor Vergnügen, wenn ich versuchte, ihm ernsthaft zu antworten und zugleich distanziert zu bleiben. Es war nicht leicht, seinem Netz, mit dem er mich einfangen wollte, zu entgehen. Er konnte erstaunlich viel Charme entfalten, wenn er es darauf anlegte, und das war jetzt immer häufiger der Fall. Er schien sich echt für mich zu interessieren und stellte mir Fragen nach meiner Familie und dem Baby, das meine Mama erwartete.

»Was wünschst du dir?« fragte er lächelnd, als er die kleinen Mäntel und Schuhe sah, die ich strickte. »Einen Bruder oder eine Schwester?«

»Das ist mir egal, solange es meiner Mama nur gutgeht.«

»Ja, natürlich«, sagte er und nahm eine der sehr teueren Zigaretten, die er immer rauchte, aus dem silbernen Etui. Sie waren nicht rund, sondern oval, und ich dachte, daß es ihm sehr ähnlich sah, eine so ungewöhnliche Sorte zu rauchen.

So vergingen die Tage rasch, und ich richtete mich gemütlich ein auf meinem Plätzchen auf der Farm. Frances machte ihre Wünsche immer noch so brüsk geltend wie früher, aber jetzt kam ich ihnen oft bereits zuvor. Trotz ihrer Launenhaftigkeit und ihres häufigen Schmollens mochte ich sie. Ich freute mich, wenn sie glücklich war, und ihre Gesundheit schien sich zu bessern. Sie aß mehr und hatte etwas zugenommen. Sie wirkte entspannter, und sie hatte nicht mehr so oft Kopfschmerzen.

Ich glaubte, daß ein großer Teil ihrer Krankheit auf ihrer Einsamkeit beruht hatte. Ihre Kopfschmerzen waren Hilferufe um mehr Beachtung gewesen. Jetzt, wo ich die Tragödie dieses Hauses kannte, verstand ich, weshalb Eben Crawley sich nicht um seine Tochter kümmerte. Ich verstand es, aber dadurch wurde es in nichts gerechtfertigt.

Frances spürte, daß sie eine Enttäuschung für ihren Vater war, und sie ärgerte sich darüber. Sie haßte es, ständig im Schatten ihres toten Bruders zu stehen, aber jetzt, wo Nathan und ich sie unterhielten, brauchte sie nicht mehr zu schmollen.

Oft holte ich jetzt mit Neckereien Frances aus ihrer schlechten Laune heraus, so wie Nathan es machte. Ich erzählte ihr auch von meinem Leben, bevor ich zur Willow-Farm kam, und war sehr überrascht, als sie mich zu beneiden schien.

»Du hast so viel Glück, Betty«, sagte sie. »Ich hätte so gern viele Brüder und Schwestern gehabt, als ich noch klein war, um mit ihnen spielen zu können.«

»Sie hatten Nathan.«

»Aber er war nie hier«, erwiderte sie seufzend. »Ich wünschte, es wäre schon Sommer, dann könnten wir spazierengehen. Ich habe es so satt, immer im Haus eingesperrt zu sein.«

Ich blickte aus dem Fenster und stellte fest, daß der Schnee geschmolzen war. Nur ein paar schmutzige Reste waren noch übriggeblieben. Die Wege waren völlig durchnäßt, so daß es fast unmöglich war, sie zu benutzen, es sei denn mit einem Traktor.

»Jetzt würden Sie sich draußen bestimmt nicht wohlfühlen. Bald kommt der Frühling. Dann können wir zusammen spazierengehen. Wir könnten eine Sammlung von Wildblumen anlegen. Ihre Mutter würde das bestimmt gern sehen.«

Wir schauten uns an. »Ich bin jetzt kräftiger. Niemand könnte etwas dagegen einzuwenden haben, wenn ich nach draußen ginge, warm eingepackt natürlich. Wir können sogar Joe bitten, uns nach Ely zu fahren. Vielleicht könnten wir mal am Nachmittag dort ins Kino gehen.«

»Manchmal ist es schon im Februar so warm, daß man meinen möchte, der Frühling sei da.«

»Oh Betty«, rief sie. »Ich bin so froh, daß du hier bist. Bevor du kamst, ging es mir oft so gräßlich schlecht. Du wirst mich doch bestimmt nie verlassen, nicht wahr?«

»Nicht, wenn Sie mich bei sich haben wollen. Nicht, wenn Ihre Mutter mit mir zufrieden ist.«

»Wenn ich glücklich bin, wird sie zufrieden sein.«

»Sie werden nicht unglücklich sein, wenn ich es verhindern kann.«

Es war ein Pakt zwischen uns. Ich hatte damals noch keine Ahnung, als wie bindend er sich erweisen würde und was er wirklich bedeutete. Alles, was ich an jenem Tage wußte, war, daß ich ihr helften wollte.

Ich blieb einen Augenblick stehen, um die schweren Pferde zu beobachten, die die Pflüge zogen. Obwohl es auf der

Farm zwei Traktoren gab, zog man zu dieser Arbeit vorwiegend die Pferde heran, um Benzin zu sparen. Zwei von ihnen arbeiteten unabhängig voneinander auf dem ausgedehnten Stück reicher, schwarzer Erde. Jedes wurde von einem Mann geführt, der die Hand leicht an der Kandare hatte. Scharen von Möwen folgten ihnen und stürzten sich mit frohlockenden Schreien auf die frischgezogenen Furchen. Wie stolz und stark die Pferde aussahen, dachte ich, wenn sie ihre weißen, seidigen Mähnen schüttelten und ihre schwere Arbeit verrichteten. Es war ein Vergnügen, sie zu beobachten und wieder einmal die Wärme der Sonne zu spüren. Während des langen Winters hatte ich mich manchmal gefragt, ob sie wohl jemals wieder die Wolkenschicht durchbrechen würde. Auch jetzt war sie noch blaß und kraftlos, aber ich spürte, daß sie den Frühling ankündigte.

Ich hatte beschlossen, Joe das Essen zu bringen, weil er zu beschäftigt war, um zum Mittagessen ins Haus zu kommen. Jetzt, wo das Pflügen und Säen angefangen hatte, würden wir ihn wohl nicht mehr so oft in der Küche sehen. Als er mich entdeckte, winkte er mir zu.

Bei der Feldarbeit war Joe in seinem natürlichen Element. Er schritt selbstbewußt über die neu gewendete, feine schwarze Erde, mit dem leichten, beschwingten Gang eines geborenen Landmannes. Wie üblich trug er seine Khakihosen und ein kariertes Hemd, auf seinem Kopf saß eine Kappe. Vielleicht sah er nicht ausgesprochen gut aus, aber sehr männlich.

»Ah, da bist du ja, Mädchen«, sagte er und nahm mir den Korb ab. »Gerade zur richtigen Zeit.«

»Mrs. Jackson hat Ihnen eine Thermosflasche mit heißer Brühe mitgeschickt.«

»Sie denkt wirklich an alles. Sag ihr herzlichen Dank von mir.«

»Das mache ich. Es wird sie vielleicht aufheitern. Sie hat den ganzen Vormittag über ihre Frostbeulen geklagt.«

Ich wäre gern noch eine Weile dortgeblieben. Jetzt, wo der Winter sich auf dem Rückzug befand, war es angenehm friedlich in den Marschgebieten. Ich hätte gern einen Spaziergang am Flußufer entlang gemacht und die Moorhühner und Biber beobachtet. Bald würden die Bauern und Häusler die Schwemmgebiete als Frühjahrsweide für ihre Ochsen mieten. Die Milchkühe wurden mehr in der Nähe der Häuser gehalten, damit man die Kühe zum Melken holen konnte, aber die Rinder zogen am Flußufer entlang, und zweimal am Tag mußte einer der Männer zu Fuß oder mit dem Fahrrad die zwölf Meilen zurücklegen, um sie zu zählen.

»Ich geh' dann wohl am besten zurück«, sagte ich zögernd. »Ich habe Frances warten lassen, und sie ist erkältet. Vielleicht möchte sie ein Glas Zitronensaft mit Honig.«

»Das arme Mädchen«, sagte Joe. »Es kann nicht sehr lustig für sie sein, immer eingesperrt im Haus zu leben.«

»Sie haßt es. Sobald das Wetter besser wird, wollen wir soviel wie möglich nach draußen gehen.« Ich sah ihn nachdenklich an. »In Ely findet immer am Donnerstag nachmittag eine Film-Matinée statt, da ist es nicht so überfüllt wie am Samstag. Würden Sie uns wohl hinbringen und auch wieder abholen, Joseph? Frances kann nicht mit dem Bus fahren, der ist zu voll; aber wenn Sie uns mitnehmen, könnten wir hinfahren.«

Joe machte ein zweifelndes Gesicht. »An mir soll's nicht liegen, Betty. Ich könnte inzwischen Einkäufe erledigen und mich noch ein bißchen umschauen, bis ihr fertig seid. Aber wird Mrs. Crawley es erlauben?«

»Sie schlägt Frances nie etwas ab. Machen Sie es, wenn sie ja sagt?«

Er lächelte und nickte. »Das weißt du doch, aber du mußt zuerst für die Einwilligung der Herrin sorgen.«

»Das mache ich. Jetzt muß ich gehen.«

Als ich an der Rückseite des Hauses in den Hof kam, trat Polly gerade aus einer Scheune. Ihr aufgelöstes Haar hing ihr um den Hals, und ich beobachtete, wie sie stehenblieb, um Strohhalme von ihrem Rock abzulesen. Dann ging sie rasch auf das Haus zu, und ich lief hinter ihr her und rief ihren Namen. Sie drehte sich um und runzelte die Stirn, als sie mich sah.

»Was machst du denn hier?«

»Ich habe Joseph das Essen gebracht«, erwiderte ich. »Ich mag ihn, du auch? Er ist freundlich und gütig. Ich glaube, er wäre ein guter Ehemann.«

Sie schaute mich amüsiert an. »Denkst du daran, ihn zu heiraten, Betty?«

»Sei nicht albern. Ich bin zu jung zum Heiraten.« Ich versuchte, ein möglichst unschuldiges Gesicht zu machen. »Er hat dich sehr gern, Polly.«

Sie lachte und schüttelte den Kopf. »Joe ist ein anständiger Mensch, aber er wird nie mehr sein als jetzt. Ich will einen Mann, der mir ein besseres Leben bieten kann. Ich will nicht immer ein Dienstmädchen bleiben.«

»Ist Geld mehr wert als Güte? Joe würde seiner Frau mehr geben können als Rubine und Diamanten.«

Sie sah mich scharf an. »Was soll das heißen? Spionierst du mir nach?«

»Das würde ich nie tun, nicht absichtlich. Du solltest vorsichtiger sein, Polly.«

Sie packte mich am Arm und krallte ihre Finger hinein, als sie mich zu sich herumdrehte. »Was willst du eigentlich?«

»Nichts. Ich wollte dich nicht beunruhigen. Es ist nur so, daß ich euch beide mag, dich und Joe. Ich dachte ...«

»Kümmere dich um deine eigenen Angelegenheiten.« Sie schüttelte mich, ihr Gesicht war sehr mißtrauisch. »Du weißt etwas. Ich kann es in deinen Augen lesen. Sag mir, was du zu wissen glaubst.«

»Nichts! Ehrlich. ich habe es nicht böse gemeint. Du bist meine Freundin, Polly. Um nichts in der Welt würde ich dir weh tun.«

Ihre Augen glitzerten. »Spione kann ich nicht leiden. Misch dich nicht in meine Angelegenheiten, Betty.«

»Ich wollte dir wirklich nicht nachspionieren.«

»Dann halt in Zukunft deinen Mund.«

»Ich habe niemandem etwas erzählt und werde es auch nicht tun.«

Zorn flackerte in ihren Augen auf, und es sah so aus, als ob sie mich schlagen wollte, aber da öffnete sich die Küchentür, und Mrs. Jackson kam heraus.

»Worüber streitet ihr zwei euch?« fragte sie. »Als wenn wir noch nicht genug Ärger hätten, ohne daß ihr auch noch ausfallend werdet. Auf dich wartet Arbeit, Polly, und Betty wird zu Hause gebraucht.«

Einen Augenblick lang starrte ich sie verständnislos an, dann machte mein Herz plötzlich einen Sprung. Blitzschnell lief ich zu ihr hin. »Was ist los? Geht es um meine Mama? Hat sie das Baby verloren?«

»Beruhige dich, Mädchen.« Mrs. Jackson schaute mich an. »Der Pfarrer ist selber hergekommen, um uns die Nachricht zu überbringen. Deine Mutter hat das Baby in der vergangenen Nacht verloren. Sie lebt, aber es geht ihr schlecht, und sie hat nach dir gefragt. Du gehst jetzt nach Hause und bleibst ein paar Tage dort, es ist alles geklärt. Nimm jetzt deinen Mantel, ich gebe dir noch etwas zu essen mit. Du kannst es unterwegs verzehren. Es ist ein warmer Tag, der Fußmarsch wird dir nicht schaden.«

»Soll ich es Frances erzählen, bevor ich aufbreche?«

»Vor ein paar Minuten hat sie noch geschlafen. Stör sie lieber nicht. Die Ruhe wird ihr guttun. Mary wird es ihr erzählen, wenn sie aufwacht.«

Mechanisch griff ich nach meinem Mantel, meine Gedanken wirbelten durcheinander. Ich wußte, daß Frances verärgert sein würde, wenn ich einfach so fortlief, aber ich hatte es eilig heimzukommen. Ich konnte nur an meine Mama denken. Mrs. Jackson schob mir ein kleines Päckchen in die Hand, das in Papier eingewickelt war.

»Das reicht auch gleich fürs Abendbrot. Ich schicke Joe zu euch mit etwas Kalbssülze für deine Mutter, noch heute abend. Du gibst es ihr in einer heißen Brühe. Das wird ihr guttun.«

Ich nickte, meine Kehle war wie zugeschnürt. Ich war den Tränen nahe und kämpfte mit Schuldgefühlen, als ich mich an den Tag erinnerte, an dem meine Mama mir erzählt hatte, daß wieder ein Baby unterwegs war. Ich war zuerst hart zu ihr gewesen und hatte das Baby abgelehnt. Jetzt war es tot, bevor es auch nur einmal geatmet hatte, und ich hatte das Gefühl, daß es meine Schuld war. Ich hätte mehr Verständnis zeigen müssen. Es war jetzt zwei Monate her, daß ich sie zum letztenmal besucht hatte. Selbst nach der Schneeschmelze hatte ich Joe nur meinen Lohn und die gestrickte Kinderkleidung mitgeschickt. Ich hatte meine Mama im Stich gelassen, und jetzt war sie krank. Vielleicht mußte sie sogar sterben.

Dieser Gedanke hämmerte in meinem Gehirn, als ich abwechselnd gehend und laufend den Weg zurücklegte. Nie zuvor war mir der Weg so einsam und so endlos lang vorgekommen. Ich hatte den Eindruck, daß ich in alle Ewigkeit so weiterlaufen mußte und doch nie zu Hause ankommen würde. Tränen liefen mir über die Wangen, und ich seufzte laut vor Angst.

Zuerst war ich zu sehr in Anspruch genommen von meinem Kummer, um die Maschine des Traktors zu hören. Erst als er fast unmittelbar vor mir stand, hob ich den Kopf. In diesem Augenblick bremste Nathan scharf und sprang von dem Traktor herunter. Ich habe keine Ahnung, weshalb ich vor ihm davonlief. Ich muß wohl Angst gehabt haben, daß er mich im Gras vergewaltigen wollte oder etwas in der Art. Er holte mich ein, bevor ich weit gekommen war, und packte mich am Arm.

»Beruhige dich, Betty. Ich will dich nicht entführen und auch nicht ermorden. Komm mit mir zum Traktor, damit ich dich nach Hause bringen kann.« Als er die Tränen auf meinem Gesicht sah, wurde sein Ton sanfter. »Du kleiner Dummkopf. Komm, ich will dir doch nur helfen. Sie hätten dich nicht allein fortschicken dürfen.«

Er führte mich zum Traktor zurück und gab mir die Hand, damit ich hinaufsteigen konnte. Ich mußte mich auf einen kleinen Absatz neben dem Sitz hinsetzen und meine Beine gegen seine Knie pressen, als er losfuhr. Er grinste mich an, und plötzlich fühlte ich mich etwas wohler. Ich fuhr zum erstenmal auf einem Traktor mit, und es war nicht sehr bequem, aber ich fühlte mich sicher bei Nathan, und ich entspannte mich, als ich den Druck seines Beins an meinen fühlte. Die Fahrt schien endlos lang zu dauern, aber meine Panik hatte nachgelassen. Ich war innerlich ruhiger und dankbar dafür, daß er sich die Mühe gemacht hatte, mich einzuholen. Als wir das Häuschen erreicht hatten, stieg Nathan ab und hob mich herunter. Als er die Arme um mich legte, verspürte ich den Wunsch, mich an ihn zu klammern. Er setzte mich auf den Boden und schaute mich ernst an.

»Soll ich mit dir hineingehen?«

»Lieber nicht. Es wird eine schreckliche Unordnung herrschen.«

»Das macht nichts.« Er runzelte die Stirn, als er sah, wie unbehaglich ich mich fühlte. »Wenn du irgend etwas brauchst, Betty, weißt du, wo du mich erreichen kannst. Was es auch immer sein sollte.«

»Danke. Es war sehr nett von Ihnen, mich ...«

Er ging davon und schüttelte den Kopf. Ich blieb einen Augenblick lang vor der Tür stehen, um Atem zu schöpfen und mir das Gesicht mit dem Taschentuch abzutrocknen. Meine Mama sollte nicht sehen, daß ich geweint hatte.

Der Erste, den ich erblickte, als ich hineinging, war mein Papa. Er saß mit gesenktem Kopf vor dem Kamin und hatte das Gesicht mit beiden Händen bedeckt. Dieser Anblick versetzte mich in höchsten Schrecken.

»Ist sie tot?«

Langsam hob er den Kopf, sein Gesicht war vor Kummer fast entstellt.

»Nein, aber nur Gott allein weiß, wie sie das durchgestanden hat. Es war entsetzlich, Betty.« Zitternd holte er tief Luft. »Ich bin es gewesen. Ich habe es getan. Sie hat irgend etwas gesagt, und ich habe sie geschlagen. Ich habe sie mehrfach geschlagen. Ich war betrunken und wußte nicht, was ich tat. Als sie vor Schmerzen schrie und anfing zu bluten ...«

Mir wurde übel, als ich ihn anschaute. Er bat mich um Verständnis. Sie lag in dem anderen Zimmer, dem Tode nahe, und er bemitleidete sich selbst. Sein Schuldgefühl überwältigte ihn. Er wollte, daß ich ihm sein Verbrechen vergab. Ich sah die Bitte in seinen Augen, und ich spürte, wie die Wut in mir aufstieg.

»Mußtest du das unbedingt tun?« fragte ich bitter. »Hast du ihr nicht schon genug Leid zugefügt?«

Schockiert riß er den Mund auf. Ich hätte es nie gewagt, so mit ihm zu reden, bevor ich zu der Willow-Farm gegangen war. Als er mich wie betäubt schweigend anstarrte, ging ich an ihm vorbei ins Schlafzimmer. Ich konnte seinen Anblick kaum noch ertragen.

Meine Mama war schon vorher manchmal krank gewesen, aber noch nie so schwer wie diesmal. Ich konnte die Frau kaum wiedererkennen, die so still und bleich in den schmutzigen Kissen lag. Der Gestank von Erbrochenem war so durchdringend, daß er mir sofort auf den Magen schlug, niemand hatte sich darum gekümmert, die Bettwäsche zu wechseln. Zorn erfüllte mich, Zorn darüber, daß meine Mutter hier leben mußte. Vorsichtig trat ich an das Bett heran, voller Angst, sie zu stören, und beugte mich über sie. Sie sah so elend aus, daß der Kummer mir die Kehle zuschnürte. Dann öffnete sie die Augen und sah mich an.

»Du bist schnell gekommen, Betty. Es tut mir leid, daß sie nach dir geschickt haben. Wir wären schon fertig geworden.«

Selbst jetzt wollte sie nicht zugeben, daß sie mich brauchte. Das tat mir sehr weh, aber ich verbarg meine Gefühle und lächelte sie an. »Du kannst ein bißchen Hilfe gebrauchen, Mama. Ich bleibe ein paar Tage hier, bis es dir wieder besser geht.«

Sie nickte ein wenig. »Vielleicht ist es so am besten. Vera kann nicht so gut mit allem fertig werden wie du. Sie hat Joe fürs erste zu einem Nachbarn gebracht.«

Das kam einem Eingeständnis, daß sie froh war, mich zu sehen, so nahe, wie man es von ihr nur irgend erwarten konnte.

»Mach dir keine Sorgen, Mama. Jetzt bin ich hier. Ich werde mich um alles kümmern.« Ich wurde gleichzeitig von Mitgefühl und Gewissensbissen geplagt. »Es tut mir leid. Es tut mir leid, daß ich unfreundlich zu dir war, und es tut mir leid, daß du das Baby verloren hast.«

Ihr Kopf bewegte sich auf dem Kissen. »Du hast recht gehabt, Betty. Ich weiß, daß ich keine Kinder mehr bekommen sollte, aber ich bin schwach. Ich kann ihn nicht zurückweisen. Wenn ich nur mehr so wie du wäre, du bist stark, wie dein Großvater. Ich bin immer schwach gewesen …«

»Sprich jetzt nicht.« Ich berührte ihre Hand. »Ich werde mich um dich kümmern. Alles wird gut werden.«

»Ich glaube, ich muß sterben, Betty.«

»Nein!« Gewaltsam unterdrückte ich den Schrei, der in mir aufstieg. »Nein. Du wirst gesund werden. Du bist immer noch eine junge Frau. Ich werde dir eine gehaltvolle Brühe machen. Du ißt sie, und dann wird es dir bessergehen. Du kannst gar nicht sterben. Ich lasse es nicht zu.«

»Immer so praktisch. Du glaubst, daß du den Körper gesund machen kannst, aber was ist mit der Seele, Betty?« Ein leichtes Lächeln spielte um ihre Lippen. »Aber du wirst mich zwingen zu leben, ob ich es nun will oder nicht, so ist es doch? Du bist immer noch meine Betty. Meine zuverlässige Betty …«

Sie war so schwach. Sie wußte nicht, was sie sagte. Die Augen fielen ihr zu, und ich ließ sie allein, damit sie schlafen konnte. In der Küche saß Papa immer noch am Feuer und starrte brütend in die Flammen. Er sagte kein Wort, und ich fing an, Gemüse zu putzen und in einen Topf zu werfen.

»Ist Fleisch im Haus?«

Da blickte er hoch. »Ja, ein Kaninchen. Ich habe es gestern gefangen, bevor … Als der Arzt kam, habe ich es versteckt.« Er stand auf, ging nach draußen und kam mit einem kleinen Kaninchen zurück. »Soll ich es dir enthäuten?«

»Ich mach' das schon.«

Er warf das Kaninchen vor mir auf den Tisch. »Du brauchst für mich nicht zu kochen. Ich bin nicht hungrig.«

»Es ist für sie – und für die Kinder.« Ich schaute ihn nicht an. »Sie braucht etwas Warmes zu essen. Willst du, daß sie stirbt?«

»Ich wollte es nicht tun. Gott ist mein Zeuge, Betty. Ich liebe deine Mutter«, rief er, lehnte sich mit den Händen auf den Tisch und starrte mich an. »Ich bin kein Mörder.«

»Das wird sich herausstellen.« Ich war zu wütend, um auf meine Worte zu achten. »Hast du sie jemals geliebt, Papa?

Hat es je eine Zeit gegeben, in der du dich wirklich um sie gekümmert hast?«

Er sah mich an. Sein Gesicht war ganz zerfurcht vor Schmerz. »Sie war das entzückendste Ding, das ich je gesehen hatte«, sagte er langsam. »Sie kam mit ihrer Mutter zu dem Fest im Kirchgarten, und sie sah so hübsch aus in ihrem weißen Kleid aus Baumwolle und Spitzen. Ich konnte den Blick nicht von ihr wenden. Den ganzen Nachmittag über habe ich sie beobachtet.«

Ich war betroffen von dem Ausdruck, der jetzt in seinen Augen lag. »So seid ihr euch also begegnet«, sagte ich leise, um ihn nicht aus seiner Stimmung herauszureißen. »Und was geschah dann?«

»Es glückte mir, sie für ein paar Minuten von ihrer Mutter zu trennen. Sie war nervös, aber ihre Augen glänzten wie Sterne. Ich sagte ihr, daß am Abend ein Tanz stattfinden sollte in einem großen Zelt, aber sie meinte, ihr Vater würde ihr nicht erlauben, dorthin zu gehen. Ich versuchte weiterhin, sie zu überreden, und sie sagte immer wieder nein – aber gegen neun Uhr kam sie. Ihre Eltern glaubten, daß sie schon im Bett läge. Sie war aus dem Fenster ihres Schlafzimmer geklettert, nur um mich treffen zu können. An diesem Abend küßte ich sie, und dann trafen wir uns jeden Abend. Ich konnte die Hände nicht von ihr lassen, ich wollte nicht, daß es passiert, aber …« Er schaute mich an, als ob ihm gerade erst klar würde, was er da sagte. »Ich wollte sie nie so herunterziehen, Betty. Ich habe sie geliebt. An allem war ihr Vater schuld.«

»Du natürlich nicht, Papa, nein. Es war auch nicht deine Schuld, daß du sie gestern abend geschlagen hast. Hast du je Rücksicht auf sie genommen?«

Seine Augen glitzerten vor Zorn, und ich umklammerte fest den Griff des Küchenmessers in meiner Hand, als wir uns wütend anstarrten. Er bemerkte die leise Bewegung meiner Finger und verzog höhnisch den Mund.

»Du würdest also auf mich losgehen, Betty? Du bist nicht wie sie. Du hast mehr von ihrem Vater.« Er zuckte mit den Schultern, wandte sich ab und blieb wieder vor dem Kamin stehen, wobei er mir einen aufgebrachten Blick zuwarf. »Er war ein harter, schäbiger Mann, und du bist wie er.«

»Wenn ich hart bin, dann liegt es an dir, Papa. Du hast viel dazu beigetragen, daß ich so wurde, wie ich bin.

Einen Augenblick lang schauten wir uns direkt in die Augen. Er wandte den Blick zuerst ab. Ich fuhr fort, das Fleisch in kleine Stücke zu schneiden, während er dastand und mich unschlüssig beobachtete. Dann brummte er irgend etwas, griff nach seinem Mantel und warf mit einem lauten Knall die Tür hinter sich ins Schloß. Ich schloß für einen Augenblick die Augen und bekämpfte die Tränen des Selbstmitleids, die in mir aufstiegen. Die grausamen Worte meines Vaters hatten mich ins Herz getroffen. Ich war nicht so wie der harte Mann, der meine Mutter ohne einen Pfennig aus dem Haus gejagt hatte, als sie ihm erzählt hatte, daß sie ein Kind von einem Soldaten erwartete. Ich war vierzehn Jahre alt, ein Kind, das man gezwungen hatte, viel zu schnell erwachsen zu werden.

Wenn mein Vater an diesem Abend nüchtern nach Hause kam, so lag es nur daran, daß er nicht genug Geld gehabt hatte, um sich zu betrinken. Das Eintopfgericht, das ich zubereitet hatte, war bereits aufgegessen. Ich hatte es langsam kochen lassen, so daß der Fleischsaft austrat und eine wohlschmeckende Brühe entstand. Und ich hatte meine Mutter gezwungen, einen Löffel nach dem anderen davon hinunterzuschlucken, bis ich zufrieden war. Die anderen brauchte ich nicht zum Essen zu überreden, meine Mutter hatte in letzter Zeit nicht mehr viel gekocht. Meinem Vater setzte ich ein Stück Brot vor, das zwei Tage alt war, und eine Käseecke.

»Sonst ist nichts mehr da, bis Joe kommt.«

Er antwortete nicht, aber ich sah, daß er aß. Wir wechselten kein Wort mehr miteinander, bis Joe mit mehreren Säkken voll Nahrungsmitteln eintraf. Er bat meinen Vater, ihm beim Abladen zu helfen, was er widerwillig tat, ohne die geringste Dankbarkeit zu zeigen. Es handelte sich um einen Sack Kartoffeln, einen mit Mohrrüben und weißen Rüben, Eier, eine Speckseite und etwas Zucker.

»Brauchst du sonst noch irgend etwas, Betty?« fragte Joe. »Ich fahre morgen zum Markt.«

Ich behielt zehn Shilling von meinem Lohn zurück und gab ihm den Rest.

»Nehmen Sie das für Nahrungsmittel und Kohlen, Joe. Sie wissen schon, was Sie am besten kaufen. Sachen, die sich eine Weile halten. Was immer Sie bekommen können.«

»Bist du sicher, Mädchen?« Er schaute von mir zu meinem Vater hinüber. »Ich will mein Bestes tun, das weißt du.«

Als er die Tür hinter sich geschlossen hatte, gab ich meinem Vater die zehn Shilling, die ich zurückbehalten hatte. »Von jetzt an wird Joe Nahrungsmittel für euch kaufen, die für einen Monat reichen. Du wirst jeden Monat zehn Shilling bekommen.«

»Verdammt!« Mein Papa schaute auf die Münzen in seiner Hand. »Ich muß mir nicht von meiner eigenen Tochter in meinem eigenen Haus sagen lassen, wie ich mein Geld ausgeben soll.«

»Das Häuschen gehört der Kirche«, sagte ich ruhig, obwohl ich innerlich zitterte. »Du wohnst hier fast umsonst, weil Mama für die Frau des Pfarrers näht. Und das Geld gehört mir. Ich habe es verdient, und du hast kein Recht ...«

Ich brach mitten im Satz ab, als er mir die Münzen ins Gesicht warf. »Behalt dein Geld. Du bist nicht mein Kind. Ich komme zurück, wenn du gegangen ist.« Er stieß mich grob beiseite und ging hinaus.

Ich tastete mit den Fingern meine Wange ab und fühlte, daß Blut tröpfelte an den Stellen, an denen die Münzen auf meine Haut geprallt waren. Es waren nur ein paar kleine Kratzer, die nicht sehr weh taten. Ich wischte mir mit einem feuchten Tuch das Blut ab, dann sammelte ich die Münzen auf und legte sie auf den Kaminsims. Ich zitterte jetzt kaum noch. Ich hatte Glück gehabt, daß mein Papa nicht betrunken gewesen war. Ein paar Kratzer auf der Wange waren ein geringer Preis für das, was ich erreicht hatte. Wenn Mama nicht die Kraft besaß, sich ihrem Ehemann zu widersetzen, mußte ich es für sie tun. Wenn das Geld für Nahrungsmittel ausgegeben wurde, konnte er es nicht vertrinken. Um sich Alkohol zu kaufen, würde er arbeiten müssen, und das bedeutete, daß er nicht mehr so viel Zeit haben würde, im Wirtshaus herumzusitzen.

Sobald ich damit aufgehört hatte, mich elend zu fühlen, war ich sehr zufrieden mit mir. Ich war gegen meinen Vater aufgetreten und hatte gesiegt. Es war nur ein kleiner Erfolg, aber einer, auf den ich stolz sein durfte. Ich lächelte, als ich ein wenig von Mrs. Jacksons Kalbsbrühe in einen tiefen Teller füllte und ihn ins Schlafzimmer trug.

Meine Mama war jetzt hellwach. Sie schaute mich ängstlich an. »Hast du dich mit deinem Vater gestritten, Betty?«

»Es war nichts, Mama.«

Sie sah die Schrammen auf meiner Wange. »Hat er dich geschlagen? Weshalb habt ihr miteinander gestritten? Erzähl es mir, Betty. Ich will es wissen.« Zögernd berichtete ich ihr, und sie machte ein finsteres Gesicht. »Das hättest du nicht tun sollen. Ein Mann hat seinen Stolz. Du hättest ihn nicht so beschämen dürfen.«

»Wie kannst du das sagen – nach dem, was er dir angetan hat?«

»Es war meine Schuld. Ich habe ihn wütend gemacht.«

»Und das soll eine Entschuldigung sein für das, was er getan hat?«

»Er hatte das Recht dazu.« Sie seufzte, als sie mein angewidertes Gesicht sah. »Du bist ein eigensinniges Kind, Betty. Misch dich nicht in Dinge ein, die du nicht verstehst. Du glaubst, daß du schon soviel weißt, aber das stimmt nicht. Erst wenn du einen Mann geliebt hast, wirst du wissen, was ich meine. Oh, es geht mir nicht um das Geld, es ist am besten, wenn es für Nahrungsmittel ausgegeben wird, aber ich möchte zwei Pfund außer den zehn Shilling für deinen Papa. Du brauchst deswegen nicht mit mir zu streiten, denn ich werde nicht hinausgehen wie dein Vater.«

»Ich will ja gar nicht mit dir streiten. Du kannst alles haben, wenn du willst. Ich habe nur versucht, dich und die Kinder zu schützen. Nimm alles, mir ist es egal.«

»Nein. Gib mir das, worum ich dich gebeten habe, und überlaß es Joe, den Rest auszugeben. Er wird es besser anlegen können als ich.« Sie griff nach dem Teller mit Kalbsbrühe. »Gib mir das und ruh dich ein wenig aus. Du brauchst deine Kraft, wenn du morgen früh zur Farm zurückgehst. Schau mich nicht so an, Betty. Ich weiß, daß du das Beste gewollt hast, aber du hast es falsch angefangen.«

Sie hatte mich so sehr verletzt, daß ich das Häuschen am liebsten sofort verlassen hätte, um nie mehr wiederzukommen, aber wenn ich das tat, war niemand mehr da, der sich um sie kümmerte, und sie würde vielleicht sterben.

»Ich gehe nicht, bevor es dir bessergeht«, sagte ich eigensinnig. »Wenn ich fortgehe, wirst du aufstehen, bevor du dich genügend erholt hat.«

Sie sah, daß mein Entschluß feststand, und seufzte. »Ich bin zu müde zum Streiten. Wir sprechen morgen darüber.«

Ich ließ sie allein, aber ich änderte meine Meinung nicht. Weder am nächsten Morgen noch in den folgenden fünf Tagen verließ ich das Haus. Mein Papa blieb eine Nacht aus, aber zum Frühstück kam er zurück mit drei dicken Hasen und einem Fasan.

»Häng sie in die Speisekammer, Betty«, sagte er. »Damit werden wir eine Zeitlang auskommen.«

Ich wußte nicht genau, ob das ein Friedensangebot sein sollte oder ob er nur seinen Stolz dadurch retten wollte; auf jeden Fall bedeutete es das Ende unserer Feindseligkeiten für den Augenblick. Er vermied sorgfältig jede Anspielung auf unseren Streit, und später am Tage entdeckte ich, daß die Münzen nicht mehr auf dem Kaminsims lagen.

Vera half mir, wenn sie abends aus der Schule kam. Sie machte einen recht bedrückten Eindruck, aber wenn ich versuchte, mit ihr zu reden, murmelte sie nur irgend etwas darüber, daß es in der Schule nicht so lief, wie es sollte. Ich spürte, daß sie mir etwas verbarg, aber ich war zu besorgt um Mama, um auf einer Erklärung zu bestehen. Ich nahm an, daß sie einfach mit mir schmollte, weil ich ihr gedroht hatte, ihr Verhalten zur Sprache zu bringen.

Am Morgen des sechsten Tages stand meine Mama auf und zog sich selber an. Jetzt konnte ich gehen. Ich hatte das Häuschen von oben bis unten geputzt, die Betten frisch bezogen, und für alle lag saubere Kleidung bereit. Im Speiseschrank lagerten mehr Nahrungsmittel, als ich hier je zuvor gesehen hatte. Ich wurde nicht mehr gebraucht.

»Ich weiß nicht, wann ich wieder kommen kann«, sagte ich. »Vielleicht muß ich die verlorenen Tage wieder einholen, aber Joseph wird euch Vorräte bringen, wenn er vom Markt zurückfährt.«

»Und das Geld.«

»Ja, Mama.«

Ich hatte das Gefühl, daß eine schwere Last von meinen Schultern genommen war, als ich das Häuschen verließ. Während ich rasch durch das Dorf ging, sang ich leise vor mich hin. Ich winkte den Leuten, die ich sah, zu: Mrs. Goodjohn, die gerade Wäsche aufhängte, den Papworth-Kindern, die auf der Straße spielten, und dem alten Herrn Feast, der an der Hausmauer in seinem Garten saß und sich am Sonnenschein erfreute. Ich kannte sie alle, aber ich gehörte nicht mehr zu ihnen. Die Willow-Farm und die Familie, die dort lebte, bedeuteten mir mehr als meine eigenen Leute.

Frances verhielt sich ein paar Tage recht kühl mir gegenüber, behandelte mich wieder so ähnlich wie bei meiner Ankunft. Sie blickte mich eiskalt und reserviert an, sprach kaum mit mir und weigerte sich, mir zuzuhören, wenn ich versuchte, ihr alles zu erklären.

»Sie haben geschlafen, und Sie waren krank. Ich wollte Sie nicht stören.«

»Du bist fortgelaufen, obwohl du gewußt hast, daß ich krank war. Ich bin dir vollkommen gleichgültig.«

»Das stimmt nicht. Ich hatte kaum eine andere Wahl. Meine Mutter war sehr krank. Ich fürchtete, daß sie sterben könnte.«

Meine Erklärungen zeigten kaum eine Wirkung. Sie fühlte sich verletzt und schmollte fast eine Woche lang mit mir. Aber eines Morgens, als ich in ihr Zimmer trat, lächelte sie mir plötzlich zu. Es war, als wäre die Sonne plötzlich zwischen den Wolken hervorgekommen. Als ich ihr ihre Kleider brachte, ergriff sie meine Hand.

»Ich bin häßlich zu dir gewesen, Betty. Verzeihst du mir?«

»Da gibt es nichts zu verzeihen. Ich weiß, daß ich es Ihnen hätte sagen müssen, als ich fortging, aber ich habe mir so große Sorgen gemacht, daß ich nicht wußte, was ich tat. Trotzdem war es nicht fair Ihnen gegenüber.«

Ihre Augen glänzten, als sie mich anschaute. »Beim nächsten Mal sag es mir bitte. Ich habe gedacht, daß meine Mutter mir Lügen auftischte. Ich glaubte, man habe dich fortgeschickt, und ich müsse wieder allein sein.«

»Ich hoffe, es wird kein nächstes Mal geben. ich werde eine Zeitlang auf meinen freien Tag verzichten, um die verlorene Zeit wieder einzuholen. Statt dessen werde ich bei Ihnen bleiben.« Ich lächelte ihr ein wenig scheu zu. »Ich wäre bestimmt lieber hier bei Ihnen gewesen.«

Sie lachte. »Und du vergibst mir?«

»Ja. Ich fühle mich am wohlsten, wenn wir Freunde sind.«

Sie dachte einen Augenblick lang über meine Worte nach, dann nickte sie. »Ja, wir sind Freundinnen, von der Seite habe ich es nicht gesehen. Weißt du, ich hatte noch niemals eine richtige Freundin.«

»Ich auch nicht.«

Der Frühling kam und dann der Sommer. Frances ging es so viel besser, daß wir jeden Tag in den Marschgebieten spazierengehen und Blumen für unsere Studien suchen konnten. Mrs. Crawley freute sich über unseren Eifer; schließlich war sie damit einverstanden, daß wir nach Ely ins Kino fuhren. Es war das erste Mal, daß Frances in ein Kino ging, und auch das erste Mal, daß sie in die kleine Stadt mit der Kathedrale kam.

Als wir Sutton hinter uns gelassen hatten, forderte Joe sie auf, Ausschau zu halten nach dem Schiff der Marschgebiete.

»Das Schiff der Marschgebiete?« fragte sie verblüfft. »Was ist das?«

Er kicherte. »Nun, das ist die Kathedrale, Mädchen. Haben Sie den Ausdruck noch nie gehört? Man kann sie meilenweit in der Umgebung sehen, sie ist ein Wahrzeichen.«

Ich hatte die großartige Kathedrale, die die Silhouette der geschäftigen Marktstadt beherrschte, natürlich schon gesehen, aber ihr Spitzname war auch für mich neu. Als wir näherkamen, wurde mir klar, was er meinte. Ihre imponierenden Türme beherrschten die Landschaft schon lange, bevor wir die Stadt erreichten, und es gab Augenblicke, wo sie wie ein großes Schiff aussah, das durch die Luft segelte.

»Sie sieht so groß aus«, sagte Frances. »So hatte ich sie mir nicht vorgestellt. Wurde sie wirklich schon vor so vielen Jahren erbaut?«

Joe wandte den Kopf um und warf uns einen nachsichtigen Blick zu. »Es heißt, daß sie im elften Jahrhundert erbaut worden ist, obwohl das Kloster schon lange vorher bestanden hat. Ich verstehe nicht viel von Geschichte. Warum werfen Sie nicht rasch einen Blick hinein?«

»Heute nicht«, sagte sie. »Wir wollen *Meet Me In Saint Louis* sehen, und ich bin noch nie im Kino gewesen.«

»Ich war auch erst ein paarmal im Kino«, sagte ich, ebenso aufgeregt wie sie. »Ich kann es kaum abwarten.« Ich schaute Joe an. »Warum kommen Sie nicht mit?«

Grinsend schüttelte er den Kopf. »Ich habe einiges zu erledigen und muß ein paar Leute aufsuchen. Macht euch keine Sorgen um mich. Ich werde sehr beschäftigt sein.«

Er parkte den Wagen direkt vor dem Kino, ohne sich um das Durcheinander von Lieferwagen, Pferden und Bussen zu kümmern, und beugte sich zurück, um die Autotür für uns zu öffnen. Als wir herauskletterten, holte er einen Beutel mit Schokolade unter dem Armaturenbrett hervor.

»Damit es wirklich ein Hochgenuß wird«, sagte er. »Ich werde auf euch warten, wenn ihr herauskommt, macht euch deshalb keine Sorgen.«

Als Joe fortfuhr, schaute ich Frances an. »Joe ist ein wahres Wunder, nicht wahr? Er bringt es immer fertig, genau das herauszufinden, was man gerade braucht.«

»Er handelt auf dem Schwarzen Markt«, erwiderte Frances. »Ich glaube, er macht ein Vermögen damit.«

»Das finde ich etwas unfreundlich«, sagte ich. »Ich mag Joe.«

»Oh, wir wollen uns nicht seinetwegen streiten«, meinte Frances. »Ich kann es nicht erwarten hineinzugehen.«

Vor der Kasse für die billigen Plätze stand eine Schlange, aber wenn man die teueren für eine halbe Krone kaufte, konnte man sofort hineingehen. Mary hatte ihrer Tochter das Geld gegeben, und Frances bezahlte die fünf Shilling. Die Platzanweiserin führte uns zu den allerbesten Plätzen in der Mitte der oberen Reihen.

»Ich habe immer nur in der vordersten Reihe gesessen«, flüstere ich Frances zu. »Da sieht man alles ein bißchen verzerrt. Hier ist es viel besser.«

»Pst«, zischte sie. »Der Film fängt gleich an. Gib mir die Schokolade.«

Es war ein Musical über eine Familie in St. Louis während der Weltausstellung im Jahre 1904, und es kamen ein paar wundervolle Lieder darin vor, deren Takt ich mit den Fußspitzen mittrommelte. Ich stimmte mit ein, als Judy Garland den ›Trolley Song‹ sang, und Frances stieß mich mit dem Ellbogen an.

»Sei still«, zischte sie. »Kannst du dich nicht benehmen?«

Ich kümmerte mich nicht darum, was Frances sagte. Dazu war ich viel zu glücklich, als ich zuschaute, wie Judy Garland zu der Melodie ›Unter The Bamboo Tree‹ mit einem Mädchen tanzte. Sie trugen Strohhüte und Bambusstöcke, und Judys Kleid bestand nur aus Rüschen und Spitzen. Ich war ganz erfüllt von all dem Glanz und befand mich in einer anderen Welt, einer Welt mit gutaussehenden Männern und reizvollen Frauen, in der alles möglich zu sein schien. Bisher hatte ich nicht gewußt, daß eine solche Welt existierte, und ich wünschte mir, daß der Film nie aufhören sollte.

Auch Frances war hingerissen von den zauberhaften Szenen auf der großen Leinwand. Sie öffnete den Mund nur, um mir einen Verweis zu erteilen oder um noch ein Stück Schokolade hineinzuschieben. Sie war köstlich, und wir hatten alles aufgegessen, als wir wieder hinausgingen in den milden Frühlingsnachmittag.

»War es nicht wundervoll?« rief ich, als ich ins Sonnenlicht blinzelte. »Hat es dir gefallen, wie sie aus dem Bus stieg und anfing zu singen …« Ich stimmte das Lied lauthals an und wiederholte die Worte, die ich gerade zum erstenmal gehört hatte. Gleichzeitig packte ich Frances und schwenkte sie auf der Straße herum.

»Mir hat es gefallen, wie sie das Lied über den Nachbarjungen sang«, sagte Frances mit funkelnden Augen. »Und dann das Weihnachtslied, wie hieß es noch?«

»Have Yourself a Merry Little Christmas«, sagte ich und fing sofort an zu singen.

»Betty, benimm dich«, sagte Frances, aber sie kicherte und stimmte mit ein. Mehrere Leute drehten sich nach uns um, weil sie falsch sang.

Vielleicht war es ganz gut, daß Joe jetzt eintraf. Er grinste, als er sah, wie wir zusammen lachten, und beugte sich herüber, um die hintere Tür für uns zu öffnen. Die hinteren Sitze waren vollgestopft mit geheimnisvollen Paketen, und ich spürte einen leisen Whiskygeruch, als er für uns Platz schaffte.

»Ich sehe, daß ihr es genossen habt«, sagte er und winkte mir zu, als Frances als erste in den Wagen stieg.

»Es war wundervoll, Joe«, erwiderte ich. »Ich hoffe, Sie mußten nicht zu lange auf uns warten?«

»Nein.« Er stieg in den Wagen und startete den Motor. »Ich habe was anfangen können mit der Zeit.«

»Ich möchte öfter ins Kino gehen«, erklärte Frances. »Nächste Woche zeigen sie einen Film mit Bing Crosby.«

»Nun, wir werden sehen«, sagte Joe leichthin. »Im Augenblick haben wir nicht allzuviel Arbeit auf der Farm, aber das Benzin wird gebraucht. Wenn die Ernte anfängt, werde ich jedenfalls keine Zeit mehr haben.«

Frances machte ein verärgertes Gesicht. Ich konnte sie verstehen. Sie hatte so lange eingeschlossen im Zimmer gelebt, und jetzt, wo sie einen Blick darauf geworfen hatte, wie das Leben sein konnte, wollte sie natürlich mehr davon. Aber sie beklagte sich nicht. Ich glaube, sie sah sogar ein, daß die Farm vorging. Wir hatten Glück gehabt, daß Joe uns diesmal hinbringen konnte. Auch ich hätte gern weitere Ausflüge in die Phantasiewelt unternommen, die wir nur so kurz kennengelernt hatten, aber ich wußte, daß ich sie trösten mußte.

»Als Ausnahme sind die Filme ein Vergnügen«, sagte ich. »Aber wenn wir immer wieder hingehen würden, wäre es bald langweilig. Wir können so vieles andere anfangen, Frances.«

Jetzt gelang es mir meistens, ihr die schlechte Laune zu vertreiben. Und im Laufe der Zeit wurde meine Stellung im Hause immer gesicherter. Selbst Mr. Crawley neigte leicht den Kopf, wenn wir uns irgendwo begegneten. Das Leben auf der Farm verlief gemächlich und angenehm, als der Sommer seinen Höhepunkt erreichte. Der Sonnenschein eröffnete uns eine Welt, die weit hinausreichte über die Begrenzung des Hauses. Häufig sahen wir Nathan, wenn er auf seinem Pferd über die Wege ritt, mit einem schwarzen Hund an seiner Seite. Manchmal hörten wir auch den Lärm des Traktors, der mich an den Tag erinnerte, an dem er mich eingeholt und nach Hause gebracht hatte. Nathan hielt immer an, um ein paar Minuten mit uns zu schwatzen, egal, wie beschäftigt er war. Er war ein guter Gefährte und brachte uns zum Lachen. Er schien seine früheren Zechereien aufgegeben zu haben, und es gab weniger Streit im Haus. Joe erzählte Mrs. Jackson, daß er den Eindruck habe, Nathan gewöhne sich allmählich ein.

Im Juni wurde ich fünfzehn. Frances schenkte mir eine Dose Talkumpuder und Seife, und Mrs. Jackson hatte mir einen Kuchen gebacken, den ich mit allen teilte. Auch von den anderen bekam ich kleine Geschenke, aber nichts von meiner Familie, nicht einmal eine Karte von den Kindern. Von Nathan hatte ich kein Geschenk erwartet, aber spät am Abend kam er in das Zimmer von Frances und überreichte mir ein kleines Päckchen. Darin war ein Buch mit Gedichten von Robert Browning.

»In Liebe von Nathan«, hatte er hineingeschrieben. Ich wurde rot, als ich mich bei ihm bedankte.

Seit er hinter mir hergejagt war, um mich nach Hause zu bringen, als meine Mutter krank war, herrschte ein neues Einverständnis zwischen uns. Ich war nicht mehr so reizbar, und er quälte mich nicht mehr soviel. Aber wir waren immer auf der Hut voreinander, als ob wir uns davor fürchteten, einander zu gern zu haben. Vielleicht war ich es auch allein, die sich davor fürchtete. Nathan war charmant und sah gut aus, es wäre ganz natürlich gewesen, wenn ich mich in ihn verliebt hätte, aber er erinnerte mich zu sehr an meinen Vater.

Meine Angehörigen waren alle gesund. Ab und zu besuchte ich sie. Meine Mama hatte sich fast vollständig erholt. Vera wuchs rasch heran, und ihre schlechte Laune verschwand, wenn ich ihr Glasperlen, Tücher und eine Seidenbluse schenkte, die Frances zu klein geworden war. Der kleine Joe würde bald nicht mehr klein sein. Er lernte gut in der Schule und war voll mit sich selber beschäftigt. Es war wohl eine Zeit, in der im ganzen Lande strenge Sparmaßnahmen herrschten, aber der Familie Cantrel ging es so gut wie nie zuvor. Kaum ein Monat schien zu vergehen, an dem nicht irgendwelche Geschenke von Frances oder Mary eintrafen, Kleidung oder Schuhe, die ausgemustert worden waren, Nahrungsmittel, Bücher und gelegentlich auch Geld. Immer noch wurde viel über den Krieg gesprochen, so daß jeder sich an die schrecklichen Zeiten erinnerte, die wir als Volk hatten durchstehen müssen, aber das Leben in meiner kleinen Welt schien sich von seiner angenehmen Seite zu zeigen.

Es war ein seltsamer Sommer. Unberechenbare Stürme traten auf, die das Korn flachlegten und die Ernte bedrohten, aber dann trat eine ruhigere Wetterperiode ein. Die Tage waren warm und sonnig, das Korn reifte und bekam eine wunderbare goldene Farbe. Obwohl ich von Preissteigerungen, Nahrungsmittelknappheit und den Schwierigkeiten der Labor-Regierung einiges mitbekam, war ich abgeschirmt gegen die meisten Härten der Nachkriegszeit in England. Ich hatte in unserem Häuschen so viel Not kennengelernt, daß die Rationierung mir kaum etwas bedeutete. Außerdem hatten wir das Glück, daß Joe Morris Vorarbeiter auf der Willow-Farm war. Sein Mitmischen bei den Geschäften auf dem Schwarzen Markt war wahrscheinlich illegal, aber er war nicht der einzige, der sich damit befaßte, und wir profitierten alle davon.

Nathan tat sich hervor bei der Erntearbeit. Frances und ich schauten zu, wie er und die anderen Männer die Grasnarben am Rande der Felder abmähten. Man ließ das Korn ein paar Tage lang liegen, dann rückten die Garbenbinder an, und zuletzt wurden die Garben von den Frauen und Kindern in bestimmten Abständen auf dem Feld aufgestellt. Dort ließ man die Hocken eine Weile trocknen, bevor die Wagen kamen, um sie einzusammeln und zum Dreschen zu fahren. Ich erlebte jetzt mit, wie die Ernte in früheren Zeiten eingebracht worden war; die Kürzung der Benzinzuteilungen hatte zeitweilig den Einsatz der modernen Maschinen unterbunden.

Manchmal machte ich für eine Stunde mit beim Aufstellen der Hocken, weil ein Paar Hände immer willkommen waren. Frances saß dann auf einer Decke und beobachtete alles, aber ich durfte nie zu lange arbeiten, denn sie pflegte mich zu rufen, und dann lief ich zu ihr zurück. Im allgemeinen warteten wir, bis die Männer mit der Arbeit aufhörten, und teilten den Imbiß, den wir mitgebracht hatten, mit Nathan.

Die Arbeit im Sonnenschein bekam Nathan gut. Seine Haut nahm einen goldenen Schimmer an, und in seinem Haar glänzten blaue Lichter wie auf den Schwingen eines Raben. Er war immer fröhlich in diesen Tagen und neckte uns beide so, als wären wir gleich wichtig für ihn. Es wurde immer schwieriger für mich, eine gewisse Distanz zwischen uns zu bewahren, und es war auch gar nicht so sicher, daß ich das wirklich wollte. Ich fing an, mich innerlich zu entspannen und etwas von dem Argwohn und Mißtrauen gegen Männer abzubauen. Sie mußten nicht alle unbedingt so sein wie mein Papa. Joe war gütig und freundlich, und Nathan war lustig. Frances betete ihn an, deshalb konnte ich ihn unmöglich ablehnen. Außerdem legte er es darauf an, mich für sich einzunehmen.

Nach der Ernte fuhr er für eine Weile weg, um Freunde zu besuchen, und Frances fürchtete, daß er nicht wiederkommen würde. Mit dem größten Vergnügen neckte er sie. »Wirst du mich vermissen, wenn ich fort bin?« fragte er sie oft und lachte, wenn sie die Arme um ihn schlang und ihn anflehte, hierzubleiben. Wenn er genug von diesem Spiel hatte, schaute er mich an, und seine Augen funkelten vor Übermut. »Und du, Betty, wirst du mich auch vermissen?«

»Nein, Sir«, sagte ich, denn ich wollte es auf keinen Fall zugeben. »Nein, überhaupt nicht.«

»Du behandelst mich grausam, Betty«, rief er. »Frances, sie behandelt mich grausam. Sie ist ein grausames, böses Mädchen.«

»Ich bin nicht grausam, Sir.«

»Sag, daß du mich vermissen wirst, sonst komme ich nicht wieder zurück.«

»Sag's ihm, Betty«, kreischte Frances. »Sag's ihm!«

»Er neckt Sie doch nur, Frances. Er wird bestimmt nicht meinetwegen auf die Rückkehr verzichten. Achten Sie nicht auf ihn.«

»Nein, nein, er meint es wirklich so«, rief sie. »Du mußt es ihm sagen, oder ich werde dich ewig hassen.«

Ich mußte also sagen, daß ich ihn vermissen würde. Dann lachten die beiden und führten sich wie verrückt auf vor Freude, während meine Wangen wie Feuer brannten. Es war nicht das erste und nicht das letzte Mal, daß sie sich vereinten, um mich zu verspotten und zu necken, aber ich machte mir nichts daraus. Es war nur ein gutartiger Spaß, ich konnte nichts Bedrohliches darin sehen. Ich war gern mit ihnen zusammen, als ein Teil ihres Lebens. Es machte mich glücklich, wenn ich die echte Zuneigung zwischen ihnen bemerkte, und gern teilte ich ihre Freude. Frances zu gehorchen, war mir jetzt zur zweiten Natur geworden. Wann immer es möglich war, kam ich ihren Wünschen zuvor. Ich glaube, ich hätte fast alles getan, um ihr zu gefallen. Ich war ihre Dienerin, ihre Sklavin, ihre Freundin und ihre Gefährtin. Es war ein wunderbarer Sommer. Ich wünschte mir von Herzen, daß es immer so weitergehen würde.

Aber endlich war die Ernte vorüber, und Nathan bereitete sich auf seine Abreise vor. Am Tag davor hielt er mich an, als ich gerade mit einer Schürze voll Eier aus der Molkerei kam.

»Wart einen Augenblick, Betty«, sagte er. »Ich möchte mit dir sprechen.«

»Mrs. Jackson wartet auf die Eier, Sir.«

»Es dauert nur einen Augenblick.« Er lächelte mich an, aber in seinem Lächeln lag diesmal kein Spott. »Ich möchte mich nur bei dir bedanken.«

»Wofür, Sir?«

»Dafür, daß meine Cousine so glücklich ist. Du hast ein Wunder bewirkt. Sie ist jetzt ein ganz anderes Mädchen. Bisher habe ich mir immer Sorgen um sie gemacht, wenn ich abwesend war, aber das brauche ich jetzt nicht mehr.«

»Werden Sie diesmal lange fort sein?« Ich wurde rot, als er die Brauen hob. »Ich habe an Frances gedacht, sie wird Sie vermissen.«

»Und ich werde sie vermissen. Ich habe sie sehr gern, Betty. Sie ist tatsächlich die einzige Person, die ich liebe.« Seine Stirn bewölkte sich. »Meine Eltern starben bei einem Zugunglück, als ich noch sehr klein war. Ich kann mich nicht mehr an sie erinnern. Mary und Eben nahmen mich auf, aber ich habe immer gespürt, daß ich nicht hierhergehöre ... Nun, Frances ist die einzige, der es nicht egal ist, ob ich am Leben bin oder tot – deshalb paß gut auf sie auf, Kind.«

Er war wieder in seine übliche Art zurückgefallen, aber ich fühlte mich sehr geehrt, daß er mir vertraute, und glühte vor Erregung.

»Ich verspreche Ihnen, daß ich auf sie aufpassen werde.«

»Und wer wird sich um dich kümmern?«

»Ich kann auf mich selber aufpassen.«

Er kicherte amüsiert und schaute mich wieder so spöttisch an wie immer. »Ich frage mich, ob du das wirklich kannst? Bist du sicher, daß du erst vierzehn bist, Betty?«

»Ich bin jetzt fünfzehn.«

»Fünfzehn? Weiß du genau, daß du nicht sechzehn bist? Ich glaube nicht, daß du mir immer die Wahrheit sagst.«

»Es ist die Wahrheit. Ich würde Sie nicht anlügen.«

»Oh, wirklich nicht?« rief er. »Du würdest schwören, daß

schwarz weiß ist, wenn es dir in den Kram paßt, Kind. Vor mir kannst du nichts verbergen, weißt du. Ich kann dich genau durchschauen. Eines Tages werden wir Schluß machen mit all diesem Unsinn.« Abschätzend ließ er seine Blicke über mich gleiten. »Du hast abgenommen, Betty. Du hast jetzt eine richtige Taille.«

Ich spürte, wie meine Wangen glühten. »Sie sollten sich nicht über mich lustig machen. Sie haben gesagt, ich sei grausam, aber in Wirklichkeit sind Sie grausam.«

»Grausam – und wenn ich dir ein Kompliment mache? Du wächst heran, Kind, und bald wirst du sehr hübsch sein.«

Ich zog den Kopf ein und lief schnell an ihm vorbei. Es war boshaft, mich so zu necken. Ich würde nie hübsch werden. Polly war hübsch, und ich würde niemals so werden wie sie. Sie sah so elegant aus, wenn sie an ihrem freien Tag ihr rotes Kleid trug und die Schuhe, Perlenketten und Schals. Ich war sicher, daß alle Männer in Ely den Kopf nach ihr umdrehten. Polly war hübsch, dachte ich wehmütig. Ich war zu schwerfällig und zu dunkel, um ihr zu ähneln.

Aber als ich mich am Abend, bevor ich zu Bett ging, lange und intensiv im Spiegel betrachtete, sah ich, daß Nathan zumindest in bezug auf meine Taille recht hatte. Ich hatte nicht darauf geachtet, daß meine Kleider jetzt lockerer saßen, aber als ich jetzt meine Schürzenbänder straff anzog, konnte ich erkennen, daß ich eine ziemlich schmale Taille hatte. Aber hübsch war ich trotzdem nicht. Mein Mund war zu groß, meine Nase zu lang und meine Haut zu dunkel. Nathan hatte sich einfach mal wieder lustig gemacht über mich.

Es lag vielleicht daran, daß Frances und ich oft über Nathan sprachen und uns überlegten, was er wohl in London machte, daß ich mich in Gedanken immer wieder mit der Welt außerhalb der Farm beschäftigte. Wir hatten Joe nicht dazu überreden können, uns noch einmal nach Ely zu bringen, aber ich hatte den kurzen Blick in jenes zauberhafte Leben nicht vergessen, wo die Leute sangen, tanzten und schöne Kleider trugen. Ich dachte, daß es wundervoll sein müsse, ein Filmstar zu sein, und manchmal sang ich eines der Lieder aus *Meet Me in St. Louis.* Insgeheim glaubte ich, daß meine Stimme auf ihre Art ebenso schön war wie die von Judy Garland. Das war wahrscheinlich reine Eitelkeit, aber mein Herz schlug schneller, wenn ich davon träumte, in ihre Fußstapfen zu treten. Warum sollte ich nicht auch eines Tages eine Sängerin werden?

Ich war töricht genug, diesen Gedanken Frances gegenüber zu erwähnen. Sie starrte mich schweigend an, dann verzog sie spöttisch den Mund.

»Deine Stimme ist nicht schlecht«, sagte sie. »Aber um so wie Judy Garland zu singen, muß man wirklich Talent haben.«

»Woher wissen Sie, daß ich es nicht habe?«

»Sie ist ein berühmter amerikanischer Filmstar – und du bist nur ein Dorfmädchen.« Frances runzelte die Stirn. »Außerdem mußt du hier bei mir bleiben. Du hast es mir versprochen.«

Sie ärgerte sich über die Vorstellung, daß ich ein eigenes Leben führen könnte. Es war fast so, als ob sie mich mit Leib und Seele besitzen wollte.

»Sie werden mich nicht länger behalten wollen, wenn Sie heiraten.«

»Ich nehme nicht an, daß ich das jemals tun werden.« Sie machte ein unglückliches Gesicht. »Wie soll ich jemals jemanden kennenlernen, wenn ich ständig ans Haus gefesselt bin. Sogar du trägst dich mit der Absicht, mich zu verlassen.«

»Ich will Sie nicht verlassen, zumindest nicht jetzt.«

»Du bist so egoistisch«, rief sie. »Du bist genauso wie Nathan, du wirst fortgehen und mich alleinlassen. Und ich muß für immer und ewig hierbleiben.«

Wenn sie in dieser Stimmung war, konnte man nicht mehr vernünftig mit ihr reden.

»Es war nur ein Traum«, sagte ich. »Ich wollte Sie nicht beunruhigen.«

»Aber du hast es getan«, erwiderte sie. »Geh und laß mich schlafen.«

Sie lag mit geschlossenen Augen da, als ich sie verließ. Ich konnte ihr nicht böse sein. Jeder würde es satt bekommen, so häufig ans Haus gebunden zu sein, aber es steckte doch noch mehr dahinter. Sie schien den bloßen Gedanken daran, daß ich in irgendeiner Form auch ein eigenes Leben führen könnte, von dem sie ausgeschlossen war, zu verabscheuen.

Als ich die Treppe hinunterging, hörte ich, daß im hinteren Salon das Radio eingeschaltet war. Dann sah ich Joe und Mrs. Jackson in die Halle kommen und fragte mich, was es so Wichtiges geben könnte, daß die beiden in den Salon gegangen waren, um Nachrichten zu hören.

»Es wird doch nicht etwa wieder Krieg geben?« fragte ich sie, als ich in ihre ernsten Gesichter blickte. »Sie sehen so aus, als hätten Sie schlechte Neuigkeiten gehört.«

»Sie haben einen furchtbaren Mann aufgehängt«, antwortete Mrs. Jackson. »Ich habe den Fall in den Zeitungen verfolgt – er hat zwei brutale Morde zugegeben. Und er gehört dem Militär an.«

»Er ist dreimal unehrenhaft entlassen worden«, sagte Joe. »Wenn es stimmt, was sie im Radio gesagt haben, muß er ein kaltblütiger Killer gewesen sein.«

»Wieso? Was hat er gesagt?« fragte ich neugierig.

»Etwas darüber, daß Gehängtwerden nichts anderes sei, als in einen neuen Einsatz geschickt zu werden, einen, von dem er wisse, daß er nicht zurückkommen würde«, erwiderte Joe. »Er war ein ziemlich großspuriger Bursche«.

»Nun, jetzt hat er seine wohlverdiente Strafe bekommen«, meinte Mrs. Jackson. »Mir tun diese armen Frauen leid, die er umgebracht hat, und ihre Angehörigen.« Sie schaute mich an. »Manchmal frage ich mich, wohin es mit der Welt noch kommen mag. Junge Frauen sind heutzutage ihres Lebens nicht mehr sicher.«

Joe lächelte und schüttelte den Kopf. »Das ist ein wenig übertrieben, Mrs. Jackson. An einem Ort wie Sutton könnte so etwas nicht passieren. Machen Sie Betty keine Angst. Hier auf der Farm ist sie in Sicherheit.«

»Wie hieß er?« fragte ich. »Der Mann, den sie gehängt haben?«

»George Neville Heath«, sagte Mrs. Jackson. »Warum?«

»Ich wollte es nur wissen. Ich zuckte mit den Schultern. »Ich habe einmal die Geschichte von einer Frau gehört, die sie zum Schafott tragen mußten. Ich habe mich gefragt, was für ein Gefühl es wohl sein würde, gehängt zu werden. Glauben Sie, daß es sehr schmerzhaft ist?«

»Ich habe nicht die Absicht, das herauszufinden«, erwiderte Joe grinsend. »Zerbrich dir lieber nicht den Kopf darüber, Betty. Dieser Mann hat jedenfalls den Tod verdient. Denk nicht mehr daran und hab deswegen keine Alpträume.«

»Nein«, sagte ich. »Ich war nur neugierig.«

Dann lachte ich und ging in die Küche. Aber in der Nacht träumte ich tatsächlich von George Neville Heath. Ich hatte ihn natürlich nie gesehen, aber in meinem Traum war er ein gutaussehender Mann mit einem langen Schnurrbart, der die Uniform eines Piloten der britischen Luftwaffe trug. Er stand vor dem Henker und lachte. Er hatte ein Glas in der Hand und hob es zum Gruß.

»Es ist genauso, als wenn ich zu einem Einsatz aufbreche, Betty«, sagte er. »Weshalb versuchst du es nicht? Es ist leicht … leicht …«

Erschrocken wachte ich auf und spürte kalten Angstschweiß auf meinem Körper. Polly knipste die Lampe an und drehte sich um, um mich schläfrig anzuschauen.

»Was ist los, Betty?« fragte sie, ein wenig ärgerlich, daß ich sie aufgeweckt hatte. »Hast du einen Alptraum gehabt?«

»Ja«, erwiderte ich zitternd. »Es war schrecklich.«

»Das wird dir eine Lehre sein, nie wieder eingelegte Zwiebeln und Käse zum Abendbrot zu essen«, sagte sie. »Versuch jetzt zu schlafen. Bald kommt der Morgen.«

»Entschuldige«, murmelte ich. »Darf ich mich an dich ankuscheln?«

»Komm nur«, sagte sie. »Dreh dich um, damit ich meinen Arm um dich legen kann.«

»Danke, Polly«, sagte ich. »Ich weiß nicht, warum ich mich so erschreckt habe. Es war doch nur ein Traum …«

5. Kapitel

Ich hatte mit Joe in Ely Einkäufe erledigt. Das Weihnachtsfest stand wieder vor der Tür, und es war sehr kalt. Es hatte mir Spaß gemacht, Geschenke für alle zu kaufen, aber jetzt war ich froh, wieder in das warme Haus zurückzukehren. Das Einkaufen hatte länger gedauert, als ich erwartet hatte, und ich machte mir Sorgen wegen Frances. Würde sie mit mir schmollen, weil ich sie so lange allein gelassen hatte? Ich warf die Pakete auf mein Bett und lief dann eilig den Flur entlang, der zu ihrem Zimmer führte. Ich brannte darauf, ihr zu berichten, was ich alles erlebt hatte. Auch hatte ich neue Zeitschriften mitgebracht, für die sie sich bestimmt interessieren würde: *Woman, Picture Post* und *Radio Pictorial,* und ich hatte für jeden von uns einen großen Marsriegel gekauft. Ohne anzuklopfen, ging ich ins Zimmer, aber dann blieb ich überrascht stehen, als ich sah, daß sie Besuch hatte.

Einer von ihnen war Nathan – er war also wieder nach Hause gekommen! –, aber die beiden anderen kannte ich nicht. Ich starrte sie neugierig an. Das Mädchen war etwa siebzehn Jahre alt und sehr hübsch. Sie hatte ganz helles Haar und meergrüne Augen. Aber meine Aufmerksamkeit konzentrierte sich vor allem auf den Mann; noch nie hatte ich einen Mann gesehen, der so außerordentlich anziehend wirkte. Vielleicht war ich deshalb so verblüfft von seiner Erscheinung, weil die meisten Männer, die ich kannte, dunkle Haare hatten. Sein Haar war silberblond und glänzte – ein toller Kontrast zu seinen erstaunlich blauen Augen. Ich dachte, daß er einer Fotografie von Leslie Howard sehr ähnlich sah, die ich in einem meiner Filmmagazine gesehen hatte. Sie war bei den Dreharbeiten zu *Vom Winde verweht* entstanden; in diesem Film hatte er Ashley Wilkes gespielt. Tatsächlich wirkte dieser Fremde auf mich genauso, wie ich mir einen Gentleman aus den Südstaaten vorgestellt hatte. Ich starrte ihn an, und als er lächelte, zitterten mir die Knie.

»Wen haben wir denn da?« fragte er mit einer leisen, heiseren Stimme, die mir eine flammende Röte in die Wangen trieb.

»Ist das noch eine deiner entzückenden Cousinen, Nathan?«

»Was willst du, Betty?« fragte Frances, bevor Nathan antworten konnte.

Ihr Blick und der Ton ihrer Stimme gaben mir deutlich zu verstehen, daß ich ein unerwünschter Eindringling war. Sie war ärgerlich auf mich, weil ich unangemeldet hereingeplatzt war, und ich wußte, daß ich hätte anklopfen sollen. Ich stand schweigend auf der Türschwelle und kam mir töricht und ungeschickt vor, als ich hörte, wie Nathan ihnen erklärte, daß ich zugleich das Mädchen und die Gefährtin seiner Cousine war. Die junge Dame schaute mich verächtlich an und wendete den Kopf geringschätzig zur Seite.

»Entschuldigen Sie bitte, Frances.« Endlich konnte ich ein paar Worte hervorbringen. »Ich ... Ich wußte nicht, daß Sie Gesellschaft haben. Ich bin gekommen, um nachzuschauen, ob Sie mich benötigen.«

In ihrem Blick lag ein Anflug von boshaftem Vergnügen. »Im Augenblick nicht. Du kannst in einer halben Stunde wiederkommen und mir helfen, mich zum Dinner umzukleiden.«

»Ja, Miss«, sagte ich demütig.

Ich war entlassen und ging, wobei ich mich bemühte, meine Eifersucht und meinen Ärger zu bekämpfen. Ich hatte nicht das Recht, mich verletzt zu fühlen, aber ich kam nicht dagegen an. Wie oft hatte ich gedacht, es sei falsch, daß Frances soviel allein war. Es war nicht in Ordnung, daß sie wie eine Gefangene im Haus lebte und selten nur jemand anderen sah als den Pfarrer und einige der Freunde ihrer Mutter. Sie war jetzt sechzehn, fast schon eine junge Frau. Sie brauchte Gesellschaft von Gleichaltrigen.

Ich hielt mir das alles vor Augen, als ich meinen graubraunen Rock und die Bluse anzog, aber es half nicht viel. Als ich mein Bild im Spiegel betrachtete, war ich sehr deprimiert. Für den Ausflug nach Ely hatte ich mein Sonntagskleid getragen, und darin hatte ich nicht allzuschlecht ausgesehen, aber jetzt wirkte meine Haut ganz fahl. Ich dachte an die Fremden in Frances' Zimmer und erinnerte mich daran, wie der Mann mich angelächelt hatte. Einen Augenblick hatte sich in seinen Augen ein gewisses Interesse an mir gespiegelt, aber jetzt würde er bestimmt nichts mehr an mir finden. Er war an Mädchen gewöhnt, die wie seine Begleiterin hübsche Kleider trugen. Sie hatte ein Kleid in tiefem Königsblau mit einem Samtkragen angehabt. Sie hatte Selbstsicherheit ausgestrahlt, und als sie mich angeblickt hatte, hatte ich Verachtung in ihrem Blick gesehen. Ich kannte nicht einmal ihren Namen, aber ich haßte sie bereits. Ich hatte das Gefühl, daß Frances ihretwegen Weihnachten diesmal keine Zeit für mich haben würde.

Als ich zu Frances zurückkehrte, um ihr beim Ankleiden zu helfen, hatte ich meine Gefühle unter Kontrolle. Wie ich es erwartet hatte, beschäftigte sie sich in Gedanken nur mit ihren neuen Freunden.

»Ist sie nicht hübsch?« rief sie aufgeregt. »Sie heißt Christabel Blair, und ihr Bruder heißt James. Nathan hat sie in London getroffen. James war im Krieg Pilot eines Jagdflugzeugs, und als seine Maschine über Deutschland abgeschossen wurde, ist es ihm gelungen, sich selber und seinen verwundeten Schützen direkt durch die feindlichen Linien in die Schweiz in Sicherheit zu bringen.« Ihre Augen funkelten.

»Wie, um alles in der Welt, hat er das fertig gebracht«, fragte ich, aber auch ich war beeindruckt. Er war genauso wie Leslie Howard in *Pimpernel Smith!*

»Er mag nicht viel darüber reden, aber Christabel sagt, er habe alle möglichen waghalsigen Dinge gemacht.«

»Zum Beispiel?«

»Nun, einmal er hat einen deutschen Lastkraftwagen gestohlen und ein paar Uniformen und ist, ohne anzuhalten, einfach durch einen Grenzkontrollpunkt gefahren. Die Deutschen waren so überrascht, daß sie erst anfingen zu schießen, als er schon fast außer Reichweite war.«

»Das klingt, als hätten die Deutschen geschlafen.«

»Sei nicht so kritisch«, sagte Frances ärgerlich. »Ich sage dir, daß alles vollkommen wahr ist.«

Ich nickte, denn ich wollte nicht mehr darüber sprechen. Es störte mich ein bißchen, daß dieser James Blair nicht nur aussah wie ein Held, sondern auch tatsächlich einer war.

»Hast du das Kleid von Christabel gesehen?« Frances schien es nicht zu bemerken, daß ich keinerlei Begeisterung zeigte. »Sie hat es bei Hardy Amies gekauft. Sie ist so hübsch. Nathan mag sie sehr, kann ich dir sagen.«

Ich war überrascht darüber, daß sie nicht eifersüchtig war, aber vielleicht war sie einfach zu aufgeregt, um sich klarzumachen, was es bedeutete, wenn Nathan sich in jemanden verliebt hatte.

»Ihr Kleid war sehr schick«, erwiderte ich flau. »Was möchten Sie heute abend anziehen?«

»Oh, ich denke mein blaues Samtkleid.« Sie nickte, als ich es aus dem Schrank nahm. »Christabel hat gesagt, ich muß im nächsten Sommer zu ihr nach London kommen.«

»Wie schön für Sie.«

Irgend etwas im Klang meiner Stimme erweckte ihre Aufmerksamkeit. »Ich nehme nicht an, daß mein Vater es mir erlauben wird. Hattest du einen schönen Tag, Betty?«

»Ja.« Ich hatte ihr alle Einzelheiten erzählen wollen, aber jetzt kam mir das überflüssig vor. »Das Einkaufen hat mir Spaß gemacht.«

Sie sah mich nachdenklich an. »Ich wünschte mir, daß ich dabeigewesen wäre.«

Sofort fühlte ich mich beschämt. Ich hatte nicht das Recht, ihr ihre Freunde zu mißgönnen, wo ich doch die Freiheit besaß, zu kommen und gehen, wie es mir gefiel.

»Ich bin fertig mit Ihrem Haar«, sagte ich. »Ich denke, die anderen warten schon unten auf Sie.«

Ich versuchte, keine Eifersucht in mir aufkommen zu lassen, als sie lachte und aus dem Zimmer lief. Ich mußte mich daran gewöhnen, daß es auch noch andere Leute in ihrem Leben geben würde. Andere Leute und Erfahrungen, die ich nicht mit ihr teilen konnte, weil sie die Tochter des Hauses war und ich nicht. Wieder empfand ich Groll gegen das

Schicksal. Wenn meine Mutter jemanden wie James Blair geheiratet hätte, dann würde auch ich all die Dinge haben, die Frances besaß.

An diesem Abend hörte ich Gelächter und Musik aus dem vorderen Salon, noch lange, nachdem ich zu Bett gegangen war. Ich konnte das leise Echo durch meine offenen Fenster hören. Zusammengekauert saß ich im Bett, zitterte in der kühlen Nachtluft und hielt die Arme um meine Knie geschlungen, während ich gegen meinen Kummer ankämpfte. Polly schloß die Fenster, als sie ins Zimmer kam.

»Schläfst du noch nicht, Betty?« sagte sie. »Ich kann dir sagen, die feiern ganz schön da unten heute. Dieser Mr. Blair ist ein echter Gentleman. Er hat mir die Tür geöffnet, als ich mit einem vollbeladenen Tablett ankam.«

Ich drehte mich auf die Seite und schloß die Augen. Ich wollte nicht hören, wie sie die Gäste lobte.

Am Morgen, als ich zu Frances ging, um ihr beim Ankleiden zu helfen, war ich darauf gefaßt, daß sie mir sagte, ich würde für den Rest des Tages nicht mehr benötigt. Zu meiner Überraschung aber forderte sie mich auf, sie wie üblich in den hinteren Salon zu begleiten.

»Du kannst ein Buch mitnehmen oder dein Strickzeug«, sagte sie gleichgültig. »Ich nehme an, daß wir Monopoly oder etwas in der Art spielen werden – aber du kannst mir Gesellschaft leisten, wenn die anderen vor dem Lunch einen Spaziergang machen.«

Für Frances war es zu kalt, um sie zu begleiten. Jetzt verstand ich, weshalb ich eingeladen worden war mitzukommen, aber ich machte mir nichts daraus. Ich war einfach glücklich darüber, daß ich dabeisein, ihre Gespräche und ihr Lachen hören würde, obwohl ich mir keine Illusionen machte über Christabels Reaktion.

Ich warf einen Blick auf meinen grauen Rock. »Darf ich mein Sonntagskleid anziehen, wenn ich mich beeile?«

Frances nickte und warf mir einen etwas boshaften Blick zu.

»Dann lauf. Ich werde nicht länger als zehn Minuten auf dich warten.«

Christabel und James Blair befanden sich bereits im hinteren Salon, als wir eintrafen. Er las in der Times und hatte seine langen Beine vor dem Kamin ausgestreckt. Christabel saß da und schaute aus dem Fenster, mit einem ziemlich gelangweilten Gesichtsausdruck. Auf ihrem Schoß lag eine amerikanische Modezeitschrift, und als wir eintraten, redete sie gerade.

»Was glaubst du, wie lange es dauern wird, bis Nathan ...« Als sie uns sah, brach sie mitten im Satz ab und sprang auf. »Dein Cousin muß die Verladung von Rindern für den Markt überwachen. Ich war mir nicht darüber im klaren gewesen, daß er tatsächlich auf der Farm zu arbeiten hat.«

Es war offensichtlich, daß es ihr nicht paßte, sich selber überlassen zu sein. In ihrer Vorstellung bestanden ein paar Tage auf dem Land in Reiten und ständiger Unterhaltung. Ich wußte, daß es sich nicht gehörte, aber ihre Unzufriedenheit gab mir ein Gefühl von Befriedigung.

»Nathan arbeitet meistens«, sagte Frances. »Er muß es natürlich nicht. Wenn er die Verwaltung seines Vermögens übernimmt, ist er ein reicher Mann. Bis dahin hat er nur die Zinsen. Mein Vater erwartet, daß er arbeitet, solange er hier lebt.«

»Warum auch nicht?« James lächelte träge, als er die Zeitung hinlegte. »Ich habe meiner Schwester schon gesagt, daß nicht jeder so faul ist wie wir.«

»Du bist nicht faul«, rief Frances. »Du warst im Krieg ein Pilot der Königlich Britischen Luftwaffe.«

»Dazu wurde ich durch Umstände gezwungen, die außerhalb meines Einflußbereiches lagen.« James lächelte so charmant, daß man nicht sagen konnte, ob er scherzte oder nicht. »Nun, wo der Krieg vorbei ist, werde ich wieder meinen normalen Lebensstil aufnehmen: Reisen und Vernügungen nachjagen.«

»James!« Christabel verzog das Gesicht. »Frances muß ja denken, daß du ein völlig nutzloser Taugenichts bist. Dabei hilfst du unserem Vater bei der Leitung des Gutes.«

»Hier und da kümmere ich mich ein bißchen darum«, gab er zu.

»Aber in Wirklichkeit braucht unser Vater gar keine Hilfe.« James schaute mich an, und als er lächelte, wurde ich rot.

»Was liest du, Betty?«

»Wir lesen gerade *Westward Ho!* von Charles Kingsley und ein Buch von Agatha Christie«, antwortete ich. »Es hängt davon ab, in welcher Stimmung Frances ist.«

»Ah, ich verstehe.« James schien sich darüber zu amüsieren.

»Liest du gern?«

»Ich habe ganze Regale voller Bücher«, sagte Frances, ohne darauf zu warten, daß ich James antwortete. »Betty darf sie mit mir teilen. Bevor sie hierherkam, kannte sie nur Liebesromane.«

Ich wandte mich ab und biß mir auf die Lippe. Ich wußte, daß ich mich nicht in den Vordergrund drängen durfte. Frances hatte mir die Möglichkeit gegeben, eine Zeitlang mit ihren Freunden zusammenzusein, aber ich sollte im Hintergrund bleiben und durfte nur zuhören. Ich zog mich in einen Sessel neben dem großen Fenster zurück, von dem man auf die Ställe blickte. Es war ein trüber, feuchter Tag, über den Marschgebieten lag der Nebel. Frances konnte auf keinen Fall mitgehen, selbst wenn ihre Gäste einen Spaziergang machen sollten.

Sie hatte eine Partie Whist vorgeschlagen. Dazu wurde eine vierte Person gebraucht. Alle schauten mich an. Aber bevor ich an den Tisch gerufen wurde, öffnete sich die Tür, und Nathan trat ein. Ich war erleichtert, als ich mich wieder meinem Buch zuwandte. Mit Sicherheit wäre ich Christabels Partnerin gewesen, und ich wußte genau, daß ich bestimmt nicht so gut gespielt hätte, daß sie zufrieden gewesen wäre. Als ich hörte, wie sie Nathan ausschalt, weil er ein Pik ausgespielt hatte und kein Kreuz, war ich richtig froh, daß man mich nicht gebeten hatte, mitzuhalten.

Ich hatte erwartet, daß er ärgerlich werden würde, aber dann merkte ich, daß er sich zu amüsieren schien. Es sah so aus, als ob Christabels herrische Art ihm Spaß machte. Er scherzte, gab ihr Kontra und flirtete ganz unverschämt mit ihr. Ich fragte mich, ob Frances recht hatte, wenn sie behauptete, daß er Christabel sehr gern hatte.

In den nächsten Tagen führte ich ein seltsames Leben. Vormittags erlaubte man mir einen flüchtigen Einblick in das, was sich zwischen den Crawleys und ihren Gästen abspielte, aber am Abend durfte ich ihrem Lachen nur aus der Entfernung lauschen. Solange Eben der Hausherr war, blieb es mehr als unwahrscheinlich, daß ich zum Abendessen an seinen Tisch gebeten würde.

Manchmal fühlte ich mich ein wenig im Stich gelassen, aber im Grunde wußte ich, daß ich Glück hatte, weil Frances mich wenigstens in einem gewissen Rahmen teilhaben ließ. Außerdem erzählte sie mir alles, was gesagt oder getan worden war, wenn ich nicht dabei gewesen war, und sie versäumte es auch nicht, mir ein ganz besonderes Weihnachtsgeschenk zu geben.

»Ich hoffe, es steht dir«, sagte sie, als sie mir das große Paket überreichte. »Ich habe Nathan gebeten, es zu besorgen. Wenn es nicht paßt, mußt du dich bei ihm beschweren.«

Ich sah, daß sie ziemlich aufgeregt war, als sie mir das Geschenk gab, und meine Finger zitterten, als ich versuchte, die Knoten der Verschnürung zu lösen. Im Inneren lag ein Kleid aus dem weichsten Wollstoff, den ich je berührt hatte. Es hatte lange Ärmel mit eng anliegenden Manschetten und schwarzen Knöpfen und einen kleinen Stehkragen aus Satin. Die Farbe war ein tiefes Smaragdgrün. Der Rock war vorn und hinten mit Einsatzstreifen verziert.

»Das ist viel zu schön für mich«, rief ich. »Es ist wundervoll.«

»Du kannst es bei der Party für die Angestellten tragen. Es ist von Nathan und von mir.«

Als ich sie anschaute, war mir die Röte in die Wangen gestiegen. »Würdest du ihm meinen Dank ausrichten»?«

»Du kannst dich selber bei ihm bedanken, wenn du willst, bei der Party«, sagte sie. »Wir kommen alle zu eurer Party: Nathan, Christabel, James und ich. Aber sag den anderen noch nichts. Es soll ein Geheimnis bleiben.«

Ich lachte mit ihr zusammen. Ich freute mich immer, wenn

ich an ihren Geheimnissen teilhaben durfte. Außerdem war es gewiß völlig überflüssig, daß ich es den anderen erzählte. Ich nahm an, daß Mrs. Crawley ihrer Schwägerin Mrs. Jackson bestimmt einen Wink geben würde. Sicher würde sie dafür sorgen, daß jeder seine besten Manieren an den Tag legte, wenn ihre Gäste zu einer kleinen Stippvisite hereinschauten.

Es war offensichtlich, daß die Farmarbeiter und ihre Familien unter einem gewissen Druck standen. Sie tranken nicht soviel und redeten nicht so offen wie im vergangenen Jahr, obwohl der Geiger schon angefangen hatte zu spielen, als die Gäste »überraschend« eintrafen.

»Oh, wollen Sie anfangen zu tanzen?« rief Frances mit vor Aufregung glänzenden Augen. »Nathan, du mußt Polly auffordern.«

Der einzige Tanz, den man nach den Klängen der Geige tanzen konnte, war eine Polka. Weder Polly noch Nathan waren besonders gut darin, aber sie paßten sich mit viel gutem Willen der Musik an. Frances lachte und bestand darauf, daß Joe Morris mit ihr tanzte, obwohl er einwandte, daß er zu ungeschickt sei und ihr auf die Zehen treten würde. Tatsächlich aber machte er seine Sache sehr gut und nahm viel Rücksicht auf seine zarte Partnerin.

»Möchtest du vielleicht auch tanzen, Betty?«

Ich hatte die anderen beobachtet und machte einen Sprung, als James Blair mich anredete. Mein Herz raste plötzlich, als ich mich umdrehte, um ihn anzuschauen. »Ich … Ich bin nicht sicher, ob ich weiß, wie das geht, Sir.«

Bei seinem Lächeln wurden mir die Knie weich. »Nathan und Polly können auch nicht für sich in Anspruch nehmen, daß sie es wissen. Aber das scheint sie nicht zu stören. Ich glaube, wir könnten es ebenso versuchen, nicht wahr?«

Irgend etwas in seiner freundlichen Art sprach mich stark an. Noch nie zuvor war ich jemandem wie ihm begegnet, und ich hatte das Gefühl, daß er ein wirklicher Gentleman war. Er besaß Rasse und Klasse. Einen solchen Mann hätte meine Mutter heiraten sollen. Etwas nervös legte ich meine Hand in seine und ließ mich von ihm zur Tanzfläche führen.

Er lächelte mich wieder an und erklärte mir, was er als nächstes tun würde.

»Jetzt lege ich meinen Arm um deine Taille, so, siehst du, und du nimmst meine Hand«, sagte er. »Jetzt müssen wir nur noch zählen. Eins, zwei, drei und eins, zwei, drei – merkst du, wie es läuft?«

»Ich hoffe, daß ich Ihnen nicht auf die Zehen trete, Sir.«

Es ist viel wahrscheinlicher, daß mir das passiert.«

Sobald wir angefangen hatten zu tanzen, war mir klar, daß es absolut unwahrscheinlich war, daß er mir auf die Zehen trat. Er war ein großartiger Tänzer, leichtfüßig und elegant. Ich hatte nichts weiter zu tun, als ihm zu folgen. Er machte es mir ganz leicht. Ich lachte ihn an und war plötzlich sehr fröhlich.

»Das macht Spaß, Sir.«

»Ich wußte, daß es dir gefallen wird«, erwiderte er lächelnd. »Und du tanzt sehr gut. Ich glaube, daß du schon einmal Polka getanzt haben mußt.«

»Nein, habe ich nicht. Ich folge Ihnen einfach.«

»Nun, wir wollen sehen, ob du mir auch folgen kannst. James, du bist an der Reihe, mit Polly zu tanzen.«

Verblüfft entdeckte ich Nathan, der direkt hinter James stand, und ich war ein bißchen verärgert. Weshalb mußte er uns unterbrechen, gerade jetzt, als ich anfing, den Dreh herauszukriegen? James' Gesicht spiegelte einen Anflug von Ärger, aber er war zu höflich, um einen Streit anzufangen. Er warf mir einen bedauernden Blick zu und überließ Nathan meine Hand. Er ergriff sie und zog mich fort, in die Mitte der Tanzfläche. Besitzergreifend legte er seinen Arm um meine Taille. Ich spürte, wie seine Hand, die auf meinem Kreuz lag, mich zwang, das zu tun, was er wollte, und ich verlor meine Selbstsicherheit. Ich versuchte, mich von ihm loszureißen, aber er hielt mich fest und fing an, mich herumzuwirbeln.

»Oh, nicht so schnell«, bat ich. »Ich komme nicht mit.«

»Mit James hast du es doch auch geschafft.« Seine Stimme klang hart, und um seinen Mund lag ein grausames Lächeln. Ich spürte, daß er zornig war, aber ich wußte nicht, warum.

Der Geiger spielte schneller und schneller, als hätte ihn irgendein Wahn befallen. Aus dem Augenwinkel sah ich, daß Joc und Frances es aufgegeben hatten, mit uns Schritt zu halten. James und Polly zappelten sich weiter ab, aber Nathan wollte sich auf keinen Fall geschlagen geben. Er wirbelte mich noch rascher herum und lachte, als die Musik wilder wurde und der Raum anfing, sich wie verrückt um mich zu drehen. Ich keuchte und flehte ihn an, Schluß zu machen. Alles löste sich auf in schwindelerregende Schatten. Ich konnte nur noch sein Gesicht erkennen und seine glitzernden, zornigen Augen. Augen, die in einem seltsamen grünen Feuer zu glühen schienen. Ich hatte Angst vor ihm, Angst vor seiner Wildheit und der verrückten Stimmung, die ihn befallen hatte.

»Halt. Halt!« rief ich. »Ich bekomme keine Luft mehr.«

»Wir können uns nicht von ihm schlagen lassen, Kind.«

Weshalb mußte er immer siegen? Aus reinem Eigensinn machte er weiter. Undeutlich bekam ich mit, daß wir nur noch allein waren auf der Tanzfläche und alle uns zuschauten. Ich wollte aufhören, aber die Musik ging immer weiter, und Nathan wollte nicht aufgeben. Er lachte, als er mich zwang, seinen blitzschnellen Schritten zu folgen. Ich bekam Schmerzen in der Brust und hatte das Gefühl, daß ich sterben müsse. Meine Lunge würde platzen, wenn wir nicht bald aufhörten. Ich stieß einen verzweifelten Schrei aus und sah, daß er sich darüber amüsierte. Solange der Geiger spielte, würde er nicht aufhören, und wenn er uns beide damit umbrachte! Dann hörte die Musik auf, ganz plötzlich. Als Nathan abrupt stehen blieb, schwankte ich. Um ein Haar wäre ich hingefallen. Er schlang die Arme um mich und zog mich eng an sich. Und dann küßte er mich. Er küßte mich ebenso heftig, wie er mich auf der Tanzfläche herumgewirbelt hatte, mitten auf den Mund – vor aller Augen. In meinem Kopf drehte sich alles so verrückt, daß mir nichts anderes übrig blieb, als mich an ihn zu lehnen. Es muß so ausgesehen haben, als ob ich seinen Kuß leidenschaftlich erwiderte und seine Annäherung begrüßte.

»Das dürfte reichen, Betty.« Von irgendwoher war Mrs. Jackson aufgetaucht. Sie ergriff mich am Arm und zog mich von meinem Partner weg. Ich fiel fast hin und mußte mich an ihrem Arm festklammern. »Ich bitte Sie um Verzeihung, Nathan. Sie muß zuviel Apfelmost getrunken haben. Sie wissen ja, wie diese jungen Mädchen sind.« Undeutlich wurde mir klar, daß mir die Schuld an der Sache zugeschoben wurde, aber ich war noch zu benommen, um mich zu wehren. Ich stolperte, als sie mich vor sich herschob, weg von Nathan. »Benimm dich, Mädchen.«

»Es war nicht meine Schuld.«

»Sei still und tu, was ich dir sage. Du kannst uns helfen, weitere Platten herzubringen.«

Ich wurde aus der Scheune gedrängt. Meine Wangen brannten. Mrs. Jackson stieß mich vor sich her, als wir den Hof überquerten, und ich zitterte in der bitteren Kälte. Als wir in der Küche angekommen waren, drehte ich mich wütend zu ihr um. »Es war seine Schuld, Mrs. Jackson. Er wollte mich nicht aufhören lassen.«

»Ich habe genau gesehen, was los war«, sagte sie. »Wenn Mr. Blair nicht dafür gesorgt hätte, daß der Geiger aufhört, würdest du immer noch tanzen. Noch nie hat es einen derart eigensinnigen Mann gegeben wie Nathan Crawley – aber du hättest eben nicht mit ihm tanzen sollen. Außerdem bestand kein Grund, sich so an ihn zu klammern, als er dich küßte.«

»Mir war schwindelig. Ich konnte kaum noch stehen.« Ich schaute sie an. »Sie glauben doch nicht etwa, daß ich wollte, daß er mich küßt? Schließlich bin ich erst fünfzehn.«

»Was hat das damit zu tun? In diesem Kleid siehst du aus wie mindestens siebzehn. Viele Mädchen, die jünger sind als du ...«

Gerade noch rechtzeitig brach sie mitten im Satz ab. »Ein Mädchen mit deinem Hintergrund muß sich vorsehen, Betty. Ich sage dir das nur zu deinem eigenen Besten, du brauchst mich nicht so anzusehen. Du bist eine Cantrel, und die Leute hier warten nur darauf, daß du einen Fehler machst, um sich auf dich zu stürzen. Wenn du irgendeine Dummheit machst, werden sie dafür sorgen, daß du sie nie vergessen kannst.«

»Ich werde nichts dergleichen tun.«

»Dann hüte dich vor Nathan. Du bist bereits vor ihm gewarnt worden.«

»Nathan ist nicht an mir interessiert, er ...« Ich brach ab. Ich war drauf und dran gewesen zu sagen, daß er sich für Polly interessierte, aber ich konnte meine Freundin nicht verraten.

»Darauf kann ich dir mein Wort geben.« Mrs. Jackson rümpfte die Nase. »Ich habe seinen Blick gesehen, als du mit Mr. Blair getanzt hast. Was glaubst du eigentlich, warum das ganze Theater losging, he? Er wollte Mr. Blair zeigen, daß du ihm gehörst. Sie haben sich angesehen wie zwei Hunde, die sich um einen Knochen streiten.«

»Nathan war meinetwegen eifersüchtig?« Das war so lächerlich, daß ich laut loslachte.

»Lach nur, Mädchen, aber wenn du dich nicht in acht nimmst, wird er dich für sein Vergnügen gebrauchen und im Stich lassen, wenn er seinen Spaß gehabt hat.«

»Sind die meisten Männer so?«

Sie kniff die Augen zusammen. »Einige sind noch schlimmer als die übrigen, glaub mir, Betty. Dir ist doch klar, daß er dich niemals heiraten würde?«

»Natürlich weiß ich das.« Ernüchtert schaute ich sie an. »Ich weiß das, und ich werde mich vorsehen, ganz bestimmt. Aber es war nicht meine Schuld. Bitte, glauben Sie mir das.«

»Dein Wort genügt mir, aber es gibt eine ganze Reihe Leute, die damit nicht zufrieden wären. Und jetzt nimm diese Platte und komm zurück in die Scheune. Und wenn irgend jemand dich zum Tanzen auffordert, sag nein.«

Ich nickte, nahm die Platte mit gefüllten Pasteten und folgte ihr brav. Als wir zurückkehrten, war die Familie schon gegangen. Ich wußte nicht, ob ich froh sein sollte darüber oder ob es mir leid tat. Es hatte mir keinen Spaß gemacht, von Nathan zum Narren gehalten zu werden, aber die kurze Zeit, die ich mit James verbracht hatte, war sehr schön gewesen. Ich wünschte mir, daß wir nicht gestört worden wären. Es war so angenehm, mit James zusammenzusein, ich hätte ewig mit ihm tanzen können. Vielleicht war es das Beste, daß sie gegangen waren. Es war einfach zu leicht, sich in einen Mann wie ihn zu verlieben.

Nathan und ich begegneten uns am nächsten Morgen, als ich Butter aus der Molkerei geholt hatte. Ich sah, wie er auf mich zukam, und wartete auf ihn, voller Empörung. Er hatte mich zum Narren gehalten, und er sollte nicht ungerupft davonkommen. Er schien darauf gefaßt zu sein, daß ich wütend auf ihn war, und warf mir einen wachsamen Blick zu. Als er meinem zornigen Blick begegnete, lächelte er zögernd.

»Ich weiß, was du sagen willst, und du hast vollkommen recht. Es war eine Dummheit. Ich habe nicht daran gedacht, wie es auf dich wirken würde. Es tut mir leid, daß man dir die Schuld daran gegeben hat, Betty. Verzeihst du mir? Bitte?«

Ich fühlte mich sehr erleichtert, als mein Ärger verschwand. Plötzlich konnte ich die lustige Seite der Angelegenheit sehen und fing an zu lachen. »Sie war so böse mit mir. Sie hat mich vor Ihnen gewarnt. Sie glaubt, daß Sie schlimme Pläne schmieden.«

»Sie hat ganz recht. Du warst so hübsch gestern abend, Betty. Ich habe total den Kopf verloren.«

»Fangen Sie nicht wieder damit an. Ich weiß, daß Sie mich nur necken. Das war eine plötzliche Eingebung gestern. Und deshalb verzeihe ich Ihnen diesmal.«

»Du bist sehr großmütig.«

»Machen Sie sich nicht lustig über mich.« Ich schüttelte den Kopf. Ich hatte keine Ahnung, warum er etwas tat oder nicht, und ich konnte keine Gedanken lesen. »Sie haben sich entschuldigt, also wollen wir die Angelegenheit vergessen. Und vielen Dank für das Kleid.«

Er lachte, als ich rot wurde. »Frances hat es mir überlassen, die Auswahl zu treffen, und ich habe das Richtige gefunden. Diese Farbe steht dir. Du solltest immer Juwelenfarben tragen. Kühn und glänzend wie deine Augen.«

»Ich glaube nicht, daß Mrs. Crawley damit einverstanden wäre, Mrs. Jackson jedenfalls ganz bestimmt nicht. Sie würde sagen, das sind die Farben einer Hure.«

»Viele der aufregendsten Frauen der Weltgeschichte sind Konkubinen oder Kurtisanen gewesen – Huren, wie Tante Hilda sagen würde. Möchtest du nicht lieber Bathseba oder Jezebel sein als ein Küchentrampel? Lies deine Bibel, Betty.«

»Ich habe sie gelesen, und ich weiß, daß alle ein schlimmes Ende nahmen.«

»Oh, Betty, Betty, du machst mir wirklich Spaß.« Seine Augen glühten. »Eines Tages wirst du zu einer solchen Überraschung werden – und ich will dabei sein, wenn das geschieht. Ich habe die feste Absicht, zur Stelle zu sein.«

Ich war erstaunt über den Klang seiner Stimme. Ich mochte die Art nicht, in der er mich anschaute, und fing an, mich wegzudrehen. Ich fühlte mich ganz merkwürdig und dachte, ich würde ohnmächtig werden. Ich wollte nicht, daß er mich so anschaute. Ich wußte genau, was es bedeutete, und das jagte mir Angst ein. Plötzlich wandte ich mich um und lief zur Küche hinüber.«

»Betty! Betty, komm zurück. Ich wollte dich nicht erschrecken.«

Er hatte es vielleicht nicht gewollt, aber er hatte es getan. Ich hörte, wie er mich rief, aber ich hielt nicht an, um mich umzuschauen. Zu diesem Zeitpunkt hatte ich wirklich Angst. Einen Augenblick lang hatte ich mich zu ihm hingezogen gefühlt, er hatte irgend etwas in mir geweckt, als ich in seine Augen blickte. Ich hatte einen Anflug von Leidenschaft gespürt, und ich war fest entschlossen, keinerlei Gefühle für Nathan Crawley zu entwickeln. Er war meinem Vater zu ähnlich!

Später am Tag begegnete ich James auf einem Spaziergang. Ich sah, daß er auf mich zukam, und blieb stehen, wobei ich mir meiner alten Kleider und der vom Wind zerzausten Haare nur zu sehr bewußt war. Als er vor mir stand, wurde ich rot und sah ihn schüchtern an.

»Hast du einen weiten Weg zurückgelegt?« fragte er. Ich schüttelte den Kopf. »Es ist ein schöner Tag, nicht wahr?«

»Der Wind ist kalt«, erwiderte ich unsicher.

»Ja.« Er nickte und machte ein nachdenkliches Gesicht.

»Zu kalt für meine Schwester und für Frances – aber nicht zu kalt für dich, Betty.«

»Nein, Sir. Ich habe gern ein bißchen frische Luft.«

»Es war sehr schön für mich, gestern abend mit dir zu tanzen. Es tut mir leid, daß es dann für dich so schlecht ausging. Ich hoffe, du bist nicht allzusehr ausgescholten worden?«

Die Besorgnis, die in seinem Blick lag, berührte mich eigenartig. Wieder dachte ich bei mir, wie freundlich er doch war. Er war so sanft und hatte so angenehme Manieren, ganz anders als Nathan.

»Mrs. Jackson hat mich ausgeschimpft, aber ich mache mir nichts daraus«, sagte ich. »Es tat mir leid, daß Sie schon gegangen waren, als ich zurückkam.«

»Mir hat es auch leid getan. Ich hätte gern noch einmal mit dir getanzt. Irgend etwas Langsameres, vielleicht einen Walzer.«

Der Ausdruck, der in diesem Augenblick in seinem Blick lag, ließ mein Herz hüpfen. Ich glaubte, daß er mich mochte, und ich wußte, daß ich mich sehr zu ihm hingezogen fühlte. Er war der Mann, den ich mir so oft in meinen Träumen ausgemalt hatte, allerdings hatte ich ihn dann immer als den Mann gesehen, den meine Mutter hätte heiraten sollen. Er war intelligent, gebildet, geduldig und verständnisvoll. Aber jetzt sah ich einen Mann in ihm, den ich lieben konnte.

»Wann reisen Sie ab?« sagte ich stammelnd, während meine Wangen unter seinem Blick heiß wurden.

»Wir müssen übermorgen aufbrechen.«

»Frances wird es leid tun, wenn Sie abfahren«, sagte ich. Ich konnte ihm nicht sagen, daß auch ich ihn vermissen würde, aber mein Blick sagte ihm gewiß deutlich, was ich empfand.

»Mir wird es auch leid tun«, erwiderte er sanft. »Wirklich sehr leid, Betty.«

Der Blick, den er mir zuwarf, ließ mein Herz höher schlagen. Ich nahm an, daß er meinte, daß es ihm leid tun würde, mich zu verlassen, und einen Augenblick lang war ich wahnsinnig glücklich. Dann fiel mir plötzlich wieder ein, wer er war und was ich war. Männer wie James Blair heirateten nicht Mädchen wie mich. Es wäre eine Riesendummheit von mir, mich in ihn zu verlieben.

»Ich muß gehen, Sir«, sagte ich und ging rasch fort, ohne den Kopf zu drehen, als er meinen Namen rief.

Frances war sehr ermüdet nach dem Besuch. Sie blieb drei Tage lang im Bett und hatte schlechte Laune, weil Christabel keine feste Verabredung mit ihr getroffen hatte für den Sommer.

»Ich nehme nicht an, daß sie mich einladen wird«, sagte Frances gereizt. »Nur weil es zu kalt war für mich, um nach draußen zu gehen. Sie hält mich für eine Kranke.«

»Sei nicht töricht«, sagte Nathan. »Du konntest nichts für das schlechte Wetter. Außerdem mag Christabel dich, sie hat es mir erzählt. Sie wäre gern noch länger geblieben, aber ihre Familie erwartet Gäste zum Neujahrsfest.«

»James sagte, daß es ihm sehr leid tue abzureisen«, sagte ich unbesonnen und biß mir auf die Lippe, als beide mich anstarrten.

»Hat er sonst noch etwas gesagt?« fragte sie. Ihre Stimme klang seltsam, fast wehmütig. »Irgend etwas über mich?«

Als ich sie anschaute, wurde mir klar, daß auch sie von ihm fasziniert war. Das war wirklich keine Überraschung. James war genau der Typ, der sie ansprechen mußte, mit seiner sanften Art, seinem feinen Lächeln und seinen guten Manieren. Frances war fast siebzehn. Sie war eine junge Frau. Niemand von uns hatte sich das je klargemacht, weil sie so zart war und wir sie als pflegebedürftig betrachteten, aber es war die Wahrheit. Wenn sogar ich seinem Charme erlegen war in der kurzen Zeit, die wir allein miteinander verbracht hatten, wieviel wahrscheinlicher war es dann, daß sie sich in ihn verliebt hatte.

Ich hörte, daß Nathan sich ärgerlich räusperte, und drehte mich um, damit ich ihn ansehen konnte. Nach seinem Gesichtsausdruck zu urteilen, hegte er ähnliche Gedanken wie ich und war nicht besonders erfreut darüber.

»Natürlich hat James gesagt, daß es ihm leid tue abzureisen«, murmelte er. »Er konnte wohl kaum sagen, daß er es kaum noch erwarten könne, oder?«

»Er hätte nicht gesagt, daß es ihm leid tue, wenn er es nicht so gemeint hätte.« Ich schaute Frances an. »Warum schreiben Sie nicht an Christabel?«

Ihr Gesicht hellte sich auf. »Ja, das will ich tun.«

»Du vergeudest nur deine Zeit«, sagte Nathan, schaute aber mich dabei an. »Er will nach Amerika fahren. Es wird Monate dauern, bevor er zurückkehrt«

Als sie sofort wieder ein trauriges Gesicht machte, sah ich Nathan an. »Sie werden auf jeden Fall an Christabel schreiben, nicht wahr? James wird es bestimmt von ihr erfahren.«

»Du hast recht.« Frances lachte, weil sie die Spannung zwischen mir und Nathan spürte. »Ich werde es so machen, wie du sagst, Betty.«

»Es ist Zeit, Ihr Abendessen zu holen«, sagte ich, ganz erfüllt von Triumphgefühl. Diesmal hatte ich Nathan geschlagen!

Mein Triumph war nicht von langer Dauer. Er folgte mir, als ich das Zimmer verließ, und packte mich, als ich die Tür zur Hintertreppe öffnete. Ich dachte, er würde mich gehen lassen, als ich durch die Tür ging, aber er kam mir nach, schloß die Tür hinter sich und drückte mich gegen das Treppengeländer. Seine Augen waren dunkel vor Zorn, und sein Mund bildete eine schmale Linie. Ich war erstaunt über die Wut, die ich mit meinem kleinen Spielchen hervorgerufen hatte. Er würde doch wenigstens einmal eine Niederlage hinnehmen können?

»Was hast du dir eigentlich bei diesem Spiel gedacht?« fragte er und atmete rasch.

»Ich habe nur versucht, Frances glücklich zu machen«, erwiderte ich trotzig. »Ihr liegt ungeheuer viel an diesem Besuch in London.«

»Ich nehme an, du hoffst, daß sie dich mitnimmt?« Irgendwie war es Nathan gelungen, mich in eine Ecke zu drängen. »Glaub nur nicht, daß ich deine kleinen Tricks nicht bemerkt hätte, Betty.«

»Wovon reden Sie eigentlich?«

»Ich habe gesehen, wie du bei jeder Gelegenheit mit James geflirtet hast. Und jetzt weiß ich, daß du dich heimlich mit ihm getroffen hast, du kleine Schlampe.«

»Nein!« Ich starrte ihn entsetzt an. Noch nie zuvor hatte er mir gegenüber so harte Worte benutzt. Er hatte mich zwar oft genug geneckt, aber das hier war etwas anderes. »Wir haben uns zufällig getroffen.«

»Lüg mich nicht an! Ich kann alles ertragen, aber keine Lügen von dir.«

Bevor mir klar wurde, was er vorhatte, preßte er mich gegen die Wand und fing an, mich zu küssen. Der Kuß, den er mir auf der Party gegeben hatte, hatte mir den Atem benommen, aber das war ein Scherz gewesen. Dieser Kuß sollte mir wehtun und mich demütigen. Ich spürte den Unterschied sofort. Mit seiner Hand griff er in mein Haar und zog meinen Kopf zurück, als er meinen Mund in Besitz nahm. Es war wirklich eine Besitznahme. Keine Sanftheit oder Zärtlichkeit lag darin, wie er mit seinen Zähnen an meine schlug. Ich schmeckte Blut. Es war eine schmerzhafte, bittere Erfahrung, die mir keinerlei Vergnügen bereitete. Keuchend und voller Angst versuchte ich, ihn wegzustoßen. Als er endlich genug hatte von seinem Sport, hielt er mich noch immer eingefangen zwischen seinen Armen in der Ecke des Treppenhauses. In seinen Augen lag ein seltsam schadenfroher Ausdruck.

»Warum haben Sie das getan?« fragte ich und fuhr mir mit der Hand über die blutenden Lippen. »Ich bin nicht Polly, müssen Sie wissen.«

»Wenn du es wärst, könntest du nach Belieben mit allen Unzucht treiben, ohne daß ich mich darum kümmern würde.«

Es war merkwürdig, diesen biblischen Ausdruck aus seinem Mund zu hören. Konnte das derselbe Mann sein, der lachend versucht hatte, Polly in sein Bett zu bekommen? Derselbe Mann, der aus der Schule geflogen war, weil er die Schlüpfer der Frau des Direktors an eine Fahnenstange gehängt hatte? Moral und Nathan, das waren seltsame Gefährten. Warum sollte es ihn interessieren, was ich machte und mit wem? Ich hob stolz den Kopf.

»Ich habe mit niemandem Unzucht getrieben. Ich habe mehr Verstand, als meine Röcke für den ersten Mann zu heben, der mir zulächelt.«

Einen Augenblick lang blieb sein Gesichtsausdruck unverändert, aber dann sah ich einen Anflug von Lachen in seinem Blick. »Ich bin geneigt, dir zu glauben, Kind.«

»Das möchte ich mir auch ausbitten.«

»So hast du dich also nur revanchiert. Du bist eine schlaue kleine Katze, Betty.«

»Und sie sind ein gemeiner Rohling!«

»Ein gemeiner Rohling?« Einen Augenblick lang glitzerten seine Augen. »Ich würde dir gern zeigen, was für ein Rohling ich sein kann ...«

Als ich einen Protestschrei ausstieß, verzog er angewidert den Mund.

»Geh und hol das Abendessen für Frances, bevor ich noch einmal die Beherrschung verliere.«

Ich flog die Treppen hinunter. Als ich einen Blick zurückwarf, sah ich, daß er immer noch dastand und mir zornig nachblickte. Ich hätte vollkommen blöd sein müssen, um nicht zu wissen, was all seine Andeutungen bedeuteten, obwohl ich bisher geglaubt hatte, daß er nur seine Spielchen mit mir trieb. Jetzt wußte ich, daß es Ernst war. Er wollte mich haben, und eines Tages würde er mich haben, in seinem Bett oder in der Scheune oder an irgendeinem anderen einsamen Platz. Er hatte es sich fest vorgenommen, und Nathan mußte immer siegen.

6. Kapitel

Es war bitterkalt. Seit Wochen schon lag dicker Schnee auf den Feldern, und die Zeitungen schrieben, dieser Winter 1947 sei der kälteste seit fünfzig Jahren oder mehr. Auf den hochgelegenen Farmen starben Schafe und Rinder aus Mangel an Futter. Viele von ihnen hatten geschlachtet werden müssen, weil sie sich in einem jammervollen Zustand befanden, ihr Fleisch war aufgesprungen und aufgerissen worden von der beißenden Kälte. Einige Dörfer waren wochenlang von der Außenwelt abgeschlossen, weder Milch noch Post konnte geliefert werden.

»Uns geht es gut hier«, sagte Joe, als ich mich über die langen Wochen voll Schnee und Eis beklagte. »Solange der Boden gefroren ist, kommen wir ganz gut über die Runden. Aber wart nur, bis das Tauwetter kommt, dann fangen die Schwierigkeiten erst an.«

»Ich glaube, mir wäre der Matsch lieber«, erwiderte ich. »Wenn es nur nicht mehr so kalt wäre. Die arme Frances zittert den ganzen Tag, trotz des Kaminfeuers in ihrem Zimmer. Sie sagte, sie könne schreien, jedesmal, wenn sie aus dem Fenster blickt.«

»Ja, es muß hart für sie sein, das arme Mädchen«, sagte Joe teilnahmsvoll.

»Es ist schlimm für uns alle«, meinte Mrs. Jackson. »Lauf rüber in die Molkerei und schau nach, ob Eier da sind. Wenn nicht, dann geh ins Hühnerhaus. Ich habe kein einziges Ei mehr in der Küche.«

»Pack dich warm ein, Betty«, riet Joe mir. »Und paß auf, daß du nicht ausrutschst auf dem Eis. Der Schnee ist weg, aber das Eis ist gefährlich.«

»Ich werde vorsichtig sein«, sagte ich, zog meinen Mantel an und wickelte den Schal um den Hals. »Ich will mein Bestes tun, Mrs. Jackson, aber Sie wissen ja, daß die Hennen in letzter Zeit nicht gut legen. Sie hassen die Kälte ebenso wie wir.«

»Nun, versuch es halt.«

Ich ging hinaus. Der Wind war scharf und ließ meine Augen tränen. Ich senkte den Kopf und schlug den Weg zur Molkerei ein. Ich hoffte, daß ich Glück haben würde und nicht noch den ganzen Weg zum Hühnerhaus zurücklegen mußte, aber die Schale, in der sonst die von den Leuten gesammelten Eier lagen, war leer. Ich schlug die Hände zusammen und zitterte, als ich wieder die Molkerei verließ und quer über den Hof ging. Joe hatte recht, es war sehr glitschig!

Das Hühnerhaus lag am äußersten Ende des Hofes, hinter den Kuhställen. Die Tiere blökten kläglich, sie hatten sich in den Ställen aneinandergekauert. Sie taten mir leid, obwohl sie reichlich Futter bekamen und schönes frisches Stroh, das sie warmhalten sollte. Zum Glück fand ich eine Reihe von Eiern in den Nestern. Ich sammelte so viele, daß mein Korb gefüllt war, dann machte ich mich auf den Rückweg. Als ich an den Kuhställen vorbeikam, sah ich Nathan, der mitten im Hof neben der Pumpe stand. Ich blieb stehen und starrte ihn erstaunt an. Er hatte eine Schaufel auf den Boden geworfen und wusch seine Hände und Stiefel mit kaltem Wasser ab – er wusch Blut von seinen Händen. Er war überall voller Blut – an den Händen, im Gesicht und auf dem Hemd.

Ich starrte ihn in einer Art von fasziniertem Entsetzen an, während mir alle möglichen Erklärungen durch den Kopf fuhren. Vielleicht hatten die Männer ein Schwein oder einen Ochsen geschlachtet, aber das konnte nicht sein, denn ich wußte, daß die Tiere immer beim Metzger geschlachtet wurden, niemals auf der Farm. Mrs. Jackson weigerte sich, Fleisch zuzubereiten, das nicht richtig abgehangen war und fachgerecht zerteilt. Wie hatte Nathan es also fertig gebracht, sich über und über mit Blut zu beflecken?

Seit unserem Streit auf der Treppe hatte ich ihn gemieden, soweit es nur möglich war. Wenn ich ihn gesehen hatte, versteckte ich mich, bis er wieder verschwunden war. Ich konnte ihm natürlich nicht immer ausweichen, und ich mußte höflich zu ihm sein, wenn er Frances besuchte, aber ich hatte darauf geachtet, daß unsere Blicke sich nie begegneten.

Manchmal hatte ich gedacht, daß all meine Anstrengungen nur dazu dienten, ihn zu amüsieren. Es war, als ob er nur den richtigen Augenblick abwartete, um zuzuschlagen. Als ich in der Kälte jenes Wintertages dastand und im Geist die schrecklichsten Bilder heraufbeschwor, drehte Nathan sich um und sah mich.

»Was starrst du so?«

Es sah furchtbar aus. Ich schluckte nervös, denn ich wußte, daß ich an ihm vorbeigehen mußte, wenn ich zur Küche wollte. »Nichts. Ich muß Mrs. Jackson dies hier bringen.« Versuchsweise machte ich ein paar Schritte vorwärts, als er plötzlich sein Hemd auszog und seinen Kopf unter den Pumpenstrahl hielt. Das Wasser fiel in Kaskaden auf ihn und ließ seine Haut glänzen. Als ich ungefähr auf seiner Höhe war, hob er den Kopf und wischte sich das Gesicht mit seinem Hemd ab.

»Sie werden sich zu Tode erkälten.«

»Vielleicht würde das einigen Leuten hier ganz gut passen.«

»Was meinen Sie damit?«

»Du brauchst kein so entsetztes Gesicht zu machen. Ich habe niemanden umgebracht.« Er warf mir einen finsteren Blick zu. »Ein Mord ist geschehen, aber nicht durch meine Hand.«

»Ein Mord?« Das Wort alarmierte mich. »Ist jemand umgebracht worden?«

»Niemand von Bedeutung. Wenigstens nicht in den Augen meines Onkels.« Er sah mich an, und seine Augen funkelten. »Schau mich nicht so verängstigt an. Es war nur ein Hund.«

»Ein … Ein Hund?«

»Ja, ein Hund.« Nathan machte jetzt ein grimmiges Gesicht.

»Mein lieber Onkel Eben liebt Hundekämpfe, hast du das gewußt?«

Ich schüttelte den Kopf, und er nickte. »Er hält sie in einem Spezialzwinger außerhalb der Farm, damit die fromme Mary sein schmutziges kleines Geheimnis nicht entdeckt, und hier und da läßt er sie gegen Hunde aus anderen Zwingern kämpfen. Sie kämpfen für gewöhnlich bis zum Tode, aber manchmal wird einer übel zugerichtet und ...«

»Hören Sie auf! Ich will das nicht hören«, rief ich. Plötzlich fiel mir das traurige Heulen wieder ein, das ich verschiedentlich gehört hatte. Der einzige Hund, den ich tatsächlich je auf der Farm gesehen hatte, war derjenige, der Nathan begleitete, wenn er ausritt oder mit dem Traktor fuhr. »Warum müssen Männer so grausam sein? Wie konnten Sie dabei zuschauen?«

»Um es richtigzustellen, ich habe nicht zugeschaut. Ich habe das arme Geschöpf nur von seinen Leiden erlöst.« Er preßte die Lippen zusammen. »Irgend jemand mußte es schließlich tun.« Beim Reden zog er seine Jacke an, und ich entdeckte dunkle Flecken darauf von dem blutenden Hund, den er in seinen Armen getragen hatte.

Ich spürte, daß er ganz außer Fassung war. Ohne nachzudenken, ging ich zu ihm und legte meine Hand auf seinen Jackenärmel. »Es tut mir leid, Nathan. Ich hätte keine voreiligen Schlüsse ziehen sollen.«

»Nein ...« Er lächelte etwas gequält. »Es ist nicht das erste Mal, oder?«

»Ich verstehe Sie nicht.«

»Oh, ich denke doch.«

»Sie sprechen in Rätseln. Ich glaube, es macht Ihnen Spaß, mich zu verwirren.«

»Und weshalb bist du mir dann aus dem Wege gegangen?«

»Bin ich doch gar nicht.« Ich wurde rot, als er die Brauen hob. »Nun, ein bißchen vielleicht. Sie haben so merkwürdige Sachen zu mir gesagt.«

»Möchtest du, daß ich mich klarer ausdrücke, Betty?« In seinem Blick lag ein Anflug von Übermut. »Komm nach dem Abendessen in die Scheune, dann erkläre ich dir genau, was ich meine.«

Ich wurde feuerrot, schüttelte den Kopf und lief schnell davon.

Es war ein Fehler gewesen fortzulaufen, und es war ein Fehler, an diesem Abend dem Gespräch zwischen Joe und Mrs. Jackson beim Abendessen zuzuhören. Frances speiste mit ihrer Familie zusammen, und ich aß mit den anderen in der Küche. Joe fing damit an, daß er den Kopf schüttelte und halblaut mit sich selber redete.

»Ich hoffe, mit Ihrer Pastete ist alles in Ordnung?« fragte Mrs. Jackson ärgerlich.

»Die Pastete?« Joe blickte auf. »Nein, ich habe an etwas anderes gedacht. Das war eine ganz böse Geschichte heute. Der Herr hatte kein Recht, das zu tun. Der Hund hat Mr. Nathan gehört, immer schon. Er war mit Recht verärgert.«

»Sei still, Joe.« Mrs. Jackson warf ihm einen finsteren Blick zu. »Ich verzeihe Eben nicht, was er getan hat, aber es besteht kein Grund, daß die Mädchen es erfahren.«

»Worum geht es denn?« fragte Polly neugierig.

»Nichts, was dich betrifft«, antwortete sie scharf.

Nach dieser Warnung wollte Joe nichts mehr sagen, obwohl Polly ihn mit Fragen bestürmte, aber was mich anbelangte, so brauchte er auch nichts mehr zu sagen. Kein Wunder, daß Nathan ein so grimmiges Gesicht gemacht hatte. Eben Crawley hatte einen Hund, der seinem Neffen gehörte, zu einem dieser entsetzlichen Hundekämpfe gebracht. Ich hatte keine Ahnung, weshalb er so etwas getan haben könnte, es sei denn, er wollte Nathan absichtlich verletzen oder bestrafen.

Ein seltsamer Schmerz erfüllte mich, als ich mich an den traurigen Blick in Nathans Augen erinnerte. Ich war zu schockiert gewesen durch die Enthüllungen über das heimliche Laster des Hausherrn, von dem ich natürlich nicht die geringste Ahnung gehabt hatte. Jetzt verstand ich, weshalb er sich so merkwürdig verhalten hatte. Er hatte seinen eigenen Hund töten müssen, um ihm weitere Leiden zu ersparen, und dann hatte er ihn begraben. Ich wußte, wie sehr ihn das mitgenommen haben mußte, und ich schämte mich wegen der Verdächtigungen, die mir in den Sinn gekommen waren, als ich beobachtet hatte, wie er sich das Blut abwusch. Ich hatte ihn praktisch beschuldigt, schuld zu sein an dem Tod des Hundes. Immer wurde Nathan für etwas getadelt, das er gar nicht getan hatte. Das war ungerecht, und ich war ebenso schlecht wie alle anderen. Plötzlich hatte ich das dringende Bedürfnis, mich zu entschuldigen. Er hatte mir nie wirklich etwas angetan, und jetzt wollte ich ihm sagen, daß ich ihn verstand.

Ich sagte zu Mrs. Jackson, daß ich zu Bett ginge, und dann schlüpfte ich durch eine Seitentür in den Hof. Sogleich stellte ich eine Veränderung in der Luft fest. Es war fast mild! Das Tauwetter hatte tatsächlich angefangen. Bald würde Frühling sein. Schnell lief ich über den Hof, zu der Scheune, in der das Heu lag. Das war bestimmt sehr töricht von mir, aber mein Mitgefühl war erwacht. Nathan hatte recht, wenn er sagte, daß wir beide etwas Gemeinsames hätten: Auf mich schaute man herab, weil ich eine Cantrel war, und er wurde ständig bestraft wegen etwas, das er als kleines Kind getan hatte. Ich war keineswegs sicher, daß Nathan in der Scheune war, er hatte mich wahrscheinlich nur geneckt, als er diesen Vorschlag gemacht hatte, und er würde wohl kaum erwarten, mich dort anzutreffen. Aber die Tür war nicht verschlossen, und als ich sie öffnete und hineinschlüpfte, spürte ich sofort, daß ich nicht allein war.

»Nathan ...«, rief ich leise. »Nathan, ich muß mit Ihnen sprechen ...« Vorsichtig ging ich tiefer in den Raum hinein. Es war dunkel und ein bißchen gruselig, aber es war warm und roch ein wenig muffig nach Heu. »Sind Sie hier?« flüsterte ich.

Ich fuhr zusammen, als jemand mich von hinten mit den Armen umschlang. Dann spürte ich Nathans Lippen an meinem Haar, an meinem Ohrläppchen und dann an meiner Wange, während ich versuchte, protestierend mein Gesicht abzuwenden. »Was wollen Sie ...«

Er schwang mich in seinen Armen herum, und ich roch den Whisky in seinem Atem, bevor er mich küßte. »Betty, ich habe nicht geglaubt, daß du kommst«, murmelte er mit belegter Stimme. »Mein süßer Liebling, woher wußtest du, wie sehr ich dich heute abend brauche?«

»Nein, Nathan ...« Ich versuchte zu reden, aber mit seinen Küssen schnitt er mir das Wort ab.

Er hob mich unterhalb der Kniekehlen hoch und riß mich so von den Füßen, bevor ich wußte, was geschah. Ich wehrte mich, aber er lachte nur, als er mich zu einem weichen Heuhaufen trug. Es war eine Leichtigkeit für ihn, mich zu tragen, seine kräftigen Schultern waren ungeheuer stark. Ich spürte, wie stark er war, als ich mich gegen ihn stemmte und versuchte, wieder auf die Beine zu kommen. Dann lag er mit mir im Heu und bedeckte wieder mit seinen Lippen meinen Mund, als ich sprechen wollte. Mit seinem Körper, der quer über meinem lag, hinderte er mich daran aufzustehen. Ich schlug gegen seine Schultern und protestierte, so gut ich es vermochte, aber selbst der Versuch war sinnlos. Er war zu betrunken, um auf vernünftige Argumente zu hören. Ich rief seinen Namen, als seine Lippen über mein Gesicht glitten, kurz meine Augenlider berührten, meine Stirn, meine Kehle, aber sie kehrten immer so schnell wieder zu meinem Mund zurück, daß ich nicht mehr als seinen Namen aussprechen konnte. Es war so, als hätte er sich fest entschlossen, mich auf keinen Fall zu Wort kommen zu lassen. Solange meine Proteste unausgesprochen blieben, konnte er sie leichter vor sich selber verleugnen. Dann lagen seine Hände auf meiner Brust und streichelten sie durch den Stoff der Bluse hindurch, bevor sie anfingen, an den Knöpfen zu zerren. Als ich dann seine Hände auf meiner nackten Haut spürte, keuchte ich und bäumte mich wild auf, in einem verzweifelten Versuch, mich zu befreien.

»Hab keine Angst«, murmelte er dicht an meinem Ohr. »Ich liebe dich, Betty. Ich werde sanft mit dir sein.«

»Nein, Nathan«, rief ich. »Deshalb bin ich nicht hergekommen. Lassen Sie mich jetzt los – oder ich werde Sie immer und ewig hassen.«

Endlich war es mir gelungen, zu ihm zu reden. Ich spürte die Spannung in seinem Körper. Einen Augenblick lang hielt er mich noch eng an sich gepreßt, dann seufzte er frustriert und rollte sich neben mir im Heu auf den Rücken. Es dauerte einige Sekunden, bis er etwas sagte.

»Weshalb bist du dann gekommen?«

Ich lag mit geschlossenen Augen da, eine einzelne Träne floß unter meinen Wimpern hervor und rollte mir über die Wange.

»Ich bin gekommen, um Ihnen zu sagen, daß es mir leid tut wegen Ihrem Hund. Als Sie mir erzählt hatten, was geschehen ist, war mir nicht klar, daß es sich um Ihren Hund handelte. Ich habe mich geschämt, deshalb ...«

Ich erhielt keine Antwort. Zuerst dachte ich, er wäre beleidigt, dann drehte ich mich auf die Seite und stützte mich auf einen Ellenbogen, um ihn anzuschauen. Seine Augen waren geschlossen, der Mund stand leicht offen.

»Nathan?« Ich berührte ihn vorsichtig an der Schulter. »Nathan, hören Sie mich?«

Die einzige Antwort, die ich erhielt, war ein leises Schnarchen. Ich starrte ihn an und vermutete, daß er nur vorgab zu schlafen. Ärgerlich über seine Spielchen, schüttelte ich ihn fest. Er grunzte und murmelte irgend etwas, das ich nicht verstehen konnte. Dann schlief er weiter.

»Der Teufel hol Sie, Nathan«, sagte ich, ärgerlich darüber, daß er einschlafen konnte, unmittelbar nachdem er sich alle Mühe gegeben hatte, mich zu verführen. Dann sah ich die Angelegenheit plötzlich von der komischen Seite. Selbst wenn ich mich gegen seine Absichten nicht zur Wehr gesetzt hätte, wäre er wahrscheinlich eingeschlafen, bevor er die Verführung hätte vollziehen können. Ich lachte. »Oh, Nathan. Morgen früh werden sie so wütend auf sich sein.«

Ich stand auf, brachte meine Kleidung in Ordnung und strich das Stroh von meinem Rock und dem Haar. An einem Haken hing eine alte Decke. Ich nahm sie ab, schüttelte sie aus und deckte Nathan damit zu. Es hatte keinen Sinn zu versuchen, ihn aufzuwecken, er schlief zu tief. Er konnte ruhig in der Scheune bleiben. Ich mußte sehen, wie ich unbeobachtet wieder ins Haus gelangte. Falls irgend jemand sah, wie ich wieder hineinschlüpfte, und entdeckte, daß ich mit Nathan in der Scheune gewesen war, würde die Hölle los sein.

Ich schaute aus dem Scheunentor. Niemand war noch unterwegs, und die Fenster im Haus waren dunkel. Mit etwas Glück mußte es mir gelingen, unbeachtet wieder ins Haus zu kommen.

Tiefe Erleichterung erfüllte mich, als ich mein Schlafzimmer erreicht hatte und es leer vorfand. Wenigstens mußte ich Polly nicht erklären, wo ich gesteckt hatte.

»Der Fluß steigt rasch«, sagte Joe, als er hereinkam. »Es ist all das Wasser, das von Bedford herunterkommt. Es würde mich nicht überraschen, wenn wir eine große Überschwemmung bekämen.«

Mrs. Jackson schaute ihn an und schüttelte den Kopf. »Als ob wir nicht schon genug Probleme hätten nach diesem Winter. All der Schnee ...«

»Es ist der schmelzende Schnee, der das Problem hervorruft. Wir müssen wachsam sein. Ich habe Eben gesagt, daß die Rinder vom Schwemmland geholt werden müssen, und er sagte, daß er einen großen Teil auf den Markt schicken wird. Das ist nur vernünftig, wenn man mich fragt. Wenn die Marschgebiete überschwemmt werden, wächst hier im Frühling kein Gras.«

»So schlimm wird es doch nicht werden?« fragte Mrs. Jackson besorgt.

»Vielleicht nicht.« Joe machte ein grimmiges Gesicht. »Wir wollen das Beste hoffen.«

Die Hintertür öffnete sich, und Polly kam herein. Ihre Wangen waren rot von der frischen Luft. »Matsch, nichts als Matsch«, sagte sie ärgerlich. »Manchmal frage ich mich wirklich, warum ich jemals hierhergekommen bin. Alles ist so schmutzig.«

»Putz dir die Schuhe ab«, sagte Mrs. Jackson und schaute sie finster an. »Oder du mußt noch einmal den Fußboden schrubben.«

Polly warf den Kopf zurück. »Jeder würde glauben, daß Sie hier die Herrin sind.«

»Kein Streit«, sagte Joe. »Wir werden noch genug Sorgen bekommen.«

Als er hinausgegangen war, schaute Polly Mrs. Jackson an.

»Was soll das nun wieder bedeuten?«

»Joe sagt, der Wasserstand ist zu hoch. Er macht sich Sorgen, ob die Dämme halten.«

»Oh.« Polly verlor sofort jedes Interesse an der Angelegenheit. »Ist das alles?« Sie blickte mich an. »Würdest du mir ein heißes Getränk machen, Betty? Ich glaube, ich habe mich etwas erkältet.«

»Das hat uns gerade noch gefehlt«, brummte Mrs. Jackson.

»Natürlich mache ich dir etwas Heißes«, sagte ich. »Möchtest du eine Aspirintablette?«

»Ja, bitte.« Polly setzte sich ans offene Feuer. »Ich hasse es, erkältet zu sein. Ich fühle mich dann immer todelend.«

Ich gab ihr einen Becher Ovaltine und nahm das Tablett auf. Frances war auch deprimiert. Ich hoffte nur, daß sie sich nicht angesteckt hatte bei Polly.

»Die Straßen nach Earith und Welney sind nicht mehr passierbar«, sagte Joe, als er am Morgen des 13. März hereinkam, um sein Frühstück einzunehmen. Er war die ganze Nacht über aufgeblieben, um zusammen mit anderen Leuten die Uferdämme zu kontrollieren. Er grinste, als Mrs. Jackson seinen Teller mit Schinken, Eiern und Bratkartoffeln füllte. »Das kann ich gebrauchen. Ich bin ganz verhungert, aber wirklich leid tun mir die deutschen Kriegsgefangenen, die sie hergebracht haben, damit sie beim Sandschaufeln helfen. Die armen Gestalten sehen halbtot aus.«

Mrs. Jackson rümpfte die Nase. »Sie verdienen ihr Mitleid nicht. Nach all dem Elend, daß Hitler verschuldet hat …«

»Das ist nicht ihre Schuld«, sagte Joe. »Es sind ganz normale Männer wie ich und die anderen hier. Außerdem ist der Krieg vorbei.«

Sie rümpfte wieder die Nase, sagte aber nichts mehr. Ich beendete mein Frühstück und ging hinaus, um einen Krug Milch zu holen.

Nathan war gerade auf den Traktor geklettert. Ich wandte mich um, aber er rief mich. Zögernd blieb ich stehen und wartete auf ihn.

»Ich möchte mit dir reden«, sagte er. »Über diese Nacht.«

»Da gibt's nichts zu reden.« Ich blickte ihn an. »Sie waren betrunken.«

»Ich weiß ...« Er runzelte die Stirn. »Ich erinnere mich undeutlich daran, daß irgend etwas passiert ist zwischen uns, aber ich weiß nicht mehr genau, was ...« Er starrte mich verlegen an. »Habe ich – haben wir ...«

»Wenn Sie die Wahrheit wissen wollen«, sagte ich trotzig, »Sie haben versucht, mich zu vergewaltigen, aber Sie waren zu betrunken.«

»Versucht, dich zu vergewaltigen?« Er hob die Brauen. »Das kann ich nicht glauben, Betty. Ich mag vielleicht einen Versuch in der Richtung gemacht haben, aber ich wollte dich bestimmt nicht verletzen – das weißt du doch?«

»Ich weiß gar nichts«, erwiderte ich. »Sie sind genauso wie mein Vater. Für Sie zählt nur das, was Sie wollen.«

»Wie dein Vater?« Ungläubig starrte er mich an. »Das meinst du doch nicht im Ernst, Betty?«

»Warum nicht?« sagte ich. »Sie haben sich in jener Nacht alle Mühe gegeben, es mir zu beweisen.«

Noch einmal schaute ich ihn an, dann wandte ich mich ab und ging.

Als ich das Tablett hereintrug, war Mrs. Crawley bei Frances, die sehr aufgeregt wirkte. »Wir fahren nach Ely«, rief sie, als sie mich sah. »Vater befürchtet, daß die Dämme brechen, und will, daß wir sofort aufbrechen. Wir werden bei Onkel Henry wohnen.«

»Das wird Ihnen Spaß machen«, sagte ich und warf Mrs. Crawley einen Blick zu. »Was soll ich tun, Madam?«

»Wir können dich nicht mitnehmen. Der Bruder meines Mannes hat nicht genügend Gästezimmer – und wir müssen für Hilda ein Bett übriglassen. Ich schlage vor, daß du nach Hause gehst. Eben ist der Meinung, daß die Flut nicht bis zu eurem Dorf vordringen wird, selbst dann nicht, wenn das Schlimmste eintritt.«

»Wann wollen Sie aufbrechen?«

»Noch heute. Ich möchte, daß du einige Sachen für Frances einpackst und dich darum kümmerst, daß sie genügend warme Kleidung für die Reise mithat. Wir wollen nicht, daß sie sich wieder erkältet.«

»Oh, Mutter«, rief Frances. »Manchmal machst du so einen Wirbel.«

Ich habe nicht vergessen, was Weihnachten passiert ist.« Mary sah verärgert aus, als sie das Zimmer verließ, und ich merkte, daß sie nur ungern abreiste.

»Ich wünschte, du könntest mitkommen, Betty«, sagte Frances. »Wir könnten so viel Spaß zusammen haben. Ich habe versucht, meine Mutter zu überreden, aber diesmal wollte sie nicht nachgeben.«

»Sie werden bei Ihrem Onkel eine schöne Zeit verleben«, sagte ich. »Sie wissen doch, wie sehr Sie sich immer über seine Besuche freuen. Wird Ihr Vater auch mitkommen?«

»Oh, nein«, sagte sie. »Er würde bestimmt nicht bei Onkel Henry wohnen wollen. Außerdem will er bis zur letzten Minute hier auf der Farm bleiben. Die Leute wollen das Vieh und Futter zu einer hochgelegenen Scheune bei Sutton bringen, wenn es notwendig wird.«

»Ich werde Sie vermissen«, sagte ich. »Aber vielleicht ist alles bald vorüber. Die Straße nach Earith ist schon oft überflutet worden, das bedeutet noch lange nicht, daß die Dämme brechen werden.«

»Ich glaube, es ist alles viel Aufregung um nichts«, sagte Frances mit einem sorglosen Lachen. »Aber ich werde mir die Gelegenheit nicht entgehen lassen, bei Onkel Henry zu sein.«

Ich brauchte geraume Zeit, um Frances' Sachen zu packen, weil sie immer wieder ihre Meinung darüber änderte, was sie dabeihaben wollte. Zum Schluß mußte Joe zwei Riesenkoffer mit ihren Sachen hinuntertragen und verstauen.

»Nun«, sagte sie, als wir endlich fertig waren, »man kann nicht wissen, wie lange ich dort bleiben werde – und wenn die Flut tatsächlich kommt, könnte ja nachher alles ruiniert sein.«

»So hoch wird sie niemals steigen«, sagte ich ungläubig. »Es wird höchstens eine Überschwemmung der Felder geben.«

»Paß auf dich auf, Betty«, sagte Frances und küßte mich zum Abschied. »Ich werde dich vermissen.«

»Ich werde Sie auch vermissen«, antwortete ich. »Ich wünsche Ihnen eine schöne Zeit bei Ihrem Onkel.«

Eben Crawley fuhr sie nach Ely. Ich schaute zu, wie der Wagen aus dem Hof fuhr, wobei der Matsch nur so hochspritzte, dann kehrte ich in die Küche zurück. Mrs. Jackson packte Vorräte vom Regal in eine Kiste.

»Gehen Sie denn nicht mit nach Ely?« fragte ich.

»Ich gehe, wenn ich hier fertig bin«, erwiderte sie stirnrunzelnd. »Der Teufel soll mich holen, wenn ich all meine Vorräte von der Flut wegspülen lasse. Und dann all die Möbel, die müssen in das obere Stockwerk geschafft werden. Wir werden soviel wie möglich ins Dachgeschoß bringen.«

»Wird es wirklich so arg werden?«

»Ich weiß es nicht, Betty.« Sie sah besorgter aus, als ich sie je zuvor gesehen hatte. »Ich weiß, daß Eben sich große Sorgen macht, und Joe ebenfalls. Sie haben schon angefangen, einige der Tiere fortzuschaffen.« Sie schaute mich an, als ich mich neben sie an den Tisch stellte und anfing einige der Einmachgläser und Töpfe in eine der Kisten zu packen. »Was machst du? Mary hat gesagt, du könntest sofort nach Hause gehen, wenn du willst.«

»Ich werde gehen, wenn Sie auch gehen, Mrs. Jackson«, antwortete ich. »Da ist noch viel Arbeit zu erledigen. Im Augenblick sind wir in Sicherheit. Joe wird es uns sagen, wenn wirklich Gefahr besteht.«

Sie schaute mich einen Moment lang scharf an, dann lächelte sie. »Joe hat dich richtig eingeschätzt, Betty. Ich sage nicht nein, wenn du helfen willst.«

In den nächsten Tagen waren wir unablässig beschäftigt. Wir packten Eßwaren und einige der wertvolleren Gegenstände im Haus ein, damit sie nach Ely gebracht werden konnten. Die besten Möbel wurden nach oben geschleppt und in den Dachkammern oder Schlafräumen aufgestapelt. Mrs. Jackson, Polly und ich mußten allein damit fertig werden, denn die Männer hatten zuviel zu tun, um uns helfen zu können. Die Scheunen waren voll von wertvollem Viehfutter, Korn und Heu. Sie versuchten, soviel wie nur möglich davon in Sicherheit zu bringen für den Fall, daß das Schlimmste eintrat, und es wurde immer wahrscheinlicher, daß es tatsächlich so kommen würde. Jeden Tag hörten wir neue Berichte von Überschwemmungen in den benachbarten Städten und Dörfern.

Das Wasser in den Flüssen erreichte die Krone der Dämme, die fast zwanzig Fuß höher lag als manche der Marschgebiete. Am 14. März trat der Fluß bei Ely über die Ufer und drang im Bootshafen bis an die Haustüren vor. Am nächsten Tag wurden Häuser und ein Gasthof in diesem Gebiet überschwemmt. Glücklicherweise wohnte Frances' Onkel in der St. Mary Street, weit entfernt vom Fluß. Wir hörten Gerüchte darüber, daß die Hauptstraße von Ely hin zur Cambridge Straße gleichfalls überschwemmt worden sei. Am nächsten Abend wurde es kritisch. Starker Wind kam auf und erzeugte große Wellen, die über die Dämme hinwegschlugen, so daß die Männer, die dort arbeiteten, sich schleunigst zurückziehen mußten. Andernorts konnten die Leute, die die Dämme reparieren wollten, sich bei der Gewalt der Wirbelstürme kaum auf den Beinen halten. Telephonmasten und Bäume wurden gefällt, so daß die Landstraßen und die Kommunikationswege blockiert wurden. Hunderte von Männern arbeiteten rund um die Uhr, um die Marschgebiete vor der Überschwemmung zu bewahren, Soldaten, deutsche Kriegsgefangene und Leute aus der Gegend selbst.

Am Montag, den 17. März, weckte mich irgendein Geräusch in den frühen Morgenstunden. Polly schlief noch, völlig erschöpft von all der zusätzlichen Arbeit, die wir hatten bewältigen müssen. Ich lag einen Augenblick lang still da und fragte mich, was mich aufgeweckt haben mochte. Ich glaubte, es war das Schlagen einer Tür gewesen. Dann entschloß ich mich plötzlich, stand auf, zog meine Kleider über mein Nachthemd, das unordentlich unter meinem Rock baumelte, und schlich leise aus dem Zimmer, denn ich wollte Polly nicht stören. Vermutlich war es nur blinder Alarm.

Als ich zur Küche kam, sah ich, daß das Licht an war; aus dem Inneren drangen Stimmen. Ich stieß die Tür auf und ging hinein, blieb dann aber überrascht stehen, als ich mehrere Männer dort erblickte. Joe und Nathan nahmen Eßwaren aus dem Küchenschrank, auf dem Herd stand ein Wasserkessel. Ich starrte die Fremden an, verblüfft über die Kleidung, die sie trugen. Dann wurde mir klar, daß sie die Uniformen deutscher Soldaten anhatten.

»Es ist eine schreckliche Nacht draußen«, sagte Joe. »Diese armen Teufel sind durchnäßt und hungrig. Nathan hat den Vorschlag gemacht, sie herzubringen und ihnen etwas Heißes zu trinken zu geben und etwas zu essen.«

Ich schaute in die erschöpften Gesichter der Männer, die sich um die offene Feuerstelle drängten, und Sympathie mit ihnen erwachte in mir. Sie waren unsere Feinde, aber auch sie waren menschliche Lebewesen.

»Ich mache ihnen etwas Suppe und Brote, wenn Sie wollen«, sagte ich.

Ich wirtschaftete in der Küche herum, erwärmte Brühe in dem Suppentopf über dem Feuer und holte Fleisch und Brot aus der Speisekammer. Nathan und Joe bedienten die Männer, und ich sah, wie ihre Gesichter aufleuchteten, als sie die Schalen mit heißer Suppe vor sie hinstellten.

»Männer, die so arbeiten müssen wie diese armen Teufel hier, brauchen etwas Kräftiges im Magen«, sagte Nathan. »Unsere örtliche Militärpolizei ist dagewesen, um sich an Ort und Stelle umzuschauen, und hat versprochen, daß jeder, der bei der Abwehr der Überflutung hilft, größere Essensrationen zugeteilt bekommt. Aber nichts geht über etwas praktische Hilfe.«

Bald war alles aufgegessen. Dann, gerade als die Deutschen dabei waren, wieder zu gehen, kam einer von ihnen mit einer kleinen Verbeugung zu mir.

»Wir möchten Ihnen für Ihre Gastfreundschaft danken, Fräulein Betty«, sagte er. »Sie sind sehr freundlich gewesen, und wir werden das nicht vergessen.«

Ich errötete und war so erstaunt über sein perfektes Englisch, daß ich nicht wußte, was ich sagen sollte. Er lächelte ein wenig, verneigte sich wieder und folgte den anderen zur Tür.

Nathan grinste mir zu. »Du hast einen Verehrer gewonnen«, sagte er. Dann ging er hinaus und schloß die Tür.

Ich warf ihm einen finsteren Blick hinterher. Es war ihm zuzutrauen, daß er die Sache groß aufbauschte!

Polly mußte mich fest rütteln am nächsten Morgen, damit ich aufwachte. Sie war schon angezogen und schaute mich mitfühlend an, mit einem kleinen Lächeln.

»Es ist Zeit aufzustehen, Betty. Ich weiß, wie dir zumute ist – gestern abend war ich entsetzlich müde –, aber nun ist alles vorüber für uns. Wir sollen unsere Sachen packen, damit Joe uns nach Sutton bringen kann.«

»Wirst du nach Hause gehen?«

»Ich werde eine Zeitlang bei meinem Bruder und seiner Frau bleiben. Ich will Joe bitten, mich an der gebührenpflichtigen Straße abzusetzen, den Rest des Weges kann ich allein zurücklegen. Du wirst bei deiner Mutter bleiben, denke ich?«

»Ja. Mrs. Jackson hat mir eine Kiste mit Vorräten gegeben, so daß ich ihnen nicht zur Last fallen werde. Ich habe gehört, daß einige Familien auf den Flugplatz von Mepal evakuiert worden sind?«

»Ja, das stimmt«, sagte Polly und warf ein paar Sachen in eine große Tasche. »So, das ist alles, was ich mitnehme. Wie sieht es mit dir aus?«

»Ich habe schon gepackt«, erwiderte ich und nahm meinen Koffer auf. »Wartet Joseph schon auf uns?«

»Er hat vorher noch etwas zu erledigen. Wir haben noch Zeit zum Frühstücken.«

Die Küche war der einzige Raum unten, in dem noch einige Möbel standen. Joe hatte Mrs. Jackson versprochen, daß er sich darum kümmern würde, sobald wir fort waren. Wir aßen Eier und Schinken zum Frühstück, dann wurden die letzten Koffer und Kisten aufgeladen, und wir fuhren los.

Ich schaute mich nach dem Haus um und fragte mich, was wohl daraus werden würde. Wenn das Wasser wirklich bis hierher kommen sollte, würde es standhalten? Würde ich jemals hierher zurückkehren? Eine Art Vorahnung überfiel mich, als ich zurückblickte.

»Wo sind Mrs. Jackson und Nathan?« fragte ich Joe. »Werden Sie alle auch bald wegfahren?«

»Es gibt immer noch vieles zu erledigen«, erwiderte er und runzelte die Stirn. »Wir möchten noch soviel wie möglich in Sicherheit bringen.«

Als wir in das Dorf kamen, trafen wir andere Leute, die von ihren Farmen evakuiert worden waren. Wir sahen die Frau eines Bauern, die einen Karren mit Bettzeug und Möbelstücken vor sich herstieß, Wagen, die mit persönlicher wertvoller Habe beladen waren, und Männer, die Kühe vor sich hertrieben, weg von der Gefahr, die uns alle bedrohte.

Ich war traurig darüber, daß ich unter derartigen Umständen von meinen Freunden getrennt wurde, aber auch voller Hoffnung, daß es nicht für lange sein würde. Trotz all der Berichte von Dämmen, die hinweggerissen wurden, konnte ich immer noch kaum glauben, daß wirklich die ganzen Marschgebiete überschwemmt werden könnten. Ich war den Tränen nahe, als Joe mich vor unserem Häuschen absetzte.

»Du bist rechtzeitig weggegangen«, sagte mein Vater, als er mich hereinkommen sah. »Sie kämpfen eine verlorene Schlacht bei Over Fen. Das Wasser steht höher als im Old West River. Die Willow-Farm wird innerhalb von ein oder zwei Tagen überschwemmt sein.«

Das klang fast schadenfroh. Ich wußte, daß er Eben Crawley nicht mochte, aber es stieß mich ab, daß er sich an dem Unglück anderer Leute weiden konnte.

»Nun, sie haben es fertiggebracht, die meisten Scheunen zu räumen, und das Vieh ist in Sicherheit«, erwiderte ich. »Es geht nur noch um das Haus. Wir müssen abwarten, was geschieht.«

»Vielleicht wird es nicht allzu arg, Betty«, sagte meine Mama. »Es war freundlich von Mrs. Jackson, uns diese Vorräte mitzuschicken.«

»Sie will nicht, daß irgend etwas vergeudet wird«, antwortete ich mit einem Lächeln. »Sie ist nun einmal so.«

Meine Mama nickte. »Sie war schon als Mädchen immer

sparsam. Nicht, daß ich sie gut gekannt hätte. Ihre Familie wohnte in Ely, in demselben Haus, in dem Henry Crawley noch immer wohnt, glaube ich. Aber eine Zeitlang ging sie mit einem der Jungen aus Chatteris.«

»War es Mr. Jackson?«

Meine Mutter schüttelte den Kopf. »Nein, ich habe ihn nicht gekannt. Hilda war älter als ich. Ich bin ihr nur ein paarmal begegnet, das ist alles.«

»Sie erwähnt ihren Ehemann nie. Ist er tot?«

»Ja. Das ist schon lange her, Betty.« Meine Mutter runzelte die Stirn. »Du wirst nun also eine Zeitlang zu Hause bleiben?«

»Es sieht so aus.«

»Du wirst nicht wissen, was du anfangen sollst.«

»Ich werde schon eine Beschäftigung finden. Ich kann dir helfen.« Ich schaute sie ängstlich an. »Ich hoffe, das Wasser wird nicht bis hierher kommen.«

»Das hoffe ich auch«, sagte sie.

An diesem Tag gegen halb zwölf strömte das Wasser durch einen fast fünfzig Meter langen Riß nach Over Fen und fegte den Damm nach Hillrow Fen fort. All die harte Arbeit war vergeblich gewesen, es war sinnlos, sie fortzusetzen. Bald würden Tausende von Quadratkilometern wertvolles Ackerland unter Wasser stehen. Als das Rinnsal zur Flut wurde, zog man die Leute ab. Ich schaute aus dem Fenster des Häuschens und sah einen Strom von Lastwagen, Traktoren, Pferden, Lieferwagen und Autos vorüberziehen.

Alle redeten darüber, wie gefährlich die Situation war. Aufregung und Besorgnis herrschten. Einige Leute hatten Verwandte aufgenommen, die ihre Häuser hatten verlassen müssen.

»Es ist wieder wie im Krieg«, sagte eine Nachbarin, als sie zu uns herüberkam. »Schrecklich ist es. Schrecklich.«

Niemand konnte zu diesem Zeitpunkt wissen, wie schrecklich es in den nächsten Tagen noch werden würde. Unerbittlich drang die Flut vor und bedeckte reiche, fruchtbare Felder mit schmutzigem, grauem Wasser. Häuser, Scheunen und

Heumieten wurden von der gnadenlosen Flut umspült und wie kleine Inseln im einsamen Meer von der Außenwelt abgeschnitten. Einige Heustadel wurden hinweggeschwemmt und landeten auf irgendeiner anderen Farm.

Im Laufe der Tage stieg das Wasser immer noch weiter. Die Flut breitete sich aus bis Haddenham North Fen und vereinigte sich hinter Sutton mit den Wassern von Earith, nicht mehr weit von unserem Häuschen entfernt. Wir konnten oben auf dem Hügel stehen und über die Marschgebiete hinwegschauen: Sie waren vollständig überschwemmt, nur die Spitzen der Bäume und Telegraphenmasten und die Hausdächer waren noch zu sehen.

»Man erzählt, daß einige Häuser vollkommen zerstört worden sind«, sagte mein Vater, als er einige Tage später am Nachmittag heimkam. »An einigen Stellen steht das Wasser bis zu zehn und zwölf Fuß hoch.«

»Das ist furchtbar«, sagte meine Mama. »All die schönen Tapeten und Teppiche in der Willow-Farm werden ruiniert werden.«

»Die Teppiche befinden sich in den Dachkammern«, erklärte ich. »Von den wertvollsten wurden ein paar fortgeschafft. Mr. Crawley fing frühzeitig an, Wertgegenstände wegzubringen. Er wollte nicht zuviel verlieren durch die Flut.«

»Er hat sich also mehr um sein Hab und Gut gekümmert als um sein eigenes Leben – und das seines Neffen.«

»Was willst du damit sagen?« Furcht erfüllte mich, als ich meinen Papa anschaute. »Was ist geschehen?«

Er runzelte die Stirn und kniff die Augen zusammen, als er mich ansah. »Alles weiß ich nicht, Betty, aber es sind ein paar verrückte Geschichten in Umlauf.«

»Was für Geschichten?«

»Man sagt, daß Eben und Nathan Crawley von der Flut eingeschlossen worden seien. Es hat irgend etwas zu tun mit der Rettung von Hunden. Ich habe nur wenig mitgekriegt, und du weißt, wie die Leute sind.«

»Aber sie sind in Sicherheit?« rief ich. Das Herz hämmerte mir wie wild in der Brust. »Sie sind nicht ertrunken?«

»Sie sagen, Nathan wäre fast ertrunken.« Wieder runzelte mein Vater die Stirn, als er mich anschaute. »Warum interessiert dich das so, Betty?«

»Mr. Crawley ist mein Arbeitgeber, Papa.« Wütend starrte ich ihn an. »Kannst du mir nicht erzählen, was passiert ist?«

»Nun ...«, sagte er gedehnt. »Soviel ich gehört habe, war dieses Boot unterwegs, um nach Leuten zu suchen, die in ihren Häusern eingeschlossen worden waren. Sie sammelten zwei deutsche Soldaten auf, die bei den Dämmen geholfen hatten, dann erblickten sie zwei Männer auf dem Dach einer Scheune, die bereits fast ganz überflutet war ...« Papa legte eine Pause ein und schaute mich merkwürdig an.

»Fahr fort«, sagte ich. »Du kannst jetzt nicht aufhören.«

»Soviel ich gehört habe, kämpften sie miteinander, dann stieß einer den anderen ins Wasser, und er wurde fortgeschwemmt. Es sah so aus, als habe er einen Schlag auf den Kopf erhalten und sei bewußtlos.«

»Oh, nein!« Ich keuchte. »Wer ist ins Wasser gefallen?«

»Nathan ...« Papa fing meinen Blick auf und machte ein finsteres Gesicht. »Du bist ja mächtig interessiert an diesem Nathan Crawley, Betty. Ich hoffe, du hast nicht irgendeine Dummheit gemacht?«

»Natürlich nicht«, sagte ich frech. »Was ist dann passiert? Ist er tot?«

»Nein, soviel ich weiß, nicht. Das ist eine seltsame Geschichte. Einer der Deutschen tauchte und fischte ihn heraus. Ein richtiger Held war er.« Mein Vater runzelte die Stirn. »Weshalb sollte ein deutscher Gefangener sein Leben aufs Spiel setzen für einen Mann, den er nicht kennt?«

»Wegen einer ihm erwiesenen Freundlichkeit«, hätte ich sagen können, aber ich hielt den Mund. Es würde genug Gerede und Vermutungen geben wegen dieses Zwischenfalls, auch ohne meine Einmischung, die die Sache nur verschlimmern konnte.

»Er ist also in Ordnung?« fragte ich. »Nathan Crawley?«

»Soweit ich weiß, ja. Er war jedenfalls am Leben, als sie ihn herausfischten. Ich nehme an, daß sie ihn ins Krankenhaus gebracht haben.«

»Und der Deutsche?«

»Oh, dem geht's gut. Er ist ein guter Schwimmer.«

»Man sollte ihm einen Orden verleihen.«

»Ich würde all diese Scheißkerle erschießen, wenn ich die Macht hätte.«

»Hüte deine Zunge, Rob«, sagte meine Mutter scharf. »Fluch nicht, wenn die Kinder dabei sind.«

Er sah sie an. »Betty ist kein Kind mehr. Sie hat schon Schlimmeres zu hören bekommen als das, was ich mir zu sagen erlaube.«

»Joe flucht nicht«, sagte ich. »Wenigstens nicht im Haus.«

Ich schaute meinen Vater an. »Du hast vermutlich nichts von Joe Morris gehört? Weißt du, wie es ihm ergangen ist?«

»Keine Ahnung.« Papa gähnte und kratzte sich am Kopf. »Ich könnte eine Tasse Tee vertragen, Lizzie.«

Als meine Mama den Wasserkessel füllte, nahm ich meinen Mantel von dem Haken hinter der Tür. Mein Vater blickte mich scharf an.

»Warte einen Augenblick. Wohin willst du gehen?«

»Die Straße hinauf. Ich gehe zum Pfarrer, um zu fragen, ob sie etwas über Joseph gehört haben – und über Nathan Crawley.«

»Dann kannst du den Mantel wieder hinhängen. Ich will nicht, daß meine Tochter den Crawleys nachläuft.«

»Oh, laß sie in Ruhe«, sagte meine Mutter. »Es ist doch ganz natürlich, daß sie begierig auf Neuigkeiten ist. Sie hat doch eine Zeitlang bei ihnen gelebt.«

»Das ist es ja gerade.« Papa schaute zu mir herüber. »Du achtest besser darauf, daß man nicht über dich redet, mein Mädchen, sonst bekommst du meinen Gürtel zu spüren.«

»Es dauert nicht lange«, sagte ich und ging schnell nach draußen, bevor er seine Drohung wahrmachen konnte.

Von der Spitze des Hügels aus konnte ich die Verwüstung sehen, die von der Flut angerichtet worden war. Sie hatte der Saat und den Bauernhöfen unermeßlichen Schaden zugefügt. Ich hatte von einem Mann gehört, der im Boot zu seinem Haus zurückgefahren und direkt durch die Löcher in der Mauer hineingerudert war; ein anderer war durch die

Wassermengen gewatet, um die Police von der Bausparkasse zu retten. So viele Geschichten machten die Runde, es war schwer herauszufinden, welche davon wirklich stimmten.

In Gedanken versunken, ging ich die Straße entlang, da hörte ich, wie jemand mich rief. Erwartungsvoll drehte ich mich um und stieß einen begeisterten Schrei aus, als ich Joe Morris sah.

»Ich wollte dich gerade besuchen kommen«, sagte er, als ich auf ihn zulief. Er fing mich auf und hob mich hoch. »Wie schön, dich zu sehen, Betty.«

Ich umarmte ihn und lachte erleichtert. »Ich habe mir soviel Sorgen gemacht Ihretwegen, Joseph, besonders als ich von Nathan Crawley hörte und ...«

Joes Gesicht war ganz zerknittert vor Sorgen. »Du darfst nicht alles glauben, was die Leute erzählen, Betty. Eben hat versucht, Nathan festzuhalten, damit er nicht ins Wasser falle. Als es trotzdem passierte, stieß er sich den Kopf an irgendwelchen herumschwimmenden Trümmern.«

»Sind Sie sicher, Joseph? Sie wissen, wie Mr. Crawley zu Nathan steht.«

»Eben ist kein Mörder.«

»Ich bin sehr froh, wenn es nur ein Unfall war.« Ich seufzte.

»Warum muß alles immer so schrecklich sein? Warum fügen die Menschen einander so viel Leid zu?«

»Ich wäre glücklich, wenn ich es wüßte, Betty.« Joe schien zu zögern, dann sagte er: »Am Samstagabend ist Tanz in der Halle bei der Kirche. Der Pfarrer hat sich gefragt, ob er ihn nicht abblasen sollte angesichts der Umstände, aber dann schlug irgend jemand vor, eine Tombola durchzuführen, um einigen der am ärgsten Betroffenen zu helfen.«

»Oh, das ist eine wunderbare Idee, Joseph«, rief ich. »Ich bin noch niemals tanzen gegangen, nicht zu einem richtigen Tanzabend. Kommen Sie mit und fragen Sie meine Mutter, ob ich mit Ihnen dorthin gehen darf.«

»Wo hast du eigentlich hingehen wollen?«

»Ich wollte mich im Pfarrhaus nach Ihnen und Mr. Nathan erkundigen.«

»Nathan ist im Krankenhaus, aber nur zur Beobachtung. Er wird bald wieder in Ordnung sein, Betty.«

»Dann brauche ich nicht mehr nachzufragen. Kommen Sie, wir wollen meine Mama fragen.«

Ich trag das Kleid, das Frances und Nathan mir geschenkt hatten, als Joe mich am Samstag abholte. Er brachte mir eine rote Nelke mit, die ich mit einer Nadel an meinem Kleid befestigte, und er fuhr mich im Wagen durch die Straße. Ich kam mir sehr großartig und erwachsen vor. Mein Papa war nicht sehr begeistert gewesen von diesem Vorschlag, aber meine Mutter hatte sich dafür ausgesprochen.

»Betty ist fast sechzehn«, hatte sie gesagt. »Sei froh, daß es ein vernünftiger Mann ist, der sie eingeladen hat, und nicht jemand anders.«

Vera war krank vor Eifersucht, als sie zusah, wie ich mich zurechtmachte. »Warum muß Betty immer Glück haben?« fragte sie schmollend. »Warum darf ich nicht auch zu dem Tanz gehen?«

»Weil du noch zu jung bist – und weil Joe sie eingeladen hat«, antwortete meine Mama. »Deine Zeit wird noch kommen.«

Vera stürzte wütend aus dem Zimmer und warf die Tür hinter sich zu. Ich schaute meine Mama nachdenklich an. »Vielleicht würde Joseph auch Vera mitnehmen, wenn ich ihn darum bitte.«

»Nein, Betty.« Sie schüttelte den Kopf und seufzte. »Sie hat es zu eilig. Sie muß lernen, daß nicht alles nach ihrem Kopf gehen kann.«

So ging ich mit Joe zum Tanzen, und Vera blieb daheim. Ich kam mir zuerst ein bißchen schäbig vor, aber dann, als ich die Lichter sah und die Musik hörte, vergaß ich den Wutanfall meiner Schwester. Mit den Fingern hielt ich Joes Arm fest, als wir hineingingen, und ich zitterte innerlich. Es war so aufregend!

Einige Leute drehten die Köpfe, als wir eintraten, und Joe wurde von einem oder zwei der Männer begrüßt. Ich schaute ihn neugierig an.

»Sind Sie schon früher hiergewesen zum Tanzen?«

»Vor dem Krieg kam ich öfter hierher. Damals habe ich einem Mädchen den Hof gemacht.«

»Oh …« Das mußte ich erst einmal in Ruhe verdauen. Es war mir noch nie in den Sinn gekommen, daß Joe um ein Mädchen werben könnte.

Joe lachte und schüttelte den Kopf. »Das ist eine lange Geschichte, Betty. Sie hat einen anderen geheiratet.«

Ich hätte ihn gern gefragt, ob ihn das schwer getroffen hatte, aber ich konnte mich nicht in seine Privatangelegenheiten einmischen. Schon gar nicht in aller Öffentlichkeit. »Das ist ein Walzer«, sagte Joe. »Wir schauen eine Zeitlang zu, damit du siehst, wie es geht. Es ist wirklich ganz leicht. Du brauchst mir nur zu folgen.«

Meine Füße klopften im Takt der Musik. Schon immer hatte ich Musik geliebt. Singen war für mich etwas ganz Natürliches. Ich konnte eine Melodie, die ich nur zweimal gehört hatte, nachsingen, und mit dem Tanzen war es ganz genauso. Ich schien den Rhythmus in meinem Inneren zu spüren. Außerdem war Joe ein guter Tänzer, und ich hatte nichts weiter zu tun, als seiner Führung zu folgen. Es war wunderbar. Ich mochte den Tanz, die Musik, die Lichter und das Lachen der Leute um mich herum. Noch nie hatte mir etwas so viel Spaß gemacht.

»Oh, das gefällt mir wirklich«, sagte ich und lächelte Joe zu.

»Es war sehr nett von Ihnen, mich mitzunehmen.«

»Ich bin froh, wenn du dich gut unterhältst.«

Die Musik hörte auf, und wir gingen weiter nach hinten in die Halle.

»Möchtest du ein Glas Orangensaft, Betty?«

»Ja, gern.«

»Ich komme gleich zurück. Ich bin auch durstig.«

Die Musiker hatten wieder zu spielen angefangen. Ich beobachtete die Tanzenden und war völlig damit beschäftigt, mir die Schritte des militärisch klingenden Twosteps einzuprägen.

»Möchtest du es versuchen, Betty?«

Ich fuhr zusammen, als ich die vertraute Stimme hörte. Ich wirbelte mich um die eigene Achse und starrte Nathan an. Ich war völlig durcheinander.

»Ich dachte, Sie seien im Krankenhaus?«

»War ich auch, aber jetzt nicht mehr.«

»Das sehe ich. Geht es Ihnen besser?«

»Nun, noch bin ich nicht tot. Tanz mit mir, Betty.« Er runzelte die Stirn, als ich zögerte. »Ich werde mich anständig aufführen, ich verspreche es.«

»Aber nur für kurze Zeit. Joe holt mir etwas zu trinken.« Als Nathan meine Hand nahm, war gerade wieder ein anderer Tanz an der Reihe, ein Tango. Es war leicht, ihm zu folgen, und er hielt mich korrekt, nicht zu eng, und ich atmete erleichtert auf.

»Entspann dich, Kind. Es ist ziemlich unwahrscheinlich, daß ich dich mitten auf dem Tanzboden vergewaltigen werde.«

»Machen Sie keine Witze darüber.«

»Warum bist du ärgerlich? Weil ich es versucht habe – oder weil ich nicht dazu imstande war?«

»Wenn Sie weiterhin solche Sachen sagen, geh ich fort und laß Sie stehen.«

»Ich war nur neugierig.« Er grinste. »Ich habe sicherlich alles vermasselt, nicht wahr?«

»Ja.« Ich entdeckte einen dunklen Bluterguß an seiner Stirn.

»Stammt der von Ihrem Fall?«

»Ich bin nicht gefallen. Ich wurde gestoßen. Eben hat versucht, mich umzubringen.«

Ich war so schockiert, daß ich stolperte und ihm auf den Fuß trat. »Es tut mir leid«, murmelte ich. »Ich ... Ich möchte mich hinsetzen.«

»Wir wollen für einen Augenblick nach draußen gehen. Du bist so weiß wie ein Laken.«

Er packte mich mit einem festen Griff am Arm. Ich wollte keine Szene machen und konnte nichts anderes tun als nachzugeben, als er mich aus der Halle führte. Ich entdeckte Joe, der meinen Drink in der Hand hielt, aber er sah mich nicht.

Als wir draußen in der frischen Luft waren, verlieh ich meinem Protest Ausdruck.

»Fragen Sie eigentlich jemals einen anderen nach seiner Meinung, Nathan? Oder tun Sie immer nur das, was Sie tun wollen?«

»Ich hatte Angst, du würdest in Ohnmacht fallen.«

»Ist das so erstaunlich nach dem, was Sie gesagt haben?«

»Es tut mir leid. Es war nicht richtig, dich damit so zu überfallen.«

»Joe hat gesagt, die Gerüchte stimmten nicht. Er sagte, Eben habe versucht, Sie festzuhalten.«

»Joe war nicht dabei. Er glaubt meinem Onkel seine Geschichte. Aber du, Betty, kannst mir glauben. Eben wollte mich umbringen.«

»Aber warum? Hat er es wegen ... wegen Edward getan?«

»Zum Teil. Unbewußt spielte wahrscheinlich der Wunsch nach Rache mit, aber es steckte mehr dahinter ...« Nathan schwieg, er machte ein grimmiges Gesicht. Ich wartete und schwieg instinktiv.

»Ich hatte mich an die Hunde erinnert«, sagte Nathan dann langsam. »In all der Hektik hatten wir sie vergessen. Ich wußte, daß die Marschgebiete überschwemmt werden würden, aber ich dachte, ich hätte noch Zeit. Ich mußte es wenigstens versuchen. Ich konnte sie nicht einfach ertrinken lassen. Aber als ich hinkam, stellte ich fest, daß Eben mir zuvorgekommen war ...«

Nathans Augen glitzerten im Mondlicht, und ein Schauer lief mir durch den Körper. Ich konnte kaum noch atmen, während ich darauf wartete, daß er weitersprach.

»Er hatte ein Gewehr in der Hand. Er hatte sie alle erschossen. Jeden einzelnen.«

»Oh, nein«, rief ich unwillkürlich. »Warum? Warum hat er das getan?«

»Sie waren zum Kampf abgerichtet. Er wollte sein Geheimnis bewahren. Wenn er sie ins Dorf gebracht hätte ...«

»Würde jeder davon erfahren haben.« Ich starrte Nathan an.

»Das ist eine Gemeinheit.«

»Ja.« Er preßte die Lippen zusammen. »Ich habe mich auf ihn gestürzt, Betty. Ich wollte ihn verprügeln. Jahrelang habe ich seine Beleidigungen hingenommen. Gut, ich schuldete ihm einiges, aber jetzt nicht mehr. Das ist vorbei.«

»Aber die Flut ... Ich verstehe das nicht?«

»Wir waren so wütend und kämpften so wild miteinander, daß wir sie nicht bemerkt haben. Außerdem ging es so wahnsinnig schnell. Erst hörten wir ein entsetzliches Brüllen, dann kam das Wasser auf uns zu wie eine große Mauer. Wir kletterten auf das Dach des Schuppens und klammerten uns fest. Als die Woge den Schuppen erreichte, dachte ich, das Gebäude würde zusammenbrechen. Ich weiß nicht, wie es dieser Gewalt trotzen konnte ...«

»Ich habe gehört, daß selbst Häuser einstürzen, wenn die Wassermengen sie mit voller Gewalt packen.«

»Vielleicht haben wir einfach Glück gehabt. Wie auch immer, jedenfalls klammerten wir uns den ganzen Tag über und die folgende Nacht dort fest. Am Morgen kam ein Boot.«

»Aber was geschah dann?«

»Ich glaube, Eben geriet in Panik. Er hatte Angst, daß ich Mary erzählen würde, was er getan hatte.«

»Werden Sie das tun?«

»Du hast keine gute Meinung von mir, Betty, nicht wahr?«

»Es tut mir leid. Was wollen Sie jetzt machen?«

»Ich kann nicht länger hierbleiben. Ich werde nie mehr auf der Willow-Farm leben, selbst wenn das Haus noch stehen sollte.«

»Noch ist es unzerstört. Joe ist hingegangen, um nachzuschauen.«

»Gut, aber ich werde nicht zurückkehren. Ich werde Eben nicht öffentlich anschuldigen, aber ich bin fertig mit ihm.«

»Und was ist mit Frances?«

»Ich werde sie besuchen, bevor ich abreise.«

»Sie wird völlig aus der Fassung geraten.«

»Ich weiß.« Er zögerte, dann sagte er: »Willst du mitkommen, Betty?«

»Mit Ihnen?« Ich sah ihn an.

»Du kannst mir vertrauen. Ich geb dir mein Wort.«

In der Halle spielten sie jetzt »String of Pearls« von Glenn Miller. Joe würde nach mir suchen. Ich zögerte noch einen Augenblick, dann nickte ich. »Ja, ich komme mit, aber jetzt gehe ich wieder hinein. Joe hat mich zu diesem Tanzabend eingeladen, und er wird mich auch wieder heimbringen.«

Nathan lächelte etwas merkwürdig. »Ich gehe jetzt sowieso. Ich bin nur hergekommen, weil deine Mutter mir gesagt hat, daß du hier bist.«

»Sie sind in unser Häuschen gekommen?« Als er fortging, rief ich ihm nach. »Warum? Warum, Nathan?«

Er drehte sich um und schaute mich an, immer noch mit diesem Lächeln auf den Lippen. »Ich mußte wissen, ob es dir gutgeht«, sagte er.

Ich schüttelte ungläubig den Kopf, und er ging weiter. Plötzlich spürte ich eine kalte Brise und fing an zu zittern. Dann drehte ich mich um und ging hinein.

7. Kapitel

Nathan trug einen dunkelblauen Blazer, graue Flanellhosen und ein weißes Hemd mit einer gelben Seidenkrawatte, als er mich am nächsten Tag abholte, und seine Haut roch nach Rasierseife von Palmolive. Er wartete draußen auf mich und beugte sich zur Seite, um die Autotür für mich zu öffnen, ohne ein Wort zu sagen. Sein Gesichtsausdruck war finster, als er nach Ely fuhr, und ich dachte mir, daß er sich Sorgen darüber machte, wie er Frances beibringen solle, daß er abreist.

»Sie wird es verstehen«, sagte ich. »Sie wird sich aufregen, aber sie wird es verstehen.«

»Vielleicht.« Er runzelte die Stirn. »Solange sie nichts hört von dem Kampf zwischen Eben und mir.«

»Von mir wird sie nichts darüber erfahren.«

Nathan nickte. »Sie spürt, daß ihr Vater sie haßt, Betty. Wenn sie wüßte, daß ich seinetwegen ...«

»Ja, ich weiß. Ich werde es ihr nicht erzählen und Mrs. Crawley ebensowenig, denke ich.«

»Ich möchte nur nicht, daß sie den Kopf hängen läßt«, sagte er. »Sie hat ein hundsmiserables Leben gehabt, so oder so gesehen. Mary ist bei ihrer Geburt fast gestorben, und Eben hat ihr nie verziehen, daß sie kein Junge ist. Ich habe versucht, sie ein wenig zu entschädigen ... Nun, jetzt hat sie ja dich.«

»Ja, sie hat mich.« Ich lächelte ihm zu. »Machen Sie sich keine Sorgen.«

Vor einem Haus in der St. Mary's Street hielt Nathan den Wagen an, und ich stieg aus. Als wir an die Tür klopften, stürmte Frances heraus und umarmte uns beide auf dem Bürgersteig, ihre Augen glänzten vor Aufregung.

»Ich sah euch ankommen«, sagte sie. »Ich freue mich so, daß du gekommen bist, Nathan, und du, Betty. Onkel Henry hat gesagt, er habe noch ein Zimmer auf dem Dachboden, in dem du wohnen kannst. Ich wollte dir schreiben, aber jetzt ist das ja nicht mehr nötig. Du kannst deine Sachen packen, wenn Nathan dich zurückgebracht hat, und morgen herkommen.«

»Langsam, Frances,« sagte Nathan. »Laß Betty Zeit, darüber nachzudenken so Hals über Kopf kann sie sich doch nicht entscheiden.«

»Ich bin froh, wenn ich diese Chance bekomme«, sagte ich, als Frances uns in die enge Diele zog. »Ich habe Sie beneidet, weil Sie in Ely sind, Frances. Sind Sie im Kino gewesen?«

»Ja, zweimal«, erwiderte sie lachend. »Ich habe *Till the Clouds roll by* gesehen und *The Fleet's In* mit Dorothy Lamour. Ich erzähle dir alles später.«

Ich versuchte, gleichzeitig Frances zuzuhören und die Umgebung bewußt wahrzunehmen. Die Vordertür zu Henry Crawleys Haus war schwarz gestrichen mit zwei Glasscheiben, die rechts und links von der hölzernen Mittelstütze lagen. Sie waren ziemlich schmutzig. Das Licht, das eindrang, hatte einen gelblichen Ton, wodurch es so aussah, als habe die blaugestreifte Tapete grüne Flecken. In der Diele stand ein Kleiderständer aus geschnitztem Holz mit einer Ablage für Spazierstöcke und Schirme, Kleiderhaken und einem quadratischen Spiegel in der Mitte. Als wir daran vorbeigingen, schaute ich mir unsere Gesichter an. Das von Frances war gerötet vor Aufregung, ich sah so aus wie immer, aber Nathan machte ein finsteres Gesicht.

Das Wohnzimmer, in das Frances uns führte, war eine Überraschung. Ich hatte die gleichen langweiligen und dunklen Möbel erwartet wie auf der Willow-Farm, aber die Sessel hatten helle, lose Chintzüberzüge, die zu den Vorhängen paßten, und der Teppich war blaßgrün. Der Raum sah modern aus, zugleich einladend und gemütlich.

»Meine Mutter und Onkel Henry sind ausgegangen«, sagte Frances. »Ich hatte Kopfschmerzen, sonst hätte ich meine Mutter begleitet. Jetzt bin ich froh daß ich es nicht getan habe.«

»Du meinst, du bist ganz allein hier?« fragte Nathan und runzelte die Stirn.

»Ja, abgesehen von Mrs. Maggs.« Frances lachte, als er die Brauen hochzog. »Mrs. Maggs ist eine Katze. Mach kein so schockiertes Gesicht. Ich kann selber auf mich aufpassen.«

»Hat dein Onkel keine Angestellten?«

Frances schaute mich an. »Zweimal in der Woche kommt eine Frau zum Putzen. Onkel Harry kocht allein für sich, Betty. Er sagt, er kann damit fertig werden, und er ist sehr gut darin.« Wieder lachte sie. Sie wirkte soviel heiterer als sonst, daß ich überrascht war. »Mutter wollte ihm in der Küche helfen, aber er hat sie hinausgeworfen und gesagt, er würde uns zum Essen ausführen, wenn sie mit seinen Kochkünsten nicht zufrieden sei.«

Nathan setzte sich auf einen der leichten Sessel vor dem Kamin, und Frances ließ sich auf der Lehne nieder. Ich wählte einen harten Stuhl beim Schreibtisch neben dem Fenster. Ich konnte die Hauptstraße sehen und die Kirche, auch das zur Hälfte aus Fachwerk gezimmerte Haus, in dem Oliver Cromwell einst gelebt hatte. Hinter der Grünfläche lag die Kathedrale.

»Sind Sie jetzt in der Kathedrale gewesen?« fragte ich Frances.

»Ja, für ein paar Minuten«, antwortete sie. »Onkel Henry hat mir ein Fahrrad gekauft. Ich bin am Fluß entlang gefahren und in den hinten gelegenen Park, wo das Kloster ist.«

»Und was sagt Mary dazu?« fragte Nathan.

»Sie hatte Angst, daß ich herunterfallen würde«, erwiderte Frances gleichgültig. »Aber Onkel Henry hat sie davon überzeugt, daß ich in keiner Weise in Gefahr war. Er hat mir das Fahren selber beigebracht.«

Irgendwie hatte ich das sichere Gefühl, daß Nathan nicht nur das Fahrradfahren meinte. Mary hatte ihre Tochter immer in Watte gepackt; es muß ihr schwergefallen sein, sich zu fügen. Frances war plötzlich eine Freiheit geschenkt worden die sie nie zuvor gekannt hatte, und ich dachte, das hatte ein kleines Wunder bewirkt. Sie sah so gut aus und so viel glücklicher. Als sie immer weiter plauderte, schien Nathan sich zu entspannen. Er saß ruhig da, hörte uns zu, sagte aber nicht viel. Wir müssen uns wohl schon fast eine Stunde lang unterhalten haben, als er sich räusperte und aufstand. Er lehnte sich gegen den Kaminsims.

»Ich bin froh, daß es dir hier so gut gefällt, Frances«, sagte er. »Du wirst mich also nicht vermissen, du Racker.«

»Willst du fortgehen?« Sie starrte ihn an, und ihr Lächeln verschwand. »Ich weiß, daß du nicht viel auf der Farm ausrichten kannst, bis die Flut zurückgeht, aber du kommst doch wieder zurück?«

»Nein«, sagte er ruhig. »Zur Farm nie wieder. Eben und ich haben uns geeinigt. Er läßt mich gehen.«

Tränen glänzten in ihren Augen. »Du meinst, daß ihr Streit miteinander hattet«, rief sie erbittert. »Warum behandeln alle Leute mich so, als wäre ich noch ein Kind? Ich habe gehört, wie meine Mutter und Onkel Henry darüber redeten. Ich weiß, was passiert ist, Nathan.«

Nathan schwieg einen Augenblick lang. »Dann weißt du also, daß ich nicht mehr zurückkommen kann, selbst für dich nicht.«

Frances ballte die Fäuste. Sie sah so aus, als würde sie jeden Moment in Tränen ausbrechen, da öffnete sich die Tür zum Wohnzimmer, und Henry Crawley kam herein.

»Oh, ist das nicht schön? Ich habe mir gedacht, daß du es sein würdest, Nathan, und du hast auch Betty mitgebracht.« Er ging quer durch den Raum, um Frances zu begrüßen, und umarmte sie zärtlich. »Wie geht es meinem lieben Mädchen jetzt? Ist das garstige Kopfweh weg?«

Frances schauderte leicht und blinzelte. Eine einzelne Träne tropfte ihr über die Wange. »Nathan geht fort, Onkel Henry. Ich werde ihn nie mehr wiedersehen.«

»Natürlich siehst du ihn wieder«, sagte Henry Crawley und faßte ihr sanft unters Kinn. »Er kann mich ab und zu besuchen, und du kannst dann auch herkommen, Kätzchen.« Er wandte sich an Nathan und nickte ihm verständnisvoll zu. »Es war an der Zeit, den Bruch zu vollziehen, mein Junge. Meiner Meinung nach hättest du nach dem Krieg nie mehr hierher zurückkehren sollen. Wenn du Geld brauchst zur Überbrückung, kannst du auf mich zählen.«

»Im Augenblick habe ich genug.« Nathan lächelte dankbar. »Eben hat sich geweigert, auf die Verwaltung des Vermögens meines Vaters zu verzichten, aber er wird mir eine Unterstützung geben müssen. Außerdem hat mir ein Freund einen Job angeboten, als ich in London war.«

»Mein Vater ist so grausam«, sagte Frances plötzlich mit sehr glänzenden Augen. »Es ist alles seine Schuld. Ich hasse ihn.«

»Das reicht, mein Mädel«, sagte Henry. »Ebens Streit mit Nathan hat nichts mit dir zu tun.«

»Onkel Henry hat recht«, sagte Nathan und breitete die Arme aus. »Komm und gib mir einen Kuß. Sag mir, daß du mich immer noch liebhast.«

»Das weißt du doch!«

Frances lief zu ihm, und er umarmte sie. Er knurrte und tat so, als wolle er ihr in den Hals beißen. Der Gefahrenmoment war vorüber. Sie lachte und zog einen Flunsch.

»Wirst du mir schreiben? Versprichst du es?«

»Ich schwör's dir bei meinem Leben.«

»Ich will nicht, daß du stirbst. Oh, Nathan, wann werde ich dich wiedersehen?«

Als sie zu ihm aufblickte, war sie wieder den Tränen nahe.

»Vielleicht können Sie Ihren Cousin sehen, wenn Sie im Sommer Christabel Blair besuchen«, sagte ich und wurde rot, weil alle mich anschauten.

»Das ist eine großartige Idee«, rief Frances. »Mein Vater braucht das gar nicht zu erfahren.«

»Eben ist nicht so dumm, daß er versuchen würde, dich daran zu hindern, deinen Cousin zu sehen«, sagte Henry. »Bleibst du zum Tee, Nathan?«

»Nun ich sollte eigentlich Betty heimbringen.« Nathan sah mich an.

»Betty möchte noch bleiben.« Frances schaute mich flehend an. »Ich möchte ihr mein Zimmer zeigen und das Zimmer, in dem sie wohnen wird.«

»Das ist eine hervorragende Idee«, erwiderte Onkel Henry. »Ich würde gern ein paar Minuten mit Nathan unter vier Augen reden. Warum nimmst du deine Freundin nicht mit nach oben, Liebling? Wenn ihr wieder herunterkommt, trinken wir Tee zusammen.«

Nathan war still und nachdenklich, als wir am Abend nach Sutton zurückfuhren. Als er vor unserm Häuschen hielt, wollte ich aussteigen, aber er hielt mich am Arm fest. Ich drehte mich um und blickte ihn an.

»Was wollen Sie? Ich muß hineingehen. Mein Papa wird sich fragen, wo ich solange gewesen bin.«

»Bleib noch ein paar Minuten, Betty. Bitte. Ich werde dich monatelang nicht mehr sehen.«

»Sie reisen also morgen schon ab?«

»Ja.« Er fuhr sich mit den Fingern durch das dichte Haar. Ich merkte, daß er müde aussah. »Frances scheint es gutzugehen, nicht wahr? Sie fühlt sich wohl bei Onkel Henry.«

»Ja. Sie hat mir viel erzählt, als wir oben waren. Er verwöhnt sie, und sie genießt das.«

»Wer würde wohl anders reagieren, nach dem Leben, das sie führen mußte?« Er runzelte die Stirn, als ich ihn anblickte. »Henry hat ein gutes Herz. Es wird ihr weiterhin gefallen bei ihm. Ich mache mir Sorgen darüber, wie sie sich fühlen wird, wenn sie zur Farm zurückkehren muß.«

»Ich werde mich um sie kümmern.«

»Ich weiß.« Er lachte reumütig. »Sie ist ein verwöhnter Racker, und ich mache mir Sorgen um nichts, aber sie bedeutet mir sehr viel.«

»Ja, das weiß ich.«

Er schaute mich ernst an. »Bist du mir noch böse wegen jener Nacht in der Scheune?«

»Nein, es ist ja nichts passiert. Außerdem waren Sie betrunken.«

»Ja.« Seine Mundwinkel zuckten. »Zu betrunken, wie sich herausstellte. Ich habe das bedauert, Betty.«

Mir wurde heiß, als ich in seine Augen schaute, in denen sich ein ganz bestimmter Ausdruck spiegelte. »Ich gehe jetzt besser.«

»Vielleicht, ja.« Er lehnte sich zu mir herüber und fuhr sanft mit seinen Lippen über meinen Mund. »Beim nächsten

Mal werde ich nicht zu betrunken sein, Kind. Das verspreche ich dir.«

Wieder erkannte ich dieses gefährliche Glitzern in seinem Blick. Ich stieg schnell aus, mein Herz klopfte bis zum Hals. Nathan lachte, als er abfuhr.

Am nächsten Tag nahm ich den ersten Bus nach Ely. Frances wartete schon auf mich und schaute aus einem Fenster im ersten Stock. Ihr Gesicht war gerötet, als hätte sie ein wenig Fieber.

»Ich habe die ganze Nacht hindurch gehustet«, erzählte sie. »Meine Mutter hat gesagt, ich muß für ein paar Tage im Haus bleiben, für den Fall, daß ich mich erkältet habe. Sie war ziemlich ärgerlich auf Onkel Henry. Die beiden hatten eine kleine Meinungsverschiedenheit.«

»Nun, Sie sind auf dem Fahrrad herumgesaust, nicht wahr?«

»Das macht soviel Spaß. Ich fühle mich dabei so lebendig – und normal. Als ich in meinem Zimmer auf der Farm eingesperrt war, habe ich mir immer schreckliche Dinge vorgestellt.«

»Was denn?«

»Oh, ich weiß nicht.« Sie zuckte mit den Schultern. »Manchmal habe ich gedacht, daß ich den Rest meines Lebens dort verbringen müsse. Ich ... ich dachte ...« Sie zögerte.

»Fahren Sie fort«, sagte ich. »Erzählen Sie es mir.«

»Ich dachte, es sei eine Strafe«, sagte sie langsam. »Ich dachte, meine Eltern seien mir böse, weil ich am Leben war und Edward nicht.«

»Das ist entsetzlich. Oh, Frances, wieviel Angst müssen Sie ausgestanden haben.«

Sie starrte mich an, und in ihren Augen konnte ich die Furcht erkennen. Dann verschwand sie. »Nun, jetzt ist alles anders.« Sie lachte wieder. »Onkel Henry will uns sein Fahrrad leihen, damit wir zusammen ausfahren können, sobald es mir bessergeht. Was hältst du davon?«

Am nächsten Morgen hatte Frances kein Fieber mehr. Sie

war voller Energie und begierig darauf, das Beste zu machen aus ihrem Aufenthalt in Ely. Wenn jemand erwähnte, daß das Wasser zu sinken begann, zog sie ein Gesicht.

»Ich wünschte, wir müßten nie mehr zur Farm zurückkehren«, sagte sie immer wieder zu mir. »Ich wünsche mir, ich könnte wie Nathan nach London gehen.«

»Vielleicht werden Sie es eines Tages tun. Wie auch immer, jetzt können wir auf keinen Fall zurückkehren. Selbst wenn die Überschwemmung beendet ist, muß erst gesichert werden, daß die Hausfundamente in Ordnung sind, und dann sind endlos lange Säuberungsarbeiten zu verrichten. Die Leute sagen, die meisten Häuser seien voller Ratten. Es ist nur gut, daß Ihr Vater so viele Dinge fortgeschafft hat, als noch Zeit dafür war. Es wird noch Wochen dauern, Frances. Ihre Mutter wird Sie nicht zurückbringen, bevor alles gerichtet ist.«

»Mir macht es nichts aus, wenn wir immer hierbleiben müßten«, rief Frances. »Komm, Betty, laß uns zum Fluß radeln und die Boote beobachten. Ich würde schrecklich gern in einem Kahn fahren, du nicht auch?«

»Nein«, erwiderte ich schnell. »Ich hätte Angst, ins Wasser zu fallen. Ich kann nicht schwimmen, und Sie können es auch nicht. Wir können etwas Brot mitnehmen für die Schwäne. Ich bin neugierig, ob die Jungen gewachsen sind in der letzten Woche.«

»Wir wollen nachschauen«, antwortete sie. »Die Sonne scheint, und es ist richtig warm draußen.«

Als ich aufwachte, war ich naß von Angstschweiß. Ich hatte geträumt – einen schrecklichen Traum, der mich selbst jetzt, als ich wach war, noch quälte. Ich war in einen kleinen Raum ohne Fenster eingesperrt gewesen, der eine dicke Stahltür hatte. Ich klopfte unablässig an die Tür, weinte und bat, mich herauszulassen, aber niemand antwortete mir. Um mich herum konnte ich hören, wie andere gleichfalls riefen und weinten, und ich wußte, daß ich mich im Gefängnis befand.

»Aber ich habe es nicht getan«, flüsterte ich. »Ich habe Edward nicht umgebracht. Laßt mich heraus .... Bitte, laßt mich heraus ...«

Ich knipste die Nachttischlampe an, um mich zu vergewissern, daß ich bei Onkel Henry in der kleinen Dachkammer war, und fühlte mich erleichtert, als ich die vertrauten Gegenstände erblickte. Es mußte wohl an dem Käse gelegen haben, den ich zum Abendbrot gegessen hatte.

Aber ich wußte, weshalb ich so etwas geträumt hatte. Ich hatte mich an das erinnert, was Frances mir erzählt hatte. Wie schrecklich mußte für sie der Gedanke gewesen sein, dafür bestraft zu werden, daß sie am Leben war und ihr Bruder nicht. Es wunderte mich nicht, daß sie soviel Groll gegenüber ihrem Vater hegte.

Die Tage vergingen, zu schnell für unseren Geschmack. Fast an jedem schönen Tag holten wir die Räder hervor und fuhren über den Forehill zu den Kaianlagen. An Markttagen herrschte viel Verkehr auf den Straßen, aber zu anderen Zeiten waren die kleine Wege, die zum Fluß führten, so still, daß man das Summen der Bienen hören konnte. Wenn ich an diese schöne Zeit zurückdenke, fallen mir immer sonnenerfüllte Nachmittage ein, die wir am Fluß verbummelten, Spaziergänge durch die Lover's Lane auf der Suche nach duftenden, dunklen Veilchen und tiefgelben Butterblumen, aus denen wir uns Ketten flochten, die wir um den Hals hängten. Am lebhaftesten aber erinnere ich mich daran, wie Frances lachte. Sie hatte sich von dem schmollenden, verdrossenen Mädchen, das ich kennengelernt hatte, in die liebste Freundin verwandelt, die man sich nur wünschen konnte.

An regnerischen Tagen gingen wir ins Kino. Wir saßen nebeneinander, aßen Süßigkeiten oder Bruchbiskuit, die wir in einem Laden auf dem Hügel erstanden hatten, und sogen die zauberhaften Bilder in uns ein, die auf der großen silbrigen Leinwand für uns lebendig wurden. Wir sahen *Vom Winde verweht* im Rex und weinten beide, als Scarlett ihr schönes Gesicht vor der Kamera hob und sagte: »Ich werde zu Tara zurückkehren ... Ich werde mir überlegen, wie ich ihn zurückgewinnen kann …« Und wir sahen Larry Parks als Al Jolson in *The Jolson Story*, wie er für seine Mutter sang …

Es war eine wunderbare, glückliche Zeit für uns beide, aber ich hatte immer gewußt, daß sie schließlich ein Ende nehmen mußte.

»Ich will nicht fort«, sagte Frances und starrte ihre Mutter finster an. »Warum kann ich nicht hierbleiben? Ich hasse die Farm«.

Mary Crawley runzelte die Stirn. »Die Farm ist dein Zuhause, Frances. Du solltest dich freuen, wieder heimzukommen. Außerdem sind wir deinem Onkel Henry schon viel zu lange zur Last gefallen.«

»Onkel Henry will nicht, daß ich fortgehe.« Frances schaute ihn beschwörend an. »Sag ihr, daß du möchtest, daß ich hierbleibe! Bitte, sag es ihr!«

Henry Crawley machte ein unglückliches Gesicht. »Du solltest nicht so mit deiner Mutter reden«, sagte er tadelnd. »Nicht, daß ich dich loswerden will. Du kannst wiederkommen …«

»Wann?« fragte sie mit glänzenden Augen. »Wann kann ich wiederkommen?«

»Wenn deine Mutter und dein Vater es erlauben.«

»Wenn es nach meinem Vater geht, wird das nie der Fall sein.«

Sie zog ein mürrisches Gesicht. Henry Crawley fühlte sich offensichtlich recht unbehaglich. Er war ein liebenswürdiger Mann und hatte seiner Schwägerin und ihrem Kind sein Haus zur Verfügung gestellt, aber er war Junggeselle, und sein Leben mußte in den letzten zwei Monaten völlig aus den Fugen geraten sein. Wahrscheinlich sehnte er sich nach ein wenig Ruhe. »Jetzt ist Mai«, sagte ich zu Frances. »Sie werden nicht im Haus bleiben wollen. Sie können mit dem Fahrrad herumfahren, und in ein paar Monaten werden Sie nach London fahren, um Christabel zu besuchen.«

Sie starrte mich an, und der unnatürliche Glanz in ihren

Augen verschwand. »Ja, das werde ich tun«, sagte sie. »Vielleicht wird es nicht gar so schlimm …«

Nach unserer Rückkehr auf die Farm war Frances deprimiert und gereizt. Mary hatte ihr Zimmer neu herrichten lassen, obwohl das übrige Haus noch viele Spuren von der Überschwemmung aufwies.

»Wir haben Glück gehabt, daß es so glimpflich abgegangen ist«, sagte Mrs. Jackson zu mir, als ich erzählte, daß ich Flecken auf Teppichen, Läufern und Sesseln bemerkt hatte. »Einige Leute haben alles verloren. Was das Wasser nicht vernichtet hat, haben die Ratten geschafft.«

»Wenigstens wurden die besten Sachen gerettet«, erwiderte ich. »Es ist eine gute Sache, daß Mr. Crawley soviel hat fortschaffen lassen.«

»Ja, das stimmt.« Sie runzelte die Stirn und schaute mich an. »Und was habt ihr zwei in Ely angestellt, als ich nicht auf euch achtgeben konnte?«

Mrs. Jackson war nur ein paar Tage bei ihrem Bruder Henry geblieben, dann hatte sie sich entschlossen, eine Freundin in Cornwall zu besuchen, die sie seit Jahren nicht mehr gesehen hatte. Nach ihrer Rückkehr nach Cambridgeshire war sie direkt auf die Farm zurückgekehrt, um beim Aufräumen zu helfen. Ich lachte, als sie mich argwöhnisch anblickte.

»Nichts, was Sie nicht billigen könnten«, erwiderte ich. »Mr. Henry war sehr freundlich zu uns, er lieh mir sein Fahrrad, und er zahlte zweimal in der Woche Kinokarten für Frances und mich.«

»Henry war schon immer ein gutmütiger Trottel«, sagte sie. »Ich liebe ihn wirklich, aber es würde mich verrückt machen, für längere Zeit mit ihm zusammenzuwohnen. Henry erinnert mich immer an ein altes Weib in der Küche.« Sie blinzelte mir verschwörerisch zu, so daß ich kichern mußte.

»Oh, das sollten Sie nicht sagen«, erwiderte ich und stemmte die Hände auf die Hüften. »Mrs. Jackson, ich glaube, Sie sind auf Abwege geraten in Cornwall. Was haben Sie angestellt?«

Sie runzelte die Stirn. »Werd nicht frech, Betty Cantrel.

Wenn du nichts zu tun hast, geh in den Salon und poliere die Möbel. Sie haben es nötig, weil sie in Sutton in der Scheune gestanden haben. Mach deine Sache gründlich, ja?«

Ich nahm die Büchse mit Mansion-Politur, holte mir zwei Staubtücher aus dem Küchenschrank und ging ins Eßzimmer. Man hatte sich große Mühe gegeben, den Raum wieder in Ordnung zu bringen, und an den Wänden waren neue Tapeten; trotzdem konnte ich noch einen schwachen modrigen Geruch spüren, den die Nässe hinterlassen hatte. Ich dachte, daß es wohl noch Monate dauern würde, bevor er gänzlich verschwindet, obwohl wir jeden Tag die Fenster öffneten, damit frische Luft hereinkommen konnte.

Mrs. Jackson hatte recht mit den Möbeln. Man sah ihnen an, daß sie nicht gepflegt worden waren. Zuerst bearbeitete ich mehrere Sessellehnen gründlich, dann hockte ich mich auf den Boden, um die klauenförmigen Füße des Frühstückstisches zu polieren. Ich kauerte unter der bestickten Decke, die den Tisch bedeckte, als ich plötzlich hörte, wie sich ganz in der Nähe Stimmen erhoben. Es waren der Hausherr und die Herrin, die offensichtlich miteinander stritten. Panik erfüllte mich – was sollte ich machen? Sollte ich mich zu erkennen geben oder hoffen, daß sie fortgehen würden? Ich zögerte noch, dann war es bereits zu spät. Die Auseinandersetzung hatte ernstlich angefangen. Wenn ich versuchte, den Raum zu verlassen, würde ich ihren Zorn auf mich lenken. Ich verhielt mich völlig ruhig in meinem Versteck und wagte kaum zu atmen.

»Das ist lächerlich, Eben. Du kannst Nathan die Unterstützung nicht verweigern. Das Geld gehört ihm. Du hast kein Recht, es ihm vorzuenthalten.«

»Als Verwalter des Vermögens seines Vaters habe ich das Recht, so zu handeln, wie es mir paßt.«

»Nein, Eben so ist das nicht. Außerdem könntest du Ärger bekommen, wenn er zu einem Anwalt geht. Angenommen, irgend jemand deckt auf, was du in der Vergangenheit mit dem Geld gemacht hast? Es würde einen schrecklichen Skandal geben.«

»Es ist schon lange her. Außer dir weiß niemand davon,

Mary. Ich habe die Spuren verwischt und das Geld zurückgezahlt. Es war lediglich eine Anleihe.« Eben Crawleys Stimme klang seltsam, so, als ob er sich verteidigen müsse. »Ich befand mich damals in Schwierigkeiten. Ich brauchte das Geld – und dein Vater hat sich geweigert, mir auch nur einen Pfennig zu leihen.«

»Ich weiß, daß du Nathans Geld zurückerstattet hast«, sagte Mary. »Aber du hattest nicht das Recht, es zu nehmen. Nach den Grundsätzen der Moral gehört ihm diese Farm. Ohne sein Geld wärst du bankrott gegangen wie so viele andere.«

»Nathan würde die Farm gar nicht haben wollen, selbst wenn ich sie ihm anböte. Er haßt die Marschgebiete – und mich. Das hat er ganz klar zum Ausdruck gebracht. Außerdem wird es nie jemand erfahren. Ich habe im Auftrag meines Neffen Anlagewerte ge- und verkauft, das ist alles.«

»Du konntest schon immer gut Unterschriften fälschen.«

»Und du hast den Nutzen gehabt, Mary. Nein, schau mich nicht so an. Als dein Vater den größten Teil seines Geldes verloren hatte aufgrund falscher Investitionen, wären wir alle in Schwierigkeiten geraten ohne mich und mein kleines Talent. Du brauchst also gar nicht die Nase über mich zu rümpfen.«

»Ich weiß, daß du das getan hast, was du damals für das Beste gehalten hast«, sagte Mary. »Aber du solltest dankbar sein, daß dir Nathans Geld zur Verfügung stand. Wenn Henry wüßte, was du getan hast …«

»Nun, er weiß es nicht.«

»Du kannst Nathan nicht ewig Edwards Tod vorwerfen. Gott weiß, wie sehr ich mich deswegen gegrämt habe, aber es war nicht Nathans Schuld. Ich kann ihn auch nicht tadeln, weil er diesen Ort hier haßt. Du hast ihn wieder und wieder büßen lassen für Edwards Unfall – es wäre gnädiger gewesen, ihn aufzuhängen.«

»Ich hätte ihn auch am liebsten aufgehängt. Er hat mir meinen Jungen geraubt.«

»Edward lebt nicht mehr. Du hast eine Tochter. Weshalb zeigst du ihr nicht wenigstens ein wenig Zuneigung? Du hast dich nie so um sie gekümmert wie um Edward.«

»Und warum wohl?« Seine Stimme klang hart. »Er war ein Kind der Liebe, aber als Frances geboren wurde, hast du dich gegen mich gewandt. Du konntest mich kaum noch in deiner Nähe ertragen.«

Ich bekam einen steifen Hals in meiner ungemütlichen Stellung unter dem Tisch. Ich hätte mir am liebsten die Ohren verschlossen oder sie angefleht aufzuhören, aber ich hatte Angst. Ich hatte schon viel zuviel gehört!

»Das ist nicht wahr«, sagte Mary. »Ich bin bei Edwards Geburt fast gestorben. Ich hätte Frances niemals bekommen dürfen. Du weißt doch, wie zart sie immer gewesen ist ...«

»Mach dir keine Sorgen.« Seine Stimme war von Sarkasmus erfüllt. »Ich habe nicht die Absicht, dich zu bitten, wieder das Bett mit mir zu teilen. Ich habe dich genug angefleht. Es gibt andere Frauen, die es nicht widerlich finden, mir das zu geben, was du mir nicht geben kannst – oder willst.«

»Glaubst du wirklich, ich wüßte nicht Bescheid über dich und deine Huren? Und auch über deine anderen kleinen Laster? Du hättest diese armen Hunde nicht umzubringen brauchen. Ich habe die ganze Zeit über von ihnen gewußt.«

Ich hörte, wie sie ihn auf die Wange schlug, dann herrschte Schweigen. Er atmete schwer, und ich hatte schreckliche Angst vor dem, was nun geschehen würde.

»Du hast danach gefragt, Mary«, sagte er mit einer merkwürdig flachen Stimme. »Ich habe mich jahrelang mit deiner Kälte abgefunden, aber endlich hatte ich genug. Ja, es hat andere Frauen gegeben – und eine von ihnen wird mir nun einen Sohn schenken, einen Erben für die Farm.«

»Das kannst du doch nicht machen! Was ist mit Frances?«

»Frances ist mir völlig gleichgültig. Hinterlasse ihr doch das Geld, das du von deinen Eltern geerbt hast.«

»Aber sie soll alles bekommen!«

»Ich habe das Geld zurückgezahlt, das ich von Nathans Vermögen ausgeborgt habe, und ich habe diese Farm mit meinem Blut und Schweiß aufgebaut. Ich werde verdammt nochmal damit machen, was mir paßt.«

Was ich alles lernte. Jeder im Dorf hatte es immer für eine feststehende Tatsache gehalten, daß Eben Crawleys Geld von seiner Frau stammte. Tatsächlich aber hatte er es dem Sohn seines Bruders gestohlen und Unterschriften gefälscht, um die Spuren zu verwischen. Ich zitterte, als mir klar wurde, was das bedeutete.

»Wenn du mir den Bastard ins Haus bringst, gehe ich.«

»Meine liebe Mary, es schert mich keinen Pfifferling, was du tust.«

»Du ... Du Bastard! Das wird dir noch leid tun.«

»Mir tut es seit Jahren leid, daß ich dich geheiratet habe. Ich habe einen höllischen Preis bezahlt für die Runde im Heu.«

»Mußt du so gemein werden? Aber so bist du schon immer gewesen. Du sagst, du hast bezahlen müssen. Ich vielleicht nicht? Ich frage mich manchmal, weshalb ich mir eigentlich die Mühe gemacht habe, dich zu heiraten. Es wäre besser gewesen, wenn ich mein Kind adoptiert hätte.«

»Wovon redest du eigentlich?«

Sie lachte. Es klang hart und grausam und ließ mich zusammenfahren. Ich legte die Hände auf die Ohren und wünschte verzweifelt, daß ich geflohen wäre, solange es noch Zeit war. Ich wollte all diese schrecklichen Dinge nicht mehr hören.

»Du glaubst, daß Edward in Liebe gezeugt wurde, nun, das stimmt, Eben, aber nicht von dir. Was glaubst du wohl, weshalb ich dich plötzlich erhört habe, nachdem ich mir vorher kaum die Mühe gemacht hatte, mit dir zu reden? Du bist in das Haus meines Vaters gekommen, hast mich mit deinen Schafsaugen angesehen und um ein freundliches Wort oder einen Blick gebettelt, damit du später zu Hause davon zehren konntest. Oh, wie habe ich dich verachtet wegen deiner Schwäche. Aus einem ganz bestimmten Grund habe ich dich an jenem Tag angelächelt, und nur aus diesem Grund allein. Ich wußte, daß ich schwanger war, und ich wußte, daß du eine reiche Frau suchtest. Es war so leicht, dich an der Nase herumzuführen – du hast nicht einmal gemerkt, daß ich keine Jungfrau mehr wahr, nicht wahr? Aber ich hatte natürlich dafür gesorgt, daß du gerade genügend betrunken warst, um ...«

Ein sonderbar erstickter Laut drang aus seiner Kehle. »Du

lügst, du Schlampe! Du lügst – du mußt lügen. Edward war mein Sohn.«

Wieder lachte sie, triumphierend diesmal. »Vielleicht, vielleicht auch nicht. Du wirst deiner Sache nie ganz sicher sein, nicht wahr? Selbst wenn ich sage, daß ich gelogen habe, wirst du nie wieder wirklich sicher sein.«

»Ich könnte dich umbringen.«

»Bitte, bring mich um. Du bist ein ungehobelter, gemeiner Kerl gewesen. Die körperliche Liebe mit dir hat mir nie irgend etwas gegeben. Es war immer eine Mißhandlung für mich, die ich ertragen mußte, bis du befriedigt warst. Hast du dich jemals gefragt, ob ich irgend etwas dabei empfand? Nun, ich werde dir sagen: ich habe jeden Augenblick gehaßt …«

Ich hörte einen gedämpften Fluch, dann ein Krachen, als er irgendeinen Gegenstand vom Tisch nahm und quer durch das Zimmer schleuderte. Nach dem Geräusch, das ich hörte, mußte es eine schwere Kristallkaraffe gewesen sein, die in tausend Stücke zersprang.

»Hol dich der Teufel«, murmelte er. »Möge deine Seele in der Höhle verfaulen!«

Seine schweren Fußtritte erschütterten den Fußboden, dann knallte die Tür hinter ihm ins Schloß. Jetzt herrschte Ruhe. Ich wagte kaum zu atmen und wünschte, der Boden möge sich unter mir öffnen. Ich konnte kaum glauben, daß ich tatsächlich gehört hatte, wie Mary Crawley so furchtbare Dinge gesagt hatte. Ich hatte sie immer für einen so ruhigen, guten Menschen gehalten.

»Du kannst jetzt hervorkommen, Betty.«

Sie wußte, daß ich hier war! Sie mußte es die ganze Zeit gewußt haben. Und trotzdem hatte sie all diese grausamen, schlimmen Dinge zu ihrem Mann gesagt, in dem Bewußtsein, daß ich alles mithörte. Vielleicht hatte es ihr ein Gefühl von Sicherheit gegeben, daß sie wußte, daß ich da war, für den Fall, daß er sie angegriffen hätte. Ich war ganz krank vor Angst, als ich unter dem Tisch hervorkroch, mit hochroten Wangen. Ich war zu verängstigt, um sie anzublicken, als ich eine Entschuldigung murmelte.

»Ich habe die Möbel poliert, Ma'am. Ich wußte nicht, was ich machen sollte.«

»Schau mich an.« Ihre Stimme wurde schärfer, als ich zögerte. »Ich habe gesagt, schau mich an.«

Ich hob die Lider und blickte ihr in die Augen. »Es tut mir leid, Ma'am «

»Hast du die Gewohnheit, die Gespräche anderer Leute zu belauschen?«

»Nein, Ma'am. Es tut mir leid, Ma'am.« Ich starrte auf den Fußboden. Sicher würde sie mich sofort entlassen.

»Du bist ein intelligentes Mädchen, Betty. Du weißt, daß ich dich ohne Zeugnis entlassen kann, nicht wahr? Und du weißt auch, daß es dann schwer für dich sein würde, irgendwo eine ähnliche Arbeit zu finden?«

»Ja, Ma'am.«

»So kennst du jetzt also mein Geheimnis, Betty.« Sie schaute mich scharf an. »Oder hat deine Mutter dir bereits erzählt, was ich ihr eines Tages törichterweise anvertraut habe?«

»Nein, Ma'am. Sie hat mir gar nichts erzählt, nur daß Sie eine gute Herrin sein würden, wenn ich Ihnen gehorche.«

Mary nickte und machte ein nachdenkliches Gesicht. »Dann hat sie ihr Wort gehalten, das ist immerhin etwas. Nun, Eben weiß jetzt Bescheid, deshalb gibt es für mich keinen Grund mehr, dich zu behalten, oder?«

Mit vor Furcht weit geöffneten Augen starrte ich sie an. »Wollen Sie mich – fortschicken?«

Sie runzelte die Stirn, dann schüttelte sie den Kopf. »Ich war ärgerlich auf Lizzie, weil sie mir gedroht hat, aber es ist gut für Frances gewesen, daß du gekommen bist. Wenn ich dich hierbehalte, mußt du mir schwören, daß du mir treu ergeben sein wirst. Du wirst kein Wort darüber verlieren, was Eben getan hat?«

»Ich schwöre es, Ma'am. Ich werde es keiner Seele erzählen.«

»Und du wirst mir erzählen, was die anderen sagen?« Sie packte mich schmerzhaft am Handgelenk. »Was hast du in diesem Haus gesehen oder gehört, worüber ich Bescheid wissen sollte?«

Sie durchbohrte mich mit ihren Blicken. »Ich ... Ich weiß nicht, was Sie meinen«, sagte ich, aber das stimmte nicht. Oh, ich verstand sie sehr gut! Sie wollte, daß ich ihr von ihrem Mann und Polly erzählte.

»Du weigerst dich also?«

»Nein, Ma'am. Ich habe nichts gesehen. Mein Ehrenwort.« Sie kniff die Augen zusammen. Sie war sich nicht sicher, ob ich log oder nicht. »Ich bin fast immer bei Miss Frances, Ma'am, aber wenn ich irgend etwas sehe, komme ich zu Ihnen und erzähle es Ihnen.«

»Gibst du mir dein Wort darauf?«

»Ja, Ma'am. Ich ... Ich habe den Herrn nie sehr gemocht, und Miss Frances ist traurig, weil Mr. Nathan fortgegangen ist.«

Ein kleines Lächeln erschien auf ihren Lippen. »Ja, ich weiß, wie ergeben du Frances bist. Nun, Betty, ich will diesmal Gnade vor Recht ergehen lassen. Ich weiß, daß ich dich nicht warnen muß vor den Folgen, wenn du ein einziges Wort von dem weitersagst, was du hier gehört hast. Wenn ich das entdecken sollte, werde ich dich entlassen.«

»So weit wird es nicht kommen, Ma'am.«

»Du könntest mir nützlich werden ... Ja, es könnte sich als nützlich erweisen, wenn ich eine Kundschafterin im Haus habe, die auf meiner Seite steht. Ich habe die Absicht, Eben für seinen Betrug bezahlen zu lassen, Betty. Eine Geliebte könnte ich hinnehmen, aber keinen kleinen Bastard. Wenn er versuchen sollte, einen Bastard ins Haus zu bringen, wird es ihn teuer zu stehen kommen.«

»Würden Sie ihn wirklich verlassen, Ma'am?«

Sie lächelte sonderbar. »Nur wenn es nicht anders geht. Er ist mir etwas schuldig, und ich werde dafür sorgen, daß er bezahlen muß.«

Ein kalter Schauer fuhr mir über den Rücken, als ich sie anschaute. In diesem Augenblick tat Eben Crawley mir leid.

Der Bruch zwischen dem Herrn und der Herrin führte in der Küche zu Spannungen. Mrs. Jackson hatte eine Auseinandersetzung mit ihrem Bruder gehabt und hielt fest zu Mary.

»Ich weiß nicht, worum es ging bei dem Streit«, sagte sie. »Aber ich weiß, daß Mary in all diesen Jahren genug zu ertragen gehabt hat. Als mein Bruder sie heiratete, dachte ich zuerst, daß er ein Narr sei. Am Anfang mochte ich sie nicht; es kam mir etwas seltsam vor, daß sie so plötzlich bereit war, seine Frau zu werden. Sie hatte einen heimlichen Verehrer aus London, bis sie ...« Mrs. Jackson entdeckte mich am Spülbecken. »Nun, je weniger Worte man darüber verliert, desto besser. Wenn du fertig bist, Betty, gehst du am besten wieder nach oben.«

»Ich bin gleich fertig«, antwortete ich. Auf keinen Fall wollte ich von dem Gespräch ausgeschlossen werden.

»Dieser Herr aus London«, sagte Joe. »War er nicht verheiratet? Ich erinnere mich daran, daß irgend jemand mal so etwas gesagt hat.«

Mrs. Jackson nickte bedeutungsvoll. »Mary war wirklich sehr eingenommen von ihm. Ich kann mich im Augenblick nicht an seinen Namen erinnern.«

»Sie ist immer kalt gewesen«, sagte Polly. »Erzählen Sie mir bloß nicht, sie hätte einen Liebhaber gehabt, das paßt nicht zu ihr.«

»Und woher willst du das wissen?« Mrs. Jackson warf ihr einen wütenden Blick zu.

»Ich weiß es eben, das ist alles. Sie macht den Herrn unglücklich, das weiß ich.«

»Ach, wirklich? Sei nur hübsch vorsichtig, Mädchen. Du wirst in Schwierigkeiten geraten, wenn du nicht achtgibst.«

Ich hatte schon seit einiger Zeit gewußt, daß sie vermutete, was sich zwischen ihrem Bruder und Polly abspielte, wenn auch nur durch einen Blick, den ich aufgefangen hatte, oder eine leise Verwünschung.

»Sie wissen gar nichts«, sagte Polly mit einem Lächeln auf den Lippen. »Bald wird hier alles ganz anders sein. Dann werden Sie ein anderes Lied singen.«

»Wenn es das ist, was ich mir denken kann, werde ich ganz schnell durch diese Tür verschwinden. Henry mag ein alter Umstandskrämer sein, aber ich möchte eher mit ihm zusammen leben als mit einer Schlange.«

»Hüten Sie sich. Es gibt viele, die gern Ihren Platz einnehmen würden.«

»Nicht, wenn eine Hure die Herrin im Haus spielt.«

Es war das erste Mal, daß Mrs. Jackson sich so drastisch ausdrückte. Polly schnappte nach Luft, ihre Wangen wurden blutrot. Sie sprang vom Tisch auf, nahm eine Büchse mit Wachspolitur und lief aus dem Raum.

»Sie hätten das nicht sagen sollen«, wandte Joe ein. »Polly ist ein gutes Mädchen. Man hat ihr den Kopf verdreht mit Versprechungen, das ist alles.«

»Oh, ihr Männer seid alle gleich! Wenn ihr ein hübsches Gesicht seht, zerreißt ihr euch die Hosen, um sie schneller herunterzubekommen. Ihr könnt nicht einmal warten, bis ...«

»Mrs. Jackson, denken Sie daran, daß Betty zuhört.«

»Sie weiß, wovon ich rede. Wenn sie es nicht wüßte, mit einem Vater wie ihrem, müßte sie eine Närrin sein – und das ist sie nun bestimmt nicht.« Mrs. Jackson knallte einen Topf auf den Herd, daß die Emaille splitterte. »Mary ist zu gut für Eben, das ist die Tatsache.«

»Vielleicht war sie zu gut für jeden Mann. Einige Frauen sind nicht für die Ehe geschaffen, wenn Sie wissen, was ich meine.«

Mrs. Jackson rümpfte die Nase. »Damit könnten Sie recht haben, aber sie kann in ihrem eigenen Haus ein wenig Respekt erwarten.«

»Ich heiße nicht gut, was hier vorgeht«, sagte Joe unglücklich. »Aber seien Sie nicht zu hart zu Polly.«

Wenn sie offen darüber redeten, wie lange konnte es dann noch dauern, bis Mrs. Crawley Bescheid wußte?

Ich stattete meiner Mutter einen kurzen Besuch ab, als Frances mit Kopfweh zu Bett gegangen war. Vera lag auf dem Sofa, als ich ankam, aß einen Apfel und hörte gerade im Radio *Have a Go, Joe*. Es war eine Quiz-Sendung mit Wilfried Pickles und Mabel am Klavier, und Vera gefiel sie offensichtlich sehr gut. Sie machte ein finsteres Gesicht, als ich eintrat, als wäre ich ein Störenfried.

»Solltest du nicht in der Schule sein?« fragte ich.

»Ich habe mich erkältet«, erwiderte sie und schnitt mir eine Grimasse. »Außerdem habe ich Mama geholfen.«

»So sieht es auch aus«, sagte ich und warf einen Blick auf meine Umgebung. »Könntest du nicht ein bißchen mehr tun, Vera? Die Fenster sind schmutzig, und der Boden ist seit Ewigkeiten nicht mehr geschrubbt worden.«

»Vera muß viel Schularbeiten erledigen«, sagte meine Mutter. »Sie hat im letzten Jahr so oft gefehlt. Und augenblicklich fühlt sie sich wirklich elend.«

»Na gut, wenn es dich nicht stört.« Ich zuckte mit den Schultern, ärgerlich darüber, daß meine Mutter sie auch noch in Schutz nahm. »Hier, Vera, nimm Jo mit und kauf ihm ein paar Süßigkeiten. Fruchtdrops oder Gummibärchen – und natürlich auch etwas für dich. Ich möchte mit Mama reden.«

Sie stand zögernd auf und warf mir einen wütenden Blick zu. »Du willst mit Mama reden, und dann muß jeder tun, was du willst. Was glaubst du eigentlich, wer du bist. Lady Muck?«

»Streitet euch nicht«, sagte meine Mutter. »Tu, was Betty sagt Vera. Ich mache uns eine Tasse Tee.«

Sie füllte einen Kessel mit Wasser und stellte ihn auf den Herd. Vera knallte die Tür hinter sich zu, daß die Fensterscheiben in ihren halb verrotteten Rahmen klirrten.

»Du solltest dafür sorgen, daß sie mehr tut, Mama.«

»Ich weiß.« Meine Mutter seufzte. »Ich kann einfach nicht mit ihr fertigwerden, Betty. Vera ist nicht wie du. Sie ist störrisch und widerspenstig. Und in letzter Zeit weiß ich überhaupt nicht mehr, was mit ihr los ist. Irgend etwas quält sie.«

Sie legte eine Pause ein und sah mich an. »Worüber möchtest du mit mir reden?«

»Du hast Mary Crawley erpreßt, damit sie mir diese Stellung gibt, nicht wahr?«

Sie wurde rot. »Hat sie dir das erzählt?«

Ich nickte. «Erpressung ist strafbar, das weißt du doch.«

»Hat sie dir gekündigt?« Meine Mutter machte ein besorgtes Gesicht.

»Nein, sie behält mich, weil ich so gut für Frances sorge.«

»Dem Himmel sei Dank.« Sie starrte mich an. »Ich mußte das tun, Betty. Zuerst hat sie nein gesagt – und ich konnte dich doch nicht zum Arbeiten aufs Land schicken, nicht wahr?«

»Nein«, erwiderte ich langsam. »Du hättest das nicht tun sollen. Erst war es mir gar nicht recht, aber jetzt bin ich froh darüber.«

Ich konnte spüren, daß sich etwas zusammenbraute; die Atmosphäre war sehr gespannt. Jeder wurde davon berührt, sogar Joe. Auch Frances bemerkte es, aber sie sagte nicht viel. Mr. Crawley nahm seine Mahlzeiten nach wie vor im Eßzimmer ein, aber die Herrin ließ sich ihre immer nach oben in ihr Wohnzimmer bringen. Das bedeutete Mehrarbeit für uns alle, und Mrs. Jackson hörte nicht mehr auf zu schimpfen.

»Wenn das so weitergeht, verschwinde ich«, sagte sie. »Von Eben hört man nie ein vernünftiges Wort, und Mary zieht sich in ihr Schneckenhaus zurück. Ich sollte besser gehen und irgendwo als bezahlte Haushälterin arbeiten.«

Als sie wieder einmal gedroht hatte zu gehen, fragte ich Joe, ob sie es wohl wirklich tun würde. Er schüttelte den Kopf und grinste. »Ich zweifle daran. Sie ist schon zu lange hier. Und außerdem kennen wir ihre Geheimnisse.«

»Was meinen Sie damit?«

Er schüttelte den Kopf und wollte nicht mehr sagen. Ich war verärgert. Es war nicht fair von ihm, erst Andeutungen zu machen und dann nicht herauszurücken mit der Sprache.

Wir schälten Kartoffeln. Joes Bemerkung hatte mich neugierig gemacht. Ich erinnerte mich daran, daß Mrs. Jackson mich einmal davor gewarnt hatte, zum Mittelpunkt von Klatsch zu werden, und fragte mich, ob sie wohl einmal ein Opfer böser Zungen geworden sein mochte. Deshalb vergaß ich meine übliche Zurückhaltung und fragte sie einfach danach.

Sie schaute mich merkwürdig an. »Wie kommst du darauf, Betty?«

»Ich habe mich nur gefragt ...« Sie schien nicht ärgerlich zu sein, so wagte ich einen weiteren Vorstoß. »Ich habe mich wegen Mr. Jackson gefragt ...«

»Er ist tot.« Sie schnitt eine Kartoffel in Scheiben und warf sie in sauberes Wasser. »Ich bin Witwe, und zwar seit fünfzehn Jahren. Daran ist nichts Geheimnisvolles.«

»Oh, es tut mir leid.«

»Vergiß es. Es war keine Liebesheirat.«

Sie schien nicht die Absicht zu haben, mir mehr darüber zu erzählen, aber vielleicht war das auch am besten. Es war manchmal nicht sehr angenehm, wenn man zu viele Geheimnisse kannte. Ein Monat war vergangen, seit ich den Streit zwischen Eben und Mary belauscht hatte. Ich machte gerade das Bett in Mr. Crawleys Zimmer, als ich ein Taschentuch sah, das sich in den Laken verfangen hatte. Als ich es aufnahm, sah ich, daß in einer Ecke deutlich ein Name eingestickt war. Es handelte sich um das Taschentuch, das ich Polly beim ersten Weihnachtsfest hier geschenkt hatte. Sie war mit ihm zusammen gewesen, hier im Haus, in seinem Bett! Bestürzt starrte ich es an, dann steckte ich es in meine Schürzentasche.

»Was hast du gefunden, Betty?«

Schuldbewußt fuhr ich herum, als ich Mary Crawleys Stimme hörte. Sie war noch nie in eines der Schlafzimmer gekommen, während wir geputzt hatten. Warum war sie heute hergekommen? Sie hätte sich keinen schlechteren Zeitpunkt auswählen können.

»Nur ein Taschentuch, Ma'am. Es ist schmutzig. Ich will es zur Wäsche geben.«

»Zeig es mir.« Sie streckte die Hand aus. »Gib es mir.«

Ich fühlte mich ganz elend, als ich sie anblickte. Ihre hellen Augen funkelten, und mit ihren Blicken schien sie mich durchbohren zu wollen. Ich wußte, daß es keine Möglichkeit gab, sie irrezuführen. Sie würde es sofort merken, wenn ich versuchte zu lügen. Wenn ich ihr das Taschentuch gab, war es ein Betrug an Polly, aber wenn ich nicht gehorchte, würde sie mich augenblicklich hinauswerfen. Ich wollte aber unbedingt hierbleiben, und ich verachtete mich selbst, als ich die Hand in meine Schürzentasche steckte.

»Ich wollte es Ihnen erzählen«, log ich. Sie wußte, daß ich log, aber sie nickte nur.

»Natürlich.« Sie schaute das Taschentuch an und preßte die Lippen zusammen. Sie wirkte weder schockiert noch überrascht. »Du wirst mit niemandem darüber reden, verstehst du?«

»Ja, Ma'am.«

»Sehr gut, du kannst gehen.«

Ich hatte Schmerzen in der Brust, als ich das Zimmer verließ. Ich hatte Polly betrogen, um mich selbst zu retten. Ich kam mir vor wie ein Judas. Die Scham würgte mich in der Kehle. Ich konnte Polly kaum ansehen, als wir uns ein paar Minuten später in der Küche begegneten. Sie lächelte mich an und begann über meine Familie mit mir zu reden. Mir wurde plötzlich klar, daß sie seit kurzem wieder freundlicher zu mir war.

»Gestern habe ich im Dorf Vera gesehen«, sagte sie. »Sie wird ein hübsches Mädchen. Sie hat mich gefragt, ob sie hier wohl einen Job bekommen könnte.«

»Vera stellt sich vor, daß die Willow-Farm gleich nach dem Himmel kommt.« Meine Stimme klang sonderbar, und Polly sah mich erstaunt an. »Sie kann es nicht abwarten, von zu Hause wegzugehen und einen Job anzunehmen. Ich glaube, sie hat Angst, daß es zu Hause mehr Arbeit für sie geben wird, wenn meine Mama wieder ein Baby bekommt.«

»Wieder ein Baby? Deine Mutter ist beim letzten Mal fast gestorben. Ich dachte, der Arzt habe gesagt, sie dürfe keins mehr bekommen.«

»Hat er auch – es ist die Schuld meines Vaters.«

»Vielleicht ergeht es ihr besser diesmal, sie darf es nicht allzu schwernehmen.« Polly lächelte wieder. »Sag Vera, daß sie gut auf sie achtgeben soll.«

Mir wäre es lieber gewesen, wenn Polly sich nicht so freundlich und besorgt verhalten hätte. Immer, wenn ich sie ansah, quälten mich brennende Schuldgefühle. Sie wirkte so glücklich, als ob sie vor Freude fast überschäumen wollte. Ich war am Ende meiner Nerven und fuhr jedesmal zusammen, wenn die Tür geöffnet wurde, weil ich dachte, daß Polly jeden Augenblick heraufgerufen werden würde.

Als es Zeit war zum Schlafengehen und nichts passiert war, seufzte ich erleichtert auf. Vielleicht würde Mary sie doch nicht entlassen.

Plötzlich wachte ich auf und sah Polly in der offenen Tür stehen. Sie sah zerquält und blaß aus und schien sich in einer Art Schockzustand zu befinden. Ich sprang aus dem Bett und lief zu ihr hin, nahm ihre zitternde Hand und führte sie zum Bett. Sie setzte sich auf die Kante und schaute wie betäubt vor sich hin.

»Sie kam ins Zimmer, als wir gerade …« Ein Schauer lief durch ihren Körper. »Sie weiß es … Sie hat es schon seit langem gewußt …«

»Wovon redest du, Polly?«

»Sie weiß sogar von dem Baby. Ich war vor einigen Tagen selber noch nicht sicher, wie kann sie …« Polly redete weiter, als spräche sie zu sich selber. »Sie sagt, daß sie ihn und mich zugrunderichten wird, wenn ich das Baby bekomme. Und sie ist dazu in der Lage.«

»Wie sollte sie ihn zugrunderichten können, Polly? Es würde höchstens einen Skandal geben, aber er ist nicht der Typ, der sich darum schert.«

»Ich weiß es nicht genau.« Polly schüttelte den Kopf und versuchte, ihre Gedanken zu ordnen. »Er hat irgend etwas angestellt, früher einmal. Eine Unterschriftenfälschung auf irgendwelchen Dokumenten. Er könnte ins Gefängnis kommen. Sie hat Beweise aufgehoben …«

Wenn Mary im Besitz von Dokumenten war, die den Beweis dafür erbringen konnten, daß Eben seinen Neffen bestohlen hatte, dann besaß sie allerdings eine mächtige Waffe gegen ihn. Eben hatte bestimmt nicht gewußt, daß sie Beweise für seine Schuld in der Hand hat.

»Das würde sie bestimmt nicht tun«, sagte ich. »Das kann sie ihrem eigenen Mann nicht antun.«

»Sie wird es tun, wenn er einen Bastard ins Haus bringt.« Polly starrte mich wild an. »Sie hat es geschworen – und ich glaube ihr.«

Ich hatte gehört, wie Mary zu Eben sagte, daß es ihm noch leid tun würde. Sie hat nur auf einen Beweis gewartet – und den habe ich ihr geliefert!

»Polly«, sagte ich. »Es tut mir so leid.«

Sie starrte mich an, ohne mich zu sehen. »Er hat mir versprochen, daß alles in Ordnung sei«, sagte sie. Ihre Stimme klang bestürzt. »Er hat gesagt, daß er sich um mich kümmern würde, wenn ich ihm einen Sohn schenke. Er hat gesagt, es spiele gar keine Rolle, was die Leute reden. Sie würde ihn verlassen, und ich werde seine Frau.«

»Was willst du jetzt machen?«

»Ich weiß es nicht. Nach Hause kann ich nicht gehen, mein Vater würde mich umbringen.« Angstvoll schaute sie mich an. »Sie hat gesagt, ich bekomme meinen Lohn und muß gehen. Wenn ich das Kind loswerde, bekomme ich tausend Pfund. Ich bin völlig durcheinander, Betty ...«

»Der Herr würde es nicht zulassen, daß du sein Kind abtreibst. Er wird dir beistehen.«

»Du weißt das Schlimmste noch nicht.« Polly unterdrückte ein Schluchzen. »Sie sagt, sie würde ihm ein Kind schenken, wenn ich ... Er begehrt sie immer noch, Betty.« Polly packte mich am Arm. »Er hat gesagt, daß er sie haßt. Er hat geschworen, daß nichts auf der Welt ihn soweit bringen würde, wieder mit ihr ins Bett zu gehen – aber er hat gelogen. Er liebt sie immer noch. Ich konnte es in seinem Gesicht erkennen, als sie ihm das Ultimatum stellte. Er begehrt sie noch immer ...«

Wie konnte ein Mann immer noch eine Frau begehren, die das getan hatte, was Mary getan hatte? Er hatte geschworen, daß er genug gebettelt habe: nun sah es so aus, als sei er bereit, von vorn anzufangen. Er würde zuschauen, wie Polly aus dem Haus gejagt wurde. Noch schlimmer, er würde erlauben, daß sein Kind im Mutterleib getötet wurde! Ich hatte Mary Crawley fast für eine Heilige gehalten, aber jetzt war ich mir nicht mehr sicher, wer der Heilige war und wer der Sünder.

»Du kannst nicht dein eigenes Kind umbringen, Polly.«

»Ich kann mich nicht damit abfinden, mein ganzes Leben lang arm zu bleiben. Ich wurde lieber sterben, als so zu leben wie meine Mama.«

»Warum bittest du Joe nicht um Hilfe? Er mag dich – vielleicht heiratet er dich.«

»Er würde seinen Job aufgeben müssen. Sie will mich nicht mehr im Haus haben, sie haßt mich – und das Kind. Sie will, daß ich es umbringe.«

Entsetzen und Übelkeit erfüllten mich. »Du brauchst nicht nachzugeben, Polly. Laß mich mit Joe reden.«

Sie preßte die Lippen zusammen. »Ich werde ihr Geld nehmen. Ich will Ebens Balg nicht. Ich habe nur ihm zuliebe eingewilligt.« Ihre Augen waren vor Kummer dunkel geworden. »Jeder hält mich für eine Hure, aber ich habe ihn geliebt. Ich habe ihn wirklich geliebt. Ich habe geglaubt, daß er mich auch liebt ...«

Das Mitleid mit ihr preßte mir die Kehle zusammen. Sie hatte nie eine wirkliche Chance gehabt gegen Mary Crawley. Die Herrin war schlau und skrupellos, während Polly einfach ein hübsches, ganz normales Mädchen war. Sie hatte sich schlecht aufgeführt, aber jetzt mußte sie dafür bezahlen, während der Herr ... Der Herr würde das bekommen, was er sich immer gewünscht hat.

Ich fühlte mich krank und elend, während ich beobachtete, wie Polly ihre Sachen packte. Es war alles zuviel für mich, und ich fing an zu weinen. Polly schaute mich erstaunt an, dann legte sie ihren Arm um meine Schultern.

»Ich habe dich noch nie weinen sehen, Betty. Nicht einmal, als es deiner Mama so schlecht ging. Ich bin froh über deine Anteilnahme, aber beruhige dich jetzt. Ich werde darüber hinwegkommen. Ich werde ihr Geld nehmen und nach London gehen. Ich habe mir immer gewünscht, herauszukommen aus den Marschgebieten, und jetzt habe ich eine Chance.«

»Oh, Polly«, rief ich. »Polly, bitte tu das nicht.« Kummer und Schuldbewußtsein überschwemmten mich förmlich. »Warum willst du es nicht Joe erzählen? Ich weiß, daß er dir helfen würde.«

Sie lachte hart. »Ich glaube, ich wäre lieber tot. Nein, Betty, in Zukunft werde ich die Männer dafür bezahlen lassen, was Eben mir angetan hat. Mach dir keine Sorgen, Betty. Ich werde schon zurechtkommen. Es wird mir gutgehen ...«

Ich schaute ihr nach, bis der Wagen außer Sichtweite war, dann drehte ich mich um und ging ins Haus zurück. Ich hatte bis zur letzten Minute mit Polly diskutiert, aber sie war fest entschlossen fortzugehen. Sie hatte die Hälfte des Geldes, das Mary ihr versprochen hatte, sofort ausbezahlt bekommen. Die andere Hälfte würde sie von einem Rechtsanwalt in London erhalten, wenn alles vorüber war. Ich fürchtete, daß sie ihre Entscheidung noch bereuen würde, aber sie wollte nicht auf mich hören.

»Ich werde ab und zu schreiben«, versprach sie mir. »Du mußt jetzt selber auf dich aufpassen, Betty.«

Mrs. Jackson spülte gerade Geschirr ab, als ich hereinkam. Sie war aufgebracht. »Ich weiß nicht, wie wir jetzt fertigwerden sollen. Einfach so wegzugehen, ohne irgend jemandem ein Wort zu sagen. Sie war immer egoistisch.«

»Es war nicht Pollys Schuld ...« Ich brach ab, als sich die Tür öffnete und Mary Crawley hereinkam.

»Ich möchte mit dir reden, Betty. Bitte komm ins Wohnzimmer, wenn du Frances das Frühstück gebracht hast.«

»Und ich möchte mit dir ein Wort reden, Mary«, sagte Mrs. Jackson. »Ich kann die ganze Hausarbeit nicht allein bewältigen, glaub mir das.«

»Nein, natürlich nicht, Hilda. Das habe ich auch nicht erwartet. Betty wird dir weiterhin helfen und dann vielleicht diese Frau, die Weihnachten hergekommen ist ...«

»Sarah Robinson? Sie hat drei kleine Kinder. Sie kann nur stundenweise arbeiten.«

»Das sollte reichen. Ich will nicht, daß in Zukunft noch irgend jemand anders hier lebt, außer Dir und Betty.« Sie warf mir einen Blick zu. »Vergiß nicht, daß ich mit dir reden möchte, Betty.«

Sie ging hinaus, während Mrs. Jackson ihr ärgerlich nachblickte. »Gut! Das sieht Mary ähnlich, sich vorzustellen, daß eine Frau, die nur ein paar Stunden kommt, Polly ersetzen könnte. Das bedeutet Mehrarbeit für mich und dich, Mädchen.«

»Mir macht es nichts aus. Ich kann eine Stunde früher aufstehen und die unteren Räume vor dem Frühstück putzen.«

»Das wirst du auch tun müssen. Selbst wenn Sarah kommen sollte, ist das kein Ersatz für Polly. Wie sie auch sonst gewesen sein mag, sie hat tüchtig gearbeitet. Wir werden sie vermissen.«

»Ja«, sagte ich traurig. »Wir werden sie vermissen.«

Frances war neugierig, weshalb Polly uns so plötzlich verlassen hatte. »Was ist passiert?« fragte sie, als ich ihr Frühstückstablett brachte. »Es hat einen Streit gegeben, nicht wahr?«

»Woher wissen Sie das?«

»Ich habe Geräusche gehört. Eine scheltende Frauenstimme und das Knallen von Türen.«

»Dann haben Sie mehr gehört als ich.«

»Du weißt also nicht, was los ist?«

»Polly hat Ihre Mutter verärgert, aber ich weiß nicht, wodurch.«

Sie kniff die Augen zusammen. »Lüg mich nicht an. Ich merke es immer, wenn du lügst. Polly war die Hure meines Vaters, stimmt's?«

»Solche Worter sollten Sie nicht gebrauchen.«

»Das steht in der Bibel. Auf jeden Fall weiß ich, daß es so ist. Nathan hat es mir erzählt, als ich ihn vor langer Zeit danach gefragt habe. Er sagte, Polly sei eine Hure. Er sagte, sie würde ihre Röcke für jeden Mann heben …«

Ich wußte, daß es ziemlich wahrscheinlich war, daß Polly Nathans Drängen nachgegeben hatte, nachdem er ihr den Schmuck geschenkt hatte, aber das gab ihm nicht das Recht, sie eine Hure zu nennen.

»Polly hat mir erzählt, daß sie in Ihren Vater verliebt war.«

»Du weißt also doch, was los ist.« Sie lächelte triumphierend. »Ich habe also recht. Ich weiß es, versuch gar nicht erst, es abzuleugnen.«

»Ich weiß, daß sie entlassen wurde, weil sie etwas mit dem Herrn hatte, aber sie ist keine Hure.«

»Nein?« Frances rümpfte die Nase. »Du scheinst Mitleid mit ihr zu haben. Und was ist mit meiner Mutter?«

Was konnte ich darauf antworten? Frances lag mir so sehr am Herzen, daß ich ihr unmöglich die ungeschminkte Wahrheit zumuten konnte.

»Nun, was sie auch gewesen sein mag, sie ist fort, und das bedeutet mehr Arbeit für mich. Ich muß jetzt gehen. Ihre Mutter möchte mit mir reden.«

»Du hast doch nicht irgend etwas angestellt?«

»Nicht daß ich wüßte. Vielleicht habe ich vergessen, unter den Betten zu fegen.«

»Oh, Betty!« Frances lachte, und ich ging, bevor sie weitere Fragen stellen konnte.

Ich war nervös, als ich zu Mary eilte. Frances gegenüber hatte ich es ins Lächerliche gezogen, aber ich war mir keineswegs sicher, was mich erwartete. Es war durchaus möglich, daß sie mich auch entließ.

»Komm herein, Betty.« Mary lächelte, als ich zögernd in der offenen Tür stehenblieb. »Ich werde dich nicht fressen. Schließ bitte die Tür hinter dir.«

»Ja, Ma'am. Habe ich irgend etwas falsch gemacht?«

»Ich weiß nicht – was meinst du?« Sie schüttelte den Kopf. »Nein, ich will dich nicht aufziehen. Wie lange bist du jetzt schon bei uns?«

»Fast achtzehn Monate.«

»So lange? Wie die Zeit verfliegt.« Sie musterte mich von oben bis unten. »Du hast treu zu mir und meiner Tochter gehalten. Ich möchte, daß du uns auch weiterhin treubleibst. Verstehst du mich?«

»Ja, Ma'am. Ich habe kein Wort verloren über das, was ich gehört habe.«

»Sonst hätte ich dich auch entlassen.« Sie griff nach der Brosche, die sie am Halsausschnitt trug. »Ich erhöhe deinen Lohn auf fünf Pfund in der Woche.«

Ich starrte sie an. Eine Lohnerhöhung war fällig, aber sie

verdoppelte den Betrag, den sie mir zuerst gezahlt hatte. »Ich ... Ich bin Ihnen sehr dankbar.«

Sie lächelte ein wenig. »Soviel ich gehört habe, gibst du das meiste von deinem Geld deiner Mutter. Behalte in Zukunft einen Teil davon für dich und kauf dir ein paar neue Kleider. Du solltest anständig angezogen sein, wenn du Frances nach London begleitest.«

Sie hätte mir keine größere Freude machen können. »Das ... Das würde ich sehr gern tun.«

»Das habe ich mir gedacht.« Sie entließ mich mit einer Handbewegung. »Ich bin sicher, daß du viel zu tun hast.«

Ich war ganz benommen, als ich ging. Die Lohnerhöhung war zu hoch. Ich wurde dafür bezahlt, daß ich ihre Geheimnisse für mich behielt – aber viel mehr noch bewegte mich der Gedanke, daß ich nach London kommen sollte. Es würde ein wundervolles Abenteuer werden, eine Gelegenheit, etwas von der Welt zu sehen ... Als ich die Treppe hinunterging, wurde mir klar, daß da noch etwas auf mich wartete. Ich würde im Haus der Blairs wohnen. Ich würde James Blair wiedersehen ... James Blair ... Ich lächelte und wußte, wie sehr ich mir das insgeheim gewünscht hatte.

Mary fuhr mit ihrer Tochter zu einem teuren Geschäft in Cambridge, um ihr neue Kleider zu kaufen für ihren Besuch in London. Frances kam mit drei hübsch gemusterten Kleidern nach Hause, einem weiten, weißen Rock mit einer dazu passenden, eng taillierten Jacke und mehreren Blusen aus Kunstseide. Sie sollte noch ein paar andere Kleider bekommen aus den Stoffen, die Mary schon vor dem Krieg gehortet hatte. Sie brachte auch zwei Paar moderne Schuhe mit sehr hohen Absätzen mit.

Ich gab all meine Kleidermarken und die meiner Mutter sowie die gesamte Lohnzulage für den ersten Monat aus für zwei Kleider aus Baumwolle und Kunstseide, einen Mantel aus Wollmischgewebe, Baumwollhandschuhe und ein Paar Schuhe. Ich kaufte die Sachen auf dem Markt, und neben den Kleidern von Frances sahen sie billig aus, aber ich hatte noch nie das Gefühl gehabt, so gut angezogen zu sein. Ich war sehr aufgeregt und voller Angst, daß Mary Crawley ihre Meinung noch ändern könnte.

Zwei Tage vor unserer Abreise nach London wurde ich zu Mrs. Crawley gerufen. Mit wild klopfendem Herzen eilte ich in ihr Wohnzimmer. Ich glaubte, ich würde sterben, wenn sie sagte, daß ich nicht mitfahren dürfe!

Sie lächelte mir zu, als ich hereinkam. »Ich wollte mich nur vergewissern, daß du alles hast, was du für die Reise nach London benötigst, Betty.«

»Ja, danke«, erwiderte ich mit einem erleichterten Seufzer. »Ich denke, ich habe alles.«

»Handschuhe, Schuhe und einen Hut?«

»Ja, Ma'am.«

»Gut.« Sie nickt zustimmend. »Du wirst Geld brauchen für deine Ausgabe. Ich denke, damit kannst du sie abdekken.« Sie hielt mir eine Drei-Pfund-Note hin.

Als ich das Geld nahm, fiel die Manschette ihres Ärmels zurück, und ich entdeckte einen purpurroten Bluterguß an der Unterseite ihres Handgelenks. Sie sah, wie ich hinstarrte, und zog die Manschette herunter. In ihren Augen lag ein seltsamer Ausdruck.

»Hat Mr. Crawley das getan?« fragte ich.

»Beunruhige dich nicht«, antwortete sie. »Er hat mich nicht ernsthaft verletzt und wird das auch in Zukunft nicht tun. Erzähl weder Frances etwas davon noch Nathan, falls du ihn sehen solltest.«

Ihr Mann nahm Rache an ihr für das, was sie getan hatte. »Nein, Ma'am«, sagte ich. Nach einem kurzen Zögern fragte ich dann: »Warum lassen Sie es zu, daß er Sie so behandelt? Sie könnten ihn zugrunde richten, wenn Sie Mr. Nathan erzählen, was er gemacht hat.«

»Und mich mit ihm? Ich wußte, was vor sich ging, aber ich habe nichts dagegen unternommen.« Sie lachte hart. »Polly mag geglaubt haben, daß ich es tun würde, aber Eben hat es nie geglaubt. Er hat jetzt, was er wollte, und ich auch.«

»Aber Sie hassen ihn doch?«

»Ich verachte ihn. Haß ist ein starkes Gefühl. Um zu hassen, muß man tief empfinden. Eben hat mich nie im Inneren berührt.« Sie lächelte ein wenig, wie über einen heimlichen Triumph. »Er weiß das, Betty, deswegen treibt es ihn manchmal, körperliche Gewalt anzuwenden. Er will mich brechen – aber er würde es nie wagen, zu weit zu gehen.«

»Wenn mich ein Mann schlagen würde, würde ich zurückschlagen.«

Meine Worte schienen sie zu amüsieren. »Ja, ich glaube, das würdest du tun. Wehe dem Mann, der dich betrügt! Doch jetzt sollten wir über den Besuch bei Blairs reden. Frances ist noch nie ohne mich von zu Hause weggefahren. Ich verlasse mich darauf, daß du sehr gut auf sie achtgibst. Paß auf, daß sie sich nicht erkältet und nicht überanstrengt.«

»Ja, Mrs. Crawley.«

Als ich ging dachte ich darüber nach, daß Eben Crawley seine Frau mißhandelt. Nathan war in London. Er hatte versprochen, uns bei den Blairs zu besuchen, und wir würden ihn bestimmt dort sehen. Ich fragte mich, ob ich ihm erzählen solle, was sich auf der Farm abspielt – aber dann würde er mich fragen, warum, und ich hatte mein Wort gegeben, nicht weiterzuerzählen, was ich wußte. Schließlich hatte Eben das Geld zurückerstattet, und es war wirklich nicht meine Angelegenheit.

Überraschend stattete Pollys Bruder George uns einen Besuch ab. Ich dachte, er sei gekommen, um ein wenig mit Joe zu plaudern, aber er wollte mich sehen. Ich fragte ihn nach seiner Frau, die ihr erstes Kind erwartete, und wartete dann darauf, daß er von seinem Anliegen sprach.

»Es sieht Polly nicht ähnlich, einfach fortzugehen, ohne mit mir zu sprechen«, sagte er. »Weißt du, warum sie das getan hat? Ihr seid doch beide gut miteinander ausgekommen. Ich dachte, sie hätte dich vielleicht ins Vertrauen gezogen?«

Ich schüttelte den Kopf. »Ich glaube, es ging ihr einfach um eine andere Umgebung«, sagte ich, aber mir war nicht wohl dabei, als ich ihn anlog. Polly hatte mich davor gewarnt, ihm die Wahrheit zu erzählen, weil sie sein Temperament kannte. Sie fürchtete wahrscheinlich, daß er auf Eben losgehen würde, wenn er ahnte, was sich wirklich abgespielt hatte. »Ich bin sicher, daß sie schreiben wird, wenn sie etwas anderes gefunden hat.«

»Vielleicht.« Er kratzte sich am Kopf. »Sie hat nicht irgend etwas über Nathan Crawley gesagt?«

»Nein.« Ich blickte ihn an, froh darüber, daß ich ehrlich sein konnte. »Ich glaube, er hat sie früher einmal belästigt, aber das ist schon lange her.«

»Danke Betty.« Er sah erleichtert aus. »Ich gehe jetzt lieber.« Aber an der Küchentür drehte er sich noch einmal um. »Ich habe Vera wieder mit diesem Jarrold zusammen gesehen. Die Leute fangen an, über sie zu reden.« Er machte ein verlegenes Gesicht. »Ich habe nur gedacht, du solltest das wissen.«

Ich nickte grimmig. »Danke, George. Ich werde ihr wohl selber den Kopf zurechtsetzen müssen. Meiner Mutter geht es nicht gut – und du weißt, wie mein Vater ist.«

Er lächelte unbeholfen. »Du nimmst es mir nicht übel, daß ich das gesagt habe?«

»Ich bin dir dankbar. Vera wird einen schönen Schock bekommen, wenn sie heute aus der Schule kommt.«

Ich lieh mir Frances' Fahrrad und fuhr wütend durch die Marschgebiete. Ich war sehr ärgerlich. Vera war noch ein Kind, viel zu jung, um sich einen schlechten Ruf einzuhandeln, weil sie mit Jungen herumzog. Ganz besonders nicht mit diesem Zac Jarrold!

Ich wartete vor dem Schultor, als Vera mit einer Gruppe von Freundinnen herauskam. Sie warf mir einen ängstlichen Blick zu und wurde blaß.

»Was ist los?« fragte sie. »Ist mit Mama irgend etwas nicht in Ordnung?«

»Es geht ihr wie immer«, erwiderte ich kalt und packte sie am Arm. »Und es würde ihr bessergehen, wenn du deinen Anteil an der Hausarbeit leisten würdest. Ich möchte ein Wort mit dir reden, meine junge Lady.«

»Ich habe Jilly versprochen, mit ihr zu kommen«, sagte Vera aufgebracht. »Wir wollen Radio hören.«

»Du wirst mit mir nach Hause kommen«, erwiderte ich

energisch. »Ich werde für eine Weile fortgehen, und vorher möchte ich dein Versprechen, daß du dich in keiner Weise mit diesem Jungen einlassen wirst.«

»Was für ein Junge?« fragte sie hinterlistig. »Ich weiß gar nicht, wovon du redest.«

Ich starrte meine Schwester an und hatte plötzlich das Gefühl, daß ich sie gar nicht richtig kannte. Ich hatte ein Bild im Kopf von einem ziemlich dünnen Mädchen, das dann und wann schlechtgelaunt war, im übrigen aber doch anständig und ehrlich. Jetzt war ich mir nicht so sicher.

»Lüg mich nicht an, Vera«, sagte ich. »Du bist mit Zac Jarrold gesehen worden. Er hat einen schlechten Ruf. Es wäre sehr dumm von dir, ihm zu trauen.«

Ärger blitzte in ihren Augen auf. »Du bist nur eifersüchtig, weil er mich mehr mag als dich.«

»Du weißt genau, daß das nicht stimmt. Er hat mich einmal eingeladen, aber ich habe ihn zurückgewiesen. Wahrscheinlich benutzt er dich nur, um es mir heimzuzahlen.«

»Das paßt zu dir«, sagte sie bitter. »Du denkst, die ganze Welt dreht sich nur um dich, nicht wahr? Nur weil du die ältere bist. Du fährst nach London, du bekommst neue Kleider und Geld, das du nur für dich ausgeben kannst – und ich? Ich muß hierblieben und zusehen, wie Papa sich jeden Abend betrinkt. Warum soll ich nicht ein bißchen Spaß haben mit Zac? Er ist der einzige, der mir ein bißchen Zuneigung gibt ...«

»Vera, du hast doch nicht mit ihm ... Du wirst doch nicht eine Dummheit machen?«

Mit Tränen in den Augen starrte sie mich an. »Du weißt überhaupt nichts«, sagte sie. »Für dich ist alles in Ordnung, du bist weit vom Schuß. Du weißt nicht, was ich ...« Trotzig wischte sie sich die Tränen ab. »Halt mir keine Predigt, Betty. Du gehörst nicht mehr zu uns.«

Ich ließ ihren Arm los, und sie lief sofort hinter ihren Freundinnen her. Ich war zu schockiert, um sie aufzuhalten.

Joe fuhr uns nach Ely zum Bahnhof. Er kaufte uns die Fahrkarten, verstaute unser Gepäck und fand ein Abteil für uns, in dem bereits eine freundliche ältere Dame saß, die nach London fuhr, um ihre Tochter zu besuchen.

»Jetzt ist alles in Ordnung«, sagte er lächelnd zu uns. »Ich wünsche eine gute Reise und eine schöne Zeit in London.«

Frances hatte bereits am Fenster Platz genommen. Ich stand noch auf der Plattform mit Joe, um Abschied zu nehmen.

»Ich schicke Ihnen eine Postkarte, Joseph«, sagte ich.

»Mach das, Mädchen.« In seinem Lächeln lag Wärme, aber auch ein Anflug von Bedauern. »Genieß die Zeit, aber vergiß uns nicht.«

»Natürlich nicht«, sagte ich. Der Schaffner schwenkte das Signalfähnchen, und der Stationsvorsteher hatte angefangen, die Abteiltüren zu schließen. »Ich geh jetzt besser, Joseph.«

»Komm jetzt, Betty«, rief Frances. »Sonst fährt der Zug ohne dich ab.«

Die Gefahr bestand zwar nicht, aber ich stieg trotzdem ein, und Joe schloß die Tür hinter mir. Als der Zug anfing sich in Bewegung zu setzen, winkte ich ihm zu.

»Hast du meine Tabletten dabei?« Frances schaute mich an. »Wir haben doch nichts vergessen, oder?«

»Ich habe alles überprüft«, antwortete ich. »Machen Sie sich keine Sorgen, es ist alles eingepackt worden.«

»Ist dies Ihre erste Reise nach London?« Die freundliche Dame lächelte uns zu. »Ich fahre einmal im Monat hin, um meine Tochter zu besuchen. Wenn Sie wollen, zeige ich Ihnen, wo Sie ein Taxi nehmen oder einen Bus bekommen, wenn wir dort sind.«

»Wir werden von unseren Freunden abgeholt«, sagte Frances großspurig.

Ich fand, daß sie ein bißchen unhöflich war, aber das schien unsere Reisegefährtin nicht abzuschrecken. Die ganze Fahrt über fuhr sie fort zu schwatzen.

Das hinderte weder Frances noch mich daran, die Aussicht zu genießen, noch hielt es mich von meinen Tagträumen ab. Ich war aufgeregt und nervös, so unmittelbar vor meinem ersten Besuch in London, aber ich machte mir auch

Sorgen um meine Familie. Meine Mama war so erschöpft und müde, und Vera führte sich schlecht auf. Ich ko[illegible] meiner Mutter nicht erzählen, was ich befürchtete, es [illegible] sie zu sehr beunruhigt, und ich durfte sie nicht in Gefahr bringen, wieder eine Fehlgeburt zu erleiden. Die Reaktion meines Vaters würde darin bestehen, Vera mit dem Gürtel zu verprügeln, und das wollte ich auch nicht.

Es war ein ungelöstes Problem, aber im Augenblick konnte ich daran gar nichts ändern. Ich nahm mir fest vor, nicht mehr daran zu denken. Dies war meine Chance, etwas über das Leben außerhalb des kleinen Dorfes in den Marschgebieten zu erfahren, und ich freute mich darauf, die City kennenzulernen. Ich hoffte, daß ich dort einige der Musicals sehen konnte, von denen ich gehört hatte, und es gab eine Menge neuer Filme, die erst in Monaten nach Ely kommen würden.

Heftige Erregung erfüllte mich, als ich mich vorbeugte, um die Städte, durch die wir fuhren, besser sehen zu können. Ich reiste nach London!

Teil II

8. Kapitel

Wieder ist ein Tag vorüber, ein Tag des Wartens ... Laurence, mein Anwalt, ist heute wieder hiergewesen und hat versucht, mich dazu zu überreden, gegen das Urteil Berufung einzulegen.

Sowie er eingetreten war, spürte ich seine Erregung. Ich setzte mich ihm gegenüber an den Tisch und ärgerte mich darüber, daß ich nun wieder mit der Gegenwart und Realität konfrontiert werden sollte.

»Ich habe einen Brief bekommen von einer Freundin von Ihnen«, sagte er und schwenkte einen weißen Briefumschlag. »Sie schreibt, sie habe neue Beweise, die Ihnen helfen würden.«

»Sie haben einen Brief von Frances bekommen?« fragte ich und hob rasch den Kopf.

Er nahm den Brief aus dem Umschlag und schaute auf die Unterschrift. »Er ist von einer Mrs. Kingston«, sagte er.

»Ich kenne niemanden mit diesem Namen. Darf ich den Brief bitte sehen?«

Er überreichte mir den Brief. Ich war überrascht, als ich die Handschrift erkannte. Ich wußte, von wem der Brief stammte, aber der Name ... Ich schaute mir den gedruckten Briefkopf an. Mrs. Charles Kingston. Sie hatte also ihr Glück gefunden. Ich lächelte, als ich mir klarmachte, wen sie geheiratet hatte, aber einen Augenblick später erlosch mein Lächeln wieder. Sie ist jetzt glücklich, aber wenn ihr Name in Verbindung gebracht wurde mit dem einer verurteilten Mörderin, konnte sie alles wieder verlieren.

Schnell zerriß ich den Brief in kleine Fetzen.

»Was machen Sie?« rief Laurence. »Ich brauche ihn für die Berufung.«

»Ich will nicht, daß Sie Berufung einlegen«, sagte ich. »Gehen Sie. Lassen Sie mich allein! Überlassen Sie mich meinen Erinnerungen ...«

In dem warmen Sommer, der auf den schlimmsten Winter seit vielen Jahren folgte, kam London mir vor wie ein alter

Krieger, voller Wunden und Schrammen, aber unbesiegt. Die Entschlossenheit, die die Bevölkerung während der schweren Luftangriffe bewiesen hatte, war immer noch lebendig, trotz der strengen Sparmaßnahmen. Sie hatten Hitlers Bombenhagel ertragen und triumphiert, einige Entbehrungen konnten sie jetzt nicht zu Boden drücken. Mochte auch das Brot rationiert sein, die Kontrollen strenger werden und eine Mißernte drohen, ihr kämpferischer Wille war ungebrochen. Man konnte ihn erkennen in dem frechen Grinsen der Schwarzhändler aus dem Osten Londons, die um ihren Körper schlackernde Anzüge trugen, Schlipse aus Fischhäuten und Filzhüte. Er plärrte einem entgegen aus den Musikautomaten und den Tanzdielen, wo der Bop der letzte Schrei war – Bop war laut und herausfordernd, er schlug im Herzen der Stadt.

Als ich an diesem verteufelt heißen Tag im August 1947 mit Frances den Bahnsteig der Liverpool Street Station betrat, nahm ich das alles zwar nicht bewußt wahr, aber fast augenblicklich wurde ich von der allgemeinen Stimmung erfaßt. Tauben flatterten unter den gotischen Bögen oder wurden auseinandergescheucht von der Menge, die eilig herein- und hinausflutete. Der Bahnhof war einst der schönste und gepflegteste von London gewesen, jetzt war er voller Ruß und laut, aber das Leben pulsierte darin. Im Zug war ich noch aufgeregt gewesen, ein wenig ängstlich davor, zum erstenmal in meinem Leben in die City zu kommen, aber jetzt war ich plötzlich begierig, alles mit eigenen Augen zu sehen. Ich drehte mich zu Frances um und packte mit festem Griff den Korb, den ich während der Fahrt so sorgfältig auf dem Schoß gehalten hatte.

»Ist es nicht wundervoll?«

Sie starrte mich verständnislos an und runzelte die Stirn. »Ich habe Kopfweh. Christabel sollte uns abholen. Es riecht scheußlich hier.«

»Ist es nicht trotzdem furchtbar aufregend?«

Ich schaute mir genau die Gesichter der Vorübereilenden an, Ausschau haltend nach einem, das ich kannte. Dann fiel mein Blick auf einen Mann, und mein Herz setzte kurz aus, bevor es zu rasen anfing. Er war hochgewachsen und gut angezogen, sein blondes Haar war kurzgeschnitten und mit Brillantine geglättet worden. Einen Augenblick lang konnte ich ihn in Ruhe betrachten und erneut feststellen, wie gut er aussah, dann begegnete der Blick seiner blauen Augen dem meinen, und er lächelte.

»Dort ist James Blair«, sagte ich zu Frances. »Er hat uns gerade entdeckt.«

Blitzschnell veränderte sich ihr schmollender Gesichtsausdruck, und sie lächelte entzückt. Sie stieß einen begeisterten Schrei aus und lief rasch auf ihn zu. Vor einigen Tagen hatte ich ihr eine der neuen Heimdauerwellen gelegt, und die Locken kräuselten sich reizvoll auf ihrer Stirn und in ihrem Nacken. Ihre Kleidung war dem New Look angepaßt, der in diesem Frühjahr aus Frankreich gekommen war, und die Aufregung ließ ihre Augen funkeln.

Ich sah, wie James sie anschaute, als er ihre beiden Hände in seine nahm, und Eifersucht stieg in mir auf. Sie lachte ihm zu, und nichts an ihr erinnerte mehr an das verdrossene Bild, dem sie noch ein paar Sekunden vorher geglichen hatte.

»Du mußt Christabel verzeihen«, sagte er. »Sie hat ihre Termine durcheinandergebracht und stellte fest, daß sie für heute Nachmittag schon eine Verabredung hat. Natürlich war sie sehr bestürzt und bat mich, euch an ihrer Stelle abzuholen, was ich mit Vergnügen übernahm.«

»Ich verzeihe ihr«, rief Frances. »Ich freue mich so hierzusein, James. Ich hatte Angst, daß ich krank werden könnte oder daß mein Vater mir die Reise verbieten würde.«

Er lachte und schob ihren Arm unter den seinen, bevor er sich zu mir umwandte. »Ah«, murmelte er, »die treue Betty. Ich habe mit einem Gepäckträger geredet wegen des Gepäcks. Vielleicht würdest du dich darum kümmern, daß er auch alles hat?«

Ich wurde rot, als ich mich abwandte. Wollte er mich unaufdringlich daran erinnern, daß ich ein Dienstbote war?

Mühsam bahnte ich mir meinen Weg durch die Menschenmenge. Als ich an der Sperre ankam, wurden gerade Kisten mit lebenden Küken entladen. Ein Gepäckträger in der Nähe kümmerte sich um unsere Sachen. Ich ging auf ihn zu, und er grinste mich an.

»Ich bin Betty Cantrel«, sagte ich. »Mr. Blair schickt mich, damit ich mich vergewissere, daß Sie all unsere Gepäckstücke haben.«

»Na, habe ich sie?« Er sprach mit Cockney-Akzent und benahm sich zu vertraulich. Er erinnerte mich an Zac Jarrold, und dadurch mußte ich wieder an den Streit mit Vera denken. Der Gedanke an Vera beunruhigte mich, und ich runzelte die Stirn, als ich schnell die Gepäckstücke abzählte.

»Es scheint alles in Ordnung zu sein«, sagte ich. »Wissen Sie, wo Mr. Blairs Wagen steht?«

»Ja, Miss.«

Er legte ein solches Tempo vor, daß ich Mühe hatte, mit ihm Schritt zu halten. Ich wußte, daß er das absichtlich machte, und wollte mich nicht geschlagen geben müssen, deshalb blieb ich ihm dicht auf den Fersen.

Vor dem Bahnhof wurde ein glänzender, schwarzer Humber gerade an die Bordsteinkante gefahren. James hatte die Tür geöffnet für Frances und half ihr einsteigen. Als er sich umdrehte, sah er mich. Ich kletterte auf einen der Rücksitze, wobei ich immer noch meinen Korb festhielt. James schaute mich an.

»Willst du ihn nicht zu dem übrigen Gepäck geben?«

»Nein. Der Inhalt ist zerbrechlich. Ich behalte ihn lieber bei mir.«

James entlohnte den Gepäckträger und nahm auf dem Fahrersitz neben Frances Platz. »Mein Vater hat mir seinen Wagen geliehen«, sagte er lächelnd. »Benzin stellt für ihn kein so großes Problem dar. Er bekommt Extrazuteilungen, weil in seiner Firma wichtige Industriegüter hergestellt werden.«

»Welche?« fragte ich. Es war das erste Mal, daß James in meiner Gegenwart die Firma seines Vaters erwähnte, deshalb war ich neugierig.

James schaute über die Schulter. »Werkzeugmaschinen. Ohne die Firmen meines Vaters kann die übrige Industrie nicht so rasch wieder aufgebaut werden, wie die Regierung es wünscht, deshalb hat man ihm einen Sonderstatus eingeräumt. Im Augenblick ist er damit beschäftigt, möglichst schnell den Export anzukurbeln. Wir brauchen Dollars.«

»Er muß ein vielbeschäftigter Mann sein«, sagte ich.

James lächelte seltsam. »Ja, das ist er.«

Der Wagen setzte sich in Bewegung und fädelte sich in den Verkehr ein. Ich schaute gespannt aus dem Fenster, als wir durch die Straßen fuhren. Es gab so vieles zu sehen, was neu und wundervoll für mich war. Es war so, als hätte ich die Bilder von einer Filmleinwand jetzt um mich herum, und mein ganzer Körper prickelte vor Aufregung. Ich wollte alles gleichzeitig sehen. Der Wagen fuhr mir zu schnell, er sauste so rasch an den glänzend erleuchteten Schaufenstern vorüber, daß ich nur einen flüchtigen Blick auf sie werfen konnte. Autos, Busse, Fahrräder, Lieferwagen und gelegentlich auch ein Pferdewagen drängelten sich auf den überfüllten Straßen, und der Lärm war fürchterlich. Nach den stillen Marschgebieten machten der Lärm und das lebendige Tempo den größten Eindruck auf mich. Jeder schien in Eile zu sein. Ich nahm aber auch die Schönheit der alten Gebäude und grünen Parks wahr, die wie Oasen in dem allgemeinen Wirrwarr wirkten. James nannte die Namen von einigen der Gebäude, an denen wir vorüberkamen, Kirchen, die von Wren erbaut worden waren, große Firmen und die Bank von England in der Threadneedle Street, die so großartig aussah, daß sie mir wie ein Palast vorkam. Allerdings hätten meiner Meinung nach viele der Gebäude hier die Paläste von Königen sein können.

»Es ist wunderschön«, flüsterte ich. »Oh, warum hat mir nie jemand gesagt, daß es so wunderbar ist?«

Es war mir gar nicht klar, daß ich laut gesprochen hatte, bis James lachte. »Wunderschön! London?« Er warf mir einen Blick zu im Autospiegel. »Vielleicht ein paar der Gebäude. Du hast die Slums noch nicht gesehen. Das ist eines der Lieblingsthemen meiner Mutter – wart nur, bis du sie siehst.«

Ich antwortete nicht gleich, aber ich wußte, daß London seinen Zauber selbst an einem nassen, scheußlichen Tag für mich behalten würde. Ich konnte die schmutzigen Nebenstraßen sehen, den Abfall in der Gosse und die Bretterzäune von den zerbombten Grundstücken. Schmierfinken hatten die Werbeplakate bekritzelt, meist mit regierungsfeindlichen Parolen, in denen sofort neue Wohnungen gefordert wurden. Während des Bombenkrieges waren so viele Wohnhäuser zerstört worden, daß es unmöglich war, schnell genug Ersatz zu schaffen, obwohl jetzt Fertighäuser errichtet worden waren, die wie aufgereihte kleine, graue Kisten wirkten. London mochte schmutzig und laut sein, aber es war auch schön, würdevoll und vor allem – voller Leben!

»Der Schmutz stört mich nicht«, sagte ich schließlich. »Es ist – oh, ich kann es nicht beschreiben! Es ist ein tolles Gefühl, mittendrin zu sein, als Teil des Ganzen.«

»Du setzt mich immer wieder in Erstaunen, Betty. Ich hätte nie vermutet, daß du eine Romantikerin bist.«

Als unsere Blicke sich in dem kleinen Spiegel begegneten, erkannte ich an dem Funkeln in seinen erstaunlich blauen Augen, daß er insgeheim lachte, und wurde rot vor Ärger. Er machte sich lustig über mich.

»Eine Romantikerin! Betty?« Frances' Lachen klang hart und gehässig. »Also wirklich, James! Du solltest sie nicht aufziehen. Sie ist nur aufgeregt, weil sie noch nie zuvor in London gewesen ist.«

Auch Frances war noch nie zuvor hiergewesen, aber sie war ärgerlich auf mich, weil ich seine Aufmerksamkeit von ihr abgelenkt hatte. Ich lehnte mich zurück. Für den Rest der Fahrt hielt ich meinen Mund und schwieg auch dann noch, als wir vor einem Haus an einem eleganten Platz hielten. In der Mitte des Platzes befand sich ein Garten mit schmiedeeisernen Geländern und Bänken, auf denen die Anwohner zwischen Bäumen und Blumen sitzen konnten. Es war sehr heiß, und ich konnte die Vögel singen hören. Wir hätten wieder auf dem Land sein können, abgesehen von dem schwachen Verkehrslärm.

James stieg aus und öffnete erst für Frances die Wagentür und dann für mich. Ich zögerte, als er uns über zwei weiße Stufen zum Vordereingang führte, und fragte mich, ob ich wohl den Dienstboteneingang benutzen sollte. Ein paar Stufen führten hinunter zum Souterrain. Als ich vorsichtshalber auf sie zusteuerte, drehte James sich um und winkte mir zu.

»Hier entlang, Betty«, sagte er lächelnd.

Die Tür wurde von einem Dienstmädchen geöffnet, das einen schwarzen Rock aus Kunstseide trug und eine weiße Bluse. Sie lächelte uns zu, nahm James die Handschuhe ab und legte sie auf ein Tischchen in der Eingangshalle.

»Das ist Maisie«, sagte er. »Sie sorgt so gut für uns, daß wir ohne sie verloren wären. Wenn ihr irgend etwas braucht während eures Aufenthaltes hier, müßt ihr euch an Maisie wenden.«

Sie lachte und wurde rot. »Lassen Sie's gut sein, Sir. Mrs. Blair sagt, Sie möchten die Damen bitte direkt zu ihr hinaufführen.«

»Danke, Maisie.« James ging auf die Treppe zu. »Mutters Wohnzimmer befindet sich im ersten Stock. Ich weiß, daß sie begierig darauf ist, euch kennenzulernen – aber vielleicht möchtet ihr zuerst auf eure Zimmer gehen?«

»Ich freue mich darauf, sie zu begrüßen«, sagte Frances.

Ich schwieg, folgte ihnen die Treppe hinauf und hielt meinen Korb fest. Alles im Inneren des Hauses war so elegant, wie es schon das Äußere vermuten ließ. Die gestreiften Tapeten in der Halle und im Treppenhaus wirkten prächtig und zugleich einladend, und die Möbel waren alle antik. Ich verstand nicht viel davon, aber der Stil ließ mich an den Charme vergangener Jahrhunderte denken, vielleicht stammten sie aus dem 18. Jahrhundert, dachte ich mir. Alles übertraf bei weitem das, was ich auf der Farm gesehen hatte.

Wir kamen in ein kühles Wohnzimmer an der Rückseite des Hauses. Es hatte große Fenster, von denen man auf einen kleinen Garten schaute, und lag auf der Schattenseite. Flüchtig nahm ich eine harmonische Farbmischung von Grün und Beige wahr, dann eilte uns eine Frau entgegen, eingehüllt in eine Wolke von Parfüm und rosa Chiffon.

»Da sind Sie also«, sagte sie mit einer hellen, klingenden Stimme, die an die hohen Töne auf dem Klavier erinnerten. »Mach uns bekannt, Darling.«

James lächelte nachsichtig. »Mutter, hier ist Frances Crawley. Und das ist Betty Cantrel.«

»Ich freue mich, Sie zu sehen Mrs. Blair«, sagte Frances und streckte ihr die Hand entgegen.

»Thelma. Sie müssen mich Thelma nennen.« Mrs. Blair umarmte sie überschwenglich. »Christabel hat mir alles über sie erzählt, Frances. Ich bin so froh, daß Sie kommen konnten. Ich hoffe, die Reise hat Sie nicht zu sehr ermüdet?« Ohne eine Antwort abzuwarten, wandte sie sich an mich. »Und Sie sind Frances kleine Freundin. Herzlich willkommen, meine Liebe. Ich hoffe, Sie werden beide eine schöne Zeit hier verbringen.«

»Danke, Mrs. Blair«, sagte ich.

»Thelma. Alle nennen mich Thelma. In diesem Haus sind wir alle Freunde, Betty. Ich halte nichts von Titeln. Wir wurden von Natur aus alle gleich geschaffen, nicht wahr?«

»Unsere Mutter ist eine Freidenkerin«, sagte James und unterdrückte ein Lächeln dabei. »Sie glaubt an eine ideale Gesellschaft, in der wir alle aus einer gemeinschaftlichen Schüssel mit den Fingern essen und gleiche weiße Gewänder tragen.«

»James, Darling!« Seine Mutter runzelte die Stirn. »Du willst doch nicht, daß unsere Gäste sich fragen, in was für ein Haus sie da eigentlich gekommen sind?« Sie schaute auf den Korb, den ich immer noch an meine Brust drückte. »Kümmert sich niemand um Ihr Gepäck?«

»Das ist ein Geschenk für Sie«, sagte ich und hielt ihr den Korb hin. »Mrs. Jackson dachte, das würde Ihnen gelegen kommen.«

»Was ist es?« fragte sie zweifelnd.

Ich schob den Gazestoff beiseite und enthüllte einen braunen Steinkrug und ein Dutzend sorgfältig in Stroh verpackter Eier.

»Nur ein paar Eier und etwas Butter.«

»*Nur* ein paar Eier und etwas Butter – echte Bauernbutter!«

Sie stieß einen kleinen Entzückensschrei aus. »Hast du das gehört, James? Sie großartiges Mädchen! Sie haben ja keine

Ahnung, wie schwer es heutzutage in London ist, frische Eier zu erstehen. Kommen Sie her, ich muß Sie küssen.«

»Tante Hilda dachte, Sie würden sich darüber freuen«, erklärte Frances ein wenig eifersüchtig. »Ich hoffe, Betty hat nicht ein paar davon zerbrochen.«

»Bestimmt nicht.« Thelma Blair nahm den Korb und setzte ihn ab. Sie versuchte nicht, mich zu küssen. »Diese scheußlichen Sparmaßnahmen haben uns alle zu Lumpensammlern gemacht. Jeder hat ein Einkaufsnetz bei sich, wohin er auch geht – nur für den Fall, daß es in einem Laden irgend etwas gibt, was nicht rationiert ist. Und die Schlangen sind einfach unmöglich.«

»Wir sterben nicht gerade vor Hunger, Mutter.«

»Nur, weil wir auf dem Schwarzen Markt einkaufen können. Denk an all die armen Leute, die diese Preise nicht bezahlen können.«

»Du wirst doch nicht gerade jetzt dein Steckenpferd reiten wollen, hoffe ich? Frances und Betty haben eine lange Reise hinter sich.«

Einen Augenblick blitzten ihre Augen ärgerlich auf. Sie hatte hellblaue Augen und weizenblonde Haare. »Du hast völlig recht, James. Wir werden etwas Tee trinken, und dann bringe ich die Mädchen nach oben in ihre Zimmer. Würdest du wohl nach Maisie läuten, Darling?«

Mein Zimmer lag neben dem von Frances. Wir teilten uns ein Badezimmer. Als Mrs. Blair uns zeigte, wo wir schlafen sollten, war ich verlegen. Sie behandelte mich, als sei ich Frances völlig gleichgestellt. Ich wollte ihr sagen, daß sie einen Fehler gemacht hatte, aber ich konnte keinen Ton herausbringen. Als sie gegangen war, schaute ich mich schuldbewußt in dem luxuriös eingerichteten Zimmer um. Sie schien zu glauben, daß ich eine Freundin von Frances sei, aber sicherlich hatten Christabel oder James ihr doch erzählt, daß ich auch das Dienstmädchen ihres Gastes war? Ich starrte meinen Koffer an und fragte mich, ob ich es wagen sollte, ihn auszupacken. Jeden Augenblick konnte jemand kommen und mir sagen, daß ich das Zimmer wieder verlassen solle. Dann hörte ich, wie jemand an die Tür klopfte, und ging hin, um zu öffnen.

»Ich komme, um Ihnen beim Auspacken zu helfen«, sagte Maisie. »Miss Crawleys Sachen habe ich schon eingeräumt. Kann ich noch irgend etwas für Sie tun? Soll ich Ihr Kleid bügeln für das Dinner heute abend?«

»Dinner?« Mir war heiß, und ich fühlte mich sehr unbehaglich. »Sie meinen, mit Ihnen in der Küche?«

»Himmel, nein!« Maisie lachte. »Wie kommen Sie nur auf diese Idee? Wir nehmen unser Abendessen um fünf Uhr ein, zum Glück. Sie essen später mit der Familie. Das Eßzimmer befindet sich im Erdgeschoß – links von der Halle.«

Mit hochroten Wangen bedankte ich mich bei ihr. Sie schaute mich neugierig an, wodurch ich mich noch elender fühlte. Meine Haut kribbelte vor Verlegenheit. Sie mußte mich für einen sehr seltsamen Gast halten. Sie würde ihrer Sache sicher sein, wenn sie sah, wie wenig Kleider ich mitgebracht hatte, genügend zwar für das Leben unter den Dienstboten, womit ich gerechnet hatte, aber wenig geeignet für einen richtigen Besuch bei den Blairs.

Maisie war dünn und hatte große Hände. Mir fiel auf, daß die Haut zwischen ihren Fingern rissig und wund war. Sie schien ein sehr freundliches Mädchen zu sein und plauderte über allgemeine Themen, als sie meine Kleider auspackte und sie sorgfältig in den großen Kleiderschrank hing. Sie fragte mich nach den Marschgebieten aus.

»Schrecklich muß es gewesen sein, als die Überschwemmung kam«, sagte sie. »Ich bin auch vom Land – aus einem kleinen Dorf in Sussex –, aber ich würde nicht mehr zurückkehren. Selbst in der heutigen Zeit ist es in der Stadt besser.«

Ich nickte und fühlte mich immer noch scheußlich. Maisie war sympathisch. Ich sollte ihr Vertrauen entgegenbringen, aber irgendwie konnte ich es nicht.

»Nun, ich gehe dann«, sagte sie. »Wenn Sie irgend etwas wünschen, die Glocke befindet sich neben Ihrem Bett.« Sie lächelte mir zu und verließ den Raum.

Ich entschloß mich, Frances einen Besuch abzustatten. Sie runzelte die Stirn, als ich eintrat. Ich sah, daß sie auf der

Bettkante hockte, ziemlich verloren und unbehaglich, und mir wurde klar, daß sie fast ebenso nervös war wie ich.

»Mrs. Blair ist sehr freundlich, nicht wahr?« fragte ich vorsichtig. »Glauben Sie, daß sie weiß, wer ich bin?«

»Natürlich.« Frances rieb sich die Stirn. »Sie ist sehr intelligent. Christabel hat mir erzählt, daß sie Bildhauerin ist. Sie hat viele Freunde unter den Künstlern. Ich nehme an, daß sie deshalb so redet. Sie ist eine Art … Ich kann nicht auf das Wort kommen.«

»Bohemien?« Frances nickte und seufzte. »Glauben Sie, daß sie ein paar ihrer Freunde zum Dinner eingeladen hat … Ich weiß nämlich nicht, was ich anziehen soll.«

»Zieh das grüne Kleid an, das ich dir geschenkt habe, es ist besser als eins von deinen. Hast du es mitgenommen?«

»Ja.« Ich fühlte mich erleichtert. »Wird das in Ordnung sein?«

»Es spielt wohl kaum eine Rolle. Niemand wird dich ansehen.« Ihre Stimme klang gereizt.

»Was ist los? Ist Ihr Kopfweh schlimmer geworden?«

»Ja. Ich hatte die ganze Zeit über Kopfschmerzen. Hast du diese Tabletten dabei, die meine Mutter von einem Arzt bekommen hat, mit dem sie befreundet ist?«

»Ja.« Ich sah sie zweifelnd an. »Glauben Sie, daß Sie jetzt eine davon nehmen sollten? Sie werden müde davon. Wollen Sie nicht lieber ein Aspirin nehmen?«

»Ja, vielleicht tue ich das.« Sie warf einen Blick auf ihre Armbanduhr. »Es ist bald Zeit zum Dinner.«

»Wir haben noch Zeit. Sie essen hier später als auf dem Lande.«

»Ja, das weiß ich natürlich. Ich werde ein Aspirin nehmen und mich noch etwas hinlegen.«

»Werden Sie ein Bad nehmen?«

»Nicht jetzt – warum?«

»Meinen Sie, daß ich baden könnte?«

Sie lachte plötzlich. »Ich wüßte nicht, was dagegen spräche. Aber verbrauch nicht das ganze heiße Wasser, hörst du?«

Ich hatte es nie gewagt, das Badezimmer auf der Farm zu

benutzen, sondern mich von oben bis unten an dem Waschbecken in meinem Zimmer gewaschen. Ich streute ein paar duftende rosa Kristalle in das warme Wasser und stieg in die Wanne. Ich fühlte mich wie im Himmel! Die teure Seife duftete köstlich, und ich dachte, daß es sehr freundlich von Mrs. Blair war, uns mit einem solchen Luxus zu versorgen. Dann fiel mir ein, daß sie vielleicht auf dem Schwarzen Markt gekauft worden war, und es kam mir sonderbar vor, daß Thelma Blair solche Schliche duldete. Natürlich taten es alle, die es sich leisten konnten, aber es verstieß doch sicher gegen ihre Grundsätze von der Gleichheit aller Menschen?

Frances sah viel besser aus, nachdem sie sich ausgeruht hatte. Sie trug an diesem Abend eines ihrer neuen Kleider. Der Rock war unten mit Fransen besetzt. Fransen waren jetzt die große Mode. Die Röcke des New Look waren länger und weiter, aber dafür brauchte man auch mehr Kleiderabschnitte. Die Frauen hatten aber bald entdeckt, daß man die Kleider verlängern konnte, wenn man eine Fransenborte an den Saum nähte, und diese Idee hatte gezündet. Die Magazine brachten viele Illustrationen, in denen gezeigt wurde, wie man ein altes Kleid modernisieren konnte.

Ich trug mein grünes Kleid. Es wirkte plötzlich altmodisch, obwohl es mir noch immer genausogut stand wie bei der Weihnachtsfeier. Um die Schultern hatte ich einen einfachen Schal gelegt, den Frances mir einmal gegeben hatte, und mein Haar im Nacken zu einer hübschen Rolle frisiert. Meine Haut roch immer noch nach der guten Seife. Mir war sehr warm, und ich hatte feuchte Hände. Als wir hinuntergingen in Mrs. Blairs Wohnzimmer, lächelte ich Frances nervös an.

»Du hast ihr doch nicht etwa das Zimmer gegeben direkt neben ...« Christabel verstummte, als wir eintraten. Sie errötete und warf mir einen ärgerlichen Blick zu. »Frances«, sagte sie und stand auf. »Wie schön, dich zu sehen. Dein Kleid gefällt mir. Dieser New Look ist so aufregend, nicht wahr? Prinzessin Margret trägt ihn bereits, und Prinzessin Elizabeth hat ihn bestellt für ihre Aussteuer.«

»Wirst du dir den Hochzeitszug ansehen können?« fragte

Frances. »Wie romantisch das alles war, die Kreuzfahrt der königlichen Familie im Februar nach Südafrika und die Verlobung mit Philip Mountbatten, die kurz nach ihrer Rückkehr bekannt gegeben wurde, meinst du nicht auch?«

Christabel lächelte triumphierend. »Ich werde wahrscheinlich bei der königlichen Hochzeit nicht in London sein. Ich bin selber verlobt. Heute Nachmittag war ich zum Tee eingeladen bei Freddies Eltern, deshalb konnte ich dich nicht abholen.«

»Du bist verlobt?« Frances schaute sie überrascht an. »Oh, jetzt sehe ich deinen Ring. Er ist wunderschön.«

Christabel streckte die Hand aus, um den Ring zu zeigen. Es war ein sehr großer, quadratischer Diamant, und sie machte ein recht blasiertes Gesicht. Sie war offensichtlich sehr zufrieden mit sich, und ich nahm an, daß »Freddie« reich war. Zu mir hatte sie kein Wort gesagt.

»Dieser Ring ist eindeutig vulgär«, sagte Thelma Blair. »Hör auf, ihn vorzuzeigen, Darling. Betty, kommen Sie doch her und setzen Sie sich neben mich.« Sie lächelte mich wohlgefällig an, als ich gehorchte. »Sie haben ein interessantes Gesicht. Würden Sie mir sitzen, solange Sie hier sind?«

»Sitzen? Meinen Sie, daß Sie ein Bild von mir malen möchten?«

Ihr Lachen klang wie Glockengeläute. »Kein Grund zur Beunruhigung, meine Liebe. Ich möchte Sie in Ton modellieren, diese Grübchen in Ihren Wangen herausholen und Ihr wundervolles Haar nachbilden. Warum haben Sie es so zusammengepreßt? Sie sollten es offen tragen. Bringen Sie Ihr Wesen zum Ausdruck, Betty. Haben Sie keine Angst, daß …«

»Mutter, hör auf, Betty einzuschüchtern.« James brachte uns Drinks. »Sie ist hier, um sich gut zu unterhalten. Sie will die Zeit nicht damit verschwenden, in deinem Studio herumzusitzen.«

»Es würde mir nichts ausmachen«, sagte ich und errötete, als Thelma einen triumphierenden Schrei ausstieß.

»Siehst du, James. Sowie ich sie gesehen habe, wußte ich, daß Betty eine geistesverwandte Seele ist.« Sie schaute mich forschend an. »Was wollen Sie aus Ihrem Leben machen. meine Liebe? Sie sind nicht dazu geboren, Ihre Zeit auf dem Land zu vergeuden. Sie sollten Fotomodell werden. Ich kann Ihr Gesicht schon auf dem Titelblatt von *Vogue* sehen. Sie haben das richtige Aussehen dafür.«

Die Sherrygläser waren aus Kristall und so zerbrechlich, daß ich Angst hatte, der Stil würde zwischen meinen Fingern abbrechen, aber der Sherry war sauer und dünn. Ich stellte das Glas ab.

»Ich ... Manchmal denke ich, daß ich gern singen würde, aber ich glaube nicht, daß ich es wirklich gut genug kann.«

»Nathan hat gesagt, du kannst singen.« James machte ein nachdenkliches Gesicht. »Möchtest du gern *Oklahoma* sehen, solange du hier bist? Es wird im Theatre Royal gespielt, in der Drury Lane. Ich habe es noch nicht gesehen, aber es soll gut sein.«

»Ich habe es gesehen«, sagte Christabel plötzlich. »Freddie hat vier Karten für *Bless the Bride* im Adelphie besorgt – da könnten wir alle hingehen. Du und Frances und ...«

»Ich habe gehört, daß Lizbeth Webb großartig darin ist. Bisher war sie Sängerin in einer Tanzband, aber man sagt, in dieser Show kommt sie groß heraus. Ich werde sehen, ob ich weitere Karten bekommen kann, dann könnten wir als Gruppe hingehen.« Thelma schüttelte leicht den Kopf, als ihre Tochter ein Gesicht zog. »Ich werde mit Freddie darüber reden.«

»Wird Vater zum Dinner kommen?« fragte James, als eine bedeutungsvolle Stille eingetreten war. »Ich habe an de Havillands geschrieben und einen Termin für nächste Woche bekommen.«

»Für einen Job als Testpilot, vermute ich?« Seine Mutter warf ihm einen finsteren Blick zu. »Du weißt, was dein Vater davon hält, James. Du bist sein einziger Sohn, er möchte, daß du sein Nachfolger wirst oder dich wenigstens um Hurstleigh kümmerst.«

»Das Gut läuft von selbst«, sagte James. »Ich kann es natürlich nebenbei im Auge behalten. Etwas anderes wäre es, wenn Vater sich damit einverstanden erklären würde, den

Park der Öffentlichkeit zugänglich zu machen. Das wäre etwas, eine wirkliche Aufgabe für mich.«

»Dein Vater wird dem nie zustimmen, nicht solange er es sich leisten kann, Hurstleigh so zu lassen, wie es ist.«

»Dann muß es eben de Havillands sein. Ich wäre nur dann daran interessiert, für Vater zu arbeiten, wenn er irgend etwas in der Art machen würde, etwas Neues.«

»Aber warum willst du unbedingt Testpilot werden?« fragte sie. »Das ist so gefährlich, Darling. Wenn du unbedingt fliegen mußt, warum suchst du dir dann nicht einen Job in der zivilen Luftfahrt?«

»Hast du eine Ahnung, wie viele der ehemaligen Piloten von der Royal Air Force sich um die wenigen freien Plätze bemühen?«

Thelma runzelte die Stirn. »Du bist so rastlos, James. Es gibt so vieles, was du tun könntest.«

»Was?«

»Nun, da sind einmal deine Bücher. Du könntest mehr Zeit darauf verwenden, sie zu katalogisieren – und außerdem bist du ein so guter Sportler. Warum kannst du nicht etwas auf diesem Gebiet unternehmen?«

James grinste. »Zum Beispiel Autorennen?«

»Du bist unmöglich heute abend. Ich kann mich nicht weiter mit dir herumärgern.« Sie stand auf. »Wollen wir jetzt zum Essen gehen?«

»Was für eine großartige Idee, Mutter.« James verneigte sich und bot ihr seinen Arm an. »Wenn du gestattest.«

Ich war froh, daß nur wir fünf an diesem ersten Abend an der Tafel saßen. Obwohl es sich nur um ein Familiendinner handelte, war die lange Tafel mit einem verwirrenden Aufgebot an Bestecken und feinen Gläsern gedeckt. Als der erste Gang serviert wurde, war ich ziemlich nervös und fürchtete, daß meine Tischmanieren nicht gut genug sein würden für die Gesellschaft, in der ich mich befand. Ich dankte Mrs. Jackson insgeheim für all ihr Schelten. Jedenfalls wußte ich, wie man richtig die Suppe zu sich nahm.

Die Suppe war dünn und wässrig. Es fiel mir schwer, sie zu

essen, und ich dachte mir, daß sie auf der Farm niemals serviert worden wäre. Als nächstes folgte Fisch, der nach nichts schmeckte, in einer klumpigen, weißen Soße. Ich brachte es zwar fertig, ihn zu essen, aber Frances nahm nur ein oder zwei Bissen davon. Das Hauptgericht bestand aus irgend etwas Dunklem, Öligem, von dem ich vermutete, daß es sich um Walfleisch handelte. Mrs. Jackson hatte es einmal probiert und sich geweigert, einen zweiten Versuch damit zu machen.

James runzelte die Stirn, als er sah, wie Frances das Essen unglücklich auf ihrem Teller herumschob. »Das ist fast ungenießbar«, sagte er. »In jeder einfachen Gaststätte bekommt man etwas Besseres. Du mußt mit Mrs. Good reden, Mutter.«

»Wir hatten schon drei Köchinnen in einem Jahr«, erwiderte sie. »Wenn du einmal einen Blick werfen würdest auf die Stellenangebote für Hilfskräfte im Haushalt, würdest du mein Problem besser verstehen, James. Die Mädchen von heute wollen nicht als Dienstboten arbeiten. Wer kann sie deswegen tadeln? Wir haben großes Glück, daß Maisie da ist, und Mrs. Good ist ihre Tante.« Sie schaute auf meinen Teller. »Betty hat übrigens alles aufgegessen. So schlecht war es doch nicht, meine Liebe?«

»Es war sehr gut.« Meine Lüge klang ganz überzeugend. »Frances ißt nie viel.«

»Das stimmt.« Frances stimmte mir erleichtert zu. »Es war ausgezeichnet, danke.«

»Da siehst du es.« Thelma lächelte mir zu. »Du bist so heikel, James. Schon als Kind wolltest du nie richtig essen.«

»Ja, Mutter.« Er schaute mich an. »Ich habe immer schon gewußt, daß du Mut hast, Betty.«

Ich wurde rot und trank etwas Wasser.

»Nun, was für Pläne habt ihr für morgen?« Thelma sah ihre Tochter an.

»Freddies Eltern haben Frances und mich zum Lunch eingeladen.«

»Und was ist mit Betty?«

Christabel zog ein Gesicht und gab keine Antwort. Ich spürte, wie mir ganz heiß wurde vor Verlegenheit.

»Ich würde gern London erkunden«, sagte ich. »Ich könnte einen Bus nehmen zur Stadtmitte und mir die Schaufenster ansehen.«

»Ich bringe dich zum Tower und ins Wachsfigurenkabinett, wenn du möchtest«, sagte James. »Gibt es sonst noch irgend etwas, was du besonders gern sehen möchtest?«

»Alles.« Ich schaute ihn an, und mein Herz raste.

»Betty wird all diese Dinge mit uns zusammen anschauen«, sagte Christabel, verärgert, weil ihr Plan ins Auge gegangen war. »Ich habe gedacht, du würdest uns nach Richmond fahren.«

»Ihr könnt ein Taxi nehmen«, sagte James. »Oder den Bus.«

Frances durchbohrte mich mit ihren Blicken. »Bitte, fahren Sie Ihre Schwester nach Richmond«, sagte ich. »Ich kann gut mit dem Bus fahren. Tatsächlich freue ich mich darauf.«

»Ich hatte gehofft, daß ich Betty überreden könnte, für mich zu sitzen«, sagte Thelma. »Ich bin sicher, daß sie die Sehenswürdigkeiten lieber mit Frances zusammen besucht. Ihr könnt alle zusammen an einem anderen Tag hinfahren. Ihr habt ja viel Zeit.«

»Ich würde sehr gern für Sie sitzen, Mrs. Blair«, erklärte ich und schluckte meine Enttäuschung hinunter. Wie gern wäre ich mit James gefahren!

»Betty, meine Liebe.« Sie lächelte mir über die Tafel hinweg zu. »Gut, dann ist alles geregelt.«

Ich verbrachte den Vormittag in der Oxford Street und ging ein und aus in den Läden. Selfridges, Peter Robinson, Marks und Spencer gehörten zu meinen Lieblingsgeschäften. Ich konnte herumgehen und mir alles anschauen, ohne daß jemand mich fragte, was ich wollte. Ich hatte mich entschlossen, mir noch ein paar Kleidungsstücke zu kaufen von dem Geld, das Mary Crawley mir für meine Auslagen gegeben hatte. Ich hatte Glück, denn einige der Läden hatten ein paar Sonderangebote auf Lager. Mit meinen letzten Kleiderabschnitten kaufte ich mir einen geblümten Baumwollrock und drei kunstseidene Blusen, alles zusammen für fünfunddreißig Shilling, um meine dürftige Garderobe ein wenig aufzustocken.

Mit Begeisterung sah ich mir die Schaufenster an. Obwohl einiges knapp war, gab es immer noch viel zu sehen. Ich hätte den ganzen Tag damit verbringen können, durch die geschäftigen Straßen zu wandern, aber ich hatte Mrs. Blair versprochen, um ein Uhr zurück zu sein. Nachdem ich bei einem frechen Jungen an einem Obstkarren einige Früchte gekauft hatte, nahm ich einen Bus, der mich in die Nähe von dem Haus der Blairs bringen würde. Wenn Frances die Mahlzeiten nicht zu sich nehmen konnte, würden ein paar Äpfel und Birnen sie doch wenigstens am Leben erhalten.

Ich zog eine neue Bluse und den Rock an und ging in Thelmas Wohnzimmer. Sie bat mich herein. Sie hatte gerade auf lila Papier einen Brief geschrieben. Sie versiegelte den Umschlag und lächelte mir zu.

»Was für ein hübscher Rock. Ich bin jetzt fertig, wollen wir in mein Studio gehen?«

»Ja, sehr gern. Wo arbeiten Sie?«

»Das Studio liegt in ein paar zu Wohnungen umgebauten ehemaligen Stallungen, nicht weit von hier. Noch vor wenigen Jahren waren dort Pferde und Kutschen untergebracht. Ich glaube, daß es Ihnen gefallen wird, Betty.«

Ihr Atelier war entzückend. Sie hatte die freigelegten Balken belassen und schwarz gefärbt, so daß sie einen reizvollen Kontrast darstellten zu den weißgekalkten Wänden. Der Arbeitsraum lag oben, er war langgestreckt und hell und ziemlich vollgestopft mit allem, was sie für ihre Arbeit brauchte. Eine Werkbank war da, ein Ofen in dem sie die kleineren Tonarbeiten brennen konnte, und verschiedene Meißel zum Bildhauern. Auf Regalen oder Podesten standen viele Büsten von Leuten herum, die sie modelliert hatte, und ich erkannte die Gesichter von ihrem Sohn und ihrer Tochter.

»Das hier ist sehr gut«, sagte ich und berührte die Büste von James. »Es sieht ihm ungeheuer ähnlich.«

»Ich freue mich über deine Zustimmung.« Ihre Augen funkelten vergnügt. »Was hältst du davon?« Sie zog ein

Tuch herunter von der Statuette eines nackten Mannes. »Sie ist natürlich nicht lebensgroß, aber James hat Modell gesessen dafür.«

Die Statuette war fast einen Meter hoch und ausgezeichnet gearbeitet. Das Spiel der Muskeln wirkte völlig natürlich, jede Linie des Körpers war genau erfaßt, jede Einzelheit sorgfältig ausgeführt. Mit heißen Wangen starrte ich sie fasziniert an.

»Sie ... Sie ist wunderbar«, murmelte ich verlegen, weil sie so offensichtlich James darstellte.

»Sie brauchen keine Hemmungen zu haben, Betty«, sagte sie. »Es ist nichts dabei, den menschlichen Körper zu betrachten. Der Körper eines Mannes in der Blüte seiner Jugend ist schön.«

Abschätzend schaute sie mich von oben bis unten an. »Sie haben auch einen schönen Körper.« Sie lächelte, als ich rot wurde. »Jetzt habe ich Sie in Verlegenheit gebracht. Ich habe nicht die Absicht, Sie heute zu bitten, sich zu entkleiden. Wir fangen erst mal mit einer Büste an, aber ich würde gern später etwas wie das hier von Ihnen anfertigen.«

»Ich ...« Ich schluckte nervös. »Sie würden es doch niemandem zeigen, nicht wahr?«

»Sie meinen niemandem, der Sie kennt?« Sie lachte. »Ich werde Sie nicht drängen, Betty. Denken Sie darüber nach. Ich habe viel Zeit, wenn Sie genügend Geduld aufbringen.«

»Ich ... Ja, ich will darüber nachdenken.«

»Gut.« Ihre Augen glänzten. »Denken Sie daran, was ich gesagt habe. Schämen Sie sich niemals, Ihr Wesen zum Ausdruck zu bringen. So, setzen Sie sich, wir wollen anfangen.«

Mehre Tage besichtigten James, Frances, Christabel und ich die Sehenswürdigkeiten der Stadt, wir besuchten die Schatzkammer im Tower, das Wachsfigurenkabinett, und zwar auf Frances' ausdrücklichen Wunsch einschließlich der Schrekkenskammer, die Pall Mall, Kew Gardens, das Parlamentsgebäude und schauten uns den Buckingham Palast von außen an. Am dritten Nachmittag waren wir alle erschöpft und gingen zum Tee ins Savoy Hotel.

»Ich kann nicht begreifen, weshalb du unbedingt die Schreckenskammer sehen wolltest«, sagte Christabel und nippte an ihrem Tee. »Dieser furchtbare Christie an dem Abflußbecken und dann Burke und Hare.«

»Das waren doch die beiden, die die Leichen ihrer Opfer der Anatomie verkauft haben, nicht wahr?« Frances lächelte merkwürdig. »Hast du dich nicht gefragt, was in ihren Köpfen vorgegangen sein mag, als sie töteten?«

»Darüber denke ich lieber nicht nach. Hängen ist zu gut für solche Kreaturen des Teufels«, rief Christabel.

»Es muß schrecklich sein, gehängt zu werden«, sagte ich. »Burke und Hares Opfer wußten wenigstens nicht, daß sie sterben mußten, sie mußten nicht in der Todeszelle sitzen und darüber nachdenken, bevor sie starben.«

»Du bist also für die Abschaffung der Todesstrafe, Betty?« James sah mich herausfordernd an. »Was würdest du tun, wenn irgend jemand deinen kleinen Bruder vor deinen Augen umbrächte?«

»Ich würde ihn töten!« sagte ich hitzig, dann wurde mir klar, daß ich ihm in die Falle gegangen war. »Gut, ich wäre dann blind vor Wut, es würde in der Hitze der Erregung geschehen. Der Henker aber ist kaltblütig – und außerdem bin ich mir nicht klar darüber, was ich tun würde, wenn tatsächlich so etwas geschehen sollte.«

»Ich würde wollen, daß er gehängt wird«, sagte Frances mit glitzernden Augen. »Wenn er jemanden ermordet hätte, den ich liebe, würde ich ihm niemals verzeihen.«

»Laßt uns um Himmels willen das Gesprächsthema wechseln«, sagte Christabel schaudernd. »Es ist Zeit, nach Hause zu gehen. Um halb acht müssen wir im Theater sein.«

Ich saß da, bezaubert, hingerissen, gebannt von der Macht der Musik. Ich hatte gedacht, nichts könne besser sein als die Musikfilme, die ich im Kino gesehen hatte, aber jetzt wußte ich, daß nichts sich mit einer Live-Show vergleichen läßt, wo die Musik von allen Seiten auf dich einzudringen scheint und dich zur höchsten Ekstase bringt. Als ich die Schlußlieder hörte, »This is my Lovely Day« und »Ma Belle Marguerite«, wäre ich am liebsten aufgesprungen und hätte mitgesungen. Es war so wundervoll, so aufregend. Heiße Wünsche stiegen in mir auf – das war es, was ich mit meinem Leben anfangen wollte!

Ich klatschte heftig, genauso wie alle anderen. Die Leute standen auf und spendeten Beifall. Ich war sehr erregt. Eines Tages könnte ich hier auf der Bühne stehen. Warum sollte ich nicht auch so erfolgreich sein wie Lizbeth Webb? Noch vor kurzem war sie Sängerin bei einer Tanzband gewesen, jetzt war sie ein Westend-Star. Es gab keinen Grund dafür, daß ich nicht auch einen solchen Job finden sollte. Thelma Blair hatte mir gesagt, ich sollte mein Wesen zum Ausdruck bringen. Wenn ich sie darum bat, könnte sie mir vielleicht beim Start helfen. Warum sollten meine Träume nicht wahr werden?

»Christabel sagt, Freddies Eltern seien das Wochenende über in Paris, aber sie kommen bald zurück und wollen einen großen Tanzabend veranstalten«, sagte Frances, als sie anfing, sich auszukleiden. »Ich bin froh, daß meine Mutter mir das Abendkleid machen ließ. Sie hat den Stoff für eine besondere Gelegenheit aufgehoben.«

»Sie werden hübsch aussehen darin«, erwiderte ich. »Der Pfirsichton steht Ihnen besonders gut.«

»Ja.« Sie kicherte plötzlich. »War es nicht wunderbar heute abend? Ich liebe Champagner einfach, du auch?«

»Ich habe keinen getrunken.«

Nach der Show hatte Freddie uns alle zum Essen eingeladen. Wir waren in einen Nachtclub gegangen und hatten auch tatsächlich Einlaß gefunden, obwohl ich in meinem Baumwollrock und der Bluse kaum passend angezogen war. Freddie kannte den Portier, und ich hatte gesehen, daß er ihm ein Bündel Banknoten in die Hand gedrückt hatte. Sie gaben uns einen Tisch, der versteckt in einer Ecke stand.

»Du bist noch zu jung, Betty«, sagte Freddie. »Eigentlich dürftest du gar nicht hier sein. Trink keinen Champagner, sondern Orangensaft, dann kommen wir schon damit durch, vorausgesetzt, daß keine Razzia stattfindet.« Er blinzelte mir zu.

Ich mochte Freddie. Seine Eltern hatten ein Vermögen gemacht, als sie im Krieg Schuhe für die Armee produzierten, und Freddie erweiterte das Geschäft jetzt durch die Herstellung moderner Damenschuhe. Er war ständig knapp an Rohmaterial und fluchte über die »blutige Unfähigkeit« der Regierung, aber er war zuversichtlich, daß das Geschäft rasch florieren würde. Mit dem Vermögen seiner Eltern im Hintergrund, konnte er es sich leisten, den Boom abzuwarten, der mit Sicherheit innerhalb der nächsten Jahre kommen würde. Er hatte Christabel kennengelernt, als seine Eltern sich in Richmond ein Haus gekauft hatten, worin sie sich zurückgezogen hatten. Das Geschäft hatten sie ihrem Sohn übergeben.

Im Nachtclub war es rauchig und heiß gewesen. Ich hatte mehrere Gläser Orangensaft getrunken, Frances jedoch Champagner. Nun hatte sie Schluckauf, kicherte wieder und schwankte ein bißchen, als sie auf das Bett zuging. Ich beobachtete sie mißtrauisch.

»Sie sind betrunken«, sagte ich. »Wie viele Gläser Champagner haben Sie getrunken?«

»Oh, nur fünf oder sechs«, antwortete sie. »Kümmer dich, verdammt nochmal, um deine eigenen Angelegenheiten, Betty. Ich brauche dir keine Rechenschaft abzulegen.«

Sie hatte Freddie fluchen hören, er machte das ziemlich oft, ohne sich darüber im klaren zu sein, was er sagte. Bei ihm klang es nicht allzu übel, aber aus dem Mund von Frances hörte es sich derb und unpassend an. Mary Crawley würde einen Anfall bekommen haben, wenn sie das hörte!

»Fluchen Sie nicht so«, sagte ich. »James tut es auch nicht in Ihrer Gegenwart; ich glaube nicht, daß es ihm gefallen würde.«

Heftig drehte sie sich nach mir um, ihre Augen glitzerten. »Wag es nicht, mir zu erzählen, was James mag oder nicht mag!« Sie packte mich am Arm und grub ihre Nägel hinein. »Und laß deine verdammten Krallen von ihm, hörst du? Ich warne dich, Betty. Wenn du dich an James heranmachst, wirst du dafür bezahlen müssen!«

Ich war entsetzt über die Eifersucht und Bosheit, die sich in ihren Augen spiegelten. Es kam mir fast so vor, als ob sie mich in diesem Augenblick wirklich haßte. Mir war zwar schon ein paarmal aufgefallen, daß sie einen leisen Groll gegen mich zu hegen schien, aber keine derartige Feindschaft. Es war natürlich der Alkohol, der aus ihr sprach.

»Frances, es tut mir leid.« Ich hatte gerade angefangen, mich zu entschuldigen, als sie plötzlich nach mir schlug. Mit klauenartig gekrümmten Fingern zielte sie auf meine Augen.

Erschreckt setzte ich mich zur Wehr. Ich preßte meine Faust zusammen wie ein Boxer und schlug sie hart aufs Kinn. Zu meiner Verblüffung gab sie einen leisen Seufzer von sich und fiel rückwärts aufs Bett. Einen Augenblick lang fürchtete ich entsetzt, daß ich sie getötet hätte, dann stöhnte sie leise.

»Frances?« sagte ich ängstlich. Ihre Lider flatterten, aber sie machte die Augen auf. »Es tut mir leid, Frances. Ich hoffe nur, daß Sie sich morgen nicht mehr daran erinnern.«

Ich steckte sie ins Bett. Als ich das Zimmer verließ, war ich ziemlich verstört. Sie mußte mehr getrunken haben, als ich bemerkt hatte, und das hatte ihre schlechteste Seite zum Vorschein gebracht. In Zukunft mußte ich sehr vorsichtig sein. Wenn sie jemals argwohnen sollte, daß ich mich zu James hingezogen fühlte …

Am nächsten Morgen hatte Frances Kopfschmerzen. Ich gab ihr eine von ihren Tabletten, nach der sie verlangte, und nahm die anderen in mein Zimmer mit. Mary hatte mir gesagt, daß zu viele davon gefährlich seien, und ich zählte sie immer ab.

Als ich nach unten gegangen war, traf ich Christabel und ihre Mutter im Gespräch über Frances im Wohnzimmer an.

»Sollen wir einen Arzt rufen?« fragte Thelma Blair. »Ist Frances krank?«

»Es sind nur ihre üblichen Kopfschmerzen, die hier und

da auftreten«, erwiderte ich. »Ich habe ihr eine Tablette gegeben. Sie wird jetzt eine Weile schlafen, danach dürfte es ihr besser gehen.«

»Tabletten sind keine Lösung«, sagte Thelma. »Ich habe bemerkt, daß Frances außerordentlich nervös ist. Hat ihre Mutter schon daran gedacht, daß sie vielleicht die Hilfe eines Spezialisten benötigt?«

»Ich verstehe Sie nicht.«

»Nach meiner Erfahrung haben diese Migräneanfälle nicht immer eine körperliche Ursache. Frances ist offensichtlich ein sensibles Mädchen. Ein Gespräch mit einem Psychiater könnte nützlich sein für sie.«

»Mutter!« rief Christabel. »Frances ist doch nicht verrückt.«

»Das habe ich auch nicht behauptet.« Thelma Blair runzelte die Stirn. »Nein, nichts Derartiges. Sie wirkt nur etwas ... Nun, vielleicht irre ich mich auch.«

Ich fragte mich, was wohl passiert wäre, wenn Frances am Abend vorher eine Szene gemacht hätte. Mrs. Blair hätte es bestimmt nicht gern gesehen, daß ihr Gast betrunken ist, so viel war sicher. Mein rechter Haken hatte einen kleinen Bluterguß an ihrem Kinn hinterlassen, aber zum Glück erinnerte sie sich an nichts mehr, und ich hatte gewiß nicht die Absicht, ihrem Gedächtnis nachzuhelfen!

»Ich hoffe, es macht Ihnen nichts aus, mir so viel von Ihrer Zeit zu opfern?« fragte Thelma, als wir in ihr Studio gingen. »Wären Sie lieber mit Christabel und Frances ausgegangen?«

»Ich kann nicht Tennis spielen«, erwiderte ich und war mir dessen bewußt, daß ich auch nicht eingeladen worden war. »Außerdem ist es zu heiß – und ich würde Sie gern etwas fragen.«

»Frances kann auch nicht spielen«, sagte sie und schloß die Tür auf. »Sie will nur zuschauen.«

»Ich weiß, aber Christabel wollte nicht, daß ich dabei bin.«

»Meine Tochter ist oft egoistisch. Ich entschuldige mich für sie.« Sie nahm den langen, spanischen Schal ab, den sie trug, und schlüpfte in einen Overall. »Was wollten Sie mich fragen?«

»Könnten Sie mir helfen, wenn ich mich entscheiden sollte, Sängerin zu werden?«

Zuerst sah sie überrascht aus, dann angenehm berührt. »Ich kann Ihnen nichts versprechen, aber ich kenne ein paar Leute. Schade, daß Noel im Augenblick nicht in England ist, sonst würde ich ihn zum Tee einladen und Sie miteinander bekannt machen. Er kennt praktisch jeden.«

»Meinen Sie Noel Coward?« fragte ich sehr beeindruckt.

Sie lächelte amüsiert. »Ja, meine Liebe. Der arme Noel wird zur Zeit von Selbstmitleid beherrscht; er hat ein paar schlechte Kritiken bekommen, deshalb ist er auf und davon nach Amerika. Tallulah Bankhead spielt dort in *Private Lives*. Er erzählte mir, daß er sie einfach sehen müsse, obwohl er sich halb davor fürchtete. Denken Sie daran hierzubleiben?«

»Ich dachte, ich könnte vielleicht nächstes Jahr wieder herkommen, wenn ich siebzehn bin.«

»Kommen Sie und besuchen Sie mich dann.« Sie hob die Brauen. »Haben Sie über meinen Vorschlag nachgedacht?«

Ich nickte schüchtern. »Ich ... Ich würde es gern tun, wenn Sie wirklich meinen, daß es in Ordnung ist.«

»Natürlich ist es in Ordnung. Ich werde Sie mit den Augen einer Künstlerin betrachten. Für mich werden Sie genau dasselbe sein wie ein Felsen oder eine Blume.«

»Dann ... Dann will ich es tun.«

Sie nickte nachdenklich. »Ich möchte, daß Sie sich auf den Boden legen – auf diesen schwarzen Läufer. Gehen Sie hinter den Wandschirm und legen Sie Ihre Kleider ab, Betty.«

Nervös gehorchte ich. Außer meiner Mutter hatte mich noch nie jemand nackt gesehen. Wenn Polly da war, hatte ich immer zuerst mein Nachthemd übergezogen und dann erst meine Unterwäsche abgelegt. Ich kam mir etwas sündhaft vor, aber auch sehr modern und erwachsen. Ich wußte, daß Thelma meine Entscheidung billigte, und ich wünschte mir verzweifelt ihre Zustimmung. Ich hatte das Gefühl, daß sie mich mehr mochte als Frances, und ich wollte, daß sie mich mochte. Ich hatte angefangen, von einem neuen Leben zu träumen, in dem Thelma und ihr Sohn die Hauptrollen spielten.

Als ich hinter dem Wandschirm hervorkam, hielt ich den Kopf gesenkt und fürchtete mich davor, direkt ihrem Blick zu begegnen.

»Heben Sie den Kopf, Betty. Stehen Sie aufrecht und stolz da.« Abschätzend glitt ihr Blick über mich hin. »Sie sind wirklich genauso schön, wie ich es mir vorgestellt habe. Sie haben ganz bestimmt keinen Grund, sich zu schämen.« Sie wirkte ganz kühl und nüchtern, fast wie ein Arzt, wodurch sich meine Verlegenheit langsam besserte.

»Danke«, sagte ich. »Soll ich mich hinlegen?«

»Ja. Ich möchte, daß Sie sich auf die Seite legen, auf einen Ellenbogen gestützt, so daß Ihr Haar Ihnen über die Brüste fällt.«

Ich legte mich hin und bemühte mich, alles genauso zu machen, wie sie es wünschte. »Ist es so richtig?«

»Ausgezeichnet. Sie sind eine Naturbegabung als Modell, Betty. Ich bin sicher, daß Sie auf diesem Gebiet Arbeit finden könnten, wenn es mit dem Singen nicht klappen sollte.«

Ich erwiderte nichts. Thelma wollte, daß ich diese Pose so lange wie möglich beibehielt. Sie arbeitete schnell, ihre Finger wirkten stark und Vertrauen einflößend, als sie den Ton modellierte. Eine halbe Stunde verging, ohne daß einer von uns ein Wort sagte. Sie war so intensiv bei der Arbeit, daß sie erschrak, als unten in der Halle das Telefon läutete.

»Verdammt«, sagte sie. »Es ging mir gerade so gut von der Hand. Machen Sie eine Pause, Betty, während ich telefoniere.«

Sie ging, und ich rollte mich auf den Rücken. Es war sehr warm. Die Sonne schien gerade durch das Atelierfenster, und ich schloß die Augen, um mich in der köstlichen Wärme zu entspannen. Ich fühlte mich so wohl. Ich stellte mir vor, daß ich in dem seichten Gewässer einer Meeresinsel im Süden dahintrieb. Ich konnte fast den Duft exotischer Blüten riechen, den der Wind herüberwehte, und auf meiner Haut spürte ich wie einen Kuß eine sanfte Brise. Ich streckte mich faul, und ein seltsames Gefühl, das ich noch nie zuvor erlebt hatte, überkam mich … Ich wünschte mir irgend etwas, das die Stimmung, in der ich mich befand, vervollkommnen sollte, aber ich wußte nicht, was ich mir wünschte. Ich fuhr mit den Händen über meinen Körper und erfreute mich an der seidigen Glätte meiner Haut, die von der Sonne verwöhnt wurde. Es war fast so wie in einem Bad …

Dann hörte ich ein leises Geräusch und öffnete die Augen. Einen Augenblick lang blinzelte ich in das grelle Sonnenlicht, dann sah ich *ihn*. Er stand da und schaute auf mich hinunter. Er schien die Blicke nicht von mir wenden zu können. Ich war schockiert, verlegen, und dann wurde ich wütend.

»Gehen Sie, Nathan!« schrie ich, rappelte mich auf und hielt verzweifelt Ausschau nach irgend etwas, womit ich mich bedecken konnte. Ich fand nichts, deshalb raste ich auf den Wandschirm zu. »Gehen Sie!« rief ich wieder mit gellender Stimme. »Sie verkommener Bastard! Wie konnten Sie nur?«

»Thelma hat gesagt, ich solle hinaufgehen«, erwiderte er, und ich hörte, daß er auf den Wandschirm zuging.

»Bleiben Sie, wo Sie sind, Nathan. Wagen Sie es nicht, in meine Nähe zu kommen.« Ich fing an, mich in Windeseile anzuziehen. Als ich versuchte, die Bluse zuzuknöpfen, zitterten mir die Hände.

»Ich bin stehengeblieben. Es tut mir leid, Betty. Ich wußte nicht, daß du …«

»Sie hätten mir den Rücken zuwenden können.«

»Ich war so überrascht.« Er kicherte. »Du sahst aus, als ob es dir großartig gehe. Ich konnte nicht anders, als dich anschauen.«

»Gehen Sie. Ich hasse Sie!«

»Es tut mir leid, Betty. Ich wollte dich nicht verärgern. Ich bin gekommen, um dich zu fragen, ob ich dich zum Tee einladen darf. Maisie hat mir erzählt, daß Frances und Christabel auf dem Tennisplatz sind, da dachte ich …«

Fertig angezogen, kam ich hinter dem Wandschirm hervor. »Nein, danke. Ich möchte nicht.«

»Nur, weil ich dich ohne Kleider gesehen habe? Es gibt Clubs in London, da kann ich nackte Frauen sehen, wann immer ich es möchte.«

»Sie haben mich beobachtet«, sagte ich trotzig. »Mir nachspioniert!«

»Sei doch kein Idiot.« Er sah jetzt ärgerlich aus. »Warum denkst du immer das Schlimmste von mir? Es hat dir offensichtlich nichts ausgemacht, für Thelma zu posieren.«

»Das ist etwas anderes.«

»Wieso? Du erwartest doch wohl nicht, daß sie ihre Arbeiten im Schrank versteckt, oder? Sie wird diese Statuette wahrscheinlich für viel Geld verkaufen.«

»Sie Lügner! Das würde sie nicht tun.«

Er fand keine Gelegenheit mehr zu antworten, weil die Tür sich öffnete und Thelma hereinkam. Sie lächelte uns zu, ohne die Spannung zwischen uns zu bemerken.

»Ich bin froh, daß Sie angezogen sind, Betty. Ich werde heute nicht mehr arbeiten können ...« Plötzlich lachte sie. »Ich hoffe, Nathan hat Sie nicht erschreckt? Er schaut oft kurz herein, um mir einen Besuch abzustatten, und ich habe ihn wie üblich nach oben geschickt.«

Nathan war ein guter Freund von Mrs. Blair. Thelma hatte mich nicht in Verlegenheit bringen wollen. Jetzt lächelte ich befreit und schüttelte den Kopf.

»Nun, was wirst du jetzt unternehmen, Betty?« fragte sie.

»Ich führe sie zum Tee aus«, sagte Nathan, bevor ich antworten konnte.

»Das ist gut«, erwiderte sie lächelnd. »Vergiß nicht, morgen zum Dinner zu uns zu kommen.«

»Ich freue mich schon darauf.« Er lächelte ihr freundschaftlich zu.

Wir hatten das Studio verlassen, so daß Thelma abschließen konnte. Sie winkte uns zu und ging fort. Ich blieb allein mit Nathan zurück.

»Du bist nun einmal mit mir geschlagen, warum willst du nicht das Beste daraus machen?« sagte er grinsend. »Komm,

Betty. Es ist ein wunderschöner Nachmittag, wir werden irgendwo Tee trinken und ...«

»Wollen wir zum Hyde Park fahren?« fragte ich. »Ich würde gern mit einem Boot über den Teich fahren.«

Nathan amüsierte sich königlich. »Eis und Limonade statt Tee, Betty? Warum nicht? Es ist eine Ewigkeit her, seit ich dieses Vergnügen genossen habe. Wir nehmen die Untergrundbahn zur Kensington High Street, spazieren durch die Gärten und überqueren den Rotten Row. Dort ist Edward VII. mit Lillie Langtry ausgeritten, weißt du?«

Übermut funkelte in seinen Augen, und ich warf ihm einen finsteren Blick zu. »Ich gehe nur deswegen mit Ihnen aus, weil ich nichts anderes zu tun habe – Machen Sie sich keine falschen Hoffnungen.«

»Nicht im Traum«, sagte er, aber seine Augen hatten einen verräterischen Glanz. Er griff nach meiner Hand, fing an zu laufen und zog mich mit. »Komm jetzt, Betty. Ich habe nur ein paar Stunden Zeit, und ich möchte jede Sekunde ausnützen.«

»Du bist mit Nathan am Serpentinenteich gewesen?« Frances sah mich an. Ihr Blick verriet mir, daß sie eifersüchtig war. »Wenn ich doch nur hiergewesen wäre, als er kam. Christabels Freundinnen sind Snobs. Du hast Glück gehabt, daß du nicht dabei sein und ihnen zuhören mußtest. Ich wäre viel lieber mit euch zusammengewesen.«

Sie machte ein verdrossenes Gesicht, und mir wurde klar, daß sie sich darüber ärgerte, daß ich mich amüsiert hatte, während man sie hatte fühlen lassen, daß sie nur ein kleines Mädchen vom Lande war.

»Machen Sie sich nichts daraus«, sagte ich. »Thelma hat Nathan für morgen zum Dinner eingeladen. Dann werden Sie ihn sehen.«

Das heiterte sie ein bißchen auf, aber sie grollte mir immer noch ein wenig, weil ich ihn zuerst gesehen hatte.

»Es wäre nicht ganz so schlimm gewesen, wenn James zu dieser scheußlichen Tennisparty gekommen wäre«, sagte sie, als ich anfing, ihr das Haar zu bürsten. »Er scheint immer so beschäftigt zu sein.«

Jetzt wußte ich, daß ihre schlechte Laune in Wirklichkeit daher kam, weil sie James nicht so oft sehen konnte, wie sie es sich erhofft hatte. Ich hatte bemerkt, daß sie viel lachte, wenn er in der Nähe war, jedes seiner Worte begierig aufnahm und ihn bewundernd anblickte. Ich fürchtete, daß sie ihre Gefühle zu offen zeigte und ihr Herz auf der Zunge trug. Ich wußte, daß James sie mochte, aber er war mehrere Jahre älter als sie und kannte bestimmt viele attraktive Frauen. Ich hoffte, daß Frances nicht einer großen Enttäuschung entgegenging.

»So«, sagte sie plötzlich und sah mich im Spiegel an. »Wie geht die Arbeit voran in Thelmas Atelier?«

»Oh, sie mußte fortgehen. Wir haben nicht viel getan heute.«

Frances lächelte selbstgefällig. »Sie hat wahrscheinlich gemerkt, daß sich die Mühe mit dir nicht lohnt, deswegen hat sie gesagt, sie müsse fortgehen.«

Wieder spiegelte sich Eifersucht in ihrem Blick. Sie ärgerte sich tatsächlich über die Tatsache, daß ich es schön hatte!

Frances wollte den Vormittag im Bett verbringen. Sie war verstimmt, weil Christabel mit Freddie irgendwo hinging und man sie nicht eingeladen hatte. Thelma hatte auch etwas vor, ich wurde also im Studio nicht gebraucht. Ich spielte mit dem Gedanken auszugehen, aber ich hatte Angst, das Haus zu verlassen, für den Fall, daß Frances diesmal wirklich Kopfschmerzen haben sollte. Ich ging ins erste Stockwerk hinunter, um einen Blick in James' Bibliothek zu werfen.

Ich hatte gehört, wie Thelma ein- oder zweimal die Bücher ihres Sohnes erwähnt hatte. Er sammelte seltene Ausgaben und besaß offenbar einige wertvolle Bücher. Als ich in den Raum kam, sah ich Maisie, die auf dem Boden kniete. Sie gab seltsame, halberstickte Laute von sich, und mir wurde klar, daß sie weinte.

»Was ist geschehen?« fragte ich.

Sie sprang entsetzt auf und fuhr sich mit der Hand über ihre nassen Wangen, als sie mich erblickte. »Himmel, haben Sie mich erschreckt«, sagte sie. »Ich dachte, es sei Mr. James.«

»Und warum hat Sie das so beunruhigt?«

»Ich habe ein paar seiner Bücher durcheinandergeworfen.«

»Das ist doch kein so schreckliches Verbrechen?«

»Sie verstehen das nicht. Ich habe Staub gewischt und sie dabei alle durcheinandergeworfen. Er katalogisiert sie schon seit langem und stellt sie in einer bestimmten Ordnung auf. Er wird wütend werden, weil ich seine ganze Arbeit vernichtet habe.«

»Aber können Sie sie denn nicht wieder so hinstellen, wie es vorher war? Sind sie alphabetisch geordnet oder thematisch?«

Sie schaute mich verständnislos an. »Ich weiß nicht. Ich bin nie sehr gut gewesen im Lesen, deshalb bin ich auch in den Haushalt gegangen und nicht in einen Laden. Sie werden es doch nicht Mrs. Blair erzählen?«

»Nein, ich werde ihr nichts sagen.« Ich lächelte Maisie an, »Soll ich es mir einmal anschauen und sehen, was ich tun kann?«

Sie strahlte. »Würden Sie das tun? Er ist so eigen mit seinen Büchern. Ich habe Angst, daß ich rausgeschmissen werde.«

»So grausam würde er nicht sein«, sagte ich. »Aber ich will Ihnen gern helfen, die Sache wieder in Ordnung zu bringen, wenn ich es vermag.«

Ich sah, daß sie die Bücher aus drei Fächern genommen und alle zusammen auf den Tisch gelegt hatte. Schon nach einem Blick auf ein oder zwei Exemplare war mir klar, weshalb James so pingelig mit seinen Büchern war. Sie waren alle schön gebunden, und einige von ihnen waren ziemlich alt. Als ich einen der großen Bände aufnahm, fiel ein handschriftlich beschriebenes Blatt Papier heraus. Ich merkte schnell, daß es sich um die Bücherliste handelte, die nach Titeln und thematisch geordnet war.

»Sie können weiter Staub wischen, Maisie«, sagte ich. »Ich kümmere mich darum.«

»Ich bin hier fertig. Ich geh' rüber zu Mrs. Blairs Wohnzimmer, wenn Sie Ihrer Sache sicher sind?«

»Ich glaube, ich weiß, wie ich es anpacken muß. Machen Sie sich keine Sorgen, Maisie.«

Sie lächelte und ging, während ich anfing, die Stöße von in Leder gebundenen Büchern zu sortieren, entsprechend der Liste, die ich gefunden hatte. Die Regalfächer waren verschieden hoch, und als ich einmal den Schlüssel gefunden hatte, war es ganz einfach, die Bücher wieder einzuordnen. Ich war schon fast fertig damit, als sich hinter mir die Tür öffnete.

»Es ist gleich erledigt, Maisie. Er wird nie merken, daß ...« sagte ich, während ich mich umdrehte. Als ich sah, daß es James war, hielt ich inne. »Oh, ich dachte, es sei jemand anderer.«

James runzelte die Stirn, als er auf mich zukam. Er sah verärgert aus. »Hat Maisie sich wieder an meinen Büchern vergriffen? Ich habe ihr gesagt, daß sie sie nicht anrühren darf.«

»Sie hat sie nur abgestaubt«, erwiderte ich. »Es ist gar nichts passiert.«

Seine Augen blitzten ungeduldig. Ich war überrascht, als ich sah, wie sein Mund sich gereizt verzog. Das war eine Seite von James, die ich noch nicht kannte. »Ich nehme an, alles ist wieder durcheinandergeraten? Er glitt mit den Fingern über ein Bord, dann schaute er mich an. »Hast du sie wieder zurückgestellt?«

»Ja. Ich hoffe, alles ist so, wie Sie es haben wollen? Ich habe mich nach Ihrer Liste gerichtet.«

Sein Gesicht hellte sich auf. »Um ehrlich zu sein, sie sind jetzt besser geordnet als vorher.« Plötzlich lächelte er. »Interessierst du dich für Bücher, Betty?«

»Ja. Aber ich fürchte, ich bin nicht sehr belesen. In der Schule haben wir natürlich die Klassiker durchgenommen, aber danach habe ich eher Rückschritte gemacht. Frances wählt die Bücher nach ihrem Geschmack aus.«

»Und was gefällt dir?«

Ich wurde ein wenig rot. »Nun, ich mag Agatha Christies Krimis und Romane, aber ich mag auch Gedichte.«

Er nahm ein Buch aus dem obersten Fach und strich ehrfürchtig über den verblaßten Ledereinband. »Dies ist die Erstausgabe der *Childe Harold's Pilgrimage* von Lord Byron. Hast du schon etwas von ihm gelesen?«

»Ein wenig. In der Schule.«

Er hielt mir das Buch hin. »Ich leihe es dir, wenn du willst.«

»Es muß sehr wertvoll sein. Ich habe Angst, es zu beschadigen.«

Er lachte. »Bücher sind zum Lesen da. Nimm es und lies. Erzähl mir, was du davon hältst. Und dies nimm auch mit.« Er hielt inne und nahm ein Buch aus dem untersten Bord.

Ich schaute es neugierig an. *»Forever Amber* von Kathleen Winsor – ich glaube, ich habe schon davon gehört.«

James nickte, und seine Augen glänzten. »Als es herauskam, ist es in Boston verboten worden und im letzten Jahr im übrigen Massachusetts. Es ist die ziemlich gewagte Geschichte einer Frau, die die Geliebte des Mannes wird, den sie liebt, und ihn dann verfolgt, als er sie verlassen hat, wobei sie in eine Menge ziemlich schlimmer Abenteuer verwickelt wird.« Er lachte, als ich ihn anstarrte. »Ich sammle alle möglichen Bücher, Betty, nicht nur die wertvollen. Die Tatsache, daß es verboten wurde, macht es interessant für mich. Meine Mutter hat es gelesen und ist ganz begeistert davon.«

»Oh, dann ist es in Ordnung. Wenn Thelma es gelesen hat, kann ich es auch tun.«

James runzelte leicht die Stirn. »Du solltest dich nicht zu sehr von meiner Mutter beeinflussen lassen.«

»Was meinen Sie damit?« Ich starrte ihn verwirrt an.

»Nichts Bestimmtes. Ich möchte nur nicht, daß du verletzt wirst.« Er lächelte wieder. »Jetzt mußt du mich entschuldigen. Ich habe eine Verabredung in meinem Club.«

Ich beobachtete ihn, als er hinausging. Ich konnte nicht klug werden aus James. Manchmal war er so freundlich zu mir. Er hatte mir eines seiner kostbaren Bücher geliehen, aber dann hatte er sich plötzlich in sein Schneckenhaus zurückgezogen, als habe er vor irgend etwas Angst. Ich war sicher, daß er mich mochte, aber zwischen uns schien sich eine Barriere aufzurichten, eine Barriere, die er entweder nicht einreißen wollte oder konnte.

9. Kapitel

James' Vater kam nicht oft zum Abendessen nach Hause. Entweder mußte er an einem Geschäftsessen teilnehmen, oder er speiste mit einem Regierungsbeauftragten oder einem wichtigen Kunden in seinem Club. Aber an dem Abend, an dem Nathan bei uns eingeladen war, kam er, ein ruhiger, bescheidener Mann mit ergrauendem Haar und ziemlich müde wirkenden Augen. Er redete vorwiegend über Cricket, dann wurde er von seiner Frau in ein politisches Gespräch verwickelt.

»Es ist mir egal, was du sagst, John«, erklärte sie. »Es ist Zeit, daß die Lage endlich besser wird. Den ganzen Krieg über hat man uns versprochen, daß hinterher alles wieder in Ordnung kommen würde. Jetzt sieht es so aus, als ob die Steuer uns an den Rand des Ruins bringen will.«

»Wir haben eine akute Sterling-Krise, meine Liebe. Cripps hat keine andere Wahl. Wenn wir unseren Export nicht steigern, wird alles noch schlimmer werden.«

»Du meinst, alles, was wir produzieren, muß nach Übersee geschickt werden, so daß wir leer ausgehen?«

»Nicht alles.« Er lächelte ihr geduldig zu. »Mach dir keine Sorgen, Thelma, die Produktion wird zunehmen. Wir müssen da durch. Kommt, laßt uns an etwas anderes denken. Wie wär's mit einem Drink? Christabel, willst du nicht ein wenig Klavier spielen? Etwas Heiteres?«

Sie lächelte ihm freundlich zu. »Gern, Vati. Vielleicht singt Betty für uns.« Sie warf mir einen Blick zu. »Du kannst doch singen, nicht wahr?»

»Ja.« Mir wurde heiß, aber ich war bereit, die Herausforderung anzunehmen. »Haben Sie die Noten von der Show, bei der wir gewesen sind?«

»Du meinst *Bless the Bride?*«

»Ja. Ich möchte ›This is my Lovley Day‹ singen.« Ich lächelte sie unschuldig an. »Wenn Sie das spielen können?«

»Natürlich kann ich das. Ich habe die Noten von Freddie bekommen.« Sie sah mich triumphierend an, als wäre sie einem Bluff von mir auf die Schliche gekommen und ihm wirkungsvoll entgegengetreten.

Ich hatte den Text und die Musik im Kopf. Wenn alle ausgegangen waren, hatte ich mir die Lieder mehrmals auf dem Grammophon im Wohnzimmer im Erdgeschoß vorgespielt, und ich war sicher, daß ich es schaffen konnte. Als Christabel die Noten hervorsuchte, wartete ich, bis sie fertig war, dann nickte ich.

Sie fing an zu spielen. Ich merkte sofort, daß sie gut spielte. Ich mochte nichts verstehen von der Technik der Wiedergabe, aber ich besaß ein natürliches Gehör. Ich sang die Worte, die ich im Gedächtnis hatte. Ich sah Lizbeth Webb vor mir, wie sie auf der Bühne gesungen hatte. Ich war das Mädchen, das unmittelbar vor der Hochzeit stand, das Mädchen, das sich immer an diesen schönen Tag erinnern würde. Die Musik strömte aus mir heraus. Ich sang mit meinem Herzen, mit all der Sehnsucht und Hoffnung, die mich erfüllten. Ich besaß keine Schulung, ich war ein Mädchen vom Lande mit nur geringer Bildung, ich wußte nichts von der Welt, ich hatte mich noch nicht bewährt und war ohne Übung. Aber ich legte all meine Gefühle und Wünsche in das Lied, und als ich fertig war, flossen mir Tränen über die Wangen.

Als die letzten Töne verklungen waren, herrschte Stille. Ich war immer noch gefangen von der Freude und der unterschwelligen Trauigkeit des Liedes. Dann fing James plötzlich an zu klatschen.

»Das war großartig, Betty«, sagte er. »Wirklich großartig.«

»Sie waren ebensogut wie Lizbeth Webb«, sagte Thelma. »Ausgezeichnet, meine Liebe.«

»Christabel hat gut gespielt«, sagte ich errötend.

Christabel, Frances und Nathan hatten nichts gesagt, als die anderen begeistert meine Stimme gelobt hatten. Ich vermutete, daß Frances verärgert war, weil ich im Mittelpunkt der allgemeinen Aufmerksamkeit stand. Christabel hatte offensichtlich gehofft, daß ich mich blamieren würde, aber sie konnte mein Lob kaum übergehen.

»Du singst sehr gut«, sagte sie kühl. »Vielleicht solltest du zur Bühne gehen.«

»Ich könnte morgen einen entsprechenden Job für sie finden«, erklärte Nathan plötzlich. »Aber ich bezweifle, daß sie mir die Sache übergeben wird.«

»Warum nicht?« rief Thelma. »Sie sollten Ihr Talent nützen, Betty.«

Frances' Augen glitzerten, und mir war klar, daß sie eifersüchtig war, weil man so viel Wirbel um mich machte. Ich schüttelte den Kopf. »Ich bin noch zu jung, um jetzt schon daran denken zu können«, sagte ich rasch.

Christabel wendete sich an Frances. »Was wirst du zu Freddies Tanzabend am Sonnabend anziehen?« Es war ihr gelungen, das Thema zu wechseln, und Frances lächelte ihr zu.

»Ich habe ein pfirsichfarbenes Satinkleid. Morgen zeige ich es dir.«

»Was werden Sie tragen, Betty?« Thelma schaute mich an. »Freddie hat Ihnen eine Einladung geschickt.«

»Ich … Ich weiß nicht.« Verlegen starrte ich sie an. »Ich … Ich kann nicht hingehen. Ich habe nichts Passendes.«

Sie runzelte die Stirn, dann machte sie mit der Hand ein Zeichen, das Thema fallenzulassen. »Machen Sie sich deswegen keine Sorgen. Wir werden etwas für Sie finden. Sie dürfen den Tanzabend nicht versäumen. Wir gehen alle hin.«

»Natürlich müssen Sie hingehen«, sagte Mr. Blair freundlich. »Wir können Sie nicht allein hierlassen.«

»Ich nehme an, du kommst dir sehr schlau vor, weil du dich so zur Schau gestellt hast?« fragte Frances gehässig, als ich ihr half, sich fertig zu machen zum Schlafengehen. »Wenn du glaubst, daß James sich für dich interessiert, nur weil du ein bißchen singen kannst, irrst du dich.«

»Das habe ich mir auch nicht eingebildet«, sagte ich. »Seien Sie nicht so zu mir. Es tut mir leid, wenn ich Sie verärgert habe, weil ich heute abend gesungen habe.«

»Oh, laß mich allein«, sagte sie schmollend. »Ich bin böse auf dich. Stell dich nur nicht wieder zur Schau, wenn wir zu diesem Tanzabend gehen, darum bitte ich dich.«

Ich fragte mich, was mit ihr los sei. Sie schien sich nicht so gut zu amüsieren, wie sie es erwartet hatte. Ich hatte gedacht, sie würde so glücklich sein wie bei unserem Aufenthalt bei ihrem Onkel Henry. Statt dessen war sie mürrisch und gereizt, besonders mir gegenüber.

Während ich darüber nachdachte, was sie gesagt hatte, wurde mir klar, daß dieser Besuch für sie vielleicht noch schwieriger war, als für mich. Ich hatte einige Zeit mit Thelma verbracht und allein in London Erkundungsgänge unternommen. Frances hatte Christabel fast überallhin begleitet, und einige von Christabels Freundinnen waren sehr hochnäsig. Frances mußte oft das Gefühl gehabt haben, daß sie auf sie herunterblickten. Sie mochte zwar reiche Eltern haben, aber sie war trotzdem nur ein Mädchen vom Lande. Wie ich wußte sie nicht recht, wie man sich in der guten Gesellschaft zu benehmen hatte, obwohl ich mit Thelma gut zurechtkam – aber das verschlimmerte die Sache vielleicht noch.

»Sie werden am Sonnabend am hübschesten von allen aussehen«, sagte ich, als sie ins Bett ging. »Wenn Sie wollen, werde ich Ihnen das Haar waschen und legen.«

»Danke, Betty.« Sie lächelte merkwürdig. »Ich hasse dich nicht wirklich. Du bist meine einzige echte Freundin.«

»Ich weiß«, sagte ich. »Schlafen Sie gut.«

Freddie hatte Christabel und Frances mitgenommen, damit sie sich seine neuen Schuhmodelle anschauten. Er hatte ihnen versprochen, daß sie sich jede ein Paar aussuchen durften.

»Ich bringe dir ein Paar mit, wenn es möglich ist«, sagte Frances. »Welche, die du zum Tanzen anziehen kannst. Als Wiedergutmachung, weil ich neulich so häßlich zu dir war.«

»Ein Paar Schuhe könnte ich gut gebrauchen.« Ich lächelte ihr zu.

Als Frances fort war, fragte ich mich, was ich tun sollte. Ich konnte entweder wieder durch London streifen oder für Thelma posieren. Ich entschloß mich, sie zu fragen, was sie vorhatte. Als ich in ihr Wohnzimmer hinunterging, war ich glücklich, aufgeregt von der Vorstellung, daß ich zu einem Tanzabend der guten Gesellschaft gehen würde. Das war bestimmt eine großartige Sache. Freddies Eltern gaben gern Gesellschaften, und trotz der schwierigen Zeiten würde es dort bestimmt viele Köstlichkeiten zum Essen geben. Ich hatte gehört, daß sie aus Frankreich Erdbeeren einführen wollten und alle möglichen exotischen Speisen, von denen ich noch nie etwas gehört, geschweige denn sie gekostet hatte.

Ganz mit meinen Gedanken beschäftigt, gelangte ich zu Thelmas Zimmer, ohne es zu bemerken. Die Tür stand offen, und ich konnte Stimmen hören. James hatte eine Auseinandersetzung mit seiner Mutter. Ich wollte gerade wieder gehen, als ich merkte, daß sie meinetwegen miteinander stritten.

»Du bist so verdammt gedankenlos«, sagte James ärgerlich. »Du setzt diesem armen Mädchen unmögliche Ideen in den Kopf. Du weißt doch, aus was für einem Haus sie kommt. Eine Mutter, die sich nicht darum kümmert, was mit ihr geschieht, und ein Vater, der meistens betrunken ist!«

»Um so mehr ein Grund, sie dazu zu ermutigen, sich davon loszusagen. Wirklich, James, du bist so ein Snob.«

»Du bist der Snob, Mutter. Du gibst vor, an die Gleichheit der Menschen zu glauben, aber in Wirklichkeit glaubst du nur an dich selbst. Wenn du Betty glücklich machen willst, dann laß sie selber ihre Entscheidungen treffen.«

»Ich habe mein Bestes getan, damit sie sich hier wohlfühlen kann.«

»Und was ist mit diesem scheußlichen Tanzabend? Sie hat nichts Ordentliches anzuziehen. Du bist nicht blind, du hast ihre Sachen gesehen.«

»Sie kann von Christabel etwas geliehen bekommen ...«

»Du willst sie zu dem Tanzabend schicken in einem von Christabels alten Kleidern? Weißt du denn nicht, was diese eingebildeten Zierpuppen, mit denen meine Schwester sich umgibt, ihr antun werden? Und selbst wenn sie richtig angezogen wäre, weiß sie nicht, wie sie sich zu benehmen hat.«

»Ich habe nur versucht ...«

Ich hatte genug gehört! Meine Wangen brannten, und ich spürte, daß mir die Tränen in die Augen stiegen. Wie konnten sie so über mich reden? Wie konnte James so grausame Sachen sagen? Ich hatte gedacht, daß er mich mochte. Ich hatte gedacht, daß sie mich beide mochten. Jetzt wußte ich, daß sie nur freundlich zu mir waren, weil sie Mitleid mit mir hatten.

Ich wirbelte herum und raste die Treppe hinunter. Ich mußte nach draußen gehen. Ich konnte es nicht länger ertragen, in diesem Haus zu sein! Ich war mir nicht sicher, ob ich einem von ihnen je wieder entgegentreten konnte. Ich atmete heftig und zitterte vor Zorn, als die Scham mich überwältigte. Ich fühlte mich gedemütigt und betrogen. Ich hatte Thelma vertraut. Meine Gefühle für James wagte ich gar nicht zu definieren.

Ich schoß aus der Haustür – direkt in Nathans Arme. Er hatte gerade an die Tür klopfen wollen. Ich versuchte, an ihm vorbeizukommen, aber er fing mich auf und hielt mich fest, als ich mich wild zur Wehr setzte.

»Beruhige dich, Betty«, befahl er. »Was ist los?«

»Sie verachten mich«, sagte ich und unterdrückte ein Schluchzen. »Ich dachte, Thelma sei so freundlich, aber es war nur Mitleid.« Ich zitterte und schluchzte bitterlich, als alles, was ich gehört hatte, mir wieder bewußt wurde. »Ich kann nicht hierbleiben. Ich will es nicht!«

Nathan preßte die Lippen zusammen. »Ich habe dir gesagt, daß du keinem der Blairs allzuviel Vertrauen schenken sollst«, sagte er grimmig. Er packte mich am Handgelenk und zog mich zu einem offenen Sportwagen, der an der Bordsteinkante parkte. »Komm, Betty. Du brauchst Zeit zum Überlegen.«

Ich zögerte, aber mein Widerstand war nicht ganz ernst gemeint.

Ich setzte mich auf den Vordersitz und wischte mir die Tränen ab, als er anfuhr. »Wohin fahren wir?«

Lächelnd schaute er mich an. »Wohin möchtest du denn gern? Wollen wir ans Meer fahren?«

»Haben Sie denn genug Benzin?«

»Das laß nur meine Sorge sein – es gibt immer Mittel und Wege, wenn man sich auskennt. Mach dir keine Gedanken, ich werde nicht eingesperrt werden, weil ich wichtiges Benzin für private Zwecke verwende.«

»Das klingt ganz nach Joe«, sagte ich und schaute ihn neugierig an. »Wie bestreiten Sie Ihren Lebensunterhalt, Nathan?«

Er warf mir einen amüsierten Blick zu. »Neugier ist der Tod der Katze, sagt man. Ich bin mit verschiedenen Dingen beschäftigt, z. B. kaufe ich herrenlose Besitztümer auf und lasse sie wieder renovieren, unter anderem natürlich.« Er hob die Brauen. »Wollen wir hinfahren?«

»In Ordnung.« Ich streckte das Kinn vor. »Von mir aus.«

»Das ist meine Betty«, sagte er und lachte.

Der Wind blies uns ins Gesicht, so daß mein Haar sich völlig verhedderte. Ich fing an, die Fahrt zu genießen. Nathan warf mir einen zufriedenen Blick zu.

»Fühlst du dich jetzt besser?«

»Ja. Es tut mir leid, daß ich so einen Wirbel gemacht habe.«

»Mir nicht.« Ich runzelte die Stirn, und er lachte. »Du wärst nicht mitgekommen, wenn du nicht ganz aus dem Häuschen gewesen wärst.«

»Das stimmt.« Ich lachte. »Aber ich habe es getan, und da kann ich auch ebensogut meine Freude daran haben.«

Ich fühlte mich plötzlich sorglos und unbeschwert. Ich war fortgelaufen, ohne irgend jemandem Bescheid zu sagen, und wenn ich zurückkam, konnte ich Ärger bekommen, aber im Augenblick war mir das ganz egal.

Nathan fuhr mit mir nach Southend. Es herrschte gerade Ebbe, aber es war das erste Mal, daß ich ans Meer kam, und ich wollte unbedingt die Füße ins Wasser tauchen. Ich zog Schuhe und Strümpfe aus, Nathan rollte seine Hosen bis zum Knie hoch und ergriff meine Hand. Wir gingen über den ziemlich schmutzig aussehenden Sand. Wenn unsere nackten Füße in die kleinen Pfützen traten, die das Meer zurückgelassen hatte, quatschte es.

Als wir endlich die Wassergrenze erreichten, stieß ich einen kleinen Schrei aus und lief hinein. Nathan lachte und warf seine Schuhe in den Sand. In den nächsten zwanzig Minuten führten wir uns auf wie Kinder, die schulfrei hatten. Ich weiß nicht mehr, wer wen zuerst bespritzte, aber als wir einmal damit angefangen hatten, wollte keiner von uns zuerst aufhören. Als wir endlich davon abließen, waren wir beide naß bis auf die Haut, mein Haar hing mir in nassen Strähnen um den Kopf.

»Sie sehen aus wie eine ertrunkene Ratte«, sagte ich zu Nathan.

»Und du siehst aus wie eine Seejungfrau.«

Sein Gesichtsausdruck jagte mir einen Schauder durch den Körper.

»Wird dir kalt?«

Ich schüttelte den Kopf. »Ich werde rasch trocknen in der Sonne. Was machen wir jetzt?«

»Wir werden Tee trinken auf dem Pier.« Er hob die Brauen. »Im Kofferraum habe ich ein Handtuch. Damit können wir zumindest dein Haar trocknen.«

Wir fingen an, über den Sand zurückzulaufen. Wieder wurde es zu einem kleinen Wettkampf. Das war wohl immer so mit Nathan und mir. Ich war fest entschlossen, ihn zu schlagen, und rannte, so schnell ich konnte. Das Blut dröhnte in meinem Kopf, und die Brust tat mir weh, aber ich raste weiter, all meine Reserven ausschöpfend. Eine Zeitlang brachte ich es fertig, in Führung zu bleiben, aber als wir den trockenen Strand erreicht hatten, holte er mich ein und brachte mich zu Fall mit dem Angriff eines professionellen Fußballers. Lachend lag ich da, erschöpft und keuchend und schaute zu ihm hoch.

»Betty«, sagte er mit plötzlich aufleuchtenden Augen. »Betty ...«

Ich rollte mich weg, als er sich über mich beugte. »Kommen Sie, ich sehne mich nach einer Tasse Tee.«

Wir trockneten uns, so gut wir konnten, und kämmten uns das Haar. Niemand von uns sah besonders anständig aus, aber niemand schien sich darum zu kümmern. Es war Sommer, und wir waren am Meer. Auf dem Pier nahmen wir Tee und Kuchen zu uns.

»Gefällt es dir?«

»Ja, ich wünschte ...«

Nathan blickte mich an. »Was wünschst du dir?«

»Daß das im Leben immer so sein könnte.«

»Vielleicht ginge das, wenn ...«

Ich sprang auf, plötzlich nervös geworden. »Kommen Sie, ich hätte gern ein paar Pennies für die Spielautomaten.«

Auf dem Pier gab es noch einige der alten Automaten, in die man hineinschauen und eine anstößige Dame in Knikkerbockern beobachten konnte, aber es gab auch schon viele neue. Man konnte sechs, vier oder zwei Pennies gewinnen, wenn man kleine, herumflitzende Stahlkugeln in das richtige Loch beförderte. Nathan schien den Bogen raus zu haben, aber da er seinen Gewinn mir gab und ich absolut hoffnungslos war, hatten wir bald keine Pennies mehr.

Es fing an, kühl zu werden, als wir den Pier verließen. Ich zitterte und schaute zum Himmel hoch, dann streckte ich meine Hand aus, gerade als die ersten Regentropfen fielen.

»Es fängt an zu regnen.«

»Komm, beeil dich.«

Nathan packte mich an der Hand. Wir liefen schnell zum Wagen, und er zog das Verdeck hoch, bevor der Regen mehr Schaden anrichten konnte, als die Sitze feucht zu machen. Ganz plötzlich war eine Wolkenfront aufgezogen, und es sah so aus, als ob wir ein Gewitter bekämen.

»Leg dir das um die Schultern, Kind.« Nathan gab mir seine Jacke, die auf dem Rücksitz gelegen hatte. »Du siehst blaß aus. Was ist los?«

»Ich mag den Sturm nicht.« Ich hüllte mich in seine Jacke ein. »Was ist mit Ihnen?«

»Mir ist nicht kalt.« Er lächelte mir zu. »Ich sollte dich besser heimbringen, bevor man einen Suchtrupp ausschickt.«

Ich nickte. »Ja, ich denke auch.«

Nathan schaute mich scharf an. »Geh mit hocherhobenem Kopf hinein, Kind. Du wirst morgen zu dem Tanzabend gehen, und wenn ich dich hinschleppen müßte.«

»Wirklich?« Ich sah ihn zweifelnd an. »Was soll ich anziehen?«

Er grinste spitzbübisch. »Cinderella braucht die Hilfe einer gütigen Fee, nicht wahr? Gut, aber laß keinen gläsernen Schuh zurück für den Prinzen – er wird am Montag zurückgeschickt.«

»Das verstehe ich nicht«, sagte ich.

»Mußt du auch nicht.« Er ließ den Motor an. »Hab nur Vertrauen zu mir, Kind.«

In diesem Augenblick ertönte ein furchtbarer Donnerschlag, und über dem Meer sah ich Wetterleuchten.

»Du verdienst das nicht«, sagte Frances mürrisch am nächsten Morgen zu mir, als sie mir ein in braunes Papier verpacktes Päckchen übergab. »Ich bin in Freddies Fabrik ohnmächtig geworden und hätte dich gebraucht, als ich heimkam. Alle waren besorgt um dich. Warum bist du einfach so fortgegangen?«

»Nathan hat mich zum Meer gefahren. Es war ein Blitzeinfall. Es tut mir leid, Frances. Fühlen Sie sich jetzt besser?«

»Ja.« Sie schaute mich finster an. »Ich werde bis zum Tee im Bett bleiben, damit ich ausgeruht bin beim heutigen Tanzabend.«

Ich sah sie besorgt an. »Sie sind viel unterwegs gewesen. Soll ich einen Arzt rufen?«

»Nein, natürlich nicht. Dann könnte ich bestimmt nicht an dem Tanz teilnehmen.«

Sie schien verstimmt zu sein. »Sind Sie sicher, daß Sie hingehen möchten? Wir könnten sagen, daß es Ihnen nicht gutgeht, wenn Sie lieber hierbleiben möchten.«

»Ich will mit James tanzen.« Frances biß sich auf die Lippe. »Ich … Ich glaube, ich bin in ihn verliebt. Ich habe nicht die geringste Lust, Christabels Freundinnen zu treffen, aber ich will nicht, daß James denkt, ich sei leidend.«

»Sie mögen ihn wirklich, nicht wahr?« Sie nickte. Ihr Gesicht wirkte angespannt und verzweifelt. »Dann werden wir an dem Tanz teilnehmen. Wenn ich dabei bin, werden die anderen Sie allein lassen. Christabel mag Sie, aber mich mag sie nicht. Und ihre Freundinnen werden zu sehr damit beschäftigt sein, die Nase über mich zu rümpfen, um sich auch noch um Sie kümmern zu können.«

Frances lachte und setzte sich auf. »Arme Betty. Was wirst du anziehen?«

»Nathan will mir etwas besorgen. Machen Sie sich keine Sorgen deswegen. Ich werde diesen aufgeblasenen Puten schon Gesprächsstoff liefern.«

Ich ließ Frances in ihrem Zimmer zurück und machte einen raschen Ausflug in die Petticoat Lane, um ein paar Geschenke für meinen Bruder und meine Schwester zu besorgen. Als ich zurückkam, fragte Thelma mich, ob ich eine Stunde Zeit für sie hätte im Studio.

»Ich kann die Arbeit auch nach meiner Erinnerung beenden, wenn Sie lieber nicht kommen wollen«, sagte sie.

»Warum nicht?« fragte ich, ohne zu lächeln. »Ich muß nur rechtzeitig zurück sein, damit ich Frances helfen kann, sich zurechtzumachen.«

»Oh, Sie werden mehr als genug Zeit haben. Ich habe einen Fön, den ich Ihnen leihen kann, wenn Sie möchten.« Thelma schaute mich verlegen an. »Hatten Sie gestern einen schönen Tag?«

»Wundervoll. Nathan ist mit mir ans Meer gefahren.«

»Das freut mich.« Sie runzelte die Stirn. Offensichtlich fühlte sie sich immer noch unbehaglich. »Wegen Ihrer Kleidung für heute abend, meine Liebe – Christabel hat einige Kleider für Sie herausgesucht, unter denen Sie sich eins aussuchen können.«

»Das ist alles schon geregelt«, sagte ich lässig. »Machen Sie sich keine Sorgen, Mrs. Blair. Ich werde Sie nicht blamieren.« Sie starrte mich an und errötete leicht, als sie die Verachtung in meiner Stimme bemerkte. Dann lächelte ich. »Wollen wir jetzt ins Studio gehen? Ich freue mich darauf, durch Sie unsterblich zu werden.«

Als ich in mein Zimmer zurückkam, fand ich einen großen Karton auf meinem Bett vor. Ich öffnete den Deckel, lächelte, als ich sah, was darin war, und schloß ihn wieder. Auf dem Tischchen neben dem Bett lag ein kleiner Karton und eine von Nathans Visitenkarten. Auf die Rückseite hatte er eine kurze Nachricht geschrieben.

»Das wird sich um Mitternacht nicht in einen Kürbis verwandeln* Ich werde auf dich warten. Laß mich nicht im Stich.«

Ich öffnete das Kästchen und fand ein goldenes Medaillon mit einer Kette darin. Es war klein und zierlich, und es gefiel mir.

»Ich werde Sie nicht im Stich lassen, Nathan«, sagte ich. »Das ist ein Versprechen.«

Als ich in den Spiegel schaute, sah ich, daß meine Augen wie Diamanten funkelten.

»Oh, nein. Ich werde Sie nicht im Stich lassen.«

Zwei von Frances' Tabletten fehlten. Ich zählte sie immer ab, damit ich ihr nicht versehentlich zuviel davon gab. Ich zählte sie dreimal, um meiner Sache sicher zu sein, es waren zwanzig, und es hätten zweiundzwanzig sein sollen. Ich konnte mir nicht vorstellen, was geschehen war. Frances konnte sie nicht genommen haben, denn das hätte ich wissen müssen. Sie wurde immer so schläfrig davon. Zwei hätten sie garantiert für viele Stunden außer Gefecht gesetzt. Außerdem hatte ich sie immer versteckt.

»Du kannst nicht richtig zählen, das ist alles«, sagte ich zu mir und legte sie sorgfältig in ihr Versteck zurück. »Du mußt geträumt haben.«

Frances' Haar war fertig gewellt, die Enden sprangen in sich kräuselnden Locken auf. Sie mußte nur noch ihr Kleid überstreifen.

»Ich komme allein damit zurecht«, sagte sie. »Du solltest dich besser selber umziehen.«

»Gehen Sie schon hinunter, wenn Sie fertig sind. Ich werde nicht viel Zeit brauchen.«

»In Ordnung.« Sie lächelte mir zu, offensichtlich war sie ziemlich aufgeregt. »Welche Farbe hat dein Kleid?«

»Rot«, antwortete ich. »Sie werden überrascht sein, wenn Sie es sehen.«

---

* Anspielung auf *Cinderella,* die englische Version des Märchens *Aschenputtel.* Anm. d. Übersetzerin

»Rot ...« Sie wollte noch etwas sagen, aber da klopfte jemand an die Tür. »Wer ist da?«

»Maisie, Miss. Ich habe etwas für Sie.«

»Kommen Sie herein.« Frances warf mir einen erstaunten Blick zu, dann stieß sie einen entzückten Schrei aus, als sie sah, was Maisie brachte. »Wie schön! Ist das für mich?«

»Von Mr. James, Miss.« Maisie lächelte, als sie ihr einen Zweig cremefarbener Orchideen aushändigte. »Zum Anheften an Ihr Kleid.«

»Von James – wie prachtvoll. Schau nur, Betty, schau, wie wunderschön sie sind.«

»Herrlich«, sagte ich zustimmend. »Ich muß mich beeilen, sonst verspäte ich mich.«

Ich sah, wie Maisie mich anschaute, aber sie sagte nichts. So war ich nicht überrascht, als ich den Zweig mit weißen Rosenknospen in meinem Zimmer entdeckte. Ich atmete den Duft ein, dann legte ich sie beiseite. Rosen waren nicht das Richtige für mich heute abend.

Ich brauchte zwanzig Minuten, um mich anzukleiden – gebadet hatte ich schon, als Frances' Haar trocknen mußte –, und als ich in den Spiegel schaute, war ich sehr zufrieden mit meinem Anblick. Das Kleid war aus dunklem, karmesinrotem Samt. Es hatte ein eng anliegendes Oberteil, einen tiefen Ausschnitt und lange, enge Ärmel. Der hautenge Rock lag verführerisch an meinen Hüften an und wurde erst am Saum wirbelnd weit. Der Ausschnitt, der einen Blick auf meinen Brustansatz gestattete, war von einem breiten, mit Pailletten bestickten Band eingefaßt, und um die Taille wurde eine Satinschärpe geschlungen. Mit dem nach oben frisierten Haar und dem Lippenstift, den ich am Vormittag gekauft hatte, sah ich mindestens wie achtzehn aus. Ich trug Nathans Medaillon, James' Rosen aber nicht. Die Schuhe, die Frances für mich gekauft hatte, waren aus schwarzem Satin und paßten mir besser, als die Lackschuhe, die Nathan besorgt hatte.

Nach einem letzten Blick in den Spiegel ging ich nach unten, zum Kampf bereit.

Frances war bereits da, sie trug die Orchideen zu ihrem pfirsichfarbenen Satinkleid. Sie sah jünger aus, als sie war, hübsch und lieblich. Sie nahmen gerade alle einen Drink und lachten. Dann bemerkten sie mich. Christabel wurde blaß. Frances zwinkerte ungläubig, alle anderen starrten mich nur an. Dann kam James zu mir.

»Du siehst wunderbar aus, Betty«, sagte er. »Wirklich überwältigend.«

»Danke. Ist Nathan schon da?« Ich wendete mich kühl ab. »Ihr Kleid gefällt mir, Christabel.«

Sie trug weiße Seide. Sehr kostspielig. Gut geschnitten und langweilig. Nicht für tausend Pfund hätte ich mit ihr tauschen wollen!

»Nathan wird dort zu uns stoßen«, sagte Thelma. »Sie sehen gut aus, meine Liebe. Sie werden mit John und mir fahren. In Freddies Wagen ist nur für vier Personen Platz, und ihr Mädchen wollt doch nicht eure Kleider zerknautschen, nicht wahr?«

»Das ist schön«, sagte ich und lächelte, als die beiden Paare uns verließen. Das paßte mir ausgezeichnet. Wenn Christabel vor mir eintraf, hatte sie Zeit, ihre Freundinnen zu warnen. Alle würden darauf warten, daß ich hereinkam – und ich wollte meinen Auftritt haben!

Mr. Blair mußte in letzter Minute noch ein Telefongespräch führen, und ich trank zwei Glas Sherry, während wir auf ihn warteten. Er schmeckte immer noch scheußlich, aber er beruhigte meine Nerven. Wir kamen mindestens eine halbe Stunde später als die anderen. Christabel hatte reichlich Zeit gehabt. Und sie hatte sie nicht ungenutzt gelassen. Ich sah, wie die Köpfe sich umwandten, als ich Thelma und ihrem Gatten in den Ballsaal folgte. In einem der Mädchen erkannte ich Miranda, eine enge Freundin von Christabel – und James!

»Nun, die hat Nerven.«

»Sie sieht aus wie eine Nutte.«

Ich drehte mich um zu den Mädchen, die das gesagt hatten, und lächelte.

»Da bist du ja.« Freddie kam zu mir. »Ich dachte schon, du seist verloren gegangen. Der erste Tanz gehört mir. Ich will nicht warten, bis der große Andrang stattfindet.«

»Wird es einen großen Andrang geben?« fragte ich und lächelte unschuldig.

»Das weißt du verdammt gut«, sagte er. »Du bist ein unbeschriebenes Blatt, mein Kind, wenn es je eins gegeben hat.«

»Wirklich?« Ich ließ meine Wimpern aufreizend flattern. »Ich weiß nicht, was Sie meinen.«

»Beim Zeus, du bist eine aufregende Person«, sagte er. »Wenn ich nicht verlobt wäre ...«

»Aber Sie sind es, nicht wahr?« murmelte ich und ließ meine Zungenspitze über die Lippen gleiten. »An Händen und Füßen gebunden. Wie schade. Wenn Sie frei wären ...«

»Du kleine ...« Er warf mir einen heißen, lüsternen Blick zu. »Ich könnte dir schon zeigen, wie frei ich bin, später.«

Ich gluckste vor Lachen und flirtete unverschämt mit ihm. »Vielleicht werde ich Sie daran erinnern, Freddie.«

Er brummte tief in der Kehle und preßte mich eng an sich. Ich konnte Christabels Gesicht auf der anderen Seite des Saales sehen. Sie war wütend! Wieder schaute ich zu Freddie auf und lächelte.

»Sie tanzen so gut.«

»Du weißt ganz genau, was du tust, stimmt's?«

»Nein – was denn?«

Bevor Freddie antworten konnte, brach die Musik ab. Als wir die Tanzfläche verließen, kamen drei Männer, etwa Mitte zwanzig auf uns zu. Sie hatten alle glatte, glänzende Gesichter und glattgekämmte Haare, und sie grinsten alle wie Haie.

»Das ist echt Freddie, das Beste reserviert er für sich. Komm, Alter, stell uns vor.«

Freddie lachte und gehorchte gutmütig. »Harry Clarke, George Harris, Philip Freeman – jetzt streitet euch nicht um sie, Freunde. Betty ist gern bereit, mit jedem von euch zu tanzen.« Er winkte mir zu und ging.

»Ich habe Sie hier noch nicht gesehen«, sagte Harry Clarke. »Sie werden sicher nichts zu tun haben wollen mit diesen Typen. Ich bin Ihr Mann, Betty.«

»Ich bin durstig«, sagte ich. »Ist hier nicht ein Kellner mit Champagner vorbeigekommen?«

»Ich hole Champagner«, bot Philip Freeman an.

»Dann werde ich nach Harry mit Ihnen tanzen«, sagte ich. »Und wer mir das nächste Glas bringt ...«

Sie lachten. Harry nahm meinen Arm und führte mich zu einem Walzer auf die Tanzfläche.

»Wer sind Sie?« fragte er. »Offensichtlich kennen Sie Freddie gut.«

»Wirklich?« Ich schaute schalkhaft zu ihm hoch. »Haben Sie je von Cinderella gehört?«

»Natürlich. Wieso bin ich nicht darauf gekommen? Sie sind diejenige, über die die anderen herziehen.«

Ich hob mein Kinn. »Und was wollen Sie dagegen tun?«

»Was soll ich denn tun?«

»Helfen Sie mir, mich gut zu unterhalten.«

»Das werde ich tun«, sagte er. »Ich zahle es ihnen heim. Ich sorge dafür, daß ihre Partner zu Ihnen kommen – ein Glas Champagner für einen Tanz, so haben Sie gesagt.«

Ich kicherte. »Ja, das habe ich gesagt ...«

Die Männer und der Champagner kamen. Ich nahm aus jedem Glas nur einen Schluck – ich war nicht darauf aus, flach hinzufallen und mich lächerlich zu machen –, und ich flirtete mit den Männern. Mit jedem. Ich amüsierte mich großartig. Noch nie in meinem Leben hatte ich soviel Spaß gehabt. Besonders, wenn ich den Gesichtsausdruck von Christabel und ihren Freundinnen sah. Ich konnte mir vorstellen, was sie über mich sagten, und nichts hätte mir gleichgültiger sein können.

Frances tanzte mit James. Sie sah glücklich aus. Er lächelte und hielt sie sehr vorsichtig im Arm, als sei sie aus kostbarem Porzellan. Ich freute mich für sie, aber ich war auch ein wenig eifersüchtig. Er hatte mich nicht einmal zum Tanzen aufgefordert. Plötzlich fühlte ich mich verlassen und einsam – und Nathan war noch immer nicht gekommen!

»Ich komme um vor Hitze«, sagte Harry Clarke. »Ist Ihnen nicht zu warm, Betty?«

»Doch ein bißchen«, gab ich zu und hielt sehnsüchtig Ausschau nach James und Frances. Mir war ein wenig schwindelig. Der Champagner zeigte seine Wirkung.

»Sollen wir für ein paar Minuten hinausgehen?«

Ich schaute ihn mißtrauisch an. »Warum?«

»Nur um uns etwas abzukühlen.«

»Meinetwegen. Für ein paar Minuten.« Niemand würde mich vermissen. Ich hatte den ganzen Abend kaum ein paar Worte gewechselt mit James oder Frances!

Im Garten war es kühler. Bunte Lämpchen glänzten in den Bäumen.

»Wir wollen zum Sommerhaus gehen und die Sterne anschauen«, sagte Harry. »Dort können wir eine Zeitlang für uns sein.«

»Ich möchte lieber hierbleiben.«

Er kniff die Lider zusammen. »Sie schlagen plötzlich einen anderen Ton an, oder? Den ganzen Abend über sind Sie mächtig rangegangen, jetzt zeigen Sie mir die kalte Schulter. Warum?«

»Es war ein Spiel«, sagte ich und fühlte mich ziemlich elend dabei. »Ich wollte Christabels Freundinnen Gesprächsstoff liefern.«

»So ist das also?« Jetzt war er wütend. »Sie gehören also zu diesen erbärmlichen Frauen, die alles versprechen und nichts halten, Betty. Eine blutige Niete sind Sie, und ich habe gedacht, Sie seien das einzig Wahre hier.«

Meine Wangen glühten. »Sagen Sie keine häßlichen Sachen«, murmelte ich. »Ich habe Ihnen nichts versprochen.«

»Nicht mit Worten.«

»Überhaupt nicht.« Ich drehte mich um und wollte wieder hineingehen, aber er packte mich am Handgelenk. »Sie tun mir weh. Lassen Sie mich gehen.«

»Mädchen wie Sie bekommen genau das, was sie verdienen«, stieß er wütend hervor. »Bei mir sind Sie an den Falschen geraten mit Ihren Spielchen ...«

Jemand kam heraus auf die Veranda. Sein langer Schatten fiel über die phantasievoll gemusterten Fliesen.

»Ich schlage vor, Sie lassen sie los«, sagte Nathan. »Betty, wir brechen auf.«

»Und wer zum Teufel sind Sie?« fragte Harry.

»Derjenige, der das Kleid bezahlt hat, das sie trägt.« Nathan lächelte, seine Zähne schimmerten weiß im Halbdunkel. »Noch irgendwelche Fragen?«

Einen Augenblick lang trafen sich ihre Blicke, dann senkte Harry die Lider, ohne ein weiteres Wort ging er.

»Warum haben Sie ihm das erzählt?« rief ich zornig. »Das klang, als ob ich eine Nutte sei.«

»Du hast dir ja auch alle Mühe gegeben, dich so aufzuführen.«

»Sie Biest!« Ich wollte ihm eine Ohrfeige geben, aber er hielt meine Hand fest. »Sie haben das Kleid ausgesucht, deshalb ist es Ihre Schuld, wenn alle dachten, daß ich eine Nutte sei.«

»Ich wollte, daß du wie eine Kurtisane aussiehst, nicht wie eine billige Hure.«

»Was ist der Unterschied?« schrie ich. »Und warum waren Sie nicht hier?«

»Ich war verhindert. Gib mir nicht die Schuld, Betty. Ich habe dich nicht dazu aufgefordert, dich jedem Mann hier an den Hals zu werfen.«

»Das habe ich auch nicht getan.« Ich sah ihn wütend an. »Oh, wie ich Sie hasse, Nathan Crawley!«

»Erzähl mir etwas Neues.« Er hielt meinen Arm fest umklammert. »Hast du einen Mantel dabei?« Ich schüttelte den Kopf. »Dann nehmen wir den rückwertigen Ausgang durch den Garten. Komm.«

»Ich möchte noch tanzen.»

»Wir gehen.«

»Was ist mit Frances und ...«

»Sie sind schon aufgebrochen.«

»Ohne mich?« Ich starrte ihn ungläubig an. »Das würden sie nicht tun.«

»Ich habe Thelma gesagt, daß ich dich nach Hause bringen werde. Ihr Mann ist krank. Sie haben ihn ins Krankenhaus gebracht.«

»Ins – Was ist los?«

»Man nimmt an, es könnte ein Herzanfall gewesen sein.«

»Nein!« Ich schwankte leicht. »Das ist entsetzlich. Wir müssen hinfahren. James wird völlig durcheinander sein. Wissen Sie, in welchem Krankenhaus er ist?«

»Du kannst dort nicht hingehen, Betty. Sie werden dich nicht dorthaben wollen.«

Ich hatte ein Gefühl, als ob er mich geschlagen hätte. »Nein, wahrscheinlich nicht.«

»Ich werde dich nach Hause bringen.«

»Wo ist das?« fragte ich bitter. Hatte ich denn überhaupt ein Zuhause?

Er lächelte ein wenig. »Du wirst schon sehen.«

Ich wußte, daß er mich nicht verstanden hatte. Ich fühlte mich ganz leer, in meinem Kopf drehte sich alles, und ich hatte nur noch den Wunsch, mich hinzusetzen. Ruhig ging ich mit, stieg in seinen Wagen und schloß die Augen, als er abfuhr.

Ich muß geschlafen haben, denn als Nathan den Wagen zum Stehen brachte, nahm ich meine Umgebung gar nicht wahr. Ich bewegte mich nur zögernd und wollte nicht aussteigen. Er nahm mich an den Händen und zog mich hoch. Ich hatte ein komisches Gefühl in den Knien und schwankte ihm entgegen.

»Ich bin müde«, sagte ich. »Ich möchte ins Bett gehen.«

»Wieviel Champagner hast du denn getrunken?« fragte er.

»Nur ein paar Schluck«, antwortete ich, dann kicherte ich und schwankte wieder. »Es war das reine Vergnügen, Nathan. Es hat mir Spaß gemacht, mit allen zu tanzen. Sie hätten die Gesichter der anderen Mädchen sehen sollen.«

Er lächelte sarkastisch. »Ich wünschte, ich wäre dortgewesen. Komm, Kind. Ich gebe dir etwas schwarzen Kaffee, bevor ich dich zurückbringe.«

»Wo sind wir denn?« Ich blickte mich um und entdeckte zu meiner Überraschung, daß wir nicht auf dem Platz waren. Die Straße war nur schwach erleuchtet, und wir schienen vor einem Tabakwarenladen zu halten.

»Hier wohne ich«, sagte Nathan. »Wir werden dich wieder nüchtern machen, dann fahre ich dich heim.«

»Ich will nicht nach Hause.« Ich lächelte ihm zu. »Tanzen Sie mit mir, Nathan. Wollen Sie nicht mit mir tanzen?«

Er legte den Arm um mich, und ich lehnte mich an seine

Schulter. Er roch gut, besser als irgendeiner der Männer, mit denen ich getanzt hatte. Als ich ihm das sagte, lachte er. Als er die Tür geöffnet hatte, befanden wir uns in einem dunklen Durchgang an der Seite des Ladens. Er knipste das Licht an, und ich zwinkerte mit den Augen.

»Es ist zu hell«, jammerte ich.

»Wir sind gleich oben«, erwiderte er. »Du brauchst einen Kaffee, Mädchen.«

Nathan half mir die Treppen hinauf. Ich konnte nicht begreifen, weshalb er so ernst war. Seit ich aufgewacht war, fühlte ich wieder die Nachwirkungen des Champagners. Mir war zum Lachen zumute. Ich wußte nicht genau, wo ich war und wie ich hierher gekommen war, aber die Situation machte mir Spaß. Nathan knipste das helle Licht aus.

»Das ist besser«, sagte ich. »Hübsch ist es hier.«

Die Zimmerbeleuchtung war gedämpft und tat meinen Augen nicht weh. Eine weiche Ledergarnitur stand da mit vielen Kissen. Ich schleuderte die Schuhe von den Füßen, meine Zehen glitten auf einem flauschigen weißen Teppich hin und her.

»Kaffee«, sagte Nathan. »Du darfst nicht zu schläfrig werden, Betty.«

»Ich will tanzen«, sagte ich. »Haben Sie keinen Champagner da? Ich mag das Prickeln.«

»Betty.« Er warf mir einen seltsamen Blick zu. »Ich gebe mir Mühe, mich anständig zu verhalten. Bring mich nicht in Versuchung.«

Ich schloß die Augen und bewegte mich nach der Musik, die ich mit meinem inneren Ohr hörte. Einen Augenblick lang tanzte ich allein, dann legte Nathan seine Arme um mich. Er preßte mich eng an sich, enger als einer der anderen es vorher getan hatte. Wir bewegten uns gleichzeitig im Rhytmus der Musik, aber wir blieben am selben Fleck. Seine Lippen lagen auf meiner Kehle, warm, weich und zärtlich, und besänftigten den Schmerz in meinem Inneren.

»Betty», flüsterte er. »Darling, ich möchte mit dir schlafen.«

Die Blairs waren ohne mich weggegangen. Frances war in James verliebt, und er hatte den ganzen Abend mit ihr getanzt. Mein unerhörtes Benehmen bei dem Ball hatte ihn nicht eifersüchtig gemacht. Er hatte nur Mitleid mit mir – aber Nathan mochte mich so, wie ich war. Nathan begehrte mich.

Ich drückte mich fest an ihn und hob mein Gesicht zu ihm auf, damit er mich küssen konnte. Er stöhnte und atmete schwer, als er sich herunterbeugte, um mich unterhalb der Kniekehlen hochzuheben. Er trug mich in ein Schlafzimmer. Das Licht war sanft und angenehm. Ich träumte und bekam nur halb mit, was passierte. Ich war glücklich, entspannt. Als Nathan mich hinlegte, lächelte ich ihn an.

»Du bist doch nicht zu betrunken, Betty? Du weißt, was du tust?«

»Natürlich weiß ich das«, erwiderte ich ärgerlich. »Ich bin doch nicht blöd. Du findest doch, daß ich hübsch bin, Nathan? Du magst mich doch?«

»Mehr, als du glaubst.« Er lächelte und beugte sich herunter, um leicht mit seinen Lippen über meinen Mund zu streicheln. »In der Scheune hast du gekämpft gegen mich. Willst du jetzt wieder gegen mich kämpfen?«

»Zieh mir den Reißverschluß auf.« Ich rollte mich auf den Bauch. »Mach schon.« Ich spürte seine Hand an meinem Hals, dann zog er den Reißverschluß herunter. Ich legte mich wieder auf den Rücken und hielt ihm meine Arme hin. »Zieh die Ärmel herunter, sie sind sehr eng.«

Er zog, und ich schlüpfte aus dem Kleid. Ich zog mir die Bettdecke über die Hüften. Unter dem Kleid trug ich nur ein Seidenhöschen, das Frances mir gegeben hatte. Ich streifte es ab und lag ganz still da.

»Jetzt bist du an der Reihe.« Ich verzog das Gesicht. »Du starrst mich schon wieder an.«

»Nur weil du so hübsch bist«, sagte er. »Deswegen konnte ich gestern die Augen nicht von dir wenden. Du bist umwerfend, Darling, weißt du das?«

»Mach schnell«, sagte ich. »Mir wird kalt.«

Er grinste. »Ungeduldig, Betty? Ich werde dich gleich wärmen.«

Ich lächelte ihm nervös zu. Solange Nathan seine Arme

um mich geschlungen hatte, war ich mutig gewesen, aber jetzt fing ich an nachzudenken. Ich schloß die Augen, als er sich auszog, und krallte meine Finger in das Laken. Was wollte ich tun?

Dann lag er neben mir auf dem Bett. Ich zuckte zusammen, als ich die Berührung seiner warmen Haut spürte.

»Nathan, ich habe Angst«, flüsterte ich und drehte mich plötzlich zur Seite, um mich an ihn zu pressen. »Halt mich fest, hab mich lieb.«

»Betty, ich liebe dich«, murmelte er. »Ich begehre dich so sehr … So sehr.«

»Nathan …«

Ich sehnte mich danach, festgehalten und getröstet zu werden. Sein Körper war warm und schwer. Seine Haut roch frisch, und ich klammerte mich an ihn. Er fing an, meinen Rücken zu streicheln, langsam und ruhig. Das brachte mir Entspannung. Mir war wohl zumute. Die Spannung verschwand. Ich genoß die Zärtlichkeit, die er mir gab. Ich fühlte mich so ähnlich wie gestern, als ich nackt im Sonnenschein gelegen hatte, aber diesmal wußte ich, was ich wollte. Ich hielt ihm mein Gesicht hin, damit er mich küsse. Sein Mund lag weich und zärtlich auf meinem. Ein kleiner Schauder lief durch meinen Körper. Ich stöhnte und preßte mich noch fester an ihn. Ich konnte die Hitze spüren, die von ihm ausging, und seine wachsende Leidenschaft. Ich lag auf dem Rücken und träumte von meiner Südseeinsel, als er anfing, meine Brüste, meinen Nabel und die empfindliche Haut zwischen meinen Schenkeln zu küssen.

Ich fing an zu keuchen, mein Körper fing an zu zucken. Mit seiner Zunge leckte und reizte er meine Brüste, bis die Spitzen sich aufstellten, dann nahm er sie in den Mund und saugte daran wie ein gieriges Baby. In diesem Augenblick überkam mich ein so intensives Lustgefühl, daß mein Körper sich ihm entgegenwölbte und ich seinen Namen rief.

»Nathan … Nathan …«

»Das ist gut«, murmelte er. »Das ist richtig, meine süße Betty. Ich wußte, daß du das mögen würdest. Ich wußte es schon, als ich dich zum erstenmal gesehen habe.«

Meine Hände krallten sich in seine Schultern. Jetzt träumte ich nicht mehr von der Insel. Fast schmerzhaft war ich mir seiner bewußt, und ich wollte, daß er die unerfüllte Sehnsucht in mir stillte.

»Oh, Nathan, ich möchte ...«

Seine Hand glitt nach unten, um mich zu streicheln und zu öffnen, und dann schob er das harte, pochende männliche Glied tief in mich hinein. Ich schnellte hoch und schrie vor Schmerzen. Wie weh er mir in diesen ersten Sekunden tat! Aber der brennende Schmerz hielt nicht lange an, und als ich mich entspannte, fing ich wieder an, dieses ungeheuere Lustgefühl zu spüren, das mir den Atem verschlug. Unsere Körper bewegten sich in einem langsamen, wollüstigen Rhythmus, und ich mußte immer wieder aufschreien vor Lust. Meine Nägel fuhren über seinen Rücken, während ich unter ihm zuckte, auf dem Weg zu einem unbekannten, fernen Ziel in meinem Inneren. Dann war plötzlich alles vorbei, und ich hatte mein Ziel nicht erreicht. Nathan stieß einen schrillen Schrei aus und schauderte mehrmals zusammen, während er sich in mich ergoß, dann lag er still da.

Ich lag in der Dunkelheit und spürte, wie die Enttäuschung mich überflutete. Gleichzeitig erfüllte mich eine seltsame Leere. Ich war fortgeschwemmt worden von einer Flut unechter Leidenschaft, aber nun war alles vorbei, die versprochene Erfüllung war ausgeblieben, und ich war leer ausgegangen. Blitzschnell hatte ich begriffen, was ich getan hatte. Verletzt und einsam hatte ich mich an einen warmen Körper geklammert, aber es war der falsche gewesen. Wie konnte ich zulassen, daß Nathan mit mir schlief, wenn ich doch James begehrte?

»Weine nicht«, flüsterte Nathan und berührte meine Wange. »Es tut mir leid, daß ich zu ungeduldig gewesen bin. Das nächste Mal wird es besser sein, das verspreche ich dir. Ich habe dich schon seit so langer Zeit sehnsüchtig begehrt.«

»Ich weine nicht.«

»Doch, aber das spielt keine Rolle. Du hast ein Recht darauf, beim ersten Mal.« Er wischte mir zart eine Träne ab, dann lehnte er sich über mich, um mich zu küssen. Ich wandte den Kopf beiseite. »Was ist los? Bist du böse mit mir, weil ich zu schnell fertig war? Ich habe dir gesagt, daß es mir leid tut. Ich werde bestimmt dafür sorgen, daß du es beim nächsten Mal richtig genießen kannst.«

»Es wird kein nächstes Mal geben.«

»Was willst du damit sagen?« Er drückte mich in die Kissen zurück, als ich versuchte, mich zu erheben. »Wo willst du denn hin?«

»Dorthin, wo ich schon vor einer Stunde hätte sein sollen.«

»Du hast gesagt, daß du es willst.« Er schaute mich an, bestürzt und verletzt. »Es war nicht so schlecht. Beim ersten Mal bekommen viele Mädchen noch keinen Orgasmus. Es wird besser werden – auf jeden Fall hat es dir auch gefallen.«

»Ich weiß. Es war nicht deine Schuld. Laß mich jetzt bitte gehen, Nathan.«

»Nein, nicht bevor du mir erzählst, was los ist.« Er lehnte sich über mich und schaute mir ins Gesicht. »Es ist seinetwegen, nicht wahr? Du wünschst dir, daß es James gewesen wäre. Verdammt, Betty! Verdammt! Warum hast du mich nicht zurückgehalten? Warum hast du es soweit kommen lassen, wenn du …«

Er sprang aus dem Bett und ging durch eine Tür hinaus. Ich hörte, daß Wasser in ein Becken klatschte. Es klang so, als ob er eine Dusche nähme. Es dauerte lange, bis er zurückkam, und ich war schon fast eingeschlafen. Als ich ihn ansah, war er bereits vollständig angekleidet.

»Ich habe Kaffee gekocht«, sagte er. »Möchtest du duschen, bevor du gehst?«

»Ja, bitte«, sagte ich und wagte es kaum, ihn anzublicken. »Kann ich den Kaffee vorher bekommen?«

»Natürlich.« Er warf mir einen zornigen Blick zu. »Ich bin kein Barbar. Ich werde dich nicht hinauswerfen.«

Er gab mir einen Becher mit schwarzem Kaffee, ohne Zucker. Er schmeckte scheußlich, aber ich trank den größten Teil davon. Als er im Wohnzimmer verschwunden war, sprang ich aus dem Bett und lief unter die Dusche. Hinterher fühlte ich mich erfrischt, aber im Inneren war mir immer noch genauso elend zumute. Ich konnte kaum glauben, was ich getan hatte.

Er erwartete mich im Wohnzimmer. Als ich vollständig angezogen eintrat, warf er mir einen kühlen Blick zu.

»Bist du fertig?«

»Ja.« Meine Glieder waren steif. Ich hatte Angst vor diesem Mann mit den zornigen Augen und dem zusammengepreßten Mund. Das war nicht der Nathan, den ich kannte und mochte. Ich gab jetzt vor mir selber zu, daß ich ihn gemocht hatte, obgleich wir ständig stritten und kämpften. »Es tut mir leid, Nathan.»

»Mir auch.« Er lächelte nicht. »Ich bringe dich jetzt zurück. Wenn wir etwas Glück haben, ist die Familie immer noch im Krankenhaus. Wenn nicht, kannst du sagen, du seist noch auf dem Ball geblieben.«

Nathan fuhr mich heim. Als wir am ABC-Kino vorbeikamen, sah ich, daß sie einen Film mit Robert Mitchum zeigten. Im Schaufenster eines Ladens sah ich eine Werbung für weiße Fallschirmseide, aus der man sich Kleider nähen konnte. Sie wurde ohne Kleiderabschnitte verkauft. Von einem Bretterzaun auf der anderen Straßenseite lächelte ein Mädchen mit schönem Haar auf mich herunter und pries die Vorzüge von Drene-Shampoo an. Das Leben ging weiterhin seinen gewohnten Gang, nur für mich nicht. Ich hatte das Gefühl, daß nichts jemals wieder so sein würde wie früher.

Maisie ließ mich ein. Ihre Augen waren gerötet vom Weinen. Ich fragte sie, ob sie irgend etwas Neues erfahren habe, und sie schüttelte den Kopf.

»Alle sind im Krankenhaus. Es muß schlimm stehen, sonst wären sie schon zurückgekommen.«

»Vielleicht warten sie nur auf irgendwelche neuen Ergebnisse.«

»Ja.« Sie schnaubte in ihr Taschentuch. »Mr. Blair ist ein guter Mensch. Es ist schrecklich.«

»Wir können nur das Beste hoffen, Maisie. Gute Nacht.«

Oben in meinem Zimmer starrte ich mich im Spiegel an. Sah ich irgendwie anders aus? Würde irgend jemand etwas merken? Und wenn ich nun schwanger war? Wie konnte ich so dumm gewesen sein? Ich muß völlig kopflos gewesen sein! Wahrscheinlich hatte ich zuviel Champagner getrunken …

All diese Überlegungen nützten mir gar nichts. Ich hatte es zugelassen, daß Nathan mit mir schlief, und das war nicht mehr rückgängig zu machen. Was immer jetzt auf mich zukommen mochte, ich konnte nichts anderes tun als die Konsequenzen auf mich nehmen.

Erst nach mehr als einer Stunde kam Frances zurück. Sie sah erschöpft aus.

»James ist noch im Krankenhaus geblieben«, sagte sie. »Er hat dafür gesorgt, daß wir anderen heimgefahren sind. Ich wollte ihn nicht im Stich lassen, aber ich bin so müde.«

Ich half ihr, sich fürs Schlafengehen fertig zu machen. »Möchten Sie eine von Ihren Tabletten?« fragte ich.

Ein kleines Lächeln zuckte über ihre Lippen. »Nein, ich denke nicht, heute abend nicht. Ich bin so schläfrig. Ich werde einschlafen, sobald du gegangen bist.«

»Dann gute Nacht«, sagte ich.

Plötzlich blickte sie mich an. »Du hast einige von Christabels Freundinnen heute abend ganz schön aus der Fassung gebracht, Betty. Ich bin froh darüber. Sie verdienen, was sie bekommen haben, besonders diese Hexe Miranda.« Wieder erschien dieses heimliche Lächeln auf ihren Lippen. »Gute Nacht, Betty.«

Ich ging hinaus und schloß die Tür hinter mir.

Maisie brachte mir eine Tasse Tee. Ich hatte schlecht geschlafen und ganz schwere Augenlider. Ich fragte sie, ob es irgendwelche Neuigkeiten gab.

»Mr. James ist zu Hause«, sagte sie. »Er kam vor einer Stunde. Ich glaube, Mr. Blair hat die Nacht überlebt, aber Einzelheiten weiß ich nicht.«

»Wenn er noch am Leben ist, besteht Hoffnung. Haben Sie Mrs. Blair gesehen?«

»Sie schläft noch.«

Als Maisie gegangen war, trank ich meinen Tee und versuchte, Klarheit in meine Gedanken zu bringen. Ich fühlte mich sehr schuldig. Ich wußte, daß das, was geschehen war, ebensosehr meine Schuld war wie die Nathans; vielleicht war ich in gewisser Weise sogar mehr zu tadeln als er. Ich hatte mich auf dem Ball schlecht aufgeführt, hatte zuviel Champagner getrunken, und dann hatte ich Nathan dazu verleitet, mit mir zu tanzen. Ich schämte mich sehr. Anständige Mädchen taten so etwas nicht. Sie erlaubten ein paar Küsse und vielleicht etwas Petting, aber sie ließen sich nicht verführen. Aber vielleicht war ich kein anständiges Mädchen. Ich war eine Cantrel. Ich hatte böses Blut in den Adern. Mir wurde jetzt klar, daß es wahrscheinlich in meiner Natur lag, das zu tun, was ich getan hatte, und ich war nicht sehr stolz auf mich. Ich hatte mit Vera gescholten und sie davor gewarnt, das zu tun, was ich nun getan hatte. Aber das Schlimmste von allem war, daß ich James liebte.

»Sei keine Närrin«, sagte ich laut zu mir selber. »Er will dich nicht, was spielt es also für eine Rolle?«

Aber irgendwie spielte es trotzdem eine sehr große Rolle für mich. Ich hatte das Gefühl, daß ich mir etwas vergeben hatte.

Ich wusch mich und zog mich an, bevor ich bei Frances hineinschaute. Sie schlief noch. Ich nahm die beiden Bücher, die James mir geliehen hatte, um sie in die Bibliothek zurückzubringen. Wir würden bald wieder heimfahren, und außerdem hatte ich das Gefühl, ich hätte jetzt kein Recht mehr auf sie. Ich war nicht mehr dasselbe Mädchen wie an dem Tag, an dem er sie mir gegeben hatte.

Ich schlüpfte leise nach unten. Im Haus war es sehr ruhig. Man konnte die allgemeine Spannung und Furcht spüren.

Als ich die Bücher in der Bibliothek auf den Tisch gelegt hatte, drehte ich mich wieder zur Tür um. Als ich sie gerade erreicht hatte, öffnete sie sich. James stand da und schaute mich an; er sah bleich und abgespannt aus und hatte vor Müdigkeit dunkle Schatten unter den Augen.

»Oh, es tut mir leid. Ich habe Ihnen gerade die Bücher zurückgebracht.«

»Ich hoffe, sie haben dir gefallen?«

Er sah so verwundbar aus, daß ich am liebsten meine Arme um ihn geschlungen und ihn festgehalten hätte. »Ja, danke. Gibt es irgendwelche Neuigkeiten?«

»Sie denken, er wird sich wieder erholen, aber es war eine Warnung. Er wird in Zukunft nicht mehr so hart arbeiten dürfen.«

»Wenigstens besteht Hoffnung, James.«

»Ja.« Er lächelte merkwürdig. »Sein höchster Wunsch wird endlich in Erfüllung gehen. Ich werde in die Firma eintreten müssen. Wenn ich es nicht tue, wird er sich umbringen mit all der Arbeit.«

»Sicher hat er Mitarbeiter ...«

»Mein Vater vertraut niemandem, außer als sich selber. Vielleicht nicht einmal mir.«

»Aber wenn Sie – was ist mit Ihrem Job bei de Havillands? Haben Sie ihn bekommen?«

Er lächelte gequält. »Sie haben ihn mir angeboten. Ich werde ihn natürlich ausschlagen müssen.«

Ich konnte ein leises Bedauern in seiner Stimme erkennen und dachte mir, daß es ihm schwerfallen müsse, seine eigenen Pläne aufzugeben zugunsten eines Jobs, den er haßt. »Oh, James. Es tut mir so leid.«

»Wirklich, Betty?« Er schaute mich an. »Ich habe gedacht, du seist böse auf mich. Du hast gehört, wie meine Mutter und ich uns gestritten haben, nicht wahr? Deshalb bist du einfach fortgelaufen.«

Ich wurde rot unter seinem vorwurfsvollen Blick. »Ich war wütend, und ... Und ich fühlte mich gedemütigt. Ich mag nicht bemitleidet werden, James. Besonders von Ihnen nicht.«

»Hast du das geglaubt?« Er runzelte die Stirn. »Aber ich bemitleide dich nicht. Du weißt doch sicher, wie ich dich bewundere? Du hast soviel Energie, soviel Mut. Ich war ärgerlich auf meine Mutter, weil sie vorschlug, daß du eines von Christabels alten Kleidern tragen solltest. Sie hätte dir ein neues Kleid kaufen können.«

»Aber Sie haben gesagt, ich würde nicht wissen, wie ich mich benehmen muß. Ich habe gedacht, Sie schämten sich, mich mitzunehmen.«

»Ich habe meiner Mutter nur erklärt, daß du nicht vertraut bist mit gesellschaftlichen Regeln. Einige Leute hätten deine Unwissenheit dazu ausnutzen können, sich über dich lustig zu machen. Ich wollte dich nicht verletzen. Ich denke nicht geringschätzig von dir, nur weil du aus einer anderen Gesellschaftsschicht kommst.«

Eine Träne lief mir über die Wange. »Nicht«, flüsterte ich. »Ich bin so dumm gewesen ...«

James lachte. »Weine nicht, Betty. Ich wußte, was du auf dem Ball vorhattest. Frances hat mir gesagt, daß du damit von ihr ablenken, sie schützen wolltest. Oh, meine Liebe, es war so amüsant. Ich wollte dir Beifall spenden, aber ich habe bis zum Ende warten wollen. Es war meine Absicht, dich um den letzten Tanz zu bitten. Um allen zu zeigen, daß ich dein Verhalten billige ...«

Jetzt flossen meine Tränen. James nahm sein Taschentuch hervor und wischte mir sanft das Gesicht ab. Ich starrte ihn an, und tiefer Schmerz erfüllte mich. Er war so liebenswürdig und so gut, und ich war fast sicher, daß er mich wirklich mochte, aber es war zu spät. Er würde mich verachten, wenn er wüßte, was ich getan hatte.

»Entschuldigen Sie mich«, sagte ich. »Ich muß nachschauen, ob Frances aufgewacht ist.«

Ich ging an ihm vorüber und verließ das Zimmer.

»Es tut mir leid, daß ich Sie bitten muß abzureisen«, sagte Thelma. »Aber ich kann keine Zeit mehr erübrigen, um mich um Ihre Unterhaltung zu kümmern – es hätte sich ja sowieso nur noch um ein oder zwei Tage gehandelt.«

»Wir verstehen das«, sagte Frances. »Wir möchten Ihnen beide danken für Ihre Gastfreundschaft, und wir hoffen, daß Mr. Blair bald wieder zu Hause sein wird.«

Thelma lächelte kühl. Ich war sicher, daß sie Frances nie wirklich gemocht hatte. »Das hoffen wir alle. Auf Wiedersehen, Betty.«

»Vielen Dank«, sagte ich. »Sie sind sehr liebenswürdig gewesen.«

Weder Frances noch ich waren aufgefordert worden, zu

einem späteren Termin wiederzukommen. Ich hatte das Gefühl, daß sie erleichtert war über unsere Abreise und keinen Wert darauf legte, daß ihre Kinder zu enge Freundschaft schlossen mit den Crawleys.

James tat sein Bestes, um uns für die Kühle seiner Mutter zu entschädigen. Er fuhr uns zum Bahnhof, kaufte beiden von uns Blumen, Obst und Milchschokolade. Er überreichte Frances einen Roman von Angela Thirkell und mir ein Buch von Hemingway: *Wem die Stunde schlägt*.

»Ich halte das für seinen bedeutendsten Roman«, sagte James. »Ich hoffe, er wird dich dazu ermutigen, dich weiter mit Literatur zu beschäftigen, Betty.«

»Ich werde Christabel schreiben«, sagte Frances. »Du und Christabel, ihr müßt vor Weihnachten zu uns kommen. Bitte, sag ja!« Sie warf ihm einen flehenden Blick zu.

Er lächelte sie zärtlich an. »Christabel wird dir bald schreiben. Ich werde vermutlich eine Zeitlang sehr beschäftigt sein – aber sobald es meinem Vater etwas besser geht …« James wendete sich mir zu. »Paß gut auf sie auf, um meinetwillen, Betty.«

»Natürlich«, erwiderte ich und vermied es, seinem Blick zu begegnen.

Ich konnte es kaum abwarten, bis er uns allein ließ. Es tat mir zu weh, wenn er mich mit seinen klaren blauen Augen anschaute.

Frances war unglücklich, als er gegangen war. Sie saß da und riß die Blütenblätter von den Blumen ab, die er ihr gebracht hatte. Ihr Gesicht war verzerrt.

»Gestern abend war er kurz davor, mich zu fragen, ob ich ihn heiraten wolle«, sagte sie. »Ich weiß es genau.« Ihre Augen schienen plötzlich zu glühen. »Warum mußte sein Vater auch krank werden?«

»Ich nehme nicht an, daß es absichtlich geschah, Frances. Außerdem würde Ihr Vater eine Verlobung gewiß noch nicht billigen. Vielleicht Weihnachten oder im nächsten Frühjahr.«

Sie seufzte und hörte auf, an den Blumen zu zerren. »Ich weiß ja, daß du recht hast. Ich bin sicher, daß James mich bald fragen wird.«

»Sind Sie sicher, daß Sie ihn heiraten wollen?«

»Ja.« Sie sah mich an. »Ich liebe ihn.«

»Ich weiß. Ich glaube, daß er Sie auch liebt.«

»Wirklich?« Plötzlich war sie lebhaft geworden. »Ich bilde mir das nicht nur ein?«

»Er scheint Sie sehr zu mögen.«

Sie lächelte und nickte. »Ja, ich glaube, das stimmt.«

Ich schaute aus dem Fenster. Ich hatte immer gewußt, daß James nichts für mich war, aber es tat trotzdem weh.

Frances lachte. Ich schaute sie an und fragte mich, woran sie wohl denken mochte.

»Hast du etwas über Miranda gehört, Betty?«

»Nein. Was gibt es denn?«

»Sie ist umgekippt, als wir den Ballsaal verlassen hatten. Sie war so betrunken, daß sie sechsunddreißig Stunden geschlafen hat.«

»Miranda war betrunken?« Ich runzelte die Stirn, als ich ihren schadenfrohen Gesichtsausdruck sah, und erinnerte mich daran, daß Miranda James schöne Augen gemacht hatte. »Betrunken, Frances, oder betäubt? Haben Sie ihr eine von Ihren Tabletten in den Champagner getan?«

»Als ob ich so etwas tun würde, Betty.«

Frances warf mir einen gekränkten Blick zu, aber das überzeugte mich nicht recht. Sie hatte versucht, mich anzugreifen, als sie dachte, daß ich zuviel von James' Aufmerksamkeit auf mich gezogen hatte – und Miranda war schon viel länger mit der Familie Blair befreundet als wir. Ich glaubte, daß Frances sehr wohl fähig wäre zu so etwas, wenn sie wirklich eifersüchtig war.

»Das hätte gefährlich werden können«, sagte ich. »Wissen Sie das nicht?«

»Ich habe keine Ahnung, wovon du redest«, sagte Frances schmollend. »Ich will jetzt lesen.«

Ich starrte sie an. Ich vermutete, daß sie log, aber dann dachte ich nicht länger darüber nach. Es war nichts Ernsthaftes geschehen, und ich konnte meiner Sache auch nicht ganz sicher sein …

10. Kapitel

Nach dem Luxusleben, das ich in London geführt hatte, fiel es mir schwer, früh aufzustehen, um vor dem Frühstück die Zimmer zu putzen. Am ersten Morgen war ich zu spät dran und mußte mich sehr beeilen, um mit allem fertig zu werden. Als ich in die Küche kam, mußte ich gähnen. Mrs. Jackson schaute mich an und runzelte die Stirn.

»In London hast du es wohl zu gut gehabt«, sagte sie. »Jetzt schmeckt dir die Arbeit bei uns wohl nicht mehr?«

Ich warf ihr einen reumütigen Blick zu. »Es tut mir leid, ich habe verschlafen. Ich war sehr müde.«

»Du siehst aus, als hättest du die Kerze an beiden Enden angezündet. Du hast Schatten unter den Augen.« Argwöhnisch kam sie näher. »Was hast du angestellt?«

Ich wurde rot und drehte mich um, fort von ihrem prüfenden Blick. »Ich weiß nicht, was Sie meinen? Ich bin nur noch ein wenig müde, das ist alles.«

»Das ist alles, so?« Sie prustete ungläubig.

»Mädchen, mich kannst du nicht zum Narren halten. Du bist irgendwie anders als sonst. Ich hoffe nur, daß du nichts bereuen mußt, was immer du getan haben magst.«

Joes Eintreten ersparte mir eine Antwort. Er lächelte mir zu und gab mir einen Strauß Rosen.

»Sie stammen aus meinem Garten«, sagte er. »Willkommen zu Hause, Betty.«

Ich war gerührt. Impulsiv küßte ich ihn auf die Wange. »Danke, Joe. Ich bin froh, daß ich wieder hier bin.«

Röte stieg ihm über den Hals in die Wangen hoch. »Ich und Mrs. Jackson haben gedacht, daß du fortgehen möchtest in die große Stadt, jetzt, wo du sie kennengelernt hast?«

»Es war schön«, gab ich zu. »Ich denke, daß ich vielleicht in einem Jahr oder so wieder hinfahren möchte. Ich bin mir jetzt noch nicht sicher!« Ich spürte, daß Mrs. Jacksons Blick auf mir ruhte. »Mrs. Blair hat gesagt, ich könne dort Arbeit als Modell finden, aber ich möchte lieber singen.«

»Man hat dir den Kopf mit lauter Unsinn vollgestopft«, brummte sie. »Denk an Polly. Sie hatte auch große Pläne.«

»Lassen Sie sie in Ruhe«, sagte Joe. »Sie ist gerade erst nach Hause gekommen. Ihr Schelten wird sie wieder forttreiben.«

»Nein, bestimmt nicht«, sagte ich lachend. »Sie sind meine Freunde. Sie können sagen, was sie wollen. Auf jeden Fall möchte ich zunächst hierbleiben.«

Drei Tage später bekam ich meine Periode. Die Blutungen waren diesmal sehr stark, und ich fühlte mich krank und elend, aber noch nie hatte ich mich so gefreut über diese Schmerzen im Unterleib und im Rücken. Mrs. Jackson sorgte dafür, daß ich mich eine Weile an den Kamin setzte und ausruhte. Sie gab mir eine Aspirintablette und eine Tasse Tee.

»Ich weiß, wie das ist«, sagte sie mit mehr Verständnis, als sie mir je zuvor gezeigt hatte. »Als ich in deinem Alter war, litt ich unter schrecklichen Krämpfen im Unterleib. Meine Mutter ließ mich weiterarbeiten, als sei alles in Ordnung, allerdings mochte sie mich nicht sehr.«

Ich sah sie neugierig an. »Waren Sie nicht glücklich zu Hause?«

Sie lachte hart. »Ich hatte drei Brüder, und ich war die älteste. Meine Mutter betete ihre Jungen an, aber meinen Anblick konnte sie nicht ertragen. Deshalb ...« Sie seufzte und schüttelte den Kopf. »Nun, das ist Schnee aus längst vergangenen Zeiten. Ich habe für meine Fehler bezahlt.«

»Glauben Sie, daß es überhaupt Leute gibt, die glücklich sind?«

Sie blickte mich nachdenklich an. »Wer weiß? Ich vermute, das Glück kommt hier und da zu uns allen, aber das Problem besteht darin, auch zu wissen, wenn man glücklich ist.«

Ich beobachtete sie, als sie wieder anfing zu kochen. Mrs. Jackson jagte mir keine Furcht mehr ein. Ich hatte entdeckt, daß sie zwar laut bellte, aber nicht biß, und ich hatte angefangen, sie zu mögen und ihr zu vertrauen. Wenn ich jemals in Schwierigkeiten kommen sollte, würde sie diejenige sein, an die ich mich wenden würde mit der Bitte um Hilfe – aber ich hatte Glück gehabt. Diesmal war ich ungeschoren davongekommen.

Als ich hereinkam, las Vera gerade in einem Magazin für Mädchen, das *Schoolfriend* hieß. Sie schaute argwöhnisch hoch. Ich wußte, daß sie sich an unseren Streit erinnerte und auf eine weitere Lektion gefaßt war.

»Danke für die Postkarte«, sagte sie und versuchte freundlich zu sein. »Hast du eine schöne Zeit verlebt?«

»Ja, zum größten Teil. Es hat mir Spaß gemacht, mich in London umzuschauen. Vielleicht können wir eines Tages zusammen hinfahren mit der Bahn. Wenn ich etwas Geld gespart habe. Würde dir das gefallen?«

Ihre Augen leuchteten auf. »Das weißt du doch!«

»Nun, es wird eine Weile dauern, aber sobald ich es möglich machen kann, werden wir auf die Reise gehen. Du würdest bestimmt gern Madame Tussauds Wachsfigurenkabinett sehen und den Tower – oh, es gibt eine Menge Sachen, die dir gefallen würden.«

»Ich möchte auch mitkommen«, sagte der kleine Joe und sah mich schüchtern an. »Darf ich, Betty?«

»Eines Tages nehme ich dich mit«, versprach ich ihm, dann blickte ich meine Mama an. »Wie geht es dir?«

Ihr Körper war schwer und geschwollen, aber sie lächelte und sagte, es gehe ihr gut. »Möchtest du eine Tasse Tee, Betty?«

»Sehr gern, Mama.« Ich gab ihr ein kleines Päckchen. »Das ist für dich. Joe, das hier sind deine. Vera, ich hoffe, daß dir das gefällt, was ich für dich ausgesucht habe.«

»Geschenke, Betty?« Meine Mutter runzelte die Stirn. »Ich hätte lieber das Geld gehabt?«

»Ich habe noch drei Pfund. Du kannst sie haben. Joe Morris hat dir doch wie üblich deinen Anteil an meinem Lohn hergebracht?«

Sie nickte und lächelte, als ich ihr das Geld gab. »Du bist ein gutes Mädchen, Betty. Du hast dein Glück gemacht auf der Farm.«

»Ja, Mama.« Ich lachte. »Das wolltest du doch, nicht wahr?«

»Oh, vielen Dank, Betty«, rief Vera, als sie ihre Päckchen mit den Geschenken geöffnet hatte. »Parfüm – niemand hat heutzutage Parfüm. Wo um alles in der Welt hast du es aufgetrieben?« Sie machte eines der winzigen blauen Fläschchen auf. »Es riecht wundervoll.«

»Ich denke, der Rock wird dir passen. Er ist aus Kunstseide, Vera, und diese Schuhe sind der letzte Schrei. Du mußt nur aufpassen, daß du dir den Fuß nicht vertrittst; die Absätze sind ziemlich hoch.«

»Sie sind toll«, rief sie. »Du bist so gut zu mir, Betty.«

Sie wurde rot, dann sagte sie: »Es tut mir leid, das, was ich zu dir gesagt habe vor deiner Abreise.«

»Das macht nichts. Vielleicht war ich ein bißchen zu streng mit dir.« Ich lächelte sie an. »Wie geht es jetzt in der Schule?«

»Vera spielt mit in dem Stück, das sie für die königliche Hochzeit einüben«, sagte meine Mama.

»Wir machen alles mögliche«, erklärte Vera. »Wirst du kommen, um mich auf der Bühne zu sehen, Betty?«

»Ja, wenn ich kann.« Ich stand erleichtert auf. »Ich kehre jetzt besser zurück. Frances ist ein wenig launisch. Sie vermißt ihre Freunde. In London war alles so ganz anders: ich vermute, daß sie sich jetzt wieder wie in einem Gefängnis vorkommt. Besonders bei dem Gedanken an den kommenden Winter.«

»Und wie ist dir zumute, Betty?« Meine Mutter schaute mich an.

»Oh, mir macht das nichts aus.« Ich zuckte mit den Schultern. »Vielleicht werde ich eines Tages nach London zurückkehren, aber mach dir keine Sorgen, das hat noch Zeit.«

Eine Woche später kam das Baby auf die Welt. Es war wieder ein Mädchen. Sobald ich Zeit fand, ging ich es mir ansehen. Dorothy Ann Cantrel war ein winziges, sehr zufrieden wirkendes Ding.

»Sie ist sehr hübsch, Mama«, sagte ich.

»Ja.« Sie lächelte, als sie in die Wiege blickte. »Und sie ist so ein braves Baby.«

Meine Mutter war gesund, das Baby gedieh, und ich brauchte keine Angst mehr zu haben vor einer unerwünschten Schwangerschaft. Manchmal ertappte ich mich bei dem Gedanken, wie langweilig es doch in den Marschgebieten war, aber zumindest war es sicher, weit weg von jeder Versuchung.

Immer wenn ich das Medaillon sah, das Nathan mir geschenkt hatte, mußte ich an ihn denken. Das erinnerte mich an meine Schuld, deswegen steckte ich es in eine Schublade. Es war zu verwirrend und schmerzhaft für mich, an Nathan oder James zu denken. So konzentrierte ich mich lieber darauf, Frances in fröhliche Stimmung zu versetzen, und das war nicht leicht. Sie hatte einen Vorgeschmack der Freiheit bekommen und fand das Leben auf der Willow-Farm zu eingeengt. Endlos redete sie von dem Besuch der Blairs.

Ich hätte sie gern davor gewarnt, sich zu fest darauf zu verlassen, aber das hätte sie nur noch unglücklicher gemacht, deshalb behielt ich meine Bedenken lieber für mich.

Vera war sehr gut bei der Schüleraufführung. Sie spielte die Maria in *School for Scandal* von Sheridan. Die Aufführung gehörte zu dem Programm eines Festes, mit dem am 20. November die Hochzeit von Prinzessin Elizabeth mit Philip Mountbatten gefeiert wurde.

Die Zeitungen brachten viele Bilder von der Hochzeit und Klatsch im Zusammenhang mit dem Kleid der Prinzessin. Es wurde behauptet, daß sie ein Anrecht auf einhundert Kleiderabschnitte habe und ihre Brautjungfern jede auf dreiundzwanzig. Die Königin trug bei einem Empfang im Palast ein austernfarbenes Satinkleid, und ihre Juwelen waren unschätzbar.

Vera glühte förmlich vor Triumph, als ich sie nach dem Spiel begrüßte. »Ich war gut, nicht wahr?« fragte sie. »Alle sagen das.«

»Du warst wundervoll«, erwiderte ich, froh, sie wenigstens einmal glücklich zu sehen.

»Jetzt weiß ich, was ich machen werde, wenn ich aus der Schule komme«, sagte sie. »Ich werde Schauspielerin werden. Ich will reich und berühmt werden, damit ich so schöne Kleider tragen kann wie Prinzessin Elizabeth.«

Ich mußte lachen. »Dann mußt du aber sehr reich sein, Vera. Ein einziges von diesen Modellkleidern kann mehr kosten als zweihundertfünfzig Pfund.«

Veras Augen glitzerten. »Du wirst schon sehen«, sagte sie. »Lach ruhig, aber eines Tages wirst du über mich staunen.«

»Ich habe nicht über dich gelacht, Vera«, sagte ich. »Aber du stellst dir das ein bißchen zu einfach vor.«

Vera hörte mir nicht mehr zu, und ich sagte nichts mehr. Wenn es soweit war und sie die Schule verlassen mußte, würde sie sich mit der Wirklichkeit auseinandersetzen müssen, nicht länger mit Träumen. Auch ich hatte meine Träume, aber ich wußte, es war höchst unwahrscheinlich, daß sie sich jemals erfüllen würden. Manchmal stellte ich mir vor, daß ich in einem Londoner Theater auf der Bühne stand und die Lieder sang, die ich im Radio gehört hatte, aber im Innersten wußte ich, daß ich wahrscheinlich als Verkäuferin bei Woolworth landen würde, wenn ich die Farm verließe, um nach London zu gehen. Bevor ich auch nur daran denken konnte, mußte ich etwas Geld zurücklegen – und das würde nicht so einfach sein mit einem neuen Schwesterchen, das Kleidung und alles mögliche brauchte. So wie die Dinge jetzt lagen, mußte ich froh und dankbar sein für meinen Job und die großzügige Entlohnung, die Mary Crawley mir bot.

Als ich eintrat, saß Mary an ihrem Schreibtisch. Sie hatte etwas in ein dünnes Notizbuch geschrieben, das in weißes Leder gebunden war, aber als ich nähertrat, schloß sie es und schob es in eine Schublade. Ich hatte sie schon verschiedene Male mit ähnlichen Büchlein gesehen und mich gefragt, was sie wohl hineinschreiben mochte. Sie ging nur sehr selten aus, und auf die Farm kamen nur wenige Besucher.

»Sie haben mich rufen lassen, Ma'am?«

»Ja. Ich habe einen seltsamen Brief von Nathan bekommen.«

»Ich verstehe nicht.«

»Vor einigen Monaten hast du ein privates Gespräch mitangehört ...«

»Ich habe niemandem irgend etwas davon erzählt.«

»Ich wollte Gewißheit haben in diesem Punkt.« Ihre Hände bewegten sich ruhelos.

»Hat er Ihnen nicht geschrieben, was er will?«

»Nur, daß er irgend etwas sehr Wichtiges mit mir besprechen möchte. Ich befürchte, daß er etwas Unüberlegtes tun könnte, wenn er entdeckt ...«

»Von mir wird er es nicht erfahren.«

»Du bist sehr treu und zuverlässig. Wart einen Augenblick. Ich habe ein Geschenk für dich ...« Sie stand auf, aber schon beim ersten Schritt schwankte sie und mußte sich wieder hinsetzen. »Mir ist ein bißchen schwindlig. Bitte hol meinen Schmuckkasten.«

Ich zögerte und fragte sie besorgt: »Sind Sie krank?«

Sie schloß für einen Augenblick die Augen, dann knöpfte sie den hochstehenden Kragen ihrer Bluse auf. Ich keuchte, als ich die Blutergüsse rund um ihre Kehle sah. »Eben ist in letzter Zeit gewalttätiger geworden ...«

»Warum lassen Sie sich das gefallen? Warum gehen Sie nicht einfach mit Frances fort?«

»Ich glaube, er würde mich töten, wenn ich es versuchte.«

»Vielleicht sollten Sie es Nathan erzählen.«

»Nein! Weder er noch Frances sollen es jemals erfahren. Schwör mir, daß du ihnen nichts sagen wirst.«

»Sie wissen, daß ich das nicht tun würde.«

»Ja. Ja, natürlich« Sie lächelte mich an. »Nun hol mir den Kasten. Ich möchte dir ein Geschenk geben.«

Ich wollte kein Geschenk, aber ich wußte, daß ich sie nicht beleidigen durfte. Sie wählte eine silberne Brosche mit Granaten und Perlen aus. Ihre Hand zitterte, und ich erkannte, daß sie eine verängstigte Frau war, die die Situation nicht mehr im Griff hatte.

Sie entließ mich, und ich ging, aber in den folgenden Tagen mußte ich viel über Mary nachdenken. Eben Crawley war ein Ungeheuer, und ich fragte mich, warum sie ihn nicht auf der Stelle verließ. Meiner Meinung nach würde sie ohne ihn viel besser leben können, aber andererseits blieben viele Frauen bei Männern, die sie mißhandelten …

Ich hatte einen Brief von Polly bekommen. Sie schrieb, daß die Abtreibung vorüber war und sie das Geld von dem Anwalt bekommen hatte. Es war ein fröhlicher Brief, nichts deutete darauf hin, daß sie Gewissensbisse hatte. Sie gab mir ihre Adresse und bat mich, ihr zu schreiben. Wenn ich nach London käme, sollte ich sie besuchen. Ich wünschte mir, daß ich den Brief vor unserem Besuch bei den Blairs erhalten hätte, dann hätte ich Betty sehen können. Da Christabel im Frühjahr heiraten wollte, glaubte ich nicht, daß ich noch einmal eingeladen werden würde. Es war auch unwahrscheinlich, daß Frances je wieder eine Einladung erhielt.

Sie bat ihre Freunde, im Dezember wieder auf die Farm zu kommen, und es dauerte eine Weile, bis sie antworteten. Als der Brief endlich eintraf, jubelte Frances.

»Ich werde meinen Vater bitten, unserer Verlobung zuzustimmen«, erzählte sie mir. Ihre Augen glühten, als sie den Brief wieder und wieder las.

»Aber James hat Sie noch nicht gebeten, seine Frau zu werden«, erwiderte ich. »Glauben Sie nicht, daß Sie ihn mit Ihrem Vater reden lassen sollten?«

»Ich will zuerst mit ihm sprechen. Ich will nicht, daß er damit überrascht wird und nein sagt.«

Ich versuchte, vernünftig mit ihr zu reden, aber sie wurde plötzlich böse auf mich und sagte, ich sei nur eifersüchtig, weil James sie lieber mochte als mich. Sie nahm ihren Vater beiseite, als er zum Lunch hereinkam, was ungünstig war, denn er hatte ausgesprochen schlechte Laune. Er sagte ihr schonungslos, sie solle keine Närrin aus sich machen, und als ich sie später sah, weinte sie.

»Er hat gesagt, ich sei noch zu jung, um auch nur an Heiraten zu denken.« Sie schluchzte bitterlich. »Er sagt, daß es besser sei, wenn ich überhaupt nicht heiraten würde wegen meiner schwachen Gesundheit.«

»Er meint es nicht so«, erwiderte ich und versuchte sie zu

beruhigen. »Außerdem, wenn Sie erst einmal einundzwanzig sind, kann er es Ihnen nicht mehr verbieten.«

»Aber das dauert noch Jahre«, schrie sie.

»Sie sind noch jung …«

»Ich hasse ihn«, rief sie, und ihre Augen glitzerten vor Ärger. »Er hat Nathan fortgetrieben und jetzt …« Sie starrte mich wütend an. »Wage es nicht, ihm zuzustimmen!«

»Das wollte ich auch nicht«, sagte ich. »Aber in einem Jahr oder …«

»Vater will mich gefangenhalten«, erklärte sie voller Groll. »Er haßt mich, weil ich nicht Edward bin, aber ich will nicht hierbleiben. Ich hasse dieses Haus. Ich werde mich nie wohlfühlen können, wenn ich hier bin. Ich muß fortgehen.« Sie sah mich an. »Ich muß!«

»Warum bitten Sie nicht Ihre Mutter, im Winter mit Ihnen ins Ausland zu fahren? Sie werden sich wohler fühlen in dem warmen Klima, und vielleicht werden Sie sogar James sehen können.«

Mit glänzenden Augen schaute sie mich an. »Du bist klug«, sagte sie. »Ich weiß nicht, was ich ohne dich tun sollte.«

Die Sonne kam zwischen den Wolken hervor und schien durch die Gitterstäbe meines Zellenfensters. Sie wärmte mich, als sie mein Gesicht berührte, und meine Stimmung hob sich. Ich habe den Sonnenschein immer geliebt. Darin gleichen wir uns, Frances und ich.

Frances, meine Freundin, Frances, mein Quälgeist, Frances, die mein Leben in der Jugend entscheidend beeinflußt hat … Ich frage mich, wie ganz anders unser beider Leben verlaufen wäre, wenn wir uns nie begegnet wären.

Aber dann hätte ich auch Nathan und James nie kennengelernt …

Ich wäre nie eine berühmte und reiche Sängerin geworden … Und ich würde jetzt nicht als verurteilte Mörderin in der Todeszelle sitzen.

Wenn ich alles noch einmal, aber ganz anders machen könnte, wenn ich noch einmal anfangen könnte bei dem Tag, als ich zum erstenmal auf die Farm kam, was würde ich tun? Ich bin nicht si-

cher. Selbst jetzt, wo alles schiefgegangen ist, bin ich nicht sicher. Warum war ich so blind? Warum habe ich nicht gesehen, daß ...

Seufzend legte ich mich zurück auf die harte Pritsche und schloß die Augen, damit die Erinnerungen erneut auftauchen konnten.

Ich lächle. Ich bin wieder auf der Farm, und der Gestank des Gefängnisses scheint sich zu verflüchtigen.

Ich ging meine Mutter und Vera besuchen. Mama sah müde aus, aber sie war glücklich und fröhlich, sie schien ganz aufzugehen in ihrer neuen Aufgabe. Ich hatte ein paar Sachen für die Kleine gestrickt, und meine Mutter freute sich sehr darüber, Vera schien wieder schlechte Laune zu haben. Ich versuchte, mit ihr zu reden, aber ich bekam nur einsilbige Antworten.

»Ich bin froh, wenn ich aus der Schule komme«, das war alles, was sie sagte. »Ich bin froh, wenn ich von hier wegkomme.«

»Was ist los, Vera?« fragte ich. »Kannst du es mir nicht erzählen?«

Sie sah aus, als wollten ihr die Tränen kommen, und ich dachte, daß sie mir gleich etwas Wichtiges sagen würde, aber dann schüttelte sie nur den Kopf.

»Es ist nichts. Nichts was ich dir erzählen könnte«, murmelte sie.

Ich war beunruhigt, als ich zurück zur Willow-Farm ging. Irgend etwas war ganz und gar nicht in Ordnung mit meiner Schwester, aber wie konnte ich ihr helfen, wenn sie nicht offen mit mir reden wollte?

Es war der 10. Dezember. Ich hatte Mrs. Jackson geholfen bei der Zubereitung der Süßspeisen. Ich habe vermutlich geträumt, denn plötzlich riß sie mir die Schale aus der Hand und seufzte wütend.

»Der Teig muß gut gerührt werden«, sagte sie. »Ich mache es lieber selbst. Ich habe keine Eier mehr. Schau nach, ob die Leute welche eingesammelt haben, Betty.«

»Es tut mir leid«, sagte ich, als ich in meinen Mantel schlüpfte. »Ich habe an meine Schwester gedacht.«

»Du träumst ständig.« Sie starrte mich an. »Wenn irgend etwas dich bedrückt, solltest du darüber reden.«

»Ich mache mir Sorgen wegen Vera. Sie benimmt sich neuerdings so merkwürdig. Ich weiß, daß irgend etwas nicht stimmt mit ihr, aber sie will mir nichts erzählen. Es sieht fast so aus, als ob sie Angst habe zu sprechen, und sie kann es nicht erwarten, von zu Hause wegzukommen.«

Mrs. Jackson runzelte die Stirn. »Du wirst es schon herausbekommen, Betty. Sieh, ob du sie überreden kannst, sich dir anzuvertrauen. Wenn es nicht klappt, bring sie zu mir. Ich werde versuchen, der Sache auf den Grund zu gehen.«

»Danke.« Ich lächelte ihr zu.

»Lauf jetzt und hol mir die Eier – und zieh deinen Mantel an. Ich möchte nicht, daß du dich erkältest. Dafür haben wir viel zuviel zu tun.«

Sie würde sich nie ändern. Das war wenigstens etwas, worauf ich mich verlassen konnte ...

Ich lächelte, als ich auf den Hof ging. Der Boden war glatt vom Matsch nach all dem Regen, obwohl der Wind schon angefangen hatte, die Nässe zu trocknen. Mir war nicht bewußt gewesen, wie stark und bitterkalt der Wind jetzt über die Marschgebiete blies. Wir hätten gut ein paar dicke Hecken zum Schutz des Hofes gebrauchen können. Es war so kalt, als würde es bald schneien, und einige Nebelfetzen waren über dem Land zu erkennen. Gefrorener Nebel. Es würde wohl eine schlimme Nacht werden. Das Tageslicht nahm bereits ab.

Mir fiel auf, daß das Scheunentor hin- und herschlug. Wieder hatte irgend jemand es offen gelassen. Ich erinnerte mich an jenen anderen Wintertag, als ich gehört hatte, wie Polly und Eben Crawley lachten. Ich zögerte und blickte auf die Tür. Jemand sollte sie schließen ...

Meine Füße schienen ihrem eigenen Willen zu folgen, als sie mich quer über den Hof trugen. Ich wollte eigentlich dieses Tor nicht schließen, aber es war so, als ob irgend etwas mich dazu drängte. Es war nicht einfach Neugier, obwohl das meine größte Schwäche war, sondern das seltsame Gefühl, daß irgend etwas dort vor sich ging. Ich hätte meine Lektion schon beim ersten Mal lernen sollen. Ich hätte umkehren sollen und die Eier für Mrs. Jackson suchen, aber zehn Pferde hätten mich nicht daran hindern können, in die Scheune hineinzugehen. Meine Nackenhaut prickelte, und ich hatte das Gefühl, daß irgend etwas Schreckliches passiert war.

Ein Mann kniete auf dem Boden. Er hatte mir den Rücken zugewandt. Obwohl ich sein Gesicht nicht sehen konnte, wußte ich sofort, daß es Nathan war. Er beugte sich über den seltsam still daliegenden Körper seines Onkels. Eben Crawley lag auf dem Rücken am Boden, seine Arme und Beine waren grotesk abgewinkelt, als ob er von der oberen Plattform heruntergefallen wäre. Sein Kopf war in einem merkwürdigen Winkel abgebogen, das Gesicht seltsam weiß, die Augen standen offen und schienen mich blind anzustarren. Er war tot.

»Nathan«, rief ich. »Mein Gott, was hast du getan?«

Nathan drehte sich zu mir um. In seinem Gesicht spiegelte sich eine Mischung von Schuld, Furcht und noch etwas anderem, das ich nicht ergründen konnte. In diesem Augenblick durchfuhr mich ein furchtbarer Gedanke: Eben war nicht gefallen, er war gestoßen worden! Es war Mord.

»Warum bist du hergekommen?« fragte Nathan ärgerlich. »Warum mußt du immer dort auftauchen, wo du nicht erwünscht bist?«

Er hatte sich nicht verteidigt. Ich starrte ihn voller Entsetzen an, als er aufstand, und spürte, wie sich in meinem Inneren ein hysterischer Schrei bilden wollte.

»Du hast ihn getötet«, flüsterte ich. »Du – du Mörder!«

Ich öffnete den Mund, um zu schreien, aber Nathan sprang auf mich zu, packte mich und legte seine Hand über meinen Mund. Ich biß ihn und wehrte mich wild. Ich hatte Angst, daß er mich auch töten würde, und stieß und schlug aus Leibeskräften nach ihm.

»Hör auf, du kleine Närrin«, zischte Nathan. »Ich will dir nicht weh tun, und ich habe ihn nicht umgebracht. Ich habe ihn so gefunden, wie er jetzt daliegt.«

Ich schüttelte den Kopf und schaute ihn verstört an. Er grub seine Finger in mein Fleisch, als er mich festhielt, und ich sah die kalte Wut in seinem Blick und zitterte, wobei ich plötzlich kraftlos wurde. Wenn er mich töten wollte, konnte er mir mit bloßen Händen das Genick brechen. Es war sinnlos zu kämpfen.

»Ich werde dir nicht weh tun«, sagte er wieder. »Du mußt mir versprechen, daß du nicht schreien wirst. Wenn du mir dein Wort gibst, laß ich dich los.«

Ich nickte stumm. Der Anfall von Panik war vorüber. Ich wurde ruhiger.

»So ist es besser«, sagte Nathan und ließ mich los. »Beantworte jetzt meine Frage. Weshalb bist du hergekommen?«

»Die Tür schlug ...« Ich zitterte. »Warum hast du das getan, Nathan? Ich weiß, daß du ihn gehaßt hast, aber ...«

»Ich habe ihn nicht umgebracht.« Nathans Gesicht war hart wie Stein. »Ich weiß, daß es so aussieht, aber ich gebe dir mein Wort, daß ich überhaupt nichts gemacht habe. Ich bin einfach hereingekommen und fand ihn so vor. Du mußt mir das glauben, Betty.«

»Muß ich?« Ich blickte ihm in die Augen, sah die verzweifelte Bitte darin, und plötzlich war ich meiner Sache nicht mehr so sicher. Nathan war zu allem möglichen imstande, aber konnte er wirklich kaltblütig einen Mord begehen? »Ihr habt vielleicht einen Streit gehabt«, sagte ich langsam. »Er könnte hingefallen sein ... Vielleicht war es auch ein Unfall ...«

»Ich habe ihn nicht gestoßen, Betty. Es kann natürlich ein Unfall gewesen sein, aber ich war nicht dabei. Ich habe ihn nicht fallen sehen. Bitte, du mußt mir das glauben.«

Ich kann nicht erklären, warum es so war, aber plötzlich wußte ich, daß er unschuldig war. Als ich ihm in die Augen schaute, hatte ich das Gefühl, daß er mir die Wahrheit sagte. »Warum ist es so wichtig, daß ich dir glaube, Nathan?«

Er sah mich an, und dann lächelte er. »Wenn ich dir das sage, würdest du mir doch nicht glauben. Aber siehst du, wenn du mir nicht glaubst, wird niemand es tun. Sie würden sagen, daß ich ihn ermordet habe, um Rache zu nehmen für das, was er mir angetan hat. Sie würden mich hängen, Betty ...«

Eine Weile schwiegen wir beide.

»Dich hängen ...«, flüsterte ich. Meine Hand fuhr hoch zu

meiner Kehle. Ich konnte spüren, wie sie sich schloß. Ich konnte spüren, wie die Atemluft langsam aus meinem Körper herausgepreßt wurde, wie das Leben aus mir ausströmte. »Nathan ...«

Nathan fing mich auf, als ich auf ihn zuschwankte, und hielt mich fest, als eine Welle von Schwindelgefühl mich durchströmte. Er streichelte mein Haar und drückte sein Gesicht dagegen, als ich in seinen Armen zitterte und weinte.

»Es tut mir leid«, sagte er sanft. »Es war ein schrecklicher Schock für dich. Ich wollte dich nicht erschrecken. Aber ich scheine recht gut darin zu sein, nicht wahr?«

Ich fühlte mich nicht mehr so elend und löste mich von ihm. »Du brauchst dir keine Vorwürfe zu machen, Nathan. Ich weiß, daß es ebenso meine Schuld war wie deine.«

»Nein«, sagte er und lächelte. »Aber ich danke dir für deinen Großmut.«

»So«, sagte ich, als ich ruhiger war. »Was machen wir jetzt?«

Seine Augen funkelten, als er mich anschaute.

»Tun, Betty? Das liegt ganz bei dir, nicht wahr?«

»Was soll das heißen?«

»Was wirst du tun?«

»Ich ... Ich weiß es nicht.« Ich blickte ihm in die Augen. »Was soll ich tun, Nathan? Sag mir, was ich tun soll.«

»Wenn du irgend jemandem erzählst, was du gesehen hast, wird jeder dasselbe denken, was du gedacht hast. Sie werden sagen, ich hätte meinen Onkel ermordet.«

»Ich werde schwören, daß es ein Unfall war«, rief ich und warf ihm einen gespannten Blick zu. »Ich werde sagen, daß ich bei dir war und daß wir beide gesehen haben, wie er herunterfiel.«

»Sie werden dir vielleicht nicht glauben, Betty. Denk nach. Sie werden wissen wollen, warum ich zurückgekommen bin.«

»Warum denn?«

»Ich wollte Mary etwas fragen ...« Nathan runzelte die Stirn. »Ich wollte auch mit Eben sprechen und ihn bitten, mein Vermögen freizugeben.«

Ich starrte ihn an, und wieder stiegen Zweifel in mir auf. Hatte er sich mit seinem Onkel gestritten, und hatte dieser Streit mit Ebens Tod geendet? Ich konnte es nicht mit Gewißheit sagen, aber mein Instinkt riet mir, ihm zu glauben. Ich wußte, daß der Anschein gegen ihn sprach. Wenn ich schon Zweifel hatte, war es fast sicher, daß die anderen von seiner Schuld überzeugt sein würden. Als ich in dieser dunklen Scheune stand, wußte ich eines sehr genau: Ich würde nichts tun, wodurch Nathan zum Tode verurteilt werden konnte. Der Gedanke, daß er gehängt werden könnte, war mir unerträglich.

»Ich werde schwören, daß ich die ganze Zeit mit dir zusammen war«, sagte ich. »Ich werde es bei der Bibel schwören.«

»Das würdest du für mich tun?«

»Für Frances, Mary – und dich.« Ich schaute weg, als seine Augen hell aufglänzten. »Ein Skandal wie dieser könnte die ganze Familie ruinieren.«

»Ich habe immer gewußt, daß du schwören würdest, daß schwarz weiß ist, wenn es dir in den Kram paßt«, sagte er grinsend. »Glaub mir, Betty. Ich habe ihn nicht getötet.«

»Ich glaube dir.«

»Wirklich? Du solltest es tun, denn es ist die Wahrheit.« Er zog die Brauen hoch. »Wir müssen nachdenken. Es könnte seltsam wirken, wenn wir sagen, wir wären zusammengewesen. Es wäre besser, wenn ich nie hiergewesen wäre. Niemand sah mich kommen. Es war neblig, als ich durch das Dorf fuhr. Jetzt ist es fast dunkel …«

»Was soll ich also tun?«

Ich wartete mit angespannten Nerven.

Sein Blick schien meinen festhalten zu wollen, mit der Kraft seines Willens wollte er mich beherrschen.

»Laß mich fortgehen, dann fang an zu schreien und lauf in den Hof hinaus. Du hast ihn gefunden. Niemand sonst war hier. Du hast mich nicht gesehen. Er ist gestürzt, und du hast ihn gefunden.«

Mir lief es eiskalt den Rücken hinunter, als ich dem gnadenlosen Blick seiner Augen begegnete. Sein Vorschlag ängstigte mich, aber ich wußte, daß er recht hatte. Wenn wir sagten, daß wir zusammen waren, würden alle wissen wollen, aus welchem Grunde, und der einzige Grund, zusammen in die Scheune zu gehen, war der, daß man zusammen schlafen wollte. Wenn ich Nathans Haut auf diese Weise rettete, würde ich als Hure abgestempelt sein. Nathans Idee war die bessere.

»Kannst du von hier wegkommen, ohne gesehen zu werden?«

»Ich habe den Wagen in einiger Entfernung vom Haus stehenlassen. Ich muß es einfach riskieren.«

Warum hatte er seinen Wagen draußen in den Marschgebieten gelassen? Ein Warnsignal schrillte in meinem Kopf, aber jetzt war es zu spät, meine Meinung zu ändern. Ich war ihm verpflichtet.

»Dann geh jetzt. Ich werde bis hundert zählen. Wird das reichen?«

»Ja.« Er packte mich und küßte mich fest auf den Mund. »Danke, Betty. Eines Tages werde ich dir das vergelten, das verspreche ich dir.«

Er schlüpfte aus der Tür. Ich stand ganz still da, mein Herz klopfte wild. Ich wagte es nicht, auf den toten Körper zu blicken, der am Boden lag. Ein unbehagliches Gefühl überkam mich in der feuchtkalten Scheune. Was hatte ich getan? Wozu hatte ich meine Zustimmung gegeben? Ich fing an langsam zu zählen. Mein Mund war trocken. Hatte ich mich auf eine schreckliche Dummheit eingelassen? Angenommen, irgend jemand hatte gesehen, daß ich die Scheune viel früher betreten hatte? Oder Nathan war beobachtet worden, als er sie verließ? Es gab so vieles, was schiefgehen konnte bei unserem Plan. Und angenommen, Nathan hat seinen Onkel vorsätzlich ermordet?

Mir wurde eiskalt. Ich grub die Fingernägel in meine Handflächen. Ich mußte ruhig bleiben. Ich mußte fest daran glauben, daß es ein Unfall gewesen war. ... Nein, nein, es würde seltsam wirken, wenn ich ruhig war. Ich war bei neunundneunzig angelangt. Ich konnte es nicht länger aushalten. Ich hielt mir mit beiden Händen die Ohren zu und fing an zu schreien. Wie leicht es war, weiterzuschreien, als ich einmal damit angefangen hatte. Das ganze Entsetzen, das mich gepackt hatte, überwältigte mich erneut. Ich lief hysterisch schreiend in den Hof. Die Küchentür wurde aufgerissen, Joe und Mrs. Jackson liefen heraus.

»Erbarmen! Was hat das Mädchen nur?« rief sie.

Ich konnte nicht antworten. Ich zitterte am ganzen Körper, und die Schreie wollten nicht aufhören. Ich war machtlos dagegen. Dann schlug sie mich hart ins Gesicht. Ich sackte zusammen und wäre hingefallen, wenn Joe mich nicht aufgefangen hätte. Ich lehnte mich an seine Brust und weinte.

»Der Herr ...«, keuchte ich. »Ich glaube, er ist tot. Ich ... Ich habe ihn in der Scheune gefunden. Ich glaube, er fiel ...«

»Du lieber Himmel!« Joe schob mich Mrs. Jackson zu. »Kümmern Sie sich um sie. Ich gehe lieber nachsehen.«

Mrs. Jackson packte mich am Arm, als er weiterlief, und schüttelte mich ein wenig. »Reiß dich zusammen, Betty. Erzähl mir genau, was passiert ist.«

Ich schauderte zusammen. »Ich weiß es nicht. Ich glaube, er muß gestürzt sein, aber ich habe nichts gesehen. Ich fand ihn, als ich hineinging. Er lag am Boden.«

»Warum bist du in die Scheune gegangen? Ich habe dich zum Eierholen geschickt.«

Argwohn lag in ihrem Blick. Jetzt hatte ich Angst. Ich hatte die Leiche gefunden. Wenn man *mich* jetzt verdächtigte, Eben ermordet zu haben?

»Die Tür schlug im Wind hin und her. Ich ging hin, um sie zu schließen. Ich, ich hörte etwas ...« Selbst für meine Ohren klang die Entschuldigung sehr lahm.

»Hast du gehört, wie er fiel?«

»Vielleicht. Es war ein dumpfes Geräusch. Ja, es könnte der Sturz gewesen sein.«

Warum starrte sie mich so an? Sie glaubte, daß ich ihn getötet hatte! Mein Herz zog sich vor Furcht zusammen.

»Hast du sonst irgend jemanden gesehen?«

»Wie meinen Sie das?«

»Hast du in der Scheune irgend jemanden gesehen?«

»Nur Mr. Crawley. Er lag dort …«

»Und was hast du dann gemacht?«

Was hatte ich gemacht? Ich hatte mit Nathan geredet. Aber das konnte ich nicht sagen, da ich doch seine Anwesenheit in der Scheune nach unserem Plan verschweigen sollte. Ich mußte mir schnell etwas ausdenken.

»Nichts. Eine Zeitlang konnte ich mich nicht rühren. Ich war zu schockiert. Dann kniete ich nieder und schaute in sein Gesicht. Ich … Ich redete ihn an, aber er antwortete nicht. Als mir klarwurde, daß er tot war, verlor ich den Kopf. Ich fing an zu schreien und lief in den Hof hinaus.« Zitternd zog ich an ihrem Ärmel. »Können wir hineingehen? Ich fühle mich elend.«

»Ich koche dir einen Tee.« Sie schaute mir ins Gesicht.

»Ein kleiner Brandy wäre auch nicht schlecht, so wie du aussiehst.«

»Ich kann nicht aufhören zu zittern.«

»Das wundert mich nicht. Man findet nicht jeden Tag eine Leiche.«

Wir gingen in die Küche. Sie füllte den Wasserkessel, während ich neben dem Kamin Platz nahm. Dann spürte ich, daß sie mich anschaute, und sah hoch. »Was ist los?«

»Hier ist dein Brandy. Ich habe etwas Zucker hineingetan. Trink alles aus. Es ist gut gegen den Schock.«

Das Zeug brannte mir in der Kehle. Ich unterdrückte ein Würgen und gab ihr das Glas zurück.

»Es ist ein Schock, aber kein großer Verlust«, sagte sie. »Er hat Mary schlecht behandelt. Außerdem hat es mir nicht gefallen, wie er dich in letzter Zeit angeschaut hat.«

Ich wußte nicht, was mich mehr traf, die beiläufige Haltung dem Tod ihres Bruders gegenüber oder die Andeutung, die in ihren letzten Worten lag. Ich hatte schon immer gewußt, daß zwischen Eben und Mrs. Jackson keine besondere Zuneigung bestand.

»Wie er mich …?«

»Du bist jetzt eine junge Frau, Betty. Er hat das bemerkt.« Sie runzelte die Stirn, als sie mein entsetztes Gesicht sah. »Das darf dich nicht schockieren. Zwischen mir und Eben hat es nie eine herzliche Beziehung gegeben. Ich brauchte ein Zuhause, und er hat es mir gegeben. Ich habe mich dutzendfach dafür revanchiert.«

»Sie ... Sie glauben doch nicht ...« Wieder fing ich vor Angst an zu zittern. »Ich habe ihn nicht hinuntergestoßen, ich schwöre es.«

»Natürlich nicht«, sagte sie. »Wie auch, du bist nicht länger als ein oder zwei Minuten fortgewesen. Joe und ich können das beschwören.«

»Joe war nicht hier, als ... Sie glauben doch nicht, daß ich ihn getötet habe, nicht wahr? Sie denken, er hat sich an mich herangemacht, und ... Es stimmt nicht!«

Mrs. Jackson wandte ihren Blick von mir ab. Sie drehte sich um und nahm den Kessel vom Feuer. »Wie kommst du nur auf diese Idee? Du hast ihn gefunden, ich glaube dir das. Joe wird dir auch glauben. Kein Grund zur Aufregung, Betty.«

Sie brachte mir einen Becher mit dampfend heißem Tee. Ich konnte an ihrer Art erkennen, daß sie glaubte, ich log. Sie glaubte, Eben habe versucht, mich zu vergewaltigen, und in dem Kampf, der sich zwischen uns entsponnen hatte, hätte ich ihn hinuntergestoßen, wobei er zu Tode kam. Aber sie hielt zu mir, deshalb hatte sie mir erzählt, daß ihr Bruder ihr wenig bedeutet hatte.

Es war zwecklos, nochmals meine Unschuld zu beteuern. Sie hatte sich ihre Meinung gebildet. Furcht erfüllte mich, als ich daran dachte, daß ich auch von der Polizei verhört werden könnte. Auch sie könnte mich für schuldig halten. Worauf hatte ich mich da nur eingelassen? Aber es war zu spät, mich anders zu entscheiden. Jetzt mußte ich bei meiner Geschichte bleiben.

Joe kam herein, als ich gerade meinen Tee getrunken hatte. Er schüttelte den Kopf, als er an den Kamin trat, um sich die Hände zu wärmen.

»Das ist eine böse Sache, ohne Zweifel. Ich hätte es verhindern können, wenn Eben nur auf mich gehört hätte.«

»Was meinen Sie damit?« fragte Mrs. Jackson neugierig.

»Einige Bretter auf dem Heuboden sind locker. Ich habe

ihm das schon vor Wochen gesagt, aber er hielt es für nicht so wichtig. Ich bin nach oben geklettert, um es mir anzusehen, und ich habe die Stelle gefunden, wo eines der Bretter sich gelöst hat.«

»Sie glauben also, daß es ein Unfall war?«

»Oh, daran besteht kein Zweifel«, sagte Joe. »Das Brett ist verfault und hat nachgegeben, als er darauf getreten ist, ohne an meine Warnung zu denken.«

»Dem Himmel sei Dank!« Mrs. Jackson errötete, als Joe sie anstarrte. »Ich habe an Betty gedacht. Wir wollen keinen Ärger bekommen.«

»Nein, natürlich nicht.« Er lächelte mir zu. »Geht es dir jetzt besser, Mädchen?«

»Ja, danke. Es war nur der Schock.«

»Sehr unerfreulich.« Er nickte. »Ich habe dafür gesorgt, daß zwei Leute ihn in sein Zimmer bringen, und ich habe den Arzt benachrichtigen lassen, obwohl völlig klar ist, was passiert ist.«

Als ich Joe anschaute, hatte ich das Gefühl, daß er mich decken wollte. Und als ich sah, wie Mrs. Jackson ihm zunickte, war mir klar, daß beide vermuteten, daß mehr hinter dem Unfall steckte, als ich zugegeben hatte, aber sie hielten beide fest zu mir.

»Weiß Mrs. Crawley es schon?« fragte ich.

»Noch nicht.« Joe runzelte die Stirn. »Wollen Sie mit ihr sprechen, Mrs. Jackson?«

»Nein«, sagte ich rasch. »Ich glaube, ich sollte es tun.«

Sie schauten einander an. »Fühlst du dich dazu imstande?«

»Ja.« Ich stand auf. »Ich möchte das erledigen.«

»Wenn du sicher bist …« Joe hatte Zweifel, aber Mrs. Jackson nickte.

»Lassen Sie sie gehen«, sagte sie.

Der Wind heulte um die Kamine. Wie ich den Wind haßte! Ich fragte mich, ob Nathan ungesehen fortgekommen war.

Bevor ich an Marys Tür klopfte, holte ich tief Luft, um mich zu beruhigen. Ich mußte vorsichtig sein. Sie war intelligent und würde es sofort merken, wenn ich irgendwie unsicher war. Einen Augenblick lang blieb es still, und ich hatte den Eindruck, das Aneinanderklingen von Glas zu hören.

»Wer ist da?«

»Betty, Ma'am. Darf ich bitte hereinkommen? Ich muß mit Ihnen sprechen.«

»Gut.«

Als ich die Tür öffnete, drang mir schwerer Lavendelduft in die Nase. Mary stand am Kamin, mit dem Rücken zu mir. Sie schien sich zu straffen, als ob sie ihren Mut zusammennahm, bevor sie sich mir zuwandte.

»Was möchtest du?« In ihren Augen lag ein seltsamer Glanz, und ihre Wangen waren gerötet.

»Ich muß Sie auf einen Schock vorbereiten, Ma'am.«

Sie umklammerte den Kaminsims. »Es ist etwas passiert – ist es mein Mann?«

Wie konnte sie das so schnell erraten haben? Hatte sie irgend etwas beobachtet? Um irgend jemanden aus der Scheune kommen zu sehen, hätte sie am Fenster eines der Angestelltenzimmer stehen müssen – oder an Frances' Fenster …

»Er war auf dem Heuboden. Einige der Bretter waren verfault. Sie gaben unter ihm nach, und er fiel hinunter.«

Sie sah überrascht und erleichtert aus. »Du bist sicher, daß es an den morschen Brettern gelegen hat?«

Sie mußte Nathan gesehen haben!

»Es sieht so aus, Ma'am. Joe hat ihn schon vor Wochen davor gewarnt. Was sonst hätte es auch gewesen sein können?«

»Ich dachte, vielleicht sei … ihm schwindlig geworden. Er hat sich kürzlich darüber beklagt, daß es ihm nicht gutgehe.«

Sie log. Warum?

»Es waren die verrotteten Bretter.«

»Ja. Er ist tot, nehme ich an?«

Das war die Frage, die die meisten Ehefrauen nicht zuerst gestellt hätten, aber wenn ich daran dachte, wie Eben sie behandelt hatte, konnte ich ihr keinen Vorwurf machen. Sie mußte ja erleichtert sein, daß ihr brutaler Mann nicht mehr am Leben war. Ich erinnerte mich daran, wie ruhig Mrs. Jackson die Nachricht aufgenommen hatte, und dachte, daß auch sie geahnt haben mußte, was sich abgespielt hatte. Sie war wahrscheinlich nur deshalb im Haus geblieben, um Mary ein wenig zu unterstützen. Eben war ein Ungeheuer gewesen, und ich zweifelte daran, daß irgendein Familienmitglied ihn wirklich vermissen würde.

»Joe hat den Herrn in sein Zimmer bringen lassen«, sagte ich. »Er hat auch nach dem Arzt geschickt, aber es besteht gar keine Hoffnung mehr. Er hat sich das Genick gebrochen.«

Jetzt wirkte sie nicht mehr so angespannt. »Ja, das war richtig. Danke. Ich werde jetzt die Sache in die Hand nehmen.« Ihre Stimme klang wieder voller Selbstvertrauen, wie früher. »Ich kann damit fertig werden.«

»Soll ich es Frances sagen, Ma'am?«

Sie zögerte einen Augenblick, dann nickte sie. »Ja, das ist vielleicht das Beste«, sagte sie. »Du wirst es ihr schonend beibringen, Betty? Du weißt, wie sie an ihrem Vater gehangen hat.«

Frances hatte keineswegs an ihrem Vater gehangen, aber so redeten die Leute immer, wenn irgend jemand gestorben war. Eben würde zweifellos zu einem Heiligen werden, nun, wo er nicht mehr am Leben war.

»Ja, Ma'am«, sagte ich ruhig. »Ich werde es ihr erklären.«

»Gut.« Sie nickte. »Du kannst jetzt gehen ...« Als ich mich umdrehte, rief sie mir nach: »Wer hat ihn gefunden?«

»Das war ich.«

Ihre dunklen Augen wirkten fast schwarz. »Natürlich«, sagte sie mit ihrer beunruhigend sanften Stimme. »Danke, Betty. Du kannst jetzt alles mir überlassen.«

Frances schlief, als ich in ihr Zimmer kam. Ich schüttelte sie vorsichtig, und sie wachte erschreckt auf, gähnte und rieb sich die Augen.

»Was ist los?« fragte sie mißmutig. »Weshalb hast du mich geweckt?«

»Ich muß Ihnen etwas mitteilen, Frances«, sagte ich. »Sie dürfen sich nicht zu sehr aufregen, er hat bestimmt nicht gelitten.«

Ihre Augen flackerten. »Sprich nicht in Rätseln, Betty. Sag mir, was los ist.«

»Es geht um Ihren Vater. Er hatte einen Unfall. Er ist vom Heuboden gefallen und hat sich das Genick gebrochen.«

»Ist er … Ist er tot?« Ihre Unterlippe zitterte.

»Ja, es tut mir leid.«

Frances warf sich in die Kissen und verbarg ihr Gesicht. Ihre Schultern zitterten. »Geh«, murmelte sie. »Laß mich allein.«

Ich berührte ihre Hand, aber sie schüttelte sie ab und forderte mich wieder auf, sie allein zu lassen. Einen Augenblick lang zögerte ich noch, dann ging ich. Vielleicht hatte ich mich geirrt. Frances schien ihren Vater doch lieber gehabt zu haben, als ich gedacht hatte …

Nathan kam zum Begräbnis seines Onkels. Der Gottesdienst war gut besucht von den Leuten aus der Gegend. Eben mochte nicht beliebt gewesen sein, aber man hatte ihn respektiert, und die Kirche war voll besetzt. Mary war blaß, aber ruhig und gefaßt. Frances hatte rotgeweinte Augen. Sie weinte während des ganzen Gottesdienstes. Die Leute sahen sie mitleidig an und schüttelten die Köpfe.

Mary nahm die Beileidsbezeugungen entgegen wie jemand, der sich mit seinem traurigen Schicksal abgefunden hat. Man schien ihr viel Mitgefühl entgegenzubringen. Der örtliche Polizeiwachtmeister hatte eine kurze Befragung wegen des Zwischenfalls durchgeführt, aber niemand zweifelte daran, daß er durch Ebens eigene Nachlässigkeit herbeigeführt worden war.

Nach dem Gottesdienst kamen viele Gäste ins Haus. Ich hatte alle Hände voll zu tun, um Mrs. Jackson zu helfen, und keine Gelegenheit, mit Nathan zu reden. Aber ich hatte gehört, daß er über Nacht hierbleiben und am nächsten Morgen wieder abreisen wollte.

Ich fuhr erschreckt hoch, als mich jemand an der Schulter

rüttelte. Das Licht brannte, und mein Schrei erstickte, als ich erkannte, wer da war. Ich setzte mich wachsam auf und hielt die Bettdecke schützend vor mich.

»Was willst du?«

Nathans Hand glitt langsam über meinen bloßen Arm. »Was ich wirklich möchte, ist, neben dir im Bett zu liegen und jeden Fleck deines Körpers zu küssen ...« Er lächelte, als ich zurückfuhr. »Keine Angst, Betty, ich bin nicht deswegen gekommen. Wenn du mich aber einlädst ...«

»Das werde ich nicht tun. Weshalb bist du also gekommen?«

»Ich wollte mich bei dir bedanken.« Er setzte sich auf die Bettkante, machte aber keinen Versuch, mich zu berühren. »Du hast mich und meine Familie vor einem unerfreulichen Skandal bewahrt ... Vielleicht verdanke ich dir sogar mein Leben.«

»Ich habe es für Frances getan. Wenn alles an die Öffentlichkeit gezerrt worden wäre, hätten ihre Hoffnungen, James Blair zu heiraten, sich zerschlagen.«

»Ist das wahr?« Er schaute mich prüfend an, und ich nickte. Er seufzte. »Wir alle tun alles mögliche für Frances, stimmt's? Was für Gründe du auch immer hattest, ich bin dir dankbar. Ich möchte dir ein Geschenk machen.«

»Ich will nichts. Außerdem habe ich doch das Medaillon von dir ...« Ich stockte, als seine Augen aufglühten.

»Denkst du noch manchmal an jene Nacht, Betty?«

»Nein.« Ich wendete mich ab. »Geh jetzt, Nathan.«

»Gib mir noch eine Chance«, flüsterte er. »Laß mich mit dir schlafen, Betty. Ich werde nichts tun, was du nicht willst. Ich möchte nichts anderes, als daß es dir gefällt, ich möchte dir zeigen, wie schön wir es zusammen haben könnten. Du mußt mich doch ein wenig gern haben, sonst hättest du nicht für mich gelogen.« Ich schüttelte den Kopf, und eine Träne rollte mir über die Wange. Er wischte sie sanft ab mit den Fingerspitzen, und ich fing an zu zittern. »Eines Tages wirst du das verstehen«, sagte er. »Ich kann dich nicht zwingen.« Er küßte mich zart auf die Wange. »Paß gut auf dich auf.«

Ich hielt die Augen geschlossen, als ich hörte, wie sich die Tür schloß. Dann drehte ich das Gesicht stöhnend auf das Kissen. Er würde nie erfahren, wie nahe dran ich gewesen war nachzugeben.

Es war nicht so, daß ich ihn liebte, es lag nur daran, daß ich mich manchmal einsam fühlte. Ich wünschte mir, daß irgend jemand mich liebte. Genauer, ich wünschte mir, daß James Blair mich liebte, aber das war nur ein törichter Traum. James war ein Gentleman, er stand weit über mir. Aber das hinderte mich nicht daran, weiter an ihn zu denken, als ich in den Schlaf hinüberglitt. Ich fragte mich, ob die Blairs Weihnachten herkommen würden und ob ich James jemals wiedersähe.

Frances war unglücklich, weil der Besuch ihrer Freunde nun ausfiel. Mary hatte ihnen geschrieben, und sie hatte auch das traditionelle Weihnachtsessen am Heiligen Abend abgesagt.

»Warum können James und Christabel nicht kommen?« fragte Frances mißmutig ihre Mutter.

»Es wäre nicht richtig, jetzt, wo dein Vater gerade beerdigt worden ist.«

»Warum soll ich darunter leiden, daß er tot ist? An mich denkt niemand. Ich muß immer im Haus bleiben wegen dieses schrecklichen Wetters. Wenn du mich lieb hättest, würdest du mit mir fortfahren, irgendwohin, wo es wärmer ist.«

»Es wird nicht so bleiben, Frances«, sagte ihre Mutter. »Ich werde einiges ändern, aber eine Zeitlang mußt du noch Geduld haben.«

Frances fragte sie, was sie damit meine, aber sie schüttelte nur den Kopf. Als Mary uns verlassen hatte, fragte sie mich, was ihre Mutter wohl gemeint haben könnte.

»Ich weiß es nicht, Frances. Sie wird es Ihnen sagen, wenn es soweit ist.«

»Aber ich will es jetzt wissen. Ich hasse es, wenn Leute Geheimnisse vor mir haben.«

Am meisten aber haßte sie die Tatsache, daß sie James nicht sehen würde, aber als Karten und Geschenke von den

Blairs kamen, heiterte sie das etwas auf. James hatte ihr ein hübsches Halsband geschickt. Ich wußte, daß sie auf einen Ring gehofft hatte, aber immerhin hatte er die Karte mit den Worten »In Liebe – von James« unterschrieben, worüber sie sich offensichtlich freute.

»Wenigstens habe ich dich Weihnachten hier«, sagte sie. »Du wirst doch bei mir bleiben, Betty?«

Ich hatte gehofft, daß ich den Tag bei meiner Familie verbringen könnte, aber ich konnte es ihr nicht abschlagen. »Natürlich«, sagte ich.

Joe nahm mich mit zu einem kurzen Besuch zu Hause. Ich gab meiner Mutter die Geschenke, und sie versprach mir, sie zu verstecken. Vera folgte mir nach draußen. Sie sah blaß aus und war sehr dünn.

»Glaubst du, daß Mrs. Crawley mich auf der Willow-Farm anstellen würde?« fragte sie. »Ich bin bald mit der Schule fertig.«

»Ich dachte, du wolltest Schauspielerin werden?«

Sie stampfte verlegen auf dem Boden herum. »Ich würde Geld brauchen, nicht wahr? Wenn ich erst mal etwas verdienen könnte ...«

»Ich glaube nicht, daß sie dich nehmen würde«, sagte ich. »Warum suchst du dir nicht zunächst in Ely einen Job?«

Sie machte ein unglückliches Gesicht. »Ich will fort von hier, Betty. Ich kann es nicht mehr aushalten.«

Ich schaute zu Joe hinüber. »Schau, ich habe jetzt keine Zeit. Ich komme wieder her, sobald es möglich ist, und dann reden wir noch einmal darüber.«

»Ich bleibe nicht für immer und ewig hier in der Falle sitzen,« sagte sie. »Ich habe dich gewarnt, Betty. Ich kann es nicht mehr lange ertragen. Du weißt nicht, wie es ist.«

»Wir reden bald miteinander«, versprach ich ihr. »Hilf Mama, soviel du kannst, Vera. Sie sieht müde aus.«

»Für dich ist alles in Ordnung«, sagte sie ärgerlich.

»Ich hoffe, dein Geschenk gefällt dir«, erwiderte ich. »Ich muß jetzt aufbrechen. Joe hat noch viel zu tun.«

Ich war sehr nachdenklich, als ich mit Joe zur Farm zurückfuhr. Ich fragte mich, ob Mary Vera eine Chance geben würde. Wir hätten schon noch Hilfe gebraucht, aber konnte ich mich darauf verlassen, daß Vera mir keine Schande machen würde? Sie war faul und streitsüchtig, und sie würde wahrscheinlich gereizt darauf reagieren, wenn sie in der Küche arbeiten mußte, während ich meine Zeit mit Frances verbrachte. Vielleicht war es besser, wenn ich gar nicht erst davon anfing.

Die Festtage kamen und verliefen ruhig auf der Farm. Nathan schickte Karten und Geschenke, kam aber nicht zu Besuch. Selbst die Party der Angestellten verlief schwunglos. Ich ging bald wieder weg und setzte mich zu Frances in den rückwärtigen Salon. Wir spielten Karten und aßen Süßigkeiten, aber es war alles nur einen Farce. Im ganzen Haus herrschte eine düstere Stimmung.

Das Wetter war auch nicht gerade eine Hilfe. In den folgenden Monaten waren die Tage trübe und dunkel; es sah fast so aus, als ob die Sonne sich entschlossen hatte, uns zu verlassen. Der Hof war von dickem Matsch bedeckt. Selbst die Tiere in ihren Ställen machten einen unglücklichen Eindruck.

Der Wetterumschwung kam ganz plötzlich. Einen Tag lang regnete es, und als wir am nächsten Morgen erwachten, herrschte strahlendes Frühlingswetter. Eine Woche lang blieb es trocken. Die Vögel fingen an zu balzen, und Mary Crawley fuhr nach Ely. Es war schon fast dunkel, als sie heimkam. Sie unterhielt sich eine Zeitlang unter vier Augen mit ihrer Tochter, und am Abend aßen sie zum erstenmal seit Monaten zusammen im Speisezimmer. Als ich am nächsten Morgen zu Frances ins Zimmer ging, funkelten ihre Augen.

»Ich weiß ein Geheimnis«, sagte sie.

»Was es auch sein mag, offensichtlich gefällt es Ihnen. Ich habe Sie seit Wochen nicht mehr in so fröhlicher Stimmung angetroffen.«

»Willst du mich nicht fragen, was es ist?«

»Wenn Sie es mir erzählen, ist es kein Geheimnis mehr.«

»Oh, Betty«, rief sie und zog einen Flunsch. »Meine Mutter hat mir erlaubt, es dir zu erzählen.«

»Also dann heraus damit. Was versetzt Sie in so große Erregung?«

»Meine Mutter verkauft die Farm.«

»Sie verkauft ...« Ein prickelndes Gefühl stieg mir in den Nacken. »Und was wird mit dem Haus?«

»Alles wird verkauft.« Sie schaute mich triumphierend an. »Wir gehen für ein oder zwei Jahre auf Reisen – zuerst nach Frankreich und Italien.«

Jetzt erfüllte das Prickeln meinen ganzen Körper. »Wann werden Sie abreisen?«

»Nächste Woche.« Sie konnte ihre Begeisterung kaum im Zaum halten. »Es ist schon alles arrangiert. Meine Mutter muß noch ein paar Dokumente unterschreiben, dann geht es los. Stell dir nur vor, Betty, kein Regen und Nebel mehr! Ich werde nicht mehr dauernd im Haus bleibe müssen.«

»Ich freue mich für Sie. Ich ... Ich werde Sie vermissen.«

Sie fing an, schallend zu lachen, es klang ein wenig boshaft.

»Oh, arme Betty! Dein Gesicht! Ich konnte der Versuchung nicht widerstehen – aber natürlich kommst du mit. Du hast doch nicht im Ernst geglaubt, daß ich ohne dich fahren würde?«

»Ich reise mit Ihnen?« Ich hielt die Luft an. »Oh, Frances, ich weiß nicht, was ich sagen soll.«

Sie lief auf mich zu und umarmte mich. »Du brauchst gar nichts zu sagen. Ich könnte ohne dich nicht abreisen. Ich habe zu meiner Mutter gesagt, daß du mitkommen mußt.«

Die Tränen strömten mir über das Gesicht. Ich war zu glücklich, um sprechen zu können.

Frances zerrte an ihrem Nachthemd. »Ich möchte mich anziehen. Es ist ein so schöner Tag heute. Ich möchte spazierengehen.«

»Sie werden sich warm einpacken müssen«, sagte ich. »Der Wind ist kalt. Wir wollen doch nicht, daß Sie sich ausgerechnet jetzt erkälten ...«

Der Spaziergang tat ihr gut. Sie hatte eine frische Farbe, als wir zurückkamen, und sie hatte fast ununterbrochen geredet. »Wir werden überall hinkommen«, sagte sie. »Zu allen Plätzen, die wir auf Fotos gesehen haben und die wir schon immer so gern kennengelernt hätten.«

»Venedig – werden wir auch nach Venedig fahren?«

»Überallhin. Ich möchte alles sehen. Ich habe es so satt, in diesem gräßlichen Haus eingesperrt zu sein.«

Als wir in den Hof zurückkehrten, bemerkte ich den Wagen des Pfarrers. »Ich frage mich, was er hier will«, sagte ich.

»Wahrscheinlich hat meine Mutter ihn rufen lassen. Sie wird ihm mitteilen wollen, daß wir fortgehen.«

Wir trennten uns vor der Vordertür, und ich ging zum Hintereingang.

In der Küche war niemand. Ich nahm ein wenig Brot aus der Speisekammer und fing an, es in dünne Scheiben zu schneiden, so wie Frances es mochte. Ich war fast fertig damit, als Mrs. Jackson hereinkam. Sie war sehr blaß.

»Du sollst in den Salon kommen, Betty.«

Ich spürte, daß irgend etwas nicht in Ordnung war. »Warum?«

»Du wirst es bald genug erfahren.«

Hatte ich sie verärgert? Ich hatte den Eindruck, daß sie mich nicht anschauen konnte. Meine Füße waren schwer wie Blei, als ich zum Salon ging. Hatte irgend jemand entdeckt, daß ich eine Lüge erzählt hatte über den Tod von Eben Crawley?

11. Kapitel

Alle Blicke wandten sich mir zu, als ich in den Salon kam. Mein Magen rebellierte. Irgend etwas war ganz und gar nicht in Ordnung. Frances sah verärgert aus, und Mary Crawley wirkte besorgt.

»Betty ...« Der Pfarrer ergriff als erster das Wort. Seine Stimme klang besänftigend, und man spürte, daß sie geschult war. »Ich fürchte, ich habe schlechte Nachrichten für dich.«

»Schlechte Nachrichten?« Ich sah ihn verständnislos an. Was konnte er meinen?

»Deine Mutter ...« Er schien kleiner zu werden unter seiner Last. »Deine Mutter ist in der Nacht plötzlich verstorben. Man nimmt an, daß es das Herz war ...«

Ich keuchte, als habe er mir einen Schlag in den Magen versetzt, und ich starrte ihn ungläubig an. »Mama ist tot? Das kann nicht sein. Sie ist immer noch eine junge Frau ...«

»Sie hat ein schweres Leben gehabt.« Er blickte mich betrübt an. »Es tut mir leid, Betty. Solche Dinge geschehen nun einmal.«

Ich schüttelte den Kopf, weigerte mich, das, was er sagte, zu akzeptieren. Meine Mama konnte nicht tot sein. Doch nicht meine Mutter. Sie war oft genug krank gewesen, aber in letzter Zeit schien es ihr wesentlich besser zu gehen. Als ich sie zum letztenmal gesehen hatte, war sie glücklicher als sonst gewesen. Ich konnte es einfach nicht glauben, daß sie so plötzlich gestorben sein sollte.

»Nein ...«, flüsterte ich. »Nicht meine Mama. Bitte nicht meine Mutter.« In meiner Brust schien sich etwas zusammenzuziehen. In meinem Kopf dröhnte es. Wie Trommelschläge: Bum ... bum ... bum. Es hörte nicht auf, und ich dachte, ich müßte schreien. Meine Mama konnte nicht tot sein. Ich liebte sie. Ich brauchte sie. Ich wollte ihr sagen, wie sehr ich sie liebte. Ich hatte das niemals fertig gebracht, und jetzt war es zu spät. »Oh, Mama«, rief ich und starrte dem Pfarrer ins Gesicht. »Das ist nicht gerecht. Das ist nicht fair!«

»Das Leben scheint oft unfair zu sein.« Seine Stimme schien von oben her zu kommen. Ich konnte sein Gesicht nicht erkennen vor Nebelschleiern. »Es tut mir schrecklich leid, mein Kind, aber du wirst zu Hause gebraucht. Es gibt keine andere Möglichkeit. Keine, die annehmbar wäre ...«

»Betty kann nicht nach Hause zurückgehen. Ich brauche sie.« Frances stieß einen gequälten Schrei aus. »Sag es ihm, Betty! Sag ihm, daß du bei mir bleiben willst.«

Ich starrte sie an. Sie sah unglücklich aus, aber auch etwas gereizt, als glaube sie, daß alles nur passiert war, um ihr eins auszuwischen.

»Ist da nicht noch ein anderes Mädchen?« fragte Mary Crawley. »Könnte sie sich nicht um die Familie kümmern?«

»Sie meinen Vera?« fragte der Pfarrer. »Es sieht so aus, als sei sie vor einigen Tagen auf und davon. Der Vater ist unfähig, für zwei Kinder zu sorgen. Die einzige Alternative wäre ein Heim ...«

»Nein! Sie sollen nicht in ein Heim gebracht werden«, rief ich. »Das werde ich nicht zulassen.«

»Das kannst du nicht machen«, schrie Frances. »Warum auch? Sag ihnen, daß du mit mir wegfahren möchtest.«

Natürlich wollte ich mit ihr wegfahren. Ich hätte verrückt sein müssen, wenn ich den Wunsch gehabt hätte, das, was sie mir bot, zurückzuweisen zugunsten des Lebens, das mich in unserer Hütte erwartete. Es war eine entsetzliche Vorstellung für mich, daß ich die Stelle meiner Mutter einnehmen sollte. Aber ich konnte meine Familie jetzt, wo sie mich so dringend brauchte, nicht im Stich lassen.

»Ich kann nicht«, sagte ich unbeholfen. »Ich muß mich um sie kümmern, es ist meine Familie.«

»Ich dachte, daß ich dir mehr bedeute.« Frances' Augen glänzten von Tränen des Zorns. »Ich habe gedacht, du magst mich wirklich, Betty.«

»Das tue ich auch. Sie wissen das.«

»Wenn es so wäre, würdest du mich nicht im Stich lassen.«

Ich starrte sie an. Mir war, als ob die entgegengesetzten Gefühle mich in zwei Hälften spalten würden. Ich wollte bei Fances bleiben, aber es war meine Pflicht, zu meiner Familie zurückzukehren. »Sie müssen das verstehen. Ich will das nicht tun. Aber ich muß.«

»Vielleicht könnte Betty zu einem späteren Zeitpunkt zu Ihnen stoßen«, schlug der Pfarrer vor. »Mit der Zeit könnten wir Familien finden, die die Kinder zu sich nehmen.«

»Nein! Wenn sie mich jetzt verläßt, will ich sie nie mehr wiedersehen.« Sie schaute mich eiskalt an. »Entscheide dich jetzt, Betty.«

»Frances«, sagte ich bittend. »Bitte, versuchen Sie, mich zu verstehen.«

»Nein. Wenn du mich verläßt, werde ich dir das nie verzeihen.«

Es war ein Ultimatum. Ich mußte entweder meine Familie im Stich lassen, jetzt, wo sie mich brauchte, oder sie würde mich aus ihrem Leben streichen. Es war eine qualvolle Entscheidung, aber wie konnte ich mein Vergnügen über die Bedürfnisse der Familie stellen, die ich liebte? Und ich liebte sie wirklich. Das hatte mir der Tod meiner Mutter gezeigt.

»Ich muß nach Hause zurückgehen. Sie brauchen mich ...«

»Ich hätte dich gebraucht, aber du hast deine Wahl getroffen.« Sie sah mich an, als ob sie mich haßte, dann drehte sie sich um und verließ das Zimmer.

»Frances ...«

»Es tut mir leid«, sagte Mary jetzt. »Ich bin sicher, sie meint es nicht so und wird es bedauern, wenn sie sich beruhigt hat.«

»Sie meint es so«, sagte ich. »Aber das ändert nichts. Ich muß hierbleiben und für die Kinder sorgen, das ist meine Pflicht – und ich will es so. Ich kann es nicht zulassen, daß sie in ein Heim gebracht werden.«

»Ich verstehe dich vollkommen und glaube, daß du die richtige Entscheidung getroffen hast. Frances geht es jetzt viel besser. Sie wird über die Enttäuschung hinwegkommen.

Du solltest jetzt deine Sachen packen. Joe wird dich nach Hause bringen.«

»Danke, Mrs. Crawley. Es tut mir leid, daß ich Sie verlassen muß.«

»Und mir tut es leid, daß ich dich gehen lassen muß. Du hast große Treue uns gegenüber bewiesen, Betty.« Sie stand auf und ging zu einem Schreibtisch hinüber, holte ein Scheckbuch hervor und schrieb darin. »Ich gebe dir deinen Lohn für den laufenden Monat, Betty, und fünfzig Pfund extra, als Überbrückungsgeld für die erste Zeit.«

»Danke«, sagte ich. »Sie sind sehr freundlich zu mir.«

Der Pfarrer schaute sie mit strahlenden Augen an, weil sie so großzügig war, aber ich hatte das Gefühl, daß sie erleichtert war, weil ich ging. Sie hatte mich behalten, weil ich gut mit Frances zurechtkam, und vielleicht auch, weil ich wußte, was Eben all die Jahre mit Nathans Vermögen gemacht hatte. Aber jetzt war Eben tot, und sie war frei. Weder sie noch Frances brauchten mich eigentlich noch. Eine Episode war beendet, und fünfzig Pfund waren ein kleiner Preis dafür.

»Das ist außerodentlich großzügig von Ihnen«, sagte der Pfarrer, als ich hinausging. »Wir alle werden Sie sehr vermissen ...«

»Das war das mindeste, was ich tun konnte«, erwiderte Mary. »Es ist wirklich ein Jammer. Betty hat sich so gut entwickelt, seit sie bei uns ist.«

Ich fühlte mich sehr elend, als ich die Treppe hinaufstieg. Ich war immer noch benommen und unfähig, voll zu erfassen, was geschehen war. Ich hatte geglaubt, daß die Willow-Farm mir eine gewisse Sicherheit bieten würde. Hier wurde ich gebraucht – aber nun stimmte das plötzlich nicht mehr. Ich hatte meinen Zweck erfüllt. Frances ging es viel besser. Sie würde auf der Reise neue Freunde finden. Mich würde sie sehr rasch vergessen. Ich war diejenige, die sie vermissen würde.

Ich wollte ihr auf Wiedersehen sagen. Ich konnte es nicht ertragen, daß wir als Feinde auseinandergingen, wo wir einander doch so viel bedeutet hatten. Ich ging langsam den

Korridor entlang. Ihre Tür war verschlossen. Ich konnte hören, daß sie leise weinte. Als ich anklopfte und ihren Namen rief, hörte das Weinen auf.

»Ich bin gekommen, um Ihnen auf Wiedersehen zu sagen, Frances.«

»Geh weg. Ich habe dir nichts mehr zu sagen.«

»Bitte, Frances. Lassen Sie mich ein. Sie wissen, daß ich Sie nicht verlassen will. Sie wissen, daß ich es tun muß.«

»Das interessiert mich nicht. Du bist undankbar und selbstsüchtig. Ich will dich nie mehr wiedersehen.«

»Sie dürfen mich nicht hassen«, sagte ich. Mein Herz war schwer. Wie rasch sie zu meiner Gegnerin geworden war. Vor ein paar Augenblicken noch hatten wir Pläne geschmiedet für eine glückliche Zukunft, nun war dieser Traum schon wieder aus. »Ich mag Sie wirklich, Frances, und ich werde Sie immer gernhaben. Ich bin Ihnen sehr dankbar für alles. Wir könnten uns doch wenigstens schreiben. Wir könnten Freundinnen bleiben.«

»Nein!« rief sie wütend. »Du hast mich im Stich gelassen. Geh, Betty.«

Ich wandte mich ab. Meine Augen brannten, aber ich wollte nicht weinen. Ich hatte alles getan, was ich nur konnte, aber sie hatte mich zurückgewiesen. Es war ihre eigene Schuld, wenn sie jetzt unglücklich war.

Ich packte meine Sachen in den zerbeulten Koffer. Ich nahm das Kleid mit, das Frances mir geschenkt hatte, aber nicht die Dienstkleidung. Sie gehörte mir nicht. Außerdem hatte ich jetzt ein paar eigene anständige Kleider. Sie würden lange halten müssen.

Mit einem Schlag wurde mir klar, was auf mich zukam. Ich setzte mich auf die Bettkante, und die Tränen liefen mir übers Gesicht. Meine Mutter war tot. Ich würde sie nie mehr wiedersehen. Ich mußte nach Hause zurückkehren und mich um zwei Kinder und einen ständig betrunkenen Vater kümmern, ich mußte die Stelle meiner Mutter einnehmen, und ich war noch nicht einmal siebzehn. Ich saß in der Falle. Verzweiflung überkam mich. Vor ein paar Stunden noch war mir die Welt so groß und wunderbar vorgekommen, jetzt war sie zusammengeschrumpft auf eine winzige Hütte.

Joe und Mrs. Jackson saßen in der Küche und tranken Tee zusammen. Sie schauten mich teilnahmsvoll an.

»Du hättest mich anrufen sollen, um den Koffer zu tragen«, sagte Joe.

»Er ist nicht schwer.«

»Trink eine Tasse Tee mit uns, Betty. Du brauchst dich nicht zu beeilen. Dorothy Ann ist bei einer Nachbarin.«

»Danke.« Ich nahm ihr die Tasse ab und setzte mich hin. Es war eine der besten Tassen. Eine seltene Ehre. »Ich werde Sie vermissen.«

»Ich gehe Ende der Woche. Ich hätte hierbleiben können als Haushälterin bei den neuen Besitzern, aber Henry möchte, daß ich zu ihm nach Ely komme.« Sie zog ein Gesicht. »Ich will es eine Zeitlang versuchen, aber Eben hat mir ein kleines Legat hinterlassen, und ich denke daran, mich zusammen mit meiner Freundin, die ich nach der Überschwemmung besucht habe, in einer kleinen Pension in Cornwall niederzulassen. Solange ich in Ely bin, würde ich mich freuen, wenn du mich besuchen könntest, Betty.«

»Ich will es versuchen. Aber mit dem Baby wird es schwierig sein.«

»Du kannst das kleine Lämmchen mitbringen«, sagte sie. »Du darfst nicht wie eine Gefangene leben.«

»Dann werde ich gern manchmal vorbeikommen.«

»Ich werde dich mitnehmen, wenn ich zum Markt fahre«, sagte Joe. »Ich bleibe zunächst hier. Bis ich weiß, ob ich mit dem neuen Herrn zurechtkomme.«

»Das wird kein Problem sein. Sie sind ein guter Vorarbeiter, Joe.« Ich lächelte ihm zu.

»Wir werden sehen.« Er trank seinen Tee aus. »Ich denke daran, mir etwas eigenes Land zu kaufen. Vielleicht kann ich mich selbstständig machen – und heiraten.«

»Sie sind ein guter Mensch, Joseph. Sie verdienen es, glücklich zu werden.«

»Ich war sehr angetan von deiner Mutter«, sagte er zu

meiner Überraschung. »Von Rechts wegen sollte es deinen Vater getroffen haben. Wenn je ein Mann versucht hat, sich zu Tode zu trinken, dann er.«

»Ja, es hätte mein Papa sein sollen«, sagte ich zornig. »Er hat sie umgebracht. Sie war ausgezehrt vor Sorgen und Kummer.«

»Betty!« rief Mrs. Jackson. »Du solltest nicht so von deinem Vater sprechen.«

»Warum nicht? Sie haben ihn doch auch immer verachtet.«

»Betty ...« Ein leichter Tadel lag in ihrer Stimme. »Du darfst nicht so bitter sein, Kind. Ich weiß, wie dir zumute ist.«

»Wie könnten Sie? Sie wissen nicht, wie es ist, wenn man einen Trinker zum Vater hat.«

Sie lächelte mir reumütig zu. »Mein Vater war ein Schwächling, der sein ganzes Leben lang von meiner Mutter beherrscht wurde. Als wir noch Kinder waren, warteten wir immer, bis er einschlief, dann hielten wir ihm ein Stückchen Käse vor die Nase. Er haßte Käse und mußte niesen und schnaufen.«

»Sehen Sie.«

»Mein Papa war in Ordnung – aber Mr. Jackson war ein Trunkenbold. Eine Woche nach unserer Hochzeit fing er an, mich zu schlagen. Das ging sechs Monate lang so weiter, dann fiel er in einen mit Wasser gefüllten Straßengraben, auf dem Rückweg aus dem Wirtshaus, und ertrank. Er hinterließ mir nichts als Schulden. Ich mußte alles verkaufen und eine Stelle als Kellnerin annehmen. Damals ging ich nach London. Ich konnte den ganzen Tratsch hier nicht mehr ertragen. Eine Zeitlang war ich ziemlich verbittert, aber das ging vorrüber.«

Ich starrte sie an. Ich konnte kaum glauben, daß sie mir die Geschichte ihres Lebens erzählte. Aber nun verstand ich, weshalb sie mich vor Klatsch und Tratsch gewarnt hatte – und vor Männern.

»Die Leute haben sich darüber gewundert, daß ich ihn geheiratet habe. Ich wollte ein eigenes Zuhause haben. Meine

Mutter und ich kamen nie gut aus miteinander. Sie sagte, ich sei zu blöd, um einen Mann zu finden. Ich nehme an, daß ich deshalb sofort die Chance ergriff, als Alf mich bat, ihn zu heiraten. Ich habe für diesen Irrtum bezahlen müssen. Ich habe übereilt geheiratet und es gründlich bereut.«

»Sie haben einfach kein Glück gehabt«, meinte Joe. »Nicht alle Männer sind so.«

Ich hatte Mrs. Jackson immer für so streng und hart gehalten, aber jetzt wurde mir klar, daß sie gezwungen worden war, sich diese harte Schale zuzulegen. Sie hatte sich ein eigenes Zuhause gewünscht, aber sie war gezwungen gewesen, den größten Teil ihres Lebens bei anderen Leuten zu verbringen.

»Meine Mama hat meinen Papa nie getadelt …« Ich seufzte. »Wahrscheinlich ist es nicht meine Sache zu urteilen. Es war ihr Leben.«

»Paß nur auf, daß er dich nicht beherrscht«, sagte sie lächelnd. »Denk dran, daß ich in der Nähe bin, wenn du Hilfe brauchst.«

»Danke.« Ich zögerte einen Augenblick, dann küßte ich sie auf die Wange. »Auf Wiedersehen, Mrs. Jackson. Sie sind mir immer eine gute Freundin gewesen.«

Ich hatte den Eindruck, daß ihr Tränen in die Augen stiegen, bevor sie sich abwendete, um den Tisch abzuräumen, und die Tassen geräuschvoll ins Abwaschbecken stellte. Es wäre ein Wunder gewesen, wenn nicht wenigstens eine davon zerbrochen wäre.

»Ich habe mich auch mit dir angefreundet, Mädchen«, sagte sie mit heiserer Stimme. »Mein Name ist Hilda. Du kannst mir an die Adresse meines Bruders schreiben, wenn du willst.«

»Das werde ich tun.« Ich grinste Joe zu, als wir in den Hof hinausgingen. »Haben Sie das gehört? Sie hat gesagt, daß ich sie Hilda nennen soll.«

»Ja.« Er lächelte in seiner langsamen, freundlichen Art. »Ich habe das niemals gewagt. Aber sie ist nicht so übel, wenn man sie erst einmal kennengelernt hat.«

»Nein … Ich werde sie vermissen.«

Er ließ den Motor an, und der Wagen fuhr los. Ich drehte mich nicht um, um einen Blick zurückzuwerfen. Es nützte mir jetzt gar nichts, wenn ich der Farm nachtrauerte. Ich schaute Joe von der Seite an. Ich wußte, daß ich ihm noch etwas sagen mußte. Ich würde ihn zwar noch ab und zu einmal sehen, aber dann würde es doch ein wenig anders sein.

»Ich habe Eben Crawley nicht vom Heuboden gestoßen«, sagte ich. »Ich weiß, daß Sie sich das oft gefragt haben.«

Er schaute mich an und nickte nachdenklich. »Ich habe zuerst gedacht, du hättest dich vielleicht gegen ihn verteidigen müssen – aber dann habe ich einen Knopf von Nathans Mantel gefunden.«

»Was meinen Sie damit?« fragte ich. Ich war wie elektrisiert.

»Es hat einen Kampf gegeben oben auf dem Heuboden. Ich konnte deutlich die Spuren erkennen. Als der Polizeiwachtmeister kam, war allerdings nichts mehr davon zu sehen.«

»Sie … Sie nehmen also an, daß Nathan und sein Onkel miteinander gekämpft haben?«

»Es sah zumindest so aus.«

»Aber er hat mir geschworen …« Ich brach ab. »Vergessen Sie das, Joe.«

»Mrs. Jackson und ich haben uns darüber unterhalten. Wir hatten den Eindruck, daß du irgend jemanden decken wolltest.«

»Es könnte für die Familie den Ruin bedeutet haben, selbst wenn Nathan unschuldig gewesen wäre.«

»Ja, es hätte einen hübschen Skandal gegeben.« Joe runzelte die Stirn. »Die Crawleys schulden dir eine Menge.«

»Und Ihnen, Joe.«

»Ich habe es für dich getan, Mädchen, nicht für sie.« Er blickte stur geradeaus. »Denk daran. Wenn du mich je brauchen solltest, werde ich da sein.«

Die Küche starrte vor Schmutz. Sie war bestimmt seit Wochen weder gefegt noch geputzt worden. Für einen Augenblick überkam mich Verzweiflung, als ich das sah. Wie sollte ich es nur aushalten können, hier zu leben? Ich hätte mich am liebsten umgedreht und wäre wieder fortgegangen. Dann machte ich mir klar, daß Selbstmitleid mir nicht helfen konnte. Ich würde eine Weile brauchen, bis ich alles gesäubert hatte, aber ich wollte morgen damit anfangen. Und ich wollte etwas von meinen fünfzig Pfund für Linoleum anlegen. Joe konnte es mir aus Ely mitbringen, sobald er wieder hinfuhr. Dann konnte ich in Zukunft den Fußboden besser schrubben.

Mein Bruder Joe untersuchte ein Kuchenpaket, das Mrs. Jackson mir mitgegeben hatte. Außerdem mußten noch drei Kisten mit Lebensmitteln ausgepackt werden. Mrs. Jackson hatte ihre Vorräte nicht den neuen Besitzern überlassen wollen.

»Du kannst sie bestimmt besser gebrauchen als diese Fremden«, hatte sie zu mir gesagt. Wenigstens konnten wir eine Zeitlang gut essen.

Dorothy Ann schlief friedlich in ihrer Wiege. Sie war ein ungewöhnlich braves Baby, dachte ich, und schaute in ihr friedliches Gesicht. Sie war nicht sehr gewachsen, seit ich sie zum letztenmal gesehen hatte.

Dann ging ich zu meiner Mutter ins Schlafzimmer. Sie lag im Sarg und trug das neue Nachthemd, das ich ihr zum Geburtstag geschenkt hatte. Mein Mund wurde trocken, als ich sie so daliegen sah, und ein ganz merkwürdiges Gefühl überkam mich. Dann riß ich mich zusammen.

»Du hast nie die Hand gegen mich erhoben, mit Ausnahme eines einzigen Mals«, sagte ich und küßte sie auf die kalte Wange. »Und das hatte ich verdient. Ich habe dich geliebt, Mama. Ich hoffe, du kannst mich hören, wo immer du jetzt auch sein magst. Wenn es eine Gerechtigkeit gibt, dann bist du jetzt im Himmel. Das hast du verdient. Du hast nicht viel vom Leben gehabt. Ich bete dafür, daß du es in der anderen Welt besser haben mögest.«

Als ich in die Küche zurückkam, sah ich, daß mein Papa hereingekommen war. Er trank Mrs. Jacksons selbstgemachten Holunderbeerwein direkt aus dem Steinkrug, und er schwankte unsicher auf den Füßen, als er sich umdrehte, um mich anzuschauen. Er war unrasiert und schmutzig, sein Hemd war fleckig von Schweiß, Blut und Bier, aber in seinen Augen lag ein Ausdruck, der mich zutiefst traf. Sein entsetzlich verlorener, vor Schmerz halb irrer Blick zeigte mir, daß er furchtbare Qualen litt. Er hatte sie geliebt! Er hatte meine Mama gebraucht. Ohne sie war er wie ein Fisch am Strand, der sich hilflos herumwarf. Warum, oh, warum hatte er sich nicht mehr bemüht, ihr seine Liebe zu beweisen, als sie noch am Leben war?

»Sei vorsichtig mit diesem Wein, Papa. Er ist sehr stark.«

»Ich brauche ihn, Betty. Mißgönn ihn mir nicht.«

»Nein, das tu ich nicht. Aber versuch wenigstens bei der Beerdigung nüchtern zu sein.«

Sobald ich diese Worte ausgesprochen hatte, da bereute ich es auch schon. Sein Mund wurde schlaff, und er ließ den Krug sinken. Er sackte auf einen Stuhl, verbarg sein Gesicht in den Händen und fing an zu weinen. Sein ganzer Körper zuckte vor gewaltigem Schmerz. Der kleine Joe wich vor ihm zurück mit furchtsamen Augen. Wahrscheinlich dachte er, daß sein Vater wieder betrunken sei, aber ich wußte, daß Gallonen von Wein nötig wären, um seinen Kummer fortzuschwemmen.

Mitleidig kniete ich mich neben ihn. »Es war nicht deine Schuld, Papa«, sagte ich. Ich wußte nicht, ob das stimmte, aber ich konnte ihn nicht so entsetzlich leiden sehen.

Er schaute mich an, und seine Augen wirkten so alt, daß ich erschrak. Ich spürte, daß sein Kummer sehr tief saß. Mamas Tod war nur ein Teil davon. Seine Augen waren blutunterlaufen, und die Nase lief ihm. Er sah aus wie ein seltsames, unförmiges Kind.

»Ich habe sie geliebt, Betty. Ich habe sie immer geliebt. Sie war so wunderhübsch in ihrem weißen Kleid.«

»Ja, ich glaube, daß du sie geliebt hast«, sagte ich. »Ich habe sie auch geliebt.«

»Ich wollte sie nicht herunterziehen. Am Anfang wollte ich ihr alles geben. Es war das Trinken. Ich habe versucht, damit aufzuhören, aber es läßt mich nicht los. Ich brauche es, Mädchen.«

Wir schauten uns noch einen Augenblick lang in die Augen, dann wandte er sich ab und griff nach dem Weinkrug. Ich wußte, daß ich nichts tun konnte, um ihm zu helfen.

Ich stand auf und ging zu Dorothy Anns Wiege hin. Als ich sie aufnahm, konnte ich fühlen, daß sie feucht war. Aber sie hatte nicht geschrien. Als ich ihre Windeln wechselte, stellte ich fest, daß ihre Hinterseite von einem Ausschlag bedeckt war.

»Das muß ihr doch wehtun«, sagte ich. »Es ist merkwürdig, daß sie nicht schreit, wenn sie sich naßmacht.«

»Sie ist überhaupt merkwürdig«, murmelte mein Vater. »Schreit kaum. Will nicht essen, wenn man sie nicht zum Schlucken zwingt. Ich schätze, daß irgend etwas mit ihr nicht stimmt.«

Ich runzelte die Stirn, als ich in das hüsche Gesicht meiner kleinen Schwester blickte. »Was sagt der Arzt?«

»Deine Mutter wollte ihn nicht. Sie sagte, es sei alles in Ordnung mit dem Balg – aber ich schätze, daß sie einen kleinen Dachschaden hat.«

»Papa! Das darfst du nicht sagen. Vielleicht gehört sie nur zu den Spätentwicklern.«

»Wenn du das glaubst, bist du ebenso bescheuert wie deine Mutter. Wenn man die Sache mir überlassen hätte, hätte ich sie schon längst um die Ecke gebracht.«

Ich hielt das Kind schützend an mich gepreßt und schaute ihn wütend an. »Du wirst sie nicht anrühren, solange ich hier bin. Ich werde meine Pflicht tun, Papa, aber wenn du Dottie etwas antust, gehe ich. Joe kann beim Pfarrer bleiben, bis man eine Familie gefunden hat, die ihn aufnimmt.«

»Willst du mir noch immer drohen, Betty?« Mürrisch schaute er mich an. »Ich werde sie nicht anrühren. Haben sie dir etwas Geld gegeben, als du weggingst?«

»Für das meiste habe ich Nahrungsmittel gekauft.« Ich log ihn an. Der größte Teil meines Geldes war in Sicherheit, bei Joe. Ich war nicht so dumm, es ins Haus zu bringen! Ich legte zehn Shilling auf den Tisch. »Das ist alles, was ich erübrigen kann. In Zukunft wirst du arbeiten müssen, wenn du Bier trinken willst.«

Mißtrauen spiegelte sich in seinem Gesicht. Er nahm an, daß ich Geld hatte, aber er wollte es nicht soweit kommen lassen, daß ich wieder fortging. Er war böse auf mich, und er haßte es, abhängig zu sein von mir, aber er brauchte meine Unterstützung. Zumindest im Augenblick würde er es nicht wagen, mich allzusehr zu verärgern. Wir mußten versuchen, zusammen zu leben.

»Nimm das Geld, Papa. Ich werde mir schon wieder etwas verschaffen können. Vielleicht kann ich Wäsche waschen oder Fußböden schrubben gehen.«

Er schaute mich sonderbar an. »Du bist ein gutaussehendes Mädchen. Du könntest Geld bekommen, ohne so schwer zu arbeiten, wenn du es versuchen würdest.«

Ich brauchte einen Augenblick, bevor ich verstand, was er damit sagen wollte. Als ich sah, wie er grinste, fühlte ich mich ganz elend. Ich stand auf und legte Dorothy Ann wieder in ihre Wiege. Unschuldig lächelte sie mich an. Dann fing ich an, sehr ruhig und überlegt zu sprechen. Ich drehte mich nicht um dabei.

»Ich werde vergessen, was du da gesagt hast, denn sonst könnte ich nicht einen Augenblick länger in diesem Haus bleiben. Ich würde lieber sterben, als eine Hure zu werden.«

»Du hast mich falsch verstanden, Betty. Ich wollte dir doch nicht vorschlagen ...«

Ich spürte, wie er mit der Hand meine Schulter berührte, und fuhr wütend herum. »Laß mich in Ruhe. Rühr mich nicht an, Papa. Ich bin nicht meine Mutter und auch kein Ersatz für sie. Und ich werde auch nicht auf die Straße gehen, damit du weiter trinken kannst.«

Rasch hintereinander wechselte der Ausdruck in seinen Augen: Scham, Frustration und dann Wut. »Du bist schon immer eine gemeine kleine Schlampe gewesen.«

»Geh ins Wirtshaus, Papa«, sagte ich ruhig. »Bleib dort, bis du kein Geld mehr hast – aber wenn du zurückkommst, wirst du im Schuppen schlafen. Ich werde dir dort eine Decke hinlegen. Solange ich hier im Haus bin, kommst du mir nur noch herein, wenn du nüchtern bist.«

Er stierte mich an, und in seinem Blick lag eine so wilde

Wut, daß ich glaubte, er würde mich schlagen. Da kam mein Bruder aus einer Ecke hervor und legte seine Hand in meine. »Ich habe Hunger«, sagte er leise. »Wo ist Mama, Betty? Warum kommt sie nicht heraus aus dieser Kiste?«

Mein Vater verzog das Gesicht vor Schmerz. Er drehte sich brüsk um und polterte aus der Tür.

Ich holte tief Luft und schaute zu meinem Bruder hinunter. »Mama ist jetzt im Himmel, Joe«, sagte ich. »Das weißt du doch schon?«

Er nickte ernst, seine Augen waren weit aufgerissen und dunkel. Er sah aus wie eine Miniaturausgabe von Papa, aber sein Lächeln war so lieb wie Mamas. Ich lächelte ihm zu, heiße Liebe stieg in mir auf und der Wunsch, ihn zu beschützen. Er war mein Bruder, und ich war ganz sicher, daß er gewußt hatte, was er riskierte, als er zu mir gekommen war, obwohl er noch nicht einmal sieben Jahre alt war.

»Jetzt bin ich hier, Joe«, sagte ich. »Alles wird gutwerden, das verspreche ich dir. Gleich mache ich dir dein Abendessen. Willst du mir helfen, all diese Vorräte in den Küchenschrank zu räumen?«

Er nickte, seine Augen waren immer noch dunkel vor Erregung. »Bleibst du jetzt für immer hier, Betty?«

»Ich bleibe, solange ich kann, Joe«, sagte ich. »Es hängt von Papa ab. Aber was auch passiert, ich werde dafür sorgen, daß du und Dottie in Sicherheit seid. Ich werde euch nicht allein bei Papa zurücklassen, darauf gebe ich dir mein Wort.«

Er nickte, ohne zu lächeln. »Vera hat gesagt, du magst uns nicht mehr.«

»Natürlich tue ich das. Ich bin deine Schwester.«

»Vera ist auch meine Schwester. Sie ist einfach weggegangen und hat uns zurückgelassen.«

»Weißt du, wohin sie gegangen ist?«

»Sie hat gesagt, sie wolle sich einen Job suchen. Sie sprach davon, in einem Hotel zu arbeiten, bevor sie zur Bühne geht.«

»Sie ist noch viel zu jung, um ganz allein einen Job zu finden. Hat Papa nach ihr gesucht?«

»Ich glaube nicht. Ich weiß es nicht, Betty.« Er sah beunruhigt aus.

»Es spielt keine Rolle«, sagte ich. »Vielleicht wird sie bald zurückkommen.«

Ich machte mir Sorgen um Vera. Sie hatte keine Ahnung, wie schwer es sein würde, sich ganz allein durchzuschlagen. Die Gefahren, denen meine Schwester ausgesetzt war, jagten mir Angst und Entsetzen ein, aber es war nicht nötig, daß Joe das merkte. Er war noch zu jung, um eine solche Last auf seinen Schultern zu tragen.

»Mach dir keine Sorgen, Joe«, sagte ich. »Ich kümmere mich um dich und Dorothy. Wir werden es schon schaffen.«

Er lächelte mir unsicher zu. Als ich anfing, das Gemüse für unser Abendessen zu schälen und zu zerkleinern, fühlte ich, wie meine Stimmung sich ein wenig hob. Ich hatte einen Lebensstil, der mir gefiel, aufgegeben, um nach Hause zurückzukehren, aber Joe hatte noch nie eine Gelegenheit gehabt, sich an seinem Leben zu erfreuen. Irgendwie würde ich das ändern. Irgendwie würde ich Freude in sein Leben bringen und in das von Dorothy Ann.

In den folgenden Monaten wurde ich langsam, aber unerbittlich wieder eingefangen von dem dörflichen Leben. Nachbarn kamen, um Rat und Hilfe anzubieten, und blieben, um bei einer Tasse Tee zu plaudern. Ich entdeckte, daß die Leute von Sutton sehr liebenswert waren. Sie brachten mir Sympathie entgegen, Hilfsbereitschaft und kleine Geschenke in Form von Gemüse und Eiern.

Zuerst war es schwer für mich, mich wieder anzupassen. Über zwei Jahre hatte ich in einer ganz anderen, in sich abgeschlossenen Welt gelebt, in der es genügend Mußestunden gab, um spazierenzugehen, zu lesen und zu lernen. Jetzt hatte der Tag kaum noch genug Stunden. Es war nicht so schwierig, das Häuschen selber sauber zu halten, nachdem ich es erst einmal gründlich gereinigt hatte, aber ich mußte immer wieder von vorn anfangen, anstatt weiter voranzukommen. Wir wollten so viel wie möglich selber anbauen, damit ich meinen kleine Geldvorrat nicht angreifen mußte.

Ich hatte zehn Pfund gespart, bevor ich die Farm verließ, aber fünf davon hatte ich ausgegeben für Farbe und andere Sachen für die Hütte, so daß mir insgesamt noch fünfundfünfzig Pfund blieben. Sie würden nicht ewig reichen. Es gab einen großen Garten hinter dem Häuschen, in dem zur Zeit nur Unkraut wuchs. Ich redete mit Joe Morris darüber, und er war voller Zuversicht.

»Wenn du es richtig anfängst, kannst du den größten Teil des Jahres über frisches Gemüse haben«, sagte er. »Ich werde dir helfen, soviel ich kann.«

»Sobald das Land erst einmal von Unkraut befreit ist, kann ich den Nachwuchs in Schach halten. Vielleicht hilft Papa beim Umgraben, aber ich wäre Ihnen dankbar, wenn sie mir einen abgezäunten Auslauf für die Hühner machen könnten.«

»Das mache ich gleich als erstes«, versprach er mir.

Joe hielt sein Wort. Am folgenden Sonntag kam er an, mit allem, was wir brauchten. Er brauchte fast den ganzen Tag für die Arbeit, aber er hörte nicht auf, bevor er fertig war. Es war nicht mehr als selbstverständlich, daß ich ihn zum Abendessen einlud. Er saß mit uns am Tisch und machte einen entspannten und glücklichen Eindruck.

»Es ist schön, ab und zu bei einer richtigen Familie zu sein«, sagte er. »Du bist eine gute Köchin, Betty.«

»Nicht so gut wie Mrs. Jackson, aber die Kinder haben sich noch nicht beklagt.« Ich lachelte ihm über den Tisch hinweg zu. »Jetzt brauche ich nur noch ein paar Hennen.«

»Überlaß mir das«, sagte er. »Ich werde sehen, was sich machen läßt, wenn ich Donnerstag zum Markt fahre.«

Ich war mir nicht sicher, was er vorhatte, aber am Donnerstag Nachmittag hielt sein Wagen vor unserem Häuschen, und der kleine Joe lief hinaus, um ihn als erster zu begrüßen. Er kam von einem Ohr zum anderen grinsend zurück und trug in der Hand eine zugedeckte Kiste. Er setzte sie sorgfältig in der Küche auf den Boden und zog den Deckel weg. Drinnen saßen ein Dutzend oder mehr flauschige gelbe Küken.

»Ich habe sie für einen Shilling bekommen«, sagte Joe

Morris, als er hereinkam. »Der Markt war schon fast zu Ende, und der Bauer wollte sie loswerden. Du wirst sie eine Weile in der Küche lassen müssen. Sie werden nicht alle überleben, aber du wirst immer noch genügend behalten. Für die Übergangszeit habe ich dir drei Hennen mitgebracht, die gut legen, und einen Hahn.«

»Oh, Joseph«, rief ich lachend. »Sie sind ein Wunder. Ich wüßte nicht, was ich ohne Sie tun sollte.«

Sein freundliches Gesicht strahlte vor Freude. »Ich erledige gern solche Sachen für dich und die Kinder. Ich denke, am Wochenende fange ich mit dem Garten an.«

»Ich will nicht, daß Sie die ganze Arbeit machen, Joseph. Papa sollte auch seinen Anteil leisten.«

»Wenn wir zu zweit drangehen, wird es um so rascher fertig werden, es sei denn, ich wäre euch im Wege?«

»Reden Sie nie wieder solchen Unsinn, Joe Morris. Wir alle freuen uns, wenn Sie hier sind.«

Die Olympischen Spiele 1948 wurden zum erstenmal nach vierzig Jahren wieder in Großbritannien abgehalten. Wir alle hörten aufgeregt am Radio zu und klatschten jedesmal Beifall, wenn ein Engländer oder eine Engländerin eine Medaille gewann. Unsere Sportler bekamen vier Silbermedaillen, und ein Pferd, das Foxhunter hieß, half, eine Bronzemedaille für die Springer zu gewinnen. Das war eine große Leistung für ein Land, dessen Bevölkerung so gelitten hatte wie unsere.

»Das zeigt, daß alles besser wird«, sagte Joe. »Es wird nicht mehr lange dauern, bis die Rationierung aufgehoben wird – nicht, daß es mir viel ausgemacht hätte.«

Joe hatte die Gewohnheit angenommen, den Sonntagnachmittag und -abend bei uns zu verbringen. Immer, wenn er kam, brachte er mir oder den Kindern irgend etwas mit. Comics oder Süßigkeiten für meinen Bruder, eine Rassel oder ein kleines Plüschtier für Dorothy Ann. Er hatte das Grammophon der Crawleys gekauft und ihre Schallplatten, bevor sie abgereist waren, und brachte sie mir.

»Ich weiß, daß du Musik liebst, Betty«, sagte er. »Und ich

habe dir auch ein Fahrrad besorgt, damit du beweglicher bist.«

»Sie verwöhnen mich«, sagte ich. »Sie sollten nicht soviel Geld für uns ausgeben, Joe.«

Er blinzelte mir zu. »Auf einen Shilling mehr oder weniger kommt es mir nicht an, Mädchen.«

Im Anfang hatte ich auf einen Brief von Frances gehofft, aber als die Wochen und Monate vergingen, wußte ich, daß sie mir nicht schreiben würde. Ich fragte mich, wo sie war und was sie tun mochte, und manchmal, wenn ich müde war, ertappte ich mich dabei, daß ich dem Schicksal grollte. Ich war siebzehn und für mindestens zehn Jahre an eine bereits vorhandene Familie gebunden. Es gab Zeiten, in denen ich mich danach sehnte, frei zu sein, zum Beispiel, wenn ich an meinen Aufenthalt in London dachte und mich voller Sehnsucht an meinen Wunsch, Sängerin zu werden, erinnerte. Ein Traum, der jetzt nie mehr wahr werden konnte.

Ich machte mir auch Gedanken wegen Vera. Ich hatte eine Postkarte von ihr bekommen aus Brighton, auf der nicht mehr stand, als daß es ihr gutgehe. Diese Nachricht hatte meine Sorgen nicht zerstreuen können, aber ich konnte auch nicht hinfahren und sie suchen, obwohl Joe mir anbot, mich hinzubringen.

Ich schüttelte den Kopf. »Vielleicht ist sie nur für einen Tag dort gewesen«, sagte ich. »Wenn sie wieder nach Hause kommen will, wird sie es schon tun.«

Mein Vater unternahm einige Anstrengungen. Ich glaube, der Anblick von Joe, der stundenlang umgrub, hatte ihn beschämt und dazu gebracht, sich eine Arbeit zu suchen. Hier und da fand er einen Job, und es gab Zeiten, in denen er nüchtern blieb, aber es dauerte nie lange. Wenn er betrunken war, konnte man nur schwer mit ihm umgehen, und wir schrien einander oft an am Ende, aber er rührte mich nie an. Ich glaube, er hatte Angst vor Joes Reaktion darauf.

Manchmal verspottete er mich, weil Joe Morris jeden Sonntag zu uns kam. »Einen feinen Verehrer hast du da«, sagte er, als ich ihm erzählte, daß Joe mit uns ans Meer fahren wolle. »Bei deinem Aussehen könntest du etwas Besseres bekommen.«

»Joe Morris ist ein Freund. Er kommt, weil er gern mit den Kindern zusammen ist. Er mag Joe sehr gern.«

»Zweifellos wünscht er sich, daß ich aus dem Weg wäre, damit er einziehen und alles übernehmen kann.«

»Rede keinen Unsinn. Er ist beinahe alt genug, um mein Vater zu sein.«

»Manche Männer lieben junge Dinger. Paß nur auf dich auf, Betty. Die Leute fangen bereits an zu reden.«

»Dann laß sie reden!« Ich starrte ihn wütend an. »Joe Morris ist immer gut zu uns. Ohne ihn wären wir noch immer keinen Schritt weiter als an dem Tag, an dem ich zum erstenmal auf die Farm kam. Ich brauche mich wegen nichts zu schämen. Wenn die Leute häßliche Geschichten in Umlauf setzen wollen, dann laß sie. Im übrigen glaube ich nicht, daß sie über mich klatschen. Das hast du dir ausgedacht.«

Er zuckte mit den Schultern. »Wie du willst, aber sag nicht, ich hätte dich nicht gewarnt.«

Voller Wut beobachtete ich, wie er aus der Tür stampfte. War er so eifersüchtig auf Joe Morris, daß er mir schmutzige Gedanken in den Kopf setzen mußte? Seit ich ihn kannte, hatte Joe nicht ein einziges Mal irgend etwas gesagt oder getan, das mich auf die Idee gebracht hätte ... Es war einfach lächerlich! Joe hatte keine erotischen Absichten. Er war nur ein guter Freund. Wenn die Leute mehr darin sehen wollten, war es ihre eigene Schuld.

Im frühen Oktober dieses ersten Jahres daheim wurde ich heftig an die Familie von der Farm erinnert. Ich arbeitete gerade im Garten und befreite das Wintergemüse von Unkraut, als ein Schatten über mich fiel. Ich blickte auf und sah Nathan Crawley vor mir. Im ersten Augenblick machte mein Herz einen Sprung vor Überraschung, und ich atmete rascher. Was um alles in der Welt tat er hier? Er haßte die Marschgebiete.

»Ist Frances etwas zugestoßen?«

»Dein erster Gedanke gilt natürlich ihr«, sagte er mit einem gequälten Lächeln. »Soviel ich weiß, ist sie in Südfrankreich und führt ein herrliches Leben.«

»Du hast also nichts von ihr gehört in letzter Zeit?«

»Von Frances nicht. Mary schreibt mir hin und wieder, meistens wegen geschäftlicher Angelegenheiten.«

»Warum bist du nach Sutton gekommen?«

»Ich muß einen Anwalt aufsuchen wegen meines Vermögens.«

»Das hätte ich mir denken können. Nichts sonst könnte dich dazu bewegen, hierher zurückzukommen.«

»Weißt du das so genau, Betty?«

Ein kleiner Schauer durchfuhr mich. »Was für einen Grund könntest du sonst haben?«

»Ich wollte sehen, wie es dir geht.«

Ich lachte rauh. »Das soll wohl ein Witz sein? Du hast mich nicht einmal gefragt, ob ich ...«

»Ob du ein Kind bekommst?« Er lächelte seltsam. »Du hast in der Scheune gesagt, daß du mir verziehen hast. Wenn du schwanger gewesen wärst, hättest du es mir doch wohl erzählt, oder?«

»Vielleicht.« Ich machte ein finsteres Gesicht. »Warum bist du also hergekommen?«

»Ich wollte sehen, wie du fertig wirst. Meine Familie hat dich nicht gut behandelt. Mary hätte dir mehr geben können – und Frances hat sich abscheulich benommen.«

»Sie war völlig durcheinander. Ich mache ihr keine Vorwürfe.«

»Warum hast du für jeden soviel Verständnis, nur für mich nicht?«

»Fang nicht wieder an, Nathan.«

Seine Augen funkelten ärgerlich, als er so dastand, und einen Augenblick lang dachte ich, daß er mich schlagen wollte. Ich hob das Kinn und starrte ihn wütend an.

»Warum bist du gekommen?«

»Ich habe mich gefragt, ob du hier glücklich und zufrieden bist, Betty. So einfach ist das, wirklich. Ich habe jetzt die Möglichkeit, dir zu helfen. Ich weiß, daß du gern singen möchtest. Ich könnte dir einen Job in einem Nachtclub verschaffen. Sie suchen eine Sängerin. Sie soll jung und unbekannt sein. Ich dachte, das würde dir vielleicht zusagen?«

Mein Herz klopfte wild, als ich ihn schweigend anstarrte. Ein Job als Sängerin in einem Nachtclub! Es klang ungeheuer verlockend – aber ich mußte hierbleiben. Ich konnte meinen Bruder und meine Schwester nicht im Stich lassen. Ich schüttelte den Kopf und tat so, als sei ich nicht interessiert.

»Ich möchte nicht in einem Nachtclub singen«, sagte ich. »Wenn ich jemals die Chance bekommen sollte, möchte ich in einem Musical wie *Kiss Me Kate* auftreten.«

Er nickte nachdenklich. »Wie du willst, Betty. Ich dachte, es könnte ein Start für dich sein, und meiner Meinung nach würde es auch besser zu dir passen.« Er seufzte, als er mich anschaute. »Erlaube wenigstens, daß ich dir etwas Geld gebe.«

»Ich will dein Geld nicht.«

»Was glaubst du, wie lange du von dem leben kannst, was Mary dir gegeben hat?«

»Ich komm' schon zurecht. Wie bist du denn so plötzlich zu Geld gekommen?«

Nathan grinste. »Mißtrauisch, Betty? Mary hat die Anwälte davon überzeugt, daß ich in der Lage bin, mein Vermögen selber zu verwalten. Ich mache gute Fortschritte. Ich habe dir erzählt, daß ich Grundstücke aufkaufe, und ich bin auch noch an anderen Projekten interessiert. Es ist mir wirklich möglich, dir zu helfen.«

»Ich habe dir bereits gesagt, daß ich deine Hilfe nicht brauche.«

»Immer noch so eigensinnig.« Er schüttelte den Kopf. »Mein Angebot gilt, solange ich da bin. Paß auf, daß du dir nicht durch deinen Stolz das Leben kaputtmachst, Betty. Ich will dir meine Karte geben. Du kannst mich immer unter dieser Adresse erreichen. Jetzt brauchst du mich nicht, aber eines Tages änderst du deine Meinung vielleicht.« Er schob mir eine kleine weiße Karte in die Hand. »Ich mag dir deiner Ansicht nach großes Unrecht angetan haben, aber du solltest mir trotzdem ein wenig Anständigkeit zutrauen. Ich versuche wirklich nur, dir zu helfen.«

»Ganz ohne Bedingungen?« Ich schaute zu ihm hoch. »Es tut mir leid, Nathan, ich glaube dir nicht.«

Seine Augen funkelten. Er drehte sich um und ging fort, zur Vorderfront des Häuschens. Ich zögerte kurz, dann lief ich ihm nach und erreichte ihn gerade noch, als er in seinen Wagen steigen wollte.

»Ich habe es nicht so gemeint«, sagte ich atemlos. »Es tut mir leid. Du hast recht. Ich bin zu stolz. Im Augenblick komme ich zurecht, aber ich werde an dich denken, wenn ich Hilfe brauche.«

Er lächelte mir zu. »Das ist mein Mädchen«, sagte er freundlich und stieg ins Auto ein.

Ich blickte ihm nach, als er abfuhr. Er hatte nicht mehr den kleinen Alfa Romeo, in dem er mit mir zum Meer gefahren war. Jetzt fuhr er einen schnittigen schwarzen Daimler, eine Limousine, die sehr teuer aussah. Offenbar kam Nathan geschäftlich sehr gut voran …

12. Kapitel

Wir schrieben das Jahr 1949, und endlich fing die Lage an, sich zu bessern. Sir Stafford Cripps hatte 1947 die Kartoffeln rationieren lassen, aber 1948 hob Harold Wilson diese Verfügung wieder auf. Wilson war der Präsident des Britischen Handelsministerium. Das schulpflichtige Alter wurde auf fünfzehn Jahre erhöht, ein nationales Versicherungswesen war eingeführt worden, um Familien im Fall von Krankheit und Arbeitlosigkeit zu unterstützen und bei Erreichung der Altersgrenze Renten auszuzahlen. Die gedrückte Stimmung, die auf Grund der strengen Sparmaßnahmen der Regierung im ganzen Land geherrscht hatte, hob sich allmählich wieder. Thomas Cook bot Pauschalreisen für den Urlaub im Ausland an, und in den Zeitungen waren Berichte über fliegende Untertassen erschienen. Danny Kaye hatte das Londoner Publikum bezaubert, als er sich auf den Bühnenrand gesetzt und zum Mitsingen alberner Liedchen aufgefordert hatte, und die Anti-Atombewegung hatte einen Protestmarsch von Aldermaston aus angekündigt. Die Menschen fingen an, sich vom Krieg zu erholen, und lernten wieder leben. Die Regenbogenpresse brachte häufig Berichte über Prinzessin Margaret, die Nachtclubs besuchte und erst heimkam, wenn bereits die Milch ausgefahren wurde.

Joe und ich hatten angefangen, den Garten umzugraben um im Frühjahr die neuen Pflanzen einzusetzen. Wir lachten und scherzten miteinander beim Graben und Rechen, der kleine Joe sortierte die Abfälle, um einen Komposthaufen anzulegen. Dorothy Ann saß da und beobachtete uns von ihrem hohen Kinderstühlchen aus, das Joe für sie gekauft hatte. Sie war jetzt achtzehn Monate alt und konnte auf allen vieren herumkriechen, aber immer noch nicht allein laufen. Sie konnte nur zwei Worte sagen, Betty und Joe, und sie brauchte immer noch Windeln, aber wir alle vergötterten das hübsche, in der Entwicklung zurückgebliebene Kind. Außer meinem Papa natürlich.

In diesem Sommer wurde ich achtzehn. Joe schenkte mir ein neues Kleid und eine Zuchtperlenkette. Als ich das Kästchen geöffnet hatte, starrte ich sie nur an, völlig erschlagen. Es war ein furchtbar extravagantes Geschenk und beunruhigte mich. Er sollte nicht soviel Geld für mich ausgeben.

»Oh, Joseph«, flüsterte ich. »Sie ist wunderschön, aber viel zu kostspielig. Das hätten Sie nicht tun sollen.«

Er bekam einen roten Kopf. »Warum nicht?« fragte er. »Du verdienst das, Mädchen. Du arbeitest den ganzen Tag und denkst nie an dich selbst. Du bist eine schöne junge Frau, Betty. Von rechts wegen solltest du dein Leben genießen und nicht schon für eine Familie sorgen müssen.«

»Ich bin glücklich dabei«, sagte ich, und das stimmte. Ich träumte nicht mehr von dem, was hätte sein können.

»Ich weiß das.« Er lächelte mich auf eine seltsam scheue Art an. »Laß mir die Freude, Mädchen. Ich habe sonst niemanden. Du und die Kinder, ihr seid meine Familie.«

Was konnte ich anderes tun, als lächeln, mein neues Kleid anziehen und das Halsband umlegen, damit jeder es bewundern konnte?

Der Jahrmarkt in Sutton fand statt. Jedes Jahr wurde er auf einer Wiese hinter dem Gasthaus bei der Kirche abgehalten. Wenn der Termin näherrückte, bemächtigte eine gewisse Erregung sich des ganzen Dorfes, und fast alle gingen dorthin.

Ich gab meinem Bruder ein paar Shilling, und er lief voran, als wir uns auf den Weg machten. Der strahlende Sonnenschein erhöhte noch die festliche Stimmung. Ich schob Dorothy Anns Wagen vor mir her und lauschte auf die Musik. Fahnen flatterten in der leichten Brise, und alles war erfüllt von Freude und Gelächter.

»Gehst du auch zum Fest, Betty?«

»Ja. Die Kinder sollen nicht darauf verzichten müssen.«

»Das wäre ein Jammer ...« Die Frau machte ein neugieriges Gesicht, als sie mein schickes Kleid und die Perlenkette bemerkte. »Ist Joe Morris nicht bei euch?«

»Er kommt später nach, wenn er es einrichten kann. Die Ernte ist noch nicht eingebracht.«

»Nun, du mußt es wissen. Er besucht dich regelmäßig, nicht wahr?«

»Ja, Mrs. Jarrold, das tut er. Die Kinder lieben ihn. Er spielt stundenlang mit ihnen.«

Ich schob den Wagen weiter, fest entschlossen, mich von ihren hinterhältigen Andeutungen nicht stören zu lassen. Ich hatte nichts zu verbergen, warum sollte ich mich vor ein bißchen Klatsch fürchten?

Das Fest war in vollem Gange. Es gab Buden mit gestreiften Markisen, Karussells und Schaukeln. Außerdem alle Arten von Spielen und Wettbewerben. Die Frau des Pfarrers stand an einer Bude mit Süßigkeiten. Sie hatte ein Glas voller Bohnen aufgestellt und forderte alle Besucher mit einem großen Schild auf zu schätzen, wie viele es enthalten mochte.

Ich kaufte etwas Ingwerkuchen für Dorothy Ann und brach ihr ein kleines Stück davon ab. Sie schmatzte zufrieden. Sie verstreute überall Krümel und sabberte auf ihr sauberes Lätzchen, aber daran war ich gewöhnt.

Der kleine Joe rannte herum wie ein Verrückter. Ich blieb stehen, um ihn zu beobachten, und freute mich an seinem Lachen und dem Sonnenschein. Es dauerte ein paar Minuten, bevor ich Stimmen hinter mir hörte, die offenbar absichtlich lauter wurden, damit ich sie vernehmen konnte.

»Ich schätze, es wird nicht mehr lange dauern, da liegen zwei in dem Wagen.«

Es folgte ein gehässiges Lachen und Kichern. Ich warf einen Blick über die Schulter und sah die beiden Mädchen. Sie waren im gleichen Alter und arbeiteten zusammen auf dem Land. Ich war ihnen manchmal begegnet, wenn sie abends nach Hause kamen, aber sie hatten nie ein Wort zu mir gesagt.

»Früher oder später bestimmt. Meine Mama sagt, er bleibt bis sieben Uhr abends dort. Im Winter und im Sommer. Stark anzunehmen, daß sich da irgend etwas abspielt …«

Ich rief meinen Bruder und ging weiter, vorbei an den Autoscootern und den Karussells. Ich wollte ihre Gehässigkeiten nicht länger anhören. Ich hatte nicht die Absicht, mir den schönen Tag verderben zu lassen. Dann blieb ich stehen, um eine Gruppe junger Männer am Schießstand zu beobachten. Einer von ihnen kam zu mir herüber.

»Gefällt's dir hier?« fragte er vertraulich. »Kommst du mit auf einen Drink?«

Es war Zac Jarrold, der Junge, mit dem Vera zusammen gesehen worden war. Allerdings war er jetzt ein Mann geworden. Anstatt nach dem Krieg mit den anderen Evakuierten nach London zurückzukehren, hatte er einen Job auf dem Land gefunden und sich in Sutton niedergelassen.

»Nein, danke«, sagte ich. Sein Blick gefiel mir nicht. »Ich kann Dorothy Ann nicht alleinlassen.«

»Kannst du nicht irgend jemanden finden, der auf das Kind aufpaßt? Wenn du keinen Drink willst, fällt uns bestimmt etwas ein, was dich mehr interessiert.«

»Was zum Beispiel?« Er schaute mich vielsagend an, und ich warf ihm einen wütenden Blick zu.

Er zwinkerte mit den Augen. »Du weißt schon, was ich meine. Warum willst du nicht zur Abwechslung mal versuchen, es mit jemandem in deinem Alter zu probieren? Der alte Joe Morris ist doch schon darüber hinaus. Sehr gut kann er nicht mehr sein, sonst wärst du schon lange schwanger.«

»Wasch dir den Mund mit Salz aus, Zac Jarrold! Du hast kein Recht, so schmutziges Zeug zu mir zu sagen.«

»Warum nicht?« Er schaute mich spöttisch an. »Das sagt doch jeder. Warum sollte Joe immerzu bei euch herumhängen, wenn er nichts von dir bekäme? Anzunehmen, daß er sich nicht umsonst die Seele aus dem Leib schuftet. Ich schätze jedenfalls, daß du genauso bist wie deine Schwester Vera – und sie liebte es!«

Ich war so wütend, daß ich fast explodierte. Wie konnte er es wagen, so über Vera zu reden? Ich ließ den Wagen los, stürzte mich auf Zac und schlug ihn dreimal fest ins Gesicht.

»Du hast eine schmutzige Phantasie!« schrie ich. »Joe Morris ist mein Freund, das ist alles. Er hilft mir, und ich koche ihm dafür ein Abendessen, weiter nichts. Er ist ein anständiger Mann, nicht so ein dreckiger kleiner Giftpilz wie du.«

Zac riß den Mund auf. Er starrte mich nur an, zu überrascht, um irgend etwas zu sagen oder den Versuch zu machen, mich zu schlagen. Das war gut so, denn in diesem Augenblick hätte ich ihn bedenkenlos umbringen können. Seine Gefährten wisperten und lachten im Hintergrund, und alle starrten uns an.

»Das wird dir noch leid tun«, murrte er, dann drehte er sich mit einem Ruck um und ging auf das Wirtshaus zu.

Ich schaute wütend zu seinen Freunden hinüber. Sie hörten auf zu lachen und wandten sich verlegen ab. Ich sah ein paar Frauen, die miteinander tuschelten, und konnte mir lebhaft denken, was sie sagten. Dieses Cantrel-Mädchen hat eine Show abgezogen. Nun, das war ja zu erwarten. Sie hat böses Blut in den Adern, stimmt's?

Ich schob Dorothy Anns Wagen zu der Stelle, wo mein Bruder gerade sein Scherflein für einen Griff in den Glückstopf bezahlte. Ich war sehr wütend, aber fest entschlossen, mich von dem Klatsch und Tratsch nicht vertreiben zu lassen. Ich hatte genausoviel Recht, hier zu sein, wie irgendein anderer. Ich hatte nichts Unrechtes getan, und ich kochte innerlich, weil diese Verdächtigungen so unfair waren.

Joe Morris bahnte sich seinen Weg zu mir. Er trug seinen Sonntagsanzug und grinste wie ein Junge, der schulfrei hatte. Ich wußte, daß er höllisch gearbeitet haben mußte, um rechtzeitig hier zu sein, und ich lächelte ihm herzlich zu. Ich wollte es nicht zulassen, daß diese Wichtigtuer uns den Tag verdarben!

»Hier bist du also«, sagte er freudestrahlend. »Ich habe schon gedacht, ich würde nie mehr wegkommen. Der Traktor hatte eine Panne und rührte sich nicht vom Fleck.«

»Sie müssen schon bei Tagesanbruch aufgestanden sein.«

»Früher«, erwiderte er fröhlich. »Aber das war es wert. Jetzt können wir unseren Spaß haben.«

Als mein Bruder herbeigelaufen kam, steckte Joe seine Hand in die Tasche und gab ihm eine Handvoll Wechselgeld. »Komm wieder, wenn du alles ausgegeben hast«, sagte er. »Ich geh' jetzt rüber zum Ringewerfen.«

»Sie verwöhnen ihn, Joseph«, sagte ich.

»Nun, es ist nur einmal im Jahr.«

»Aber Sie geben ihm immer etwas.«

»Ich würde gern viel mehr für ihn und dich tun, wenn ich dürfte. Ihr seid jetzt meine Familie. Das weißt du doch?«

In diesem Augenblick lag irgend etwas in seinem Blick, das mir zeigte, daß er wußte, was sich hier abgespielt hatte. Ich spürte ein komisches Flattern im Magen, und ich wußte, was seine Frage bezweckte.

»Ich ... Ich weiß nicht«, sagte ich und schaute ihn nervös an.

»Du sollst jetzt gar nichts weiter sagen«, versicherte er mir. »Es ist weder der richtige Zeitpunkt noch der richtige Ort dafür. Wir wollen uns jetzt ein bißchen amüsieren, und sie können denken, was sie wollen.«

Irgend jemand hatte ihm von meinem Streit mit Zac erzählt. Deshalb hatte er so offen gesprochen. Ich sah einen harten Glanz in seinen Augen und wußte, daß Joe bereit war, mich mit allen Mitteln zu verteidigen. Diese Aggressivität paßte so wenig zu ihm, daß ich am liebsten gelacht hätte.

»Warum nicht?« fragte ich lächelnd. »Schwarz kann nicht noch schwärzer werden, oder?«

An diesem Abend fragte Joe Morris mich, ob ich ihn heiraten wolle. Er hatte den ganzen Nachmittag mit uns auf dem Fest verbracht. Als es vorüber war, hatte er Dorothy Anns Wagen und die beiden müden, aber zufriedenen Kinder auf den Rücksitz seines Wagens verfrachtet. Er kam mit uns ins Haus, blieb zum Abendessen und trödelte herum, bis die Kinder im Bett waren.

»Möchten Sie noch eine Tasse Tee, bevor Sie gehen?« fragte ich. »Es war ein herrlicher Nachmittag, Joe. Ich kann Ihnen gar nicht genug danken dafür.«

Er nahm mir den Kessel aus der Hand und schob mir einen Stuhl hin. »Hör auf herumzuwirtschaften, Betty. Du bist nervös wie eine Katze auf glühenden Kohlen. Ich habe dir etwas zu sagen, und wir sollten es hinter uns bringen.«

»Sie haben gehört, was Zac zu mir gesagt hat, nicht wahr? Irgend jemand hat es Ihnen erzählt.«

Er nickte grimmig. »Das hat mich so verrückt gemacht, daß ich vor Wut Feuer hätte speien können. Aber ich mache mir Vorwürfe. Ich hätte mir denken können, wie sie über uns reden.«

»Mich hat die Art, in der Zac mich angesehen hat, auf die Palme gebracht. Ich glaube, ich hätte ihn nicht schlagen sollen.«

»Es war besser, daß du ihn geschlagen hast, als daß ich es getan hätte. Ich hätte den Dreckskerl umbringen können, wenn ich Hand an ihn gelegt hätte.«

»Joseph«, ich starrte ihn überrascht an. »Das ist das erste Mal, daß ich Sie so reden höre.«

»Es tut mir leid.« Er lachte reumütig. »Ich bin so wütend über die Sache, Betty. Er soll nicht ungeschoren davonkommen. Er muß sich entschuldigen, und zwar ohne Wenn und Aber, sonst kenne ich mich selbst nicht mehr.«

»Sie sind ja richtig wild«, sagte ich lachend. »Ich glaube, ich habe Sie noch nie zuvor wirklich wütend erlebt.«

»Ich hatte auch keinen Grund dazu. Ich will nicht, daß irgend jemand dich beleidigt.«

»Oh, Joe ...« Ich war erstaunt und ein wenig beunruhigt über den Blick, den er mir zuwarf.

Er unterbrach mich mit einer Handbewegung. »Laß es mich zu Ende bringen, Mädchen. Du weißt, was ich bin. Ich bin ein Arbeiter. Ich werde für dich und die Kinder arbeiten, solange ich kann. Du wirst alles haben, was ich bezahlen kann. Ein ordentliches Zuhause, hübsche Kleider, Sicherheit.« Eine leichte Röte stieg ihm in die Wangen. »Ich weiß, daß ich keine großartige Partie bin für ein so hübsches Mädchen wie dich, aber ich habe dich wirklich gern. Schon immer.«

»Ich dachte, Sie hätten eine Schwäche für Polly?«

»Ich war sehr eingenommen von ihr. Ich hätte sie geheiratet, wenn sie mich hätte haben wollen, aber ich wußte, daß sie mir nicht treu bleiben würde. Sie war kein schlechtes Mädchen, aber sie war nicht so wie du, Betty.«

»Was meinen Sie damit?«

Er lächelte ein wenig. »Du bist treu, aufrichtig und selbstlos. Es gibt nicht viele, die das getan hätten, was du getan hast – hierher zurückkommen, wo du statt dessen ...«

»Machen Sie keine Märtyrerin aus mir«, erwiderte ich scharf. »Glauben Sie nur nicht, daß es mir nicht leid getan hätte, auf die Chance, mit Frances auf Reisen zu geben, zu verzichten. Ich hatte keine Wahl. Meine Familie brauchte mich.«

»Du hast das Beste daraus gemacht. Du bist nicht verbittert, nicht wahr?«

»Nein.« Ich seufzte. »Manchmal, nur manchmal denke ich daran, was hätte sein können. Ich frage mich dann, wo Frances wohl sein mag und was sie tut.«

»Das ist nur natürlich.« Joe runzelte die Stirn. »Ich dachte, du könntest vielleicht etwas gehört haben von ihr. Deshalb habe ich nicht schon früher mit dir gesprochen. Du hattest daran gedacht, Sängerin zu werden. Ich will dich nicht herunterziehen, Betty.«

»Das waren Träume.« Ich schüttelte den Kopf. »Ich denke gar nicht mehr daran, Joe. Ich wäre gern befreundet geblieben mit Frances, aber ich mache ihr keine Vorwürfe. Ich habe mein Versprechen ihr gegenüber gebrochen, und sie war daran gewöhnt, daß alles nach ihrem Kopf geht.«

»Sie ist eine undankbare kleine Dame.«

»Sagen Sie das nicht, Joe. Sie war meine Freundin. Ich habe sie immer noch gern. Sie ist zu einem Zeitpunkt in mein Leben getreten, wo ich sie wirklich brauchte, und sie hat mir viel gegeben, obwohl unsere Beziehung leider ein unerfreuliches Ende genommen hat.«

»Dann werde ich nichts mehr dagegen sagen, Mädchen.«

»Danke.« Ich schaute ihn an. »Ich habe Ihnen für so vieles zu danken. Ich weiß im Augenblick nicht, was ich Ihnen antworten soll.«

»Ich erwarte nicht sofort eine Antwort. Ich hätte jetzt auch noch gar nichts gesagt, wenn die Leute nicht so über uns reden würden. Aber ich will nicht, daß du darunter leiden mußt.«

»Ich leide wirklich nicht.« Ich lachte hart. »Ich hätte nichts anderes erwarten dürfen. Ich bin eine Cantrel, Joe.«

»Du bist du und sonst gar nichts. Du kannst nichts für deinen Vater. Außerdem ist er kein so schlechter Mensch. Ich weiß, er liebt ein paar Drinks, er ist faul ...«

»Und er hat meine Mutter brutal geschlagen und früh ins Grab gebracht«, sagte ich heiser. »Ich weiß, er ist mein Vater, aber manchmal hasse ich ihn. Das beunruhigt mich. Es ist nicht richtig, dem eigenen Vater solche Gefühle entgegenzubringen.«

»Dir hat er doch nichts angetan, oder?«

»Nein. Das würde er nicht wagen, nicht solange Sie mein Freund sind. Ich glaube, er weiß, was Sie tun würden, wenn er mich anzutasten wagte.« Ich blickte Joe ängstlich an. »Ich möchte Ihre Freundschaft nicht verlieren.«

»Das wirst du auch nicht«, antwortete er mit einem freundlichen Lächeln. »Ich würde nur zu glücklich sein, wenn ein Mann um dich werben würde, der deiner wirklich würdig ist – einer wie dieser James Blair, der Nathans Freund war. Das war ein echter Gentleman.«

»Wie kommen Sie darauf?« Ich starrte ihn überrascht an. Wie konnte er wissen, daß James immer etwas ganz Besonderes für mich gewesen war?

»Oh, ich erinnere mich nur daran, wie er dich angeschaut hat. Das brachte mich auf die Idee, daß er von dir eingenommen war.«

»James würde niemals ein Mädchen wie mich heiraten. Außerdem war es Frances, die er gern hatte. Ich denke, daß die beiden vielleicht eines Tages heiraten werden.«

»So ist das?« Joe schüttelte den Kopf. »Nun, das zeigt nur, wie man sich irren kann. Ich dachte, er wollte dich.«

»Das ist ein Unterschied. Jemanden haben wollen und jemanden lieben, das ist nicht immer dasselbe.«

»Da hast du recht.« Joe stand auf. »Ich gehe jetzt besser. Es wird spät, und man wird sich schon wieder die Mäuler zerreißen.«

»Kommen Sie am Sonntag wie immer?«

»Ich werde hier sein.« Er lächelte mir zu. »Laß dir ihretwegen nicht den Schlaf rauben, Mädchen. Sie können dir wehtun, aber letztlich ist alles nur Geschwätz.«

»Ich weiß. Ich werde über alles nachdenken, Joe. Wirklich.«

Als er gegangen war, saß ich am Kamin. Ich wollte gründlich über meine Zukunft nachdenken, darüber, was ich mit meinem Leben anfangen wollte. Joe würde den Kindern ein guter Vater und ein rücksichtsvoller Ehemann sein. Er war eine Reihe von Jahren älter als ich, aber das spielte keine große Rolle. Ich mochte ihn, und wir kamen gut miteinander aus; das war mehr, als viele andere Ehepaare voneinander behaupten konnten. Es würde keine Liebesheirat sein, sondern eine Vernunftehe, ebenso für Joe wie für mich. Er hatte mich gern, aber ich glaubte nicht, daß er verliebt in mich war. Ich hatte keinen Zweifel daran, daß er sich einsam fühlte und die alten Zeiten vermißte, als wir noch alle zusammen in der Küche saßen.

Ich dachte auch an James Blair. Es war merkwürdig, daß Joe ausgerechnet ihn erwähnt hatte. Ich hatte gedacht, daß niemand ahnte, was ich für ihn empfand, außer Nathan vielleicht. Ich fragte mich, wie James zurechtkommen mochte, wenn er für seinen Vater arbeitete. Ich hatte das Gefühl, daß er dieses Leben haßte; er mußte den Eindruck haben, in einer Falle zu sitzen, genauso wie mir es manchmal ergangen war. Aber vielleicht hatte er sich mit seinem neuen Leben abgefunden. Vielleicht war er schon verheiratet, möglicherweise sogar mit Frances.

Ich war mir nicht sicher, ob ich deswegen eifersüchtig sein würde oder nicht. Ich hatte James kaum gekannt, vielleicht hatten meine Gefühle für ihn auf bloßer Einbildung beruht. Aber ich konnte mich immer noch an sein freundliches Lächeln erinnern, und ich wußte, daß ich immer den vollkommenen Mann in ihm sehen würde.

Ich lächelte über mich, als ich in die Flammen schaute, und wußte, daß meine Gedanken kindisch waren. James war für mich immer unerreichbar gewesen.

Eine Ehe mit Joe konnte mir Sicherheit bringen. Es würde wenig Überraschendes darin geben und wenig Aufregendes, aber das konnte ich auch nicht erwarten. Wenn ich ein gefährliches Leben gewünscht hätte, wäre es besser gewesen, wenn ich Nathans Angebot angenommen hätte, in London zu arbeiten.

Als ich an Nathans letzten Besuch dachte, fragte ich mich wieder, wovon er wohl seinen Lebensunterhalt bestreiten mochte. Er hatte vage von Geschäften mit Grundstücken gesprochen, aber wo lagen seine anderen geschäftlichen Interessen? Ich hatte das Gefühl, daß Nathan irgend etwas tat, was möglicherweise nicht ganz legal war. Woher konnte er wissen, daß in diesem Nachtclub eine Sängerin gesucht wurde, und wie konnte er so sicher sein, daß der Besitzer bereit sein würde, mich zu nehmen? Es sei denn, er selber war der Besitzer ... Das würde mich nicht überraschen. Nathan war genau der Mann, der ein solches Leben genießen würde, ein Leben voller Aufregungen und vielleicht auch voller Gefahren ...

Seufzend stand ich auf und ging in das Zimmer meines Bruders. Er öffnete die Augen, als ich ihn anschaute.

»Was ist los, Betty?«

»Nichts.« Ich strich ihm das Haar aus der Stirn. »Hast du heute einen schönen Tag gehabt?«

»Es war toll. Besonders, als Joe kam. Ich liebe ihn, Betty.«

»Wirklich? Würde es dir gefallen, wenn wir zu ihm ziehen würden?«

Er setzte sich eifrig auf. »Wenn wir von hier weggingen, um für immer bei Joe auf der Farm zu leben?«

»Ja. Er ist jetzt der Verwalter dort. Wir würden in dem großen Haus wohnen. Du müßtest sehr früh aufstehen, um morgens in die Schule zu radeln.«

»Das würde mir nichts ausmachen.« Seine Augen waren ganz hell vor Aufregung. »Willst du ihn heiraten, Betty?«

»Vielleicht. Wie denkst du darüber?«

»Ich würde mich freuen – wenn du es willst?«

»Nun, ich habe mich noch nicht entschieden, aber ich denke, daß ich vielleicht ja sagen werde.«

»Das wäre toll«, sagte mein Bruder. »Ich habe mir schon immer gewünscht, auf einer Farm zu leben.«

»Wir werden sehen«, sagte ich und beugte mich hinunter, um ihn auf die Wange zu küssen. »Schlaf jetzt weiter.«

Es ist Nacht, aber in meiner Zelle brennt immer Licht. Ich liege mit geschlossenen Augen da und versuche, mich nicht davon stören zu lassen. Wie lange bin ich jetzt schon hier? Die Tage und Nächte scheinen nahtlos ineinander überzugehen, was mich völlig verwirrt. Manchmal sehne ich mich danach, daß alles vorüber ist, dann brauchte ich mich an nichts mehr zu erinnern. Die Erinnerungen werden jetzt sehr schmerzlich, und ich versuche mich dagegen abzugrenzen, aber sie bedrängen mich, zwingen meine Gedanken zurück in eine grauenvolle Zeit.

Wie hätte ich in jener Nacht, als ich bei meinem Bruder auf der Bettkante saß und glücklich mit ihm über unsere Zukunft sprach, wie hätte ich damals voraussehen können, was das Schicksal für uns bereithielt?

Ich schreie auf vor Kummer, und sofort kommt eine Wärterin zu mir. Sie beugt sich vor, um mir ins Gesicht zu blicken, aber ich drehe mein Gesicht zur Wand. Mir kann niemand helfen. Ich habe auch keine Fluchtmöglichkeit. Meine Erinnerungen lassen sich nicht abschütteln, ich muß mich mit ihnen auseinandersetzen.

Als Joe am Sonntag kam, sagte ich ihm, daß ich ihn heiraten wolle. Er schaute mich ganz erstaunt an, so als hätte er erwartet, daß ich nein sage, dann grinste er.

»Das ist die beste Nachricht, die ich seit Jahren erhalten habe«, sagte er. »Ich weiß zum Teufel nicht, was ich sagen soll.«

Ich neckte ihn. »Du könntest sagen, daß du dich freust. Und du könntest mich küssen.«

»Wirklich, Betty?« Er sah verlegen aus.

»Wir werden heiraten, Joe. Deshalb können wir ruhig schon so anfangen, wie es weitergehen soll. Du hast Kinder so gern. Ich weiß, daß du dir einen eigenen Sohn wünschst. Und ich möchte dir eine richtige Ehefrau sein.«

»Ich war mir nicht sicher, wie du darüber denkst«, sagte er und legte seine Arme um mich. »Ich bin so viel älter als du.«

»Komm, du großer Junge«, sagte ich und legte seine Hände um meine Taille, dann hob ich meine Arme hoch und legte sie um seinen Hals. »Küß mich, Joe.«

Ich hob gebieterisch mein Gesicht, und er lachte leise, ganz tief in der Kehle. »Ich hätte es wissen müssen, für dich gibt es nur alles oder nichts.« Seine Stimme klang plötzlich heiser. »Betty, Betty, du Liebe, ich werde gut zu dir sein. Ich schwöre es dir. Du wirst es nie bereuen, wenn ich es verhindern kann.«

Er küßte mich, und es war der Kuß eines richtigen Mannes, warm und zärtlich, mit einem Anflug von Leidenschaft. Es war ein gutes Gefühl, in seinen Armen zu liegen, und mir wurde klar, daß es kein allzu großes Opfer bedeuten würde, Joes Frau zu werden.

Später fing Joe meinen Vater vor der Tür ab. Ich konnte mir vorstellen, was sie sprachen, und beobachtete sie ängstlich, als sie eine Zeitlang zu streiten schienen, dann aber kamen sie zu einer Übereinkunft und schüttelten sich die Hände. Pa brachte sogar ein Lächeln zustande, als er hereinkam.

»Du willst also meinen Segen? Joe ist ein guter Mann, Betty. Ich werde euch nicht im Wege stehen.«

Er hatte gerade genug getrunken, um in guter Stimmung zu sein. Es konnte aber noch Schwierigkeiten geben am nächsten Tag, wenn er Zeit gehabt hatte, darüber nachzudenken.

»Kommst du heute nachmittag mit uns zum Pfarrhaus, um deine Einwilligung zu geben?«

»Solange ich noch nüchtern bin, Betty? Ja, da hast du wahrscheinlich recht.« Ich merkte an seiner Stimme, daß er sich lustig über uns machte. »Dann trag erst mal das Essen auf, Mädchen.«

Während wir aßen, scherzte er mit Joe. Ich sah, wie erstaunt mein Bruder ihn anschaute. Es war schon lange her, seit wir ihn in so guter Stimmung erlebt hatten.

Diese Phase hielt an, als wir alle durch das Dorf gingen. Er gab Joe Klapse auf den Rücken und zwinkerte mir zu. Er ließ seinen Sohn sogar auf den Schultern reiten. Ich fragte, wie Joe es fertig gebracht hatte, seine Laune so zu verbessern.

Der Pfarrer begrüßte unseren Entschluß. Er lud uns alle

ins Haus ein und redete einige Minuten mit uns über die Einzelheiten, dann wandte er sich an meinen Vater.

»Und was wird aus Ihnen, Mr. Cantrel?« fragte er. »Wie werden Sie zurechtkommen, wenn Ihre Tochter aus dem Haus geht?«

»Oh, ich werde mitgehen.« In seinen Augen spiegelte sich eine boshafte Freude, als er mich ansah. »Ich werde Joes altes Häuschen bekommen, wenn er in das große Haus umzieht.«

Entsetzt schaute ich Joe an. Er konnte doch nicht so töricht gewesen sein? Ich mußte meine ganze Selbstbeherrschung aufbieten, um nicht zu widersprechen, aber ich brachte es fertig, mich zurückzuhalten, bis wir das Pfarrhaus wieder verlassen hatten.

»Was soll das heißen, daß Papa mitkommt?« fragte ich, als wir den Heimweg antraten.

Joe sah mich verlegen an. »Er kann allein nicht klarkommen. Er wird sein eigenes Häuschen haben, aber er kann bei uns essen, und ich werde ihm gelegentlich Arbeit verschaffen können ...«

»Nein!« Ich hätte schreien können vor Verzweiflung. »Ich will das nicht. Oh, Joe, warum hast du das getan?«

»Joe hat ein weicheres Herz als du, Betty.« Mein Vater grinste. »Er weiß, daß ich eine Trennung von meinen Lieben nicht ertragen könnte.«

»Deinen Lieben?« fragte ich ungläubig. »Du gibst keinen Pfifferling für irgend jemanden, du denkst nur an dich.«

»Betty, sprich nicht so mit deinem Vater.«

Ich starrte Joe wütend an. Dann fing ich an, den Kinderwagen schneller vor mir herzuschieben, am liebsten wäre ich im Laufschritt weggerannt.

»Betty!« rief Joe. »Betty, wart auf mich.«

Ich dachte nicht daran, langsamer zu gehen. Ich hatte geglaubt, daß ich fortkäme von meinem Vater. Das war einer der Gründe gewesen, aus denen ich in die Heirat eingewilligt hatte.

Vor dem Häuschen holte Joe mich ein. Ich drehte mich um und blickte ihn vorwurfsvoll an.

»Wie konntest du das tun, Joe?«

»Er hat es zur Bedingung gemacht, Betty. Außerdem, wie hätte ich es ablehnen können?« Joe runzelte die Stirn. »Dein Vater ist krank. Er hat nicht mehr lange zu leben, höchstens noch ein oder zwei Jahre. Es ist seine Leber, vom Trinken.«

»Wovon redest du? Er ist nicht krank.«

»Er hat es dir nicht erzählt, aber er leidet ständig unter Schmerzen. Der Arzt hat ihm schon vor Jahren gesagt, daß er mit dem Trinken aufhören muß, aber er meint, daß er nur dadurch Erleichterung bekommt.«

»Ich glaube das nicht. Er hat es nur gesagt, damit du Mitleid mit ihm bekommst.«

»Nein, Betty. Ich weiß das schon länger.«

»Er lügt wirklich nicht?«

»Nein. Wir können ihn nicht im Stich lassen.«

Joe schaute mich so beschwörend an, daß ich schwankend wurde. Es war nicht fair. Warum sollte ich für meinen Vater sorgen? Er hatte selber schuld an seiner Krankheit. Ich wußte, was auf mich zukam. Ich würde für ihn kochen und putzen müssen und aufwischen, wenn er alles erbrach, was oft vorkam, wenn er betrunken war ... War das ein Zeichen seiner Krankheit? Als ich darüber nachdachte, wurde mir klar, daß dieses häufige Erbrechen erst kürzlich angefangen hatte.

In der Falle! In der Falle! In der Falle! Diese Worte dröhnten immer wieder in meinem Kopf.

Es war nicht in Ordnung. Es war nicht fair. Ich schuldete meinem Vater nichts. Aber ich wußte, daß ich mich jetzt nicht gegen ihn wenden konnte.

»Nein«, sagte ich zögernd. »Wir können ihn wohl nicht im Stich lassen.«

Am Sonntagmorgen begleitete Joe mich in die Kirche. Der Oktober war gekommen, und die Luft war kühler geworden. Noch schien die Sonne, und es war trocken, aber der Sommer war vorüber, und die Blätter fingen an zu fallen.

Es gab Gewisper und Gekicher, als das Aufgebot vorgelesen wurde, aber auch zustimmendes Lächeln. Einige glaubten noch immer, daß ich auf Abwege geraten war, aber sie waren bereit, mir zu vergeben, weil Joe jetzt den richtigen Schritt getan hatte.

»Nun, das war's«, sagte Joe voller Genugtuung, als wir aus der Kirche kamen. »Jetzt wirst du keinen Ärger mehr bekommen.«

Ich nickte und lächelte. Ich hatte den finsteren Blick gesehen, den Zac Jarrold mir zugeworfen hatte, als wir aus der Kirche kamen, und ich wußte, daß er es mir nie verzeihen würde, daß ich bei dem Volksfest einen Narren aus ihm gemacht hatte, aber unter dem Schutz von Joe konnte er mir nichts mehr anhaben.

Ich dachte oft an unsere Vera. Stimmte es, daß sie mit Zac zusammengewesen war? Und aus welchem Grunde war sie so plötzlich davongelaufen? Ich machte mir Vorwürfe, weil ich mich nicht mehr um sie gekümmert hatte. Hätte ich doch nur diesen Tagesausflug nach London mit ihr gemacht, den ich ihr versprochen hatte. Ich hatte es immer gewollt, aber irgendwie nie Zeit dafür gefunden.

Joe hatte mich untergehakt. Wir gingen die Straßen entlang und stellten die Mantelkragen hoch, als es windig wurde. Ich schaute auf das weite Marschgebiet und schauderte. Die Felder hatten das sommerliche Grün verloren, die Erde war schwarz und vor kurzem frisch aufgelockert worden. An diesem Tag erschien der Anblick mir kahl und öde, und ich hatte gleichzeitig das Gefühl, für immer an diesen Ort gekettet zu sein. Ich wußte plötzlich genau, wie einem Vogel zumute sein mußte, wenn er durch die Stangen seines Käfigs blickte. Ich hätte meine Flügel ausbreiten und davonfliegen mögen.

Ich hörte gerade eine neue Schallplatte, die Joe mir gekauft hatte. Es war Edith Piaf, eine französische Sängerin, die ich sehr bewunderte. Ihre Stimme hatte einen ganz besonderen Zauber, immer, wenn ich sie hörte, hatte ich das Gefühl, einen Kloß im Hals zu haben. Ich liebte ihre Lieder und sang sie nur für mich, wenn ich arbeitete. Ich war gerade dabei, Kuchen für den Tee zu backen. Als ich aus dem Fenster sah, stand mein Vater vor der Tür. Er sprach mit dem Postboten.

Ich fragte mich, ob ein Brief für mich angekommen war. Manchmal kritzelte Polly ein paar Zeilen, und ich hoffte immer noch ein wenig, daß Frances mir eines Tages schreiben würde.

Ich schaute meinen Vater an, als er hereinkam, eine Hand in der Jackentasche. »Ist etwas für mich gekommen?«

Er schaute mich sonderbar an und schien zu zögern, aber dann schüttelte er den Kopf. »Nein, Betty«, sagte er. »Erwartest du einen Brief?«

»Nein, nicht direkt«, sagte ich. »Ich habe den Postboten vor der Tür gesehen, das ist alles.«

»Er hat mir nur ein Foto von seinen Kindern gezeigt«, erwiderte er. »Für dich hatte er nichts.«

Er wirkte ein bißchen merkwürdig, aber ich hörte ihm nur halb zu. Meine Gedanken waren bei dem Lied, das die Piaf gerade sang: »La Vie en Rose.«

»Macht nichts«, sagte ich. »Ich nehme an, daß Hilda schreibt, sobald sie die Neuigkeit erfährt. Jetzt mache ich besser weiter, sonst wird dieser Kuchen nie fertig.«

Mein Papa machte ein finsteres Gesicht, als er mir zuschaute. »Ich habe heute etwas gehört. Unser Joe spielt mit einigen Zigeunerkindern. Sag ihm, er soll sich von ihnen fernhalten, Betty.«

»Warum?« fragte ich. »Was stört dich daran?«

»Mag keine Zigeuner«, antwortete er. »Schmutzige Bettler sind das. Er kann irgend etwas auflesen.«

»Flöhe zum Beispiel?« Ich lachte und schüttelte den Kopf. »Das ist ein Vorurteil, Papa. Aber ich werde ihm den Kopf waschen, wenn er nach Hause kommt. Mach dir keine Sorgen.«

Joe kam am nächsten Morgen vorbei. Er war mit einer Ladung Zuckerrüben auf dem Weg zur Bahnstation. Ich hatte ihn nicht erwartet und steckte gerade bis zu den Ellbogen in der Waschlauge.

»Ein Brief von Polly ist für dich angekommen«, sagte er. »Er wurde versehentlich bei uns auf der Farm eingeworfen. Ich dachte, ich bring' ihn schnell vorbei, und außerdem wollte ich dir das hier geben.« Er legte einen braunen Umschlag auf den Tisch.

»Was ist das, Joe?«

»Das ist für dein Hochzeitskleid. Du wirst auch für die Kinder und deinen Pa neue Sachen kaufen müssen.«

Zögernd öffnete ich den Umschlag. Es waren hundert Pfund darin. Verlegen starrte ich auf den Geldschein. »Das ist viel zuviel, Joe.«

»Ich habe es dir schon gesagt, ich bin nicht knapp bei Kasse. Ich möchte, daß du das Beste bekommst. Nimm das Geld und kauf dir, was du möchtest. Du wirst auch Kleider für die Flitterwochen brauchen. Wenn du irgend jemanden finden kannst, der sich um Dorothy Ann kümmert, könnten wir nächste Woche mal nach Cambridge fahren, da hast du mehr Auswahl. Dank Harold Wilson brauchst du keine Kleiderabschnitte mehr. Du kannst dir kaufen, was du willst, Betty.«

»Es war großartig, wie er seine Bezugskarte zerrissen hat. Es ist das erste Mal in meinem Leben, daß ich mir frei aussuchen kann, was ich möchte, Joe.«

»Genau deshalb habe ich dir das Geld gegeben. Ich dachte, wir könnten im Festsaal der Kirche einen kleinen Empfang geben. Wir laden George Baxter und seine Frau ein, Mrs. Jackson und noch einige andere – wenn du Lust dazu hast?«

»Das klingt wunderbar. Wir könnten am kommenden Montag nach Cambridge fahren, wenn es dir paßt?«

»Schön.« Er lächelte. »Wir sehen uns am Sonntag wieder.«

Als Joe gegangen war, versteckte ich das Geld an einem sicheren Platz. Mein Papa würde es bestimmt nicht anrühren, wenn er nüchtern war, aber man konnte nie wissen, was er anstellte, wenn er getrunken hatte. Ich ließ die Wäsche eine Weile weichen und las den Brief von Polly. Es war lustig, daß ich nur einen Tag zuvor meinen Papa gefragt hatte, ob ein Brief für mich angekommen sei. Das war wohl eine Art Gedankenübertragung gewesen.

Pollys Brief war fröhlich und kurz, sie teilte mir mit, daß es ihr gutgehe und daß sie umgezogen sei. Ich hatte sie in meiner Antwort auf ihren ersten Brief gefragt, ob ich George erzählen dürfe, wo sie war, aber sie erwähnte ihren Bruder nie. Es war schließlich ihre Angelegenheit. Ich hatte ihr versprochen, nichts zu sagen, und dabei blieb es.

Ich fragte mich, was sie wohl sagen würde, wenn ich ihr mitteilte, daß ich Joe heirate.

Ich ging wieder an meine Arbeit. Dorothy Ann war den ganzen Tag über ruhiger als sonst. Als ich versuchte, sie zu füttern, stieß sie meine Hand zurück und weigerte sich, etwas zu sich zu nehmen. Das sah ihr gar nicht ähnlich, obwohl sie nie viel aß. Ihr Gesicht war ein wenig gerötet, und ihre Haut fühlte sich heiß an. Ich dachte, daß sie sich vielleicht erkältet hätte. Als ich darüber nachdachte, wurde mir klar, daß sie schon seit ein paar Tagen etwas merkwürdig war. Es war immer so schwierig festzustellen, ob Dottie krank war. Anstatt zu weinen, rollte sie sich nur in der Wiege zusammen und nuckelte am Daumen.

Als die Wäsche draußen auf der Leine hing, nahm ich sie auf den Schoß und streichelte sie. Ich sang ihr ein Kinderlied vor: »Rock-a-bye baby on the treetops. When the wind blows, the cradle will rock ...« Darüber freute sie sich immer, es war ihr Lieblingslied.

Sie schlief, als der kleine Joe später aus der Schule kam. Sein Gesicht glühte vor Aufregung. Er hatte Fußball gespielt.

»Ich werde in unserem Schulteam sein bei dem Spiel am Sonnabend«, erzählte er mir stolz.

»Das ist fein, Joe«, sagte ich. »Ich mache jetzt Tee. Ich habe deinen Lieblingskuchen gebacken. Du kannst ihn essen und dabei Dick Barton im Radio zuhören.«

In dieser Nacht wachte ich von einem ungewöhnlichen Laut auf. Im ersten Augenblick war mir nicht klar, woher der seltsame, würgende Schrei kam. Dann begriff ich, daß Dorothy Ann schrie. Wie der Blitz war ich aus dem Bett. Meine kleine Schwester schrie wie noch nie. Es mußte ein wirklich ernster Grund vorliegen.

Der kleine Joe stand bereits an der Wiege. Er blickte mich ängstlich an. »Was ist mit ihr los, Betty? Es sieht so aus, als ob sie keine Luft bekäme.«

»Ich weiß es nicht«, sagte ich. »Sie hatte ein etwas gerötetes Gesicht, aber sie schlief ein, als ich sie gestreichelt hatte. Ich habe mit ihr auf dem Schoß vor dem Kamin gesessen.«

Joe folgte mir in die Küche. Er sah besorgt aus. »Soll ich eine Tasse Tee machen, Betty?«

Ich lächelte meinen Bruder an. »Ja, das wäre schön, Joe.«

Dottie hatte wieder angefangen, diese seltsamen Laute auszustoßen. »Sie hat irgend etwas in der Kehle«, sagte ich. Ich öffnete ihren Mund und steckte den Finger hinein. Hinten in ihrer Kehle stieß ich auf einen zähen Schleim. Es war wie eine Art Membrane und behinderte ihre Atmung. Ich entfernte ihn, so gut ich konnte, und sie schien ruhiger zu werden. »Jetzt ist es besser.«

Joe schaute mich immer noch ängstlich an. »Was ist los, Betty?«

»Ich weiß es nicht. Sie fühlt sich immer noch heiß an.«

Ich saß da und wiegte Dorothy Ann in meinen Armen. Joe machte eine Tasse Tee, und wir tranken. Ich sagte, er solle wieder ins Bett gehen, aber dann fing das Würgen wieder an. Ich steckte dem Kind wieder den Finger in den Mund und fand neuen Schleim dort vor.

Entsetzen packte mich, als mir plötzlich klar wurde, was es sein könnte. Warum war ich nicht schon früher darauf gekommen? Diphterie! Ich erinnerte mich daran, daß meine Mutter mir erzählt hatte, daß es vor Jahren schon einmal eine Krankheitswelle hier gegeben hatte, aber ich war damals noch zu klein gewesen, um mich daran zu erinnern. Ich versuchte mir ins Gedächtnis zurückzurufen, was sie genau gesagt hatte. Es war eine ansteckende Halskrankheit, die vorwiegend Kinder befiel. Die Krankheit war ernst genug für Erwachsene, für Kinder aber tödlich.

Ich schaute meinen Bruder an. »Ich glaube, du solltest dich lieber anziehen, Joe. Wir brauchen einen Arzt.«

Er nickte mit ernstem Gesicht. »Ist es Diptherie, Betty? Diese Zigeunerkinder, mit denen ich nicht spielen soll, wie Papa sagt, sie haben erzählt, daß ein paar von ihnen daran erkrankt sind. Ich habe auch gehört, wie heute ein Lehrer in der Schule davon gesprochen hat.«

»Oh, Joe ...« Ich starrte ihn an. »Wir wollen nur hoffen, daß du dich nicht auch angesteckt hast.«

»Mir geht es gut«, antwortete er. »Ich ziehe mich gleich an ... Betty, habe ich sie angesteckt?«

Er sah aus, als wolle er jeden Augenblick anfangen zu weinen. »Es ist nicht deine Schuld«, sagte ich. »Jeder von uns könnte sich angesteckt haben. Außerdem geht es dir doch gut, wie du gesagt hast. Beeil dich, ja, mein Liebling?«

Dottie weinte bitterlich. Es war schrecklich zu sehen, wie sie litt. Sie war immer so zufrieden gewesen, jetzt atmete sie gequält und rasselnd. Ich hatte Angst. Ich hatte nicht die leiseste Ahnung, was ich tun konnte.

Mein Bruder rannte so rasch durch die Küche, daß ich ihn mehr hören als sehen konnte. Ich wünschte mir jetzt verzweifelt, daß ich schon am Nachmittag den Arzt gerufen hätte, aber mir war nicht klar gewesen, wie ernst es war. Ich betete, daß unser Joe nicht auch diese schreckliche Krankheit aufgelesen hatte. Wenn es doch nur eine Erkältung oder etwas Ähnliches wäre.

Es schien lange zu dauern, bis der Arzt kam. Ich konnte sehen, daß er sich in aller Eile angezogen hatte, denn sein Rock war nicht richtig zugeknöpft. Er sah beunruhigt aus, und mein Magen schien sich zusammenzuziehen.

»Joe sagt, das Kind würgt. Steckt etwas in seiner Kehle?«

»Es ist eine Art Membran. Ich habe versucht, sie zu entfernen, aber sie bildet sich neu.«

Er nahm ein Holzstäbchen aus seiner Tasche. »Öffne ihr den Mund. Halt sie fest, bis ich ... Ja, das ist richtig.« Er steckte das Holzstäbchen in eine Glasflasche. »Ich muß ein paar Tests durchführen lassen, aber ich fürchte, es könnte Diphterie sein. Wir haben zur Zeit ein paar derartige Fälle. Du mußt zu Hause bleiben, und Joe darf nicht in die Schule gehen. Wir wollen nicht, daß die Krankheit sich ausbreitet.«

»Was kann ich für sie tun?«

»Nicht viel – abgesehen von dem, was du schon getan hast. Das Hindernis beseitigen. Sie warmhalten. Gib ihr Wasser zu trinken, wenn sie es schlucken kann.«

»Sollte sie nicht in ein Krankenhaus kommen?«

»Ich bin nicht sicher, daß sie dort besser aufgehoben wäre, Betty. Sie müßte isoliert werden, und sie ist noch so klein. Ich glaube, du kannst sie bestimmt ebensogut pflegen. Es tut mir leid, aber ich bin nicht einmal sicher, ob ich einen Platz für sie finden würde, wenn ich es versuchte.« Er lächelte, als wolle er sich entschuldigen. »Wir haben all diese neuen Krankenhäuser, die die Regierung uns versprochen hat, noch nicht bekommen.«

Als er ging, war ich der Verzweiflung nahe. Was sollte ich jetzt machen? Ich fühlte mich so nutzlos, so unwissend. Noch nie zuvor hatte ich es mit einer wirklichen Krankheit zu tun gehabt. Der kleine Joe stand da und schaute mich schweigend an, seine Augen waren dunkel vor Schuldgefühlen. Ich wußte, daß er sich Vorwürfe machte, weil er die Krankheit ins Haus gebracht hatte.

»Warum willst du nicht versuchen, ein wenig zu schlafen?« schlug ich ihm vor. »Ich fürchte, du wirst nicht in der Lage sein, morgen zur Schule zu gehen …« Plötzlich wurde mir klar, was das für ihn bedeuten mußte. »Das Fußballspiel – es tut mir leid, Joe.«

»Das macht nichts«, sagte er und blinzelte heftig. »Sie wird doch wieder gesund, nicht wahr, Betty?«

»Ja, natürlich«, sagte ich lächelnd. »Geh jetzt wieder ins Bett, Liebling.«

Als er sich zögernd der Tür zu seinem Zimmer zuwandte, schaute ich Dorothy Ann an. Ich war durchaus nicht sicher, ob sie die Krankheit überstehen würde.

13. Kapitel

Dorothy Ann schien es ein wenig besser zu gehen. Ich zog ihr frische Kleidung an und legte sie wieder in die Wiege. Joe schlief friedlich. Vielleicht hatte er sich doch nicht angesteckt. Vielleicht war es überhaupt keine Diphterie. Ich betete, daß der Arzt sich geirrt haben möge.

Während die Kinder schliefen, fachte ich das Feuer neu an und machte mir schnell einen Bissen zu essen. Bevor ich mit meinem Toast fertig war, würgte Dottie wieder. Ich eilte in das Kinderzimmer. Joe hatte angefangen, sich ruhelos hin- und herzuwerfen. Er machte die Augen auf und schaute mich an.

»Kann ich einen Schluck Wasser haben, Betty? Meine Kehle ist ganz trocken.«

Ich legte meine Hand auf seine Stirn, sie fühlte sich sehr heiß an. Panik überkam mich. Nicht Joe. Bitte, nicht auch noch Joe!

Ich gab ihm ein Glas Wasser, und er beruhigte sich. Der Arzt hatte gesagt, ich solle sie warmhalten, aber er sah so aus, als hätte er Fieber. Ich steckte den Finger in Dotties Hals und entfernte den schrecklichen Schleim. Er schien noch zäher geworden zu sein und ließ sich nur schwer beseitigen.

Im Laufe des Tages ging es meinem Bruder immer schlechter.

Mein Vater kam zur Tür herein, aber ich jagte ihn fort.

»Bleib, wo du bist, Papa«, sagte ich. »Ich kann dich nicht auch noch versorgen.«

»Ich wollte nur helfen.«

»Du kannst höchsten die Einkäufe erledigen..«

»Ich will Joe sehen«, stöhnte mein Bruder. »Warum will er nicht kommen?«

»Joe weiß nicht, daß du krank bist«, erwiderte ich. »Er wird bald hier sein.«

Ich kochte warme Getränke für sie und eine leichte Suppe.

MeinBruderbrachteesfertig,einwenigdavonhinunterzuschlukken, aber es war unmöglich, etwas Flüssigkeit durch Dotties Kehle zu bekommen. Vielleicht war es nicht einmal richtig, es überhaupt zu versuchen. Ich wußte es einfach nicht. Sie war nur zufrieden, wenn ich sie im Arm hielt, aber ich konnte mich nicht nur um sie kümmern. Joe brauchte mich ebenfalls.

Es war eine lange, furchtbare Nacht. Dottie rührte sich fast überhaupt nicht mehr. Sie lag nur noch still da, und die würgenden Laute waren nur noch sehr schwach vernehmbar. Ich hatte Angst um sie. Sie schien nicht fähig zu sein, gegen die Krankheit zu kämpfen. Ich fragte mich, ob ich wieder nach dem Arzt schicken sollte, aber was konnte er schon tun?

Es wurde Tag, und der kleine Joe hatte angefangen, dieselben schrecklichen Würgelaute von sich zu geben. Ich legte Dottie hin, um einen Versuch zu machen, Joes Kehle zu säubern. Die Membran war so lederartig, daß ich ihr nicht beikommen konnte. Ich war so völlig von meiner verzweifelten Aufgabe in Anspruch genommen, daß ich nicht hörte, daß die Tür sich geöffnet hatte.

»Laß mich sehen, ob ich es fertigbringe, Betty.«

»Oh, Joseph«, rief ich. »Du solltest nicht hier sein. Der Arzt hat gesagt, niemand soll hereinkommen. Ich habe Papa fortgeschickt, damit er sich nicht ansteckt. Er hat sich doch nicht angesteckt, oder?«

»Nein, er scheint völlig in Ordnung zu sein. Er hat mich geholt.«

»Du darfst nicht hierbleiben.«

»Du glaubst doch nicht, daß ich dich allein lasse, um mit allem fertig zu werden? Wenn ich es gewußt hätte, wäre ich schon viel früher gekommen.«

»Ich will nicht, daß du dich ansteckst.«

»Und was ist mit dir?« Er schaute mich an. »Du bist die ganze Nacht auf den Beinen gewesen. Überlaß sie jetzt mir und schlaf ein wenig.«

»Nein – du solltest nicht hier sein.«

»In einer Minute werde ich böse mit dir, Betty. Du

brauchst Schlaf, wenn du dich wieder um sie kümmern willst, sobald ich gegangen bin.«

Es hatte keinen Zweck, mit ihm zu streiten. Außerdem war ich halbtot vor Erschöpfung. Als ich in mein Zimmer ging, hob er gerade den kleinen Joe aus seinem Bett. Er sollte nicht hier sein, aber ich war doch sehr erleichtert, daß er mir für eine gewisse Zeit die Last von den Schultern genommen hatte.

Ich schlief ein paar Stunden. Als ich aufgewacht war, saß Joe vor dem Kamin und hielt meinen Bruder auf dem Schoß. Das Gesicht des Kindes war naß von Tränen, aber er schien zu schlafen.

»Ich mache uns etwas zu essen.«

Joe nickte. »Ich lege ihn wieder ins Bett für eine Weile.«

Ich füllte den Wasserkessel und stellte ihn auf den Herd. Dann fing ich an, Brote zu schneiden. Ich bestrich die Scheiben gerade mit Butter, als ich einen seltsamen Laut hörte. Ich drehte mich um und erblickte Joe, der in der offenen Tür stand. Der schreckliche Ausdruck in seinen Augen machte mir Angst. Ich lief auf ihn zu.

»Dottie ...«

»Sie ist gestorben, Betty.« Er verzog das Gesicht vor Kummer. »Vor einer Stunde habe ich noch nach ihr gesehen, und da schien es ihr besserzugehen. Ich dachte, sie habe die Krise hinter sich. Der Junge war unruhig, deshalb ...«

»Vor einer Stunde! Du hast sie eine Stunde lang allein gelassen?« Meine Stimme klang scharf und anklagend. »Du weißt doch, daß sie nie weint oder schreit.«

»Es tut mir leid, Betty. Ich habe nicht nachgedacht. Dem Jungen schien es am schlechtesten zu gehen.«

»Ich hätte sie nicht allein lassen dürfen. Es war meine Schuld.«

»Es war meine, das wissen wir beide.«

Er sah so schuldbewußt aus. »Nein«, sagte ich, während die Tränen mir in die Augen stiegen. »Wir hätten es nicht verhindern können, so oder so.« Ich ging an ihm vorbei und beugte mich über die Wiege, um den winzigen Körper in meine Arme zu nehmen. »Sie war so verwundbar. Sie hatte gar keine Chance. Deshalb hat der Arzt sie auch bei mir gelassen. Er wußte, daß gar keine Hoffnung bestand.«

Joe kam zu mir und drückte uns beide, Dottie und mich, an seine Brust. »Weine nicht, mein Liebling. Du hast alles getan, was möglich war.«

»Nein.« Ich setzte mich mit dem toten Kind an den Kamin. »Ich hätte mehr tun müssen. Es müßte irgendein Heilmittel geben. Warum mußte sie sterben? Warum läßt man unschuldige Kinder sterben?«

»Ich habe gehört, daß man Penicillin dagegen verordnet«, sagte Joe.

»Was ist das?«

»Ein neuer Stoff, der Krankheitserreger bekämpft. Ich weiß nichts Genaues, Betty.«

»Warum hat der Arzt ihn Dottie dann nicht gegeben?«

»Man sagt, daß er manchmal mehr Unheil bewirkt als Gutes.«

Joe sah verwirrt aus. »Es ist ein neues Medikament, Betty. Vielleicht hat er gedacht, das Kind würde schlecht darauf reagieren.«

»Vielleicht hätte ich ihn noch einmal rufen sollen.«

»Wir werden ihn heute holen«, sagte Joe. »Bleib beim Feuer sitzen, während ich uns Tee mache.«

»Ich könnte jetzt keinen Bissen herunterbringen.«

»Du mußt es versuchen. Auf jeden Fall eine Tasse Tee.«

Ich starrte in Dorothy Anns Gesicht. Durch den Schleier meiner Tränen konnte ich erkennen, daß sie so heiter und hübsch aussah wie immer. Mein Herz wurde zerrissen von Schmerz. Sie war tot, bevor sie eine Chance gehabt hatte zu leben.

»Komm, ich lege sie in die Wiege zurück, Mädchen.« Joe stellte einen Becher mit Tee neben mich. »Ich schaue nach, ob der Junge schläft.«

Ich konnte erkennen, daß er sich Vorwürfe machte. Ich überließ ihm meine Schwester und strengte mich an, ein wenig Tee zu trinken. Ich wußte, daß es nicht Joes Schuld war. Dottie hatte schon im Sterben gelegen, bevor er gekommen war.

»Im Augenblick schläft er.«

Ich blickte hoch, als Joe zurückkam. »Trink deinen Tee und iß ein wenig.«

»Du solltest auch etwas essen.«

»Gut, eine Scheibe Butterbrot.«

Ich zwang mich zum Essen. Ich wußte, daß ich durchhalten mußte.

»Dein Papa kam vorbei, als du geschlafen hast. Er wollte wissen, wie es dir geht.«

»Er wollte mir helfen und sich um Dottie kümmern. Bestimmt macht er mir jetzt Vorwürfe, weil sie tot ist.«

»Aber nein, Betty, das macht er nicht.«

»Er muß etwas bekommen von diesem Zeug«, sagte ich. »Wie heißt es noch?«

»Penicillin«, sagte Joe und runzelte die Stirn. »Es gibt aber keinerlei Garantie dafür, daß es auch wirkt. Ich habe nur zufällig etwas darüber gelesen.«

Aus dem Kinderschlafzimmer ertönte ein würgender Schrei. Wir sprangen gleichzeitig hoch. Dann sah ich den Ausdruck auf Joes Gesicht und ließ ihm den Vortritt. Der kleine Joe war immer sein Liebling gewesen. Er hätte den Jungen nicht mehr lieben können, wenn es sein eigener Sohn gewesen wäre.

In wenigen Minuten kam er zurück. Ich konnte erkennen, daß mein Bruder todkrank war, und wußte, daß ich sofort zum Arzt gehen mußte. Wenn es irgend etwas gab, das ihm das Leben retten konnte, mußte ich versuchen, es zu bekommen. Ich ergriff meinen Mantel und wandte mich zur Tür.

»Ich geh' den Arzt holen«, sagte ich. »Wenn das Zeug schon einigen anderen Leuten geholfen hat, will ich es für Joe haben.«

»Geh nur, Betty. Ich will inzwischen versuchen, ihm den Hals zu säubern.«

Noch nie in meinem Leben war ich so schnell gelaufen. Ich keuchte, als ich das Haus des Arztes erreicht hatte, und rang nach Luft, als ich heftig an die Tür schlug. Seine Frau öffnete mir. Sie sah bestürzt und besorgt aus, als ich ihr atemlos erklärte, worum es ging.

»Es tut mir schrecklich leid, Betty«, sagte sie. »Der Arzt ist im Augenblick nicht zu Hause. Ich sage ihm, was bei euch los ist, sobald er heimkommt. Er wurde zu einer schwierigen Geburt gerufen, das kann eine Weile dauern.«

»Sagen Sie ihm, daß meine Schwester tot ist und daß es dem kleinen Joe sehr schlecht geht. Ich möchte etwas Penicillin für ihn.«

»Ja, meine Liebe«, sagte sie. »Sobald er heimkommt.«

Ich lief wieder nach Hause. Vor Enttäuschung liefen mir die Tränen übers Gesicht.

Joe betreute meinen Bruder und sprach leise mit ihm. Sowie ich ihm ins Gesicht blickte, wußte ich, daß es dem Kind schlechter ging.

»Ich hab' mir gedacht, vielleicht möchtest du gern ein eigenes Pony haben. Ich könnte dir beibringen, darauf zu reiten. Im nächsten Sommer fahren wir ans Meer, und wir werden mit einem Boot auf dem Fluß fahren. Das würde dir doch gewiß Spaß machen?«

Das Kind war zu krank, um antworten zu können. Ich sah, wie dem Mann Tränen über die Wangen rollten, und mein Herz zog sich zusammen vor Schmerz.

»Der Arzt kommt bald«, sagte ich.

»Hast du das gehört?« Joe schaukelte den Jungen in seinen Armen. »Halt durch, mein Sohn. Gib nicht auf.«

Er hatte alles getan, um dem kleinen Joe das Leben zu retten, aber alles war vergeblich. Ich stand da und sah, wie das Leben meinen Bruder verließ, die Bitterkeit drehte mir den Magen um. Wenn es tatsächlich ein Medikament gab, das ihm hätte helfen können, hätte es zumindest versucht werden müssen. Man hätte irgend etwas tun sollen! Ich war wütend und voller Bitterkeit. Wir hatten jetzt einen Nationalen Gesundheitsdienst; man nahm an, daß alles besser werden würde, aber mein Bruder war trotzdem gestorben.

Vielleicht wäre es leichter für uns gewesen, wenn der kleine Joe schnell und still gestorben wäre wie Dorothy Ann, aber er hatte einen schweren Kampf durchzustehen. Es war eine Höllenqual zuzusehen, wie er würgte und wie langsam die Farbe aus seinem Gesicht wich.

Es war deutlich zu erkennen, wie mein Joe in zehn Minuten um zehn Jahre älter wurde. Er weinte, als ihm klar wurde, daß alles vorüber war. Ich ließ ihn eine Zeitlang weinen, dann nahm ich ihm den Jungen aus den Armen. Wir legten ihn neben Dottie auf sein Bett.

»Ich hatte so viele Pläne mit dem Burschen«, sagte Joe mit gebrochener Stimme. »Ich kann nicht fassen, daß er tot ist.«

»Du hast alles Menschenmögliche getan«, sagte ich. »Jetzt mußt du dich ausruhen. Komm und leg dich etwas hin.« Ich nahm Joe in mein Zimmer mit und sorgte dafür, daß er sich auf mein Bett legte. Dann legte ich mich neben ihn. Er protestierte ein wenig, aber ich legte meinen Finger auf seine Lippen.

»Sag jetzt gar nichts«, flüsterte ich. »Halt mich einfach fest. Ich liebe dich, Joseph. Ich habe es bis heute nicht gewußt, aber es ist wahr. Halt mich fest.«

Joe legte seine Arme um mich. Lange Zeit lagen wir einfach so nebeneinander, und ich glaube, wir sind beide eingeschlafen. Als wir wieder aufwachten, war es die natürlichste Sache von der Welt, daß wir miteinander schliefen. Unsere Lippen berührten sich, wir suchten nach dem Trost, den Männer und Frauen einander mit ihren Körpern geben können und den wir so dringend brauchten.

Als Joe mit seiner Hand meine Brust streichelte, schien diese Berührung den Schmerz in meinem Inneren zu lindern. Ich zitterte und bebte und klammerte mich wild an ihn. Für einige Minuten konnte ich den schmerzlichen Verlust, den ich an diesem Tage erlitten hatte, vergessen.

Joe liebte mich langsam und sanft. Seine Küsse erregten mich nicht so wie Nathans, aber sie trösteten mich. Als es vorüber war, weinte ich in seinen Armen.

Wir saßen in der Küche und tranken Tee, als endlich der Arzt kam. Er war verstört und bestürzt, als ich ihm erzählte, daß beide Kinder tot waren.

»Ich habe die Testergebnisse erst heute bekommen«, sagte er.

»Ich war der Meinung, daß die Kleine noch zu jung war,

als daß man einen Versuch mit Penicillin hätte riskieren können. Daß dein Bruder sich auch angesteckt hatte, wußte ich nicht.«

»Sie hätten sie ins Krankenhaus schicken müssen«, rief ich mit lauter und anklagender Stimme. »Sie sind verantwortlich für ihren Tod.«

»Nicht, Betty«, wandte Joe ein. »Es war nicht die Schuld des Arztes. Du kannst ihm keine Vorwürfe machen.«

»Ich habe versucht, auf der Isolierstation ein Bett zu bekommen.« Der Arzt sah mich traurig an. »Ich kann nicht sagen, wie leid es mir tut. Es ging ungewöhnlich rasch ...«

»Weil sie Jahre der Entbehrung hinter sich hatten«, sagte ich. »Ich weiß, im letzten Jahr war es besser, aber sie waren beide nicht sehr kräftig.«

»Ich fürchte, da hast du recht«, gab der Arzt zu. »Aber da sind sie nicht die einzigen. Heutzutage sind immer noch viele Leute unterernährt – und so wird es bleiben, bevor die Lage sich bessert.« Er blickte auf seine Armbanduhr. »Ich muß jetzt gehen. Gib mir unbedingt Bescheid, wenn du dich selber krank fühlst.«

»Damit Sie mich auch sterben lassen können?« fragte ich bitter.

»Nicht, Betty«, sagte Joe wieder. »Das war nicht nötig.«

Sie kamen, um die Kinder abzuholen. Ich sagte meinem Bruder und meiner Schwester still auf Wiedersehen, während die Tränen mir über die Wangen liefen. Sie waren noch so jung. Wieder überkam mich Bitterkeit. Warum? Warum mußte das passieren? Ich wischte mir die Tränen ab, als Joe mir sagte, es sei soweit.

Zwei Männer mit winzigen Särgen kamen herein. Mein Papa folgte ihnen. Er runzelte die Stirn, als er mich ansah. »Ich werde mich darum kümmern, Betty.«

Ich ging in die Küche und setzte mich hin. Mein Vater trug die Särge, einen nach dem anderen, aus dem Kinderzimmer. Ich schaute durch einen Schleier von Tränen Joe an.

»Müssen sie so rasch fortgeholt werden?«

»Es ist am besten so. Die Beerdigung wird am Sonntag stattfinden.«

»Ich werde mich darum kümmern.« Mein Papa kam zurück, als er die Särge zu dem vor der Tür wartenden Leichenwagen getragen hatte. Ich stellte fest, daß er vollkommen nüchtern war, und wußte, daß auch er litt.

Als er gegangen war, entstand ein Schweigen zwischen Joe und mir. Wir schauten einander an, dann nahm er meine Hand.

»Du bedauerst doch nicht, was wir getan haben?«

Ich wußte, daß er von dem redete, was im Bett passiert war. »Nein, natürlich nicht. Ich bin froh, daß es auf diese Weise geschehen ist, Joe.« Ich legte meine Arme um ihn und lehnte meinen Kopf an seine Schulter. »Ich bin froh, daß wir heiraten werden.« Und als ich das sagte, wußte ich, daß es die Wahrheit war. Romantische Träume waren gut und schön, aber das hier hatte mehr Substanz.

Er streichelte mir übers Haar. »Du willst deine Meinung nicht noch ändern?«

Ich schaute hoch zu ihm, und plötzlich wußte ich ganz genau, daß ich diesen Mann heiraten wollte. »Bist du immer noch so sicher? Ich weiß, daß du meinen Bruder wie einen Sohn geliebt hast.«

»Ich habe ihn und die Kleine geliebt – aber du bist es, die ich will, Mädchen. Ich habe es nie gewagt, dies zu sagen, aber ich denke, vielleicht bist du jetzt bereit, es zu hören?«

Ein Glücksgefühl stieg in mir hoch. Wie dumm war ich doch gewesen, als ich das Gefühl gehabt hatte, daß ich in diese Ehe wie in eine Falle getrieben würde. Joe war ein Mann, auf den ich mich verlassen konnte. Die Gefühle, die ich ihm entgegenbrachte, mochten vielleicht nicht der romantischen Liebe entsprechen, von der ich früher geträumt hatte, aber ich liebte ihn wirklich. Ich war glücklich gewesen in seinen Armen, und ich freute mich darauf, bald mit ihm verheiratet zu sein.

»Ich bin soweit, Joe«, sagte ich lächelnd. »Du kannst jetzt heimkehren. Es wartet bestimmt viel Arbeit auf dich. Ich kann jetzt allein fertig werden.«

»Bist du sicher, Liebes?«

»Ja. Ich will alles putzen hier.«

Joe schaute mir in die Augen. Er wußte, daß die Arbeit mir helfen würde, meinen Kummer zu bekämpfen. Ich hatte geweint, bis mir die Augen wehtaten, jetzt brauchte ich die körperliche Erleichterung, die nur die Arbeit mir geben konnte.

»Soll ich heute abend wiederkommen?«

Ich schüttelte den Kopf. »Nein, heute abend nicht. Letzte Nacht haben wir uns gebraucht, beide, Joe, aber es soll nicht wieder vorkommen. Nicht, bevor wir verheiratet sind. Ich will den Schwätzern nicht die Genugtuung geben, daß sie letztlich doch recht gehabt haben.«

Er lachte leise. »Das ist in Ordnung. Ich bin ein geduldiger Mann, Betty.«

»Geh jetzt, Joseph Morris«, rief ich. »Sieh nur zu, daß du rechtzeitig in der Kirche bist, wenn es soweit ist. Ich verlasse mich darauf, daß du eine anständige Frau aus mir machst.«

»Nun ja, vielleicht ...«

Wir lächelten einander zu. Die Tränen waren noch nicht recht versiegt, aber wir mußten versuchen, unseren Kummer hinter uns zu lassen.

Es war schwerer für mich, als Joe gegangen war. Die Stille hüllte mich ganz ein, aber ich brachte es nicht über mich, eine Schallplatte aufzulegen. Musik war etwas für glückliche Zeiten.

Ich ging die Betten abziehen. Als ich die Laken vom Bett meines Bruders nahm, fiel etwas heraus. Es war die kleine hölzerne Eisenbahn, die ich ihm vor Jahren gekauft hatte. Sein erstes richtiges Spielzeug. Er hatte so ein kurzes, schweres Leben gehabt, und jetzt, wo alles besser wurde, hatte er sterben müssen. Das entsetzte mich. Wieder überkam mich der Kummer. Ich nahm das Spielzeug hoch, und die Tränen flossen mir erneut übers Gesicht. Ich hatte gedacht, ich hätte gar keine mehr.

Ich weinte, bis meine Tränen versiegten, dann warf ich die Bettwäsche in den Wasserkessel im Waschhaus und zündete das Feuer darunter an. Ich nahm all die verschmutzten Kleidungsstücke der beiden Kinder und warf sie ins Feuer. Dann fing ich an zu putzen. Ich schrubbte die Böden, die Möbel, die Fenster und die Wände. Ich nahm alles aus dem Küchenschrank heraus und wusch die Einlegeböden. Das ganze Haus roch nach Karbol, und meine Hände waren rot und aufgerieben. Aber ich konnte nicht aufhören.

Ich schrubbte den Küchentisch zum zweitenmal, als die Tür sich öffnete. Ich schaute nicht hoch. Ich konzentrierte mich ganz auf einen Fleck auf der Tischplatte, die aus Tannenholz bestand. Ich mußte ihn unbedingt wegputzen.

»Hör auf, Betty! Das reicht!«

Die Stimme meines Vaters unterbrach mich. Mir wurde klar, daß ich versucht hatte, einen Fleck wegzuschrubben, der von einem Astloch stammte. Als ich mir die Hände abtrocknete, bemerkte ich das Stechen in meinen zerschundenen Händen und die Schmerzen in meinem Rücken.

Ich fiel auf einen Stuhl beim Kamin. »Ich habe nicht gekocht. Reichen etwas Brot und Käse heute?«

»Mrs. Brown hat dir eine gefüllte Pastete und ein Weißbrot mitgeschickt.« Er drückte mich auf den Stuhl zurück, als ich Anstalten machte aufzustehen. »Bleib sitzen, Mädchen. Ich kümmere mich um das Essen.«

»Das kann ich doch machen, Papa.«

»Bleib, wo du bist. Du bist erschöpft. Willst du dich selber auch noch umbringen?«

Ich schaute ihn schmerzerfüllt an. »Du machst mir also Vorwürfe. Ich habe gewußt, daß du es tun würdest.«

»Sei nicht so töricht, Mädchen. Ich weiß, daß du alles getan hast, was du tun konntest. Ich wäre dir nur im Weg gewesen.« Er unterdrückte einen Seufzer. »Ich habe dir nicht viel Grund gegeben, mir zu vertrauen.«

Ich konnte nichts darauf antworten, und er wandte sich um. Ich wußte, daß ich ihm wehgetan hatte, aber ich war jetzt zu erschöpft, um ihm zu helfen.

»Ich gehe schlafen«, sagte ich. »Wir reden morgen weiter.«

Wir redeten nicht miteinander am nächsten Tag. Als ich aufwachte, spürte ich, daß meine Kehle schrecklich trocken war. Überall in meinem Körper pochte und hämmerte es, und ich konnte mich kaum in die Küche schleppen. Papa warf nur einen Blick auf mich und schickte mich wieder ins Bett.

»Ich bin nicht krank«, krächzte ich. »Es ist nur die Müdigkeit.«

Noch während ich sprach, fing ich an zu taumeln. Papa fing mich auf und brachte mich ins Bett zurück. Von da an bekam ich nur noch sehr wenig mit. Das hohe Fieber hatte mich bewußtlos gemacht. Ich spürte nur noch die kühlen Hände auf meiner Stirn. Ich dachte, daß es Joe war, der mich pflegte, und rief oft seinen Namen, aber als ich endlich wieder deutlich sehen konnte, saß mein Vater an meinem Bett.

»Geht's besser?« fragte er, als ich seinen Namen krächzte. »Da ist etwas Suppe, wenn du Appetit darauf hast.«

»Bin ich krank gewesen?«

»Der Arzt meinte, es sei nur ein leichter Fall. Er hat dir Spritzen gegeben, Betty. Er hat dir das Leben gerettet.«

Mir tat alles weh, so als sei ich furchtbar verprügelt worden, aber ich wußte, daß ich Glück gehabt hatte. Ich konnte bestimmt nicht so sehr gelitten haben wie die Kinder. Ich hatte immerhin überlebt.

»Wie lange habe ich gelegen?«

»Zehn Tage. Du warst stärker als die anderen, Betty. Du hast dagegen angekämpft.«

»Hat Joe mich besucht?«

»Manchmal.« Er stand auf. »Ich hole die Suppe.«

Sein Benehmen wirkte irgendwie merkwürdig, aber ich war noch zu erschöpft, lange darüber nachzudenken. Ich war wohl nicht so krank gewesen wie die beiden Kleinen, aber ich fühlte mich doch sehr schwach. Ich konnte kaum die Suppe hinunterschlucken, die er mir löffelweise in den Mund schob.

»Das ist genug«, murmelte ich. »Bist du auch krank gewesen?« Papa schüttelte den Kopf. »Bin scheinbar immun dagegen. Das muß am Alkohol liegen. Ich bin von innen gebeizt.«

»Mach keine Witze.« Ich seufzte müde. »Ich möchte sehen, wie ich ausschaue.«

»Nicht so hübsch wie sonst.«

Mein Haar fühlte sich klebrig an, und ich konnte den Schweißgeruch an meinem Körper riechen. »Wann kommt Joe? Ich muß mir das Haar waschen.«

»Bleib, wo du bist, Mädchen«, sagte er barsch. »Joe hat zuviel zu tun, er kann nicht immer hinter dir herlaufen. Er wird am Sonntag kommen. Dann wird es dir bessergehen.«

»Ja, da hast du wohl recht.«

Ich seufzte und legte mich zurück in die Kissen. Fast ohne es zu bemerken, glitt ich in den Schlaf hinüber.

Der Sonntag kam und ging, aber Joe ließ sich nicht blikken. Ich war noch schwächer, als ich zuerst gedacht hatte. Ich schaffte es immer noch nicht aufzustehen. Ich fragte Papa, warum Joe nicht gekommen sei, aber er sagte nur, ich solle nicht so ungeduldig sein.

»Joe hat wirklich genug getan für unsere Familie. Vielleicht braucht er auch mal ein bißchen Zeit für sich.«

Ich spürte instinktiv, daß irgend etwas nicht stimmte. Es sah Joe gar nicht ähnlich, an einem Sonntag nicht zu kommen. Und es sah Papa gar nicht ähnlich, die ganze Zeit über nüchtern zu bleiben.

Eine Woche ging vorüber. Am nächsten Sonntag war ich kräftig genug, um mich allein zu waschen und anzuziehen. Ein wenig unsicher noch ging ich die Treppe hinunter. Die Küche war nicht aufgeräumt, aber es war offensichtlich, daß Papa sich alle Mühe damit gegeben hatte. Er füllte gerade den Wasserkessel an der Spüle.

»Solltest du schon aufstehen?«

»Ich kann nicht immer im Bett bleiben. Außerdem mußte ich mich Joe zuliebe ein bißchen zurechtmachen.«

Er stellte den Kessel ab.

»Joe kommt nicht ...« Als er sich umdrehte, um mich anzuschauen, und ich den Ausdruck in seinen Augen sah, preßte die aufsteigende Furcht mir das Herz zusammen. »Er wird überhaupt nicht mehr kommen, Betty.«

»Was soll das heißen?« Ich schaute ihn verstört an. »Natürlich wird er kommen. Wir wollen heiraten.«

»Es tut mir leid, Betty. Joe ist tot.«

Ich war wie betäubt. Ungläubig starrte ich ihn an und spürte, wie mir übel wurde.

»Joe – tot?« Ich schüttelte den Kopf. »Nein! Das kann nicht sein! Das ist unmöglich. Joe ist so stark. Er kann nicht tot sein.«

»Es hat ihn ganz schlimm erwischt. Niemand wußte, daß er krank war. Alle dachten, er sei hier bei uns. Als einer der Arbeiter in sein Häuschen ging, fand er ihn tot vor. Er war schon einige Tage vorher gestorben.«

»Nein ...« Ich schrie unwillkürlich auf. Der Gedanke, daß Joe ohne jede Pflege dagelegen hatte, war unerträglich. *Unerträglich!* Er hatte meinen Bruder so zärtlich gepflegt. Er war so gut und freundlich. Es brach mir das Herz, daran zu denken, daß er ganz allein gestorben war. »Oh bitte, nein. Ich hätte ihn nicht wegschicken dürfen. Wenn er hier gewesen wäre, hätte der Arzt ihn retten können. Es ist meine Schuld. Ich habe nie geglaubt, daß Joe sich anstecken würde.« Ich schaute meinen Vater verzweifelt an. »Wie konnte Joe sterben, wenn ich doch überlebt habe?«

»Ich weiß es nicht, Betty.« Traurig schüttelte er den Kopf. »Warum habe ich mich nicht angesteckt? Die Antwort kennt nur Gott.«

Es war seltsam, meinen Papa von Gott sprechen zu hören. Mir wurde klar, daß er mich während meiner Krankheit ganz allein gepflegt hatte. Joe war überhaupt nicht hier gewesen. Joe war allein gewesen, als er starb.

Es war grausam. So furchtbar grausam. Joe hatte immer jedem geholfen. Aber niemand war dagewesen, um ihm zu helfen. Ich hatte das Gefühl, daß man mir ein Messer ins Herz gestoßen hatte. Ich konnte nicht einmal weinen, mein Schmerz war zu groß. Ich saß nur da, als hätte man mich in Stein verwandelt, und starrte meinen Vater an.

Es dauerte noch zwei Wochen, bis ich zum erstenmal ins Freie gehen konnte. Ich ging auf den Kirchhof und verbrachte einige Zeit an den Gräbern meiner Mutter, meines Bruder und meiner Schwester. Dann kniete ich neben Joes Grab auf dem Gras. Es war kaum zu glauben, daß ein so starker

Mann wie er so plötzlich gestorben war. Hätte ich ihn doch nur nicht weggeschickt. Vielleicht wäre er am Leben geblieben, wenn wir zusammengewesen wären. Wenigstens wäre er nicht ganz allein gestorben. Es war so grausam und sinnlos. Joe war so ein guter Mensch gewesen. Ich wußte nicht, wie es ohne ihn weitergehen sollte.

»Oh, Joe … Joe …«, flüsterte ich, während mir die Tränen übers Gesicht liefen. »Warum mußtest du sterben? Du wirst mir so sehr fehlen.«

Mir war nicht klar gewesen, wieviel er mir bedeutete. Er war ein lieber Freund gewesen, und sein Tod hatte mich betäubt und leer zurückgelassen. Was gab es jetzt noch, worauf ich mich freuen konnte?

Als ich wieder aufstand, bemerkte ich, daß jemand mich beobachtete. Ich wandte mich um und schaute in die glitzernden Augen von Zac Jarrold.

»Da bist du also allein jetzt?« sagte er höhnisch. »Der alte Joe ist wohl auf dir gestorben, wie? Was willst du jetzt machen?«

»Laß mich bitte in Ruhe.«

Er kam näher, und ich bemerkte, daß sein Atem nach Bier roch. »Du hast immer geglaubt, daß du zu gut für uns wärest, nicht wahr? Vera meinte, du habest dich verändert, seit du auf der Willow-Farm warst.«

»Was weißt du über Vera? Warum ist sie so einfach davongelaufen? War es deinetwegen?«

Er grinste anzüglich. »Du fragst am besten mal deinen Vater danach.«

»Was soll das heißen?«

»Dein Vater ist ein richtiger Bastard, Betty Cantrel. Wenn du wissen willst, warum Vera davongelaufen ist, mußt du ihn fragen.«

»Das werde ich tun«, sagte ich und warf ihm einen wütenden Blick zu. »Und jetzt geh mir aus dem Weg, oder ich schreie so laut, daß es das ganze Dorf hört.«

Er sah mich gehässig an, trat aber beiseite.

Ich stellte meinem Vater keine Fragen. Ich war nicht in der richtigen Stimmung, um mich mit ihm zu streiten. Ich war immer noch wie betäubt und benommen. Ich brauchte Zeit, um mich abzufinden mit dem, was passiert war.

Den Winter über gab Papa sich wirklich Mühe, Joe zu ersetzen. Er half beim Umgraben im Garten, aber er konnte es immer nur ein paar Minuten lang hintereinander durchhalten. Seine Schmerzen waren jetzt so stark, daß er sie nicht länger vor mir verbergen konnte, und wenn er sich übergeben mußte, erbrach er oft Blut.

Es war schrecklich mitanzusehen, wie er dahinsiechte. Er war nur noch ein bleicher Schatten des Mannes, der er einmal gewesen war, und ich tat alles, um ihm das Leben zu erleichtern. Er schlief jetzt unten im ehemaligen Kinderzimmer. Ich hatte keine Angst mehr vor ihm. Wir gaben uns nicht mehr die Mühe, miteinander zu streiten. Wir wußten beide, daß es nicht mehr lange dauern konnte bis zum Ende.

»Was wirst du machen, wenn ich nicht mehr bin, Betty?« fragte er mich eines Abends, als wir am Kamin saßen. »Wenn du Joe geheiratet hättest, wärst du eine reiche Frau geworden. Die Leute sagen, er habe über zehntausend Pfund hinterlassen. Es hätte an dich gehen sollen. Er hätte bestimmt gewollt, daß du es bekommst, nicht dieser Cousin.«

Ich zuckte mit den Schultern und schüttelte den Kopf. »Joe hat nicht ans Sterben gedacht. Es ist ihm nicht in den Sinn gekommen, ein Testament aufzusetzen. Wenn wir geheiratet hätten, hätte mir alles gehört, aber ich mache mir keine Gedanken wegen des Geldes. Ich wünschte mir nur, ich könnte Joe und die beiden Kleinen zurückbekommen.«

»Es hat keinen Sinn, nach den Sternen zu greifen. Was wirst du also anfangen?«

»Ich weiß es nicht. Ich mag jetzt auch noch nicht darüber nachdenken.«

»Bleib nicht hier, Betty«, sagte er mit Nachdruck. »Du bist ein intelligentes Mädchen. Gebrauch deinen Verstand. Mach etwas aus dir.«

»Ich bin nicht sicher, ob ich das überhaupt noch will. Alles scheint so sinnlos zu sein.«

»Menschen sterben, aber das bedeutet nicht das Ende der

Welt. Laß dich nicht davon unterkriegen, Mädchen. Es steckt mehr in dir«, sagte er rauh. »Ich habe mein Leben vertan, aber du darfst das deine nicht auch vergeuden.«

»Ich werde darüber nachdenken, wenn es soweit ist.« Ich stand auf und gähnte. »Ich kann jetzt eigentlich ins Bett gehen. Oh, da fällt mir ein, daß ich lieber noch das Holz für morgen früh hereinhole.«

»Wart doch bis morgen damit.«

»Nein. Ich will es jetzt tun. Ich hasse einen kalten Ofen am Morgen.« Ich schlüpfte in meinen Mantel. »Es dauert nicht lange. Geh schon schlafen. Du brauchst nicht auf mich zu warten.«

Der Mond stand hell am Himmel. Es war eiskalt, und der Wind riß mir fast die Tür aus der Hand, als ich sie aufmachte. Ich wollte schon fast wieder umkehren, aber dann sprang ich in einem Satz zu dem Holzschuppen hinüber.

Ich bückte mich, um die Holzscheite aufzusammeln. Ich weiß nicht, ob ich ein Geräusch hörte oder ob mein Instinkt mich warnte, jedenfalls spürte ich ein Prickeln im Nacken. Ich wirbelte herum und sah den Schatten eines Mannes.

»Bist du es, Papa?«

Der Mann kam auf mich zu, und ich konnte sein Gesicht deutlich im Mondlicht erkennen. Es war Zac Jarrold. Ich schrie vor Schreck auf, als ich den Ausdruck in seinen Augen sah.

»Was willst du?«

Er lachte höhnisch. Er stand so nah vor mir, daß ich den Whiskydunst in seinem Atem riechen konnte. Er war sehr stark. Er mußte viel getrunken haben. Sein Gesichtsausdruck jagte mir Angst ein, und ich ahnte, was er vorhatte.

»Wag es ja nicht«, rief ich.

»Darauf habe ich schon lange gewartet, Betty Cantrel«, brachte er mit schwerer Zunge hervor. »Du hast einen Narren aus mir gemacht und die große, mächtige Dame gespielt, während er alles bekommen hat, was er wollte. Jetzt bin ich auch mal an der Reihe.«

Ich kreischte und wich vor ihm zurück, aber hinter mir war nur der Schuppen, kein Ausweg für mich. Zac stürzte sich auf mich und drückte mich gegen die Holzwand. Ich stieß mein Knie nach oben, aber er war zu schnell für mich.

»Diesmal entkommst du mir nicht, du Schlampe!«

Mit einer Hand packte er meine beiden Handgelenke und hielt sie über meinem Kopf fest, während er mit der anderen an meinem Rock fummelte. Mit seinem nassen Mund fuhr er sabbernd über meine Lippen, wahrscheinlich stellte er sich so einen Kuß vor. Ich spuckte ihm ins Gesicht. Er schlug mich auf den Mund. Ich kämpfte verzweifelt und biß und schrie wie eine Wilde. Ich versetzte ihm einen harten Schlag aufs Kinn. Er schrie wütend auf und schlug mich erneut. Ich spürte den Geschmack von Blut in meinem Mund und brüllte, was meine Lungen hergaben. Er schlug mich zu Boden und warf sich über mich, mit der Hand fuhr er mir unter den Rock und zerrte an meinem Schlüpfer. Ich wand mich wütend hin und her unter ihm, bäumte mich auf und kratzte, um ihn abzuwerfen, aber ich wußte, daß er viel zu stark für mich war. Was ich auch immer anfing, er würde seinen Willen durchsetzen.

»Lieg still, du kleine Hexe«, brummelte er. »Ich werde dir zeigen, was ein richtiger Mann ist ...«

Während er noch redete, hörte ich ein wütendes Knurren. Als ich hochblickte, konnte ich Papa sehen, der über uns stand. Er griff nach unten, packte Zac am Mantel und zog ihn hoch.

»Du verkommener kleiner Bastard«, zischte er. »Ich werde dir zeigen, was es bedeutet, meinem Mädchen nachzustellen.«

Plötzlich kämpften sie, schlugen aufeinander ein und grunzten dazu wie wilde Tiere. Ich sah, daß mein Vater ein paar gute Treffer auf Zacs Kinn landete, der stolpernd zurückweichen mußte. Wenn mein Papa immer noch der Mann gewesen wäre, der er früher einmal war, hätte Zac keine Chance gehabt, aber es war nur der Zorn, der ihn auf den Beinen hielt. Sein Gesicht war von Schmerz gezeichnet.

»Hör auf! Hör auf!« rief ich und rappelte mich auf. »Es ist genug, Papa. Es spielt keine Rolle.«

Zac hatte meinem Vater einen schweren Schlag versetzt.

Taumelnd machte er ein paar Schritte zurück. Zac setzte nach und schlug ihn in den Magen. Mein Vater schrie vor Schmerz und fiel auf die Knie. Den Sieg vor Augen, schlug Zac ihn in die Seite. Ich ergriff ein großes Holzscheit und ließ es krachend auf Zacs Nacken heruntersausen.

»Hör auf, du Idiot!« schrie ich mit gellender Stimme. »Siehst du denn nicht, daß du ihn umbringst?«

Mein Papa lag verkrümmt da, aus seinem Mundwinkel floß Blut. Ich sah, wie Zac die Augen aufriß und sehr blaß wurde. »So hart habe ich nicht zugeschlagen.«

»Er ist ein kranker Mann. Er stirbt.« Ich stellte mich vor Zac hin und schaute ihn mit blitzenden Augen an. In diesem Augenblick war ich voller Rachsucht. »Lauf zum Arzt. Hol ihn sofort her – oder ich sorge dafür, daß du gehängt wirst als Mörder meines Vaters.«

Zac schüttelte den Kopf. Heulend sagte er: »Ich wollte nur ein bißchen Spaß haben. Ich hatte doch nicht vor ...« Ganz plötzlich drehte er sich um und rannte davon, als ob alle bösen Geister der Hölle hinter ihm her wären.

Die blutigen Lippen meines Vaters verzogen sich zu einem Lächeln. »Du hast ihm Angst eingejagt, Mädchen. Hilf mir hoch. Bring mich ins Haus.«

»Der Arzt wird bald kommen, Papa.« Ich legte seinen Arm um meine Schulter, so daß er sich mit seinem vollen Gewicht auf mich stützen konnte. »Zac wird ihn holen.«

»Das spielt keine Rolle, Betty.« Das Gesicht meines Vaters war aschgrau. »Wenn der Arzt unsere beiden Kleinen nicht retten konnte, wird er für mich auch nicht viel tun können.«

Ich brachte meinen Vater ins Haus und dann gleich zu Bett. Das Blut tröpfelte jetzt nur noch. Er sah entsetzlich aus. Ich fragte mich verzweifelt, was ich für ihn tun könne.

»Gib mir einen Drink, Betty«, sagte er. »In dem Schränkchen ist eine Flasche Whisky.«

Ich holte die Flasche. Er zog den Korken mit den Zähnen heraus und nahm einen tiefen Schluck. Ich beobachtete ihn und fuhr erschreckt zurück, als er sich vor Schmerzen krümmte und fluchte. Warum mußte er sich das antun? Er mußte doch wissen, daß er innere Blutungen davongetragen hatte.

»Das macht es doch nur schlimmer, Papa.«

»Überlaß es mir, das zu beurteilen.«

Es hatte keinen Sinn, mit ihm zu streiten. Ich konnte nichts für ihn tun, und ich wollte nicht zuschauen, wie er sich betrank, aber als ich mich umdrehte, um das Zimmer zu verlassen, rief er mich zurück. »Geh nicht, Betty. Bitte, bleib noch ein bißchen bei mir.«

Ich setzte mich auf die Bettkante. »Danke für deine Hilfe, Papa.«

»Früher hätte ich ihn niedergeschlagen«, murmelte er und nahm einen weiteren Schluck von dem starken Schnaps. »Ich bin nie ein richtiger Vater für dich gewesen, nicht wahr?«

»Was soll ich darauf antworten? Ich will nicht lügen, und selbst wenn ich es täte, würde das nichts ändern.«

»Ich habe mich manchmal gefragt, nach wem du geraten bist. Ich nehme an, nach deinem Großvater. Es ist ein Jammer, daß er nicht soviel Verstand hatte, dich kennenzulernen. Jetzt ist es zu spät, der alte Dreckskerl ist vor ein paar Jahren gestorben.«

»Das wußte ich nicht. Du hast es mir nie erzählt.«

»Hab' nicht viel Sinn darin gesehen. Er hat sein Vermögen einem Tierheim für Hunde hinterlassen.«

»Oh, Papa …« Ich starrte ihn ärgerlich an. »Ich hätte es einfach wissen wollen.«

»Gut, nun weißt du es.« Er zuckte mit den Schultern. »Denkst du noch manchmal an Vera?«

Ich war überrascht. Es war das erste Mal, daß er sie mir gegenüber erwähnte, seit sie fortgelaufen war. »Manchmal frage ich mich, wo sie wohl ist und weshalb sie so plötzlich davongelaufen ist.«

»Es war meine Schuld«, sagte er. »Ich habe sie genommen, als ich betrunken war. Ich habe sie gehabt, Betty. Deshalb ging sie fort.«

»Du hast dein eigenes Kind vergewaltigt?«

Wir schwiegen beide. Ich schaute ihn voller Entsetzen an.

Das Schweigen lastete auf uns. Mir war eiskalt und so übel, daß ich glaubte, ich müsse mich übergeben.

»Du hast Vera vergewaltigt – deine eigene Tochter? Hast du mir das sagen wollen, Papa?«

Er konnte mich nicht ansehen. Seine Hände zitterten, und in seinen Augenwinkeln bildeten sich Tränen. »Sie hat immer über mich gelacht, war frech zu mir. Sie hat mich nicht so verachtet wie du. Ich weiß nicht, was über mich gekommen ist. Ich war betrunken.« Er starrte mich an, sein Gesicht war gezeichnet von Schmerz. »Du hast mir nie vertraut, nicht wahr? Nun, du hast recht gehabt. Ich bin ein Bastard, durch und durch.« Er nahm wieder einen tiefen Schluck. »Ich habe es mit ihr getrieben, und ich habe seitdem dafür bezahlt. Aber du brauchst mich nicht, Betty. Geh an einen anderen Ort, und wenn du Vera jemals sehen solltest, sag ihr, daß es mir leid tut. Es war der Alkohol, der mich dazu getrieben hat. Ich habe niemals ... Nun, ich schulde dir keine Rechenschaft, oder?«

Ich fühlte mich ganz krank. Ich konnte es kaum ertragen, ihn anzusehen. Er hatte seine eigene Tochter vergewaltigt! Wenn ich jemals so etwas wie Sympathie für ihn empfunden hatte, in diesem Augenblick erstarb sie. Er war ein Trunkenbold, ein Taugenichts und ein Rohling.

»Da ist jemand an der Tür«, sagte ich und stand auf. »Ich nehme an, der Arzt.« Ich wandte mich ab. Ich wollte ihn nie wiedersehen.

In der folgenden Nacht starb er im Schlaf. Vielleicht hatte das Trinken ihm geholfen. Ich wußte es nicht. Ich war froh, daß es vorüber war. Ich wußte nicht, ob ich es fertiggebracht hätte, mich weiter um ihn zu kümmern, wenn er am Leben geblieben wäre, nun, wo ich das ganze Ausmaß seiner Bestialität kannte. Er hatte mich vor Zac Jarrold gerettet, aber er hatte unser aller Leben ruiniert.

Als die Beerdigung vorbei war, legte ich Blumen auf alle Gräber, am längsten hielt ich mich bei dem von Joe auf. Dann ging ich noch einmal zu dem Grab meines Vaters, nachdem alle anderen gegangen waren, und sah dort eine einsame junge Frau stehen. Sie drehte sich um, als ich näherkam, und ich sah, daß es Vera war. Ihre Augen wirkten hart wie Kieselsteine.

»Du bist also zurückgekommen«, sagte ich.

»Ich wollte sicher sein, daß der Bastard wirklich tot ist«, sagte sie bitter.

»Vera ...« Ich war entsetzt von dem Haß in ihrer Stimme. Als ich sie dann genauer anschaute, sah ich das dicke Make-up und das billige, knappsitzende Kleid, das sie trug. Plötzlich ärgerlich, ging ich auf sie zu. »Was hast du aus dir gemacht, und warum hast du uns nie wissen lassen, wie es dir geht?«

Sie lachte schrill, fast hysterisch. »Als ob irgend jemand von euch Interesse an mir hätte«, sagte sie. »Mama ließ sich von ihm beherrschen ...«

»Er hat es mir erzählt«, warf ich schnell ein. »Ich weiß, was Papa dir angetan hat. Aber Mama kann unmöglich etwas davon gewußt haben.«

»Oh, sie wußte es sehr genau. Sie wußte es, und sie kümmerte sich nicht darum.« Sie hob den Kopf, und ihre Augen glitzerten. »Schau mich an, Betty. Du brauchst mir nicht zu erzählen, was ich treibe.«

»Vera ...« Ich runzelte die Stirn. »Jetzt ist er tot. Warum kommst du nicht wieder nach Hause. Wir könnten ...«

»Zurück in dieses Dreckloch?« Sie lachte höhnisch. »Lieber würde ich sterben. Ich bin eine Schauspielerin, und eines Tages werde ich berühmt werden. Ich habe jetzt Freunde. Du wirst schon sehen.«

»Schauspielerin«, sagte ich. »So würde ich es nicht nennen.«

Sie wurde rot, schaute mir aber trotzig ins Gesicht. »Für dich ist alles in Ordnung, du bist immer so erhaben und allmächtig. Du hast immer alles bekommen. Ich erweise den Freunden eines Gentlemans, der gut zu mir gewesen ist, ein paar Gefälligkeiten. Er hat mir versprochen, daß er mir eines Tages eine Filmrolle verschafft ...«

»Siehst du nicht, daß er dich nur benutzt? Dich zu einer ...«

»Nur weiter, warum sprichst du es nicht aus?« erwiderte sie wütend. »Du warst schon immer ein selbstsüchtiges Miststück, Betty. Du hättest mir einen Job verschaffen können bei deinen vornehmen Freunden, aber du wolltest mich nicht dort haben, stimmt's?«

Ich starrte sie hilflos an. ich wußte, daß ein Körnchen Wahrheit in ihrer Beschuldigung lag. Sie lachte, als sie sah, daß mir die Worte fehlten, und drehte sich um.

»Wohin gehst du?« rief ich ihr nach. »Wann werde ich dich wiedersehen?«

»Wenn die Hölle einfriert«, antwortete sie mit einem höhnischen Lächeln. »Und das ist immer noch zu früh für mich.«

Ich schaute ihr traurig nach. Wir waren niemals Freundinnen gewesen, aber ich wollte nie eine Feindin sein. Ich wußte, daß ich meine Schwester wahrscheinlich nie mehr wiedersehen würde.

Ich besuchte noch einmal Mrs. Jackson, bevor sie nach Cornwall ging, um dort mit ihrer Freundin zusammen zu leben.

Ich fragte sie, was ich ihrer Meinung nach jetzt anfangen solle mit meinem Leben, und sie sah mich seltsam an, ohne sofort zu antworten.

»Du könntest Kurse besuchen, um Sekretärin zu werden oder etwas Ähnliches«, sagte sie. »Aber ich habe immer gedacht, daß du vielleicht Nathan Crawley heiratest.«

»Daß ich Nathan heirate? Wie um alles in der Welt kommen Sie auf diese Idee?«

»Ist das so abwegig? Er mochte dich, Betty.«

»Er wollte mit mir ins Bett gehen, das ist alles.«

»Nun, du mußt es wissen«, sagte sie. »Was willst du also machen?«

»Ich will versuchen, einen Job als Sängerin zu bekommen.«

»Dann wirst du also nach London gehen?

»Ja«, sagte ich. »Es gibt nichts mehr, was mich hier hält.«

Teil III

14. Kapitel

Laurence war heute wieder hier. Er sagte, wenn ich ihm nicht erlaube, Berufung einzulegen, werden sie mich hängen. Er hat das immerzu wiederholt, als ob er denke, daß ich nicht verstehe, was es bedeutet.

Heute habe ich ihn für kurze Zeit mit anderen Augen gesehen, nicht einfach als meinen Rechtsanwalt, sondern als Mann. Er hat glattes schwarzes Haar, ein vorspringendes Kinn und volle, sinnliche Lippen. Ich hatte den Gedanken, daß dieser Mund wie geschaffen zum Küssen war, und ich lächelte.

»Warum dieses Lächeln?« fragte er. »Sie sind ein Rätsel für mich. Die meisten anderen Frauen würden mich anflehen zu versuchen, Begnadigung für sie zu erwirken. Haben Sie keine Angst vorm Sterben?«

»Es ist nicht der Tod, vor dem ich Angst habe, aber das Sterben selbst ...« In einem Anflug von nacktem Entsetzen faßte ich nach meiner Kehle. »Wird es wehtun? Wird es schnell gehen?«

An seinem Hals fing ein Nerv an zu zucken. »Lassen Sie mich Ihnen helfen. Erzählen Sie mir um Gottes willen die Wahrheit. Ich weiß, daß Sie nicht die kaltblütige Mörderin sind, zu der man sie machen will. Ich weiß es! Bei der Presse macht sich ein Stimmungsumschwung bemerkbar. Erst waren alle gegen Sie, jetzt fangen die Leute an zu sagen, daß es barbarisch ist, jemanden zu hängen. Sie verlangen Gnade. Wenn ich nur neue Beweise hätte, irgend etwas, um die Sache wieder aufzurollen ...«

Wie überzeugend seine Stimme klang! Genauso wie im Gerichtssaal. Das Publikum auf der Galerie war zu Tränen gerührt gewesen von seinem Plädoyer. Aber da es keine Zeugen gab, fehlten ihm die Beweise.

»Wenn irgend jemand mich hätte retten können, wären Sie es gewesen«, sagte ich.

»Dann erlauben Sie mir, Ihnen zu helfen.«

Beim Sprechen schlug er mit der Faust auf den Tisch. Eine der Frauen in Schwarz warf ihm einen mißbilligenden Blick zu. Ich berührte seine Hand. Er wirkte so jung und verletzlich auf mich, und ich wußte, daß er ein wenig verliebt in mich war.

»Verzeihen Sie mir«, flüsterte ich. »Ich wollte Sie nicht verletzen.«

»Betty!« Er stöhnte auf. »Sie sind so schön, Sie können doch nicht sterben wollen! Noch haben wir Zeit. Ich schwöre Ihnen, daß ich Sie retten werde, wenn Sie mir nur erzählen ...«

»Sie verstehen das nicht.« Ich lächelte, aber schon verdüsterte sich sein Gesicht wieder. Andere Gesichter tauchten vor meinem inneren Auge auf. »Sie wissen nicht, wie es gewesen ist ...«

Wieder hörte ich den Pulsschlag der Stadt. Der Verkehrslärm war wie ein aufgeregt schlagendes Herz, und ich wußte, daß es richtig gewesen war, nach London zu kommen. Ich war entschlossen, die Trauer hinter mir zu lassen und alles zu nehmen, was ich vom Leben bekommen konnte. Ich war verletzt worden, aber ich war jung und widerstandsfähig. Als ich meine Fahrkarte an der Sperre abgab und den Bahnhof verließ, fühlte ich mich wunderbar, voll kribbelnder Lebendigkeit.

Zuerst mußte ich eine Unterkunft finden. Ich hatte darüber nachgedacht und auch Mrs. Jackson gefragt, was ich tun sollte.

»Ich würde dir raten, zunächst ein möbliertes Zimmer zu mieten«, hatte sie gesagt. »Eine eigene Wohnung wäre wohl zu teuer. Wenn du eine Zeitlang gearbeitet hast, findest du vielleicht eine Freundin, mit der du dir eine Wohnung teilen kannst.«

Es war kalt draußen. Ein dunkler, trüber Tag, typisch für Ende Februar, und es regnete ein wenig. Ich zog den Mantelkragen hoch und lief auf die parkenden Taxis zu. Es würde nicht viel schaden, wenn ich mir einmal eine Extravaganz leistete.

»Wohin, Miss?« fragte der Fahrer.

Ich zögerte, dann lächelte ich ihn an. »Sie halten es vielleicht für eine schreckliche Frechheit von mir, aber ich bin gerade in London angekommen und frage mich, ob Sie mir wohl eine anständige Pension empfehlen könnten? Sie sollte sauber und ordentlich sein.«

Er grinste breit. »Helles Mädchen. Manche benutzen den Verstand nicht, der ihnen bei der Geburt mitgegeben wurde. Sie kommen hier an und glauben, die Straßen seien mit Gold gepflastert, und fallen dem ersten Zuhälter in die Hände, der sie anlächelt. Ich kenne eine solche Adresse. Sie ist eine barsche alte Person, und ihre Zimmer sind nicht die billigsten, aber wenn Sie eine anständige Unterkunft wollen, ist Mrs. Stiggly genau die Richtige.«

»Mrs. Stiggly?« Ich mußte einen Lachreiz unterdrücken. »Das klingt wie ein Name aus einem Buch von Dickens«, sagte ich, als ich hinten einstieg.

»Da haben Sie den Nagel auf den Kopf getroffen.« Er kicherte und betrachtete mich im Rückspiegel. »Dies ist ihr erster Ausflug nach London, ja?«

»Nein. Vor einigen Jahren war ich zu Besuch hier. Diesmal hoffe ich, hier Arbeit zu finden.«

»Was machen Sie beruflich?« Er hob die Brauen. »Ich könnte wetten, daß Sie ein Modell sind. Habe ich Ihr Foto nicht bereits in den Zeitschriften gesehen?«

Er versuchte, sich an mich heranzumachen. Ich lächelte ein wenig und schüttelte den Kopf. »Tut mir leid. Das war ich nicht, aber vielleicht kommt es eines Tages soweit. Ich möchte Sängerin werden.«

»Ich habe gleich bemerkt, daß Sie irgend etwas Besonderes an sich haben«, sagte er. »Also, da sind wir.«

Die Straßen, durch die wir gefahren waren, hatten alle trüb und grau ausgesehen, die Fenster waren schmutzig, und die Farbe war abgeblättert von Türen und Fensterrahmen. Jetzt hielten wir in einer kleinen Sackgasse vor einem langweiligen braunen Ziegelbau. Er war nicht besonders eindrucksvoll, aber beim zweiten Blick war ich überzeugt davon, daß es das richtige war. Vor den Fenstern hingen schneeweiße Spitzengardinen, und die Scheiben funkelten.

»Das war eine kurze Fahrt«, sagte ich. »Mrs. Stiggly, so war doch der Name?«

Ich hätte leicht zu Fuß gehen können, wenn der Fahrer mir den Weg gezeigt hätte. Als ich bezahlte, war mir klar, daß ich vermutlich zuviel zahlen mußte, aber das war mir lieber, als an einem feuchtkalten Abend durch die Straßen zu wandern. Ich zahlte bereitwillig und gab ein Trinkgeld von einem Shilling.

»Erzählen Sie der alten Hexe, daß Harry Sie schickt«, sagte er und blinzelte. »Viel Glück mit dem Singen.«

Er fuhr davon und ließ mich auf dem Straßenpflaster stehen. Ich klopfte an die Tür und bewunderte den Glanz des Messingschildes. Wenigstens konnte ich sicher sein, hier saubere Bettwäsche zu bekommen. Die Tür wurde so schnell geöffnet, daß ich annahm, meine Ankunft war hinter den Spitzengardinen beobachtet worden. Die Frau, die vor mir stand, war groß und dünn. Sie hatte ein scharfgeschnittenes, fuchsähnliches Gesicht und einen mißtrauischen Blick. Sie trug ein schwarzes Kleid, das bis zum Hals zugeknöpft war, und ihr frisch gewelltes Haar hatte so scharfe Kniffe, daß es aussah, als würde man sich in den Finger schneiden, wenn man es berührte.

»Mrs. Stiggly?« Mein Mut sank, als sie mich mißbilligend anblickte.

»Ja. Was wünschen Sie?«

»Ich wollte fragen, ob Sie ein Zimmer zu vermieten haben?«

»Vielleicht ja, vielleicht nein. Das hängt davon ab.«

»Wovon? Wenn Sie eine Referenz möchten, ich habe einen Brief von unserem Ortspfarrer.«

»Tatsächlich?« Sie kniff die Augen zusammen. »Wer hat Ihnen geraten, hierher zu kommen?«

»Ein Taxifahrer. Sein Name sei Harry, sagte er.«

Sie schwieg einen Augenblick, dann sagte sie: »Dann kommen Sie besser herein. Ich berechne fünfzehn Shilling in der Woche, und ich möchte Barzahlung für zwei Wochen im voraus. Ich will auch diesen Brief sehen, obwohl Sie ihn natürlich ebensogut selber geschrieben haben könnten.«

»Und ich möchte das Zimmer sehen, bevor ich mich entscheide, ob ich es nehme.«

Sie schien überrascht zu sein durch meine Herausforderung.

Einen Augenblick lang dachte ich, sie würde mich hinauswerfen, aber dann nickte sie. »Ich denke, Sie werden ganz zufrieden sein, Miss ... Wie war noch Ihr Name?«

»Cantrel. Betty Cantrel.«

Sie nickte, sagte aber nichts mehr, sondern gab mir lediglich zu verstehen, daß ich ihr nach oben folgen solle. Das Zimmer, das sie mir zeigte, war etwa ebenso groß wie das, das ich mit Polly geteilt hatte, sah aber kleiner aus wegen der sperrigen Möbel. Da stand ein großes Einzelbett, und ein Tisch war da mit einer Stehlampe an der einen und einer Kommode an der anderen Seite. Der große Kleiderschrank nahm fast eine ganze Wand in Anspruch, und in der Ecke befand sich ein Waschbecken. Mrs. Stiggly zeigte mir den Gaszähler im Schränkchen darunter und ermahnte mich, immer einen kleinen Vorrat an Shillingstücken zur Hand zu haben.

Es war ein dunkler, deprimierender Raum, aber ich konnte sehen, daß alles sehr sauber war. Für den Anfang würde es gehen. Wenn ich vorankam, konnte ich mir später etwas suchen, das ansprechender und heiterer wirkte.

»Ja, ich denke, das ist angemessen«, sagte ich und öffnete meine Geldbörse. »Dreißig Shilling für die ersten beiden Wochen, so haben Sie, glaube ich, gesagt?«

Sie nickte und nahm widerwillig das Geld entgegen. »Es ist ein Gaskocher da, auf dem Sie sich einen Kessel heißes Wasser machen können«, sagte sie und runzelte ein wenig die Stirn.

»Aber ich gestatte es nicht, daß in den Zimmern gekocht wird – und keine Herrenbesuche. Wenn ich Sie dabei erwische, daß Sie einen Mann hereinschmuggeln, werden Sie das Haus schneller wieder verlassen, als Sie hereingekommen sind.«

»Ich verstehe. Machen Sie sich keine Sorgen, ich habe nicht die Absicht, einen Mann herzubringen.«

»Das sagen alle.« Sie verzog den Mund. »Sie wären überrascht, wenn sie wüßten, was sich hier manchmal abspielt. Brüder, Vettern, Onkel – ich habe alle denkbaren Entschuldigungen unter der Sonne gehört.«

»Ich besitze keine männlichen Verwandten. Und ich habe auch keinen Freund.«

Sie lachte rauh. »Mag sein, daß Sie jetzt keinen haben, aber das kommt noch. Nun, ich habe Sie gewarnt.« Sie gab mir den Schlüssel. »Für weitere zehn Shilling in der Woche können Sie abends eine warme Mahlzeit bekommen.«

»Danke. Ich werde es mir überlegen.«

Als sich die Tür hinter ihr schloß, seufzte ich erleichtert auf und drehte den Schlüssel im Schloß um. Als ich zum erstenmal auf die Farm gekommen war, hatte ich gedacht, Mrs. Jackson sei ein harter Brocken, aber meine neue Wirtin war aus Granit. Ich glaubte nicht, daß ich allzu lange hierbleiben würde. Mit etwas Glück würde das auch nicht nötig sein. Ich wußte schon ganz genau, was ich tun wollte.

Ich vergeudete keine Zeit, als ich am nächsten Morgen aufbrach. Thelma Blair hatte mir gesagt, ich solle sie aufsuchen, wenn ich soweit war. Sie kannte viele einflußreiche Leute im Showgeschäft, und sie hatte versprochen, mir zu helfen.

Meine Hoffnungen waren hochgeschraubt, als ich den Bus nahm und dann das kurze Stück zu dem Haus der Blairs zu Fuß zurücklegte. Ich wollte singen, und ich war sicher, daß meine Stimme ebensogut war wie die vieler Sängerinnen, die ich im Radio gehört hatte, aber ich hatte keine Ahnung, wie ich die Sache anpacken sollte. Mußte man einfach nur vorsingen, oder brauchte man einen Theateragenten? Und wie konnte man in Erfahrung bringen, wann und wo Probesingen stattfinden? Es war auf jeden Fall besser, sich beraten zu lassen. Ich war zuversichtlich, Thelma würde mir helfen.

War das der einzige Grund dafür, daß ich so aufgeregt war?

Als ich vor dem Haus stand, schlug mein Herz heftig, und ich wußte, daß das wenigstens zum Teil davon herrührte, daß ich hoffte, James wiederzusehen. Ich hatte geglaubt, daß ich ihn nie wiedersehen würde, ich hatte mich damit abgefunden, als Hausfrau auf dem Lande zu leben, aber jetzt hatte die Welt sich plötzlich vor mir geöffnet, und alles war möglich geworden.

Es dauerte einige Minuten, bevor die Tür aufging. Das Mädchen schaute mich an und runzelte leicht die Stirn.

»Kennen Sie mich nicht mehr, Maisie?« fragte ich und lachte, als ihr Gesichtsausdruck sich veränderte und ganz ungläubig wurde. »Ich bin's, Betty. Betty Cantrel.«

»Natürlich erinnere ich mich.« Ihr Gesicht hellte sich auf vor Freude. »Das hätte ich nie gedacht! Was machen Sie denn hier?«

»Ich möchte Mrs. Blair sprechen. Ist sie zu Hause?«

Bedauernd verzog Maisie das Gesicht. »Nein, Betty, sie lebt zur Zeit nicht hier. Nach dem Tod von Mr. Blair ...« Sie unterbrach sich, als ich keuchte.

»James ist tot?« Für einen Augenblick schien die Welt um mich zusammenzubrechen.

»Um Gotteswillen, nein«, sagte Maisie. »Mr. Blair senior. Sie erinnern sich doch noch, daß es ihm schlecht ging, als Sie hier waren?« Ich nickte, und sie runzelte die Stirn. »Nun, im vorigen Sommer ist er gestorben.«

»Oh, wie schrecklich«, sagte ich, als die Welt sich wieder stabilisiert hatte und ich wieder normal atmen konnte. »Er war doch noch kein alter Mann.«

»Nein.« Maisie machte die Tür weiter auf. »Wollen Sie nicht hereinkommen und eine Tasse Tee mit mir trinken, während ich Ihnen alles erzähle?«

»Ja, sehr gern.«

Maisie führte mich in ihr Reich hinunter. In dem großen Küchenkamin brannte ein lustiges Feuer. Ich setzte mich daneben auf einen Stuhl und wärmte mir die Hände, während sie den Tee zubereitete.

»Es tut mir leid, daß es so ein Schock für Sie war«, sagte sie, als wir an dem starken, heißen Getränk nippten. »Sie sind so weiß wie ein Bettlaken geworden.«

»Ich hatte gehofft, die Familie anzutreffen.« Nervös schaute ich sie an. »Sie haben gesagt, Thelma sei nicht hier. Wird sie bald zurückkommen?«

»Das kann ich wirklich nicht sagen. Sie hat eine Zeitlang

auf dem Lande gelebt, aber jetzt wohnt sie in Spanien, in einem kleinen Dorf, das Mijas heißt. Es liegt in den Bergen. Sie hat mir ein paar hübsche Fotos geschickt.«

»Oh ...« Die Enttäuschung überwältigte mich fast. »Aber Sie haben das Haus nicht zugesperrt, deshalb nehme ich an, daß James noch hier wohnt?«

»Letzte Woche war er noch hier«, sagte Maisie. »Sie haben ihn nur knapp verfehlt. Er ist nach Amerika gereist, für drei Monate, denke ich.«

Der zweite Schlag war fast zuviel für mich. Ich schluckte mühsam. »Ich dachte, er sei als Partner in die Firma seines Vaters eingetreten?«

»Ja, das stimmt. Als Mr. Blair starb, hinterließ er seinem Sohn fünfundfünfzig Prozent, seiner Frau dreißig Prozent und seiner Tochter den Rest. Mr. James war sehr schlau, er hat die Gesellschaft für einen Haufen Geld verkauft. Jetzt ist er nach Amerika gegangen, um Gespräche zu führen wegen einer Beteiligung an einer neuen Gesellschaft, die irgend etwas mit Flugzeugen zu tun hat. Ich glaube, er war immer begeistert vom Fliegen.«

»Ja, ich weiß.« Meine Enttäuschung war so groß, daß ich sie kaum verbergen konnte. »Er kommt in drei Monaten nach England zurück, sagten Sie?«

»Ja, soweit ich weiß.« Maisie trank ihren Tee aus. »Miss Christabel – oder Mrs. Harding, wie ich besser sagen sollte – macht hier und da eine Stippvisite. Sie wird wahrscheinlich zum Turnier in Wimbledon kommen, und dann wird wohl auch Mr. James hier sein.«

»Glauben Sie, daß Mrs. Blair bald wieder nach Hause kommen wird?«

»Vielleicht – obwohl sie ganz begeistert von Spanien zu sein scheint. Sie schreibt, das Licht dort ist so gut für ihre Arbeit.«

Ich setzte meine Tasse ab. »Nun, ich danke Ihnen, Maisie. Ich denke, ich gehe jetzt besser.«

»Hätten Sie gern die Adresse von Mrs. Blair? Sie schreibt mir ab und zu und fragt, wie es hier ausschaut.«

»Nein, ich glaube nicht. Ich wollte sie etwas fragen, aber

es ist nicht so wichtig. Vielleicht werde ich sie im Sommer antreffen.«

»Ich bin sicher, daß sie sich über Ihren Besuch freuen würde. Sie hat öfter von Ihnen gesprochen, wissen Sie. Ich werde ihr schreiben, daß Sie hier waren, soll ich?«

»Ja, wenn Sie wollen.« Ich stand auf, um zu gehen. »Danke für den Tee, Maisie. Es war schön, Sie wiederzusehen.«

»Kommen Sie wieder, wenn Sie wollen – kommen Sie doch mal zum Essen. Meine Tante ist immer noch hier. Heute hat sie ihren freien Tag. Es wird ihr leid tun, daß sie nicht hier war, als Sie kamen.«

»Grüßen Sie sie vielmals von mir«, sagte ich. »Jetzt muß ich aber wirklich gehen.«

Maisie ließ mich zur Hintertür im Souterrain heraus, und ich lief die Steinstufen zur Straße hinauf. Es war ein schöner Tag, mild für die Jahreszeit und sonnig. Ich war zu tief in Gedanken versunken, um die eleganten Häuser und den Gesang der Vögel in dem Garten in der Mitte des Platzes richtig zu würdigen.

Was sollte ich jetzt tun? All meine Hoffnungen hatten sich auf Thelma Blair konzentriert. Ich war verwirrt und fühlte mich ganz verloren. Jetzt war ich wirklich ganz auf mich allein angewiesen. Es gab niemanden mehr, an den ich mich hätte wenden können ... Außer Nathan. Aber wenn ich mich an Nathan wandte um Hilfe, so wußte ich nur zu gut, was das bedeutete.

Ich schüttelte den Kopf. Ich befand mich nicht in einer verzweifelten Lage, jetzt noch nicht. Ich hatte immer noch mehr als die Hälfte des Geldes, das Joe mir gegeben hatte für ein Hochzeitskleid, und dann noch ein paar Pfund, die ich für den Verkauf unserer Sachen in dem Häuschen bekommen hatte. Nein, ich wollte nicht zu Nathan gehen. Ich konnte vorübergehend einen Job als Verkäuferin annehmen, und ich konnte anfangen, nach Anzeigen für Probesingen in den Zeitungen Ausschau zu halten. Ich war nicht hilflos. Ich mußte einfach eine Weile warten.

Tief in meinem Inneren war immer noch die Hoffnung lebendig, daß alle Probleme gelöst werden würden, wenn James nach Hause kam. Drei Monate waren keine so furchtbar lange Zeit.

Nach einigen Tagen kannte ich das Gebiet um Mrs. Stigglys Haus bereits so gut wie unser Dorf. Ich lernte die Houndsditch kennen, wo jeden Sonntagmorgen ein Trödelmarkt abgehalten wird. Ich ging durch die Lime Street und die Leadenhall Street und bewunderte die schönen Gebäude. Die City und ihre Geschichte faszinierten mich, und ich war begierig, mehr darüber zu erfahren. Man sprach davon, die zerbombten Bauten neu zu errichten, und einige Leute meinten, es sei noch zu früh, aber es machte mich immer traurig, verlassene Grundstücke zu sehen, wo einst Wohnhäuser gestanden hatten.

So viele Menschen waren im Krieg gestorben. Manchmal fragte ich mich, wie es wohl sein mochte zu sterben, aber meistens war ich viel zu beschäftigt damit, Neues zu erkunden, um mich so morbiden Gedanken hinzugeben.

Ich hatte noch nicht angefangen, mir einen Job zu suchen. Ich sah im Vorübergehen Schilder in den Schaufenstern, auf denen Kellnerinnen oder Barmädchen gesucht wurden. Bei Woolworth wurden Verkäuferinnen eingestellt, aber ich hatte es nicht eilig. Ich nahm mir Zeit, um die Stadt kennenzulernen.

Manchmal ging ich in und um Hammersmith ins Theater oder ins Kino. Immer noch faszinierten mich das Gelächter und die Musik, die ich dort fand, und ich sehnte mich danach, zu dieser anderen Welt zu gehören. Zu der Welt, auf die ich einen Blick geworfen hatte, als ich bei den Blairs gewohnt hatte. Sie waren für mich die Verkörperung einer angesehenen Familie, wie meine Mutter sie verloren hatte, als sie Robert Cantrel geheiratet hatte.

Vielleicht wäre es besser für mich gewesen, wenn ich hätte vergessen können, daß die Eltern meiner Mutter vornehme Leute gewesen waren. Wenn ich nicht auf die Willow-Farm gekommen wäre, hätte ich mir vielleicht nie klargemacht, was ich alles verloren hatte, aber an dem, was geschehen war, ließ sich nichts mehr ändern. Ich hatte nun einmal einen anderen Lebensstil kennengelernt, mit all meinen Sinnen, und ich wünschte mir sehnlichst, auch so leben zu können. Wenn James nur mein eigentliches Ich sehen könnte, dann, so glaubte ich, würde er mich ebenso lieben, wie ich ihn liebte. Wenn es mir gelang, als Sängerin berühmt zu werden, würde er vergessen, daß ich einst das Dienstmädchen von Frances Crawley gewesen war.

In diesen Tagen dachte ich oft an Frances. Durch sie hatte ich James – und Nathan – kennengelernt. Ich fragte mich, ob es ihr gutging und ob sie noch manchmal an mich dachte.

Ich kam aus dem Theater. Es war ein trüber Nachmittag und wurde bereits dunkel. Ich war zum erstenmal bei einem Probesingen gewesen. Es wurden Sängerinnen gesucht für ein neues Musical, für das die Proben bald anfangen sollten. Ich hatte das Inserat in einer Zeitung gesehen, die am Vortag auf einem Tisch in einem Café gelegen hatte, und ich war frühzeitig hingegangen, um mit Sicherheit eine der ersten zu sein, aber trotzdem waren schon fünfzig andere Mädchen vor mir dagewesen. Man gab mir nicht einmal die Chance vorzusingen.

Eine elegant gekleidete Frau schaute uns abschätzend an und wählte zwanzig Mädchen aus. »Die anderen können gehen«, sagte sie.

Die meisten anderen Mädchen machten mißmutig kehrt, aber ich ging hinter ihr her. »Warum geben Sie uns keine Chance?« fragte ich. »Wir haben alle lange Zeit gewartet.«

»Ich habe die Geeignetesten ausgewählt«, sagte sie.

»Aber Sie haben mich gar nicht singen hören.«

Sie schaute mich mit einem verächtlichen Lächeln von oben bis unten an. »Das ist auch nicht nötig. Wenn Sie ernsthaft ins Showgeschäft wollen, gebe ich Ihnen einen guten Rat. Sie sind attraktiv, aber sie müssen mehr auf Ihr Äußeres achten. Lassen Sie sich das Haar frisieren, kaufen Sie sich ein paar anständige Kleider und lernen Sie, sich zur Geltung zu bringen, sonst können Sie gleich zu Hause bleiben. Sie verschwenden Ihre Zeit, wenn Sie so, wie Sie aussehen, zu Probesingen kommen.«

Sie ging davon, während ich ihr wütend nachstarrte. Ich war vielleicht nicht so elegant angezogen wie einige der anderen Mädchen, aber so schlecht sah ich auch nicht aus.

»Dumme Kuh!« Eines der Mädchen, das auch abgewiesen worden war, grinste mir zu. »Geben Sie nicht zuviel auf das, was sie sagt. Es kann allerdings nichts schaden, wenn man einen guten Eindruck macht. Sind Sie schon bei vielen Probesingen gewesen?«

»Es ist das erste Mal.«

»Sie Glückliche. Mich hat man in diesem Monat schon zum zehntenmal abgelehnt.«

Ich schaute sie verblüfft an. Sie wirkte ganz fröhlich. »Wie können Sie das aushalten?«

»Oh, man gewöhnt sich daran, und manchmal zahlt es sich aus.« Sie lächelte und streckte mir ihre Hand hin. »Mein Name ist Tina. Ich bin Sängerin und Tänzerin.«

»Betty Cantrel«, sagte ich. »Ich möchte Sängerin werden, aber wenn niemand mich anhören will ...«

»Geben Sie nicht so schnell auf, Betty. Sehen Sie, einige von uns treffen sich abends an einem bestimmten Ort. Alle verkehren dort, auch die Großen wie Danny Kaye, Ella Fitzgerald, Max Bygraves ...« Sie legte eine Pause ein, als sie mich anschaute. »Haben Sie schon von den Stork Rooms gehört?«

Ich schüttelte den Kopf. »Nein. Ist das ein Theater?«

Tina lachte. »Nein, aber es kommt gleich danach. Es ist ein Nachtclub, der von Al Burnett geleitet wird, und alle Stars gehen dorthin nach ihrem Auftritt. Sie brauchen einen Begleiter, um eingelassen zu werden, weil die Polizei immer darauf aus ist, diese Nachtclubs zu schließen, und eine Frau allein könnte immer ... Na, Sie wissen schon. Die Sache ist die, Al ist ein anständiger Typ. Vielleicht gibt er Ihnen eine Gelegenheit zum Vorsingen, wenn ihm Ihr Äußeres gefällt, und wenn Sie gut sind, werden Sie dann schon Ihren Weg machen.«

»Vielen Dank für diese Information«, sagte ich. »Aber ich habe keinen Begleiter.«

»Ein aufgewecktes Mädchen kann immer jemanden finden«, sagte Tina und blinzelte mir zu. »Ich muß mich jetzt beeilen. Wir sehen uns bestimmt irgendwo wieder.«

»Aber Sie haben mir noch nicht gesagt ...« Ich zuckte mit den Schultern, als sie rasch wegging. Es spielte wirklich keine Rolle. Ich konnte sowieso nicht allein in diesen Nachtclub gehen.

Oft ertappte ich mich dabei, daß ich an Frances dachte, und mir wurde klar, daß ich mich einsam fühlte. Ich verbrachte zu viel Zeit damit, über die Vergangenheit nachzugrübeln, weil ich sonst nichts zu tun hatte. Polly hatte mir zum vorigen Weihnachtsfest eine Karte mit ihrer neuen Adresse geschickt, und ich entschloß mich, sie zu besuchen. Es war immerhin möglich, daß sie irgend jemanden kannte, der mir helfen konnte, einen Job als Sängerin zu finden.

Die Anschrift, die Polly mir geschickt hatte, lag in Clerkenwell, wo viele Goldschmiede und Uhrmacher wohnten. Das Haus selber lag in einer engen Gasse, die im rechten Winkel von einer der Hauptstraßen abging. Es war ein hohes, vierstöckiges Gebäude, aus verblichenen roten Ziegeln errichtet, und die Fenster waren durch dicke Netzvorhänge abgeschirmt.

Ich überquerte die Straße, wobei ich Autos und Lastern ausweichen mußte. Für einen Augenblick zögerte ich und fragte mich, ob es das richtige Haus sei. Es sah nicht wie eine Pension aus, aber es war die Nummer von Pollys Karte. Schließlich klingelte ich. Nach ein paar Sekunden wurde die Tür von einem etwa sechzehnjährigen Mädchen geöffnet. Sie schien etwas überrascht zu sein, als sie mich sah.

»Was kann ich für Sie tun?«

»Ich möchte gern Polly Baxter sprechen.«

»Wer hat Sie geschickt? Sie sind nicht eine von diesen Kirchendamen, die sich in alles einmischen, oder?«

Ich blinzelte. »Sehe ich so aus? Mein Name ist Betty Cantrel. Ich war eine Freundin von Polly, bevor sie nach London kam.« Sie warf mir einen zweifelnden Blick zu. »Ich denke, Sie sollten besser hereinkommen. Sie können im Salon warten, während ich Polly frage, ob sie Sie sehen möchte.« Sie führte mich in ein kleines Zimmer links von der Eingangshalle. »Ich hoffe, Sie werden hier nicht herumspionieren. Bleiben Sie hier und rühren Sie sich nicht, bis ich zurückkomme. Hören Sie?«

»Ja«, erwiderte ich brav. »Ich hätte Polly lieber schreiben sollen, als einfach hier aufzukreuzen.«

»Bleiben Sie einfach, wo Sie sind.«

Als das Mädchen hinausgegangen war, hörte ich von oben lautes Gelächter. Es kam von mehreren Stimmen, männlichen und weiblichen. Es klang so, als ob Polly Gäste hätte.

Ich schaute mich in dem Zimmer um. Die Möbel waren von guter Qualität, aber es standen zu viele im Zimmer. Ein großes Sofa, Stühle, Tische, Vitrinen voller Porzellanfiguren und einem rosa gemusterten Teeservice. Auf dem Radio entdeckte ich einen hübschen Silberrahmen mit dem Foto von einem etwa sechs Monate alten Baby. Ich nahm das Bild in die Hand und stellte fest, daß es sich um ein kleines Mädchen handelte.

»Was machst du da?«

Ich drehte mich um, als ich ihre Stimme hörte, und hielt das Foto noch in der Hand. »Ich habe es mir nur angesehen, Polly! Bist du krank? Habe ich dich aus dem Bett geholt?«

Sie trug einen Morgenmantel aus purpurrotem Satin, und ihr volles Haar hing ihr offen über die Schultern herab. Sie wurde rot und griff unsicher nach ihrem Haar.

»Ich habe mich ausgeruht«, sagte sie. »Ich mach' das oft am Nachmittag. Ich arbeite oft bis spät in die Nacht hinein.«

»Oh, ich verstehe.« Ich starrte sie ziemlich dümmlich an.

Als sie hereingekommen war, hatte sie ärgerlich ausgesehen, aber als ich das Bild hinlegte und auf sie zuging, veränderte sich ihr Gesichtsausdruck, und plötzlich lächelte sie.

»Du bist es also, Betty. Ich konnte es kaum glauben, als Nora mir sagte, daß du hier seist.«

»Ich hoffe, ich störe nicht allzusehr? Ich ... Ich dachte schon, du hättest vielleicht Gäste.«

»Was hast du ...« Polly unterbrach sich, als sich die Tür öffnete und ein Mann hereinkam. Er war grauhaarig, in den mittleren Jahren und ein wenig zu dick. Er trug Hemd und

Hose, aber er hatte keine Socken an und hielt seine Schuhe in der Hand.

»Verdammt!« Er lächelte hilflos. »Ich habe meine Socken verloren, Polly.«

»Das tust du doch immer, oder?« Polly hatte im ersten Augenblick ein ziemlich wütendes Gesicht gemacht, aber jetzt lachte sie. »Du bringst mich noch zur Verzweiflung, Charlie.«

Sie schaute mich an. »Betty, das ist Charlie. Wie du siehst, ist er ein guter Freund von mir.«

»Tut mir leid, daß ich hier so hereinplatze«, sagte Charlie und blinzelte. »Aber ich muß ins Büro zurück.«

»Bitte Nora, deine Socken zu suchen. Ich vermute, daß sie wie immer unter dem Bett liegen.« Als er hinausgegangen war, lächelte Polly entschuldigend. »Es ist ganz gut, daß du ihn gesehen hast, jetzt weißt du die Wahrheit, und ich komme nicht in Versuchung zu lügen.«

»Ist er dein Liebhaber?«

»Er ist einer meiner sehr guten Freunde.« Polly machte ein finsteres Gesicht, als sie meinem Blick begegnete. »Ich bin keine Prostituierte, wenn du das denkst. Ich habe ein paar Freunde, denen ich hier und da einen Gefallen erweise. Sie sorgen für mich, und ich kümmere mich um sie.«

»Gefällt es dir, so zu leben?«

»Warum nicht?«

»Ich will dich nicht kritisieren, Polly, ich bin nur ein wenig überrascht.«

»Es ist besser, als Fußböden zu schrubben.« Sie schaute mich herausfordernd an. »Willst du jetzt gehen, wo du es weißt? Oder willst du zum Tee bleiben?«

»Ich will bleiben, Polly«, sagte ich und lächelte ihr zu. »Es wird mir guttun, mit einer Freundin zu reden. Ich bin sehr viel allein gewesen, seit ich nach London gekommen bin. Die anderen Untermieter bei Mrs. Stiggly sind alle so viel älter als ich. Wir wechseln ein paar Worte auf der Treppe miteinander, das ist alles.« Als Polly nach dem Mädchen läutete, nahm ich das Foto wieder auf. »Was für ein hübsches Baby! Ist es das Kind eines deiner Freunde?«

Polly sah mich traurig an. »Das war meine Violet. Eben Crawleys Kind. Sie ist an Masern gestorben, kurz nachdem diese Aufnahme gemacht wurde.«

Ich brauchte ein paar Sekunden, bevor ich die Tragweite dessen, was sie gesagt hatte, begriff. »Das tut mir leid«, sagte ich schließlich. »Das muß eine furchtbare Zeit für dich gewesen sein. Du hast das in deinen Briefen nie erwähnt.«

»Nun, ich wollte nicht, daß Mary Crawley erfuhr, daß ich das Kind behalten habe.« Polly blinzelte heftig. »Das Verrückte ist, ich habe jeden Pfennig von ihrem Geld ausgegeben, um Violett zu retten. Du hast recht gehabt, Betty. Als es soweit war, konnte ich es nicht fertigbringen, mein eigenes Kind zu töten.« Sie unterdrückte einen Seufzer. »Wenn ich sie auch nur kurze Zeit gehabt habe, es ist die Sache wert gewesen.«

»Ich bin froh, daß du es so empfindest, Polly«, sagte ich sanft. »Ich weiß, wie es ist, ein Kind zu verlieren, das man liebt.«

»Wie meinst du das?«

Ich erzählte ihr von den Kindern und Joe. Sie starrte mich einen Augenblick schweigend an, dann drückte sie fest meine Hand. »Du hast eine schwere Zeit gehabt, aber ...« Sie brach ab, als die Tür sich öffnete und Charlie seinen Kopf durch den Spalt hereinsteckte. Er war jetzt völlig bekleidet.

»Ich habe mich gefragt, ob du vielleicht deine Freundin zu unserer Party heute abend mitbringen willst, Polly?« Er lächelte mir zu. »Kommen Sie, wenn Sie Lust haben, meine Liebe. Wir haben immer noch Platz für ein hübsches Mädchen. Sie sollten sich selber etwas Gutes tun.« Er blinzelte anzüglich. »Ich muß mich jetzt beeilen.«

Ich schaute Polly an, als die Tür sich hinter ihm geschlossen hatte. »Was hat er damit gemeint?«

Sie sah etwas verlegen aus. »Ach, weißt du ... Charlie hat ein paar großzügige Freunde. Wenn du an den Richtigen gerätst, kannst du vielleicht sogar selber so ein hübsches kleines Haus wie dieses hier bekommen ...«

»Nein, danke, Polly«, sagte ich hastig. »Ich verurteile dich nicht, aber das ist nicht das, was ich mir wünsche. Wir können trotzdem Freundinnen bleiben, nicht wahr?«

»Natürlich. Ich habe nicht angenommen, daß du dich unserer Gruppe anschließen willst«, sagte sie leichthin. »Nicht auf der Stelle – aber wenn du deine Meinung änderst, brauchst du es nur zu sagen.«

Dann trug Nora das Teetablett herein, und ich brauchte zum Glück nicht zu antworten. Polly wechselte das Gesprächsthema, und wir fingen an über die alten Zeiten zu reden. Bald lachten und kicherten wir, als sei in der Zwischenzeit nichts geschehen.

Ich blieb über eine Stunde bei ihr, und erst auf dem Heimweg packte mich die Angst. Mein Geld ging jetzt rasch zu Ende, und Polly war meine einzige Freundin in London. Ich wollte nicht so enden wie sie, deshalb mußte ich mich schleunigst nach einem Job umschauen!

15. Kapitel

Ich fand eine Stellung in einem eleganten Geschäft in der Oxfort Street. Es hieß Très Chic, und die Kleider waren sehr teuer. Auf Pollys Rat hatte ich mir die Haare schneiden lassen, und ich wußte jetzt, wie man einen langen, seidigen Pagenkopf frisieren mußte. Es kleidete mich und ließ mich eleganter aussehen. Für sechs Pfund und fünfzehn Shilling hatte ich mir ein gutes Kleid gekauft. Ich trug es, als ich mich vorstellte, und ich merkte, daß die Geschäfsführerin beeindruckt war.

»Ihre Referenzen sind ausgezeichnet, Miss Cantrel«, sagte sie. »Nur haben Sie unglücklicherweise noch keine Erfahrung im Verkauf. Ich bin bereit, es Ihnen beizubringen. Aber das bedeutet auch, daß Sie eine Zeitlang alle möglichen Nebenarbeiten verrichten müssen, und natürlich wird auch die Bezahlung entsprechend sein. Wenn Sie begriffen haben, worum es geht, gibt es eine Lohnerhöhung und natürlich auch eine Provision.«

»Danke, Miss Browne«, sagte ich höflich. »Wann soll ich anfangen?«

»Am kommenden Montag«, erwiderte sie und lächelte. »Wir machen um neun auf, aber ich möchte, daß die Mädchen um halb neun hier sind.«

Die Arbeit in dem Geschäft war nicht übel. Ich war den ganzen Tag auf den Beinen. Ich mußte aus der unten gelegenen Werkstatt Kleider holen und nach oben bringen, die Stecknadeln halten, wenn Miss Browne Säume absteckte und Schultern anhob, die Kleider ausbürsten, und ich brachte die Kleider auf der Stange wieder in Ordnung, wenn die Kundinnen sie durchgesehen hatten. Ich machte Tee, wischte Staub und saugte die Teppiche ab – und das alles für zwei Pfund und fünfzehn Shilling in der Woche. Wenn ich die Miete bezahlt hatte, mir etwas zu essen und die Busfahrkarte gekauft hatte, blieb mir nur noch sehr wenig Geld übrig, aber wenigstens brauchte ich meine schwindenden Rücklagen eine Zeitlang nicht mehr anzugreifen. Als Sondervergünstigung bekam ich einen erheblichen Nachlaß auf jedes Kleid, das ich mir kaufte.

Ich mochte Miss Browne. Sie war Mitte Dreißig, aber sie wirkte nicht im geringsten altjüngferlich. Sie achtete streng darauf, daß hart gearbeitet wurde und daß man höflich zu den Kundinnen war, aber wenn wir den Laden für uns allein hatten, machte sie gern ein bißchen Spaß mit. Als ich einen Monat lang dort gearbeitet hatte, erzählte ich ihr von meinem Ehrgeiz, Sängerin zu werden. Sie war begeistert.

»Wenn Sie Freizeit brauchen, um an einem bestimmten Probesingen teilzunehmen, sagen Sie es mir nur«, erklärte sie. »Wenn es möglich ist, lasse ich Sie gehen – aber unentschuldigtes Fernbleiben werde ich nicht dulden.«

»Das würde ich nie tun«, sagte ich. Ich war froh über ihr Verständnis, und außerdem brauchte ich jede Hilfe, die ich bekommen konnte.

Jetzt, wo ich über drei Monate in London war, fingen meine Gedanken wieder an, um James Blair zu kreisen. Ob er schon zurückgekehrt war aus Amerika? Und wenn ja, konnte ich bei ihm zu Hause vorsprechen, oder würde das zu aufdringlich wirken?

Es war ein warmer Sommertag. Wir hatten den ganzen Vormittag über viel zu tun gehabt, und ich war wohl hundertmal in die Werkstatt hinuntergegangen. Ich befand mich gerade wieder auf dem Weg zurück in den Vorführraum, beide Arme voller Abendkleider, als ich hörte, wie Miss Browne mit jemandem sprach. »Ich hoffe, Sie werden Freude haben an Ihrem Kleid, Miss Crawley. Nicht jeder kann diese Farbe tragen, aber Ihnen steht sie gut.«

»Danke. Es ist sehr hübsch. Ich werde es heute abend tragen, wenn ich ins Theater gehe.«

Einen Augenblick lang stand ich wie versteinert da. Das war Frances' Stimme. Ich konnte mich nicht irren. Sie war es. Sie mußte es einfach sein! Ich eilte die Treppe hinauf und trat in der Eile fast auf die herunterhängenden Kleider, die ich trug. Eine Frau stand an der Tür, ihre Hand lag auf der Klinke. Mit vor Aufregung heftig schlagendem Herzen rief ich: »Sind Sie es, Frances?«

Sie wandte den Kopf um und schaute mich an. Unsere Blicke trafen sich. Ich wartete auf irgendein Zeichen, daß sie mich erkannt hatte, ein Lächeln oder einen erfreuten Aufschrei. Aber nichts dergleichen geschah. Sie sah mich kalt an und sagte kein Wort, in ihrem Gesicht spiegelten sich Ärger, Verachtung und Ablehnung. Sie hatte es mir nicht vergeben, daß ich sie verlassen hatte. Mir wurde ganz kalt, und meine Freude, sie wiederzusehen, erstarb ebenso rasch, wie sie aufgeflackert war. Ich stand stumm da, unfähig, ein Wort hervorzubringen; sie öffnete die Tür und ging hinaus. Ich starrte ihr nach, und meine Wangen glühten, als die Geschäftsführerin mich anblickte.

»Miss Cantrel«, sagte sie scharf. »Sie zerknüllen die Kleider. Hängen Sie sie bitte ordentlich auf die Stange.«

»Ja, Miss Browne«, flüsterte ich.

Ich gehorchte auf der Stelle, froh darüber, daß ich etwas zu tun hatte. Frances hatte mich absichtlich vor den Kopf gestoßen. Sie hatte mich erkannt, ebenso wie ich sie erkannt hatte. Ich fühlte mich beschämt und furchtbar verletzt. Ich war so froh gewesen, sie wiederzusehen. Nicht im Traum hätte ich erwartet, daß sie immer noch, nach so langer Zeit, böse auf mich sein würde.

Miss Browne kam zu mir, als ich die Kleider aufgehängt hatte. Sie runzelte die Stirn. »Kennen Sie Miss Crawley?«

»Ich dachte, es sei jemand, den ich früher gekannt hatte«, sagte ich und vermied es, ihrem Blick zu begegnen. »Aber es war ein Irrtum.« Instinktiv log ich. Niemand sollte sehen, wie verletzt ich war.

Miss Browne schien erleichtert zu sein. »Gut. Ich mag diese junge Frau nicht besonders. Sie scheint Geld zu haben, aber … Nun, ja …« Sie lächelte. »Stellen Sie den Kessel auf, Betty. Ich könnte einen Kaffee vertragen.«

Ich ging zu einem Probesingen für eine neue Show. Miss Browne gab mir ein elegantes Kleid, obwohl ich es nicht bezahlen konnte. Nach Abzug meines Rabatts kostete es immer noch zehn Pfund.

»Sie können es wöchentlich abzahlen«, sagte sie. »Wenn Sie den Job bekommen, werden Sie bald so reich sein, daß Sie sich noch ein Dutzend andere kaufen können.«

»Sie sind prima.« Ich lachte und kreuzte meine Finger. »Wünschen Sie mir Glück?«

»Jede Menge.« Sie lächelte. »Sie sehen gut aus, Betty. Ich bin sicher, daß man Sie diesmal nimmt.«

Ich weiß nicht, ob es an dem Kleid lag oder an dem neuen Haarschnitt, jedenfalls gehörte ich zu den Glücklichen, die vorsingen durften. Ich hatte mich auf Lieder aus *Oklahoma* und *Kiss Me Kate* vorbereitet, aber als es soweit war, sang ich »This is my Loveley Day.«

Ein Mann, der seine Brille nach oben auf den Kopf geschoben hatte und ein besorgtes Gesicht machte, kam hinterher zu mir herauf. Er schaute auf seine Namensliste.

»Wer sind Sie?«

»Mein Name ist Betty Cantrel«, sagte ich aufgeregt.

Er schaute mich kritisch an. »Was für Erfahrungen haben Sie?«

»Gar keine. Ich habe bisher nur im Kirchenchor gesungen.« Mein Mut sank wieder. Das war sicher schon das Ende.

»Trotzdem – Sie haben Talent. Lassen Sie Ihre Telefonnummer hier, wenn Sie gehen.«

»Ich habe kein Telefon, aber ich kann Sie anrufen.«

»Rufen Sie morgen an.« Er lächelte und gab mir einen Klaps auf die Hinterfront. »Sie haben eine gute Chance, Betty Cantrel.«

Diesmal störte mich die handgreifliche Geste nicht. Sie hatte eher freundschaftlich gewirkt als verfänglich. Und außerdem hatte er gesagt, ich hätte eine Chance!

Ich ging wie auf Wolken, als ich das Theater verließ. Die Sonne schien, und die Luft schien voller Versprechungen zu sein. Miss Browne hatte gesagt, daß ich an diesem Nachmittag nicht mehr zu kommen brauchte, und mit neu aufgerichtetem Selbstbewußtsein entschloß ich mich, bei den Blairs vorbeizuschauen. Schaden konnte es ja nicht, oder? Ich wollte Maisie fragen, ob Mrs. Blair zurückgekommen sei – und wenn James zufällig da sein sollte …

In verschwenderischer Laune winkte ich ein Taxi heran. Es war genau fünf Uhr, als ich an die Tür klopfte. Maisie öffnete, sie sah zunächst überrascht und dann erfreut aus.

»Na, so etwas, Sie sind es«, sagte sie. »Kommen Sie herein, Betty.«

»Ist Thelma wieder hier?« fragte ich, als ich in die Eingangshalle trat.

Sie schüttelte den Kopf. »Nein, aber Mr. Blair ist da. Wenn Sie unten im Salon warten wollen, sage ich ihm, daß Sie gekommen sind.«

»Danke, Maisie.«

Ich ging in das Zimmer, das sie mir zeigte, und stellte fest, daß alles genauso geblieben war wie früher. Ich blickte auf den Haufen von Schallplatten auf einem Tisch hinter der Tür und fragte mich, ob neue hinzugekommen seien. Als ich anfing, die Titel zu lesen, hörte ich eilige Schritte und Stimmen.

»Sie ist in dem vorderen Salon, Sir.«

»Haben Sie ihr gesagt, daß ich da bin, Maisie?« Eine kleine Pause trat ein, dann sagte er: »Das trifft sich unglücklich. Ich habe wirklich keine Zeit. Ich denke, ein paar Minuten müssen wohl …«

Fast im Laufschritt eilte ich zur anderen Seite des Zimmers. Als James eintrat, schaute ich aus dem Fenster, und ich drehte mich nicht sofort um.

»Betty …« Seine Stimme klang ungeduldig. »Maisie hat mir gesagt, daß du nach meiner Mutter gefragt hast …«

Ich wendete mich um und lächelte ihn kühl an. »Es war eine plötzliche Eingebung. Ich wollte ihr etwas erzählen.«

Er sah mich an wie eine Fremde, aber plötzlich schien er überrascht zu sein und machte große Augen. »Du siehst wunderbar aus. Wie geht es dir? Bist du zu Besuch hier bei Freunden?«

»Ich lebe und arbeite in London.«

»Wirklich?« Interessiert machte er ein paar Schritte auf

mich zu, dann hielt er inne und blickte auf seine Armbanduhr. »Ich muß gehen. Gib Maisie deine Adresse. Ich sage Frances, daß Sie dich anrufen soll. Wir können uns alle mal zum Lunch treffen oder etwas in der Art.« Ein Lächeln blitzte auf, es hatte nichts zu bedeuten und wirkte unaufrichtig. »Ich habe eine wichtige Verabredung. Entschuldige mich.«

Ich blieb bewegungslos stehen und hörte seine eiligen Schritte in der Halle. Dann wurde eine Tür zugeschlagen. Mich fröstelte. Trotz seines kurz aufgeflammten Interesses bedeutete ich ihm nicht das geringste. Ich zwang mich zu einem Lächeln, als Maisie hereinkam.

»Immer ist er in Eile, Mr. Blair.« Sie zog ein Gesicht. »Ich nehme an, daß er sich mit einem seiner amerikanischen Freunde treffen will. Leute mit viel Geld.« Sie schaute mich bedeutungsvoll an. »Haben Sie Zeit, eine Tasse Tee mit mir zu trinken, Betty?«

»Warum nicht?« sagte ich und verdrängte den Schmerz, den James' Gleichgültigkeit mir zugefügt hatte. »Für einen Freund habe ich immer Zeit ...«

Wer hat gesagt, wenn deine Träume sterben, stirbt ein kleiner Teil von dir mit ihnen? Vielleicht hat es niemand gesagt, vielleicht ist es mir selber eingefallen.

In diesen Tagen mußte ich noch weitere Träume begraben. Als ich am nächsten Tag die Telefonnummer wählte, die man mir gegeben hatte, erklärte man mir, daß ich kein Glück gehabt hätte.

»Sie standen auf unserer Auswahlliste von sechs Mädchen, Miss Cantrel«, sagte eine Dame mit heller Stimme. »Machen Sie sich nichts draus, beim nächsten Mal werden Sie wahrscheinlich das Rennen machen. Unser Mr. Rogers war außerordentlich beeindruckt von Ihnen.«

»Nicht beeindruckt genug, um mir einen Job zu geben«, sagte ich später zu Miss Browne. »Ich hatte wirklich geglaubt, daß ich diesmal eine Chance hätte.«

»Nehmen Sie es sich nicht so zu Herzen«, sagte sie. »Es ist ein Jammer, daß Sie niemanden in dieser Branche kennen. Es ist immer von Nutzen, wenn man Freunde hat.«

»Ja«, sagte ich. »Ich habe mir Hoffnungen auf ein wenig Unterstützung gemacht, aber es hat nicht geklappt.«

Sie versuchte, mich zu trösten. »Halten Sie den Kopf hoch, Betty. Irgend etwas wird sich schon finden. Sie werden sehen.«

Ein paar Tage später tauchten der Boß und sein Neffe auf. Sie machten eine ihrer Stippvisiten, was nur ein paarmal im Jahr vorkam. Der Neffe trieb mich im Zimmer der Angestellten in die Enge, als ich gerade Tee kochte. Ich merkte sofort, daß er etwas im Schilde führte. Ich versuchte, die Flucht zu ergreifen, aber er versperrte mir die Tür und grinste.

»Gehen Sie noch nicht«, sagte er. »Bleiben Sie hier und reden Sie mit mir, Betty.«

»Miss Browne und Ihr Onkel warten auf den Tee.«

»Zum Teufel mit Miss Browne«, erwiderte er und griff nach mir. »Komm her, Schätzchen, gib mir einen Kuß.«

Ich vergaß, daß die Geschäftsführerin mich ermahnt hatte, ihn mit äußerster Vorsicht zu behandeln, und schlug zu, so fest ich nur konnte. Ich trug den Ehering meiner Mutter an der rechten Hand und traf ihn damit an der Lippe, so daß sie anfing zu bluten. Ich sah den Abscheu in seinem Blick, als er das Blut schmeckte, und lachte. Das war natürlich falsch. Er wurde sehr wütend.

»Du kleines Miststück«, murmelte er. »Ich werde dich lehren, über mich zu lachen.«

Die Hölle war los, als Miss Browne hereinkam. Sie bewahrte mich vor seinem Zorn, aber sie konnte mich nicht vor der Entlassung bewahren.

»Es tut mir so leid, Betty«, sagte sie, als sie mir den Lohn auszahlte. »Ich möchte Sie wirklich nicht verlieren, aber ich habe keine Wahl.«

»Ich könnte sowieso nicht länger hierbleiben«, erwiderte ich. »Er würde mich bezahlen lassen, so oder so.«

Sehr nachdenklich ging ich an diesem Abend nach Hause. Ich hatte den Eindruck, daß alle Männer gleich waren, sie wollten alle nur ein und dasselbe von einer Frau, und es spielte gar keine Rolle, ob man sie ermutigte oder nicht. Sie glaubten, daß sie ein verbrieftes Recht hätten, sich das zu nehmen, was sie wollten. Ich hatte gedacht, daß James vielleicht anders sei, aber er war nicht an mir interessiert.

Als ich am Abend zu Bett ging, war ich müde und deprimiert.

Ich war so voller Hoffnungen gewesen, als ich nach London gekommen war, aber jetzt schien alles schiefzugehen. Ich hatte meinen Job verloren, und ich würde wieder von vorn anfangen müssen ... Wenn ich nicht zu Nathan ging.

Ich dachte nicht mehr daran zu schlafen. Ich setzte mich im Bett auf und legte die Arme um meine Knie. Ich hatte mich allein durchgeschlagen, solange ich nur konnte, aber es gab im Leben wichtigere Dinge als den Stolz.

Die Adresse, die Nathan mir gegeben hatte, lag in der Leicester Street. Auf der einen Straßenseite befanden sich ein Theater und ein Restaurant, am südöstlichen Ende lag eine Grundschule. Sie stand auf dem Platz, wo einst das Haus des großen Künstlers Hogarth gewesen war. Ich las die Inschrift auf der Bronzetafel, als ich daran vorbeiging, auf der Suche nach der Hausnummer, die auf der Karte stand, welche Nathan mir gegeben hatte.

Ich blieb ein paar Minuten vor dem Haus stehen und fragte mich, ob ich es wagen sollte, meinen Plan durchzuführen, jetzt, wo die Sache unmittelbar bevorstand. Angenommen, er wies mich auch ab? Mein Mut sank, und ich war drauf und dran umzukehren, als ein junger Mann aus dem Laden kam, der nebenan lag.

»Sind Sie wegen der Wohnung gekommen?« fragte er. »Mr. Crawley ist im Augenblick nicht da, aber ich kann Ihnen die Räume zeigen, wenn Sie wollen. Er hat den Schlüssel bei mir gelassen für den Fall, daß ein Interessent kommen sollte, wenn er abwesend ist.«

»Ich verstehe nicht. Ich dachte, Mr. Crawley wohnt hier?«

»Nun, ja und nein.« Der Mann lächelte. »Er ist in eine andere Wohnung umgezogen, die größer ist, soviel ich weiß, und er möchte diese vermieten. Er schaut aber hier und da nach dem Rechten.«

»Ach so, wird er heute vorbeikommen?«

»Das weiß ich nicht. Kann ich ihm etwas ausrichten?«

Ich zog einen Briefumschlag aus der Tasche. Für den Fall, daß ich Nathan nicht antreffen sollte, hatte ich einen Brief mitgebracht. »Könnten Sie dafür sorgen, daß er ihn bekommt?« fragte ich. »Oder soll ich ihn in den Briefkasten werfen?«

»Nein, geben Sie ihn mir. Die Briefe fallen manchmal hinter die Tür, und dann sieht er sie nicht. Ich werde ihm den Brief geben, er kommt mit Sicherheit in den Laden auf ein paar Worte.«

»Danke«, sagte ich und überreichte ihm den Umschlag. »Glauben Sie, daß er vielleicht heute kommt?«

»Wenn nicht, rufe ich ihn morgen an und sage ihm, daß ein Brief für ihn da ist.«

Ich bedankte mich nochmal bei ihm, und er kehrte in den Laden zurück.

Ich wußte nicht recht, was ich mit mir anfangen sollte. Es war ungewohnt, daß ich nicht arbeiten mußte. Ich nahm mir vor, den Tag dazu zu nutzen, die Stadt besser kennenzulernen. Es gab noch so vieles, was ich nicht kannte.

Es war bereits dunkel, als ich in die Pension zurückkehrte. Ich sah, daß die Vorhänge sich bewegten, und wußte, daß Mrs. Stiggly auf mich wartete. Die Miete war dieser Tage fällig, und sie wartete wahrscheinlich darauf, daß ich sie bezahlte. Sie stürzte sich auf mich, als ich die Tür geöffnet hatte.

»Ich bitte um Ihren Schlüssel.«

Ich starrte sie an. »Was soll das bedeuten?«

»Ich will, daß Sie Ihre Sachen packen und mein Haus verlassen, und zwar noch heute.«

»Warum? Was habe ich angestellt?«

»Eine Person hat nach Ihnen gefragt. Sie sagte, sie sei eine Freundin von Ihnen.« Mrs. Stiggly preßte die Lippen zusammen. »Ich würde sie nicht hier im Haus haben wollen. Und Sie können auch gehen. Es war ja auch zu schön, um wahr zu sein ... All dieses vornehme Getue von Ihnen und diese honigsüßen Worte. Nun, ich erkenne eine Hure, wenn ich eine sehe, und Sie verschwinden noch heute.«

»Weil ich eine Freundin habe, die ... Das heißt noch lange

nicht, daß ich genauso bin.« Ich starrte sie wütend an. Wenn sie mich nicht hier haben wollte, würde ich eben ausziehen. »Mir macht das nichts aus. Ich wäre auf jeden Fall bald ausgezogen. Sie verlangen viel zuviel Miete für die Zimmer – und das Essen, das Sie kochen, ist abscheulich.«

Sie schnaubte empört, aber ich reagierte nicht darauf. Im Eiltempo lief ich die Treppe hinauf. Diese Frau war unmöglich. Ich war froh, dieses deprimierende Haus zu verlassen. Sie kam an die Tür, um mich zu beobachten, als ich meine Sachen zusammensammelte.

»Sie brauchen sich keine Sorgen zu machen«, fauchte ich, als ich die Sachen in meinen Koffer warf. »Ich würde mir bestimmt nicht die Mühe machen, irgend etwas von Ihrem Zeug zu stehlen. Es lohnt sich nicht.«

»Oh, ich habe gewußt, daß Sie ein schlechtes Mädchen sind. Ich wußte es in dem Augenblick, als ich Sie zum erstenmal gesehen habe.«

»Warum haben Sie mich dann genommen?« Ich lachte rauh. »Glauben Sie nur nicht, daß ich es nicht wüßte. Weil ich dumm genug war, Ihre Preise zu akzeptieren.« Ich warf meinen Zimmerschlüssel auf den Frisiertisch. »Ich hoffe nur, die nächste Mieterin hat mehr Verstand.«

»Gott sei Dank«, rief sie mir nach, als ich die Treppe hinunterlief.

Ich gab mir nicht die Mühe, ihr zu antworten. Ich kochte vor Wut, als ich auf die Straße kam. Die alte Hexe hatte nicht das Recht, mich und Polly über einen Kamm zu scheren.

In meiner Aufregung, mit Tränen in den Augen, bemerkte ich das Auto nicht, bevor es kreischend vor Mrs. Stigglys Vordertür haltmachte. Ich fing an, schnell davonzugehen. Ich hörte zwar Rufe hinter mir, aber selbst dann kam ich nicht auf den Gedanken, mich umzudrehen. Schritte ertönten hinter mir, und dann ergriff irgend jemand mich am Arm und drehte mich um.

»Wohin willst du denn? Warum läufst du davon?«

»Davonlaufen?« Ich blinzelte, als ich hochschaute in das wütende Gesicht des Mannes. »Warum sollte ich davonlaufen?«

»So hat es jedenfalls ausgesehen. Du hast mir eine Nachricht hinterlassen, und jetzt, wo ich herkomme …«

»Oh, Nathan!« Vor Erleichterung fing ich an zu kichern. »Ich bin nicht vor dir davongelaufen.«

»Wo willst du denn hin?«

»Ich habe keine Ahnung. Meine Wirtin hat mich gerade hinausgeworfen.«

»Hinausgeworfen?« Er drehte sich um und blickte die Straße entlang, wo Mrs. Stiggly in der offenen Tür ihres Hauses stand, und ich sah ihm an der Nasenspitze an, daß er die Absicht hatte, zurückzugehen und sie zur Rede zu stellen. »Warum hat sie das getan, Betty?«

Ich erklärte ihm die Geschichte mit Polly, und er runzelte die Stirn. »Mrs. Stiggly hat mich nie gemocht. Sie hält mich für ein schlechtes Mädchen.«

»Polly ist nicht so wie du, Betty.« Er schaute mich merkwürdig an. »Dem Himmel sei Dank, daß ich hergekommen bin, als ich deinen Brief gelesen hatte. Sonst hätte ich dich womöglich verfehlt.«

»Das war vor allem ein Glück für mich«, sagte ich. »Ich muß einen Platz finden, wo ich heute nacht schlafen kann.«

»Du kannst in der alten Wohnung bleiben, wenn ich dich dort hinbringen darf?«

»Das wäre großartig. Ich brauche deine Hilfe, Nathan.«

Er sah mich schweigend an, dann lächelte er. »Ich bin froh, daß du zu mir gekommen bist, Betty. Komm, gib mir deinen Koffer. Steig in den Wagen, und ich werde dich erst mal zum Abendessen ausführen. Dann können wir uns unterhalten. Es sieht so aus, als ob wir einiges nachzuholen hätten.«

»Ich sterbe nicht gerade vor Hunger, Nathan. Es geht mir nicht besonders gut, aber so schlecht auch wieder nicht.«

Er öffnete mir die Wagentür. Mrs. Stiggly war ins Haus gegangen, aber sie beobachtete uns hinter dem Vorhang. Ich winkte ihr zu, als Nathan abfuhr.

»Die blöde alte Hexe«, sagte ich. »Ich hätte nie so lange dort bleiben sollen.«

Nathan grinste, gab aber keinen Kommentar ab. Er redete

nicht viel, bevor wir in einem kleinen Restaurant Platz genommen hatten, dann schaute er mich ernst an. »Ich konnte es nicht glauben, als ich deinen Brief bekam, Betty. Wie lange bist du bereits in London?«

»Seit Mitte Februar. Ich habe in einem Laden gearbeitet, aber ich wurde entlassen.«

Er sah nachdenklich aus. »Das Letzte, was ich gehört habe, war, daß du Joe Morris heiraten würdest. Was ist passiert?«

Ich war überrascht. »Wer hat dir das erzählt?«

»Ich habe einen Brief von Tante Hilda bekommen.«

»Ich verstehe.« Ich runzelte die Stirn. »Hat sie dir nicht mitgeteilt, daß Joe gestorben ist?«

Schockiert schüttelte Nathan den Kopf. »Mein Gott! Joe ist tot? Wie ist das passiert? War es ein Unfall?«

»Er ist an Diphterie gestorben ... Auch mein Bruder und meine kleine Schwester sind daran gestorben. Ich war auch krank, aber mein Vater hat mich gesundgepflegt.« Ich holte tief Luft. »Er ist Anfang des Jahres gestorben.«

Nathan kniff die Augen zusammen, an seiner Wange fing ein Nerv an zu zucken. »Das klingt, als hättest du eine schreckliche Zeit hinter dir, Betty. Erzähl mir bitte ganz genau, was im einzelnen vorgefallen ist.«

Wir redeten beim Essen weiter. Ich erzählte ihm, wie ich meine kleine Schwester und meinen Bruder gepflegt hatte und wie Joe allein in seinem Häuschen gestorben war. Er machte ein grimmiges Gesicht, als ich fortfuhr, aber er blieb still und unterbrach mich nicht, bis ich ihm berichtete, wie es gekommen war, daß ich meinen Job verloren hatte.

»Ich habe nicht eingesehen, warum ich mich von ihm betatschen lassen sollte, deshalb habe ich ihn geschlagen«, sagte ich.

Da lachte Nathan. »Ein Punkt für dich«, sagte er. »Ich sehe, du hast dich nicht verändert. Ich bin froh darüber.«

»Und dann habe ich versucht, dich zu erreichen«, sagte ich.

»Du hättest schon eher kommen sollen.« Er grinste. »Aber besser spät als nie, Kind.«

»Du änderst dich auch nie.«

Wir blieben noch eine Zeitlang beim Essen sitzen, dann fuhr Nathan mich zu der Wohnung. Ich erinnerte mich sofort an das helle Licht im Durchgang. Dann waren wir oben, und ich fand alles so vor, wie es gewesen war. Ich setzte mich aufs Sofa, und Nathan stellte mein Gepäck mitten auf den Fußboden. Ich schaute auf den Fellvorleger und lächelte, als ich daran dachte, wie ich barfuß darauf getanzt hatte.

»Dein Nachbar hat mir erzählt, daß du diese Wohnung vermieten willst. Du wohnst hier also nicht mehr?«

»Ich habe mir eine größere Wohnung gekauft. Jetzt mache ich uns erst einmal etwas Heißes zu trinken. Ich habe Milchpulver in der Küche, denke ich. Ist das in Ordnung?«

Ich nickte, und Nathan ging in die Küche. Ich zog meine Schuhe aus und vergrub seufzend meine Füße in dem weichen Fell. Es wäre wundervoll, hier wohnen zu können.

»Es ist Tee da und Pulverkaffee, aber nur Kondensmilch.«

»Ich würde gern Tee ohne Milch trinken. Das tue ich oft.« Ich schloß die Augen und holte tief Luft. »Kann ich ein paar Tage lang hierbleiben?«

»Ich wäre sehr beleidigt, wenn du es nicht tätest.« Er kam zurück mit einem Tablett und stellte es auf den Tisch. »In der Dose sind ein paar Kekse, aber sie sind vielleicht nicht mehr frisch.«

»Nach dem Essen? Ich könnte nichts mehr hinunterbringen.«

»Warum bist du nicht gleich nach deiner Ankunft zu mir gekommen?«

»Ich dachte, ich könne selbst einen Job als Sängerin finden.«

»Immer noch die alte, unabhängige Betty!« Er grinste. »Hast du Frances wiedergesehen?«

»Nein«, sagte ich rasch und fragte mich, weshalb ich log, obwohl ich im Inneren wußte, daß ich es deshalb tat, weil dieser Zwischenfall im Laden mir immer noch wehtat. »Ist sie in London?«

»Sie kommt und geht. Den größten Teil des Winters verbringen sie und Mary in Spanien, aber Frances ist im Sommer gern in London.«

»Oh ...«, sagte ich. »Geht es ihr jetzt besser?«

»Als ich sie das letzte Mal sah, ging es ihr ausgezeichnet«, erwiderte er und runzelte leicht die Stirn. »Ich habe immer gewußt, daß es ihr gutgehen würde, wenn sie aus den Marschgebieten herauskommt.« Er schaute mich nachdenklich an. »Ich hoffe, du bist nicht zu oft mit Polly zusammen gewesen. Du weißt doch, daß sie ein Callgirl ist?«

»Nun, ja, so etwas in der Art«, sagte ich. »Ich weiß, was sie macht. Ich werde mich bald nach einem Job umsehen müssen.«

»Du hast jetzt mich. Ich werde mich um dich kümmern.«

»Eine ausgehaltene Frau?« Ich hob meine Brauen. »Nathan, ich ...«

»Ich seh' schon, dickköpfig wie immer. Du wirst erst mal hier bleiben, bis wir alles geregelt haben. Ich warne dich, wenn du weglaufen solltest, werde ich dich wiederfinden und zurückbringen.« Er grinste. »Ich bin immer dein Freund gewesen, aber du hast das nicht erkannt. Ich will dir helfen, und ich werde es auch tun, wenn du es zuläßt?«

»Ich bin es müde, mich allein durchzukämpfen. Ich nehme deine Hilfe an, Nathan. Aber ich kann nicht immer und ewig hier bleiben.«

»Wir reden morgen darüber«, sagte er. »Schlaf erst mal etwas und mach es dir gemütlich. Ich bringe dir morgen das Frühstück her.«

Ich lächelte, als er ging. Ich hatte nicht erwartet, daß er mich alleinließ, aber vielleicht begehrte er mich nicht mehr so wie früher. Es war schon seltsam, wie sich alles entwikkelt hatte. Nathan war immer hinter mir her gewesen, und ich war vor ihm davongelaufen, aber jetzt war ich aus freiem Entschluß zu ihm gekommen. Wenn James sich anders verhalten hätte, wäre alles anders gekommen. Ich fragte mich, was Nathan wohl sagen würde, wenn er wüßte, daß ich zuerst bei James gewesen war, aber das würde ich ihm nie erzählen.

Vier Tage später sah ich zu meiner Überraschung, wie Nathan einen riesigen Karton hereinschleppte. Er hatte mir jeden Tag etwas gebracht, Eßwaren, Blumen, Süßigkeiten, Zeitungen, einen Plattenspieler und Berge von Schallplatten, damit ich eine Abwechslung hatte, solange ich hier wohnte. Ich hatte alles dankbar angenommen, aber als ich auf diesen Karton starrte, spürte ich ein leichtes Flattern im Magen.

»Was ist das, Nathan?«

»Mach ihn auf und schau nach.« Er grinste. »Mach schon, es wird dich nicht beißen.«

Vorsichtig nahm ich den Deckel ab, aber als ich die obere Lage Seidenpapier weggezogen hatte, schrie ich leise auf vor Überraschung. Darunter lag das tollste Kleid, das ich je gesehen hatte. Es war schwarz, lang und schmal geschnitten, und der Rückenausschnitt war schon fast anstößig. So etwas mochte Marlene Dietrich im Blauen Engel getragen haben.

»Es ist schamlos«, sagte ich, als ich es vor mich hinhielt. »Nathan, das kann ich nicht tragen.«

»Sei nicht so prüde«, erwiderte er. Seine Augen glitzerten. »Du wirst es heute abend tragen. Ich will dich ausführen.«

Noch einmal hielt ich das Kleid vor mich hin und schaute in den Spiegel, der über dem Kamin hing. Ich konnte unmöglich einen BH darunter tragen, und es würde jede Linie meines Körpers nachzeichnen.

»Wohin willst du mit mir gehen?«

»In einen Nachtclub«, antwortete er und lächelte, als ich mich weiterhin im Spiegel musterte. »Ich möchte, daß du jemanden kennenlernst. Jemanden, der vielleicht in der Lage ist, dir bei deinem Start als Sängerin zu helfen.«

»Nathan! Was hast du vor?«

»Wart's nur ab, du wirst schon sehen«, sagte er, aber als ich das Gesicht verzog, lachte er. »Immer noch so ungeduldig, Betty? Ich habe dir schon einmal erzählt, daß ich jemanden kenne, der dir helfen könnte, nicht wahr? Nun, sein Name ich Richard, er ist entfernt mit meiner Mutter verwandt, und er leitet einen Nachtclub in Mayfair ...«

Ich schrie entzückt auf, legte das Kleid hin und stürmte auf ihn zu. »Oh, Nathan«, rief ich. »Glaubst du, daß ich ihm gefallen werde?«

»Da bin ich ganz sicher. Wir werden heute abend in dem

Club zu Abend essen, und schließlich wird er mich bitten, dich bei ihm vorsingen zu lassen. Ich habe ihm gesagt, daß ich dein Manager sei.« Nathans Stimme klang ein wenig merkwürdig, aber ich war zu aufgeregt, um mich darüber zu wundern.

»Ich kann es nicht glauben!« Ich glühte vor Aufregung, als ich zu ihm aufsah. »Ich hätte auf dich hören sollen, als du mir vor Jahren deine Hilfe angeboten hast.«

Ein seltsames Lächeln erschien auf seinen Lippen. »Ich wünschte, du hättest es getan, Betty.« Einen Augenblick machte er ein so merkwürdiges Gesicht, daß ich nichts mehr sagte, dann zog er mich an sich und küßte mich sanft und ohne jeden Anflug von Leidenschaft. »Geh und mach dich zurecht. Ich habe noch etwas zu erledigen, aber ich komme in einer Stunde zurück. Willst du nicht dieses neue Badesalz ausprobieren, das ich dir gestern gebracht habe?«

»Ja, das mache ich.«

Ich lächelte ihm schüchtern zu, als er fortging. Als ich das Badewasser einlaufen ließ und großzügig duftendes Badesalz hineinstreute, schwebte ich wie auf Wolken. Es kam mir vor wie ein Traum, als ich in dem warmen Wasser lag und darüber nachdachte, wie sehr mein Leben sich in den letzten Tagen geändert hatte – und nur wegen Nathan. Er war so gut zu mir!

Ich konnte jetzt gar nicht mehr begreifen, warum ich so lange gezögert hatte, ihn aufzusuchen. Ich zog das fabelhafte Kleid an, das er mir mitgebracht hatte, und genoß das Gefühl der Seide auf meiner Haut. Es lag so verführerisch eng an, daß ich nichts als den dünnsten Seidenslip darunter tragen konnte. Als ich mich in dem großen Spiegel im Schlafzimmer betrachtete, sah ich eine völlig Fremde vor mir. Diese Frau war einfach zu elegant! Es konnte unmöglich Betty Cantrel sein. Sie war schön – schön, und noch etwas mehr. Ich hatte das gewisse Etwas … Einen Blick, wie ich ihn bei meinen Heldinnen im Kino gesehen hatte … Jetzt wurde mir klar, weshalb ich in der Vergangenheit so viele Probleme mit Männern gehabt hatte. Das gab mir ein Gefühl von Macht, und ich lachte, als ich mich eitel vor dem Spiegel drehte und wendete und mein Bild bewunderte.

Als ich hörte, daß Nathan die Treppe heraufkam, war ich in Versuchung, herauszustürzten und ihn zu begrüßen, aber dann zog ich es doch vor, einen großen Auftritt zu haben. Ich wollte mein neuentdecktes Selbstbewußtsein auf die Probe stellen. Ich wartete, bis er mich rief, dann öffnete ich die Schlafzimmertür und ging langsam auf ihn zu. Ich bewegte mich so anmutig, wie mein neues Ebenbild es verlangte, und verspürte eine Aufwallung von Triumphgefühl, als ich die Überraschung und die Freude sah, die sich auf seinem Gesicht spiegelten. Ein paar Schritte vor ihm blieb ich stehen und schaute ihn an.

»Nun, Nathan, geht es so?«

»Phantastisch«, sagte er mit gepreßter Stimme. »Ich habe es immer gewußt, aber dieses Kleid paßt genau zu dir. Nun siehst du so aus, wie du bist, wie eine verführerische, leidenschaftliche Frau. Richard wird ganz verrückt danach sein, dich einzustellen. Besonders, wenn er dich singen gehört hat.«

»Glaubst du wirklich?« Im Inneren war ich immer noch das, was ich immer gewesen war, ein unsicheres kleines Dorfmädchen, trotz meiner neuen Aufmachung.

»Ja, das glaube ich wirklich.« Er grinste und bot mir schwungvoll den Arm. »Ihr Wagen wartet, Miss Cantrel. Die Zukunft liegt vor Ihnen …« Ich nahm seinen Arm und hoffte, er würde nicht merken, daß ich zitterte. »Überlaß alles mir, Betty. Sei nicht nervös. Ich weiß genau, was ich tue. Du brauchst nur zu lächeln und allem zuzustimmen, was ich sage.«

Als wir in den Club gingen, merkte ich vom ersten Augenblick an, daß die Leute uns beobachteten. Wir sahen gut aus zusammen, Nathan in seinem vornehmen Abendanzug aus schwarzer Seide und ich in diesem aufregenden Kleid. Der Rückenausschnitt war so tief, daß ich mir halbnackt vorkam, aber irgendwie brachte ich es fertig, mich nicht mehr darum zu kümmern. Ich war einfach zu aufgeregt.

Ich weiß nicht mehr, was wir an diesem Abend gegessen und getrunken haben. Als die Vorführungen begannen, lachte ich über die Witze des Komikers und klatschte dem Sänger Beifall, aber alles schien irgendwie gedämpft zu sein, als komme es aus weiter Entfernung zu mir. Erst als die Show vorüber kam, kam ein Mann zu unserem Tisch. Er war groß, beleibt, besaß eine blühende Gesichtsfarbe und grau werdendes Haar. Er jagte mir Angst ein. Angenommen, ich gefiel ihm nicht!

»Das ist also das kleine Mädchen, das du vor mir versteckt hast«, sagte Richard Warren und musterte mich mit scharfen Augen. »Ich sehe schon, warum. Sie ist genauso, wie du gesagt hast, Nathan. Wenn sie auch noch singen kann, würde ich mich glücklich schätzen, ihr einen Job zu geben.«

»Oh, sie kann singen«, sagte Nathan und lachte leise. »Sie besitzt zwar keinerlei Ausbildung, aber sie hat die Stimme eines Engels – oder vielleicht besser einer Sirene.«

»Und wann kann ich diese engelhafte Stimme hören?« Richard machte ein amüsiertes Gesicht.

»Jetzt gleich, wenn Sie es möchten«, sagte ich. Meine Angst vor ihm hatte sich in Luft aufgelöst.

Seine Augen fingen an zu funkeln. »Sie kann also sprechen. Ich fing schon an, meine Zweifel zu haben.«

»Sie kann sprechen und sie kann singen«, erwiderte Nathan. »Aber im Augenblick möchte sie tanzen.«

»Das war die Stimme eines Managers«, sagte Richard gutgelaunt. »Dann noch viel Spaß heute abend – aber morgen früh bringen Sie sie mir her.«

Ich schaute Nathan an und war kaum fähig, meine Aufregung zu verbergen. Richard mochte mich!

Nathan lächelte, nahm mich an der Hand und zog mich hoch, als die Musik anfing, einen Walzer zu spielen. Ich schmiegte mich an ihn, als er mich eng an sich zog. Die Aufregung und der Wein, den wir zum Essen getrunken hatten, stiegen mir in den Kopf. Ich war nicht daran gewöhnt, Champagner zu trinken; in meiner Nase prickelte es, und in meinem Kopf schien es auch zu prickeln. Ich fühlte mich wie im Himmel, als ich mit Nathan tanzte. Ich schloß die

Augen, lehnte meinen Kopf an seine Schulter, und ich spürte, daß er mit den Lippen mein Haar berührte. Ich wünschte mir, daß dieser Abend nie enden möge.

Es muß gegen zwei oder drei Uhr am Morgen gewesen sein, als wir den Club verließen. Ich ging wie auf Wolken, wiegte mich immer noch zu der Musik und war glücklich. Glücklich und entspannt. Nathan fuhr uns nach Hause. Ich blinzelte in dem hellen Licht im Durchgang, dann waren wir oben, und Nathan hielt mich in seinen Armen und küßte mich.

»Heute bist du nicht betrunken, Betty, oder?« fragte er. »Es ist nicht so wie beim letzten Mal?«

Ich schüttelte den Kopf, lehnte mich an ihn und seufzte leise. »Nein, es ist nicht wie beim letzten Mal, Nathan«, sagte ich sanft.

Wieder streckte er die Arme nach mir aus, und ich schmiegte mich bereitwillig an ihn. Es war die natürlichste Sache von der Welt, fand ich, und es war richtig. Ich legte die Arme um seinen Hals, als er mich küßte, erst sanft und dann mit wachsender Leidenschaft. Ich war erstaunt darüber, wie heftig mein Körper auf ihn reagierte; mir wurde ein wenig schwindlig, und plötzlich wußte ich, daß ich seit dem ersten Mal immer darauf gewartet hatte, daß es wieder geschieht, würde, und daß ich es so wollte. Ich wollte, daß Nathan mit mir schlief.

»Laß mich heute nacht hierbleiben«, flüsterte er heiser. »Laß mich mit dir schlafen, Liebling.«

»Ja. Ja, bleib bei mir«, rief ich und klammerte mich an ihn. Mein ganzer Körper sehnte sich nach Liebe. Ich wollte Nathan, ich brannte darauf, mit ihm zu schlafen, meine Sinne verlangten ungeduldig danach. »Geh nicht. Bleib bei mir, Nathan. Liebe mich. Ich begehre dich so sehr ...«

Er stöhnte, beugte sich herunter, um mich unterhalb der Kniekehlen aufzuheben. Ich hielt mich an ihm fest, als er mich ins Schlafzimmer trug, und erwiderte seine Küsse mit einer Intensität, die selbst ihn überraschte.

»Du willst mich wirklich, ja, Betty?«

»Ja. Ja, ich will dich«, rief ich. Wieder spürte ich die

atemlose Erregung wie damals, als er mich zum erstenmal verführt hatte, aber diesmal hatte ich überhaupt keine Angst.

»Ich habe dir versprochen, daß ich beim nächsten Mal geduldiger sein werde«, sagte Nathan, als er zärtlich mit den Lippen über meine Kehle glitt. »Ich will dich glücklich machen, Liebling.«

Ich fühlte mich schläfrig, aber nicht wirklich müde. Als ich mit ausgebreitetem Haar auf dem Kissen lag, war ich wunderbar entspannt und lächelte ihn an. Sehr langsam zog er mir das Kleid und das Höschen aus, wobei er mich ununterbrochen streichelte und liebkoste, so daß ich vor Erregung ganz kribbelig wurde. Er verführte mich mit seinen Blicken, mit seinen Händen und Lippen, mit seiner Zunge und seinem Atem, der an mein Ohr schlug. Er flüsterte mir so liebe Liebesworte zu, daß ich buchstäblich anfing dahinzuschmelzen und ganz feucht wurde zwischen den Schenkeln. Aber noch immer war es nicht soweit.

»Nathan ... Nathan«, stöhnte ich und bäumte mich auf, ihm entgegen, als ein heißes Begehren in mir aufstieg.

»Geduld, Liebes«, murmelte er. »Wenn ich warten muß, mußt du es auch. Zieh mich jetzt aus. Ich möchte deine Hände auf meiner Haut spüren. Zeig mir, daß du mich begehrst.«

Meine Finger zitterten, als ich an den Knöpfen seines Hemdes herumfummelte. Er lachte über meinen Eifer und weigerte sich, mir zu helfen, als ich das Hemd endlich über seine Schultern geworfen hatte und mit den Händen fieberhaft über seine feste, seidenweiche Haut strich. Sein Rücken war hart und mager, und die angespannten Muskeln reagierten auf jede meiner Berührungen. Ich glitt mit den Händen über seine Brust, herunter zu dem Hosenbund und zog ungeduldig daran, aber er ließ mich immer noch warten. Ich mußte jeden Knopf einzeln öffnen, bevor er mir half, die Hose abzustreifen.

Dann waren wir beide nackt und lagen Seite an Seite auf dem Bett. Im Lampenlicht glitzerten zahllose kleine Schweißperlen auf Nathans Körper. Seine Haut war mehrere

Schattierungen dunkler als meine, so daß mein Arm, der quer über seiner Hüfte lag, cremeweiß aussah. Ich dachte, daß er mich jetzt nehmen würde wie beim ersten Mal, aber er fuhr fort, mich zu küssen und zu streicheln, bis ich stöhnte vor ungeduldiger Erwartung.

»Nathan ... Bitte, Nathan, jetzt«, bettelte ich und preßte mich an ihn. »Oh, bitte, ich kann es nicht mehr aushalten ...«

Erst dann spreizte er mir die Beine und glitt dazwischen. Als ich spürte, wie er in mich eindrang, ein harter, heißer Stoß, keuchte ich vor Lust. Ich hatte nicht erwartet, daß es so wunderbar sein würde. Aber auch jetzt noch bewegte er sich absichtlich langsam, so daß ich stöhnte und mit einem lauten Schrei meine Nägel in seine Haut krallte, aber dann stöhnte er auch auf und drang plötzlich so tief in mich ein, daß ich glaubte, ich müsse sterben vor Wonne. Ich warf den Kopf auf dem Kissen von einer Seite auf die andere und rief immer wieder seinen Namen, als der Höhepunkt so plötzlich eintrat, daß ich anfing, krampfartig zu zucken. Ich hielt mit beiden Beinen seinen Körper umklammert und preßte mich an ihn.

Schließlich lag Nathan ganz still auf mir. Eine Weile machte keiner von uns auch nur die kleinste Bewegung. Sein Gewicht erdrückte mich fast, aber ich war zu erschöpft, um dagegen zu protestieren. Ich wollte ihn nur festhalten und weiterhin dieses unendlich süße Gefühl der vollkommenen Befriedigung spüren. Noch nie zuvor war ich so glücklich gewesen, und als er sich auf den Rücken rollte, beschwerte ich mich.

»Halt mich fest«, flüsterte ich. »Ich möchte, daß du mich einfach festhältst.«

»Komm her.« Er drehte sich auf die Seite, legte seine Hände auf mein Hinterteil, drückte mich an sich und legte ein Bein über meine Hüfte. Seine Hände glitten über meinen Rücken, und er fing an, meinen Nacken zu streicheln. »Glücklich?« fragte er.

»Ja, Nathan, ich ...«

»Still«, flüsterte er mir ins Ohr. »Du brauchst jetzt gar nichts zu sagen. Schlaf jetzt.«

Es war, als ob ich keinen eigenen Willen mehr hätte. Er sagte, ich solle schlafen, und ich gehorchte, schloß die Augen und kuschelte mich an seinen warmen Körper. Es war so schön, nicht allein zu sein. Ich seufzte zufrieden und dachte an nichts mehr, als ich in einen festen, traumlosen Schlaf hinüberglitt.

Als ich aufwachte, war Nathan nicht mehr da. Das Bett fühlte sich kalt und sehr leer an, als ich mit der Hand über die Laken glitt. Ich fühlte mich getäuscht und betrogen. Ich wollte, daß er hier wäre. Meine Schläfen klopften zwar, aber im Kopf war ich jetzt kristallklar. Ich hatte ziemlich viel Wein getrunken beim Abendessen, aber ich war zu ehrlich, um das, was anschließend geschehen war, dem Alkohol zuzuschreiben. Ich hatte gewußt, daß es geschehen mußte, wenn ich zu Nathan ging, und vielleicht war es genau das, was ein Teil von mir immer schon gewollt hatte.

Nathan kehrte mit warmen Brötchen zum Frühstück zurück und mit einem großen Karton, den er mit einem breiten Grinsen aufs Bettende legte.

»Ich habe das schon vor ein paar Tagen bestellt«, sagte er. »Heute morgen habe ich es abgeholt.«

Diesmal hatte ich keine Bedenken, als ich rasch den Karton öffnete und entzückt aufschrie, als ich das Kleid darin erblickte. Es war aus einem hellgrauen, seidigen Stoff, mit einem weiten Rock über einem steifen Petticoat, und es gehörte eine weiße Jacke dazu, die bis zur Taille reichte. Außerdem fand ich einen großen Strohhut und weiße Handschuhe.

»Du verwöhnst mich«, sagte ich. »Das ist wunderschön.«

»Ich will dich verwöhnen«, erwiderte er und nahm meine Hände, um mich hochzuziehen und in die Arme zu nehmen. »Ich will dich, Betty. Ich habe dich schon immer gewollt. Ich wußte, daß du eines Tages begreifen würdest, daß du zu mir gehörst. Jetzt habe ich dich, und ich will dich nicht wieder verlieren. Du bist mein, und ich werde mich um dich kümmern. Ich werde dir alles geben, was du dir nur wünschen kannst.«

»Ich will keine ausgehaltene Frau werden«, sagte ich stirnrunzelnd. »Ich will für meinen Lebensunterhalt arbeiten – aber ich werde bei dir bleiben, Nathan. Wenn ich etwas gelernt habe, seit ich in London bin, dann ist es das, daß ich es hasse, allein zu sein.«

»Solange du das im Gedächtnis behältst, solange mußt du bei mir bleiben.« Er schaute mich an, und ich erschrack, als ich seinem eindringlichen Blick begegnete.

»Schau mich nicht so an«, sagte ich. »Manchmal machst du mir Angst, Nathan. Du bist so heftig und intensiv.«

Ein kleiner Schatten glitt über sein Gesicht. »Es tut mir leid, Betty. Ich will gar nicht so sein. Es liegt in meiner Natur. Ich glaube, alle Crawleys neigen dazu. Frances war mir darin sehr ähnlich.«

»Ja«, sagte ich. »Manchmal war sie auch so – aber bei dir ist es ein kleiner Teufel, der dir auf der Schulter sitzt.«

Er lachte. »Glaubst du? Vielleicht hast du recht. Es sind diese trüben Stimmungen ...« Er schüttelte den Kopf. »Du wirst das nicht hören wollen. Hab keine Angst vor mir, Betty. Ich will dir niemals wehtun. Ich verspreche dir, daß ich alles tun werde, um dich glücklich zu machen.«

»Du hast es schon getan.« Ich lächelte und schlang meine Arme um seinen Nacken. »Ich habe mich noch nie so wunderbar gefühlt, so lebendig ...«

»Das ist erst der Anfang, mein Liebling. Eines Tages wirst du reich und berühmt sein. Du wirst fabelhaften Schmuck haben, mehr Kleider, als du tragen kannst, alles, was du willst.«

»Im Augenblick will ich nur bei dir sein.«

»Meine süße Betty.« Er zog mich eng an sich und schaute mich mit leuchtenden Augen an. »Ich wünschte, wir könnten hierbleiben, aber du mußt dich anziehen. Richard wartet auf uns.«

Ich ließ ihn zögernd los, um mein neues Kleid anzuziehen. Es stand mir ausgezeichnet. Nathan hatte einen guten Blick. Das Kleid, das er vor Jahren für mich ausgesucht hatte, war genau das richtige gewesen für das Mädchen, das ich damals noch war, so wie dieses richtig war für die Frau, die ich inzwischen geworden war.

Bei Tageslicht sah der Club leer und etwas zu bunt aus mit der Ausstattung in Purpurrot und Gold; er brauchte eine sanfte, ausgewogene Beleuchtung, damit er wieder zu dem Paradies meiner Traumwelt werden konnte. Richard saß an einem der Tische, er rauchte und unterhielt sich mit einem anderen Mann. Sie drehten sich zu uns um, als wir näherkamen, dann stand Richard auf, und der andere folgte seinem Beispiel.

»Betty«, sagte Richard und gab mir einen Kuß auf die Wange.

»Sie sehen großartig aus. »Ich habe mich schon sehr auf Sie gefreut.« Er wandte sich an den dünnen, etwas müde aussehenden Mann an seiner Seite. »Das ist Tim Reynolds, er spielt hier Klavier. Er wird uns heute morgen helfen.«

»Hallo«, sagte ich, wieder etwas nervös geworden. »Ich habe bisher nur in der Kirche und zu Hause gesungen. Ich kenne ein paar der gerade beliebten Lieder, aber ich könnte trotzdem Fehler machen.«

»Machen Sie sich keine Sorgen, Betty, ich überspiel' das.« Tim lächelte träge. »Sollen wir ein paar Takte probieren, um die richtige Tonart für Sie herauszufinden?«

Richard nickte uns zu. »Wenn Sie eine Stimme haben, werde ich Ihnen beibringen, wie ein Profi singt. Entspannen Sie sich und stellen Sie sich vor, daß Sie zu Hause im Bad sei, meine Liebe. Beim ersten Mal möchte ich Sie ohne Begleitung hören.«

Nathan grinste. »Sie braucht die Musik nicht zu hören, sie hat sie im Kopf.«

»Was wollen Sie singen?« fragte Richard.

»Ich möchte es gern mit ›Stormy Weather‹ versuchen, ist das in Ordnung?«

»Ja, das ist gut.«

Ich ging hinüber zu der winzigen Bühne. Nathan und Richard hatten sich an den Tisch gesetzt. Tim saß am Klavier, die Hände auf dem Schoß. Ich spürte, wie alle drei mich anschauten, und mir fingen die Knie an zu zittern. Endlich war sie da, meine große Chance! Angenommen, ich würde alles verderben? Meine Handflächen waren schweißnaß, und ich fühlte mich elend. Was machte ich eigentlich hier? Ich war ein einfaches Dorfmädchen. Wie kam ich auf die Idee, daß ich in die Fußstapfen von berühmten Sängerinnen wie Judy Garland und Elizabeth Webb treten könnte? Einen Augenblick lang schloß ich die Augen und wünschte mir, der Boden würde sich öffnen und mich verschlingen. Ich war sicher, daß ich nicht einen Ton hervorbringen könnte. Dann faßte ich wieder Mut. Ich war nur Betty Cantrel, aus einem Dorf in den Marschgebieten, aber ich war *ich*. Ich konnte mit meinem Leben anfangen, was immer ich wollte. Es lag nur an mir.

Dann war ich nur noch von Musik erfüllt. Ich vergaß, wer ich war. Ich vergaß die Männer, die mich beobachteten. Ich sang nur zu meinem Vergnügen. Ich fing an mit einer Hymne, trug dann etwas aus *Kiss Me Kate* vor und zuletzt die tiefe, hämmernde Melodie von ›Stormy Weather‹, ein Lied aus einem Film, den ich vor ein paar Wochen gesehen hatte. Als ich fertig war, herrschte einen Augenblick lang völlige Stille. Unsanft kam ich auf die Erde zurück und hatte plötzlich Angst. Warum sagte niemand etwas? War ich so entsetzlich schlecht gewesen? Meine schlimmsten Befürchtungen schienen wahr zu werden, als das furchtbare Schweigen anhielt. Ich ging an das Ende der Bühne und schaute auf die beiden Männer am Tisch hinunter. Undeutlich bekam ich mit, daß andere Leute plötzlich von irgendwoher aufgetaucht waren. Ich konnte weiße Gesichter sehen mit Augen, die mir verstohlene Blicke zuwarfen, von der Bar aus und vom Eingang her.

»War es in Ordnung?« fragte ich ängstlich. »Soll ich lieber noch einen Versuch machen?«

Richard stand auf. Er lächelte. Er fing an zu klatschen, und dann hörte ich ein Durcheinander aufgeregter Stimmen. Leute kamen lachend und laut redend auf mich zu.

»Wunderbar!«

»Ein Naturtalent.«

»Sowas hab' ich noch nie gehört.«

Ich hörte die Stimmen, aber meine Blicke blieben auf Richards Gesicht haften. Er kam zu mir auf die Bühne. Er umarmte mich und küßte mich erst auf die eine Wange, dann auf die andere. Ich starrte ihn an, mein Herz klopfte so schnell, daß ich glaubte, ich würde ohnmächtig.

»War es so, wie Sie es sich vorgestellt haben?«

»Es war furchtbar laienhaft«, sagte er, und mein Mut sank. »Aber Sie haben eine Stimme. Sie haben zweifellos eine Stimme.«

»Nathan ...« Ich schaute ihn völlig verwirrt an. War ich nun engagiert oder nicht?

Nathan grinste. »Achte gar nicht auf ihn, Betty. Du warst wundervoll, glaub mir.«

»Wird er mich einstellen?« Ich wandte mich direkt an Richard. »Nehmen Sie mich?«

»Sie haben noch viel zu lernen ... Aber ich bin sicher, daß sich etwas anfangen läßt mit Ihnen. Sie werden allerdings hart arbeiten müssen.«

»Arbeit macht mir nichts aus«, erwiderte ich eifrig.

»Natürlich wird sie hart arbeiten«, sagte Nathan. »Bleib hier und unterhalte dich mit den anderen. Richard und ich haben etwas Geschäftliches zu erledigen in seinem Büro.«

Ich fühlte mich verlassen, als er mit Richard fortging, aber dann rief Tim mich und machte mich mit den anderen bekannt. »Das ist Bill, er arbeitet an der Bar – ein Zauberer mit dem Cocktailshaker; aber sei vorsichtig, wenn er anfängt, Experimente anzustellen.«

Bill war groß und dunkel, er hatte einen dicken Schnurrbart und ein freundliches Lächeln. Er grinste mir zu und bot mir an, mir zu Ehren einen neuen Drink zu kreieren, wenn ich ihm versprach, ihn zu probieren. Ich lachte und sagte ja. Hinter ihm standen zwei Mädchen, Julie und Liz, die als Hostessen im Club arbeiteten. Und dann lernte ich noch eine rundliche, fröhliche Frau kennen, die Maggie hieß und sich um die Garderobe kümmerte.

»Normalerweise sieht man nicht so viele von uns zu dieser unchristlichen Stunde hier«, sagte Tim. »Aber sie wollten alle einen Blick auf dich werfen.«

»Es ist sehr freundlich von Ihnen allen, mich zu begrüßen«, sagte ich. »Besonders, da Sie letzte Nacht vermutlich sehr spät ins Bett gekommen sind.«

»Machen Sie sich nichts vor«, sagte das Mädchen, das Julie hieß. »Wir wollten alle sehen, wie Nathans neue Frau aussieht. Liz hat ihm seit Monaten schöne Augen gemacht ...«

»Biest«, sagte Liz. »Du bist diejenige, die ihre Fühler nach ihm ausgestreckt hat.«

»Liz, mein Kätzchen«, sagte Bill. »Gebt ihr zwei denn nie Ruhe?«

»Geh und steck deine Nase in einen Tom Collins«, sagte Liz ohne Schärfe. »Wir sind die besten Freundinnen, obwohl du das nie begreifst. Willkommen bei unserer fröhlichen Bande, Betty. Wie lange sind Sie schon in London?«

»Drei, nein, schon bald vier Monate.«

»Bei ›Stormy Weather‹ fangen mir die Knie an zu zittern«, sagte Liz. »Ich finde es toll, wenn Frank Sinatra es singt. Ich habe ihn dreimal in *The Kissing Bandit* gesehen. Wußten Sie schon, daß er bald nach England kommt? Er befindet sich auf einer Europatournee und wird zum erstenmal hierherkommen.« Sie verdrehte die Augen. »Ich liebe diesen Mann.«

»Ich würde ihn gern auf der Bühne sehen«, sagte ich. »Aber ich denke, es dürfte schwierig sein, Karten zu bekommen.«

Liz blinzelte mir zu. »Das hängt davon ab, wen man kennt. Möchten Sie mitkommen, wenn ich welche bekomme?«

»Ja, gern ...« Ich brach ab, als ich merkte, daß Nathan und Richard zurückkamen. Beide Männer sahen sehr zufrieden mit sich aus.

»Es sieht so aus, als ob Nathan Richard ein wenig die Daumenschrauben angelegt hätte«, flüsterte Liz.

»Ich kann noch immer nicht glauben, daß ich nicht nur träume.«

»Du hast Glück, Mädchen. Ich hätte nichts dagegen gehabt, wenn Nathan mein ... Manager geworden wäre.«

Sie warf mir einen ausgesprochen anzüglichen Blick zu. Ich wurde rot und blickte beiseite. Sie konnte nicht wissen, daß Nathan und ich ein Liebespaar waren, aber sie setzte es offenbar einfach voraus. Warum? Hielt man das in dieser neuen Welt, in die ich gekommen war, für selbstverständlich? In der vergangenen Nacht hatte ich ihm geglaubt, aber jetzt war ich wieder unsicher. Ich dachte daran, wie hartnäckig er Polly verfolgt hatte, und dann hatte er plötzlich jedes Interesse an ihr verloren. Würde mir das auch passieren?

»In Ordnung, Kind, wir sind im Geschäft.«

Seine Worte und die Erregung, die in seiner Stimme lag, schwemmten all meine Zweifel fort. Mein Herz klopfte wild, als ich ihm in die Augen schaute. »Wird er mich einstellen?«

»Du fängst morgen mit den Proben an. Du wirst erst dann vor den Gästen singen, wenn er glaubt, daß du gut genug dafür bist, dann aber wirst du an fünf Abenden in der Woche auftreten.«

»Nathan!« Ich quietschte vor Entzücken. »Es ist, als ob ein Traum wahr wird.«

»Es ist ganz gut gewesen, daß ich dich eben nicht mitgenommen habe«, sagte er grinsend. »Du hättest alles akzeptiert, was er dir angeboten hätte.«

»Du machst ein sehr selbstgefälliges Gesicht«, sagte ich und schob meinen Arm unter seinen. »Was hast du angestellt?«

»Ich erzähle es dir im Wagen. Komm jetzt, mein Kind, wir haben viel Arbeit vor uns.«

»Was meinst du damit?«

»Du brauchst Kleider. Viele Kleider. Wir gehen einkaufen.«

»Aber ich habe doch gerade ein neues Kleid an.«

»Willst du, daß die reichen Frauen, die nachts hierherkommen, die Nase über dich rümpfen?« Er zog eine Braue hoch. »Du sollst die Beste von allen sein, Betty Cantrel. Das bedeutet, daß du auch so aussehen mußt, und das wiederum liegt nicht zuletzt an den Kleidern. Du brauchst ganze Schränke voll.«

»Aber, Nathan, du kannst mir nicht immer alles kaufen. Das muß dich ein Vermögen kosten.«

Er lachte. »Laß das meine Sorge sein. Es wird nicht mehr

lange dauern, dann verdienst du sehr viel Geld. Ich bin dein Manager, vergiß das nicht. Betrachte es als Investition.«

Ich starrte ihn an, dann nickte ich. »Versprichst du mir, daß du deine Prozente abziehen wirst von dem, was ich verdiene, und auch das Geld, das du jetzt für mich ausgibst?«

»Kümmere dich nicht um Geld, Betty. Ich kann es mir leisten, darauf gebe ich dir mein Wort. Mein Vater hat sein Vermögen im Einzelhandel gemacht. Das habe ich herausgefunden, als man mir die Verwaltung meines Vermögens überließ. Eine Menge des Geldes steckt immer noch in Immobilien, Läden, Häusern und ähnlichen Dingen – obwohl Eben einige der besten Anlagen verkauft hat, als er das Vermögen verwaltete. Ich kann das nicht verstehen. Die Investitionen, in denen er das Geld anlegte, waren bei weitem nicht so ertragreich.«

Ich gab keine Antwort. Ich hätte ihm erzählen können, weshalb sein Onkel diese Investitionen getätigt hatte und weshalb ihm nicht soviel Geld von seinem Vermögen geblieben war, wie es hätte sein sollen, aber ich blieb still. Die Vergangenheit war tot und begraben. Man sollte sie ruhen lassen. Die Farm war jetzt verkauft, und das Geld würde schließlich auf Frances übergehen. Meine Treue gehörte immer noch beiden, also auch Frances, obwohl sie sich mir gegenüber so schlecht benommen hatte. Und dann war da noch das Geheimnis von Ebens Tod. Ich war mir nicht sicher, was sich damals in der Scheune abgespielt hatte und wieviel Nathan über den Tod seines Onkels Eben wußte.

Ich schaute Nathan neugierig an. »Bist du sehr reich?«

Er lächelte amüsiert. »Das hängt von dem jeweiligen Standpunkt ab. Ich bin noch nicht so reich, wie ich eines Tages sein möchte; dann bedecke ich dich von Kopf bis Fuß mit Brillanten.«

»Nein!« rief ich scharf. »Ich will das nicht, Nathan. Ich hätte das Gefühl, daß ich dein Eigentum wäre. Ich nehme deine Hilfe an, unter der Bedingung, daß wir Partner sind.«

Ein seltsamer Ausdruck lag in seinen Augen. »Wenn du es so willst. Sei nicht zu stolz, Betty. Durch Stolz werden andere Beziehungen nur gestört.«

»Welche, zum Beispiel?« fragte ich. »Wir wissen beide, daß unsere Verbindung nicht dauerhaft ist. Sie kann lange dauern oder auch nicht ...« Ich legte eine Pause ein, damit er mir widersprechen konnte, wenn er das wollte, aber er tat es nicht, deshalb fuhr ich fort: »Ich bin dir dankbar für alles, was du für mich getan hast, aber denke nur nicht, daß ich nur aus diesem Grund bei dir bleibe. Ich hasse es, allein zu leben. Ich fühle mich wohl bei dir, und die letzte Nacht war – wundervoll. Ich werde bei dir bleiben, Nathan, solange du willst, aber ich möchte meinen Lebensunterhalt selber verdienen; und ich will nicht, daß du ständig Geld für mich ausgibst.«

Er zuckte mit den Schultern. »Nun, immerhin habe ich es fertig gebracht, daß Richard einen Vorschuß von fünfzig Pfund für dich herausgerückt hat. Du wirst bald in der Lage sein, dir deine Kleider selber zu kaufen.«

»Fünfzig Pfund?« Ich war richtig erschrocken. »Wie lange wird es dauern, bis ich das verdient habe?«

»Nicht lange. Er bot dreißig Pfund an für den Anfang, aber ich habe fünfzig verlangt.«

»Fünfzig Pfund im Monat?« Ich schnappte nach Luft. Das war ein Vermögen.

»Du lieber Himmel! Willst du umsonst arbeiten? In der Woche natürlich, aber das ist nicht genug. Wir werden hundert von ihm bekommen, sobald zu anfängst, Gäste anzuziehen, und das wirst du bestimmt. Julie und Liz verdienen fünfundzwanzig Pfund in der Woche. Ich meine, du mußt mindestens das Doppelte bekommen, das bist du wert. Wenn du erst einmal bekannt wirst, wird es nur noch Stehplätze geben im Club. Alle werden ins Purple Moon kommen und Betty Cantrel hören wollen.«

»Oh, Nathan«, sagte ich lachend. »Das klingt, als ob ich ein Star würde. Ich werde reich sein ...«

»Bestimmt wirst du das.« Er grinste. »Das ist der erste Schritt, Kindchen. Das nächste ist ein Schallplattenvertrag, und dann folgt vielleicht ein Film ...«

Mir fingen die Knie an zu zittern. »Hör auf, Nathan. Du erschreckst mich. Ich weiß nicht, ob ich wirklich so berühmt werden will.«

Er packte mich am Arm und schaute mich forschend an. »Und was willst du wirklich, Betty? Entschließ dich jetzt. Wenn du einmal angefangen hast, gibt es kein Zurück mehr. Du kannst die Hand nach den Sternen ausstrecken – du kannst aber auch weglaufen und dich verstecken. Komm, was ist los mit dir? Ich dachte, du hättest mehr Mut!«

In diesem Augenblick wußte ich nicht, was ich wirklich wollte. Es ging mir alles ein bißchen zu rasch. Ich hatte immer nur zum Vergnügen gesungen. Die glänzende Zukunft, die Nathan mir ausmalte, schien mir unwirklich zu sein.

»Ich bin nicht feige, Nathan. Ich möchte einfach nur glücklich sein, das ist alles.«

Er lachte rauh. »Glück ist ein flüchtiger Traum, Kind. Das kann ich dir leider nicht garantieren. Solange du bei mir bist, wirst du weder hungern noch frieren – aber Glück ist etwas, das du selber finden mußt.«

Was wollte ich damals von ihm hören? Hoffte ich, daß er sagen würde, daß er mich liebte und heiraten wolle? Und wäre ich, selbst wenn er es getan hätte, bereit gewesen, ihn zu heiraten? Was immer ich mir damals gewünscht haben mochte, ich wußte, daß er mir weit mehr anbot, als ich je zu träumen gewagt hätte. Ich wäre ein Dummkopf, wenn ich das auch nur in Frage stellen wollte. Es gab keinen Grund, sich allzusehr in Gedanken über die Zukunft zu verlieren. Ich mußte einfach vom Leben nehmen, was ich bekommen konnte, und das Beste daraus machen. Ich mußte es lernen, Nathan zu vertrauen. Mein Vater hatte mich verbittert gemacht, aber Nathan war nicht Robert Cantrel. Vielleicht steckte in allen Männern ein wenig von meinem Vater, aber der Unterschied zwischen ihnen lag darin, wie sie sich im Leben entwickelten. Ich mußte versuchen, die Vergangenheit zu vergessen und in der Gegenwart zu leben.

»Ich dachte, das wäre es, was du willst.« Nathan schaute mich eindringlich an. »Wenn es Heiraten ist ...«

»Nein!« erwiderte ich schnell. Ich hätte mir gewünscht, James Blairs Frau zu werden, und wohin hatte mich das gebracht? In meinem Herzen würde er immer weiterleben als der vollkommene Mann, aber ich mußte mich der Realität stellen. James war nicht interessiert an mir. Nathan war es, aber wenn ich zuviel von ihm verlangte, würde ich auch ihn verlieren. »Nein, das hier ist es, was ich möchte«, sagte ich nachdrücklich. »Ich bin nicht undankbar, Nathan. Es ist im Augenblick alles ein bißchen viel für mich.«

Sein Griff um meinen Arm wurde fester. »Du wirst mich nicht verlassen?«

Seine Stimme klang ganz merkwürdig, und er schaute mich so seltsam an, daß mein Herz einen Sprung machte. Hatte ich ihn falsch eingeschätzt? Mochte er mich wirklich? Angenommen, er wäre verliebt in mich? Ich wußte nicht, wie mir dann zumute sein würde. Der Gedanke war so neu und verblüffend, daß ich ihn instinktiv wieder verwarf. Es wäre töricht von mir gewesen, das zu glauben. Außerdem, was war Liebe? Mein Vater hatte gesagt, daß er meine Mutter geliebt hatte, aber er hatte ihr nur Leid zugefügt. Nein, es war viel vernünftiger, so weiterzumachen, wie wir begonnen hatten. Lächelnd berührte ich seine Wange mit den Fingerspitzen.

»Mach nicht so ein Gesicht«, sagte ich. »Es gibt für mich keinen anderen Platz auf der Erde. Außerdem brauche ich dich, Nathan. Wir sind doch Partner, oder?«

»Dann geht alles so weiter, wie wir es vorhatten?«

»Natürlich.« Ich schob meinen Arm unter seinen. »Haben wir nicht noch Einkäufe zu erledigen?«

Richard war ein strenger Lehrer. Ich hatte immer zu meinem Vergnügen gesungen, aber jetzt entdeckte ich, daß ich keine Ahnung vom Singen hatte. Ich machte immerzu Fehler, aber Richard hatte viel Geduld mit mir. Ich durfte es immer wieder von neuem versuchen, und ich lernte, es so zu machen, wie er es verlangte.

»Nein. Nein«, rief er oft. »Ich habe es dir doch schon gesagt, Betty. Du atmest nicht richtig. Leg eine Pause ein nach diesem Wort. Beweg deine Arme, beweg deinen Körper.«

»Ich kann nicht gleichzeitig singen und tanzen.«

»Ich habe dich nicht aufgefordert zu tanzen. Ich möchte lediglich, daß du dich bewegst. Du bist nicht in der Kirche. Du bist ein hübsches Mädchen und flirtest mit dem Publikum. Schau dir die Leute hier an – sie haben ihren Eintritt bezahlt und wollen dich sehen. Der Mann da drüben findet dich wunderbar, wirf ihm verliebte Blicke zu. Gib ihm das Gefühl, daß du nur für ihn allein singst.«

»Er wird mich für eine Hure halten!« Ich lachte über Richards enttäuschtes Gesicht und warf seinem nicht vorhandenen Publikum eine Kußhand zu. »Ist es so besser?«

»Nun, es ist ein Anfang. Laß uns noch einmal von vorn anfangen, ja? Denk daran, richtig zu atmen.«

So ging es weiter. Allmählich machte ich Fortschritte. Ich lernte es, an das zu denken, was ich sang, statt nur die Musik zu genießen. Es war viel schwerer, als ich es mir vorgestellt hatte. In diesen ersten Wochen mußte ich stundenlang arbeiten, und manchmal war ich so müde, daß ich nur noch schlafen wollte, wenn ich von den Proben kam. Aber trotzdem genoß ich jede Minute! Mein Leben war so aufregend geworden. Die Vormittage verbrachte ich im Club, manchmal auch die Nachmittage, aber die Nächte gehörten Nathan. Er führte mich in ruhige Restaurants, wo wir entweder allein aßen oder zusammen mit Leuten, die er kannte. Die Frauen, die die Männer begleiteten, waren nicht ihre Ehefrauen. Sie waren so wie ich. Hübsche, strahlende junge Frauen, die viel lachten, aber ihre Augen blieben ernst.

Ich war nicht unglücklich. Ich war mir meiner Stellung als Nathans Geliebte bewußt, aber ich schämte mich dessen nicht. Ich war gern mit Nathan zusammen, obwohl ich nicht genau hätte sagen können, was ich eigentlich für ihn empfand. Ich wußte, daß er mich erregte, daß seine Art, mit mir zu schlafen, mir großes Vergnügen bereiten konnte, aber ich versuchte es lieber nicht, meine Gefühle allzu genau zu analysieren. Manchmal ging er für einige Tage hintereinander fort, und er verbrachte nur selten die ganze Nacht in meinem Bett, aber ich akzeptierte das. Es war vielleicht nicht ganz so, wie ich es mir gewünscht hätte, aber es war besser, als allein zu sein. Ich war zufrieden mit Nathan, und ich brauchte ihn. Wenn ich jemals wirklich darüber nachgedacht hätte, wäre ich wahrscheinlich zu dem Ergebnis gekommen, daß ich glücklich war. Ich war im Begriff, alles zu erreichen, was ich mir gewünscht hatte. Die Welt öffnete sich vor mir. Aber ich war gierig, ich wollte den Mond *und* die Sterne! Trotz allem sehnte ich mich nach James. Ich konnte nicht aufhören, an ihn zu denken, nicht einmal dann, wenn ich mit Nathan zusammen war …

Eine der Frauen in Schwarz hat angefangen, mich gernzuhaben. Sie ist jünger als die anderen, und sie kommt immer nachts. Ich sehe manchmal, daß sie mich beobachtet, wenn sie glaubt, daß ich schlafe, und in ihren Blicken liegt Sympathie. Ich glaube, sie fragt sich, wie es sein mag, auf den Tod zu warten. Einmal, als sie mich so anschaute, habe ich sie gefragt, ob sie glücklich sei. Sie machte ein erstauntes Gesicht, dann schüttelte sie den Kopf.

»Sehen Sie, ich bin Witwe. Ich muß hier arbeiten, um mich ernähren zu können.«

»Das habe ich nicht gemeint«, sagte ich, aber sie verstand mich nicht.

Früher einmal hatte ich Mrs. Jackson gefragt, ob irgend jemand je glücklich sei.

»Es kommt darauf an, zu wissen, wenn man glücklich ist«, hatte sie gesagt.

Ich glaube, das war das Klügste, was jemals irgend jemand zu mir gesagt hat.

Ich ging Polly besuchen, obwohl ich wußte, daß Nathan das nicht gutheißen würde. Sie war erfreut und überrascht, mich nach ihrem Besuch bei Mrs. Stiggly zu sehen.

»Du siehst großartig aus, Betty«, sagte sie. »Dein Kleid muß ein Vermögen gekostet haben.«

»Ja, ich glaube auch. Ich habe es mit einem erheblichen Preisnachlaß bei einer Freundin gekauft.« Ich lachte, weil sie mich so neugierig musterte. »Es ist so viel geschehen, seit ich zum letztenmal hier war. Ich habe jemanden getroffen …« Ich brach den Satz ab, dann sagte ich: »Ich singe in einem Nachtclub, Polly. Du mußt unbedingt kommen und mich hören. Ich kann dich vorübergehend als Mitglied einschreiben lassen.«

»Du singst in einem Nachtclub?« Sie sah mich angenehm überrascht an. »Oh, ich hätte nie geglaubt ... Unsere Betty singt in einem Nachtclub.«

»Weißt du, Nathan hat mir ...« Ich wartete auf ihre Reaktion.

»Du meinst Nathan Crawley?« Ihr Lächeln verschwand. »Oh, Betty ...«

»Der Besitzer des Clubs heißt Richard Warren.« Ich hob den Kopf. »Ja, ich meine Nathan Crawley. Er ... ist mein Liebhaber.«

»Ich weiß nicht, was ich sagen soll.« Sie runzelte die Stirn. »Ist er gut zu dir?«

»Ich weiß, was du denkst, Polly, aber er ist ganz anders. Nathan ist großartig gewesen. Er hat mir so viele Sachen gekauft, und er hat mich mit Richard bekanntgemacht – sie sind entfernt miteinander verwandt. Ohne ihn würde ich jetzt wahrscheinlich bei Woolworth arbeiten oder etwas in der Art.«

»Will er dich heiraten?«

»Darüber haben wir nicht gesprochen. Ich bin nicht sicher, daß ich ihn heiraten möchte, ihn oder irgend jemand sonst. Ich will nicht so werden wie meine Mama.« Ich machte ein finsteres Gesicht. »Ich habe geglaubt, daß alle Männer genauso sind.«

»Und jetzt?«

»Ich kann mich nicht beklagen. Nathan sorgt gut für mich. Er würde sogar noch mehr für mich tun, wenn ich es zuließe.«

»Dann freue ich mich für dich.« Sie lächelte mich an. »Vielleicht wirst du mehr Glück haben als ich. Vielleicht wird Nathan sein Wort halten ... Auf jeden Fall freue ich mich, daß du gekommen bist. Du bleibst doch zum Tee, ja?«

»Natürlich.«

Sie läutete, dann schaute sie mich an. »Was sagt Frances zu dir und Nathan?«

»Ich habe keine Ahnung, ob sie es weiß.« Ich runzelte die Stirn. »Ich habe sie nicht gesehen. Nathan hat mir erzählt, daß sie vorige Woche nach Frankreich gereist sei. Ich glaube, Mary ist sowieso dort geblieben. Warum fragst du?«

»Oh, ich habe mir nur meine Gedanken gemacht. Sie schien immer anzunehmen, daß Nathan ihr Privateigentum sei.«

»Sie war nicht verliebt in ihn«, sagte ich. »Ich weiß, daß es einen anderen gegeben hat.«

»Nein, so meine ich es auch nicht ...« Polly schüttelte den Kopf. »Achte nicht auf mich, Betty. Sie war immer eine so eifersüchtige kleine Madam, aber wenn ihr euch nicht seht ...«

»Nein.« Ich tat ihre Befürchtungen als Unsinn ab. »Hast du mal an deinen Bruder George geschrieben? Er hat mich oft nach dir gefragt, weißt du.«

»Ich wage es nicht, Betty. Wenn er je herausbekommt, was ich mache ...« Polly seufzte. »Ich habe die Brücken hinter mir abgebrochen. Es hat keinen Sinn zurückzublicken.«

»Nein, wohl nicht. Ich versuche, es nicht zu tun, aber manchmal geschieht es trotzdem. Wenn ich daran denke, was mein Vater meiner Mutter angetan hat – und Vera ...«

»Du bist zu stolz, Betty. Denk daran, was Eben mir angetan hat. Ich bin darüber hinweggekommen, und du wirst es auch schaffen, wenn du es wirklich willst.«

»Ja, da hast du sicher recht. Ich muß bald aufbrechen. Nathan kommt heute abend.« Ich stand auf, aber da fiel mir noch etwas ein. »Hattest du irgend etwas Wichtiges auf dem Herzen, als du mich bei Mrs. Stiggly besuchen wolltest, Polly?«

Sie runzelte die Stirn und zuckte mit den Schultern. »Ich wollte dich nur zu einer Party einladen. Du kannst morgen auch mitkommen, wenn du magst. Sie findet bei Charlie statt.«

»Nein, besser nicht«, sagte ich rasch. »Nathan wäre damit nicht einverstanden. Aber wir werden uns bald treffen, Polly. Wir werden zusammen einkaufen gehen.«

16. Kapitel

In der New Coventry Street hatte es einen Unfall gegeben. Ein Bierwagen hatte die gesamte Ladung auf die Straße gekippt. Mir war klar, daß es einen längeren Aufenthalt geben würde, deshalb stieg ich aus dem Bus und ging die letzten paar Straßen zu Fuß. Trotzdem kam ich zu spät. Nathan wartete bereits auf mich. Als ich seinen Gesichtsausdruck sah, bereitete ich mich innerlich auf einen Kampf vor.

»Es tut mir leid«, sagte ich atemlos. »Ich bin im Straßenverkehr aufgehalten worden. Da war ein Unfall ...«

»Da sind dauernd Unfälle.« Er musterte mich von oben bis unten. In seinem Blick lagen Argwohn, Ärger und noch etwas, das ich nicht deuten konnte. »Wo bist du gewesen?«

»Ich habe eine Freundin besucht, Polly Baxter. Ich habe dir erzählt, daß wir uns in London getroffen haben.«

»Du bist in ihrem Haus gewesen? Lieber Himmel, Betty! Willst du unbedingt deinen Ruf ruinieren?«

»Was meinst du damit?« Ich schreckte zurück vor der Schärfe in seiner Stimme. »Polly ist meine Freundin.«

»Dann triff dich irgendwo anders mit ihr. Ich will nicht, daß du in dieses Haus gehst.«

»Von ihren Freunden ist keiner dagewesen, wenn es das ist, was dich beunruhigt.« Ich warf den Kopf in den Nacken. »Schreib mir nicht vor, was ich zu tun habe, Nathan. Ich bin nicht dein Eigentum.«

»Davon ist auch gar nicht die Rede. Ich rate es dir nur zu deinem Besten, verstehst du das nicht?« Er stieß einen verzweifelten Seufzer aus. »Mußt du immer gegen mich kämpfen? Kannst du mir nicht glauben, daß ich auf deiner Seite stehe?«

Wieder hatte ich einen Streit heraufbeschworen, dabei wollte ich doch nichts anderes als in seinen Armen liegen. Ich bedauerte, was ich gesagt hatte, dann sah ich sein enttäuschtes Gesicht und mußte lächeln.

»Schau mich nicht so an, Nathan. Ich weiß ja, daß du recht hast, und ich werde mich in Zukunft irgendwo anders treffen mit Polly.« Ich ging zu ihm hin und schaute ihn herausfordernd an. »Es tut mir leid, daß ich mich verspätet habe, und es tut mir leid, daß ich so kratzbürstig war. Du weißt, daß ich nichts dafür kann. Laß uns nicht streiten. Du bist so lange nicht mehr hiergewesen. Ich habe dich vermißt.«

»Ich mußte nach Portsmouth fahren, um die Zollformalitäten zu klären wegen einiger Waren, die ich importiert habe. Ich bin erst heute früh nach London zurückgekehrt. Es war noch zu früh, um gleich zu dir zu kommen.«

»Du hättest mich ruhig wecken können, das hätte mich nicht gestört. Ich habe mich sehr einsam gefühlt in diesem Bett ohne dich. Ich mag es nicht, wenn du nicht hier bist. Warum konnte nicht jemand anderer die Formalitäten klären?«

»Weil ich mich lieber selber um diese Dinge kümmere.«

»Du scheinst überall die Finger drin zu haben«, meinte ich schmollend. »Ich weiß nicht, was du eigentlich tust, Nathan.«

»Es gibt keinen Grund, weshalb du mehr darüber wissen müßtest«, erwiderte er und runzelte leicht die Stirn. »Ich will dich nicht mit hineinziehen.«

»Aber ich bin doch schon mitten drin – und ich möchte alles über dich wissen.«

»Alles?« Nathan holte tief Luft. Er trat auf mich zu und umarmte mich fest. Ich sah, wie seine Augen anfingen zu leuchten, und dann lächelte er. »Manchmal treibst du mich fast bis zum äußersten, Kind. Eines Tages wirst du zu weit gehen – und dann werden wir beide es bereuen.«

»Ich weiß nicht, was du damit sagen willst.« Ich zog einen Flunsch.

»Wirklich nicht?« Mit einem Finger zog er die Linie meiner Wange nach. »Warum flößt du mir solche Gefühle ein? Du erzeugst ein Fieber in meinem Blut, das nicht aufhören will.«

»Ich mache dich also krank.« Als er ein finsteres Gesicht

machte, riß ich die Augen weit und unschuldig auf. »Das hast du doch gesagt, oder?«

»Du weißt genau, daß es nicht so ist.«

Ich lachte und ließ meine Hände über seine Schultern gleiten, um seinen Nacken zu streicheln, wie er es mochte. »Was hast du dann gemeint?«

»Hör auf damit, Betty, sonst bekommst du heute kein Abendbrot. Wohin möchtest du heute abend gehen?«

»Ich bin nicht hungrig – nicht darauf.« Mit Blicken forderte ich ihn auf, meine Worte so zu deuten, wie er wollte. »Außerdem haben wir genügend Lebensmittel und Wein in der Küche für später. Ich denke, ich würde jetzt gern ein Bad nehmen und dann zu Bett gehen – mit dir.«

»Betty ...«, sagte er heiser. »Kein Wunder, daß ich dich anbete ...« Sein Mund entspannte sich, und er verzog das Gesicht wie im Schmerz, dann lag ich in seinen Armen, und er küßte mich und erzeugte eine Glut, die uns beide mit sich fortriß. »Vergiß das Bad«, murmelte er. »Mein Gott, wie ich dich begehre.«

Ich stieß ihn beiseite und schaute ihn durchtrieben an, als er versuchte, mich wieder in die Arme zu nehmen. »Sei nicht so ungeduldig, Nathan. Ich brauche jetzt ein Bad. Willst du es nicht mit mir teilen?«

»Du kleine Dirne!«

Zuerst glaubte ich, ich hätte ihn schockiert, aber dann sah ich, wie seine Augen glühten, und ich spürte, wie ein leises Lachen in mir aufstieg. »Komm«, sagte ich und nahm ihn bei der Hand. »Was immer ich sein mag, du hast mich geformt. Du hast mir alles beigebracht, was ich weiß.«

»Zeig es mir«, sagte er. »Zeig mir, was du gelernt hast, du kleine Verführerin.«

Ich antwortete nicht, sondern lächelte nur, als ich ihn ins Badezimmer führte. Als das dampfende Wasser in Kaskaden in die Porzellanwanne strömte, sprühte ich freizügig das Parfüm hinein, das er mir gekauft hatte. Bald hüllte eine Duftwolke uns ein. Dann fing ich an, mich auszuziehen. Dabei schaute ich Nathan unverwandt an, meine Blicke ließen seine nicht einen Augenblick lang los, ich verführte ihn mit jeder Bewegung. Das Ausziehen eines Strumpfes wurde zu einem aufreizenden Schauspiel für ihn. Ich konnte deutlich erkennen, wie sehr es ihm gefiel. Als ich endlich nackt vor ihm stand, fing er an, sein Hemd aufzuknöpfen, aber ich hinderte ihn daran.

»Laß mich das tun, Nathan.«

Er lächelte, sagte aber nichts, als ich seine Hände beiseite stieß. Nach jedem Knopf, den ich öffnete, küßte ich das Stückchen Haut, das er freigelegt hatte, und ließ meine Zungenspitze darüberschnellen. Als ich mit dem Hemd fertig war, fing ich mit der Hose an, wobei ich ihn in der gleichen Art küßte und leckte. Ich merkte, welche Wirkung das auf ihn ausübte, und er stöhnte, als meine Zunge über seinen aufgerichteten Penis strich und ich ihn schließlich mit den Lippen in meinen Mund nahm.

»Betty! Du bringst mich um. Ich habe dir zuviel beigebracht.«

Ich lachte, als er mich in seine Arme zog und mich an sich preßte und zitterte vor Wonne, als ich die Berührung seiner heißen Haut an meinem Körper spürte. »Nein, jetzt noch nicht, Nathan«, flüsterte ich. »Ich möchte dich baden.«

»Hexe!« rief er, als wir um ein Haar beide ins Wasser gefallen wären. »Das habe ich dir nicht beigebracht.«

»Du mußt mir auch ein bißchen Phantasie zugestehen«, murmelte ich. »Du wolltest doch, daß ich eine Kurtisane werde, nicht wahr? Nun, jetzt hat dein Wunsch sich erfüllt.«

Ich fing an, seinen Körper einzuseifen, und rieb den Schaum mit den Fingerspitzen in seine weiche feste Haut ein. Ich massierte ihn sanft, bis er anfing zu zittern und zu beben vor Lust. Die Wanne war zu klein für zwei Personen, deshalb mußte ich mit gespreizten Beinen dasitzen, als ich seinen Rücken und die Schultern bearbeitete. Plötzlich packte er mich um die Taille, hob mich hoch und setzte mich fest auf seinen Schoß. Ich kreischte und lachte, als ich die Stöße in meinem Inneren spürte und das Wasser heftig auf den Boden spritzte.

»Vorsichtig, Nathan«, rief ich. »Du wirst uns beide noch ertränken.«

»Zur Hölle mit dem Wasser«, stöhnte er. »Du hast das gewollt, und jetzt bekommst du es.«

Ich beugte mich lachend vor, um ihn zu küssen, und keuchte vor Lust, als er wie rasend vor- und zurückstieß. Sein Verlangen war unbezähmbar, und er kam rasch zum Höhepunkt, während ich noch nicht so weit war, aber ich mußte nicht lange warten. Er war noch bei weitem nicht befriedigt.

»Du hast deinen Willen gehabt«, murmelte er, als wir uns mit warmen, flauschigen Handtüchern abtrockneten. »Jetzt bin ich an der Reihe.«

»Das klingt beunruhigend«, sagte ich und atmete schneller in Erwartung der langen, zärtlichen Liebesstunde, die jetzt folgen würde.

Seine Rache glich mehr einer Belohnung. Als ich auf dem Bett lag und meine Haut noch kribbelte von dem frischen Wasser, drehte er mich auf den Bauch, setzte sich rittlings auf mich und goß sich ein wenig Parfüm in die Hände. Dann fing er an, meinen Rücken mit seinen festen, starken Fingern zu massieren, so daß meine Muskeln weich wurden und ich mich entspannte. Ich spürte, wie das Parfüm in meine offenen Poren eindrang, es war angenehm kühl, und ich stöhnte vor Vergnügen. Dann legte er seine Arme um meine Taille, zog mich hoch, so daß ich auf den Knien lag, und ich fühlte seine Hitze, als er in meine feuchte Vagina glitt. Zuerst war ich ein wenig schockiert, denn es war das erste Mal, daß er mich auf diese Weise nahm. Seine Hände umfaßten meine Brüste und liebkosten sie, während er sich in einem langsamen Rhythmus bewegte, der mir viel Lust verschaffte. Als er für den Augenblick genug davon hatte, drehte er mich wieder auf den Rücken und fing an, erst meinen Leib und die Brüste zu küssen, dann den feuchten, dunklen Haarschopf zwischen meinen Schenkeln. Ich bäumte mich wild auf, rief unentwegt seinen Namen und flehte ihn an, wieder in mich einzudringen. Als er es tat, bewegten wir uns sanft in vollkommener Harmonie, unsere Körper waren in völligem Einklang, als wir gleichzeitig jenes ferne Ufer erreichten und die Wellen der Lust ausklingen ließen, während wir erschöpft dalagen.

Sehr, sehr viel später schaute ich zu ihm auf und lächelte. »Ist es eine Sünde, so große Lust zu empfinden, Nathan?«

»Warum sollte es eine Sünde sein?« erwiderte er und streichelte träge mit einer Hand meine Brust. »Du bist wie geschaffen für die Liebe, Betty. Gott hätte dir nie diesen schönen Körper gegeben, wenn er gewollt hätte, daß du dich dafür schämst.«

»Bin ich wirklich schön?« Ich schaute ihn an und wartete auf seine Antwort, aber er schüttelte nur den Kopf und lachte.

»Du weißt ganz genau, wie du bist und was du mir bedeutest, oder?«

Ich starrte ihn an, als er aufstand und sich anzog. Wie konnte ich das wissen, wenn er es mir nie sagte? Offenbar nahm er an, daß ich mehr Selbstvertrauen besaß, als es tatsächlich der Fall war. So wie er redete, sah es aus, als hätte ich ihn da, wo ich ihn haben wollte, aber das war Unsinn. Ich konnte mich in bezug auf Nathan nie ganz sicher fühlen. Ein Teil von ihm blieb immer reserviert, selbst jetzt noch. Ich runzelte die Stirn, als ich sah, wie er sein Hemd zuknöpfte.

»Mußt du gehen? Warum bleibst du nie die ganze Nacht über bei mir?«

»Ich habe gedacht, du willst es so. Du bist doch diejenige, die nicht allzusehr gebunden sein will.« Er lächelte, aber es lag eine gewisse Grausamkeit darin. »Du verlangst zuviel, Betty. Du willst deine Unabhängigkeit bewahren, aber gleichzeitig möchtest du auch beschützt und geliebt werden, oder? Du wirst dich bald einmal endgültig entscheiden müssen.«

»Schimpf nicht mit mir, Nathan.«

»Das tu' ich auch nicht, ich sage dir nur die Wahrheit. Auf jeden Fall will ich jetzt nicht fortgehen. Steh auf, Frau, und gib mir etwas zu essen. Wenn du willst, daß ich in dieses Bett zurückkomme, muß ich mich vorher stärken.«

»Nathan!« Ich lachte, als er mich aus dem Bett zog. »Manchmal glaube ich wirklich, daß ich dich liebe.«

»Manchmal nur?« Er zog ein Gesicht. »Dann muß ich mir noch viel Mühe geben, oder?«

An dem Abend, an dem ich zum erstenmal im Club auftreten und singen sollte, war ich furchtbar nervös. Als Nathan in die Wohnung kam, um mich abzuholen, klammerte ich mich mit vor Angst weitgeöffneten Augen an seine Hand. »Ich schaff' es nicht, Nathan. Meine Kehle ist trocken. Ich werde nicht fähig sein zu singen.«

»Natürlich schaffst du es.« Er beugte sich herunter und küßte mich ganz zart. »Du wirst auftreten und singen wie ein Engel. Du hast eine wunderbare Stimme, und du bist schön. Alle werden dich lieben. Darauf kann ich dir mein Wort geben.«

»Halt mich einen Augenblick lang fest. Küß mich.«

Ich zitterte, als er mich in die Arme nahm. Er küßte mich innig und zärtlich. »Hab keine Angst, Betty. Sing einfach für mich. Ich werde an meinem Tisch sitzen. Sing für mich, mein Liebling. Alles andere ist unwichtig.«

»Ja.« Ich holte tief Luft und atmete dabei den Duft des riesigen Rosenstraußes ein, den er mir mitgebracht hatte. »Ja, ich werde für dich singen.«

Als wir in den Club kamen, sah Nathan ein paar Männer, die an der Bar saßen und sich unterhielten. Einer von ihnen schaute ihn bedeutungsvoll an, er runzelte die Stirn und wandte sich mir zu.

»Geh und mach dich zurecht, Betty«, sagte er. »Ich muß mit jemandem reden.«

Ich schaute die Männer an, ihre Blicke gefielen mir nicht. Sie hatten etwas Düsteres, fast Unheilvolles an sich. Was für Geschäfte konnte Nathan mit solchen Leuten machen?

Am schlimmsten war das Warten. Als Richard mich rief, fühlte ich mich besser. Ich ging auf die Bühne, schaute zu Nathan hinüber und fing an zu singen. Zuerst aßen und tranken die Leute an ihren Tischen weiter, aber dann bemerkte ich einen Umschwung. Sie fingen an, in meine Richtung zu schauen und zuzuhören. Ich spürte, daß sie sich für mich erwärmten. Meine Nervosität verschwand. Ich hatte

Freude an meinem Auftritt. Alles, was Richard mir beigebracht hatte, ergab sich fast von selbst. Ich flirtete mit meinen Zuhörern, ich neckte sie ein wenig. Ich lächelte ihnen zu, und das gefiel ihnen. Ich schmeichelte mich bei ihnen ein und bat sie, mich zu lieben – und sie taten es. Schon von der ersten Nacht an verehrten sie mich.

Der Applaus wollte kein Ende nehmen. Sie ließen es nicht zu, daß ich mich zurückzog. Sie riefen nach einer Zugabe. Eine einzelne rote Rose fiel mir vor die Füße. Tränen glitten mir von den Wimpern. Ich spürte, wie ihre warme Zuneigung mich einhüllte. Und ich wußte, daß ich mich endlich selbst gefunden hatte. Auf diesen Augenblick hatte ich mein ganzes Leben lang gewartet – und ich verdankte das alles Nathan. Ich schaute zu seinem Tisch hinüber, um ihm eine Kußhand zuzuwerfen. Ich schaute nochmal hin, aber er war nicht da. Er hatte den Augenblick meines Triumphes versäumt. Wo war er nur? Mir wurde kalt. Er hatte es mir versprochen, aber er war nicht da.

Als ich mich umwandte und in meine Umkleidekabine gehen wollte, kam Richard und nahm mich am Arm. »Du kannst jetzt nicht so einfach verschwinden«, sagte er. »Du warst ein großer Erfolg, Betty. Die Leute wollen mit dir reden. Einige Gäste haben darum gebeten, mit dir bekanntgemacht zu werden.«

Ich wußte, daß Liz und Julie oft an den Tischen von Gästen Platz nahmen, besonders bei Männern, die allein gekommen waren. Es gehörte nicht unbedingt zu ihren Aufgaben, aber sie bekamen Prozente, wenn die Gäste Champagner bestellten, und ich wußte, daß zumindest Julie manchmal mit einem Mann, der ihr gefiel, nach Hause ging.

»Warum nicht?« Sie hatte mit den Schultern gezuckt, als ich sie einmal darauf angesprochen hatte. »Wenn sie großzügig sind, kann ich das Doppelte bekommen, was ich hier in der Woche verdiene.«

Richard sah meinen Gesichtsausdruck und lachte. »Nichts Derartiges, Betty«, sagte er. »Nathan würde mich umbringen, wenn ich auch nur den leisesten Vorschlag in der Richtung machte. Nein, es ist ein Mann da, von dem ich möchte, daß du ihn kennenlernst, und dann eine gemischte Gesellschaft, die möchte, daß du einen Drink mit ihr nimmst. Aber komm. Zuerst solltest du Al kennenlernen. Er ist ganz grün vor Neid, weil du mit uns einen Vertrag abgeschlossen hast.«

Er führte mich zu einem der Ecktische. Ein Mann stand auf und lächelte. Er war dunkelhaarig und recht attraktiv mit seinem gewinnenden Lächeln. Er streckte mir seine Hand hin, und ich reichte ihm meine.

»Ich bin froh, Sie kennenzulernen, Miss Cantrel«, sagte er.

»Ich bin Al Burnett. Ich führe die Stork Rooms – ich weiß nicht, ob Sie den Namen schon gehört haben?«

»Ja. Ja, das habe ich.« Ich lächelte. »Ein Mädchen hat mir einmal geraten, Sie um einen Job zu bitten.«

Er grinste und blinzelte Richard zu. »Sie möchten mich wohl jetzt nicht darum bitten, oder?«

Ich lachte. Er gefiel mir sofort. »Nein, im Augenblick nicht. Ich bin hier sehr glücklich.«

»Ich habe schon gefürchtet, daß Sie das sagen würden. Macht nichts, Sie wissen jedenfalls, wohin Sie sich wenden können, falls Richard Ihnen nicht genug zahlt.«

»Hör ihn dir an«, sagte Richard spöttisch. »Jeder weiß, daß Al nicht gern viel bezahlt; er zieht es vor, wenn die Stars zu ihm kommen und umsonst auftreten.«

»Ich bin kein Trottel.« Al grinste wieder. »Möchten Sie etwas Champagner, Miss Cantrel?«

»Es tut uns leid. Betty muß herumgereicht werden.« Richard lachte. »War aber ein nettes Angebot, Al.« Er schob mich vorwärts, auf die andere Seite des Raums. »Al ist in Ordnung, Betty. Wir kennen uns schon lange.«

Ich lachte. Wenn alle von Richards Gästen so nett waren, wie … Dann sah ich, auf wen wir zusteuerten, und mein Herz setzte einen Schlag lang aus, um dann wie wild zu rasen, als ich den Mann und die Frau erkannte, die da beisammensaßen. Warum hatte Nathan mir nicht gesagt, daß sie heute abend hier sein würden?

»Also«, sagte Richard, »hier ist Mrs. Blairs Tisch. Sie würden sich freuen, wenn du auf einen Drink bei ihnen Platz nehmen würdest, Betty.«

Einen Augenblick lang hatte ich Angst, ohnmächtig zu werden. Mein Mund war ganz trocken, und ich konnte James nur anstarren, als er lächelnd aufstand.

»Du warst wunderbar«, sagte er. »Magst du dich zu uns setzen?«

»James ...« Meine Lippen waren plötzlich so steif, daß ich nicht einmal lächeln konnte. Langsam drehte ich mich zur Seite, um Frances anzuschauen. »Frances ... Ich, ich hatte keine Ahnung, daß ihr hier seid. Nathan hat nicht ...« Ich hielt inne, als mir klarwurde, daß ich mich lächerlich machte. »Schön, euch zu sehen.«

»Hat Nathan dir nichts gesagt?« Ihr Lachen klang ein wenig schrill. »Wie ungezogen von ihm. Wir hätten deinen Auftritt um nichts in der Welt versäumen mögen, nicht wahr, James?«

»Nein«, stimmte er ihr zu. »Nein, bestimmt nicht.«

Richard hatte mir einen Stuhl bringen lassen, und ich setzte mich hin. Ich hatte immer noch das Gefühl, daß der Boden sich unter meinen Füßen geöffnet hatte. Als ich Frances zum letztenmal gesehen hatte, hatte sie mir einen tödlichen Stoß versetzt, jetzt saß sie hier und lächelte, als seien wir die besten Freundinnen.

»Du warst wundervoll, Betty«, sagte sie. »Als ich dich auf die Bühne kommen sah, konnte ich nicht glauben, daß du es wirklich bist. Du siehst so anders aus.«

Ich schaute sie an. Hinter ihren lobenden Worten erkannte ich einen Anflug von Gehässigkeit. »Ohne Nathans Hilfe hätte ich es nicht geschafft«, sagte ich. »Niemand wollte mir eine Chance geben.«

»Ich habe an meine Mutter geschrieben«, sagte James. »Sie hat mir erklärt, daß sie dir versprochen hat, dich mit Noel Cowards bekanntzumachen. Hast du deshalb bei uns vorgesprochen?«

»Es war einer der Gründe«, sagte ich. Sein Lächeln hatte immer noch die Kraft, mich zu bezaubern, aber ich hatte kein Recht mehr zu solchen Gefühlen. Ich gehörte zu Nathan. James durfte nichts anderes mehr für mich sein als ein Freund. Ich verdankte Nathan zuviel, und zwar in mehr als einer Beziehung.

»Wir wollen feiern«, sagte James und reichte mir ein Glas Champagner. Unsere Hände berührten sich, und ich verspürte einen Schlag. »Wir waren so begeistert, als wir erfuhren, daß du heute abend hier singen würdest. Frances hat dir an deine letzte Adresse geschrieben, um dich zum Abendessen einzuladen, aber der Brief kam zurück. ›Unbekannt verzogen‹ hatte jemand quer über den Umschlag geschrieben. Bis vor kurzem hatten wir keine Ahnung, daß du noch in London bist, nicht wahr, Frances?«

»Nein, natürlich nicht«, sagte Frances lächelnd zu ihm. »Du weißt ja, wie gern ich Betty wiedergesehen hätte. Ich habe es dir immer wieder erzählt, nicht wahr?«

»Hast du dir wirklich gewünscht, mich wiederzusehen, Frances?«

Sie lächelte, als sie mich anschaute, aber ihr Blick war kühl, und ich spürte, daß sie noch immer böse auf mich war, aber sie wollte natürlich nicht, daß James das merkte.

»Frances hat oft von dir gesprochen«, sagte James. »Sie war so durcheinander, als du sie verlassen mußtest …«

»Bitte, nicht«, sagte Frances und legte ihre Hand auf seine. »Betty will nicht mehr daran erinnert werden. Es liegt alles so lange zurück – und sieh, was sie aus ihrem Leben gemacht hat. Sie ist im Begriff, reich zu werden und große Erfolge zu haben, nicht wahr, Betty?«

Lag Eifersucht in ihrem Blick? Ich war meiner Sache nicht sicher, aber ich spürte etwas Verstecktes, Unheilvolles. Ich wußte, daß sie mir nicht verziehen hatte, und ich glaubte, daß sie heute abend nur deshalb gekommen war, um mit eigenen Augen zu sehen, ob ich Erfolg hatte oder nicht. Vielleicht hatte sie sogar gehofft, daß ich durchfallen würde – oder war ich jetzt unfair?

Ich wandte mich ab von ihren mißgünstigen Blicken und kehrte mein Gesicht James zu. Meine Knie wurden weich, als er mich anblickte. Ich war kein unerfahrenes Kind mehr, ich wußte, was sein Blick zu bedeuten hatte. James wollte mit mir ins Bett gehen! Atemloses Verlangen stieg in mir auf, und mein Herz raste. Dann senkte ich die Lider. Bedauern erfüllte mich. Wenn ich nur noch etwas länger gewartet hätte! Wenn er doch nicht so in Eile gewesen wäre an dem Tag, an dem ich bei ihm vorgesprochen hatte.

»Am Wochenende fahren wir aufs Land«, sagte James. »Es besteht wohl keine Chance, daß du uns am Sonntag besuchen kommst?«

Er sah mich fragend an, und in meinem Kopf drehte sich alles. Ich wollte zustimmen, oh, wie sehr wollte ich es, aber Nathan würde mich umbringen.

»Ich bin hier erst in den frühen Morgenstunden fertig ...«, sagte ich, als jemand mich unterbrach.

»Mach dir deshalb keine Sorgen, Betty.« Nathans Stimme klang wie das Schleifen von Glas. »Sonntag- und Montagabend hast du frei. Ich könnte dich Sonntag zum Mittagessen hinfahren und dich am Montagmorgen wieder zurückbringen.« Er hob die Brauen, als ich ihn anstarrte. »Immer vorausgesetzt, daß ich auch eingeladen bin?«

Ich spürte die Spannung zwischen James und Nathan, als sie einander anstarrten, und dachte, wenn Blicke töten könnten, würde jeden Augenblick einer von ihnen tot umfallen. Dann lachte Frances und rief mit schriller Stimme: »Aber natürlich bist du eingeladen. Betty könnte doch gar nicht ohne dich kommen, oder? Schließlich lebt ihr praktisch zusammen, stimmt's?«

Wenn sie nicht gewußt hatte, wie sie mich erreichen konnte, woher wußte sie dann, daß wir ein Liebespaar waren?

Nathan ging auf ihre spöttische Bemerkung nicht ein. »Dann ist das also geregelt. Jetzt werde ich Betty nach Hause bringen, wenn ihr uns entschuldigt.«

Nachdem er mich buchstäblich vom Tisch vertrieben hatte, schaute ich Nathan aufgebracht an und entdeckte eine winzige Wunde an seiner Lippe. Er sah aus, als sei er in einen handgreiflichen Streit verwickelt gewesen. Sein Hemd war nicht so makellos wie sonst, und am Kragen befand sich ein kleiner Blutfleck.

»Was war los mit dir?« fragte ich. »Du bist nicht dageblieben, um mich singen zu hören.«

»Du hast deine Sache gut gemacht«, entgegnete er. »Du hast mich nicht gebraucht. Und ich mußte etwas Geschäftliches erledigen.«

»Was sind das für Geschäfte? Du siehst aus, als ob du einen Kampf hinter dir hättest.«

»Es gab ein Mißverständnis, das jetzt aber völlig geklärt wurde.«

»Hat es mit diesen Männern zu tun, mit denen du gesprochen hast, gleich als wir kamen?«

Nathan runzelte die Stirn. »Das ist nicht deine Angelegenheit, Betty. Du mußt das nicht wissen.«

Ich warf ihm einen wütenden Blick zu. »Sie haben ausgesehen wie Gangster. Wo bist du da hineingeraten, Nathan?«

Er lächelte, anscheinend amüsiert. »Du hast zu viele Hollywood-Filme gesehen, Betty. Es sind Freunde, das ist alles, was ich dir dazu sagen will. Ich weiß, daß sie wie Schläger aussehen, aber das müssen sie auch in ihrem Geschäft.« Er schüttelte den Kopf, als ich die Stirn runzelte. »Hör auf damit, Kind.«

Ich haßte es, wenn er mich so abschob. Es war schon ein paarmal passiert, als ich ihn nach seinen Geschäften gefragt hatte. Der größte Teil seines Geldes stammte sicher aus völlig legalen Quellen, aber er schien auch noch in nicht legale Geschäfte verwickelt zu sein, über die er nicht reden wollte.

Als ich einen Blick zurückwarf zu James' Tisch, sah ich, daß Frances uns beobachtete, und zwar mit einem sehr zufriedenen Gesicht. Mir lief ein Schauer über den Rücken, und ich wandte mich wieder Nathan zu.

»Laß uns nicht streiten. Nicht heute abend. Wir sollten feiern. Ich habe Erfolg gehabt.«

Er machte ein etwas freundlicheres Gesicht. »Habe ich dir nicht gesagt, daß es klappen würde?«

»Ja, das hast du.« Ich lächelte ihm zu und fühlte mich beschämt, weil er mir so viel gegeben hatte und ich ihn in Gedanken betrogen hatte. »Wollen wir gehen? Wir sollten uns aber lieber von Richard verabschieden.«

»Brecht ihr so früh auf?« fragte Richard, als er auf uns zukam. »Ich dachte, wir würden noch eine kleine Feier mit Champagner veranstalten.«

»Ich habe etwas Kopfschmerzen«, erwiderte ich. »Ich denke, es liegt an all der Aufregung. Wir sehen uns morgen.«

»Da werden einige unserer Gäste enttäuscht sein. Sie haben mich gefragt, ob du noch einmal auftreten könntest – besonders die Männer.« Er grinste Nathan zu. »Du wirst es nicht leicht haben, sie alle aus dem Feld zu schlagen, mein Freund. Ich glaube, unsere Betty ist im Begriff, sehr beliebt zu werden.«

Ich sah, wie ein kleiner Nerv an Nathans Hals anfing zu klopfen, und verwünschte Richard wegen seiner dummen Späße. Ich nahm an, daß er mir etwas Schmeichelhaftes damit sagen wollte, aber gleichzeitig merkte ich, daß Nathan wieder wütend geworden war, und ich wußte, daß er dabei an einen ganz bestimmten Mann dachte. Ich war sicher, daß er ganz genau wußte, daß James Blair sein einziger echter Rivale war. Er packte mich fest am Arm, als er mit mir hinausging. Auf der Heimfahrt sagte er so gut wie nichts, und ich spürte, daß es in ihm brodelte. Nathan konnte leicht die Beherrschung über sich verlieren, wenn er sich nicht in acht nahm. Als wir in die Wohnung kamen, ging er schnurstracks auf das Schränkchen zu, in dem die Getränke standen, und goß sich einen Brandy ein. Ich ging ins Schlafzimmer und fing an, mich auszuziehen. Ich saß vor dem Frisiertisch und bürstete mir das Haar, als er hereinkam.

»Schau mich nicht so an«, sagte ich. »Richard hat dich geneckt. Wenn du dagewesen wärst ...«

»Ich kann nicht immer bei dir sein.« Er schaute mich finster an. »Du mußt es lernen, mit deinem Erfolg fertig zu werden. Ich werde vielleicht nicht immer in der Nähe sein.«

Mich fröstelte bei seinen Worten. Wollte er damit ausdrücken, daß unsere Beziehung bereits anfing, ihn zu langweilen? Ich grub die Fingernägel tief in meine Handflächen. Nathan durfte nicht merken, daß ich Angst hatte, ihn zu verlieren. Ich drehte mich um und blickte ihn herausfordern an.

»Ich mußte heute abend auch allein fertig werden, oder?

Wo warst du, Nathan? Habe ich vielleicht eine Nebenbuhlerin?«

»Red nicht so einen verdammten Blödsinn. Du wirst es früh genug merken, wenn ich mit dir fertig bin.«

Die Bürste knallte auf den Boden. Ich stand auf, mein Körper war ganz steif vor Wut. »Zur Hölle mit dir, Nathan Crawley! Ich lasse mich nicht so behandeln. Ich bin nicht irgendeine Nutte, die du einfach abservieren kannst, wenn du genug von ihr hast.« In einem plötzlichen Anfall von blindwütigem Zorn stürzte ich mich auf ihn und schlug mit den Fäusten auf ihn ein. »Ich hasse dich, Nathan. Manchmal hasse ich dich wirklich!«

Er packte mich an den Handgelenken und hielt mich fest, bis ich aufhörte, mich zu wehren. Im ersten Augenblick hatten seine Augen noch geglüht vor Wut, dann schien er sich zu entspannen. »Das ist besser, Betty. Wenn du es unbedingt wissen mußt, ich mußte Gelder eintreiben, die mir gehören – oder vielmehr Freunden von mir. Sie baten mich um eine Gefälligkeit, und wenn das geschieht, tut man besser das, was sie verlangen. Zumindest wenn man überleben möchte.«

Meine Wut war wie weggeblasen. Ich zitterte, weil mir plötzlich kalt wurde. »Es *waren* Gangster. Worin bist du verwickelt, Nathan?«

»Es war nur eine kleine Gefälligkeit, Betty. Nichts, worüber du dir Sorgen machen müßtest, ich gebe dir mein Wort. Die Sache ist jetzt erledigt, und man wird mich nicht wieder behelligen.«

»Bis zum nächstenmal.« Ich hatte plötzlich Angst um ihn. »Du bist ein Dummkopf, Nathan. Diese Leute sind gefährlich.«

»Ich auch.« Er lächelte und trat einen Schritt näher, um mir die Wange zu streicheln. »Du bist zu verspannt, mein Liebes. Du solltest lernen, dich zu entspannen. Laß die Dinge einfach auf dich zukommen. Am Ende wird schon alles wieder in Ordnung kommen.«

Mir war elend zumute. Heute abend hatte ich einen Blick werfen können auf Nathans anderes Leben, das Leben, das er nicht mit mir teilte, und das beunruhigte mich. Wieviel wußte ich wirklich von ihm? Konnte ich einem Mann vertrauen, der Freunde besaß wie diese Männer, die ich am Abend im Club gesehen hatte? Und wer war der wirkliche Nathan Crawley?

Ich wich zurück vor ihm, mit den Nerven am Ende. »Ich habe Kopfschmerzen. Ich habe es dir schon gesagt.«

»Armes Kind.« Er beugte sich herunter, um mich auf den Hals zu küssen. »Soll ich sie vertreiben?«

Ich entzog mich ihm. »Ich bin müde, Nathan. Ich möchte schlafen.«

Er starrte mich einen Augenblick lang an, dann zuckte er mit den Schultern. »Wie du willst. Ich verlasse die Stadt für einige Tage. Wir sehen uns wieder, wenn ich zurückgekommen bin.«

Ich drehte mich nicht um, als er aus dem Zimmer ging. Als ich allein war, konnte ich mich eine Zeitlang nicht bewegen. Ich war ängstlich und verwirrt. Warum hatte ich absichtlich einen Streit mit Nathan vom Zaun gebrochen? Weil James mich auf eine bestimmte Weise angeschaut hatte? Wenn das der Grund gewesen sein sollte, war ich ein Dummkopf. Nur für ein Lächeln hätte ich alles aufs Spiel gesetzt.

Da ich mich einsam fühlte, rief ich am nächsten Morgen Liz an und fragte sie, ob sie mit mir einkaufen gehen wolle. Sie stimmte sofort zu. Ein paar Stunden lang schwelgten wir im Aussuchen von Kleidern in den extravaganten Geschäften des Westends.

»Ist es nicht herrlich, daß man sich keine Sorgen mehr zu machen braucht wegen der Kleiderabschnitte«, sagte Liz mit einem Seufzer, als wir mit Paketen bepackt auf die Straße kamen.

»Manchmal denke ich immer noch, ich träume«, sagte ich. »Wenn ich daran denke, wie es früher war.« Plötzlich lachte ich.

»Komm, Liz. Ich lade dich zum Mittagessen ins Savoy ein.«

»Wirklich?« Ihre Augen glänzten vor Aufregung. »Ich bin erst ein einziges Mal dagewesen.«

»Ich auch erst ein paarmal«, sagte ich. »Aber ich bin heute in der Stimmung, mich selber ein bißchen zu verwöhnen.«

»Das ist kein Wunder, nach deinem Erfolg gestern abend.«

Liz grinste mir zu. Ich erzählte ihr nicht, daß das große Ereignis gestern in einem Streit mit Nathan geendet hatte. Sie würde mich für den größten Dummkopf der Welt halten.

Wir hatten das Glück, sofort einen Tisch zu bekommen. Der Kellner brachte uns die Speisekarte und zog sich zurück. Liz fiel fast in Ohnmacht, als sie einen Blick auf die Preise warf, aber ich forderte sie großzügig auf, sich auszusuchen, was sie wollte.

»Vergiß nicht, daß ich im Begriff bin, ein großer Star zu werden«, sagte ich, und sie fing an zu kichern.

Wir gaben unsere Bestellung auf. Während der Wartezeit unterhielten wir uns angeregt und lachten viel. Wir hatten Weißwein verlangt, aber als der Kellner zurückkam, brachte er uns Champagner. Wir schauten ihn verdutzt an, und er lächelte.

»Mit besten Empfehlungen von dem Herrn dort drüben, Miss Cantrel.«

Wir schauten beide in die Richtung, in die er gezeigt hatte, und mein Herz setzte einen Schlag lang aus. Es war James. Es war wie ein Schock für mich, und bevor ich etwas sagen konnte, sprach Liz auch schon.

»Würden Sie ihn bitten, zu uns an den Tisch zu kommen?« bat sie mit einem entzückten Lächeln. »Bringen Sie uns bitte noch ein Glas.«

Der Kellner eilte gehorsam davon, und ich preßte meine Finger unter der Tischplatte gegeneinander. Mein Puls raste, und ich vermied es, James anzusehen, bis er an unserem Tisch stand.

»Was für eine angenehme Überraschung«, sagte er und lächelte uns zu. »Frances ist zum Friseur gegangen. Ich habe mich mit ihr hier zum Mittagessen verabredet, aber sie ist noch nicht gekommen – wodurch ich Zeit habe für einen Drink mit zwei hübschen jungen Damen.«

Liz wand sich vor Vergnügen bei seinen einschmeichelnden Worten. Ich blickte hoch, meine Handflächen waren schweißnaß, als ich sah, wie er mich anschaute.

»Es war nett von Ihnen, uns den Champagner zu schicken, James.«

Er setzte sich und hob sein Glas. »Hier findet zweifellos eine kleine Feier statt.«

»Oh, ja«, sagte Liz. »Sie waren doch letzte Nacht im Club, nicht wahr?«

James nickte. »Wir hätten eine Party steigen lassen können, wenn nicht diese blöden Sperrstunden wären. In Amerika haben sie viel mehr Verständnis für solche Dinge, wissen Sie.« Er sah mich an, und ich wußte nicht mehr, was ich denken sollte, als er hinzufügte: »Deine Art zu singen, ist in Amerika sehr beliebt, Betty.«

»Wie ist es dort drüben wirklich?« fragte Liz mit leuchtenden Augen. »Ich möchte schon lange dorthin gehen.«

»Zum Arbeiten ist es prima«, erwiderte James ernsthaft. »Amerika ist sofort zu seiner alten Lebensweise vor dem Krieg zurückgekehrt. All diesen Mangel und die Rationierungen, wie sie hier herrschten, gab es dort nicht. Ich bin sicher, daß es euch gefallen würde; einige der Clubs sind einfach phantastisch.«

Er erzählte von verschiedenen Clubs, die er in Las Vegas besucht hatte, und Liz' Augen leuchteten auf. Meine übrigens auch, als er berichtete, daß er dort Leute wie Humphrey Bogart, Marlon Brando und Sammy Davis Junior getroffen hatte.

»Ich werde ganz neidisch«, rief Liz. »Am liebsten würde ich sofort nach Hause gehen und meine Koffer packen.«

James lachte und wandte sich wieder an mich. »Und was ist mit dir, Betty?« fragte er. Irgendwie hatte ich das Gefühl, daß mehr hinter dieser Frage steckte, als er gesagt hatte.

»Ich weiß nicht recht«, sagte ich und schaute weg. Da erblickte ich Frances, die quer durch den Saal zu uns hinstarrte.

»Oh, ist das nicht Frances? Ich glaube, sie wartet auf dich, James.«

Frances sah verärgert aus. Ich konnte ihr am Gesicht ablesen, daß sie wütend war, weil er mit uns einen Drink nahm. Sie unternahm keinen Versuch, zu uns herüberzukommen, und James runzelte die Stirn, als er sein Glas hinstellte.

»Ich sollte sie nicht warten lassen«, sagte er entschuldigend. »Es war nett, Sie beide zu treffen. Vielleicht können wir bald einmal zusammen zu Mittag essen, Betty?«

»Vielleicht«, sagte ich. Frances machte ein finsteres Gesicht. »Sie sollten besser gehen.«

Liz schaute mich an, als er ging. Ihre Augen funkelten vor Vergnügen. »Gut, gut«, sagte sie. »Du weißt genau, wie du deine Männer zu nehmen hast.«

»Er ist nicht mein Mann«, erwiderte ich und wurde rot. »Er ist nur einer von Nathans Freunden.«

»Seine Begleiterin war nicht sehr begeistert.« Sie zog die Brauen hoch. »Sie hat dir sehr böse Blicke zugeworfen, meine Liebe ...«

Ich hatte nicht damit gerechnet, James wiederzusehen, bevor Nathan mich am Wochenende aufs Land fuhr, aber an dem Vormittag nach dem Lunch mit Liz kam er in die Wohnung. Ich war total überrascht, als ich sah, daß er vor der Tür stand.

»Was machen Sie denn hier, James?«

»Ich habe Nathan angerufen, weil ich etwas mit ihm zu besprechen hatte, und erfuhr, daß er nicht in der Stadt ist«, antwortete er. »Deshalb habe ich gedacht, daß du dich vielleicht einsam fühlst, und da Frances den ganzen Tag über beschäftigt ist, habe ich mich gefragt, ob ich dich vielleicht zum Essen einladen darf.«

Ich war enttäuscht. »Ich kann heute mittag nicht essen gehen«, antwortete ich. »Wir üben ein neues Lied ein.«

»Das ist sehr schade«, meinte er und lächelte mir zu, als wolle er mich doch noch überreden. »Geht es auch nicht für eine Stunde oder so?«

»Nun ...« Mein Widerstand schwand, als ich ihm in die Augen blickte. »Vielleicht könnte ich mich zum Tee freimachen, wenn Sie mich später im Club abholen wollen.«

»Um vier Uhr?«

»Ja«, sagte ich. Mein Herz stockte. »Kommen Sie aber nicht in den Club. Ich werde Sie lieber auf der Straße treffen, vor dem Buchladen.«

»Wie du willst«, sagte er.

»Dann um vier. Jetzt muß ich sehen, daß ich fertig werde.«

Als James gegangen war, bedrängten mich Schuldgefühle. Ich hätte mich nicht mit ihm verabreden sollen – aber andererseits, was hatte es schon zu bedeuten?

Ich kam mir fast vor wie ein ungezogenes Schulmädchen, als ich nach der Probe den Club verließ. Ich wollte ja wirklich nichts Unrechtes tun, aber ich wußte, daß Nathan es so auffassen würde. Als ich sah, daß James schon auf mich wartete, lief ich aufgeregt auf ihn zu.

Wir nahmen den Tee in einem kleinen altmodischen Hotel, wo alle Kellner schwarze Jacken und Schlipse trugen. Während wir frisches Gebäck mit Himbeermarmelade und Sahne aßen, unterhielten wir uns und lachten, als wir einige der etwas seltsamen Hotelgäste beobachteten, besonders eine ältere Dame, die wie die weibliche Ausgabe eines Leuteschinders aus viktorianischer Zeit aussah und ständig nach dem Kellner rief, damit er ihr wieder heißes Wasser zu ihrem Tee brachte.

»Wo ist Frances?« fragte ich James. »Sie haben gesagt, sie sei den ganzen Tag über beschäftigt.«

»Oh, sie hat eine Verabredung mit ihrem Onkel Henry«, erwiderte er. »Ich glaube, du kennst ihn?« Ich nickte, und James lächelte. »Frances mag ihn sehr gern. Nun, er ist nach London gekommen, für einen Tag, und Frances wird die ganze Zeit über mit ihm zusammensein.«

»Das wird ihr Freude machen«, sagte ich. »Ich glaube, als wir in seinem Haus gewohnt haben, ist sie glücklicher gewesen als jemals zuvor.«

James schaute mich an. »Und du, Betty?« fragte er. »Bist du glücklich?«

»Ja, natürlich.« entgegnete ich schnell und schlug die Augen nieder. »Es gibt so vieles, auf das ich mich freuen kann.«

»Ich habe mich gefragt ...« Er streckte den Arm über den

Tisch und berührte meine Hand. »Was ist los?« fragte er, als ich sie sofort zurückzog.

»Ich habe gerade jemanden gesehen, den ich kenne«, erklärte ich. »Eine junge Frau, die im Club arbeitet. Nicht Liz, eine andere. Sie heißt Julie, und ich glaube, daß sie mich nicht besonders mag. Ich denke, ich gehe besser.«

»Aber warum?« James runzelte die Stirn. »Oh, ich verstehe – Nathan ...«

»Und Frances«, sagte ich. »Ich glaube nicht, daß sie sehr erfreut wäre, wenn sie wüßte ... Was meinen Sie?«

»Wir trinken nur Tee zusammen, Betty.« Er seufzte. »Aber vielleicht hast du recht.«

Es war fast fünf Uhr, als ich in die Wohnung zurückkehrte. Ich mußte um neun wieder im Club sein und hatte noch reichlich Zeit, um zu baden und mich umzuziehen. Als ich die Treppe hinauflief, wußte ich, daß jemand da war, und ich stieß einen freudigen Schrei aus, als ich Nathan sah, der dasaß und Zeitung las.

»Du bist schon zurück«, sagte ich ein wenig schuldbewußt, weil ich gerade von einem Treffen mit James kam. Ich bekämpfte mein Schuldgefühl und lächelte, als ich auf Nathan zuging. »Hast du lange gewartet?«

»Nein, nicht lange.« Er faltete die Times zusammen und schaute mich an.

»Ich bin froh, daß du wieder zu Hause bist«, sagte ich. »Ich habe dich vermißt.«

»Wirklich? Das ist gut.« Er lächelt und stand auf, wobei er die Arme ausbreitete. Ich schmiegte mich an ihn und küßte ihn leidenschaftlich, um mein Schuldbewußtsein zu erstikken.

»Nicht so stürmisch, ich bin ja nicht lange fortgewesen.«

Ich schaute zu ihm hoch. »Ich dachte, daß du vielleicht nicht mehr zurückkommen würdest, weil ich dich so schlecht behandelt habe.«

»Du hattest Kopfschmerzen.« Er zuckte mit den Schultern, als ob unsere Meinungsverschiedenheit nichts zu bedeuten gehabt hätte. »Sind sie jetzt besser?«

»Ja, viel besser. Kommst du heute abend in den Club? Ich habe den ganzen Tag lang ein neues Lied einstudiert.«

»Natürlich komme ich.« Er schaute mich an, als ob er mich aufziehen wollte. »Und ich bringe dich auch wieder nach Hause, wenn es dir recht ist?«

Ich schlug mir jeden Gedanken an James aus dem Kopf. Nathan war da, und ich brauchte ihn. »Das weißt du doch. Ich hasse es, ohne dich hierzusein.«

Er blickte mich nachdenklich an. »Ich glaube, daß wir vielleicht öfter zusammen sein könnten ...« Er wartete auf meine Reaktion. »Wir würde es dir gefallen, in einem Haus zu leben, Betty? In einem Haus mit Garten ...«

»Meinst du das im Ernst?« Ich starrte ihn unsicher an. »Würdest du auch dort wohnen?«

»Ja. Ich sehe keinen Sinn darin, wenn wir so weitermachen wie bisher. Was Frances sagte, hat mich hellhörig gemacht. Jeder scheint zu wissen, daß wir ein Liebespaar sind – weshalb sollten wir also nicht ganz offen zusammenleben?«

»Du ... Du willst mich nicht heiraten?«

»Nein. Nicht jetzt. Ich glaube, daß wir beide noch nicht reif genug dafür sind. Wir sollten die Sache langsam angehen, Betty.«

Ich schwieg, als ich über seinen Vorschlag nachdachte. Es würde auf jeden Fall eine festere Bindung bedeuten und es mir bestimmt noch unmöglicher machen, mich mit James zu treffen. Ich fühlte mich immer noch schuldig, weil ich Tee mit ihm getrunken hatte, obwohl das einfach dumm war. Ich hatte nichts Unrechtes getan, ganz und gar nicht. Aber ich wußte, daß Nathan wütend werden würde, wenn er es erfahren sollte. Wenn ich in einem Haus mit ihm wohnte, würde ich noch mehr an Nathan gebunden sein als jetzt – und immer noch sehnte sich ein Teil von mir nach James.

»Kann ich eine Weile darüber nachdenken?« fragte ich.

»Wenn du es für nötig hältst. Du hast gesagt, daß du dich einsam fühlst. Ich weiß nicht, was du dagegen haben könntest.«

Er warf mir einen langen, harten Blick zu. »Denk nicht zu

lange darüber nach, Betty. Ich habe das Haus, das ich mir für uns wünsche, bereits gefunden.«

Die Frau, die angefangen hat, mich zu mögen, zeigte mir eine Tageszeitung. Auf der ersten Seite war ein Foto von mir zu sehen unter einer dicken Schlagzeile. Eine riesige Kampagne war in Gang gesetzt worden, um ein Wiederaufnahmeverfahren für mich zu erwirken. Die Zeitung schrieb, daß es ein Verbrechen aus Leidenschaft war und daß ich deswegen vor Gericht geschwiegen hatte, weil ich irgend jemand schützte.

»Warum erzählen Sie Ihre Geschichte nicht?« fragte sie. Ihre Augen waren dunkel, und sie sah mich besorgt an. »Ich bin sicher, daß dieser nette Anwalt Ihnen …«

»Sie dürfen nicht mit der Gefangenen sprechen – nur wenn sie irgend etwas braucht.« Die andere Frau machte ein finsteres Gesicht. »Wenn Sie fortfahren, muß ich Sie melden.«

»Passen Sie auf, daß Sie nicht meinetwegen Schwierigkeiten bekommen«, sagte ich.

»Aber es ist doch wahr – wenn Sie ihn wirklich geliebt haben, wie sie berichten …«

»Liebe?« Ich lächelte ihr zu. »Aber was ist Liebe? Sagen Sie mir, was würden Sie tun, wenn der Mann, den sie lieben, sie fallenließe? Würden Sie ihn töten?«

Sie schüttelte den Kopf und machte ein unglückliches Gesicht. »Haben Sie es getan? Haben Sie ihn deshalb getötet?«

»Ich wünschte mir, ich wüßte es«, erwiderte ich. »Aber es gab zwei in meinem Leben, wissen Sie. Und ich war zu blind, um die Wahrheit zu erkennen …«

Sie schaute mich an, und ihre Blicke schienen mich zu bitten, ihr mehr zu erzählen, aber ich schüttelte den Kopf. Wie kann ich etwas erklären, das ich selber nicht verstehe?

Nathan fuhr mit mir zu James' Landsitz. Ich weiß nicht genau, was ich erwartet hatte, aber jedenfalls war ich nicht überrascht, als ich sah, wie groß das Haus war. Ich nehme an, für ein Landhaus war es gar nicht einmal so riesig, aber es besaß etwa zwanzig Schlafzimmer und mehrere Empfangsräume. Auch die Umgebung war wundervoll, ein schön angelegter Garten mit einem See, Baumgruppen und einem kleinen Fluß. Offenbar war das Haus in einer Zeit erbaut worden, in der man noch Sinn für Geschmack und Harmonie hatte. Es verschlug mir den Atem, und ich war ausgesprochen neidisch, als ich sah, wie Frances über den Rasen auf uns zuschlenderte. Sie hatte James in einer Art untergefaßt, die man nur als besitzergreifend bezeichnen konnte.

Sie wirkte so selbstsicher, so sehr zu Hause, als sie uns zulächelte.

»Wir sind gerade ein bißchen spazierengegangen. Es ist ein schöner Tag, nicht wahr?«

»Ja, wunderschön«, sagte ich. »Ihr Haus ist überwältigend, James.«

»Ich freue mich, daß es dir gefällt.« Er lächelte zurückhaltend. »Das Mittagessen wird bald fertig sein. Wir wollen erst einen Drink nehmen. Ich weiß nicht, ob Frances' Mutter uns beim Essen Gesellschaft leisten wird oder nicht.« Er sah Frances fragend an.

»Im Augenblick ruht sie«, erklärte Frances. »Ich glaube, sie wird wohl lieber im Bett essen, James.«

»Oh«, sagte ich und schaute Frances an. »Ist Mrs. Crawley krank?«

»Sie hat eine böse Grippe gehabt«, erwiderte Frances. »Sie ist nach Monaten zum erstenmal wieder nach England zurückgekommen. Kaum war sie hier, da holte sie sich auch schon eine Krankheit.«

»Oh, das tut mir leid«, sagte ich. »Vielleicht kann ich sie später noch sehen?«

»Das kommt darauf an, wie sie sich fühlt«, entgegnete Frances und runzelte die Stirn. »Im allgemeinen bin ich es, die sich jede nur mögliche Krankheit holt, stimmt's?«

Ich schaute James an. »Ist Thelma immer noch in Spanien? Maisie hat mir erzählt, daß es ihr dort sehr gut gefällt.«

»Ja, ich weiß. Ich zweifle daran, daß sie jemals nach England zurückkommen wird, um hier zu leben; allerdings hat sie von einem Besuch hier im Frühling gesprochen. Wenn du immer noch diese Empfehlung haben möchtest, Betty ...«

Er unterbrach sich, als er meinen Gesichtsausdruck sah. »Es tut mir leid ...«

Nathan merkte, daß irgend etwas los war. Er schaute zu James und dann mich mit finsterem Gesicht an. »Was hat das zu bedeuten?«

»Oh, gar nichts«, sagte ich schnell.

»Hast du es nicht gewußt?« rief Frances mit glitzernden Augen. »Betty hat James besucht, als er gerade aus Amerika zurückgekommen war. Thelma hatte ihr versprochen, sie mit Noel Coward bekanntzumachen oder so etwas Ähnliches, sagte sie ...«

Nathan runzelte die Stirn. Ich hatte ihm von diesem Besuch nichts erzählt, jetzt würde er das Schlimmste annehmen. Und die Art und Weise, in der Frances damit herausgeplatzt war, hatte die Sache auch nicht gerade verbessert. Jetzt lächelte sie, und in ihren Augen spiegelte sich ein heimlicher Triumph. An Nathans Schläfe tickte ein kleiner Nerv, und ich war auf einen Wutanfall gefaßt, aber er sagte nichts. Und einen Augenblick später fing er an, sich mit James über alle möglichen Themen zu unterhalten. Sie diskutierten über den Krieg in Korea, in dem vor kurzem die Korrespondenten von zwei englischen Zeitungen ums Leben gekommen waren, und über das letzte Baseball-Spiel, dann wandte das Gespräch sich geschäftlichen Dingen zu.

»Wann kehrst du nach Amerika zurück?« fragte Nathan. »Sind die Verhandlungen bereits abgeschlossen?«

»Wir haben noch mit einem Problem zu kämpfen«, erwiderte James mit einer Grimasse. »Es gibt gewisse Schwierigkeiten mit der Ausführung des Höhenleitwerks.«

»All diese Verzögerungen müssen doch sehr kostspielig sein?«

»Höllisch kostspielig«, sagte James mit einem schiefen Lächeln. »Mein Vater würde sich im Grabe umdrehen, wenn er wüßte, wieviel von seinem Geld allein für die Forschung draufgegangen ist, aber ich bin überzeugt davon, daß es sich im Endergebnis lohnen wird. Das Flugzeug ist das Reisemittel der Zukunft, und die Amerikaner werden die Herren der Luft werden ...«

»Und sicher wird de Havilland's auch ein Wörtchen mitzureden haben …«

Frances und ich waren hinter den Männern zurückgeblieben, als wir ins Haus gingen. Frances verzog das Gesicht. »Ich hasse es, wenn sie anfangen, über Geschäfte zu reden, du auch?«

Ich sah sie mißtrauisch an. Ihre Stimme klang freundlich, aber ich hatte das Gefühl, daß ich mich auf dem Prüfstand befand. »Es macht mir eigentlich nichts aus. Ich wünschte mir manchmal, daß Nathan mehr über seine Geschäfte reden würde.«

»Oh, Nathan. Der spricht nie über seine Angelegenheiten.« Sie zuckte mit den Schultern. »Bist du vor kurzem im Kino gewesen? Ich weiß noch, daß du sehr gern hingegangen bist.«

»Du auch«, erwiderte ich. »Ich habe Olivia de Havilland in *Die Erbin* gesehen, du auch? Sie wurde für ihre Leistung in diesem Film zur besten Schauspielerin 1949 gewählt.«

»Tatsächlich?« Frances interessierte sich nicht dafür. Mit zusammengekniffenen Augen sah sie mich an. »Liebst du Nathan?«

Ich war ziemlich verwirrt durch diese direkte Frage und errötete. »Ich bin mir nicht sicher … Warum fragst du danach?«

»Ich würde keine Spielchen mit ihm spielen an deiner Stelle, Betty. Er ist der eifersüchtige Typ, und er hat ein sehr unausgeglichenes Temperament. Wenn er aus dem Gleichgewicht gerät, kann er gewalttätig werden. Erinnerst du dich nicht mehr daran, wie er sich immer mit meinem Vater stritt?«

Ihr Verhalten kam mir irgendwie sehr seltsam vor. Ich fragte mich, was wohl hinter dieser Warnung stecken mochte.

»Ja, ich erinnere mich daran. Aber …«

Als Nathan sich in diesem Augenblick umschaute, ergriff Frances mich beim Arm, damit ich still sei. »Sei vorsichtig«, sagte sie leise zu mir. »Mach ihn nicht eifersüchtig.«

Ich hatte das Gefühl, daß Frances eifersüchtig war, nicht nur auf meinen Erfolg, sondern auch auf meine Beziehung zu ihrem Cousin. Er hatte soviel Wirbel um sie gemacht, als sie noch jünger war, daß sie sich daran gewöhnt hatte, ihn als ihr Eigentum zu betrachten.

»Ich weiß, daß Nathan manchmal unberechenbar ist«, sagte ich. »Aber er würde mir nie etwas antun, Frances.«

»Sei da nicht so sicher«, erwiderte Frances. »Er ist ein Crawley, nicht wahr?«

Was meinst du damit?

Ich versuchte, Nathan eine Erklärung zu geben, als wir allein waren. Vielleicht hätte ich lieber schweigen sollen, aber irgendwie konnte ich es nicht.

»Ich wollte Thelma sehen«, sagte ich. »Sie hat mir gesagt, daß ich zu ihr kommen könne, und ich dachte ...«

»Laß nur, Betty.« Nathans Lippen waren weiß. »Ich bin kein kompletter Idiot.«

»Ich habe James nur für ein paar Minuten gesehen. Das ist alles ...«

»Das ist nicht der springende Punkt, nicht wahr?« Seine Stimme hatte eine trügerische Leichtigkeit. »Vergiß es, Kind. Es gibt nichts, das ich nicht über dich wüßte.« Seine Augen glühten einen Moment lang auf, und ich schauderte zusammen. »Du kannst nichts vor mir verbergen. Ich kenne dich zu gut.«

»Nathan ...«

»Ich reite jetzt aus. Zum Tee bin ich zurück. Amüsier dich gut.«

Ich schaute ihm hilflos nach, als er den Raum verließ. Ich hatte mich auf dieses Wochenende gefreut, aber jetzt ging alles schief. Eine Zeitlang saß ich da, starrte aus dem Fenster und fühlte mich ganz elend. Dann sprang ich auf. Wenn Nathan sich so aufführte, würde ich ihn beim Wort nehmen!

Ich ging die Treppe hinunter, in den Garten. Als ich an den offenen französischen Fenstern vorbeikam, sah ich Frances, die an einem Schreibtisch saß. Ich winkte ihr zu, hielt aber nicht an. Die Gärten waren wundervoll, und ich war entschlossen, das Beste aus meinem Aufenthalt hier zu machen.

Ich verbrachte eine angenehme Stunde beim Rundgang

durch die gewundenen Wege zwischen den Sträuchern, bis ich einen Sitzplatz in einer überdachten Rosenlaube fand. Ich saß dort eine Zeitlang und dachte über das Leben nach. Ich fragte mich, weshalb alles immer so schwierig sein mußte. Warum konnte ich, jetzt, wo ich so vieles erreicht hatte, nicht glücklich sein? Warum mußte ich mich immer noch nach einem Mann sehnen, der …

Ich schaute auf, als James auf mich zukam; mein Herz hämmerte, aber irgendwie war ich gar nicht überrascht. Es war fast so, als ob ich darauf gewartet hätte, daß er mich hier fand.

»Wo sind die anderen?« fragte ich.

»Frances ist nach oben gegangen, um nachzuschauen, wie es ihrer Mutter geht«, antwortete er. »Aber ich habe keine Ahnung, wo Nathan ist. Ich dachte, du wüßtest es?«

»Er ist ausgeritten«, sagte ich. »Ist er noch nicht zurückgekommen?«

»Ich habe ihn nicht gesehen.« Er zog die Brauen hoch. »Habt ihr einen Streit gehabt?«

»Nein.« Ich log und wandte gleichzeitig meinen Kopf ab. »Warum sollten wir?«

James legte mir die Hand auf den Arm. »Was ist los, Betty?«

»Nichts.« Ich wurde rot und vermied es, seinem Blick zu begegnen. »Ich nehme an, Nathan hat die Gelegenheit zum Reiten gern wahrgenommen. In der Stadt ist das schwierig.«

»Ich habe nicht von Nathan gesprochen.«

Jetzt wandte ich ihm mein Gesicht zu und hielt den Atem an, als ich seinem Blick begegnete. »James …«

»Betty …« Er beugte sich über mich. »Ich hatte neulich den Eindruck, daß du mir böse bist. Habe ich irgend etwas getan, das dich beleidigt hat?«

»Nein, natürlich nicht.«

Er berührte meine Wange, und ich fuhr zurück, als hätte ich mich verbrannt. »Du magst mich doch ein bißchen, nicht wahr? Ich war mir nie ganz sicher …«

»Ja, ich mag dich …« Ich brach ab, als sein Gesicht meinem näherkam, und ich wußte, daß er mich küssen wollte.

Unruhig sprang ich auf. »Nein, James«, rief ich. »Nathan wartet bestimmt schon.«

»Kannst du nicht noch ein paar Minuten bleiben? Ich mußte alle möglichen Entschuldigungen erfinden, um fortzukommen, damit ich mit dir allein sein konnte.«

»Das hättest du nicht tun sollen«, sagte ich. »Nicht hier, nicht jetzt. Es ist die falsche Zeit und der falsche Ort.« Ich ging fort, bevor er mich zurückhalten konnte.

Am nächsten Morgen fuhren wir nach London zurück. Nathan schien mit sich zufrieden zu sein. Ich dachte, das Wochenende hatte für ihn seinen Zweck erfüllt; er hatte jedem klargemacht, daß ich ihm gehörte. Meine Gefühle waren gespalten. James war an mir interessiert, aber was bedeutete das wirklich? Er und Frances waren offensichtlich immer noch sehr eng verbunden, obwohl sie keinen Verlobungsring getragen hatte. Sie hatte davon gesprochen, den Winter über mit Mary wieder nach Frankreich zu gehen, und James plante eine Reise nach Amerika.

Selbst wenn James' Interesse an mir echt war, hätte ich nicht gewußt, was ich tun sollte. Ich hatte soviel angenommen von Nathan, es wäre ein schrecklicher Betrug, wenn ich ihn einem anderen Mann zuliebe verlassen würde. Und außerdem war ich in gewisser Weise glücklich ...

Ich hatte viel zu tun. Fast jeden Vormittag fand bei Richard eine Probe statt, und an fünf Abenden in der Woche trat ich im Club auf. Liz und ich waren jetzt eng miteinander befreundet, und wir gingen oft zusammen einkaufen. Ab und zu besuchte ich Miss Browne, die irgendwie das Geld aufgetrieben hatte, um einen eigenen kleinen Laden zu eröffnen. Ich brachte Liz und Julie zu ihr. Sie kauften dort ein und bekamen gleichfalls Rabatt. Ich kaufte viele Kleider bei ihr. Jetzt konnte ich mir das erlauben, denn Richard war der Meinung, daß ich die Gage, die Nathan für mich ausgehandelt hatte, wert war – und sogar noch mehr.

Ich schrieb an Hilda Jackson, erzählte ihr alles, was sich hier ereignet hatte, und fragte, wie es ihr erging. Ein paarmal besuchte ich Polly.

Eines Nachmittags, als ich den Tee mit ihr eingenommen hatte, beeilte ich mich auf dem Heimweg, damit ich nicht abends zu spät in den Club kam. Nathan wartete bereits voller Ungeduld auf mich.

»Ich habe mit Polly Tee getrunken«, sagte ich. »Eine ihrer Freundinnen hat ihr Baby mitgebracht, damit Polly es kennenlernt. Es war ein ganz süßes kleines Ding, Nathan. Ich fürchte, ich bin länger geblieben, als ich es eigentlich vorhatte.«

»Seit wann interessierst du dich für Babies?«

»Das ist unfair«, sagte ich, wobei ich vergaß, daß es eine Zeit gegeben hatte, in der ich der Geburt eines weiteren Cantrel-Kindes äußerst ablehnend gegenübergestanden hatte. »Ich habe Babies schon immer gemocht, Nathan. Und die Kleine war so besonders lieb.« Ich schaute ihn an, und plötzlich war mir wehmütig zumute. »Manchmal wünschte ich mir, daß ich – daß wir ein Kind hätten ...«

»Du möchtest ein Kind von mir?« Er schaute mich so eindringlich an, daß mir Angst wurde.

»Nur manchmal«, sagte ich. »Ich weiß natürlich, daß es nicht geht. Was würde Richard sagen, wenn ich monatelang nicht auftreten könnte?«

»Zum Teufel mit Richard!« Nathan packte mich an den Schultern und sah mich mit glühenden Augen an. »Hast du über das Haus nachgedacht, Betty? Es hat einen großen Garten, groß genug, damit Kinder darin spielen können.«

Als ich ihm in die Augen sah, war ich in Versuchung. Einen Augenblick reizte mich der Gedanke, Nathans Frau zu sein und seine Kinder zur Welt zu bringen, aber dann erinnerte ich mich an James.

»Ich bin noch nicht soweit, daß ich eine Familie gründen könnte«, sagte ich. »Es war nur eine spontane Idee.«

Zorn flackerte in seinen Augen auf. »Spiel keine Spielchen mit mir Betty.« In seiner Stimme lag eine deutliche Warnung. »Nicht mit solchen Dingen.«

Während einer Probe besuchte Frances mich im Club. Sie blieb, bis ich fertig war, dann lud sie mich zum Mittagessen ein. Ich war überrascht, sagte aber sofort zu. Sie wirkte sehr freundlich, und wir redeten über Mode, Filme und über Frankreich. Erst nach dem Essen erwähnte sie das, was ihr wirklich auf der Seele lag.

»Es tut mir leid, daß du voriges Wochenende meine Mutter nicht sehen konntest«, sagte sie. »Sie war wirklich zu krank, um Besuche zu empfangen.«

»Ich habe das völlig verstanden«, erwiderte ich. »Geht es ihr jetzt besser?«

Frances runzelte die Stirn. »Ja und nein. Seit einiger Zeit geht es ihr nicht mehr so besonders.« Sie verzog das Gesicht. »Ist das nicht seltsam? Bisher war ich immer die Pflegebedürftige, jetzt muß ich meine Mutter pflegen.«

»Was fehlt ihr denn, abgesehen von der Grippe?«

»Ich glaube, es sind die Nerven.« Frances zuckte mit den Schultern. »Ich weiß es nicht. Auf jeden Fall ist sie jetzt glücklich. Wir fahren morgen nach Frankreich.«

»Du scheinst aber nicht sehr glücklich darüber zu sein?«

»James reist nach Amerika. Ich werde ihn monatelang nicht sehen.«

»Ich verstehe ...« Ich versuchte, sie nicht anzuschauen. »Du bist nicht verlobt mit ihm?«

»Meine Mutter will nichts davon hören.« Frances' Stimme klang ärgerlich. »Sie glaubt immer noch, daß ich zu zart wäre, obwohl ich mich jetzt absolut gesund fühle.«

»Oh ... Das tut mir leid.«

»Wirklich?« Als ich hochsah, trafen sich unsere Blicke. »Vergiß nicht, daß James mir gehört, Betty. Wir mögen zwar noch nicht verlobt sein, aber eines Tages werde ich ihn heiraten. Es wäre unklug von dir, das zu vergessen.«

Als ich ihr in die Augen schaute, lief mir ein kleiner Kälteschauer über den Rücken.

Es war eine Woche später. Im Club war es sehr voll. Ich mußte alle alten Erfolgslieder singen, und die Leute verlangten immer noch eine Zugabe. Endlich bestand Richard darauf, daß sie mich gehen ließen, und ich zog mich in den kleinen Umkleideraum zurück, wie üblich, um einen kalten

Drink zu nehmen, bevor mich ein Taxi abholte. Wenn Nathan abends nicht in den Club kam, bestellte ich mir immer ein Taxi. Er war wieder geschäftlich unterwegs und würde erst in einer Woche zurückkommen, worüber ich ziemlich ärgerlich war.

Ich hatte gar keine Lust, in eine leere Wohnung zurückzukehren. Nathan war erst vor zwei Tagen abgefahren, aber ich fühlte mich bereits einsam. Ich schlüpfte in einen dünnen Seidenmantel und reinigte mein Gesicht von dem kräftigen Make-up, das ich während meines Auftritts trug. Jemand klopfte an die Tür. Ich dachte, daß es Liz sei, und rief herein, während ich hinter einen Wandschirm ging, um meine Straßenschuhe anzuziehen.

»Ich komme in einer Minute«, sagte ich. »Wohin wollen wir morgen zum Mittagessen gehen?«

»Das liegt ganz bei dir.«

Mein Herz machte einen Sprung und hörte dann ein paar Augenblicke auf zu schlagen, als ich James' Stimme erkannte. Ich kam hinter dem Wandschirm hervor und starrte ihn atemlos an.

»Ich wußte nicht, daß du heute abend hiergewesen bist. Bist du allein gekommen?«

»Ja«, erwiderte er lächelnd. »Ich bin ganz allein, Betty.«

»Warum bist du hergekommen?«

»Um eine Freundin zu besuchen, wie ich hoffe?«

Ich schaute in seine tiefblauen Augen und spürte, wie mein Herz flatterte. Er hatte sich kaum verändert seit jenem Tag auf der Farm, wo ich ihn zum erstenmal gesehen hatte. Die Jahre, die seitdem verstrichen waren, hatten sein Aussehen eher noch verbessert. Er wirkte sehr distinguiert, eine Aura von Reichtum und Macht umgab ihn – und von Vornehmheit. Bei James gab es keine störenden offenen Fragen, keine Geheimnisse, nichts leicht Anrüchiges oder Erschrekkendes. Er war ein Gentleman.

»Ich dachte, du seist schon nach Amerika abgereist?« sagte ich, weil ich Zeit brauchte, um meine Selbstbeherrschung zurückzugewinnen.

»Ich reise Ende der Woche ab.«

»Ende der Woche – in drei Tagen also?«

»Ja«, sagte er lächelnd. »Deshalb kann ich morgen mit dir zum Mittagessen gehen, wenn du dich meiner erbarmst.«

»Ich dachte, Liz sei hereingekommen, als ich das sagte ...«

»Heißt das, daß du mir einen Korb gibst?«

Ich starrte ihn an; ich wußte, daß ich ablehnen sollte, aber dann lächelte ich. »Ich würde sehr gern mit dir Mittag essen, James.«

»Gut, das wäre also geregelt. Und jetzt? Darf ich dich heimbringen?«

Ich zögerte, als ich an meine einsame Wohnung dachte, und wollte schon ja sagen, aber dann schüttelte ich den Kopf. »Ich habe schon ein Taxi bestellt. Es muß jeden Augenblick hier sein.«

Er sah enttäuscht aus, aber er akzeptierte meine Entscheidung widerspruchslos. »Dann muß ich also bis morgen warten, nicht wahr?«

»Ja, ich ...« Ich unterbrach mich, als Liz den Kopf zur Tür hereinsteckte.

»Oh, es tut mir leid«, sagte sie. »Ich wußte nicht, daß du Besuch hast.«

»Das ist James Blair«, erklärte ich. »Du erinnerst dich sicher daran, daß wir ihn im Savoy getroffen haben?«

»Wie könnte ich das vergessen?« Liz' Augen funkelten vor Übermut. »Ich wollte nur kurz hereinschauen und fragen, ob es bei unserer Verabredung zum Lunch für morgen bleibt?«

»Nein, morgen geht es nicht. Tut mir leid, Liz.«

»Das macht nichts«, erwiderte sie fröhlich. »Dann ein andermal. Oh, dein Taxi ist da, wenn du es noch benötigst?« Ihr Ton verriet deutlich, daß sie Verständnis dafür hätte, wenn ich den Wagen zurückschickte.

»Ja, ich fahre«, erwidere ich und nahm meine Jacke hoch. »Es tut mir leid, James, ich muß jetzt gehen.«

»Natürlich«, sagte er. »Ich begleite dich zum Wagen.« Er nahm meinen Mantel und legte ihn mir um die Schultern. Ich zitterte, als seine Finger meinen Hals berührten, und schaute schnell fort, als er mir in die Augen blickte.

Draußen wartete das Taxi. James öffnete mir die Tür.

»Ich hole dich morgen ab«, sagte er.

Als der Wagen abfuhr, schloß ich die Augen. Mein Puls raste. Es ging nur um ein gemeinsames Mittagessen, sagte ich mir, nichts weiter. Ein Essen in einem Restaurant, völlig unschuldig. Das konnte man kaum als einen Betrug an Nathan auslegen – weshalb also hatte ich solche Schuldgefühle?

James lud mich zum Essen ins Ritz ein. Die Eleganz des in Gold und Beige gehaltenen Speisesaals paßte zu der traumhaften Situation. Ich war froh darüber, daß ich noch nie mit Nathan hier gewesen war; ich konnte keine störenden Erinnerungen gebrauchen, die mein Gewissen belasteten.

»Was möchtest du?« fragte James. »Ich glaube, die Forellen sind sehr gut, oder ziehst du Perlhuhn vor?«

Ich wählte Hähnchen in Weißweinsoße, und James bestellte Forelle mit Mandeln. Dazu ließ er einen sehr teuren Champagner kommen. Für meinen Geschmack war er viel zu trocken, aber ich trank ihn. Nathan hätte so etwas nie bestellt. Er wußte, daß ich keine trockenen Weine mochte, und bestellte mir immer einen süßen Wein, egal, was wir aßen. Aber auf das Essen kam es auch gar nicht an, ich kostete nur wenig von meinem Teller.

Zum erstenmal waren wir ungestört beieinander. Ich genoß James' ungeteilte Aufmerksamkeit. Er war so ein interessanter Mann. Noch nie zuvor war mir klargeworden, was für ein bemerkenswerter Mann er war, aber wir hatten auch noch nie viel Zeit allein miteinander verbracht. Er war weitgereist und erzählte mir von den Ländern, die er besucht hatte. Begeistert hörte ich zu, wie er mir einen Sonnenaufgang in Indien und eine Abendstimmung in Afrika beschrieb. Wir redeten stundenlang miteinander, über Politik, Kunst, Bücher, die er immer noch sammelte, über Musik und Flugzeuge.

Seine Liebe zu allem, was mit der Fliegerei zu tun hatte, ließ ihn völlig gelöst und aufgeschlossen erzählen, und ich spürte seine Erregung, als er von seinen Plänen für die Zukunft erzählte.

»Eines Tages werden regelmäßig Flugzeuge alle Ziele auf der Erde ansteuern, die man sich nur denken kann«, sagte er. »Nicht nur für die Reichen, sondern für jeden. Familien mit Kindern werden Wochenendflüge und Urlaubsreisen nach Frankreich, Spanien oder Griechenland unternehmen können ...«

»Meinst du wirklich, James?«

»Ich bin ganz sicher, und das wird sehr viel eher der Fall sein, als du es dir heute noch vorstellen kannst.«

Ich war fasziniert von seinen Berichten über die Menschen, mit denen er zusammenarbeitete. Diese Begegnung mit James war eine ganz neue Erfahrung für mich, und mir wurde dabei klar, daß es noch eine andere, reichere Welt gab als die, die sich mir bereits eröffnet hatte. Er hatte Zeit, mit mir zu sprechen, mir alles, was ich nicht verstand, zu erklären. Nathan hatte immer soviel zu tun. Wenn wir zusammen waren, interessierte er sich im allgemeinen nur für eine einzige Sache. Nathan schloß mich aus von seinen Geschäften, James aber genoß es, mir von seinen Erfolgen zu berichten.

Die Kellner hielten sich in der Nähe unseres Tisches auf. Wir waren jetzt ganz allein im Speisesaal. James lachte und ließ sich die Rechnung bringen.

»Ich denke, wir haben uns allzuviel Zeit gelassen«, sagte er. »Wir sollten besser gehen, bevor man uns hinauswirft.«

Er fuhr mich zur Wohnung zurück. Wir saßen noch eine Zeitlang plaudernd im Wagen, und ich wußte, er wartete darauf, daß ich ihn hereinbat, aber ich fürchtete mich davor, was dann geschehen mochte. Ich wollte mit ihm schlafen, und ich wußte, daß er es auch wollte, aber ich hatte panische Angst vor Nathan, wenn er es jemals erfahren sollte.

»Darf ich dich wiedersehen, Betty?« James schaute mich an, und mein Herz machte einen Sprung. »Kannst du dich mal frei machen im Club?«

Ich schüttelte den Kopf. »Nein, ich kann Richard nicht im Stich lassen.«

»Morgen zum Mittagessen?«

Ich zögerte, ich wußte, daß ich ablehnen sollte, aber ich

wußte auch, daß ich das gar nicht wollte. »Ja, in Ordnung. Willst du mich wieder abholen?«

»Ja. Soll ich heute abend in den Club kommen, Betty? Darf ich dich anschließend nach Hause bringen?«

»Ich glaube nicht, daß das eine gute Idee ist.«

Er sah enttäuscht aus, und ich wurde beinahe schwach. Dann lächelte er. »Morgen also«, sagte er.

Ich blieb auf dem Bürgersteig stehen und beobachtete ihn, als er abfuhr. Eine Art Verzweiflung stieg in mir auf. Nathan konnte jederzeit zurückkommen, und James reiste in zwei Tagen nach Amerika – warum hatte ich nicht zugestimmt, als James mich gestern abend heimbringen wollte? Warum lag ich jetzt nicht in seinen Armen? Es war eine unmögliche Situation. Ich liebte den einen Mann, aber ich war die Geliebte eines anderen. Was sollte ich tun?

»Ich habe befürchtet, daß du deine Meinung geändert hast«, sagte James, als er mich am nächsten Tag abholte. »Wohin möchtest du heute?«

»Ich hätte es fast getan«, erwiderte ich mit einem gequälten Lächeln. »Könnten wir irgendwohin fahren, wo es ruhig ist? Vielleicht außerhalb der Stadt?«

»Natürlich. Wann mußt du im Club sein?«

»Nicht vor neun Uhr.«

»Dann bringe ich dich um acht nach Hause, ja?« Ich nickte, und er machte ein zufriedenes Gesicht. »Wir werden hinausfahren zu einem Ort, den ich kenne. Ich denke, daß es dir dort gefallen wird.«

»Bestimmt.«

Ich setzte mich bequem zurecht. Die Sonne schien warm durch die Windschutzscheibe, obwohl wir schon Herbst hatten. James schwieg eine Weile, aber als wir den Straßenlärm der Stadt hinter uns hatten und grüne Felder und Bäume erblickten, schaute er mich an.

»Bist du noch böse auf mich, weil ich so wenig Zeit für dich hatte, als du damals zu uns ins Haus gekommen bist, Betty? Ich weiß, daß ich barsch zu dir war.«

»Böse?« Ich dachte einen Augenblick lang nach. »Nein,

jetzt nicht mehr. Allerdings war ich damals ziemlich verletzt.«

»Meine Verabredung war sehr wichtig. Aber ich habe mein Verhalten seither tausendmal bereut.«

»Wirklich?«

»Ja.« James fuhr in eine Parkbucht und schaltete den Motor ab. Als er sich zur Seite wandte, um mich anzusehen, schlug mein Herz wie wild. »Du kannst dir doch sicher vorstellen, was ich für dich empfinde?«

»Nein. Nein, wirklich nicht. Ich dachte, daß du wahrscheinlich Frances liebst.«

»Ich bin sehr eng befreundet mit ihr.« James seufzte. »Ich weiß, daß ich nicht das Recht habe, das zu sagen, Betty, aber ich kann dich einfach nicht vergessen. Ich möchte ...« Er brach ab und beugte sich zu mir herüber, um mich zu küssen.

Ich zitterte, als er meinen Mund wieder freigab. »Das hättest du nicht tun sollen, James. Nathan ...«

»Bist du glücklich mit ihm, Betty? Ich meine, wirklich glücklich? Wenn ich weiß, daß er ...«

»Er ist sehr gut zu mir gewesen. Ich bin ihm dankbar, und, ja, ich bin glücklich, meistens.«

»Willst du ihn heiraten?«

»Ich weiß nicht ... Nein, ich glaube nicht.«

James zögerte, dann sagte er: »In meinem Flugzeug ist noch ein Platz frei, Betty. Dafür könnte ich sorgen. Komm mit mir. Komm mit mir nach Amerika.«

Ich starrte ihn an, völlig verblüfft von seinem Vorschlag. »Ich soll Nathan verlassen und mit dir nach Amerika gehen? Was meinst du damit, James? Willst du mich heiraten?«

Wieder zögerte er, nicht mehr ganz so begeistert. »Ich bitte dich, mit mir zusammenzuleben, Betty. An Heirat habe ich nicht gedacht, wenigstens jetzt noch nicht.«

»Ich verstehe ...« Ich wandte mich ab, um meine Enttäuschung zu verbergen. James sagte, daß er nicht an Heirat gedacht hatte, aber er meinte damit eine Heirat mit mir. Was er mir anbot, war genau die gleiche Beziehung, wie sie mich jetzt mit Nathan verband. »Ich weiß nicht«, sagte ich langsam. »Du mußt mir Zeit lassen, darüber nachzudenken.«

»Ich erwarte jetzt noch keine Antwort«, erwiderte er. »Denk heute nacht darüber nach und sag mir morgen, wie du dich entschieden hast.«

»Komm nicht wieder zu der Wohnung«, sagte ich. »Nathan könnte zurückgekommen sein. Wir werden uns irgendwo anders treffen – wenn ich da bin, heißt es, daß ich mich entschieden habe, mit dir zu kommen.«

»Ich hoffe, daß du da sein wirst.« James lächelte. »Jetzt wollen wir essen gehen. Wir fahren zu einem Postgasthaus aus dem sechzehnten Jahrhundert. Ich glaube, das Essen ist ausgezeichnet ...«

»Du warst großartig heute abend«, sagte Richard, als ich in meinen Umkleideraum zurückging. »Ich habe vorhin mit jemandem gesprochen; ich glaube, er wird dir einen Schallplattenvertrag anbieten.«

»Einen Schallplattenvertrag?« Ich schaute ihn an. »Bist du sicher?«

»Nun, er sagte, er wolle mit Nathan Kontakt aufnehmen, sobald er zurückkommt.«

»Oh ...« Ich biß mir auf die Lippe. Würde ich noch hier sein, wenn Nathan zurückkam? »Wir wollen dann weiter darüber reden. Würdest du mich jetzt entschuldigen? Ich habe Kopfschmerzen.«

Richard schaute mich ganz verblüfft an. Offensichtlich hatte er erwartet, daß ich ganz begeistert reagieren würde, und ein Teil von mir war auch begeistert. Ich wollte natürlich Karriere machen, aber das konnte ich doch auch in Amerika, oder?

Meine Entschuldigung wegen Kopfschmerzen war keine reine Ausrede. Ich war sehr müde, und am Morgen hatte ich mich schlecht gefühlt. Es waren wahrscheinlich nur die Nerven, aber es war mir schon seit einigen Tagen so ergangen. Normalerweise fühlte ich mich aufgemuntert nach dem Auftritt, aber heute abend war ich wie ausgeleert. Es mußten die Nerven sein. Seit ich mit James ausging, war ich sehr nervös, und jetzt war ich so erregt, daß mir davon schwindlig wurde.

James' Vorschlag war so plötzlich gekommen, so unerwartet. Ich war verwirrt und erschrocken bei der Vorstellung, meine kleine sichere Welt aufzugeben für etwas Unbekanntes. In Amerika würde ich sicher sein vor Nathans Zorn – er würde mir wohl kaum dorthin folgen –, aber hatte ich wirklich den Mut, den Bruch zu vollziehen? Und durfte ich ihm das antun?

Ich liebte James. Er war mein Ideal, aber Nathan war ... Es war mir zu schwierig, meine Gefühle für ihn zu definieren.

17. Kapitel

»Hallo ...« Liz steckte den Kopf zur Tür herein. »Ich habe mich gefragt, ob du gern ...« Sie brach ab und runzelte die Stirn. »Was ist los, Betty? Du siehst furchtbar aus.«

Ich zwinkerte ihr zu. »Ich fühl' mich auch nicht besonders«, sagte ich. »Ich muß irgendeinen Bazillus aufgeschnappt haben. Heute morgen war mir übel und gestern ...«

Liz hob die Brauen. »Du weißt, was das bedeutet, nicht wahr?«

Ich starrte sie an. Zuerst begriff ich nicht, was sie meinte, dann schüttelte ich den Kopf. »Nein. Nein, das kann es nicht sein, Liz. Ich bin ganz sicher.« Ich schauderte. Das letzte, was ich mir im Augenblick wünschte, war noch ein weiteres Problem!

»Gut, was stimmt dann nicht mit dir?« Sie lächelte mir zu. »Komm, Tante Liz kannst du es ruhig erzählen.«

Ich holte tief Luft. »James hat mich gebeten, mit ihm nach Amerika zu gehen.«

Liz spitzte die Lippen, als ob sie pfeifen wolle. »Und du? Was willst du tun?«

»Ich ... Ich weiß es nicht.« Ich blickte ihr in die Augen. »Ich liebe James. Schon seit Jahren. Ich denke, ich werde Nathan die Wahrheit sagen.«

»Bist du sicher?« Sie sah beunruhigt aus, als ich nickte. »Er wird wild werden.«

»Ich weiß, daß er böse sein wird, aber ...«

»Böse?« Sie lachte, aber es klang ganz und gar nicht fröhlich. »Nathan ist besessen von dir, weißt du das nicht? Ich habe gehört, wie er gedroht hat, einen Burschen, der sagte, was er gern mit dir tun würde, umzubringen. Ich glaube, er würde dich lieber töten, als daß er dich gehen ließe.«

»Das macht es wesentlich leichter für mich.«

Liz lächelte reumütig. »Ich und meine große Klappe. Aber im Ernst, Betty, ich glaube, du solltest sehr vorsichtig sein.

Es ist gut, Nathan zum Freund zu haben – aber ich könnte mir vorstellen, daß er ein sehr gefährlicher Feind ist …«

»Was soll ich also tun?«

Sie machte ein finsteres Gesicht. »Ich weiß es nicht. Du hast Nathan heute abend nicht gesehen, oder?« Ich schüttelte den Kopf, und sie sah mich besorgt an. »Ich dachte nur, daß ich ihn vorhin im Club gesehen hätte …«

»Das kann nicht sein. Er würde nicht wieder fortgehen, ohne mit mir zu sprechen.« Ich begegnete ihrem Blick. »Es sei denn, irgend jemand hätte ihm erzählt …«

Ich bezahlte den Taxifahrer und stieg aus. Als ich hochschaute zu den Fenstern der Wohnung, konnte ich feststellen, daß es dunkel war drinnen. Ich dachte, daß Nathan vielleicht gekommen sein könnte. Es sah ihm aber nicht ähnlich, in den Club zu kommen und dann nicht auf mich zu warten. Und wenn Liz ihn dort gesehen hatte …

»Nathan, bist du hier?« rief ich, als ich die Treppe hinauflief. »Nathan …«

Als ich in allen Räumen das Licht angeknipst hatte, sah ich, daß die Wohnung leer war, aber ich hatte das seltsame Gefühl, daß vor kurzem irgend jemand hier gewesen sein mußte. Es sah so aus, als ob einige Gegenstände von ihrem Platz gerückt worden wären, und in der Luft lag ein leichter Hauch von Zigarrenrauch.

Ich fühlte mich äußerst unbehaglich, als ich anfing, nach einer Nachricht für mich zu suchen. Nach irgendeiner Erklärung dafür, daß Nathan hier gewesen und wieder gegangen war, ohne auf mich zu warten. Das paßte überhaupt nicht zu ihm. Meine Nerven machten mir zu schaffen. Ich wußte einfach nicht mehr, woran ich war.

Er wußte es! Er mußte es wissen, daß ich mich mit James getroffen hatte. Irgend jemand hatte es ihm erzählt. Liz hatte James gesehen. Ob sie … Nein, Liz nicht. Julie mußte es gewesen sein. Sie war immer eifersüchtig auf mich gewesen. Ich wußte, daß sie Nathan gern für sich gehabt hätte. Ja, jetzt war ich sicher, daß Julie ihm nur zu gern berichtet hatte, daß ich dabei beobachtet worden war, wie ich den Club mit einem anderen Mann verlassen hatte. James hatte mich zum Taxi begleitet. Für jeden im Club konnte es so ausgesehen haben, als ob er mich nach Hause bringen wollte.

Aber das erklärte noch nicht, weshalb Nathan nicht auf mich gewartet hatte. Ich würde mich nicht gewundert haben, wenn er wütend geworden wäre. Ich war vorbereitet auf einen heftigen Streit, aber nicht darauf. Mein Unbehagen wuchs.

Vielleicht wußte er es auch gar nicht. Ich dachte das nur, weil mein Schuldbewußtsein mir so zusetzte. Es konnte viele Gründe dafür geben, daß er nicht hiergeblieben war. Aber es paßte nicht zu Nathan. Ich war nervös, ruhelos. In dieser Nacht fand ich keinen richtigen Schlaf, ich döste nur und fuhr bei jedem Geräusch auf. Nathan kehrte nicht zurück.

Am Morgen schrieb ich einen Brief an Nathan und ließ ihn auf dem Tisch liegen, wo er ihn gleich sehen mußte. Ich konnte nur einen kleinen Koffer mitnehmen, aber meine Kleider waren mir jetzt nicht mehr so wichtig. Vielleicht konnte ich ein paar davon später holen, wenn Nathan immer noch nicht zurückgekommen sein sollte.

Als ich durch die Straßen ging, schien die Sonne. Ich war früh fortgegangen, weil ich fürchtete, daß Nathan zurückkommen und mich zurückhalten könnte. Ich wollte mich mit James im Park treffen und beschleunigte meine Schritte. Ob James schon auf mich wartete? Ich war ein paar Minuten zu früh dran.

Meine Vorfreude schwand, als ich sah, daß die Bank leer war. James war noch nicht gekommen. Aber ich war ja zu früh gekommen. Es war töricht, nun enttäuscht zu sein. Wenn ich nicht so ungeduldig gewesen wäre, würde ich nicht so früh hier gewesen sein. Die hölzerne Bank stand im Schatten eines Kastanienbaums. Ich konnte dort bequem warten. Aber es könnte so aussehen, als ob ich schon lange gewartet hätte.

Ich entschloß mich, ein wenig im Park spazierenzugehen. Es war ein schöner Herbsttag. Einige Jungen fuhren Rad auf den Parkwegen, und eine Frau mit einem Kind fütterte die Tauben. In der Ferne spielte irgendwo eine Band.

Jetzt war genügend Zeit verstrichen. Ich kehrte zu der Bank zurück. Sie war noch immer leer. Ich schaute auf meine Armbanduhr. James hatte sich um zwei Minuten verspätet. Das war nicht viel. Es war meine eigene Schuld, wenn ich zu früh gekommen war. Ich setzte mich hin, um auf ihn zu warten, und las die Schlagzeile in einer Zeitung, die irgend jemand auf der Bank liegengelassen hatte. Sir Stafford Cripps war zurückgetreten, und Hugh Gaitskell sollte seinen Platz einnehmen.

Die Sonne schien sehr warm für diese Jahreszeit. Ich beobachtete die vorbeieilenden Leute. Die Zeit verging, ohne daß ich darauf achtete. Ich wartete geduldig. Selbstverständlich würde James kommen. Er hatte sich verspätet, aber schließlich würde er kommen. Er mußte kommen!

Die Kirchturmuhr schlug zwölfmal. Mittagszeit. Ich hatte zwei Stunden lang gewartet. James würde nicht mehr kommen. Ich stand auf, ganz benommen. Ich konnte nicht glauben, daß es so war. Warum? Warum hatte er mir keine Nachricht geschickt? Warum hatte er unsere Verabredung nicht eingehalten?

Vielleicht hatte er einen Unfall gehabt? Jetzt raste mein Herz. Er konnte krank geworden sein. Vielleicht hatte er schlechte Nachrichten erhalten ... Vielleicht hatte er aber auch einfach nur seine Meinung geändert. Meine Füße waren schwer wie Blei, als ich den Park verließ. Ich ging langsam, mein Blick war getrübt von einem Tränenschleier. Ich war eine Närrin. Ich hatte immer gewußt, daß es töricht von mir war, ihn zu lieben. Für James würde ich nie mehr sein können als eine gelegentliche Liebschaft. Das hätte ich mir schon vor Jahren klarmachen sollen. Ich zwinkerte meine Tränen fort. Weinen änderte gar nichts. Ich mußte der Wahrheit ins Gesicht sehen. James hatte seine Meinung geändert. Er hatte eine beiläufige Affäre gesucht, aber weil ich nicht mit ihm ins Bett gehen wollte, hat er mir dieses Angebot gemacht. Es war die Eingebung eines Augenblicks gewesen. Und er hatte seinen Vorschlag schon bedauert, als er ihn kaum ausgesprochen hatte, daran konnte kein Zweifel bestehen.

Ich war sehr verbittert. Waren alle Männer gleich? Gab es nicht einen einzigen, dem man vertrauen konnte?

Als ich im Durchgang war, der zu der Wohnung führte, sah ich, daß ein Briefumschlag auf der Matte lag. Mit zitternden Fingern hob ich ihn auf. Die Handschrift war mir unbekannt. Mein Herz machte einen Sprung, als ich ihn aufriß. Vielleicht schlug James mir einen anderen Treffpunkt vor?

»Ich weiß, daß deine Antwort nein lauten muß. Es tut mir leid. Verzeih mir, James.«

Der Brief hatte hier die ganze Zeit über auf mich gewartet. Wenn ich nicht so früh fortgegangen wäre, hätte ich mir den Ausflug ersparen können.

Einen Augenblick war der Schmerz so heftig, daß ich dachte, ich müsse sterben. Dann unterdrückte ich gewaltsam meine Gefühle. Ich wollte nicht weinen. Es war meine eigene Schuld. Ich hätte es besser wissen müssen und mich nicht ernsthaft verlieben dürfen. Liebe war ein Märchen. Ein schöner, schillernder Schmetterling mit dem Stachel einer Wespe.

Ich stopfte das zerknüllte Blatt Papier in meine Tasche und ging nach oben. Der scharfe, aromatische Duft von Zigarrenrauch stieg mir in die Nase. Ich straffte mich, ein Schauer von Furcht überkam mich, als ich einen Augenblick auf dem Treppenabsatz stehenblieb. Nathan saß neben dem Fenster auf einem Stuhl und rauchte. Ich starrte ihn an, unfähig, ein Wort hervorzubringen. Einen Augenblick lang glitzerten seine Augen, und ich spürte, daß er wütend war, aber dann verschwand das Glitzern, und er lächelte.

»Es ist ein schöner Tag für einen Spaziergang. Hat es dir gefallen, Betty?«

Warum hatte ich das Gefühl, daß er wie eine Katze darauf wartete, sich auf einen arglosen Vogel zu stürzen? Ich blickte auf den Tisch, mein Brief lag ungeöffnet da. Warum hatte er ihn nicht aufgemacht?

»Ich wollte jemanden treffen, aber ...«

Er sprang rasch auf. Ich zögerte und hatte Angst vor dem, was er tun würde. Aber bevor ich fortfahren konnte, schlang er die Arme um mich, zog mich eng an sich und küßte mich leidenschaftlich. Ich lag widerstandslos in seinen Armen, bis er mich wieder losließ.

»Ich habe dich so vermißt«, sagte er. »Ich weiß, daß du böse auf mich bist, weil ich gestern abend nicht hier war, aber ich mußte etwas erledigen. Bevor du irgend etwas sagst, Betty, muß ich dir erzählen ...« Ich schaute ihn überrascht an, als er eine Pause machte. »Ich habe dieses Haus gekauft, von dem ich dir erzählt habe. Es ist alles vorbereitet, wir brauchen nur noch einzuziehen. In Zukunft werden wir viel mehr zusammensein können. Ich werde dich nachts nicht mehr allein lassen müssen. Wir werden immer beieinander sein.«

Ich war völlig verblüfft. Darauf war ich am wenigsten vorbereitet gewesen. Warum war er nicht böse auf mich? Konnte es sein, daß er nichts wußte von meinen Treffen mit James? In diesem Fall mußte ich ihm sofort davon erzählen, bevor mir jemand anderer zuvorkam.

»Nathan ...« Ich holte tief Luft. »Ich muß dir etwas sagen.«

»Ich will nichts hören. Es spielt keine Rolle.«

Als ich ihm in die Augen sah, war mir klar, daß er Bescheid wußte. Er wollte nur nicht darüber reden. Er wollte es einfach ausklammern, so tun, als sei es nicht geschehen, aber ich konnte das nicht. Alles hatte sich geändert. Ich mußte es ihm sagen. »Nathan, als du fort gewesen bist ...«

»Ich weiß.« Er legte mir die Finger auf den Mund. »Man hat es mir erzählt, aber jetzt ist es vorbei. Es ist doch vorbei, nicht wahr, Betty?«

Ich wandte mich ab und schloß die Augen. Ich wußte, daß ich unsere Verbindung jetzt beenden mußte, aber ich konnte es nicht, wenn er mich so ansah. »Ich habe mich verändert, Nathan. Ich liebe dich nicht.«

»Natürlich liebst du mich«, sagte er, und ich spürte, wie seine Lippen meinen Nacken berührten. »Du denkst, daß du jemand anderen liebst, aber er hätte dir nur wehgetan. Er hätte dich nie so lieben können wie ich. Du liebst mich auf deine Weise, und du brauchst mich. Du kannst es nicht ertragen, allein zu sein. Ich hätte dich nicht verlassen sollen. In Zukunft werde ich dich mitnehmen, wohin ich auch gehe. Der Club ist nicht wichtig. Du bist mein, und ich werde für dich sorgen. Ich werde mit dir nach Italien und Griechenland fahren. Das würde dir doch gefallen, nicht wahr?«

Er versuchte, mich wieder zu beherrschen, mein Leben zu bestimmen und mich das tun zu lassen, was er für richtig hielt. Ich versuchte, ihm zu widersprechen, aber ich konnte keinen Ton hervorbringen. Meine Kehle war wie zugeschnürt, und ich merkte, daß ich den Tränen nahe war. Ich konnte den Schmerz in meinem Inneren kaum noch ertragen. Wie könnte ich überhaupt allein damit fertig werden? Nathan nahm mich wieder in die Arme, und seine Lippen glitten verführerisch von meinem Hals zu meinem Ohr. Er wußte so genau, wie er mich erregen konnte!

Ich zitterte und versuchte, seinen Küssen zu entgehen, aber er hielt mich fest. Ich wußte, daß ich jetzt stark sein sollte. Es war nicht fair, für keinen von uns. Ich hätte ihn jetzt fortschicken müssen.

Die Tränen stiegen mir in die Augen. Mein Körper wurde geschüttelt von dem Gefühlsaufruhr, den ich zu verdrängen versucht hatte. Ich hatte nicht so viel Zärtlichkeit von Nathan erwartet. Mit seiner Wut wäre ich besser zurechtgekommen. Jetzt mußte ich weinen.

Nathan drehte mich zu sich um, küßte meine nassen Wangen und lächelte. Es war ein triumphierendes, aber zugleich auch trauriges Lächeln. »Weine nicht um ihn«, sagte er sanft. »Du hast ja immer noch mich. Du wirst mich immer haben.«

Dann hob er mich hoch und trug mich ins Schlafzimmer. Er zog mich so vorsichtig aus, als ob ich ein Kind wäre, dann fing er an, meinen Körper zu küssen und zu streicheln, wie nur er es konnte. Eine Zeitlang versuchte ich, kühl zu bleiben, aber als er erst meinen Bauch küßte und dann anfing, die zarte und empfindliche Stelle zwischen meinen Schenkeln mit der Zunge zu stimulieren, konnte ich mich nicht länger zurückhalten. Ich schrie auf vor Lust und bäumte mich ihm entgegen, als das Verlangen heiß in mir aufstieg. Ein Triumphlaut drang aus seiner Kehle, und dann bedeckte sein Körper mich, als er mich in Besitz nahm. Ich gehörte ihm vollständig und rückhaltlos, und er zwang mir, wie immer, seinen Willen auf.

Nathan hatte mich zurückgewonnen. Ich gehörte zu ihm. Er besaß mich, und er wußte das. Ich war nicht stark genug gewesen, um auszubrechen. Er war meiner viel sicherer jetzt als je zuvor, und das zeigte sich auch in Kleinigkeiten. Er ging jetzt nicht immer so sanft mit mir um. Manchmal, wenn wir beieinanderlagen, pflegte er mich einfach schnell zu nehmen, ohne sich zuvor die Mühe zu machen, mich zu erregen, als wolle er seine Herrschaft über meinen Körper zum Ausdruck bringen.

Ein paar Tage nach seiner Rückkehr unterzeichnete ich einen Schallplattenvertrag mit der Firma Columbia. Im Club trat ich jetzt nur noch zweimal in der Woche auf, den größten Teil meiner Zeit verbrachte ich im Studio. In gewisser Weise paßte mir das sogar besser. Mir war oft übel gewesen, und ich fing an, mich zu fragen, ob Liz doch recht gehabt hatte. Als meine Periode ausblieb, entschloß ich mich, zum Arzt zu gehen. Was er mir sagte, machte mir Angst. Ich behielt mein Geheimnis für mich.

Nathan hatte angefangen, mir wertvollen Schmuck zu kaufen. Er legte mir ein Brillantarmband ums Handgelenk, als ob es sich um Modeschmuck handele. Er war jetzt immer mit mir zusammen, und ich fragte mich, ob wohl seine Geschäfte darunter leiden würden, aber ich sagte nichts. Es interessierte mich nicht mehr, was er machte und woher sein Geld stammte. Ich lebte in einer Traumwelt, denn nur so konnte ich das Leben ertragen. Wirklich lebendig wurde ich nur, wenn ich sang. Nur dann erlaubte ich mir, Gefühle zu haben. In der übrigen Zeit war ich Nathans hübsche Puppe.

Wir waren in ein Haus an einem abgelegenen Platz umgezogen. Es war ein großes Haus, und wir brauchten Personal dafür. Es war ulkig, denn ich hatte nun wenigstens den äußeren Anschein einer Vornehmheit erreicht, nach der ich mich immer gesehnt hatte. Nathan hatte sogar ein Mädchen nur für meine persönliche Bedienung eingestellt. Er hatte mich gar nicht gefragt vorher. Sie kam einfach eines Tages an. Ich dachte, daß er sie vielleicht angestellt habe, damit sie auf mich aufpaßt, wenn er nicht da war, was allerdings nur selten vorkam.

Ich konnte es nicht länger aushalten, mein Geheimnis allein mit mir herumzutragen. Das Schlimmste war passiert: Ich erwartete ein Kind von Nathan! Ich hatte es ihm noch nicht erzählt, weil ich wußte, daß er diese Tatsache nur dazu benutzen würde, mich noch vollständiger an ihn zu binden. Er würde darauf bestehen, daß wir heirateten – und damit wäre mein Traum, James' Frau zu werden, für immer zerronnen.

Ich wußte, daß es verrückt war, sich immer noch an die Überreste dieses Traums zu klammern. James hatte mir deutlich zu verstehen gegeben, daß ich ihm nichts weiter bedeutete als eine vorübergehende Liebschaft. Warum konnte ich mich nicht abfinden mit meinem Schicksal? Warum kämpfte ich immer noch dagegen? Doch sicher nicht, weil ich mich an die unglückliche Ehe meiner Eltern erinnerte? Nathan würde mich nicht so behandeln, wie mein Vater meine Mutter behandelt hatte ... Aber auch in ihm steckte eine gewisse Grausamkeit.

Ich ging Polly besuchen. Sie war der einzige Mensch, mit dem ich offen reden konnte. Sie kannte Nathan schon von früher her. Sie hatte das Kind von Eben Crawley getragen. Sie war die einzige, die wenigstens ungefähr verstehen konnte, was ich empfand.

»Ich habe mir gedacht, daß es passieren würde«, sagte sie und schaute mich besorgt an. »Aber weshalb bist du so verstört, Betty? Du hast doch gesagt, daß Nathan gut zu dir ist ...«

»Das ist er auch ...« Ich starrte sie an. »Wie soll ich es erklären? Ich habe das Gefühl, in einer Falle zu sitzen ...«

Polly lächelte. »Du bist nicht die einzige Frau, die jemals dieses Gefühl gehabt hat, Betty. Es ist immer beunruhigend zu wissen, daß man ein neues Leben in sich trägt, besonders in deiner Situation. Wenn du es akzeptiert hast, wenn du verheiratet bist, wirst du dich besser fühlen.«

»Meinst du wirklich?«

»Ja, bestimmt.« Polly küßte mich auf die Wange. »Ich rate dir, es Nathan so bald wie möglich zu erzählen. Aber du brauchst eine Aufheiterung. Willst du nicht zum Abendessen hierbleiben? Nur Charlie kommt, niemand sonst.«

Nathan würde es nicht recht sein, wenn ich blieb, aber ich wollte mich nicht immer total von ihm beherrschen lassen! Etwas wie Rebellion stieg in mir auf. Wenn ich ihn heiraten sollte, mußte er sich klar darüber sein, daß ich nicht sein Eigentum war. Plötzlich fühlte ich mich besser als seit langem. Ich lächelte meiner Freundin zu. »Es war schön bei dir heute nachmittag«, sagte ich. »Aber ich muß um neun Uhr im Club sein.«

»Charlie ißt gern um sieben zu Abend«, sagte sie. »Du hast noch reichlich Zeit, heimzukehren und dich umzuziehen.«

Es war Viertel nach acht, als ich nach Hause kam. Ich war spät dran, aber ich beeilte mich nicht. Richard würde denken, daß ich heute nicht komme. Ich brauchte ein Bad.

»Wo bist du gewesen?«

Nathan stand oben auf der Treppe, sein Gesicht war wutverzerrt. Ich blinzelte verblüfft.

»Was ist denn los?« fragte ich. »Du bist mir doch wohl nicht böse, weil ich nicht hier war. Du hast nicht gesagt, daß du heute nachmittag kommen würdest.«

»Muß ich eine Verabredung mit dir treffen, wenn ich dich sehen möchte?«

»Natürlich nicht. Sei nicht albern, Nathan.« Ich seufzte. »Ich habe Polly besucht, und sie hat mich zum Abendessen eingeladen, das ist alles.«

»Lügnerin!« Die Bitterkeit in seiner Stimme schockierte mich. »Du bist mit einem Mann zusammengewesen, stimmt's?«

Er packte mich so hart an den Schultern, daß seine Fingernägel in meine Haut eindrangen. Ich war wie gelähmt durch die Wildheit, mit der er mich angriff. Er war plötzlich ein Fremder für mich. Ein Mann mit funkelnden Augen und einem bleichen, schweißnassen Gesicht. Er schien halb von Sinnen zu sein.

»Ich habe dir doch gesagt, daß ich bei Polly war …«

»Und sonst war niemand dabei?« Seine Augen glühten.

»Charlie war da, aber …«

»Und wer noch?« Er schüttelte mich. »Erzähl mir die Wahrheit, verdammt nochmal.«

»Ich habe es dir doch gesagt. Ich war bei Polly und …«

»Zweifellos wird sie bestätigen, daß du die Wahrheit sagst.« Seine Stimme klang so sarkastisch, daß ich das Gefühl hatte, er habe mir einen Peitschenhieb versetzt. »Ich kann euch beide vor mir sehen, wie ihr über die Geschichte lacht, die ihr euch ausgedacht habt. Du bist auch nicht besser als sie. Du bist mit einem Mann zusammengewesen, und jetzt kommst du zurückgekrochen wie die letzte …«

»Wie kannst du es wagen!« Ich schlug nach ihm und traf ihn ins Gesicht. »Wie kannst du es wagen, so etwas zu mir zu sagen? Ich bin dir nie untreu gewesen.«

»Auch nicht mit deinem kostbaren James? Oh ja, ich weiß, wen du getroffen hast, ich weiß, daß du die Absicht hattest, mit ihm fortzugehen.« Er war so voller Bitterkeit, daß er fast erstickte an seinen Worten. »Erwartest du wirklich, daß ich dir glaube, daß du nicht mit ihm geschlafen hast? Er hat dich schon immer begehrt, sogar damals, als du noch auf der Farm warst … Vielleicht hat er dich auch dort schon gehabt?«

»Hör auf! Hör auf, Nathan. Ich habe genug davon. Ich bin in Eile. Ich kann deine blöde Eifersucht nicht länger ertragen. Ich werde jetzt baden und mich für den Club umziehen.«

Er versuchte, mich am Arm zu packen, aber ich schüttelte seine Hand ab. Sein Gehabe machte mich krank. Ich war bereit gewesen, ihm zu sagen, daß ich ein Kind von ihm erwartete, aber jetzt hätten selbst zehn Pferde mich nicht dazu bewegen können.

Ich ging ins Badezimmer und drehte die Hähne auf. Dann

fing ich an, mich auszuziehen, ich war nervös und am Rande der Tränen. Warum mußte er so unerträglich eifersüchtig sein? Wie konnte ich ihn heiraten, wenn er so mißtrauisch war? Ich würde ja Angst haben müssen, einen anderen Mann auch nur anzusehen. Ich wollte gerade in die Wanne steigen, als die Tür aufgerissen wurde und Nathan hereinkam. Entsetzt von der Wut, die sich in seinem Gesicht spiegelte, griff ich nach einem Handtuch, um mich zu bedecken.

»Für falsche Scham ist es zu spät«, murmelte er und riß mir das Handtuch vom Körper. »Ich kenne dich, so, wie du bist.«

»Nathan, ich will mich nicht mit dir streiten.«

»Ich bin nicht gekommen, um mich zu streiten. Es wird Zeit, daß du begreifst, wer hier der Herr ist. Ich bin krank von deinen Lügen nach diesem Betrug.«

»Wovon redest du? James ist der ehrenhafteste Mann, den ich kenne.«

»Du hältst ihn für so etwas wie für einen Kriegshelden, ja? Nun, ich darf dir erklären, daß du dich irrst. Diese Geschichte aus dem Krieg, wie er seine Crew gerettet hat, ist eine Lüge. Es hat sich genau andersherum zugetragen ...«

»Das ist nicht wahr ... Und selbst wenn, so würde es keine Rolle spielen. Ich liebe James, weil er ein Gentleman ist, etwas, von dem du noch nicht mal eine Ahnung hast.«

»Ich bin so sehr ein Gentleman, wie du eine Lady bist, du kleine Nutte ...«

»James ist in Amerika«, sagte ich seufzend. »Selbst wenn ich die Absicht gehabt hätte ...«

»Er ist vor ein paar Tagen zurückgekommen. Behaupte nur nicht, du hättest das nicht gewußt. Du bist mit ihm zusammengewesen, hinter meinem Rücken habt ihr über mich gelacht ...«

Ich sah, wie seine Augen glitzerten, und plötzlich bekam ich wirklich Angst vor ihm. »Du bist verrückt, Nathan. Verrückt und krank, wenn du annimmst ...«

Er packte mich an den Schultern und schüttelte mich, bis mir schwindlig wurde. »Sag so etwas nicht zu mir. Wage es nicht einmal zu denken.«

Er benahm sich so furchteinflößend, daß mir ganz mulmig zumute wurde. »Nathan«, flüsterte ich. »Bitte, hör mir zu. Ich war bei Polly.«

»Ich will deine Lügen nicht mehr hören. Du bist ein verlogenes kleines Miststück, und du wirst bezahlen müssen für das, was du getan hast.«

Ich schreckte vor dem Haß in seiner Stimme zurück, als ob er mich geschlagen hätte. Er starrte mich an, blicklos, als könne er mich nicht erkennen, sondern nur den blutroten Nebel seiner Wut vor den Augen. Ich versuchte, hinter ihn zu schlüpfen, aber er war schneller. Er ergriff mein Handgelenk und kniff die Haut so fest zusammen, daß ich vor Schmerz wimmerte. Ich war voll von Entsetzen vor diesem neuen Nathan und wehrte mich nach Kräften. Ich schlug nach ihm. Er trat mir heftig auf den nackten Fuß und zerquetschte mit seinem Schuh fast meine Zehen. Ich schrie auf vor Schmerz, und sein Mund verzog sich zu einem grausamen Lächeln.

»Das ist erst der Anfang.« Er schien die Worte förmlich auszuspeien. »Du wirst mich um Vergebung bitten, bevor ich mit dir fertig bin.«

»Nie! Ich werde dich hassen, Nathan.«

»Hast du je etwas anderes getan?«

Er versuchte, mich ins Schlafzimmer zu ziehen. Ich zappelte und wand mich und versuchte, mich an allen Gegenständen festzuhalten, die ich packen konnte. Aber er war viel stärker als ich. Ich glitt aus auf dem glitschigen Boden im Badezimmer, stolperte und fiel auf die Knie. Er zerrte mich ein Stück auf dem Boden entlang, ohne darauf zu achten, daß ich mir die Beine am Türpfosten verletzte, dann beugte er sich herunter und packte mich unter den Armen. Halb trug und halb zog er mich ins Schlafzimmer.

»Hab Erbarmen, um Gottes willen«, rief ich, als er mich auf das Bett warf. »Ich bin völlig erschöpft.«

Seine Antwort bestand darin, daß er mich dreimal ins Gesicht schlug. Seine Augen glitzerten, und auf seiner Oberlippe sah ich Schweiß glänzen. Er schien jede Selbstbeherrschung verloren zu haben. Er war halb verrückt, als habe er den Verstand verloren. Als er auf mich losging, schlug ich ihn ins Gesicht und hinterließ mit meinen Nägeln eine Spur auf der unteren Hälfte seiner Wange. Er versetzte mir einen so harten Schlag auf den Mund, daß ich fast bewußtlos wurde. Ich schmeckte Blut. Danach konnte ich mich nur noch schwach wehren, als er sein Knie zwischen meine Beine preßte, sich dann in voller Kleidung auf mich warf und mich mit einer Brutalität nahm, die mich vor Schmerz hätte laut aufschreien lassen, wenn mein Stolz mich nicht davor bewahrt hätte. So gab ich keinen Laut von mir, als er mich vergewaltigte. Die Knöpfe seiner Jacke bohrten sich in mein Fleisch und peinigten mich, als er seine Wut an dem Körper ausließ, den er sonst so gern liebkost hatte. Früher hatte er seine Triumphe gefeiert, wenn er mich berührte und streichelte, heute war er darauf aus, mich in jeder nur möglichen Art und Weise zu quälen. Er biß mich in die Lippen und in die Brüste und demütigte mich auf jede Weise.

Es war eine Strafe für all den Schmerz, den ich ihm seiner Meinung nach zugefügt hatte. Er bestrafte mich dafür, daß ich ihn nicht liebte. Das ganze Ausmaß seiner Wut und Frustration wurde deutlich, als er mich mit allen schmutzigen Namen bezeichnete, die es nur gab. Ich war ein Miststück, eine Hure, eine Betrügerin, eine Lügnerin und noch vieles andere. Die Ausdrücke, die er benutzte, drehten mir den Magen um. Es war die Sprache der Gosse, als wolle er damit das besudeln, was er vorher begehrt hatte.

Als er endlich mit mir fertig war, lag ich still da, das Gesicht im Kissen versteckt. Ich fühlte mich so zerschlagen und verletzt, daß es schon fast nicht mehr wehtat. Es gab keine einzige Stelle an mir, an der er seine Wut nicht ausgelassen hatte. Ich hatte Blut an den Lippen, im Mund und zwischen den Schenkeln. Zu erschöpft, um zu weinen oder gar zu protestieren, lag ich betäubt da wie eine Lumpenpuppe, als er meinen Kopf drehte, damit ich ihn anblickte.

»Das hast du verdient, Betty«, sagte er. »Ich mußte dir eine Lehre erteilen, aber ich werde dich nicht wieder verletzen.«

Ich sagte nichts, als er mich hochhob. Er ging jetzt sanft mit mir um, als er mich ins Badezimmer trug. Ich lag im

Wasser und wandte nichts dagegen ein, daß er zärtlich den Körper wusch, den er gerade noch mißbraucht hatte. Die Seife brannte in den vielen Verletzungen, die er mir zugefügt hatte, aber ich schrie nicht. Er wusch mich und trocknete mich ab, als ob ich ein Kind wäre, und beseitigte alle Blutspuren zwischen meinen Schenkeln. Ich war wie eine Puppe, die er aus Liebe zerstört hatte. Sein Besitztum. Ich schaute ihn an, als er mich ins Bett legte und die Decke über mir ausbreitete.

»Schlaf jetzt, Betty«, sagte er. »Ich denke, du hast jetzt deine Lektion gelernt. Ich werde dir nicht wieder wehtun müssen.«

Ich schloß die Augen. Er verließ das Zimmer und schloß behutsam die Tür hinter sich, als wolle er mich nicht stören. Eine einzelne Träne tropfte mir aus dem Augenwinkel. Ich war zu erschöpft, um sie abzuwischen.

Am nächsten Morgen wachte ich mit Schmerzen auf, aber die lähmende Müdigkeit war verschwunden. Mein erster Gedanke war Flucht. Ich zog mich schnell an und stopfte Geld in mein Portemonnaie. Die anderen Sachen konnten bis später warten. Ich mußte jetzt sofort das Haus verlassen, solange ich noch Gelegenheit dazu hatte. Endlich hatte ich meine Apathie überwunden. Nathan dachte, er habe meinen Willen gebrochen, als er mich so brutal behandelt hatte, aber in Wirklichkeit hatte er ihn wieder zum Leben erweckt. Ich war verrückt gewesen, daß ich ihm erlaubt hatte, über mein Leben zu bestimmen, aber jetzt war es vorbei.

Ich war nervös, als ich das Schlafzimmer verließ. Ich wußte nicht, wo Nathan war, aber wenn er mich fragen sollte, würde ich sagen, daß ich auf dem Weg zum Club sei. Glücklicherweise ließ er sich nicht blicken, als ich floh. Ich machte mich auf den Weg zu Polly. Ich brauchte jetzt eine Freundin. Irgend jemanden, der mir riet, wie ich am besten verschwinden konnte. Vielleicht konnte ich ein paar Tage bei ihr bleiben.

Als ich aus dem Taxi stieg, sah ich, wie Nathan aus ihrem Haus kam, und wich zurück, außer Sichtweite. Was machte er hier? War er gekommen, um Polly zu fragen, ob ich die Wahrheit gesagt hatte? Dafür war es jetzt ein bißchen spät.

Ich wartete, bis ich sicher sein konnte, daß er gegangen war, dann lief ich quer über die Straße. Polly öffnete selber die Tür. Das Haar hing ihr unordentlich über die Schultern, und auf ihrer Lippe sah ich eine kleine Verletzung.

»Oh, nein!« rief ich. »Hat Nathan das gemacht? Ich habe gesehen, daß er gerade fortging.«

Polly schüttelte den Kopf. »Nein. Es war ein Glück für mich, daß er gekommen ist. Es war mein Bruder, George.«

»George?« Ich starrte sie bestürzt an, als sie mich ins Haus zog. »Aber warum? Woher weiß er, wo du wohnst?«

»Irgend jemand hat es ihm erzählt«, erwiderte sie schaudernd. »Er wollte mir nicht sagen, wer es war, aber er wußte, was ich mache …«

»Oh, Polly …« Ich schaute sie an. »Du glaubst doch nicht, daß ich es war?«

»Natürlich nicht.« Sie verzog das Gesicht. »Ich kann es mir schon denken … Vor ein paar Wochen hat Frances Crawley mich besucht. Sie sagte, ich sei schuld an der Krankheit ihrer Mutter. Offenbar hat Mary etwas mit den Nerven und trinkt, und sie sagte, sie würde dafür sorgen, daß ich bekäme, was ich verdiene.«

»Das hat Frances gesagt?« Ein Schauer lief mir über das Rückgrat, aber ich wußte, daß Polly recht hatte. Es mußte Frances gewesen sein.

»Und was willst du jetzt tun?« fragte ich.

Polly zuckte mit den Schultern. »Nichts. George wird nicht wieder herkommen. Er weiß, daß es keinen Zweck hat.«

»Es tut mir so leid, Polly.«

»Es macht nichts«, sagte sie. »Aber was ist mit dir, Betty? Nathan hat mich gefragt, ob du gestern hiergewesen bist. Er machte einen sehr seltsamen Eindruck …«

»Er hat mich vergewaltigt, Polly. Ich werde ihn verlassen.«

Sie starrte mich entsetzt an. »Das hat Nathan dir angetan?«

»Er hat mich geschlagen und dann …« Ich schluckte. »Ich kann nicht länger bei ihm bleiben.«

»Aber das Kind ... Hast du es ihm nicht gesagt?«

Ich schüttelte den Kopf. »Er würde wahrscheinlich annehmen, es stammt von James Blair. Es hat keinen Sinn mehr, es ihm zu erzählen. Es ist vorbei.«

»Aber Nathan wird dich nicht einfach gehenlassen, Betty.« Sie runzelte die Stirn. »Ich habe es dir nie erzählt, weil du gesagt hast, er sei gut zu dir, aber ...«

»Fahr fort, Polly.«

»Dieses Haus gehört Nathan, Betty. Er hat mich hierher gebracht, als mein Kind gestorben war. Er hat mich mit Charlie und den anderen bekanntgemacht ...«

»Nein, das kann ich nicht glauben!«

»Nathan verkehrt mit einigen sehr mächtigen Leuten, Betty.« Und Nathan hatte immer wieder gesagt, daß Polly eine Hure sei! Kein Wunder, daß er sich nicht wohlgefühlt hatte bei dem Gedanken an unsere Freundschaft. Soviel Heuchelei machte mich ganz krank.

»Ich hätte es dir schon früher gesagt, aber ich dachte ...«

»Er hat mich belogen, Polly. Es war alles eine Lüge ...«

»Ich wollte es dir erzählen, aber ein Wort von ihm hätte genügt, und die Polizei hätte mich unter dem einen oder anderen Vorwand aufgegriffen«, sagte sie.

»Die Polizei ... Das verstehe ich nicht.«

»Was glaubst du, warum es in Nathans Clubs nie eine Razzia gibt?«

»Nathans Clubs?«

»Im Purple Moon ist er Teilhaber, aber ihm gehören auch einige weniger angesehene Lokale, Betty. Was glaubst du denn, wo sein Geld herkommt?«

»Mein Gott! Er ist skrupellos. Damit ist der Fall erledigt, ich verlasse ihn.«

»Aber wohin willst du gehen?«

»Ich weiß nicht. Ich dachte, ich könnte vielleicht erst mal bei dir bleiben ...« Sie brauchte darauf nicht zu antworten. Es war offensichtlich ganz unmöglich. »Ich werde mit Richard reden. Vielleicht kann er mir helfen.«

Polly schaute mich besorgt an. »Sei vorsichtig, Betty. Nathan ist ein Crawley. Vergiß das nicht.«

»Was soll das heißen?«

»Alle Crawleys ...« Polly seufzte. »Eben war manchmal sehr gewalttätig ...«

»Ich habe keine Angst vor ihm«, sagte ich, aber ich wußte genau, daß es eine Lüge war.

»Du gibst mir Bescheid, wenn du etwas gefunden hast?«

»Ja, natürlich«, sagte ich und umarmte sie. »Mach dir keine Sorgen, Polly. Es wird schon alles in Ordnung kommen.«

Draußen auf der Straße blieb ich stehen und fragte mich, was ich als nächstes tun sollte. Der Wind frischte auf. Es sah so aus, als ob wir schlechtes Wetter bekommen würden. Schon immer hatte ich den Wind gehaßt. Ich schlug den Kragen hoch. Als ich aufwachte, war mein erster Gedanke gewesen davonzulaufen, aber jetzt wurde mir klar, daß es das Falscheste war, was ich tun konnte. Wenn ich mich jemals wirklich von Nathan befreien wollte, mußte ich ihm die Stirn bieten. Ich mußte ihm ins Gesicht sagen, daß es vorbei war.

Ich zog mich gerade für den Abend um, als Nathan hereinkam. Er schaute mich zornig an.

»Wo bist du heute vormittag gewesen?«

Ich stand auf und holte tief Luft. »Ich glaube nicht, daß das dich noch etwas angeht. In Zukunft werde ich hingehen, wohin ich will und mit wem ich will. Es ist vorbei, Nathan. Entweder verläßt du das Haus oder ich, aber ich weigere mich, weiter mit dir zusammenzuleben.«

Er war verblüfft. Das war das letzte, was er erwartet hatte. Wut spiegelte sich in seinen Augen.

»Glaub nicht, daß du mir durch Schläge deinen Willen aufzwingen kannst«, sagte ich kalt. »Das war dein schlimmster Fehler, Nathan. Ich war bereit, bei dir zu bleiben, trotz deiner törichten Eifersucht – aber nicht mehr nach der letzten Nacht. Ich hasse dich, weil du das getan hast. Ich werde dir niemals verzeihen. Du hast mir bewiesen, was ich schon immer befürchtet hatte – du bist wie mein Vater.«

Ich konnte ihm ansehen, wie schockiert er war. Da sprach wieder die alte Betty, und er wußte nicht recht, was er tun sollte. Er hatte geglaubt, ich sei eine Wachspuppe, die er nach Belieben formen konnte. »Betty«, sagte er mit erstickter Stimme. »Das ist doch nicht dein Ernst? Du weißt, daß ich dich liebe. Es tut mir leid, daß ich das getan habe. Ich war von Sinnen …«

»Mein Vater hat auch immer beteuert, daß es ihm leid tue. Du warst eifersüchtig. Du warst wütend, und du hast deine Wut einfach an mir ausgelassen, ohne dir die Mühe zu geben, die Wahrheit in Erfahrung zu bringen.« Ich schaute ihn verächtlich an. »Ich kenne dich jetzt, Nathan. Du bist ein Tyrann und ein Heuchler … Ich kenne deine schmutzigen kleinen Geheimnisse. Du hast gesagt, daß Polly eine Hure sei, aber du bist viel schlimmer, als sie je sein kann. Du lebst von dem Verdienst der Frauen, die du zu verachten vorgibst. Deine Clubs sind kaum etwas anderes als Laster …«

Er wurde weiß vor Entsetzen. »Nein, das ist nicht wahr. Ich habe Polly geholfen, das gebe ich zu, und ich habe ein paar billige Clubs – ich bin nicht stolz darauf. Aber ich bin kein Zuhälter. Ich kassiere die Mädchen nicht ab, die …«

»Was auch immer deine Beweggründe gewesen sein mögen, es kommt auf dasselbe heraus. Du hast Polly verurteilt, aber du verdienst an ihrem Gewerbe, auf die eine oder andere Weise.«

»So ist das Geschäftsleben, Betty. Es gibt viel Schmutz in der Welt. Du hast ja keine Ahnung. Du wurdest in Watte eingehüllt und beschützt …«

»Gut. Ich will mit deiner Welt nichts zu tun haben, Nathan. Entweder du gehst oder ich. Ich will dich nie mehr wiedersehen.«

»Du willst mich also nie mehr wiedersehen.« Sein Mund verzerrte sich. »Du hast dich mit mir eingelassen, als du Hilfe gebraucht hast, aber jetzt brauchst du mich nicht mehr. Du bist die berühmte Betty Cantrel. Du glaubst, du kannst mich einfach wegstoßen und über meine Leiche gehen … Du bist diejenige, die einen Fehler gemacht hat …«

Als er drohend auf mich zukam, fürchtete ich um mein Leben. Ich wußte nicht, was mit Nathan passiert war. Er schien jede Selbstbeherrschung verloren zu haben. Er war stark genug, um mir mit bloßen Händen das Genick zu brechen, wenn er es versuchte. Ich spürte, wie Panik mich ergriff, und ich wußte, daß ich fliehen mußte. Ich versuchte, an ihm vorbeizulaufen, und wehrte mich, als er mich am Arm packte. Ich schlug nach ihm und brachte es fertig, mich loszureißen, dann fiel ich hin. Irgendwie stolperte ich und fiel gegen die Kante einer Mahagonikommode. Als ich auf dem Boden lag und zu ihm hochblickte, spürte ich den ersten durchdringenden Schmerz in meinem Leib. Einen Augenblick lang konnte ich nur keuchen, das Zimmer drehte sich um mich. Dann, als der Schmerz heftiger wurde, begriff ich plötzlich, was los war. Voller Entsetzen starrte ich Nathan an. Ich bekam eine Fehlgeburt. Ich verlor unser Kind …

»Nathan«, schrie ich hysterisch. »Oh, Nathan, hilf mir.« Ich wimmerte vor Schmerzen und versuchte, mich irgendwo festzuklammern. »Hilf mir, um Gottes willen.«

Er merkte sofort, daß irgend etwas Furchtbares geschehen war. Seine Lippen wurden blaß. »Was ist los, Betty? Oh, mein Gott! Was habe ich jetzt wieder getan?«

»Das Baby«, flüsterte ich, atemlos vor Schmerzen. »Ich verliere unser Kind, Nathan.«

»Unser Kind …« Entsetzen packte ihn. »Du erwartest ein Kind von mir! Warum hast du es mir gestern nacht nicht gesagt? Um Himmels willen, warum hast du es nicht gesagt?«

»Hätte es irgendeinen Unterschied gemacht?« fragte ich bitter. »Hättest du es mir geglaubt?«

»Ich weiß es nicht«, gab er zu. Er beugte sich über mich und nahm mich vorsichtig in die Arme. »Gott, vergib mir, was ich getan habe – ich werde es mir nie verzeihen können.«

Er legte mich auf das Bett. Haßerfüllt sah ich ihn an. »Ich werde dir auch nie verzeihen«, sagte ich. »Du hast unser Kind umgebracht, Nathan – das kann ich nie verzeihen oder vergessen.«

»Nein, wahrscheinlich nicht«, sagte er tonlos. »Ich hole den Arzt.«

»Hol ihn, wenn du willst«, sagte ich müde. Die Tränen liefen mir über die Wangen. »Aber es ist zu spät, Nathan. Es ist viel zu spät ...«

Nathan holte den Arzt. Ich sah, wie er sich an der Tür herumdrückte, als ich untersucht wurde, aber das Blut, das meine Kleider und die Laken tränkte, sprach eine deutliche Sprache. Niemand konnte mir mein Kind zurückgeben. Der Arzt wollte mich ins Krankenhaus bringen, aber ich weigerte mich. Die Blutungen hatten jetzt aufgehört. Ich wollte nur noch allein sein.

Als der Arzt gegangen war, kam Nathan an mein Bett und schaute schweigend auf mich herab. Ich wandte den Kopf zur Seite, um seinem Blick nicht zu begegnen.

»Du hättest ins Krankenhaus gehen sollen«, sagte er.

»Das ist schon in Ordnung«, erwiderte ich. »Mein Mädchen wird sich um mich kümmern.«

»Megan ist keine Krankenschwester ...«

»Laß mich allein, Nathan. Geh.«

»Ich muß mit dir reden.«

»Wir haben uns nichts mehr zu sagen.«

»Ich weiß, daß du das jetzt nicht hören willst«, sagte er. »Aber ich würde alles tun, um das ungeschehen zu machen, was ich getan habe. Ich werde mein ganzes übriges Leben damit fertig werden müssen, Betty. Wenn es ein Trost für dich ist, ich werde von nun an die Hölle auf Erden haben.«

Ich wollte ihm nicht antworten. Ich dachte an meinen Vater und wie er versucht hatte, mich dazu zu bewegen, daß ich ihm sein Verbrechen an meiner Mutter verzieh. Ich hatte ihm nicht vergeben, und ich würde auch Nathan nicht vergeben. Ich hoffte, daß er leiden mußte. Ich wollte, daß er die Hölle auf Erden hatte. Ich schloß die Augen und bemühte mich, seine Stimme nicht mehr zu hören. Warum wollte er nicht einfach fortgehen?

»In ein paar Minuten verlasse ich dich«, sagte er. »Du wirst mich nicht länger ertragen müssen, Betty. Ich gebe dir mein Wort. Dieses Haus wird dir gehören. Ich werde es morgen gleich als erstes auf deinen Namen überschreiben lassen.«

»Ich will das Haus nicht.«

»Tu mir das nicht an, Betty«, rief er verzweifelt. »Du wirst dieses verdammte Haus bekommen, ob du es willst oder nicht. Ich schulde dir viel mehr als das – aber es ist wenigstens eine gewisse Entschädigung für das, was ich dir angetan habe.«

Ich wollte keine Entschädigung. Nathan konnte mir mein Kind nicht zurückgeben. Ich schüttelte den Kopf, ich wollte nur noch, daß er ging und mich meinem Kummer überließ. Ich weinte nicht mehr. Der Schmerz saß zu tief.

»Betty ...«

Ich hörte die Qual in seiner Stimme, aber ich wollte ihn nicht ansehen, als er an meinem Bett stand und mich schweigend anstarrte. Vielleicht hoffte er auf ein Zeichen der Vergebung; wenn ja, so hoffte er vergeblich. Mein Herz hatte sich gegen ihn verhärtet. Vor langer Zeit schon hatte ich mir geschworen, daß mich niemals ein Mann so behandeln dürfe, wie mein Vater meine Mutter behandelt hatte. Ich konnte ihm nicht vergeben.

18. Kapitel

Mir wurde ein neuer Schallplattenvertrag angeboten, und man bat mich, im Fernsehen aufzutreten. Das Fernsehen war damals eine ganz neue Einrichtung, und ich besaß noch nicht einmal ein Gerät, als ich dort zum erstenmal sang.

Trotz der Leere, die in meinem Herzen herrschte, verging die Zeit wie im Fluge. Wir schrieben jetzt das Jahr 1951, und jeder redete von der großen Ausstellung und den Pavillons, die zwischen Westminster und Waterloo am Südufer der Themse gebaut wurden. Extra aus diesem Anlaß war ein großartiges neues Gebäude, die Royal Festival Hall, errichtet worden. In den Pavillons sollten die vielen Wunder der Wissenschaft und Technik ausgestellt werden, die England hervorgebracht hatte.

Der Anbruch einer neuen Ära wurde gefeiert. 1950 waren die Rationierungen von Benzin und Nahrungsmittel endgültig abgeschafft worden, und obwohl sogar jetzt noch viele Waren knapp waren, hatten wir das Gefühl, daß wir uns langsam vom Krieg erholten. Und die große Ausstellung sollte der übrigen Welt vorführen, was wir geleistet hatten.

Im ganzen Land wurden Konzerte und Feiern veranstaltet. Zu meiner Überraschung erhielt ich einen Brief von Hilda Jackson, in dem sie mich einlud, sie im Juni für ein paar Wochen zu besuchen. Nachdem ich ein paar Tage darüber nachgedacht hatte, entschloß ich mich, die Einladung anzunehmen.

Sie und ihre Freundin führten eine kleine Pension, die nahe am Meer lag, und sie begrüßten mich beide sehr herzlich. Es tat mir gut, eine Zeitlang fern von London mit alten Freunden beisammen zu sein.

»Es hat mir so leid getan um dein Baby«, sagte Hilde eines Tages zu mir, als wir im Garten saßen. »Siehst du Nathan noch ab und zu?«

»Ich habe ihn nicht mehr gesehen, seit ...« Plötzlich trieb mir die Erinnerung an das, was geschehen war, die Tränen in die Augen, und ich mußte blinzeln. Selbst jetzt noch gab es Tage, an denen der Schmerz fast unerträglich heftig war.

»Und was ist mit Frances?«

»Das letzte, was ich hörte, war, daß sie mit Mary in Frankreich sei. Ich glaube, Mary ging es nicht allzugut.«

Hilda nickte. »Frances schreibt manchmal – mehr an Henry als an mich. Sie meint, daß Marys Nerven nicht mehr recht mitspielten, aber sie hat sich sehr undeutlich ausgedrückt. Ich glaube, das alles rührt her von der Zeit vor Ebens Tod ...« Sie runzelte die Stirn und schaute mich merkwürdig an.

»Woran denken Sie?« fragte ich.

»Ich habe mich nur gefragt ... Aber es ist ja schon so lange her.«

»Was haben Sie sich gefragt?«

»Ich habe mir gedacht, daß Mary vielleicht Eben heruntergestoßen haben könnte.« Sie nickte, als ich vor Überraschung leise aufschrie. »Nun, wer hätte sie deswegen tadeln können? Die Art und Weise, wie er sie behandelte ...«

»Der Gedanke ist mir nie gekommen«, sagte ich. »Haben Sie das schon damals angenommen?«

»Ich habe mich gefragt, ob du sie vielleicht schützen wolltest, Betty.«

»Nein.« Ich biß mir auf die Lippe. »Nein, bestimmt nicht.«

»Nun, das ist jetzt alles Schnee vom vergangenen Jahr.«

»Ja.« Ich seufzte. »Kommen Sie im nächsten Monat zur Eröffnung der Ausstellung nach London?«

»Nein, ich glaube nicht. Wir haben sehr viel zu tun, und es wird noch viel Betrieb hier herrschen. Aber du schreibst mir doch und erzählst mir alles, ja?«

»Ja, natürlich.« Ich lächelte. »Es ist ein gutes Gefühl, eine Freundin zu haben.«

»Singst du noch immer in diesem Club? Ich höre immer zu, wenn du im Radio singst, und ich habe alle deinen Platten.«

Ich lachte. »Das klingt, als ob Sie ein Fan von mir wären, Hilda. Vergessen Sie nicht, daß ich immer noch nichts anderes bin als dieses Cantrel-Madchen.«

Ich kehrte nach London zurück, und das Leben verlief weiterhin in seinen gewohnten Bahnen. Wir schrieben den Sommer 1952. Wir hatten eine junge, allerdings noch ungekrönte Königin. Ich erinnerte mich daran, wie schön Prinzessin Elizabeth bei ihrer Hochzeit ausgesehen hatte, und ich fragte mich, was für ein Gefühl es für sie sein mochte, jetzt den Platz ihres Vaters einzunehmen. Es war ein furchtbarer Schock für das ganze Volk gewesen, als der König im Februar gestorben war. Die Krönung der Königin sollte erst im kommenden Jahr stattfinden, aber unsere junge Königin hatte gewiß schon jetzt erfahren, wie es ist, die Bürde der Herrschaft zu tragen. Ich fragte mich, ob sie sich deshalb manchmal einsam fühlen mochte.

Ich war jetzt einundzwanzig, ein aufsteigender Stern in der Welt der Unterhaltungsmusik – und sehr allein. Oh, ich hatte immer noch Freunde, Menschen, denen ich bei meiner Arbeit begegnete, und Polly, Liz, Hilda und Miss Browne, aber trotzdem fühlte ich mich furchtbar einsam. Niemand konnte die riesige Lücke ausfüllen, die Nathan hinterlassen hatte, und im Innersten war ich immer traurig, was auch geschah. Ich trauerte auch immer noch dem Kind nach, das ich verloren hatte, und ich konnte kaum einen Blick werfen auf die stolzen Mütter, die mit ihren Kindern im Park spazieren gingen.

Natürlich begegnete ich anderen Männern. Eines Nachts, als ich in den Stork Rooms aufgetreten war, hatte ich von dem Trommler einer berühmten Jazzkapelle einen Heiratsantrag bekommen, und er war damals nur ganz leicht betrunken gewesen. In den Stork Rooms hatte ich viele berühmte Persönlichkeiten getroffen: Elizabeth Taylor, Ava Gardner und Lena Horne waren nur einige der bekannten Namen, deren Träger ich persönlich kennengelernt hatte. Ich trat im Fernsehen auf und ein paarmal auch im Palladium; es war auch die Rede von einer Amerika-Tournée und möglicherweise einem Film. Deshalb hätte mein Leben eigentlich nicht leer sein können, aber irgend etwas fehlte.

An jenem Junimorgen sah ich Polly für längere Zeit zum letztenmal. Sie fuhr nach Übersee, um dort einen ausgedehnten Urlaub zu verleben, und ich wußte von Anfang an, daß sie mir sehr fehlen würde.

Wehmütig dachte ich an den Tag zurück, an dem James mich gebeten hatte, mit ihm nach Amerika zu gehen. Angenommen, ich hätte sofort ja gesagt? Angenommen, ich wäre mit ihm fortgegangen, bevor Nathan zurückgekommen war? Aber es war töricht, immer wieder in Gedanken in die Vergangenheit zurückzukehren. Ich rief mich zur Ordnung. Ich war jung, und die Zukunft lag vor mir. Ich mußte mich freimachen von dieser krankhaften Sehnsucht nach etwas, das ich nicht haben konnte.

Vielleicht hätte ich davor gewarnt sein sollen, daß die Vergangenheit im Begriff stand, voll Rachsucht wieder in mein Leben einzudringen, aber ich ahnte nicht das geringste, als ich das Haus betrat. Ich konnte hören, daß Megan mit jemandem redete, und ich war ein wenig erstaunt darüber. Es klang wie die Stimme einer anderen Frau. Ich ging dem Geräusch nach und kam in meinen kleinen hinteren Salon. Eine Frau stand am Fenster und schaute hinaus.

»Oh, da sind Sie ja, Miss Cantrel«, sagte mein Mädchen. »Ich habe Miss Crawley gerade erklärt, daß Sie wohl bald heimkommen würden.«

Einen Augenblick war ich wie erstarrt. Frances drehte sich um und schaute mich an. Sie lächelte, und in ihrem Blick lag eine Spur von boshaftem Vergnügen, was mich an Nathan erinnerte.

»Ich bin nicht überrascht darüber, daß du sprachlos bist«, sagte sie. »Ich weiß, daß es abscheulich von mir ist, hier einfach so unangemeldet hereinzuplatzen ...«

»Sie können gehen, Megan«, sagte ich mit rauher Stimme. Ich fing an, meine Handschuhe auszuziehen. »Was willst du, Frances«, fragte ich verärgert.

Sie sah mich vorwurfsvoll an. »Ich habe gerade deinen

Garten bewundert, Betty, und das Haus. Ist alles noch so geblieben, wie es war, als Nathan es dir geschenkt hat?«

»Frances ...«, sagte ich. »Weshalb bist du hergekommen?«

»Das klingt nicht gerade wie eine freundliche Begrüßung, Betty. Ich dachte, du würdest dich vielleicht freuen, mich zu sehen.«

»Ich hätte mich gefreut, dich zu sehen, als ich mein Baby verloren hatte.«

»Das hat mir so leid getan.« Sie trat einen Schritt näher. »Ich habe gedacht, du seist zu verstört, um mich sehen zu wollen.«

Ich mußte vor mir selber zugeben, daß das stimmte, und zuckte mit den Schultern. »Du bist also wieder in England. Ich habe gedacht, du seist noch in Frankreich.«

»Ich war dort noch vor wenigen Wochen. Meine Mutter – nun, sie wollte heimkehren.«

»Ich verstehe. Aber das erklärt nicht, weshalb du hierhergekommen bist.«

»Ich dachte, es sei an der Zeit, alte Wunden zu heilen. Ich habe gehofft, wir könnten wieder Freundinnen werden, Betty.«

»Als du mich damals getroffen hast, in dem Geschäft, hast du mir sehr deutlich zu verstehen gegeben, daß du nicht mehr meine Freundin sein willst.«

Sie hatte soviel Anstand zu erröten. »Ich weiß, daß ich gemein zu dir gewesen bin.« Sie lächelte mir so überzeugend zu, wie sie es schon immer gekonnt hatte, und wieder mußte ich an Nathan denken. »Ich nehme an, daß ich ärgerlich auf dich war, weil du mir nicht geantwortet hattest auf meinen Brief – ich meine nicht den, in dem ich dich zum Lunch eingeladen habe, als du noch in Hammersmith gewohnt hast. Ich meine den Brief, den ich dir vor Jahren geschrieben habe, als du noch in eurem Häuschen gewohnt hast. Ich habe dich damals so vermißt, Betty, und ich habe dir einen langen Brief voller Entschuldigungen geschickt, aber du hast mir nie geantwortet.«

Ich starrte sie ungläubig an. »Ich habe den Brief nie erhalten, bestimmt nicht.«

»Oh ...« Sie verzog das Gesicht. »Er muß verlorengegangen sein. Ich hätte noch einmal schreiben sollen, aber ich war wütend, weil ich dachte, du wolltest nichts mehr mit mir zu tun haben.« Undeutlich wie aus weiter Ferne erinnerte ich mich an das Bild meines Vaters, wie er an der Gartentür mit dem Postboten redete. Hatte er damals den Brief von Frances entgegengenommen und später vernichtet? Ich würde es nie mehr genau erfahren, und es spielte auch keine Rolle mehr. Es war ja schon so lange her.

»Manchmal bin ich böse auf dich gewesen«, gab ich zu. »Aber meistens habe ich dich sehr vermißt.«

»Sei mir nicht mehr böse«, erwiderte sie und streckte mir ihre Hand hin. »Ich brauche dich, Betty. Eine Freundin wie dich habe ich nie wieder gefunden.«

Ich merkte, daß ich manipuliert werden sollte. Diesen Blick, den sie mir zuwarf, kannte ich ganz genau. Früher hatte Frances ihn ihrer Mutter gegenüber angewendet. Ich wußte, daß es klüger wäre, sie auf Distanz zu halten. Früher einmal hatte sie mich beherrscht, aber jetzt war ich frei von ihr. Ich hatte mich von allen Crawleys befreit. Ich müßte verrückt sein, wenn ich es zuließ, daß einer von ihnen wieder Einfluß auf mein Leben bekam.

Ich zog meine Jacke aus. Jetzt ging es mir darum, Zeit zu gewinnen. »Wie lange wirst du in England bleiben?«

»Ich weiß es noch nicht.« Wieder lächelte sie. »Ich habe dich im Fernsehen bewundert. Du bist jetzt sehr berühmt, nicht wahr?« Klang da in ihrer Stimme wieder ein leiser Anflug der alten Eifersucht mit?

»Ich bin wohl auf dem Wege dorthin. Nächste Woche trete ich in einer Show im Palladium auf. Möchtest du Karten haben?«

»Ich weiß nicht, ob ich kommen kann.« Sie seufzte, und ich sah Tränen in ihren Augen. »Meine Mutter ist krank, Betty, deshalb sind wir zurückgekommen. Ich kann nicht viel ausgehen. Tatsächlich muß ich mich bald wieder verabschieden, aber ich wollte dich unbedingt sehen. Oh, Betty, du hast keine Ahnung, wie unglücklich ich bin. Ich habe keine Freunde, keine wirklichen Freunde. Es ist unmöglich, weil meine Mutter ...« Sie unterdrückte einen Seufzer. »Aber ich will dich damit nicht beunruhigen ...« Eine Träne rollte ihr über die Wange.

»Was fehlt ihr?« Ich spürte, wie mein innerer Widerstand dahinschmolz. Einst war sie der Mittelpunkt meines Lebens gewesen, und wieder erwachte die alte Treue zu ihr.

Sie zwinkerte die Tränen fort. »Ich hätte nicht davon sprechen sollen. Ich wollte dich einfach wiedersehen. Ich habe gehofft, daß wir wieder Freundinnen sein könnten. Aber du wirst mich wohl nicht besuchen wollen. Du mußt jetzt so viele Freunde haben ...«

»Natürlich will ich dich besuchen«, rief ich impulsiv. »Ich bin gleichfalls einsam, Frances. Natürlich habe ich viele Freunde, und ich habe auch viel zu tun, aber es gibt niemanden, der mir dich ersetzen könnte.«

Ich sah, wie ihre Augen plötzlich aufleuchteten. Sie triumphierte, aber sie gab sich alle Mühe, es nicht zu zeigen. Ich war schnurstracks in die Falle gelaufen, aber es machte mir nichts aus. Frances wollte etwas von mir, aber ich wollte auch etwas von ihr. Immer noch verspürte ich diesen alten Drang, ein Teil ihrer Welt zu sein ...

An diesem Abend lud Richard mich zum Dinner ein. Er holte mich ab, und im Taxi fragte er mich, ob ich für ein paar Wochen wieder in seinen Club zurückkommen könne. »Wenn du mir vielleicht helfen könntest«, sagte er. »Das Geschäft geht nicht mehr so gut in letzter Zeit.«

»Natürlich komme ich«, sagte ich. »Nach dieser Show im Palladium habe ich ein paar Wochen Zeit.«

Richard lächelte und küßte mich auf die Wange. »Du bist ein guter Kumpel, Betty. Danke.«

»Du hast mir den Start ermöglicht, Richard.«

Er nickte und schaute mich merkwürdig an. »Denkst du manchmal noch an Nathan? Eigentlich war er es, der dir den Start ermöglicht hat.«

»Ich weiß.« Ich biß mir auf die Lippe. »Aber ich möchte nicht über ihn sprechen.«

Wir erhielten einen Ecktisch im Restaurant. Ich schaute in

die Speisekarte und schwankte zwischen Hummer und Seezunge.

»Was nimmst du, Betty?« fragte Richard. »Ich denke, ich bestelle mir Beefstaek ... Was ist los, Betty?«

Im ersten Augenblick konnte ich nicht antworten. Mein Mund war ganz trocken geworden, und ich zitterte. Ich hatte einen Mann hereinkommen sehen, an seinem Arm hing ein hübsches blondes Mannequin. Ich hoffte, daß er uns nicht bemerkt hatte.

»Nichts«, sagte ich. »Ich möchte gern die Seezunge.«

Richard hatte die beiden gesehen. »Ich dachte, es sei vorbei, Betty?«

»Nathan bedeutet mir nichts mehr, Richard. Es war nur der Schock. Ich habe ihn nicht mehr gesehen, seit ... Oh, nein!« Nathan hatte uns erblickt. Er kam mit seiner hübschen Begleiterin zu uns herüber. Ich hatte ihr Bild in den Zeitungen gesehen und wußte, daß sie in den Modezeitschriften sehr gefragt war. Warum brachte er sie an unseren Tisch? Wollte er mir zeigen, daß er unsere Affäre vollkommen überwunden hatte?

»Guten Abend, Richard. Betty, wie schön, dich zu sehen. Du siehst sehr gut aus.« Nathan hätte ein Fremder sein können, so höflich und kühl gab er sich. »Ich glaube, du kennst Helga noch nicht, Betty. Helga, das ist eine alte Freundin von mir, Betty Cantrel. Richard kennst du natürlich schon.«

Das Mädchen lächelte Richard affektiert zu, aber als sie mich anschaute, wirkten ihre Augen eiskalt, und ihr Griff an Nathans Arm wurde fester. Sie stellte ihre Beziehung zu ihm deutlich heraus, als ob sie eine Rivalin witterte.

»Wir haben Sie vorige Woche im Theater gesehen«, sagte sie. »Sie waren wunderbar, Miss Cantrel.«

Ihr falsches Lächeln zeigte mir deutlich, daß sie mich haßte, aber sie hätte sich keine Sorgen zu machen brauchen. Ich hatte nicht die Absicht, ihr irgendwelche Schwierigkeiten zu machen.

»Betty, ich würde dich gern bald einmal sehen«, sagte Nathan zu meiner Überraschung. »Kann ich morgen bei dir vorbeischauen?«

»Ich will Frances besuchen«, sagte ich. Mein Puls raste. »Ist es wichtig?«

Meine Hände zitterten. Ich schlang sie ineinander und legte sie in den Schoß, verblüfft über die Wirkung, die diese Begegnung mit Nathan auf mich ausübte. Erinnerungen stiegen auf, so lebendig, daß tiefer, bohrender Schmerz mich erfüllte und aufs neue verzehrte. Vielleicht spürte er, daß ich kaum noch in der Lage war, meine Gefühle zu beherrschen. Er runzelte die Stirn.

»Es hat noch Zeit«, sagte er. »Entschuldige die Störung, Betty.«

Als sie fortgingen, schaute Richard mich an. »Er liebt dich immer noch, Betty.«

Ich zitterte am ganzen Körper. »Nein«, sagte ich. »Er hat mich nie geliebt. Nicht so, wie du es meinst, Richard. Außerdem ist es vorbei.«

»Wirklich?«

Als ich seinem Blick begegnete, mußte ich fortschauen. Da war immer noch etwas zwischen Nathan und mir – ich hatte es deutlich gespürt, als er dagestanden und mich angesehen hatte.

In dieser Nacht schlief ich nicht viel. Während ich mich im Bett herumwarf, durchlebte ich wieder und wieder diese entsetzliche letzte Szene mit Nathan. Und dann war ich so verbittert gewesen. Ich war nicht fähig gewesen, ihm zu verzeihen oder es auch nur zu versuchen. Ich hatte keinerlei Verständnis dafür gehabt, wie er sich fühlen mochte. Ich hatte geglaubt, daß ich ihn haßte, aber jetzt war ich nicht mehr so sicher …

Der Gedanke an den Besuch bei Frances beunruhigte mich. Als sie an dem Vormittag gegangen war, hatte ich mich gefragt, ob meine Zusage eine Dummheit gewesen war. Die Crawleys hatten einen so großen Einfluß auf mich ausgeübt, und meistens hatten sie mir Kummer und Schmerz gebracht. Vielleicht wäre es klüger gewesen, sich fernzuhalten von Frances, und doch war ich aufgeregt bei der Aussicht, sie wiederzusehen. Wie Nathan besaß sie einen ganz eigenen

Charme. Ich war nie stark genug gewesen, ihr zu widerstehen.

Unzufrieden mit meinem Aussehen, wechselte ich dreimal das Kleid, bevor ich mich für ein blaßblaues Wollkleid entschied, das ich ein paar Wochen zuvor bei Hardy Amies gekauft hatte. Als ich ins Taxi stieg, mußte ich über mich lächeln. Ich war jetzt reich und hatte Erfolg, aber mir zitterten die Beine, und mein Mund war trocken. Mein schönes Kleid sollte nur etwas vortäuschen, das in Wirklichkeit gar nicht vorhanden war. Darunter war ich immer noch das Kind eines Trunkenbolds, das in das große Haus gekommen war, um dort zu arbeiten, weil seine Familie in Gefahr war, vor Hunger zu sterben.

Jetzt fuhr ich immer mit dem Taxi. Als ich nach London gekommen war, hatte ich meist den Bus benutzt und manchmal auch die Straßenbahn. Die letzte Straßenbahn in London sollte im Juli aus dem Verkehr gezogen werden, das würde das Ende eines Zeitalters bedeuten.

Ich war erstaunt, als das Taxi vor einem bescheidenen Ziegelbau in einer ruhigen Sackgasse hielt. Das Haus war klein und sah ziemlich düster und trostlos aus. Es lag versteckt hinter hohen Hecken, als ob die Besitzer etwas zu verbergen hätten. Ich fragte mich, ob es Frances gefiel, hier zu wohnen, nach all ihren Auslandsreisen. Sie hatte mir erzählt, daß Mary das Klima in Frankreich besser bekam. Weshalb waren sie dann nach England zurückgekommen?

Ein Gesicht tauchte auf hinter den Nylonvorhängen am Fenster, als sei ich begierig erwartet worden. Dann wurde die Tür aufgerissen, und Frances kam heraus.

»Ich hatte Angst, du würdest nicht kommen«, sagte sie, und ihre Stimme klang atemlos. »Ich verdiene es wirklich nicht, Betty.«

»Oh, Frances«, rief ich. In diesem Augenblick sah sie aus wie das Mädchen, das ich vergöttert hatte, so daß all meine Zweifel verschwanden. Das war die Frances, die mir ihre Bücher zur Verfügung gestellt hatte, die Frances, die neben mir gesessen hatte im Kino, als wir atemlos die Wunder auf der Leinwand verfolgt hatten. Sie war wechselhaft, gehässig und unberechenbar, aber sie beherrschte immer noch meine Gefühle.

»Wie hätte ich das tun können? Glaubst du, daß es leicht für mich gewesen ist, dich zu verlassen, um zurückzukehren in unsere Hütte?«

»Nein. Ich wußte, daß es furchtbar für dich war, zu diesem schrecklichen Ort zurückzukehren.« Durch einen Schleier von Tränen sah sie mich an. »Ich war ein so selbstsüchtiges Biest. Ich war so böse auf dich, weil du mich verlassen hast. Ich wollte dir weh tun – aber ich habe mir selber noch mehr weh getan.«

»Wirklich?« Ich wollte ihr so gern glauben. »Ich dachte, du würdest mich rasch vergessen.«

»Ich habe dich nie vergessen. Du hast vielleicht nicht gewußt, wo ich war, aber ich wußte immer, wo du warst und was du machtest.«

»Oh, Frances ...«

Ich lächelte, als sie mich ins Wohnzimmer führte. Es war in vieler Hinsicht fast eine Nachahmung des Wohnzimmers in dem Haus in den Marschgebieten mit den dunklen Möbeln und den Tischen, die bedeckt waren von Nippes und vielen Kleinigkeiten. Ich sah mich der großzügigen Eleganz der Wohnkultur gegenüber, die vor mehr als hundert Jahren der letzte Schrei gewesen war. Nathan hatte mir beigebracht, die einzelnen Stile zu unterscheiden.

»Jetzt können wir wieder zusammensein«, sagte sie. »Wir können Freundinnen sein.«

»Ja, wir können Freundinnen sein.«

»Du weißt ja nicht, wie sehr ich dich brauche, Betty.«

Ich lächelte ihr zu. »Warum erzählst du es mir dann nicht?«

Frances starrte mich an. »Nathan hat dir also nichts erzählt – über meine Mutter?«

»Nein, nichts. Hilda hat gesagt, daß Mary schlechte Nerven hätte.«

»Oh, wenn das doch alles wäre.« Frances seufzte. »Sie trinkt, Betty, und das macht sie krank. Sie tut so, als ob sie es aufgeben wolle, aber sie versteckt Ginflaschen in ihrem Zimmer und gießt Lavendel-Duftwasser über sich, um den Geruch damit zu überlagern. Meine arme Mutter. Es fing an, als mein Vater sie mißhandelte. Ich habe mich manchmal gefragt, ob sie wohl ...« Sie schüttelte den Kopf. »Nein, das hätte sie nicht fertig gebracht ...«

Ich war schockiert. Mary war eine Alkoholikerin! Wie Hilda schien auch Frances zu vermuten, daß Mary irgend etwas mit Ebens Tod zu tun hatte. Sicher glaubten sie beide nicht im Ernst daran! Natürlich wußten sie beide nicht, daß ich Nathan in der Scheune getroffen hatte, aber selbst dann ... Mary schien an jenem Abend eine schlechte Nachricht erwartet zu haben ...

»Es tut mir leid«, sagte ich. »Kannst du nicht irgend etwas unternehmen gegen das Trinken?«

»Sie würde nie zugeben, daß sie unmäßig trinkt, Betty. Sie ist nicht immer ansprechbar, Betty, manchmal weilt sie in Gedanken wochenlang in einer anderen Zeit, ohne daß sie ihr Zimmer verläßt. Oh, Betty, ich bin so beunruhigt. Sie will auch nicht essen ...«

»Weine nicht, Frances«, sagte ich, als ich die Tränen in ihren Augen sah. »Gibt es irgend etwas, das ich tun könnte?«

»Sie redet oft von dir. Ich glaube, daß sie dich gern wiedersehen würde – wenn du es ertragen kannst?«

»Natürlich kann ich das. Sollen wir jetzt zu ihr gehen?«

Frances sprang auf, sie war offensichtlich erregt. »Du mußt nicht lange bei ihr bleiben. Ich werde ihr sagen, daß das Mittagessen fertig ist. Du bleibst doch zum Lunch?«

»Ja, gern.«

Ich lächelte und folgte ihr, als sie das Zimmer verließ. Wir gingen zusammen in das obere Stockwerk.

»Ich fürchte, du wirst feststellen, daß sie sich sehr verändert hat.« Frances blieb vor der Tür zum Zimmer ihrer Mutter stehen.

Ich begriff, daß sie mich davor warnte, mein Erschrecken nicht zu zeigen, das ich bei Marys Anblick wohl empfinden würde, und nickte.

Die Warnung war sehr angebracht gewesen. Ich war bestürzt, als ich die Frau im Bett sah, die sich an einen Berg von Kissen lehnte, und ich mußte mich zusammennehmen, um keinen Laut von mir zu geben.

Mary Crawley sah verrunzelt und grau aus, um Jahre älter, als es ihrem wirklichen Alter entsprach. Ihre Augen lagen tief in den Höhlen, ihre Wangen waren hohl, und ihre Haut hatte eine ungesunde gelbliche Farbe. Das einst dunkle Haar war dünn geworden und vollkommen weiß, es fiel ihr unordentlich über die Schultern. Ihr hübsches seidenes Nachthemd hing über dem ausgemergelten Körper und war vorn voller Flecken. Als ich auf sie zuging, spürte ich Lavendelgeruch.

»Mrs. Crawley«, sagte ich und lächelte fröhlich, um mein Entsetzen zu verbergen. »Frances sagt, sie würden mich gern sehen. Ich hoffe, ich störe Sie nicht?«

Die Augen, die einst soviel Intelligenz verraten hatten, schauten mich dumpf an. Ihre Hände zitterten unruhig an der Patchwork-Decke, und ich sah, daß die Haut auf dem Handrücken von häßlichen braunen Flecken verunziert war. Sie sah zwanzig oder dreißig Jahre älter aus, als sie wirklich war.

»Wer sind Sie?« fragte sie mißtrauisch. »Doch nicht wieder eine von diesen erbärmlichen Pflegerinnen? Ich will nicht, daß sie sich in meine Angelegenheiten mischen. Sich um Dinge kümmern, die sie nichts angehen.«

»Es ist Betty, Mutter«, sagte Frances. »Betty Cantrel. Ich habe dir erzählt, daß sie heute kommen würde.«

Plötzlich leuchteten Marys Augen. Sie richtete sich auf und blickte mich eindringlich an. »Du bist groß geworden, Betty«, sagte sie, und das klang wieder ganz nach der Mary von früher. »Ich bin froh, daß du zu uns zurückgekommen bist. Ich konnte dir immer vertrauen, nicht wahr? Du wirst dich jetzt um mich kümmern. Frances braucht dich nicht, aber ich …«

»Betty ist nicht gekommen, um bei uns zu arbeiten.« Frances warf mir einen entschuldigenden Blick zu. »Sie ist jetzt eine berühmte Sängerin. Du weißt das doch.«

Wieder lag ein seltsamer Ton in ihrer Stimme. Fast ein Anflug von ihrem alten Groll gegen mich. Groll, weil ich ein erfülltes, interessantes Leben führte, während sie gezwungen war, sich um Mary zu kümmern.

»Wir müssen jetzt gehen«, sagte sie. »Das Mittagessen wird fertig sein.«

»Es war schön, Sie zu sehen, Mrs. Crawley ...« Als ich mich abwandte, hielt Mary mich am Ärmel fest. Ich blieb stehen und war überrascht von dem Ausdruck, der in ihrem Blick lag. Sie sah aus, als ob sie sich fürchte.

»Komm noch einmal zu mir, bevor du gehst«, sagte sie leise. »Bitte, Betty!«

»Ja, natürlich komme ich.« Ich lächelte ihr zu und folgte Frances, die das Zimmer bereits verlassen hatte. Sie schloß die Tür, bevor sie sich mit einem Seufzer mir zuwandte.

»Es tut mir leid. Heute morgen wirkte sie viel heiterer. Ich dachte ...«

»Entschuldige dich nicht. Ihre Gedanken wandern manchmal umher, das ist alles. Sie ist krank. Sie kann nichts dafür. Mein Vater war genauso, kurz vor dem Ende.«

Frances preßte die zitternde Hand vor ihre Lippen und unterdrückte ein Stöhnen. »Manchmal kann ich es kaum ertragen. Warum tut sie das? Sie bringt sich damit um. Der Arzt sagt, daß sie nicht mehr lange zu leben hat, wenn sie nicht aufhört zu trinken.«

»Ich weiß es auch nicht. Es ist wie eine Krankheit, das Trinken. Mein Vater hat es versucht, aber er konnte nie für lange damit aufhören.«

Frances wischte sich die Augen mit einem Spitzentaschentuch. »Laß uns über etwas anderes reden. Es ist so deprimierend, an meine Mutter zu denken.«

Ich legte meinen Arm um ihre Taille, als wir hinuntergingen. »Willst du heute Abend nicht in den Club kommen? Liz hat Geburtstag, und ich werde dort auftreten. Liz ist eine Freundin von mir, und wir werden feiern, wenn der Club geschlossen ist. Es würde dir guttun.«

Ihr Gesicht hellte sich auf. »Ich würde so gern kommen«, sagte sie. »Ich müßte eine Pflegerin engagieren, die bei meiner Mutter wacht. Sie haßt sie zwar, aber einmal ...«

»Ich werde mit ihr darüber reden, bevor ich gehe.«

»Oh, nein.« Frances war entsetzt. »Tu das ja nicht. Sie wird einen solchen Wirbel machen. Es ist besser, wenn ich einfach heimlich fortgehe.«

»Vielleicht wäre es besser, wenn ich nicht mehr zu ihr hinaufginge nachher?«

»Das würde sie nur noch mehr beunruhigen. Sie würde sicher sagen, daß ich dich zurückgehalten habe. Sie sagt die verrücktesten Sachen, Betty. Sie beschuldigt mich, ich würde es zulassen, daß irgend jemand versucht, sie zu vergiften. Als ob ich so etwas tun würde! Niemand will ihr etwas antun, nur sie selber. Sie zerstört ihren Körper, und es gibt keine Hilfe dagegen ...« Schmerzerfüllt schaute Frances mich an. Sie war ganz außer sich. »Oh, laß uns endlich von etwas anderem sprechen. Ich kann es nicht länger ertragen!«

Wir redeten über drei Stunden miteinander. Frances Köchin hatte ein wunderbares Essen vorbereitet: eine klare Bouillon, Fisch, Hühnchen und Spargel in Aspik und als Nachtisch Pfirsiche in Brandy mit Schlagsahne. Wir nahmen ein wenig von jedem Gang, während wir lachten und plauderten, um die verlorenen Jahre wieder einzuholen.

»Was für eine sündhafte Verschwendung«, sagte ich. »Im Krieg und auch danach noch hätten Menschen getötet für das, was wir einfach übriglassen!«

»Zum Glück ist das jetzt vorbei«, erwiderte Frances. »Die Versorgung mit Lebensmitteln war in Frankreich und Italien viel besser als hier, weißt du. Ich denke immer noch, daß es die Schuld der Regierung war.« Sie lächelte mir zu. »Wir sind im ersten Jahr nach Griechenland gereist, Betty. Es hätte dir gefallen.«

Begeistert hörte ich ihr zu. Der alte Zauber war wieder da. Ich wollte immer noch ein Teil ihrer Welt sein. Die Freundschaft, die wir als Kinder geschlossen hatten, war wieder so stark wie zuvor.

»Ich wünschte mir, ich wäre dabei gewesen. Mein Leben ist erfüllt gewesen, aber ich bin nie wieder jemandem wie dir begegnet.«

Wir saßen am Tisch, nippten an einem leichten, funkelnden Wein und waren glücklich. Es war so, als ob es die Jahre dazwischen gar nicht gegeben hätte. Ich traute meinen Augen nicht, als ich auf die Uhr schaute.

»Ich muß sofort gehen. Um acht Uhr will ich im Club sein.«

»Oh, mußt du schon fort? Seit einer Ewigkeit habe ich mich nicht mehr so gut unterhalten.«

»Willst du nicht morgen mit mir zum Lunch kommen?«

»Sehr gern, aber der Arzt kommt. Da sollte ich hier sein. Willst du mich nicht wieder besuchen kommen?«

»Warum nicht?« Ich lächelte. »Ich werde nicht wieder so lange bleiben können, aber ich komme. Jetzt muß ich mich noch rasch von Mary verabschieden. Würdest du mir inzwischen bitte ein Taxi rufen?«

Ich ging nach oben. Ich dachte, daß ich Marys Blick falsch gedeutet haben mußte. Es konnte kein Hilferuf an mich gewesen sein. Frances hatte mich davor gewarnt, daß sie mit ihren Gedanken oft ganz woanders war.

Als ich die Tür zu Marys Zimmer öffnete, sah ich, daß sie mit geschlossenen Augen dalag. Ich wollte schon wieder gehen, als sie die Augen plötzlich öffnete und mich anschaute.

»Störe ich Sie?«

»Bist du es, Betty?« fragte sie mit einer rauhen Flüsterstimme. »Bist du allein?«

»Ja.« Sie winkte mich heran, und ich ging zu ihr. »Ist irgend etwas nicht in Ordnung, Mary?«

»Weißt du genau, daß du allein bist? Lauscht auch niemand an der Tür?«

Sie hatte Angst! Ich ging zu ihrem Bett und setzte mich auf die Kante. Sie streckte zaghaft die Hand aus nach meiner, und ich konnte die Furcht in ihren Augen erkennen. Ich nahm ihre Hand und hielt sie fest, als ich spürte, daß sie zitterte.

»Es ist niemand hier. Was ist los? Warum fürchten Sie sich?«

Ihre dünnen Finger klammerten sich an meine, und ihr Blick wanderte zur Tür. »Ich werde vergiftet«, sagte sie und klammerte sich leidenschaftlich an mich. Es war mitleiderregend. »Sie tun es in mein Essen, deswegen schicke ich es unberührt wieder zurück. Sie denken, ich weiß es nicht, aber ich bin noch nicht so verrückt, wie sie glauben. Ich esse nur das Obst. Das Obst ist sicher.«

Ein Schauer lief mir über den Rücken. Ich wußte, daß es nicht wahr sein konnte. Niemand in diesem Haus konnte die Absicht haben, ihr Böses anzutun, aber trotzdem war es furchtbar, ihre Anklage zu hören. Sie glaubte, daß es sich um eine echte Bedrohung handelt, und deshalb waren der Schmerz und der Schrecken für sie Wirklichkeit. Instinktiv wußte ich, daß es keinen Zweck hatte, wenn ich versuchte, sie dadurch zu trösten, daß ich die Sache abstritt.

»Wer tut das, Mary?« fragte ich. »Sagen Sie mir, wer versucht, Sie zu verletzen, und ich werde der Sache ein Ende machen.«

»Aber du weißt es doch.« Ihre Augen glühten. »Du wußtest immer alles, nicht wahr, Betty? Nun, wo du zurückgekommen bist, werde ich in Sicherheit sein. Sie würden es nicht wagen ...« Sie verstummte und legte den Finger an die Lippen. »Pst ...« Ihre Hand zitterte in meiner.

Dann öffnete sich die Tür, und Nathan kam herein. Mein Herzschlag setzte aus, genauso wie an dem Abend, als er an Richards Tisch gekommen war, aber ich war nicht ganz so schockiert wie damals. Ich kämpfte darum, meine innere Ruhe zurückzugewinnen, und drückte beruhigend Marys Hand.

»Alles in Ordnung«, sagte ich. »Es ist nur Nathan.« Nur Nathan! Und dabei war mein Mund ganz trocken geworden, und ich hatte nur den einen Wunsch, aufzuspringen und aus dem Zimmer zu laufen.

Nathan machte ein besorgtes Gesicht, als er zu uns kam, und ich sah, daß Mitleid ihn erfüllte. Dann wandte er sich mir zu; sein Gesicht wurde ausdruckslos, als ob auch er sich bemühe, seine Gefühle zu verbergen.

»Frances hat mir gesagt, daß du hier bist. Hat Mary die ganze Zeit geschlafen?«

Ich schaute zu ihr hinunter und stellte fest, daß sie die Augen geschlossen hatte. Sie tat so, als ob sie schliefe, und ich entschloß mich, ihr zuliebe zu lügen.

»Meistens«, sagte ich.

»Sie schläft viel. Das ist wirklich ein Segen.« Er sah mich an. »Wollen wir sie allein lassen, damit sie in Ruhe schlafen kann?«

Er verließ das Zimmer, und ich folgte ihm. Er schloß leise die Tür und wandte sich dann zu mir um.

»Frances hat mir erzählt, daß du sie zu einer Party im Club eingeladen hast. Das war lieb von dir. Sie kommt hier nicht so häufig weg, wie es nötig wäre.«

Er schaute mich erwartungsvoll an, als ob er darauf wartete, daß ich ihn auch einladen würde. Ich runzelte die Stirn. »Du hast gesagt, daß du mich sprechen möchtest, Nathan?«

»Hier geht es nicht. Wann kann ich dich unter vier Augen sehen?«

»Ich weiß nicht.« Seine Augen wurden dunkler. Diese seltsamen Chamäleonaugen, die mich schon immer fasziniert hatten. »Vielleicht morgen früh? Ich habe Frances versprochen, sie wieder zu besuchen.«

»Ich danke dir, Betty. Ich verspreche dir, es handelt sich lediglich um etwas Geschäftliches.« Wir hatten das Ende der Treppe erreicht. Er starrte mich eindringlich an. »Frances will heute abend James mitbringen. Ich glaube, du solltest das wissen.«

Einen schrecklichen Augenblick lang konnte ich keine Luft bekommen. »James Blair«, sagte ich dann mit einstudierter Sorglosigkeit. »Warum sollte mich das stören?«

»Sei vorsichtig, Betty«, sagte er. »Ich möchte nicht, daß du wieder verletzt wirst.«

Bevor ich antworten konnte, kam Frances in die Halle. »Gehst du jetzt?« fragte sie.

»Mein Taxi wartet schon«, erwiderte ich. »Ich habe gehört, wie es ankam. Werde ich dich heute abend sehen?«

»Ja, ich werde eine Pflegerin bestellen.« Sie schaute Nathan an. »Bist du oben bei meiner Mutter gewesen? Ich glaube, es ging ihr heute besser.«

»Sie hat geschlafen.« Er warf ihr einen merkwürdigen Blick zu. »Ich glaube, sie sollte in ein Pflegeheim gebracht werden, Frances. Es ist nicht richtig, daß du so an sie gebunden bist.«

»Da kann man nichts machen«, antwortete sie. »Sie ist immer so gut gewesen zu mir, als ich krank war. Ich kann sie jetzt nicht im Stich lassen, nicht wahr?«

Frances hatte sich im Laufe der Jahre gebessert. Ich konnte mich noch daran erinnern, wie sie unter keinen Umständen zulassen wollte, daß irgend etwas ihr Vergnügen störte. Damals hatte sie Mary schamlos ausgenutzt und gequält. Ich bewunderte sie, weil sie ihrer kranken Mutter so ergeben war, aber es tat mir leid, daß ihr Leben jetzt so schwierig geworden war.

Der Auftritt im Purple Moon war wie eine Heimkehr aus fremden Ländern. Das Publikum war so enthusiastisch wie immer, besonders, weil ich an diesem Abend zweimal auftrat. Von den Stammgästen waren einige zu der Party von Liz eingeladen worden, und weil es sich um eine private Feier handelte, bekamen wir kostenlos Champagner. Wegen des Gaststättengesetzes durften wir von einer bestimmten Zeit ab keine Drinks mehr zum Verkauf ausschenken, aber wir durften sie unseren Freunden gratis servieren. Richard hatte für Liz eine riesige Torte gekauft, und wir hatten alle Geschenke für sie mitgebracht. Ich war glücklich und aufgeregt, als ich in den Erfrischungsraum ging.

Ich entfernte gerade mein Bühnen-Make-up, als Liz hereinkam. Sie sah besonders hübsch aus in dem teuren, neuen Kleid, das einer ihrer Verehrer ihr geschenkt hatte, und ihre Augen glänzten. Liz gehörte zu den Menschen, die ihren Geburtstag so richtig genießen können, und es machte mir Spaß, ihr ein kleines, in Silberpapier eingewickeltes Päckchen zu überreichen und zu sehen, wie ihr Gesicht aufleuchtete. Ich wußte, daß sie kostbare Kleinigkeiten liebte, und glaubte, daß ihr das goldene Parfümfläschchen, das ich ihr gekauft hatte, gefallen würde.

»Ich liebe Geschenke«, rief sie und umarmte mich. »Ganz besonders deine, Betty. Du wählst immer so ungewöhnliche Dinge aus.«

Wir hängten uns beieinander ein und gingen zu den anderen.

Da stand die große, drei Stockwerke hohe Torte mit rosafarbener und weißer Eiscreme und rosa und silbernen Zukkerkugeln. Die Champagnerflaschen waren bereits geöffnet worden, und die Gläser gingen von Hand zu Hand. Ich nahm eins und prostete Liz zu.

»Happy Birthay«, sagte ich. »Wir wollen alle einen Toast ausbringen! Worauf, am besten?«

»Auf alte Freunde?« schlug jemand neben mir vor. Ich keuchte und drehte mich rasch um. Atemlos blickte ich in ein Paar leuchtendblaue Augen. James stieß mit seinem Glas an meins. Bei seinem Lächeln wurde mir schwindlig. Wir hatten uns über zwei Jahre lang nicht mehr gesehen, aber immer noch ließ sein Lächeln meine Knie weich werden. »Frances mußte bei ihrer Mutter bleiben. Ich hoffe, es stört dich nicht, daß ich allein gekommen bin?«

Meine Hand zitterte leicht, als ich einen Schluck aus meinem Glas nahm. »Geht es Mary schlechter?«

»Nicht unbedingt schlechter. Sie spielt auf den Nerven ihrer Tochter Klavier. Sie war nicht bereit, die Pflegerin zu akzeptieren, deshalb mußte Frances bei ihr bleiben.«

»Das tut mir leid. Es muß eine schwierige Situation sein für Frances.«

Er lächelte gequält. »Es kann die Hölle sein. Frances ist ein Dummkopf, daß sie sich das gefallen läßt. Sie sollte ihre Mutter in ein privates Heim geben, wo sie ordentlich gepflegt werden kann. Ich habe ihr das verschiedentlich gesagt, und Nathan auch.«

Ich hörte ihm nur halb zu. Mein Herz raste wie wild. James war genauso wie immer, sein schmales Gesicht zeigte eine Sensibilität, die so vielen Männern fehlt. Die feinen, dunklen Brauen bildeten einen Kontrast zu seinem silberblonden Haar, die aristokratische Nase und die empfindsamen Lippen – es war ein Gesicht, das schon immer aufwühlend auf mich gewirkt hatte. Lange unterdrücktes Verlangen erfüllte mich. Sein bloßer Anblick ließ die alte Sehnsucht in mir wieder aufleben. Wie sehr wünschte ich mir, in seinen

Armen zu liegen. Und ich hatte das Gefühl, in seinen Augen den gleichen Wunsch zu lesen.

»Möchtest du etwas Kuchen?«

Die Frage von Liz jagte mir einen Schrecken ein. Ich sah nur noch James, spürte nur noch den wütenden Wunsch nach der körperlichen Vereinigung mit ihm. Ich hatte zu lange allein gelebt! »Nur ein kleines Stück«, sagte ich. »Dann muß ich gehen. Ich habe etwas Kopfweh.«

»Würdest du mir erlauben, dich heimzubringen?« fragte James.

Genau das hatte ich mir gewünscht, darauf hatte ich gehofft. Ich lächelte und versuchte, mein rasendes Herz zu beruhigen. »Danke. Das bewahrt mich davor, auf ein Taxi warten zu müssen.«

»Dann gehen wir, wenn du fertig bist.«

Wir blieben noch eine halbe Stunde, nur um zuzuschauen, wie Liz die Geschenke öffnete. Dann fuhr James mich in seinem Wagen nach Hause. Er fuhr in die Einfahrt, schaltete den Motor ab und schaute mich an.

»Was machen deine Kopfschmerzen?«

»Es ist schon viel besser, danke.« Kopfschmerzen – was für Kopfschmerzen? Mein Puls raste.

»Es ist lange her, Betty«, sagte er.

»Ja«, erwiderte ich. »Sehr lange.«

»Bist du jetzt glücklich?«

Ich zuckte mit den Schultern. »Was ist Glück? Ich habe alles, was ich brauche. Ein erfülltes Leben und ...«

»Aber du selber, wie steht es mir dir?« Seine Augen schienen mich durchbohren zu wollen.

»Ich ... Ich bin manchmal einsam. Du weißt, daß Nathan und ich uns getrennt haben?«

»Ja, ich weiß ...« Er konnte meinem Blick nicht richtig begegnen. »Ich wollte an jenem Tag zu unserer Verabredung kommen, Betty, aber Nathan kam vorher zu mir. Er fragte mich, ob wir ein Liebespaar seien und ... Er sagte, er wolle dich heiraten. Er sagte mir, ich würde dein Leben ruinieren, wenn ich dich von einer erfolgreichen Karriere fernhalten würde ...«

»Er hatte kein Recht dazu.« Ich blickte ihm in die Augen. »Ich bin an jenem Tag in den Park gekommen, James. Ich habe über zwei Stunden dort gewartet.«

Er atmete heftig ein. »Was war ich für ein Dummkopf, daß ich auf ihn gehört habe! Du weißt, was ich immer schon für dich empfunden habe, Betty. Ich wollte schon immer ...«

»Du wolltest mich?« Ich beendete den Satz für ihn. »Du brauchst dich nicht zu verstellen, James. Ich weiß, daß ich nicht zu der Art von Mädchen gehöre, die du heiraten könntest.«

»Betty, ich ...«

Ich beugte mich zu ihm hinüber und berührte seine Lippen mit den Fingern. »Küß mich, James. Küß mich einfach.«

Ein tiefer, stöhnender Laut drang aus seiner Kehle, dann zog er mich an sich. Begierig und hungrig trafen sich unsere Lippen, als wir dem angestauten Verlangen nachgaben, das wir so lange unterdrückt hatten. Meine Hände glitten über seine Schultern, meine Finger spielten in seinem dichten, hellen Haar, als er mich an sich preßte. Ich wünschte mir, daß dieser Kuß kein Ende nehmen möge, bevor unsere Körper und Herzen, unsere Seelen und Gedanken eins geworden wären. Wir zitterten beide, als wir uns voneinander lösten.

»Darf ich hereinkommen?« fragte James, als wir einander anschauten. »Ich würde gern heute nacht bei dir bleiben.«

Ich holte tief Luft. Jeder Nerv meines Körpers war erregt. Ich war fast krank vor Sehnsucht, seinen nackten Körper eng an meinem zu spüren, mich um ihn zu winden wie eine Weinranke um einen Baum und ihn tief in mich hineinzunehmen.

»Wag es ja nicht, mich jetzt alleinzulassen«, flüsterte ich mit heiserer Stimme.

Megan, mein treues Hausmädchen, versuchte ihre Überraschung zu verbergen, als sie uns einließ. Es war das erste Mal, daß ich einen Mann mitbrachte, seit Nathan mich verlassen hatte. Zum Schein führte ich James ins Eßzimmer, wo ein kalter Imbiß für mich bereitstand, für den Fall, daß ich noch hungrig sei, aber Essen hatte jetzt nicht den geringsten

Reiz für mich. Ich starb vor Hunger nach einer einzigen Sache. Ich begehrte James. Wir gingen nach oben, Hand in Hand und lachend wie aufgeregte Kinder. Ich sah, daß meine eigene Begierde sich in seinen Augen spiegelte. Wir zogen einander in Eile aus, zerrten und zogen ungeduldig an Knöpfen und Reißverschlüssen. Wir hatten es so eilig, daß wir uns gerade noch davor zurückhalten konnten, voll angezogen auf den Fußboden zu fallen.

Endlich lagen wir einander in den Armen. Mit geschwollenen Lippen stürzten wir uns auf jedes Fleckchen des anderen Körpers, küßten es, tasteten es ab, schmeckten es und tranken die winzigen Schweißtröpfchen des anderen. Die erste heftige Vereinigung war viel zu schnell vorüber, um uns befriedigen zu können. Aber das machte nichts. Wir hatten ja die ganze Nacht vor uns. Wir lachten und tranken aus der Weinflasche, die James umsichtig von unten mitgenommen hatte, und schauten einander an, als wären wir plötzlich erst sehend geworden. Zum erstenmal sehend.

»Du hast keine Ahnung, wie oft ich mir dieses Zusammensein mit dir ausgemalt habe«, murmelte er und strich mir mit der Hand über die Brust und dann hinunter bis zur Hüfte. »Ich habe an dich gedacht, dich begehrt, mich gefragt, wo du sein mochtest und wer mit dir zusammensein mochte.«

»Bestimmt nicht öfter, als ich an dich gedacht habe«, sagte ich lachend. »Es hat keinen anderen gegeben nach Nathan. Als ich noch ein Kind war, habe ich es nie verstehen können, weshalb die Frauen so gern auf diese Weise mit einem Mann zusammen sind. Ich hörte meinen Vater und meine Mutter durch die dünnen Wände ihres Schlafzimmers, und ich dachte, es sei eine schmutzige und häßliche Sache. Aber wenn sie das gleiche gefühlt hat wie ich jetzt ...«

Ich kam nicht weiter. James verschloß mir mit seinen Küssen den Mund. Es gab nichts zu sagen, nichts Wichtiges. Nur unser gegenseitiges Verlangen zählte noch.

James warf mich aufs Bett zurück. Diesmal liebte er mich langsam, kostete jede Bewegung, jede Zärtlichkeit aus. Seine Zunge spielte mit meinen Brustspitzen, so daß sie anschwollen und sich aufrichteten und ich mich danach sehnte, er möge wieder zu mir kommen. Diesmal war der Wunsch aber nicht so dringlich, er baute sich auf, nach und nach, bis er zu einem wütenden Feuer wurde, das mich wieder alle Selbstbeherrschung vergessen ließ. Ich schrie auf, als James in mich eindrang, und warf meinen Kopf von einer Seite auf die andere auf den Kissen, als er tiefer und tiefer hineinglitt und mich in unbekannte Reiche der Wonnen führte.

Es war eine lange Nacht. Wir waren jung und gierig nach Liebe, und James war stark. Als wir endlich in den Armen des anderen einschliefen, war es reine Erschöpfung.

Ich wehrte mich gegen das Aufwachen. Meine Träume waren so angenehm gewesen, daß ich sie nicht aufgeben wollte. Ich streckte die Hand aus und spürte, daß die andere Seite des Bettes kalt und leer war. Als ich den Kopf umdrehte, sah ich auf dem Kissen neben mir ein Blatt meines eigenen rosafarbenen Briefpapiers liegen.

»Ich besuche dich heute abend, bevor du in den Club gehst. James.«

Ich las die kurze Nachricht laut und spürte einen leichten Schmerz. Sie war kurz und wirkte fast kalt, so ganz anders als seine Küsse in der letzten Nacht. Ich lag da, schaute auf den Zettel und runzelte die Stirn, als ich ihn noch einmal durchlas und versuchte, ein wenig Wärme oder Gefühl in den Zeilen zu entdecken. Dann fiel mir plötzlich ein, daß Nathan kommen wollte, um mich zu besuchen. Ich sprang aus dem Bett, duschte eilig und zog ein paar Jeans mit einem flauschigen Pullover an. Ich fühlte mich schuldig, als hätte ich ihn betrogen – aber das war wirklich töricht. Es war schon so lange her, seit wir uns getrennt hatten.

Nathan wartete unten auf mich. Er schaute mich mit zusammengekniffenen Augen an, und ich errötete. Ich war ganz sicher, daß er wußte, daß ich in dieser Nacht einen Liebhaber hier gehabt hatte, aber er sagte nur: »Jeans, Betty?«

»Ich trage sie manchmal zu Hause«, erwiderte ich in dem Wunsch, mich zu verteidigen. »Das machen heute viele Frauen.«

»Ich wollte dich nicht kritisieren. Sie stehen dir.«

Ich wandte mich ab, um mir eine Tasse Kaffee einzuschenken. »Mochtest du auch eine?«

»Nein, danke«, entgegnete er steif. »Das Recht habe ich mir schon seit langem verscherzt, nicht wahr?«

Ich schaute ihn an. Er lächelte nicht, offenbar hatte er sich fest in der Hand. »Ist irgend etwas los? Worüber möchtest du mit mir sprechen?«

»Als ich dieses Haus gekauft habe, gehörte es zu einer Reihe von anderen Neuerwerbungen, für die ich einen langfristigen Bankkredit aufgenommen habe. Diesen Kredit habe ich jetzt abgezahlt, und ich wollte dir die Bankbestätigung darüber aushändigen, das ist alles.« Er legte einen Umschlag auf den Tisch. »Es bestand übrigens niemals die Gefahr, daß du das Haus verlieren könntest – darauf habe ich geachtet.«

»Ich habe es nie gewollt, Nathan.«

»Haßt du mich immer noch, Betty?«

Ich schwieg einen Augenblick lang und konnte sehen, wie ein kleiner Nerv an seiner Kehle zuckte. »Nein, ich hasse dich nicht, Nathan. Eine Zeitlang habe ich es getan, aber jetzt nicht mehr. Du bist gut zu mir gewesen, ausgenommen ...«

»Wie oft habe ich mir gewünscht, ich könnte das, was ich getan habe, ungeschehen machen!« Sein Gesicht war weiß und angespannt. »Ich muß von Sinnen gewesen sein. Ich war wütend, Betty. Ich habe schon immer dieses schrecklich hitzige Temperament gehabt. Gott weiß, wie ich deswegen gelitten habe.«

Ich wandte mich ab vor dem unverblümt flehenden Blick in seinen Augen. Es tat mir weh, ihn so vor mir zu sehen, aber es war zu spät.

»Wenn das alles ist, Nathan, muß ich gehen, um mich umzuziehen. Ich habe Frances versprochen, um elf Uhr bei ihr zu sein.«

»Paß auf, daß sie dich nicht für ihre Zwecke benutzt, Betty.«

»Was willst du damit sagen?«

»Du bist uns immer so treu ergeben gewesen, Betty, und wir haben dich alle in unserer Art ausgenutzt, Frances, Mary und ich. Sei vorsichtig. Es ist gefährlich, uns zu kennen. Ich möchte nicht, daß du wieder verletzt wirst.«

»Das sagst du jetzt schon zum zweitenmal – was willst du mir damit zu verstehen geben?«

»Ich bin nicht sicher, ob ich es selber genau weiß.« Einen Augenblick lang sah er mich schweigend an, dann streckte er die Hand aus, um meine Wange zu berühren. »Ich weiß, daß du es nie geglaubt hast, Kind, aber ich habe mir immer sehr viel Gedanken gemacht deinetwegen. Und das tue ich immer noch.«

Schon sehr lange hatte er nicht mehr Kind zu mir gesagt. Ich spürte plötzlich einen Kloß in der Kehle und erinnerte mich an die gute Zeit, die wir zusammen verlebt hatten.

»Nathan ...«, flüsterte ich.

Er schüttelte den Kopf. »Du brauchst es mir nicht zu erzählen«, sagte er. »Glaubst du, ich wüßte es nicht, Betty? Glaubst du, ich wüßte nicht, daß James letzte Nacht bei dir war? Ich habe es dir vom Gesicht abgelesen, als du hereingekommen bist. Es ist ein bestimmter Ausdruck in deinen Augen und um deinen Mund ...« Er zuckte mit den Schultern. »Du hast also bekommen, was du wolltest ...«

Ich schlug die Augen nieder, unfähig seinem vorwurfsvollen Blick zu begegnen. »Auch du hast andere Frauen gehabt. Erzähl mir bloß nicht, diese hübsche Helga sei nur eine Freundin!«

»Ich streite nicht ab, daß es andere gegeben hat – zu viele.« Er lächelte reumütig. »Aber mein Herz gehört nur dir allein ...« Er wandte sich ab, während er diese Worte sagte, und ging aus dem Zimmer. Ich starrte ihm nach, und die Tränen flossen mir übers Gesicht.

Frances hatte die Hoffnung fast aufgegeben. Vorwurfsvoll sah sie mich an. »Ich habe gedacht, du kämst nicht mehr.«

»Ich habe verschlafen.« Ich konnte ihr nicht erzählen, daß ich eine halbe Stunde nicht hatte aufhören können zu weinen, nachdem Nathan gegangen war.

»Bist du gestern abend lange aufgeblieben?« Ihr Blick war voll Mißtrauen.

»Nein. Ich bin nicht lange auf der Party geblieben.« Ich vermied es schuldbewußt, sie direkt anzusehen. »Es hat mir leid getan, daß du nicht kommen konntest. Wie geht es Mary?«

»Sie möchte dich sehen. Sie hat übrigens deinetwegen so ein Theater gemacht. Sie hatte erwartet, daß du ihr das Abendessen bringen würdest, und als das nicht der Fall war ...« Frances schaute mich müde an. »Ich kann sie nicht im Stich lassen, Betty. Sie will nichts essen, wenn ich es nicht mit ihr teile. Wir haben schon viel Hauspersonal verloren ... Oh, wozu das alles? Manchmal wünsche ich mir, sie würde sterben.«

»Ich weiß, daß du das nicht im Ernst sagst. Du siehst erschöpft aus.« Ich lächelte ihr zu. »Ein oder zwei Stunden kann ich erübrigen. Warum soll ich ihr nicht das Essen heraufbringen, während du inzwischen spazierengehst oder etwas Ähnliches?«

»Ich habe einige Einkäufe zu erledigen.« Frances sah mich hoffnungsvoll an. »Könntest du so lange hierbleiben?«

»Nun, ich muß heute nachmittag im Studio sein, aber ich habe einen gewissen Spielraum. Sag deiner Köchin, daß ich mich um Marys Essenstablett kümmere, damit sie keine schlechte Laune bekommt. Du willst sie doch nicht auch noch verlieren?«

Frances war erleichtert. Wir erklärten der Köchin die Sache, und danach machte sie sich eilig auf den Weg.

»Mrs. Crawley ißt nie irgend etwas von dem, was wir ihr hinaufschicken«, sagte die Köchin naserümpfend. »Nichts außer Obst, es muß aber noch in der Schale sein, sonst rührt sie es nicht an.«

»Würde es Ihnen sehr viel ausmachen, wenn ich das Essen für sie selbst zubereite? Ich habe an etwas Leichtes gedacht, ein Rührei und Toast.«

»Sie können es gern versuchen, aber Sie verschwenden nur Ihre Zeit.«

Ich kam mir wie ein Störenfried vor in der Küche, aber ich

gab mir Mühe, so taktvoll wie möglich vorzugehen, als ich sehr sorgfältig das Tablett so herrichtete, wie Mary es immer gern gehabt hatte. Ein Spitzendeckchen auf dem Boden, darauf glänzendes Glas und Besteck, und das Brot in sehr dünne Scheibchen geschnitten. Die anderen hoben die Augenbrauen, als sie sahen, wieviel Mühe ich mir damit gab, aber ich hatte gute Gründe dafür. Mary war kein Narr, was immer sie sonst auch sein mochte. Sie wußte, wie ich ein Tablett vorbereitete, und sie würde sofort sehen, daß ich alles eigenhändig gemacht hatte.

Ich war überrascht, als ich sie außerhalb des Bettes auf einem Sessel am Fenster vorfand. Ihr Haar war gebürstet und zu einem Knoten frisiert worden. Sie trug ein dunkles, burgunderrotes Kleid, das am Halsausschnitt von einer Kameebrosche zusammengehalten wurde. Nichts konnte die Zerstörung, die die Krankheit in ihrem Gesicht angerichtet hatte, verbergen, aber sie sah besser aus als am Vortag.

»Ah, da bist du ja, Betty«, sagte sie. »Ich bin froh, daß du mir heute das Essen bringst. Wo warst du gestern abend?«

»Ich komme jetzt nur vormittags, Ma'am. Am Abend habe ich keine Zeit.«

»Warum konnte Frances mir das nicht sagen? Sie behandelt mich, als ob ich ein Kind wäre.« Mit Interesse blickte Mary auf das Tablett. »Was hast du mir gebracht?«

»Ich habe mir gedacht, Sie hätten vielleicht gern etwas Suppe. Und ich habe Ihnen ein Rührei gemacht, so, wie Sie es mögen, weich und schaumig.«

Ihre Blicke wanderten über das Tablett. »Du hast das selber vorbereitet, nicht wahr?«

»Ja, Ma'am. Sie können es unbesorgt essen. Ich habe alles selber hergerichtet.«

»Würdest du bei mir bleiben, während ich esse? So wie du es früher bei Frances getan hast?«

»Ja, wenn Sie es wünschen.«

Ihre Hand zitterte, als sie den Suppenlöffel zum Mund führte, und sie verschüttete die Hälfte. Aber ein Teil erreichte immerhin sein Ziel, und eine solche Freude spiegelte sich in ihrem Gesicht, daß mir die Kehle trocken wurde. Sie konnte essen, weil sie mir vertraute. Sie wußte, daß ich ihr keine vergifteten Speisen bringen würde.

Es war furchtbar zuzuschauen, wie sie sich beim Essen abmühte. Sie war gar nicht mehr daran gewöhnt, und sie besaß nur noch sehr wenig Kraft. Wieder und wieder hätte ich ihr gern geholfen, aber ich wußte, daß es nicht richtig gewesen wäre. Sie mußte es allein schaffen. Nur durch ihre eigene Anstrengung konnte sie beginnen, den langen, mühseligen Weg zur Genesung zurückzulegen. Sie aß den größten Teil der Suppe und etwas von dem Ei. Es war nicht viel, aber es war ein Anfang.

»Das war gut«, sagte sie und tupfte sich mit der Serviette den Mund ab. »Ich danke dir.«

»Ich bin froh, daß es Ihnen geschmeckt hat, Ma'am. Soll ich das Tablett jetzt wieder hinunterbringen?«

»Nein, noch nicht. Bleib noch und rede mit mir – bitte.« Sie legte den Kopf auf eine Seite. »Stimmt es, daß du in einem Nachtclub singst?«

»Ja, Ma'am. Deshalb kann ich abends nicht herkommen.«

»Ich bin nicht sicher, ob ich das billigen kann. Aber ich nehme an, daß ich dich nicht davon abhalten kann. Ich denke, du brauchst das Geld für deine unglückliche Familie?«

Sie mußte wissen, was geschehen war, aber aus Gründen, die nur sie kannte, gab sie vor, es nicht zu wissen. Es war ein kleines Spiel zwischen uns, und ich entschloß mich mitzuspielen. Vielleicht war diese kleine Täuschung leichter für sie zu ertragen als die Wahrheit.

Sie starrte auf ihre Hände, dann blickte sie auf. »Ich mußte Polly fortschicken, weißt du. Ich konnte nicht zulassen, daß Ebens Bastard das bekam, was Frances gehört.«

»Es macht nichts. Das ist alles vorbei.«

»Du wußtest, daß Eben Nathans Geld gestohlen hatte, nicht wahr? Du warst unter dem Tisch und hast alles gehört, aber du hast es Nathan doch nicht erzählt?« Ich schüttelte den Kopf. »Das ist gut – Nathan hat ein so aufbrausendes Temperament. Er wäre imstande, Eben zu töten, wenn er es wüßte ...«

Ihr Geist pendelte hin und her zwischen Gegenwart und Vergangenheit. Sie wußte, daß Eben tot war, aber aus irgendeinem Grund wollte sie lieber so tun, als ob er noch lebte. Was mochte in ihr vorgehen? Was wußte sie wirklich über jenen Tag in der Scheune? Wie sah die Wahrheit aus, der sie nicht ins Gesicht zu sehen wagte? Ich war ganz sicher, daß sie etwas wußte, daß sie etwas beobachtet hatte ...

»Möchten Sie jetzt ein wenig ruhen, Mary?«

Sie antwortete mit einer schwachen Handbewegung, die ich für Zustimmung nahm. »Ich werde morgen wiederkommen, wenn ich es einrichten kann«, sagte ich. »Haben Sie keine Angst, Mary. Ab jetzt passe ich auf Sie auf.«

Ich glaubte, daß sie lächelte, aber ich war meiner Sache nicht sicher. Es konnte auch sein, daß sie bereits schlief.

Ich brachte das Tablett in die Küche zurück. Niemand machte eine Bemerkung, aber die anderen schauten ungläubig auf die fast leeren Teller. Als ich in die Halle kam, begegnete ich Frances. Sie war mit Paketen beladen, und ihre Wangen glühten von der frischen Luft. Sie lächelte, als sie mich sah.

»Komm ich zu spät?«

»Nein, natürlich nicht.«

»Wie geht es meiner Mutter?«

»Sie hat den größten Teil der Suppe gegessen und ein wenig von dem Rührei. Es wird eine Weile dauern, bis wir sie wieder dazu bringen können, richtig zu essen.«

»Heißt das, daß du regelmäßig kommen wirst?«

»Ich werde jeden Vormittag für etwa eine Stunde kommen. Ich werde ein paar Termine verlegen müssen, aber das schaff' ich schon.«

»Oh, Betty, wie ich dich liebe! Mir geht es schon viel besser. Mußt du sofort aufbrechen, oder kannst du noch bleiben für einen Drink?«

»Ja, ich hätte gern etwas Fruchtsaft«, sagte ich. »Ich glaube, ich habe letzte Nacht zuviel Champagner getrunken.« Ich folgte ihr ins Wohnzimmer und warf einen Blick auf die Pakete, die sie auf den Tisch legte. »Hast du etwas Hübsches eingekauft?«

»Das meiste ist für James«, sagte sie mit leuchtenden Augen. »Er hat bald Geburtstag.«

Heftiges Schuldbewußtsein erfüllte mich, als ich ihr in die Augen schaute. Als ich in James' Armen gelegen hatte, hatte ich jeden Gedanken an Frances ausgeschaltet, aber jetzt, von Angesicht zu Angesicht, konnte ich mich nicht länger selber einer Täuschung hingeben. Ich hatte immer schon gewußt, daß Frances James liebte. Ich nannte mich ihre Freundin, aber in der letzten Nacht …

»Mir ist gerade etwas eingefallen«, sagte ich. »Ich glaube, ich sollte besser auf den Drink verzichten.«

»Aber morgen kommst du doch?«

Das zumindest schuldete ich ihr. »Ja«, sagte ich und zwang mich zu einem Lächeln. »Ich werde jeden Tag kommen, aber wenn ich es einmal nicht einrichten kann, dann sag Mary, es sei mein freier Tag. Dann wird sie sich nicht weiter aufregen.«

»Du bist so klug, Betty.«

Es war schwierig für mich, mich ganz natürlich zu geben. Ich lächelte und plauderte mit ihr, bis mein Taxi eintraf, dann stieg ich ein, schloß die Augen und konnte mich jetzt erst dem Schock hingeben, der mich erfüllte. Offensichtlich liebte Frances James noch immer; für sie war er noch immer der Mann, den sie heiraten würde. Ich erinnerte mich an den Tag, an dem sie mich zum Lunch eingeladen hatte, um mir zu sagen, daß James ihr gehörte. Nur zu gut kannte ich ihre Veranlagung zur Eifersucht. Wenn sie jemals die Wahrheit erfahren sollte, würde sie mir niemals verzeihen …

19. Kapitel

Ich habe jeden Ziegelstein in der Wand gezählt, jeden Riß an der Decke und jede Linie auf dem Fußboden. Ich will mich an nichts weiter erinnern. Es ist zu schmerzlich. Wie sehr ich mir wünsche, es wäre alles vorbei!

Sie hat mir zugeflüstert, daß sie Sally heißt, meine Freundin in dem dunklen Kleid. Sie hat ein wenig Angst vor ihrer Kollegin, aber sie versucht, mir das Leben hier so angenehm wie möglich zu machen. Gestern hat sie einen Riegel meiner Lieblingsschokolade eingeschmuggelt.

Als wir für kurze Zeit allein waren, hat sie mich gefragt, warum ich den Mann getötet hätte, den ich liebte. Ich lächelte ihr zu und schüttelte den Kopf.

»Sie können nicht verstehen, wie alles gekommen ist«, sagte ich. »Ihr Gatte war ein guter Mensch. Sie haben ihn geliebt, wie können Sie wissen, wie es ist, wenn der Mann, den man liebt, einen betrügt?«

Ich will nicht an jenen Tag zurückdenken, ich will mich nicht daran erinnern. Aber die Gedanken gehen ihre eigenen Wege und zwingen mich, wieder den Schmerz voll zu erleiden ...

Schuldgefühle quälten mich, als ich an diesem Abend auf James wartete. Ich hatte ihn immer geliebt, aber Frances war meine Freundin. Sie war fast ein Teil von mir ...

»Was ist los?« fragte er, als ich mich seiner Umarmung entzog.

Ich schaute ihn an. »Was bedeutet Frances dir, James?«

Er runzelte die Stirn. »Ich verstehe nicht. Was hat sie dir erzählt?«

»Nichts ...« Ich holte tief Luft. »Ich hatte einfach das Gefühl, daß sie dich für ihr Eigentum hält ...« Die blauen Augen verdunkelten sich und wurden fast violett. »Du bist doch nicht mit ihr verlobt, oder?«

Er wirkte erleichtert. »Nein, ich bin nicht mit ihr verlobt«, sagte er. »Ich mag sie gern, wir sind gute Freunde.«

»Ist das alles?« Große Erleichterung erfüllte mich. »Sie ist immer meine beste Freundin gewesen ...«

James kam auf mich zu, und diesmal wehrte ich mich nicht, als er mich umarmte. »Frances braucht all ihre Freunde«, sagte er sanft. »Aber sie hat nichts mit uns zu tun, Betty; es besteht kein Grund, daß sie irgend etwas von uns wissen müßte.« Er hob die Brauen. »Oder?«

Ich zögerte, denn ich spürte, daß er mir nicht die ganze Wahrheit gesagt hatte. Im Grunde meines Herzens wußte ich, daß ich ihn fortschicken sollte, aber als er mich anschaute, wie nur er es konnte ...

»Nein ...«, hauchte ich. »Es besteht kein Grund, daß sie irgend etwas von uns wissen müßte ...«

Sein Mund bedeckte meinen, und ich klammerte mich wie verrückt an ihn, erwiderte hungrig seinen Kuß und schaltete den Gedanken an Frances' Blick heute morgen völlig aus. Frances war meine Freundin, aber James war mein Liebhaber – und im Augenblick war das alles, was zählte ...

Ich freute mich darauf, an diesem Abend im Club zu singen, und ich wollte ein neues Lied vortragen. Es hieß »Soliloquy« und stammte aus dem beliebten Musical *Carousel*. Ich hatte es schon immer singen wollen, seit ich gehört hatte, wie Frank Sinatra es im Londoner Palladium vorgetragen hatte, aber es war schwierig, und ich hatte es lange einstudieren müssen.

Ich hatte gerade mit dem zweiten Lied angefangen, als irgendwo hinten im Club Unruhe aufkam. Zuerst waren nur Rufe zu hören, dann aber brach ein Kampf aus, und das Krachen von Möbelstücken, die zerschmettert wurden, war vernehmbar. Benommen von dem plötzlichen Ausbruch von Gewalt, hörte ich abrupt auf zu singen und blieb noch ein paar Minuten stehen. Ich wußte nicht, was ich machen sollte. Dann nahm Richard mich am Arm und drängte mich von der Bühne.

»Du solltest besser fortgehen«, sagte er. »Es könnte noch sehr unangenehm werden.«

»Was ist denn los?« fragte ich verblüfft.

»Es ist dieser junge Bursche, den ich vorige Woche hinausgeworfen habe, als er betrunken war und lästig wurde. Ich habe Anordnungen gegeben, ihn nicht wieder einzulassen, aber irgendwie ist er durchgeschlüpft. Und er hat ein paar Freunde mitgebracht, um hier alles zusammenzuschlagen.«

»Und er ist der Enkel eines Earls«, sagte ich voller Abscheu. »Man sollte annehmen, daß man ihm bessere Manieren beigebracht hätte auf der extravaganten Schule, die er vermutlich besucht hat.«

»Das sind manchmal die Schlimmsten«, erwiderte Richard grimmig. »Ich werde dich und Liz in einem Taxi nach Hause schicken, bevor die Polizei eintrifft.«

Liz war wütend über den Krawall im Club. »Ich bin sicher, daß sie darauf aus sind, Richard zu ruinieren«, sagte sie, als wir heimfuhren. »Er hat ziemlich viel Schwierigkeiten gehabt in letzter Zeit.«

»Kann die Polizei nicht irgend etwas unternehmen?« fragte ich.

Sie zog ein Gesicht. »Alles, was sie tun werden, ist, uns Vorwürfe zu machen und den Club zu schließen.«

»Wir wollen hoffen, daß es nicht soweit kommt.«

»Wenn doch, habe ich keinen Job mehr.«

»Es wird sich schon wieder irgend etwas finden«, erwiderte ich, um sie aufzuheitern. »Wenn du finanzielle Probleme hast, Liz, kann ich dir aushelfen.«

Sie lachte und schüttelte den Kopf. »Mach dir meinetwegen keine Sorgen, Betty. Ich bin nur schlechtgelaunt, das ist alles.«

Das Taxi hielt vor meinem Haus. Ich stieg aus und ging auf den Vordereingang zu. Als ich darauf wartete, daß Megan mir öffnete, trat ich unruhig von einem Fuß auf den anderen. Es war ein recht kühler Abend. Plötzlich löste sich ein Schatten aus den Büschen. Ich erschrak, dann erkannte ich James.

»Ich dachte, du würdest heute abend nicht kommen?«

»Ich konnte nicht ohne dich sein«, murmelte er mit tiefer Stimme. »Ich mußte dich sehen, Betty.«

Megan öffnete die Tür, und wir gingen hinein. Im Eßzimmer stand ein kaltes Abendessen bereit, aber sobald wir allein waren, nahm James mich in die Arme. Ich griff in sein Nackenhaar und streichelte ihn. Er stöhnte, als ich mich an ihn preßte, und dann gingen wir eng aneinandergeschmiegt die Treppe hinauf.

Viel später erst wunderte ich mich darüber, warum er im Garten auf mich gewartet hatte, statt in den Club zu kommen.

In den nächsten zwei Wochen kam James jede Nacht zu mir. Ich gab ihm einen Hausschlüssel, damit er nicht mehr an der Tür zu klingeln brauchte. Ich hatte ihn nicht gefragt, weshalb er damals nicht in den Club gekommen war, aber er sagte mir von selber, daß er es um meinetwillen getan hätte.

»Du schienst besorgt darüber zu sein, daß Frances eifersüchtig werden könnte«, sagte er. »Ich dachte, es wäre deshalb besser, wenn wir diskret vorgingen.«

Ich erkannte seine Entschuldigung an. Wir wußten beide, wie eifersüchtig Frances war. Es war besser, wenn sie nicht erfuhr, daß wir ein Liebespaar waren. Ich beschwichtigte mein Schuldgefühl, indem ich alles tat, was in meiner Macht stand, um Mary zu helfen. Und es sah so aus, als ob Mary auf dem Wege der Besserung sei. Immer noch aß sie sehr wenig, aber es ging ihr besser. Wir verbrachten viele Stunden zusammen und plauderten von vergangenen Zeiten.

So konnte ich mein Leben ertragen, obwohl mein Gewissen nicht ganz rein war. Frances liebte James, aber sie war nicht verlobt mit ihm. Sie war auch nicht seine Geliebte – also betrog ich sie eigentlich nicht, oder?

Die Polizei riet Richard, den Club nach dem Krawall ein paar Wochen lang zu schließen. Während dieser Zeit arbeitete ich im Studio, aber ich war nicht bereit, Verträge mit einem Theater abzuschließen, denn ich wollte mir die Abende und Nächte für James frei halten. Dann berichtete Richard mir, daß er den Club wieder öffnen würde, und bat mich, bei ihm aufzutreten.

»Ich verspreche dir, daß es diesmal keinerlei Ärger geben wird«, sagte er. »Ich habe mit Nathan geredet, und ich glaube nicht, daß wir von diesen Leuten noch irgendwelche Störungen zu befürchten haben.«

Ich erinnerte mich an den Abend, an dem Nathan den Club verlassen hatte und mit einer kleinen Wunde an der Lippe zurückgekehrt war, und nickte. »Er regelt wohl immer derartige Probleme, ja?«

»Manchmal ist es nützlich, Freunde zu haben«, erwiderte Richard geheimnisvoll und überließ es mir, schlau daraus zu werden.

An diesem Abend war ich ein wenig nervös, als ich hinausging in das helle Scheinwerferlicht, aber die Gäste fingen sofort an zu klatschen, und Beifallsrufe ertönten. Viele unserer Stammgäste waren da, und ich spürte, wie meine Anspannung nachließ. Ich warf einen Blick hinüber zu Nathans Tisch und stellte fest, daß er mit Helga, Frances und James zusammensaß.

Nie hatte ich besser gesungen. Frances warf mir eine Kußhand zu, als ich fertig war, und Nathan lächelte, als ich enthusiastischen Beifall erhielt. Ich mußte eine Zugabe nach der anderen bringen, bis die Gäste mir endlich erlaubten, die Bühne zu verlassen.

Später feierten wir alle mit Champagner. Es war ein wunderschöner Abend. Richard war sehr erleichtert darüber, daß sein Club nun wieder geöffnet war und voll von Stammgästen. Sie schienen alle extra heute gekommen zu sein, um ihm ihre Unterstützung zuzusichern. Ich versprach Richard, daß ich wenigstens einmal im Monat als Gast bei ihm auftreten würde, wenn ich es einrichten konnte, auch öfter.

Der einzige Mißklang für mich bestand darin, daß ich zusehen mußte, wie James Frances nach Hause brachte. Mein Bett würde mir leer vorkommen ohne ihn, aber heute nacht würde er nicht zu mir kommen.

Richard brachte mich nach Hause. »Es war wunderbar

heute«, sagte er und hielt meine Hand einen Augenblick lang fest. »Ich bin so erleichtert, daß alles so gut über die Bühne gegangen ist.«

»Dank Nathan«, sagte ich.

Richard schaute mich an und runzelte die Stirn. »Ich glaube, er liebt dich immer noch«, erwiderte er. »Gute Nacht, Betty.«

Verblüfft starrte ich ihm einen Augenblick nach. Nathan liebte mich immer noch? Während ich mich ruhelos im Bett herumwarf, ertappte ich mich dabei, wie ich an den furchtbaren Streit dachte, der uns auseinandergetrieben hatte, und ich fragte mich, ob ich vielleicht ebensoviel Schuld daran gehabt hatte wie er. Dann wurde ich wütend auf mich und fragte mich, was mit mir los war. Ich hatte das bekommen, was ich mir gewünscht hatte, als ich erst fünfzehn war. James war mein Liebhaber ... Warum dachte ich also an Nathan?

Weiß irgend jemand von uns je genau, was er wirklich vom Leben erwartet? Ich beobachte die Frauen in Schwarz, die Karten spielen im schwindenden Abendlicht, und frage mich, wie sie wohl leben mögen. Sind sie glücklich? Haben sie je echte Zufriedenheit gefunden? Und wenn ja, warum bin ich anders?

Ich habe über meine Gefühle für James nachgedacht, während ich hier auf diesem harten Gefängnisbett lag. Bin ich seinetwegen hier, weil ich bereitwillig ein Idol aus ihm machte? Jahrelang habe ich mir eingeredet, daß er der vollkommene Mann sei. Ich habe geglaubt, daß ich die perfekte Frau sein würde, wenn er nur mein wäre.

Und ich hätte wirklich glücklich sein sollen. Ich hatte alles, was eine Frau sich nur wünschen konnte. Ich war eine berühmte Sängerin. Ich hatte Geld. Der Mann, den ich immer begehrt hatte, war mein Liebhaber. Frances war meine Freundin. Was konnte ich mir noch mehr wünschen?

Vielleicht stand das Ende meiner Geschichte seit langem in den Sternen geschrieben. Vielleicht hätte ich nicht das geringste tun können, um das, was geschehen ist, zu verhindern. Und doch werde ich förmlich zerrissen von Schuldgefühlen und Verzweiflung, wenn ich mich erinnere.

Oh, Gott ... Oh, Gott, gibt es denn keine Barmherzigkeit? Muß ich alles noch einmal durchleben?

Als ich Mary das nächste Mal besuchte, schien es ihr nicht besonders gut zu gehen. Ihre Hände waren ständig in Bewegung und zupften an der Decke. Ich nahm sie in meine Hände und hielt sie fest.

»Was ist los, Mary? Wollen Sie mir nicht sagen, was Sie bedrückt?«

Sie schaute mich an, ihre Augen waren dunkel vor Furcht. »Sie wollen mich fortgeben«, sagte sie. »Sie wollen mich in ein Irrenhaus stecken und mich dort alleinlassen, damit ich sterbe.«

»Wer, Mary? Wer will Sie fortgeben?«

Sie tat mir so leid. Sie hatte ihre Gedanken oft nicht mehr beieinander, und sie trank, wann immer sie eine Flasche Gin in die Hand bekommen konnte, aber sie schien sich doch gebessert zu haben. Sie war nicht verrückt, nur manchmal ein wenig gestört. Ich konnte mir nicht vorstellen, daß irgend jemand sie in eine Irrenanstalt einweisen lassen wollte.

»Sie werden es tun«, sagte sie. Ihre Augen wirkten plötzlich hellwach. »Ich habe gehört, wie sie darüber redeten, als sie dachten, daß ich schlafe.«

»Aber wer?«

»Sie alle«, erwiderte sie. »Du weißt schon, wen ich meine.«

Glaubte sie, daß ihre ganze Familie sie loswerden wollte? Ich erinnerte mich daran, daß James und Nathan gesagt hatten, man sollte sie in ein Pflegeheim geben. Sie hatte sie falsch verstanden.

»Niemand wird Sie in eine Irrenhaus sperren«, sagte ich. »Schlafen Sie jetzt, Mary. Ich verspreche Ihnen, daß ich es nicht zulassen werde, daß man Ihnen das antut.«

Ich war sehr traurig über die Verschlechterung in Marys Befinden. Als ich ein paar Tage später Nathan an ihrem Bett sitzend antraf, fragte ich ihn, was für einen Eindruck er von ihrem Gesundheitszustand hätte. Er legte den Finger auf die Lippen und gab mir ein Zeichen, mit ihm hinauszugehen.

»Ich glaube, es geht ihr schlechter«, sagte er dann. »Heute

früh hat sie mich für Eben gehalten. Sie hat ein paar sehr merkwürdige Sachen gesagt, Betty, und es liegt nicht am Trinken. Frances hat jetzt alle Schränke abgeschlossen. Der Arzt hat gesagt, eine einzige weitere Überdosis an Alkohol könnte ihren Tod bedeuten.«

»Sie hat so große Angst, Nathan«, sagte ich. »Sie fürchtet sich davor, weggeschickt zu werden. Sie glaubt, alle wollen sie in ein Irrenhaus abschieben.«

Nathan runzelte die Stirn. »Sie muß gehört haben, wie ich sagte, daß sie in einem Pflegeheim leben sollte. Ich glaube, daß man dort besser für sie sorgen könnte ... Nicht, daß du nicht dein Bestes getan hättest.« Er lächelte. »Ich habe wirklich geglaubt, daß du sie durchbringen würdest, Betty, als du es geschafft hattest, daß sie wieder anfing zu essen.«

»Ich auch.« Ich schaute ihn an. »Diese Änderung zum Schlechteren scheint ganz plötzlich eingetreten zu sein.«

»Ja ...« Er machte ein nachdenkliches Gesicht. »Ja, du hast recht.«

»Ich gehe jetzt besser ...«

Nathan griff nach meinem Arm. »Bleib noch einen Augenblick. Ich habe mich gefragt, ob du vielleicht heute mit mir zu Abend essen möchtest?«

Ich starrte ihn an und wußte nicht, was ich sagen sollte. Seine Sorge um Mary hatte mich angerührt. Das war der alte Nathan, der Nathan, der zu mir gekommen war, als meine Mutter krank war, der Nathan, der mir mein erstes hübsches Kleid geschenkt hatte ... Der Mann, der er gewesen war, bis ich ihn so eifersüchtig machte, daß er halb den Verstand verlor.

»In Erinnerung an alte Zeiten«, sagte er. »Nur, um mir zu zeigen, daß du mich nicht mehr haßt ...«

Wie konnte ich die Einladung ablehnen, wenn er auf diese Weise darum bat? »Ja«, sagte ich. »Hol mich um sieben zu Hause ab.«

James war ärgerlich, weil ich mit Nathan ausgehen wollte. »Und was soll ich machen?« fragte er. »Mich im Garten herumdrücken wie ein Dieb und darauf warten, daß er das Haus verläßt, wenn er dich heimgebracht hat?«

Ich ärgerte mich über sein Verhalten. »Ich bin nicht dein Privateigentum, James. Außerdem will ich nur mit ihm zu Abend essen. Er ist besorgt um Mary, genau wie ich. Ich glaube, er will mit mir über sie sprechen.« Das war eine Lüge, aber ich glaubte, sie würde ihn besänftigen. Ich war erstaunt, als er ein mürrisches Gesicht machte.

»Frances sollte sie endlich fortgeben«, sagte er kalt. »Sie ist völlig verrückt.«

»James!« Ich starrte ihn bestürzt an. »Das kann doch nicht dein Ernst sein? Mary hat furchtbare Angst davor, fortgebracht zu werden.«

Er merkte, daß er mich ganz aus der Fassung gebracht hatte. »Ich habe nur an Frances gedacht«, sagte er. »Solange Mary lebt, wird sie nie ein eigenes Leben führen können.«

Als ich ihm in die Augen schaute, fröstelte mich. Konnte er wirklich so empfindungslos sein? Ich hatte immer gedacht, er wäre lieb und freundlich, aber was ich jetzt sah, gefiel mir gar nicht.

Nathan führte mich an diesem Abend in ein ruhiges, vornehmes Restaurant. Er bestellte meine Lieblingsgerichte und den leichten, spritzigen Wein, den ich am liebsten mochte. Er kannte meinen Geschmack ganz genau und war offensichtlich fest entschlossen, mich zu verwöhnen. Er war gelöst und charmant, unterhielt mich gut und brachte mich zum Lachen. Es war, als hätte es jene furchtbare Nacht nie gegeben. Das war der Nathan, der mich auf der Farm unablässig geneckt hatte, und ich war so froh, daß ich ihn wiederhatte. Plötzlich griff er über den Tisch hinweg nach meiner Hand.

»Bist du glücklich, Betty?«

»Ja. Warum fragst du?«

»Ich meine nicht nur heute abend.« Er machte ein ernstes Gesicht. »Es gefällt mir nicht, wie Frances dich ausnutzt. Du solltest nicht Krankenschwester bei Mary spielen.«

»Es macht mir nichts aus, Nathan. Wirklich. Sie tut mir leid, und ich kann Frances helfen.«

»Schlechtes Gewissen?« Er zog die Brauen hoch. »Er wird sie heiraten, sobald Mary tot ist, Betty. Er ist auf das Geld aus.«

Mir lief ein Schauer über den Rücken. »Was soll das heißen?«

»Du erinnerst dich an diese amerikanische Firma, in die er so viel investiert hat?« Ich nickte, als er eine Pause machte. »Sie ist in Schwierigkeiten geraten wegen Konstruktionsfragen. Im Augenblick liegt de Havilland vorn mit seinem vierstrahligen Comet, und Vickers hat das erste Düsenverkehrsflugzeug herausgebracht. James hätte schon lange aus dem Verlustgeschäft aussteigen müssen, aber er war entweder zu stolz oder zu blind ...«

»Es ist gemein, so etwas zu sagen, Nathan.«

»Er hat viel Geld verloren, als die Gesellschaft Konkurs machte.«

»Aber der größte Teil des Geldes der Crawleys ist festangelegt, bis ...« Ich starrte ihn an. »Meinst du, daß er auf Marys Tod wartet, um Frances zu heiraten? Aber das wäre doch abscheulich!«

»Ja.« Ich bemerkte ein Aufflackern in seinen Augen. »Wollen wir über etwas anderes reden? Ich habe meine Clubs verkauft, Betty. Alle. Jetzt bewege ich mich nur noch strikt auf dem Boden des Gesetzes.«

»Ich bin froh darüber.« Ich versuchte, nicht mehr an das zu denken, was er mir erzählt hatte. James konnte doch nicht so kaltschnäuzig auf eine Geldheirat spekulieren ... »Es hat mich immer beunruhigt, wenn ich daran gedacht habe, daß du mit Leuten zu tun hast wie denjenigen, die ich einmal im Club gesehen habe.«

»Ich habe jetzt ein neues Projekt gestartet«, sagte er. »Plastikartikel. Das ist das Material der Zukunft, Betty.«

»Wie willst du Zeit dafür finden? Du bist immer so beschäftigt.«

»Mit Hilfe von Managern, Betty. Ich werde jetzt vieles delegieren.« Er lächelte reumütig. »Das war einer der Fehler, die ich gemacht habe. Ich habe dich so oft alleingelassen. Ich würde nie wieder den gleichen Fehler machen.«

Ich spielte mit dem Stil meines Glases. »Warum hast du nie so mit mir gesprochen, als wir noch zusammenlebten?«

»Ich war in ein häßliches, gefährliches Geschäft verwikkelt, Betty. Ich wollte nicht auch dich noch mit hineinziehen. Ich habe meine Lektion gelernt. Jetzt wird alles anders.«

»Diese Plastikartikel«, sagte ich. »Was wirst du herstellen?«

»Alles.« Er grinste mir zu. »Von Verpackungen für Lebensmittel bis zu Booten, von Abwaschschüsseln bis zu neuen Schallplatten.« Er sprach über seine neue Firma, und ich hörte zu, hingerissen von diesem neuen Nathan. »Das kann dich kaum alles interessieren, Kind?« fragte er lachend.

»Ich bin schon immer an vielen Dingen interessiert gewesen, Nathan. Ich kann sogar vernünftig über Politik reden. Du hast nur nie die Zeit gehabt – oder die Bereitschaft –, das zu bemerken.«

»In Zukunft würde ich nicht mehr so sein.« Er schaute mich flehend an. »Ich weiß, daß ich versprochen habe, dich nie mehr zu belästigen«, sagte er, »und ich will es auch nicht, aber ein einziges Mal muß ich dir die Frage stellen: Gibst du mir noch eine Chance, Betty?«

»Es würde nicht gutgehen, Nathan. Wir würden uns wieder gegenseitig zerstören.«

»Das kann man nicht wissen. Ich habe hinzugelernt. Ich bin jetzt ein anderer.«

Tränen stiegen mir in die Augen. »Bitte, nicht«, flüsterte ich. »Ich kann es nicht ertragen.«

»Ich wollte dich nicht bedrängen, aber bitte, denk darüber nach, Betty!«

Ich zögerte, obwohl ich nicht wußte, warum. Er lächelte. Und schon brachte er mich wieder zum Lachen.

In dieser Nacht schlief ich allein. James schmollte, weil ich mit Nathan zum Abendessen gegangen war. Ich war froh, daß ich allein war, ich brauchte Zeit, um nachzudenken.

In dieser Nacht habe ich viel gelernt, über mich, über Nathan und James. Ich konnte nicht aufhören, über das nachzudenken, was Nathan mir erzählt hatte. Früher hätte ich es einfach als Unsinn bezeichnet, aber jetzt war ich nicht so sicher. James' Verhalten Mary gegenüber hatte mich schokkiert. War es möglich, daß Nathan recht hatte? Wartete James wirklich darauf, daß Mary starb und Frances das Geld ihrer Mutter erbte?

Es war ein schrecklicher Gedanke. Wenn es stimmte, war James nicht der Mann, für den ich ihn immer gehalten hatte – aber ich konnte es nicht glauben! James hatte nur an Frances gedacht, als er gesagt hatte, ihre Mutter sollte fortgebracht werden. Nathan hatte etwas Ähnliches geäußert – auf andere Weise.

Plötzlich fiel mir etwas ein – Maisies Gesichtsausdruck an jenem Morgen, als sie James' Büchersammlung in Unordnung gebracht hatte. Sie war echt bestürzt gewesen, sie hatte wirklich befürchtet, ihren Job deswegen zu verlieren. Damals hatte mich das nicht weiter berührt, weil ich zu besessen von James gewesen war, um klar denken zu können, aber jeder Mann, der ein Hausmädchen wegen eines so kleinen Vergehens entlassen konnte, mußte recht unerfreuliche Charakterzüge besitzen.

Aber selbst jetzt konnte ich mir nicht gestatten, das voll zu akzeptieren. Wenn ich es getan hätte, so hätte es bedeutet, daß ich mein ganzes Leben auf einer Lüge aufgebaut hatte …

Ich wurde wach, als Megan mich an der Schulter rüttelte.

Ich blinzelte sie verschlafen an.

»Was ist los, Megan?«

»Es tut mir leid, Miss Cantrel, aber Miss Crawley bittet sie dringend zu sich …«

Sobald ich Frances ins Gesicht schaute, wußte ich, daß ich zu spät gekommen war. Mary war tot. Meine rasende Taxifahrt im frühen Morgennebel war vergeblich gewesen.

»Am Ende ging es ganz schnell«, sagte Frances und unterdrückte ein Schluchzen. »Gestern abend habe ich ihr wie üblich ihre Schlaftabletten gegeben …« Frances starrte mich wild an. »Irgendwie ist sie zu einer Flasche Gin gekommen …«

»Aber du hast sie unter Verschluß genommen, hat Nathan mir erzählt.«

»Ich weiß nicht, woher sie sie hatte«, sagte Frances. »Es war die Verbindung der Pillen mit dem Alkohol, Betty. Sie hat sich im Schlaf übergeben und ist ohnmächtig geworden.« Sie stieß einen kleinen Schmerzensschrei aus. »Irgend etwas hat mich geweckt, ich ging zu ihr, um nach ihr zu sehen, und ...«

»Es tut mir leid«, sagte ich. »Sehr leid, Frances.«

»Der Arzt sagt, daß sie nicht gelitten haben kann«, sagte Frances und wischte sich mit einem Spitzentaschentuch über die Augen. »Aber warum hat sie das getan, Betty? Sie wußte, daß es gefährlich war zu trinken, wenn sie die Tabletten genommen hatte. Ich habe es ihr verschiedentlich gesagt.«

»Sie muß es vergessen haben«, erwiderte ich. »Du weißt, wie abwesend sie oft war, Frances. Immerhin hat sie jetzt ihren Frieden.«

Frances schaute mich dankbar an. »Danke, Betty«, sagte sie. »Du bringst es immer fertig, daß ich mich besser fühle.«

Erleichterung spiegelte sich in ihrem Gesicht, und ich hatte das Gefühl, daß sie trotz der Tränen froh war über den Tod ihrer Mutter. In den letzten Monaten war sie sich oft wie eine Gefangene vorgekommen. Nun, wo Mary tot war, konnte sie wieder frei ihr eigenes Leben führen ... Sie konnte James heiraten.

»Kann ich irgend etwas für dich tun?« fragte ich.

»Nein.« Sie lächelte sonderbar. »James ist hier. Er ist über Nacht geblieben, weil er wußte, daß ich mir Sorgen machte wegen meiner Mutter.«

»Das war nett von ihm«, sagte ich. Offensichtlich hatte sie keine Ahnung davon, daß James nur deshalb bei ihr geblieben war, weil er auf mich wütend war.

»Kehr nur nach Hause zurück«, sagte sie. »Ich komme schon klar, wenn James sich um mich kümmert.« Sie konnte ihre Erregung kaum verbergen. »Es war lieb von dir, daß du gekommen bist, Betty. Ich werde dir das nie vergessen. Du bist so gut zu meiner Mutter gewesen.«

Ich litt heftig unter meinen Schuldgefühlen. »Du teilst mir doch den Zeitpunkt der Beerdigung mit, nicht wahr?«

»Natürlich.« Wieder lächelte Frances. »Du muß bald einmal zu mir zum Lunch kommen, Betty. Ich muß dir etwas erzählen.«

Ich konnte in ihren Augen lesen, was sie damit meinte. Nathan hatte also doch recht gehabt!

Mary bekam ein anständiges Begräbnis, und an ihrem Grab wurden Gebete gesprochen. Frances bestand darauf, daß ich blieb, während ihr letzter Wille vorgelesen wurde.

»Du mußt dabei sein«, sagte sie. »Offenbar hat meine Mutter dir etwas vermacht.«

Ich wollte nicht bleiben. Die Art und Weise, wie sie an James' Arm hing, zeigte mir, daß sie offensichtlich verlobt waren, obwohl sie noch keinen Ring trug – aber das hätte zu diesem Zeitpunkt wohl zu auffällig gewirkt.

Als Frances mit dem Rechtsanwalt sprach, kam James zu mir nach oben. »Ich muß dich heute abend sehen«, sagte er. »Es ist wichtig, Betty.«

»Ich weiß nicht ...« Ich brach ab, als Frances erschien. »Gut, um acht.«

Er ging und setzte sich neben Frances. Ich sah, wie sie ihm zulächelte. Er drückte ihre Hand, und sie warfen sich einen sehr vertraulichen Blick zu. Ich ärgerte mich. Jetzt fing ich an, James Blair als den Mann zu sehen, der er wirklich war.

»Haben Sie gehört, Miss Cantrel?« fragte der Rechtsanwalt. »Mrs. Crawley hat Ihnen all ihren Schmuck hinterlassen.«

Ich blinzelte erstaunt. »Aber der sollte doch eigentlich Frances gehören?«

»Nein, Betty«, sagte Frances. »Meine Mutter wollte, daß du ihn bekommst, und es sind keine wirklich wertvollen Stücke dabei, nur einfache Sachen.«

»Dann kann ich mich nur bedanken bei dir.«

»Sollen wir fortfahren?« Der Notar runzelte die Stirn, als er auf das Papier mit Marys letztem Willen blickte. »Mr. Crawley, Ihre Tante hat Ihnen zehntausend Pfund hinterlassen. Sie sagt ausdrücklich, daß das Geld Ihnen zusteht, und hier ist noch ein Brief von ihr, in dem sie alles erklärt.«

Der Rechtsanwalt legte eine Pause ein und schaute Frances an. »Dieses Testament wurde vor etwa zwei Jahren abgefaßt. Ich habe keinen Grund anzunehmen, daß Mrs. Crawley nicht völlig bei Sinnen war, als sie es unterzeichnete.«

Frances machte ein ratloses Gesicht. »Wieso, stimmt irgend etwas nicht damit?«

Er räusperte sich. »Abzüglich einiger kleiner Legate wird Mrs. Crawleys Vermögen in zwei gleiche Teile geteilt. Die eine Hälfte bekommt unverzüglich die Kirche in Sutton ...« Ich hörte, wie Frances keuchte, und James sah entsetzt aus. »Die zweite Hälfte wird treuhänderisch verwaltet, und Miss Frances Crawley erhält die Zinsen, solange sie lebt ...«

»Aber das ist doch lächerlich!« schrie James.

»Wenn Miss Crawley stirbt, gehört das Kapital der Kathedrale von Ely ...«

»Nein«, flüsterte Frances. »Das kann sie doch nicht machen ...« Sie sprang auf. »Das ist nicht fair. Ich habe sie gepflegt. Ich habe meine Hälfte des Vertrages eingehalten. Sie hat mir versprochen ... Sie ...«

»Gibt es irgend etwas, was wir tun könnten?« fragte James und stellte sich neben sie. »Sicherlich können wir das Testament anfechten?«

»Wenn Sie beweisen können, daß Mrs. Crawley nicht bei Verstand war ...« Der Anwalt zuckte mit den Schultern. »Wenn Mr. Crawley Sie unterstützt ...«

»Ja, ich weiß, was Sie meinen.« Nathan stand auf. »Wir werden natürlich darüber reden müssen. Wir geben Ihnen Bescheid, wenn wir zu einer Entscheidung gekommen sind, Sir.«

Nathan ging mit ihm zur Tür. James goß sich aus der Karaffe auf dem Sideboard einen Drink ein, und Frances ging zu ihm hinüber.

»Das kann nicht rechtmäßig sein«, sagte sie. »Nathan wird uns helfen ...«

Sie verstummte, als Nathan hereinkam. Er hielt einen kleinen, ledernen Schmuckkasten in der Hand, den ich wiedererkannte, und hielt ihn mir hin.

»Das gehört dir, Betty. Unabhängig davon, was wir wegen des Testaments entscheiden werden, sind wir, glaube ich, alle der Meinung, daß du den Schmuck bekommen solltest.«

»Ja, natürlich«, sagte Frances, aber ihre Stimme klang seltsam. »Du verdienst eine Anerkennung – und das hier betrifft dich nicht.«

Ihr Blick und ihr Ton zeigten mir, daß ich entlassen war. Ich war eine treue Dienerin, die ihre Schuldigkeit getan hatte, aber ich gehörte nicht zur Familie. Ich hatte nie dazugehört.

»Ich gehe dann«, sagte ich. »Vielleicht können wir einmal zusammen zu Mittag essen, Frances?«

»Ja, wir müssen bald etwas vereinbaren«, erwiderte sie mit einem unaufrichtigen Lächeln.

»Mach dir nicht die Mühe, mich hinauszubegleiten. Ich weiß, daß ihr jetzt viel zu besprechen habt.«

Ich warf James einen Blick zu, aber er bemerkte es gar nicht. Er sah schockiert aus, wie betäubt. Hatte das Geld ihm so viel bedeutet?

»Ich bringe dich hinaus, Betty«, sagte Nathan.

»Nein, bitte nicht«, entgegnete ich. »Ich gehe lieber allein.«

Als ich nach Hause kam, sagte Megan mir, daß Liz sich gemeldet hatte.

»Sie hat mehrmals angerufen«, berichtete sie. »Es schien eilig zu sein.«

»Danke. Ich rufe sie gleich zurück.«

Das Telefon läutete ein paarmal, bis Liz den Hörer abnahm. Ihre Stimme klang belegt und erstickt. Ich wußte, daß sie geweint hatte.

»Was ist los?« fragte ich. »Kann ich irgend etwas für dich tun, Liz?«

»Ich ... Ich bin in Schwierigkeiten, Betty«, sagte sie. »Ich ... Ich wußte nicht, an wen ich mich sonst hätte wenden können.«

»Das klingt wirklich eindringlich. Sag mir, was los ist, Liz. Du weißt, daß ich dir helfe, wenn ich es kann.«

Sie schwieg einen Augenblick lang, dann sagte sie: »Ich … Ich erwarte ein Kind, Betty.«

»Ah, ich verstehe. Ist er verheiratet?«

»Nein … Aber er wird mich nicht heiraten. Ich weiß es.«

»Hast du ihn gefragt? Weiß er schon von dem Baby?«

»Nein, noch nicht. Ich … Ich habe Angst, es ihm zu sagen.«

Ein kleiner Kälteschauer überlief mich. »Es ist doch nicht Nathan, Liz?«

Sie lachte hysterisch. »Ich wünschte mir nur, er wäre es – aber du hast nicht weit danebengetroffen. Ich weiß, ich sollte das nicht sagen, Betty, aber ich brauche Geld für die Abtreibung. Ich kenne einen Arzt, der es machen würde, aber es kostet ein Vermögen.«

»Denk erst darüber nach, Liz«, sagte ich. »Wenn du Geld brauchst, kann ich dir etwas geben, aber du mußt mir sagen, wer der Vater ist. Vielleicht würde er dich doch heiraten.«

»Es ist James Blair«, sagte Liz. »Es tut mir leid, Betty. Ich wollte mich nicht mit ihm einlassen, aber er hat mich schließlich überredet …«

»James …« Ich war wie benommen. »Seit wann geht das zwischen euch?«

»Oh, seit langem schon, hier und da … Es fing an dem Abend an, als er in den Club kam und du mit dem Taxi heimgefahren bist. Erinnerst du dich daran?«

»Ja, sehr gut.« Ich fühlte mich elend. »Schau, Liz, ich kann jetzt nicht länger mit dir reden, aber ich helfe dir mit Geld aus, wie du dich auch entscheiden magst.«

»Haßt du mich?« fragte sie. »Ich weiß, du mußt mich hassen.« Ich hörte, wie sie schluchzte.

»Nein, Liz«, sagte ich. »Ich hasse dich nicht …«

Ich legte den Hörer auf und starrte blind vor mich hin. James Blair war der Vater von Liz' Kind. Er hatte sie besucht und gelegentlich mit ihr geschlafen, jahrelang. Sogar als wir ein Liebespaar gewesen waren. Er hatte mich belogen, Frances belogen und wahrscheinlich auch Liz.

Die Wände schienen sich um mich zu drehen, als all meine Illusionen zerplatzten. Ich hatte geglaubt, daß James der vollkommene Gentleman sei, aber ich hatte mich selber betrogen. Er hatte uns alle getäuscht …

Als James am Abend kam, wartete ich auf ihn. Nie in meinem Leben war ich so wütend gewesen. Er kam eifrig auf mich zu und wollte mich in die Arme nehmen. Ich wich ihm heftig aus und war kaum in der Lage, mich zu beherrschen. Er sah, wie angespannt mein Gesicht war, und runzelte die Stirn.

»Was ist los, Betty?« fragte er. »Habe ich irgend etwas getan, das dich verärgert hat?«

Ich lachte bitter. »Wo soll ich deiner Meinung nach anfangen?«

Er machte ein entsetztes und zugleich mißtrauisches Gesicht. »Hat Frances irgend etwas zu dir gesagt?«

»Du meinst, ob sie mir erzählt hat, daß du sie gebeten hast, dich zu heiraten? Oder daß du jetzt nicht mehr ganz sicher bist, weil sie nicht die reiche Erbin ist, die du in ihr gesehen hast?«

Er wurde blaß und schien all seine Energie zu verlieren, als er meinem zornigen Blick begegnete. »Das ist nicht fair«, stammelte er. »Ich … Ich habe nicht gesagt, daß ich sie nicht heiraten würde …«

»Du willst abwarten, ob das Testament angefochten werden kann, vermute ich«, erwiderte ich. »Ich nehme an, Frances wird es versuchen, wenn du es verlangst, James. Ich glaube, sie würde so gut wie alles für dich tun. Sie ist fast so ein großer Dummkopf, wie ich es war – und Liz.«

»Liz?« Er starrte mich an. »Wenn sie dir Lügen erzählt haben sollte …«

»Nein, der einzige, der gelogen hat, bist du, James. Du hast mich belogen, Frances und Liz …«

»Die Sache mit ihr kann ich dir erklären. Sie hat sich mir an den Hals geworfen …« Er zuckte mit den Schultern. »Wir waren nur ein paarmal zusammen, Betty. Du weißt doch, daß ich in Wirklichkeit nur dich wollte, nicht wahr?« Er kam auf mich zu, und ich zog mich zurück.

»Ich weiß nur, daß ich so dumm war, dich zu lieben«, sagte ich. »Aber eigentlich warst du es nicht, den ich geliebt habe, James. Es war der Mann, für den ich dich hielt – und dieser Mann existiert nicht.«

»Betty – schau mich nicht so an. Ich weiß, daß ich ein Idiot war, aber ...«

»Versuch dich nicht zu entschuldigen«, sagte ich. »Ich kenne dich jetzt, James. Ich weiß jetzt, wie du wirklich bist, und ich will nichts mehr mit dir zu tun haben.«

Er starrte mich an. »Wirst du es Frances erzählen?«

Ich lächelte zornig. »Das würde dir so passen, nicht wahr, James? Du möchtest, daß ich die schmutzige Arbeit für dich erledige. Das würde dich davor bewahren, Frances erzählen zu müssen, daß du sie nicht heiraten kannst, weil du nur ihr Geld gewollt hast – Geld, das sie nicht besitzt.«

»Du kleine ...« Er hob die Hand, um mich zu schlagen, aber ich warf stolz den Kopf zurück.

»Wenn du das tust, wirst du von Nathan hören.«

Er starrte mich an, dann fiel seine Hand seitlich herunter. »Du wirst also zu ihm zurückkehren«, sagte er bitter. »Ich nehme an, daß er dir erzählt hat, daß meine Gesellschaft bankrott gemacht hat?«

»Zahl mir nicht mit gleicher Münze zurück«, sagte ich. »Ich habe Fehler gemacht in meinem Leben. Im Augenblick bin ich nicht besonders stolz auf mich, aber wenigstens bin ich ehrlich genug zuzugeben, daß ich unrecht gehabt habe.«

Seine Augen glitzerten. »Du willst also nichts mehr mit mir zu tun haben, ja? Du denkst, daß du mich fallenlassen kannst wie Nathan, aber mich kann man nicht so leicht loswerden. Ich werde wiederkommen ...«

Mich schauderte, als ich seinem Blick begegnete. Einen Augenblick lang hatte ich Angst, aber dann stieß er mich zurück und ging aus der Tür. Ich holte tief Luft und versuchte, ruhig zu bleiben.

Ich war nicht mehr von James besessen. Endlich war ich frei. Frei, mein eigenes Leben zu führen ... Und doch, dieser Blick hatte mir Furcht eingejagt. Ich wußte, daß er mich verfolgen würde, wenn ich allein war. Er würde mir den Frieden rauben ...

20. Kapitel

Freiheit! Bin ich je so dumm gewesen zu glauben, daß ich wirklich frei sein könnte! War ich so blind, daß ich nicht merkte, wie die Falle sich schloß? Aber selbst wenn ich es gewußt hätte, was hätte ich dagegen tun können?

Heute nacht ist Sally nicht hier. Es sind zwei neue schwarze Krähen gekommen, die mich bewachen in meinen letzten Stunden. Das Ende steht unmittelbar bevor, das spüre ich … Vielleicht werde ich endlich Freiheit finden, wenn alles vorbei ist.

Als James mich an jenem Abend verlassen hat, hätte ich etwas unternehmen sollen. Ich hätte mit Nathan reden sollen oder mit Frances – oder wenigstens mit Liz. Ich tat gar nichts. Ich war müde und deprimiert, deshalb unternahm ich nichts. Ich tat nichts, und deshalb sitze ich jetzt hier in dieser Zelle. Aber das Ende ist nahe. Ich muß nur noch einen kleinen Weg zurücklegen. Ich wünschte, daß sie mich jetzt holen kämen, damit ich nicht noch einmal diesen furchtbaren Tag durchleben muß, aber es gibt kein Entrinnen. Ich muß meinen Weg noch ein wenig weiter fortsetzen …

Abends kam Nathan zu mir in den Club. Er bat mich, nach der Aufführung einen Drink mit ihm zu nehmen, und ich willigte ein. Ich freute mich, ihn zu sehen, und ich spürte, daß es fast wieder so war wie früher. Jetzt glaubte ich nicht mehr, daß ich James liebte. Mir war klargeworden, daß das Zusammenleben mit Nathan die schönste Zeit in meinem Leben gewesen war. Ich fragte mich, was wir aus unserem Leben gemacht hätten, wenn ich nicht besessen gewesen wäre von der fixen Idee, den vollkommenen Gentleman zu lieben … Einen Mann, der nur in meiner Einbildung existierte.

»Du siehst nachdenklich aus, Betty«, sagte Nathan lächelnd. »Einen Penny für deine Gedanken …«

»Ich habe gedacht, daß es schön sein müßte, wieder mit dir zusammenzusein.«

»Ist das dein Ernst?« Er blickte mich forschend an. »Hast du über meinen Vorschlag von gestern abend nachgedacht?«

»Es ist noch zu früh, um eine endgültige Entscheidung zu treffen.« Ich holte tief Luft. »Ich sage nicht nein. Ich brauche noch ein wenig Zeit, um darüber nachzudenken.«

»Es ist vorbei zwischen dir und James?«

»Ja. Absolut. Es war ein Traum, Nathan. Das hing alles eng zusammen mit meinem Wunsch, so zu sein wie Frances. Und jetzt bin ich endlich aufgewacht.« Ich lächelte ihm zu. »Ich glaube, ich bin endlich Herr meiner Sinne geworden. Ich denke, daß ich es schaffen werde, die Vergangenheit hinter mir zu lassen. Ich versuche es jedenfalls.«

Seine Augen schienen zu glühen, als er mich anschaute. »Wenn du dich entschließen solltest, mir diese Chance zu geben, werde ich dich nie enttäuschen. Das schwöre ich dir.«

»Versprich nicht zu früh zuviel. Laß uns diesmal das Ganze langsam angehen.«

»Betty, ich liebe dich«, sagte er und streckte seine Hand über die Tischplatte, um meine zu ergreifen. »Ich weiß, daß du es nie geglaubt hast. Du hast mir nie vertraut – aber bitte, glaub mir jetzt. Wenn ich zu dir zurückkehren darf, wird es für immer sein.«

»Wenn ich zu dir zurückkomme – so möchte ich es.« Ich blickte ihm in die Augen. »Und was ist mit Helga?«

»Sie weiß, daß es sich nur um eine vorübergehende Affäre handelt, Betty. Ich bin nicht der einzige Mann in ihrem Leben. Ich würde das auch nicht wollen.« Er berührte meine Wange. »Du bist die Frau, die ich liebe, Betty.«

Es war sehr spät, als Nathan mich nach Hause brachte. Als wir aus dem Wagen stiegen, zog er mich in seine Arme und küßte mich mit einer Leidenschaft, die mich aufwühlte. »Schick mich nicht fort, Betty«, bat er mit heiserer Stimme. »Laß mich heute nacht bei dir bleiben. Ich brauche dich so.«

Ich hatte die Absicht gehabt, mir Zeit zu lassen, um sicher

zu sein, daß ich mich richtig entschied; aber jetzt, wo ich Nathans Arme um mich spürte und seine Lippen auf meinen, konnte ich nicht klar denken. Mein Körper sehnte sich mit ganz neuer Heftigkeit nach seinem. Ich wurde schwach und gab seiner flehenden Bitte nach.

»Ja, Nathan«, flüsterte ich. »Bleib bei mir.«

Ich versprach ihm schließlich nichts, aber selbst, als ich mir das noch einredete, wußte ich schon, daß Nathan meine Worte als verbindliche Zusage nehmen würde. Als wir nach oben ins Schlafzimmer gingen, die Arme fest umeinander geschlungen, war mir klar, daß es kein Zurück mehr gab. Nathan würde mich nie mehr gehen lassen. Ich gehörte ihm mit Leib und Seele – und es war mir recht so.

Selbst zu Beginn unserer Beziehung hatten wir uns nicht so leidenschaftlich geliebt wie in dieser Nacht. Es war das erste Mal, daß ich mich ihm rückhaltlos hingab. Ich gehörte ihm, ohne Wenn und Aber, und als unsere Körper sich langsam im Gleichklang bewegten, wußte ich, daß ich noch nie eine solche Wonne erlebt hatte. Wir waren eins, ein Wesen, so wie wir es noch nie zuvor gewesen waren. Ich wußte, daß Nathan mich liebte, und ich liebte ihn. Nicht blind, wie ich James geliebt hatte, sondern mit offenen Augen und trotz all seiner Schwächen.

Später lag ich eingekuschelt in seinen Armen.

»War es mit ihm auch so?« fragte er, und ich hörte am Klang seiner Stimme, wie die Eifersucht ihn quälte. »Hat er dich glücklich gemacht?«

Ich beugte mich über ihn und sah die Qual in seinem Gesicht. Da schüttelte ich den Kopf und ließ mein Haar über sein Gesicht fließen. »Um ehrlich zu sein«, sagte ich mit einem kleinen, bösen Lächeln, »er besitzt keine Phantasie und nicht viel Ausdauer. Nur zu oft hat James nur sich selber befriedigt. Er war als Mann nie auch nur halb so gut wie du.« Das entsprach nicht ganz der Wahrheit. James war als Liebhaber fast ebenso zufriedenstellend gewesen wie Nathan, aber ich wollte, daß er seinen Stolz behielt und daß seine Eifersucht gemildert wurde.

Triumpfgefühl glühte in seinen Augen auf, als er mich

feurig an sich preßte. »Ich habe ihn töten wollen, Betty. Ich habe damit gedroht, als du mich um seinetwillen verlassen hast. Manchmal habe ich sogar dich umbringen wollen.«

Das Glitzern in seinen Augen war ein wenig erschreckend. »Und warum hast du es nicht getan?«

»Weil ich nicht das Recht hatte, dich an mich zu fesseln nach dem, was ich in jener Nacht getan hatte.« Er schlang die Arme noch fester um mich. »Ich hatte es verdient, in die Einsamkeit gestoßen zu werden, nach dem, was ich dir und unserem Kind angetan hatte. Aber jetzt gehörst du mir, Betty, und wenn du mich jemals wieder betrügst, werde ich dir den anbetungswürdigen kleinen Hals brechen …«

Einen Augenblick lang war ich bestürzt, aber als ich ihm dann in die Augen schaute, sah ich, daß er lachte. Er neckte mich so, wie er es immer schon gemacht hatte, und ich wußte, daß ich endlich wieder daheim war. Nathan liebte mich. Er liebte mich mehr als alles auf der Welt …

»Ich werde dich nie mehr verlassen«, schwor ich. »Nur der Tod wird uns trennen, und auch der nicht für lange, mein Liebling. Ohne dich würde auch ich nicht mehr leben wollen …«

Als ich erwachte, war das Bett neben mir leer und kalt. Ich war enttäuscht darüber, daß Nathan schon so früh fortgegangen war. Aber in dem Augenblick, als ich aus den warmen Decken schlüpfte, kam er ins Zimmer. Er brachte das Frühstückstablett und eine einzelne rote Rose.

»Du stehst doch jetzt noch nicht auf, oder?« Der Klang seiner Stimme entzückte mich; ich griff nach ihm und zog ihn zu mir herunter, als er das Tablett absetzte. »Wart noch, Kind«, sagte er. »Zuerst das Frühstück.«

»Nein«, sagte ich und begann ihn mit Küssen zu bedekken. »Dich will ich.«

Viel später saßen wir beieinander, tranken unseren kalten Kaffee und aßen Toast. Er streichelte träge meinen Arm mit den Fingerspitzen und seufzte schwer.

»Was ist los?« fragte ich. Plötzlich war mir ängstlich zumute.

»Ich habe gerade daran gedacht, wie gern ich den ganzen Tag über hierbleiben würde, aber ich habe eine Verabredung, die ich nicht absagen kann.«

»Oh, Nathan ...« Ich zog einen Flunsch. »Mußt du wirklich gehen?«

»Unglücklicherweise ja. Wir haben unser ganzes übriges Leben für uns, Betty. Ich möchte meine Angelegenheit regeln, dann werden wir die Reise unternehmen, die ich dir früher einmal versprochen habe. Unsere Hochzeitsreise. Wohin möchtest du?

Nach Italien? Nach Griechenland?«

»Das ist mir egal – nach Venedig!« Jetzt war ich ganz aufgeregt. »Ich wollte schon immer Venedig kennenlernen.«

Er lachte und küßte mich wieder. »Wir werden überall hinfahren. An alle Orte, zu denen du möchtest, aber jetzt muß ich diesen Termin einhalten.«

Als Nathan fortgegangen war, badete ich und zog ein neues, smaragdgrünes Kostüm an. Er hatte es immer geliebt, wenn ich leuchtende Farben trug. Ich hatte die sanfteren Farbschattierungen vorgezogen, von denen ich glaubte, daß eine echte Lady sie auch tragen würde, aber jetzt kam es nicht mehr darauf an. Ich war Betty Cantrel, die Tochter eines Trunkenboldes, und nichts in der Welt konnte jemals etwas daran ändern, aber das bedrückte mich nicht mehr. Nathan wollte mich so, wie ich war.

Den ganzen Vormittag über erledigte ich Einkäufe. Ich kaufte und kaufte, ich stürzte mich geradezu in eine Orgie des Geldausgebens, nur weil ich mich so wohlfühlte. Ich kaufte für all meine Freunde Geschenke, aber am meisten für Nathan. Er hatte mir immer so viel gegeben, jetzt wollte ich ihm am liebsten die ganze Welt schenken. Ich wollte ihn mit meiner Liebe überschütten, ihn glücklich machen ... Ich wollte all das Leid wiedergutmachen, das ich ihm in der Vergangenheit durch meinen Eigensinn zugefügt hatte.

Als ich nach Hause kam, läutete das Telefon. Atemlos nahm ich den Hörer ab. »Nathan ...«

»Ich bin's Betty«, sagte Frances. In ihrer Stimme lag ein

Anflug von Hysterie. »Ich muß dich sehen. Ich muß dich sofort sehen ...«

»Frances ...« Ich schaute auf, als Nathan hereinkam. Er beugte sich herab, um mich zu küssen. »Frances, ich kann jetzt nicht sprechen«, sagte ich. »Ich rufe dich später an.« Ich legte den Hörer hin, und Nathan nahm den Hörer wieder von der Gabel und legte ihn neben den Apparat.

»Es ist das erste Mal, daß du ihr etwas abgeschlagen hast«, sagte er. »Und das ist eine gute Sache. Wir haben alle viel zu oft nach der Pfeife meiner Cousine getanzt.«

Ich gab ihm keine Antwort. Ich konnte es nicht, weil ich in seinen Armen lag und mich an ihn klammerte, als er mich hungrig küßte. »Ich habe dich vermißt«, sagte ich. »Ich bin einkaufen gegangen, aber ich habe dich vermißt.«

»Ich habe dich auch vermißt«, erwiderte er. »Von jetzt an werde ich dich nie mehr allein lassen.«

Ich zog ihn an der Hand und lachte aufgeregt. »Komm mit«, rief ich. »Komm mit und schau dir an, was ich für dich gekauft habe. Es ist alles oben ...«

Nathan grinste. »Auch noch Geschenke? Du verwöhnst mich, Betty. Wenn du nicht vorsichtig bist, werde ich noch glauben, daß du mich wirklich liebst.«

»Aber ich liebe dich wirklich«, sagte ich. »Ich habe es schon immer getan, aber bis jetzt habe ich es nicht gewußt ...«

Nathan zog mich an sich. Ich schob ihn beiseite und neckte ihn: »Nicht gerade jetzt. Ich will dir alles zeigen. Komm mit!«

»Ungeduldiger Racker«, sagte er, aber er gab nach.

Oben fing ich an, die Schachteln und Pakete zu öffnen, und hielt die teuren Seidenhemden, den Morgenrock und die Schlafanzüge hoch, die ich für ihn gekauft hatte.

Über die Schlafanzüge grinste er. »Ich denke nicht, daß ich sie oft tragen werde ...«

»Oh, du«, sagte ich und schnitt eine Grimasse. »Sie sind fürs Hotel gedacht, damit du sie dort aufs Bett legst.«

»Nun, wenn das alles ist ...«

»Schau dir das an«, sagte ich gespannt. »Das mußt du selber aufmachen, Nathan.«

Mit einem amüsierten Lächeln nahm er mir das Kästchen aus der Hand und las den Namen des teuren Juweliers auf dem Deckel. »Was ist das? Für Manschettenknöpfe ist es zu groß ... Lieber Himmel! Das ist ja fantastisch, Betty. Du mußt ein Vermögen dafür bezahlt haben.«

In dem Kästchen lag ein Dolch im orientalischen Stil mit einem juwelenbesetzten Knauf. Als er ihn herausnahm, warnte ich ihn rasch. »Sei vorsichtig, Nathan. Man hat mir gesagt, daß die Klinge sehr scharf ist. Paß auf, daß du dir nicht damit in den Finger schneidest.«

Er nahm den Dolch heraus und prüfte ihn sorgfältig. »Er ist wunderschön«, sagte er. »Aber fang nicht an, mir solche Geschenke zu kaufen. Du bist es, die ich will, mein Liebling.«

»Du hast mir schon so viele Sachen geschenkt«, sagte ich und zog einen Flunsch, als er den Dolch auf den Frisiertisch legte. »Sei nicht dumm, Nathan – bedank dich schön bei mir.«

Er griff nach mir und zog mich eng an sich. Diesmal wehrte ich mich nicht mehr. Wir taumelten aufs Bett und küßten uns fieberhaft. Es lag etwas fast Verzweifeltes in unserem Zusammensein ... Ob wir ahnten, daß das Schicksal schon darauf wartete, uns wie Spreu vor dem Wind zu verwehen?

Anschließend lagen wir umschlungen auf dem Bett und plauderten. Nathan glitt mit dem Finger an meinem Rückgrat herab.

»Möchtest du Kinder haben, Betty?«

Ich drehte mich um und schaute ihn an. »Kinder von dir? Ja, natürlich – aber vor allem will ich dich, Nathan. Wenn die Zeit dafür reif ist, werden wir auch Kinder haben.« Ich runzelte die Stirn. »Möchtest du ein Kind?«

»Ja ...« Er schwieg einen Augenblick. »Früher hätte ich Angst davor gehabt, das zu sagen ...«

»Was meinst du damit?«

»Ich habe mich jahrelang gefragt, ob irgend etwas nicht in Ordnung mit mir sei. Meine Veranlagung ... Ich dachte, daß ich vielleicht unausgeglichen sei oder so etwas. Ich hatte so schwere Schuldgefühle wegen Edward ...«

»Wegen deinem Cousin? Aber das war doch ein Unfall, oder?«

»Ja, natürlich. Ich habe ihm einen Schubs gegeben, weil ich wütend war …« Nathan machte ein finsteres Gesicht. »Aber ich bin immer eifersüchtig auf Edward gewesen. Er war der Sohn des Hauses, während ich … Ich habe Höllenqualen deshalb ausgestanden, Betty. Dann kam wieder so ein Ausbruch. Ich habe mein eigenes Kind getötet …«

»Nicht, Nathan!« Ich ergriff seine Hand. »Das ist jetzt vorbei. Ich habe dir verziehen, mein Liebling. Es war ebensosehr meine Schuld wie deine. Ich habe dich dazu getrieben. Ich wußte, daß du eifersüchtig bist, und ich … Ich habe weiterhin an James gedacht und habe dir die Liebe vorenthalten, die du immer hättest empfangen sollen. Es war ebensosehr meine Schuld wie deine.«

»Eifersucht ist eine schreckliche Sache. Alle Crawleys sind eifersüchtig, Betty, und wir neigen alle zu Gewalttätigkeiten, wenn unsere Eifersucht erwacht – auch Frances.«

Ich bemerkte einen seltsamen Ausdruck in seinen Augen. »Was willst du damit sagen?«

»Ich bin mir meiner Sache nie ganz sicher gewesen, aber Mary hat etwas gesagt …«

»Über diesen Tag in der Scheune?« Ich starrte ihn an, und ein Schauder lief mir über den Rücken. »Was ist damals wirklich passiert, Nathan?«

»Ich habe gesehen, wie Frances aus der Scheune gelaufen ist«, erwiderte er langsam. »Sie sah entsetzt aus. Als ich hineinging, fand ich Eben am Boden liegend vor. Ich ging auf den Heuboden hinauf, und ich stellte fest, daß dort ein Kampf stattgefunden hatte …«

»Du glaubst doch nicht, daß Frances ihn hinuntergestoßen hat?«

»Ich weiß es nicht. Es könnte auch ein Unfall gewesen sein. Weshalb hätte sie ihn töten sollen?«

»Weil er ihrer Verlobung mit James nicht zustimmen wollte«, erwiderte ich zitternd. »Ich gebe zu, daß ich besessen von James war, aber Frances ist noch mehr von ihm besessen, als ich es war. Ich glaube, ja, ich glaube wirklich, daß sie töten könnte, wenn es darum geht, James zu bekommen.«

»Aber diese Chance hast du mir verpatzt, Betty, stimmt's?«

Bis zu diesem Augenblick hatte keiner von uns sie bemerkt. Wir schauten zur Tür und sahen uns dann gegenseitig an, beide entsetzt von dem, was geschehen war. Sie mußte jedes Wort mitangehört haben, das wir gesagt hatten.

»Frances ...« Ich sprang auf und zog mir hastig den Morgenrock über. »Wer hat dich hereingelassen?«

»Ich selber.« Sie hob einen Schlüssel hoch. »Es ist der, den du James gegeben hast, nicht wahr? Ich hab' ihn gestern abend aus seiner Tasche genommen. Ich dachte mir, daß ich schon wüßte, wo er paßt. Und heute hat er mir dann alles erzählt ...« Ihre Augen funkelten vor Wut. »Er hat mir erzählt, daß ihr beide ein Liebespaar gewesen seid.«

Nathan zog sich die Hose an. »Das ist vorbei«, sagte er mit rauher Stimme. »Betty wird mich heiraten. Wir werden zusammen fortfahren. Sie will James nie wiedersehen, Frances. Ich gebe dir mein Wort darauf.«

Frances achtete gar nicht auf ihn. Mit haßverzerrtem Gesicht schaute sie mich an. »Du wirst also alles bekommen, genau wie immer«, sagte sie bitter. »Du warst frei und konntest dein eigenes Leben führen, während ich eine Gefangene war. Du hättest jeden haben können – jeden Mann, den du wolltest. Ich habe immer nur James gewollt, das wußtest du. Du wußtest es!«

»Ich weiß, daß du mir nie verzeihen wirst«, sagte ich. »Ich wünschte mir, es wäre niemals passiert. Wenn ich es könnte, würde ich die Zeit zurückdrehen bis auf die Nacht, in der ich zum erstenmal mit ihm geschlafen habe, und diesmal ...«

»Aber du hast ihn immer gewollt«, rief sie. »Du hast immer alles gewollt, was mir gehört. Ich habe dir gesagt, daß er mir gehört, Betty. Ich habe dich gewarnt ...«

»Er wird zu dir zurückkommen ...«

»Nein!« Das war ein verzweifelter Schrei. »Er hat mir gesagt, daß er fortgeht, weil du ihn wegen Nathan verlassen hast. Er hat gesagt, daß er es nicht ertragen kann und daß er nach Amerika zurückkehrt. Deinetwegen ...«

»Er ist es nicht wert, daß dir seinetwegen das Herz bricht, Frances. Selbst als wir zusammen waren, hatte er eine andere ...«

»Lügnerin!« schrie sie. »Lügnerin!«

»Er wollte immer nur das Geld, Frances«, sagte Nathan. »Wenn du ehrlich bist, wirst du das selber zugeben.«

Sie drehte nicht einmal den Kopf zu ihm, um ihn anzusehen. Ihre Augen wurden zu kleinen, bedrohlichen Schlitzen. »Du bist es gewesen, Betty«, sagte sie. »Du hast mein Leben zerstört – und jetzt werde ich deines nehmen ...«

Bevor ich begriffen hatte, was sie da sagte, ergriff sie schon den juwelenbesetzten Dolch, den ich für Nathan gekauft hatte. Als sie auf mich losstürmte, schrie ich entsetzt auf, aber ich konnte mich nicht rühren. Wie erstarrt stand ich da. Dann stürzte Nathan sich plötzlich auf sie, und sie kämpften miteinander um das Messer. Ich stand da, zu Stein erstarrt, und tat gar nichts.

Oh, Gott, warum habe ich nicht um Hilfe gerufen? Warum habe ich mich nicht auf Frances geworfen, sie am Haar gerissen, sie geschlagen – irgend etwas? Ich schaute zu, wie sie verzweifelt um das Messer kämpften, dann sah ich, wie Frances den Arm nach hinten warf und gleich darauf das Messer tief in Nathans Magen stieß. Ich hörte seinen Schmerzensschrei – und dann erst bewegte ich mich wieder. Ich lief auf sie zu und hielt ihn in meinen Armen, als er fiel. Frances wich zurück und starrte uns mit vor Schreck weitgeöffneten Augen an.

»Oh, Nathan«, schrie ich verzweifelt. »Ich liebe dich. Stirb nicht ... Bitte, stirb nicht.«

Das Blut strömte aus der Wunde. Ich preßte meine Hand dagegen und versuchte, die Flut aufzuhalten.

Dann sah ich zu Frances hoch.

»Hol um Himmels willen einen Arzt«, sagte ich. »Beeil dich!«

Als sie aus dem Zimmer lief, schaute ich Nathan an.

Er lächelte mir so lieb zu. »Ich habe so lange darauf gewartet, daß dir klar wurde, daß du mich liebst«, sagte er. »Warum konnten wir nicht wenigstens ein wenig Zeit haben? Warum wurden wir verdammt?«

»Verlaß mich nicht«, bat ich, während die Tränen mir übers Gesicht flossen. »Bitte, laß mich nicht allein, mein Liebling. Ich brauche dich so.«

»So wie ich dich immer gebraucht habe«, sagte er. »Du glaubst mir doch, ja? Du weißt, daß ich dich von Anfang an geliebt habe?«

»Ja, ja«, erwiderte ich fieberhaft. »Sprich nicht, mein Liebster. Schone deine Kräfte. Frances wird bald den Arzt herbringen.«

Er schüttelte den Kopf. »Ich kann nicht mehr durchhalten, Betty. Selbst für dich nicht ...«

Ich sah, wie seine Wangen die Farbe verloren, und hielt ihn noch enger an mich gedrückt, während ich wild schluchzte. »Du darfst nicht sterben! Du kannst das nicht tun. Ich lasse es nicht zu ...«

Noch einmal lächelte er. »Hier sind deine Grenzen erreicht, Liebling«, sagte er. Dann schloß er die Augen.

Ich schluchzte, als ich seinen leblosen Körper an meinen preßte, und schaukelte ihn hin und her, während das Blut auf meinen Morgenrock tropfte und mein Inneres zu Eis erstarrte. Ich wußte, was ich durch meinen Eigensinn angerichtet hatte. Ich hatte den einzigen Mann getötet, den ich je wirklich geliebt hatte. In meiner blinden Dummheit hatte ich in Frances die Eifersucht entfacht – es war genauso, als ob ich mit eigenen Händen meinem Liebsten das Messer ins Herz gestoßen hätte!

Ich küßte das Gesicht meines toten Geliebten und benetzte es mit bitteren Tränen. Als ich ihn so eng an meinem Körper hielt, zersprang mein Herz zu tausend winzigen Scherben. Ich hielt ihn in meinen Armen, bis er kalt und steif war – und dann kam Frances ins Zimmer. Ihr folgte irgend jemand, den ich durch den Schleier meiner Tränen nicht richtig sehen konnte.

»Es ist zu spät«, sagte ich. »Er ist tot.«

»Und du hast ihn umgebracht«, sagte sie. Ihre Augen waren vor lauter Haß dunkel. »Du hast ihn umgebracht, Betty ...«

Ich schaute ihr in die Augen und antwortete nicht. Sie hatte recht. Ich hatte ihn umgebracht.

Es gibt keinen Aufschub mehr. Sie werden jetzt sehr bald kommen, um mich zu holen. Heute morgen hat mir eine der Frauen in Schwarz das Haar abgeschnitten. Sie hat fast geweint dabei. Ein Priester hat mich besucht. Wir haben zusammen gebetet. Ich glaube, es war ein Trost für ihn. Ich weiß nicht, ob es einen Himmel gibt oder nicht, aber ich glaube, daß ich es wahrscheinlich sehr bald wissen werde. Für mich wäre es der Himmel, wieder mit Nathan zusammenzusein.

Ich versuche, mich an ein Kinderlied zu erinnern, das ich oft für Dorothy Ann gesungen habe. Wie ging es noch?

»Rock-a-bye baby in the treetops ...
When the wind blows the cradle will rock ...«*

Ich bin nicht sicher, ob es so stimmt. Habe ich nicht eine Zeile ausgelassen?

Die Tür zu meiner Zelle öffnet sich. Davor warten vier Männer. Ich soll mit ihnen gehen, es ist soweit. Wenn ich nur genau wüßte, daß ich Nathan wiedersehen werde.

Sie machen alle so ernste, feierliche Gesichter, der Gefängnisdirektor, der Priester und die zwei Aufseher. Das sind starke Männer. Ich nehme an, sie müssen stark sein für den Fall, daß ich mich zur Wehr setze. Die Frau, die mir das Haar abgeschnitten hat, weint. Die Männer schauen grimmig drein, ihre Gesichter sind weiß und angespannt. Es muß eine schwere Zerreißprobe für sie sein. Sie tun mir leid. Selbst der Direktor sieht elend aus. Der arme Mann.

Wie ging dieser Vers noch? Dorothy Ann hat ihn so geliebt.

---

* Schaukelndes Baby auf dem Baumwipfel. Wenn der Wind bläst, schaukelt die Wiege. Anm. d. Übersetzerin.

»When the bough breaks
The cradle will fall
Down will come baby,
Cradle and all ...«*

Ich glaube, das stimmt, fast jedenfalls. Ich wünschte, ich könnte mich genau daran erinnern.

Der erste Prozeßtag war der schlimmste. All diese Menschen, die draußen vor dem Gerichtshof darauf warteten, mich zu verhöhnen. All diese Augenpaare, die mich anstarrten und darauf warteten, daß ich um mein Leben bat. Sie warteten vergeblich ... Auf der Galerie ein paar freundliche Gesichter. Hilda, Richard, Liz.

Hilda kam ins Gefängnis, um mich zu besuchen. Sie fragte, ob sie irgend etwas für mich tun könne, aber ich schüttelte den Kopf. Niemand kann mir Nathan zurückgeben, niemand kann ihn ins Leben zurückrufen.

Frances kam nicht. Ich hatte das auch nicht erwartet. Sie hatte von Anfang an gewußt, daß ich sie nicht verraten würde.

Hatte ich es ihr nicht einst bei meinem Leben versprochen?

Aber ich schwieg nicht deshalb, weil ich als Kind einen Eid abgelegt hatte. Ich hatte einfach keine Lust mehr zu leben. Ich wollte sterben. Ich wollte, daß sie mir das Leben nahmen. Ich hatte nichts getan, um Nathan zu retten, und deshalb war er gestorben. Ich wollte dafür bestraft werden, daß ich nichts getan hatte. Es ist soviel einfacher zu sterben, als in dieser Hölle zu leben.

»Du bist so eigensinnig und stolz, Betty. Ich hoffe nur, daß du kein so bitteres Ende nimmst wie dein Großvater.«

»Ich bin nicht bitter, Mama.«

Die Männer haben aufgehört zu gehen. Warum ...? Oh! Wir müssen nirgends mehr hingehen.

Bitte, Gott, laß mich keine Furcht haben. Aber ich habe nur Angst davor, Nathan nie mehr wiederzusehen. Ich kann alles ertragen, wenn ich nur wieder bei ihm sein darf. Nur noch ein einziges Mal ...

Wind kommt auf. Es ist so kalt, noch vor Einbruch der Dunkelheit wird es schneien.

---

* Wenn der Zweig abbricht, fällt die Wiege herunter. Das Baby, die Wiege und alles ... Anm. d. Übersetzerin.

»Laß uns nach Hause gehen, Mama. Mir ist so kalt. Bitte, bring mich nach Hause.«

Meine Mama kann mich nicht nach Hause bringen. Sie ist tot. Ich wünschte, der Wind würde aufhören. Den Wind hasse ich wirklich.

»Weine nicht, kleiner Joe. Der große Joe wird dir ein Pony kaufen, und im Sommer werden wir alle zusammen an den Fluß fahren. Wir werden sehr bald alle wieder beieinander sein ... Wenn Gott barmherzig ist ...«

Verzeih mir Nathan, verzeih mir, daß ich all die Jahre vergeudet habe. Bitte, wart auf mich. Du weißt, daß ich es nicht ertragen kann, allein zu sein. Ich liebe dich so ...

Irgendwie werde ich Nathan wiederfinden, im Himmel oder in der Hölle oder in einem anderen Leben. Ich werde in alle Ewigkeit nach ihm suchen, bis ich die Chance erhalte, mein Unrecht wiedergutzumachen.

Oh, Nathan, Nathan, mein Geliebter. Ich habe dir das Glück gestohlen, das uns bestimmt war. Verzeih mir. Verzeih mir. Nichts kann so furchtbar sein wie die Todesqual, die ich jetzt erleide. Oh, Gott, nimm meine arme, geschundene Seele und gib ihr Frieden ...

Jetzt spüre ich den Wind nicht mehr. Nur noch friedliche Stille. Ich glaube, daß Gott bei mir ist. Gott ist barmherzig. Ich habe keine Angst. Ich wünschte nur, daß ich mich an den Kindervers erinnern könnte, den Dorothy Ann so liebte.

Ich habe keine Angst.

Ich komme, Nathan. Wart auf mich ...

Epilog

Betty Cantrel wurde gehenkt. Ich tat alles, was in meinen Kräften stand, um sie zu retten, aber ich hatte keinen Erfolg. Ich hatte keinen Erfolg, weil sie mir nichts erzählte, aber ich wußte, daß sie unschuldig war ... Ich wußte es, weil Mrs. Charles Kingston mir die Geschichte ihres Leben erzählt hatte.

Gleich nachdem Betty verurteilt worden war, kam sie zu mir ins Büro. »Mrs. Kingston«, sagte ich und streckte ihr meine Hand hin. »Es war sehr freundlich von Ihnen zu kommen. Möchten Sie bitte Platz nehmen?«

Sie schüttelte mir die Hand und lächelte. »Ich bin mit meinem Mann auf Reisen gewesen, sonst wäre ich schon früher gekommen«, sagte sie. »Ich konnte es gar nicht glauben, als ich die Schlagzeilen las. Betty würde Nathan niemals töten. Ich kenne sie viel zu gut. Sie ist einfach nicht der Typ dafür. Sie kann es nicht gewesen sein.«

»Sie kennen sie also gut?«

»Wir haben im selben Haushalt gearbeitet.« Sie lachte, als sie mein erstauntes Gesicht sah. »Ich bin nicht immer Mrs. Charles Kingston gewesen. Früher hieß ich Polly Baxter.«

»Können Sie mir von Betty erzählen?« fragte ich. »Sie will mir überhaupt nichts sagen.«

»Betty hat immer alles für sich behalten«, erwiderte Polly Kingston. »Sie war so eigensinnig, als sie zu uns kam, und so stolz, aber sie war eine gute Freundin. Ich berichte Ihnen von ihr, wenn Sie mir ganz genau erzählen, was passiert ist.«

»Einverstanden«, sagte ich. »Darf ich Ihnen einen Kaffee anbieten?

»Das ist nett von Ihnen«, antwortete sie und zwinkerte mir mit einem Auge zu. »Aber ich hätte lieber einen Schluck von dem besseren Stoff, wenn Sie verstehen, was ich meine? Nur um warm zu werden.«

»Natürlich«, sagte ich und goß ihr einen Drink ein. Ich fing an, diese Mrs. Polly Kingston zu mögen.

»Also«, sagte sie und trank den Whisky in einem Zug aus, »fangen Sie an. Erzählen Sie mir, was sie getan haben soll – und dann werde ich Ihnen sagen, was wirklich passiert ist.«

»Haben Sie Betty besucht?«

»Das ist nicht nötig, ich habe jemand anderen besucht. Sie hat mir Lügen aufgetischt, aber ich kenne sie. Ich kenne sie und ihr verdorbenes Wesen …«

Wir redeten lange miteinander, Mrs. Kingston und ich. Als wir fertig waren, wußte ich, daß sie mir die Wahrheit berichtet hatte. Es gab für mich keine Möglichkeit, das zu beweisen. Natürlich nicht, ohne Bettys Aussage – und jetzt wußte ich, daß sie niemals darüber sprechen würde. Aber ich mußte etwas unternehmen. Unbedingt!

Tagelang brütete ich vor mich hin. Was sollte ich tun? Ich wäre gern zur Polizei gegangen und hätte dort erzählt, was ich wußte, um sie zu zwingen, Frances Crawley zu verhaften; aber da ich keinerlei Beweise besaß, konnte ich nicht darauf hoffen, daß man mir glaubte. Der Augenschein sprach zu stark gegen Betty. Sie hatte den Dolch selber gekauft. Sie war voller Blut gewesen. Sicher, Frances hatte auch Blutspritzer abbekommen. Aber dafür hatte sie eine einleuchtende Erklärung gefunden. Sie hatte vor Gericht ausgesagt, daß sie mit Betty gekämpft habe, um sie davon abzuhalten, ihren Cousin anzugreifen. Alle hatten so viel Mitleid mit ihr gehabt.

Schließlich war mir klar, was ich tun mußte. Ich suchte Frances Crawley auf, eine Stunde nachdem ich Betty wahrscheinlich zum letztenmal gesehen hatte.

Sie kam ins Zimmer, ganz in Schwarz.

»Sie möchten mich sprechen?«

»Ja, Frances«, sagte ich. »Ich muß Ihnen etwas mitteilen.«

Sie starrte mich an, beleidigt, weil ich es gewagt hatte, sie mit ihrem Vornamen anzureden. »Kenne ich Sie?« fragte sie.

»Noch nicht«, erwiderte ich lächelnd. »Noch nicht, aber sie werden mich bald kennen. Mit der Zeit werden Sie mein Gesicht besser kennen als ihr eigenes, weil es immer wieder vor Ihnen auftauchen wird. In den Geschäften, im Kino, auf der Straße ...«

Sie keuchte und riß die Augen auf. »Ich kenne Sie, ja, Sie sind ...«

»Laurence«, erklärte ich. »Der Rechtsanwalt der Frau, die Sie zum Tode verurteilt haben, Frances. Ja, ich weiß, daß Sie Nathan getötet haben. Ich nehme an, daß Sie auch Ihren eigenen Vater getötet haben – und vielleicht sogar Ihre Mutter ...«

»Sie sind verrückt!« rief sie. »Das sind Lügen! Niemand würde auch nur ein Wort davon glauben.«

»Wenn es anders wäre, würden Sie an Bettys Stelle zum Galgen gehen, Frances. Ich kann nichts beweisen, aber ich weiß es. Hier und hier.« Ich berührte meinen Kopf und mein Herz. »Ich weiß es, und eines Tages werde ich Sie bezahlen lassen für das, was Sie getan haben.«

Sie wich vor mir zurück. Furcht spiegelte sich in ihren Augen. »Wenn Sie mich anrühren, werde ich ...«

»Oh, nein«, sagte ich und lächelte freundlich. »Ich will Sie nicht umbringen, Frances. Das wäre zu einfach. Der Tod wäre Ihnen vielleicht sogar willkommen. Ich werde nur warten, das ist alles. Ich werde einfach nur warten.«

»Was soll das heißen?«

»Eines Tages werden Sie einen Fehler machen. Sie haben mehr als einmal getötet, wenn ich mich nicht irre. Eines Tages werden Sie es wieder tun – und wenn das geschieht ...«

»Sie – Sie jagen mir keine Furcht ein.«

»Jetzt vielleicht noch nicht, aber später, Frances, später ...«

Sie sah mich voller Entsetzen an, und ich wußte, wie sehr ich sie getroffen hatte. Sie war fähig zu morden, deshalb würde sie selbstverständlich glauben, daß auch ich fähig sei, meine Drohung wahrzumachen. Sie würde keinen glücklichen Augenblick mehr haben in ihrem Leben. Ob ich es nun fertigbringen würde, sie der gerechten Strafe zuzuführen, oder nicht, sie würde lebenslänglich büßen müssen.